2026
详解版

初中物理
奥林匹克竞赛

总主编 蓝 涧
本册主编 陈汉楚

全真试题

全国联赛卷

長江出版傳媒 湖北科学技术出版社

图书在版编目（CIP）数据

初中物理奥林匹克竞赛全真试题．全国联赛卷 2026 详解版 / 蓝润主编．-- 武汉 ：湖北科学技术出版社，2025．1．-- ISBN 978-7-5706-3623-5

Ⅰ．G634.73

中国国家版本馆 CIP 数据核字第 2024US1664 号

初中物理奥林匹克竞赛全真试题 全国联赛卷 2026 详解版
CHUZHONG WULI AOLINPIKE JINGSAI QUANZHEN SHITI
QUANGUO LIANSAI JUAN 2026 XIANGJIEBAN

责任编辑：彭永东
责任校对：童桂清　　封面设计：胡　博

出版发行：湖北科学技术出版社
地　　址：武汉市雄楚大街 268 号（湖北出版文化城 B 座 13—14 层）
电　　话：027-87679468　　邮　　编：430070

印　　刷：湖北新华印务有限公司　　邮　　编：430035

880×1230　1/16　　19 印张　800 千字
2025 年 1 月第 1 版　　2025 年 1 月第 1 次印刷
定　　价：52.00 元

前　　言

数理化奥林匹克竞赛是覆盖面最广的一种群众性竞赛活动，几乎覆盖了全国各地每一所学校。各级各类的竞赛活动旨在拓宽学生的知识视野，激发学生的学习兴趣，培养学生的思维品质、动手能力，发展学生的个性特长。同时，竞赛活动对促进教师自身素质的提高，以及教学改革的深入开展和教学质量的提高，也起到了积极作用。

然而竞赛试题内容广博，命题新颖，思路开阔，对学生的综合素质和创新要求较高。当我们的父母看到孩子做不出训练题目想帮一把却又感到无助之时，总感叹自己手中没有一本好的辅导用书，市场上现有的辅导用书不是太难，就是太易，或是太偏，抑或是缺少系统性，面对太多的竞赛资料总觉得有些茫然。我们的许多教师也为竞赛书太多太滥而大伤脑筋，为辅导竞赛缺少一本既有系统性又不超竞赛大纲的书而犯愁。为此我们广泛收集，将近几年全国部分省市的初中数理化竞赛试题进行精选，将全国数理化联赛试题进行汇总，并吸收部分国际竞赛的典型试题，汇编成这套丛书。书中通过对试卷的全面分析和研究，对每道赛题都逐一进行了详细的解析，力求通俗易懂，化难为易，既便于学生自学，也便于家长和教师参考。本套丛书力求体现以下特点：

1. **导向性。**全面反映近几年来中学数理化竞赛的重要题型，及所考查的知识点和解题方法，从而可以看出未来竞赛命题的趋势。

2. **新颖性。**所选内容均是经过我们筛选的近几年的国际国内竞赛试题，不仅内容新鲜，题目新颖，而且精彩有趣。

3. **精巧性。**许多试题虽有一定难度，但难而不怪，高而可攀。当然，解答时要求具备较强的分析推理能力和灵活运用知识的能力。我们在解析时，注意做到语句通俗、简明，思路清晰、简捷。有的还配有图表说明，便于学生理解。对于一题多解，选用的是其中的一两种较为简便或典型的方法，这对拓展学生的解题思路、启迪思维、发展智力，将有很大的帮助。

4. **实用性。**本丛书前半部分是试题，后半部分是解析。可供学生在赛前进行检测，检测后再对照答案掌握和理解解题方法。这样既便于学生用，也便于家长和教师参考。

5. **权威性。**本丛书是由在各级奥赛中辅导学生屡夺金牌的特、高级教师和国家级奥林匹克优秀教练员编写。

参加本书编写的有：陈汉楚、程放、吴琼、胡勋强、余水莲、郑秋朗、高志鹏、戢卫辉、段浩、陈进、肖焕、吴秀娟。本书由刘文莉、邹海灵、朱芳审读。

由于时间仓促和水平有限，书中若有不足之处，敬请广大读者提出宝贵意见。希望本套丛书铺就您的成功之路。

编　者

2024 年 4 月

CONTENTS

目录

CONTENTS

第一届全国初中应用物理知识竞赛

学习笔记

第一部分

八年级和九年级学生都要完成

一、选择题(15 分,每小题 3 分)

1. 一个瓶子正好能装满 1 kg 的水,它一定能装下 1 kg 的(　　).

A. 花生油　　B. 酱油　　C. 白酒　　D. 豆油

2. 人在地球上看到月亮从云中穿出,这种情况下的参照物是(　　).

A. 地球　　B. 人　　C. 月亮　　D. 云

3. 一个同学正确测得铅笔的长度是 16.34 cm,从这个数据看,它所用刻度尺的分度值是(　　).

A. 分米　　B. 厘米　　C. 毫米　　D. 微米

4. 体积为 0.05 m^3 的救生圈重 100 N,体重为 400 N 的人使用这个救生圈,则(　　).

A. 人或圈可以部分露出水面

B. 人和圈没入水面后可悬浮在水中

C. 人和圈会沉没下去

D. 要做出正确判断还要知道人的体积

5. 如图 1 所示,公共厕所自动冲洗用的水箱里有一个圆柱形浮筒 P,出水管口有一个圆片形盖子 a,两者用短链相连,若水箱深度足够,要实现自动定时冲洗(　　).

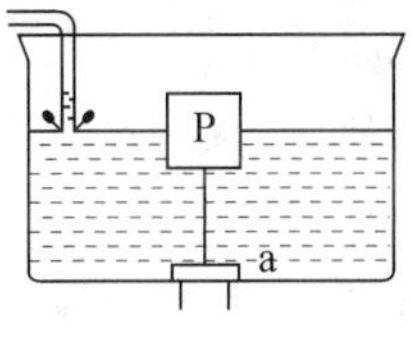

图 1

A. 只要浮筒 P 的体积足够大

B. 只要浮筒 P 的质量足够小

C. 盖子 a 必须比浮筒 P 轻

D. 浮筒 P 的横截面积必须大于盖子 a 的面积

二、填空题(12 分,每小题 3 分)

1. 农贸市场里有的顾客用弹簧秤称量货物,如弹簧秤的读数为 4.9 N,货物的质量是________ kg,并请在图 2 上作出货物受力的示意图.

图 2

2. 北京气象台每天四次放出气象探空气球,气球所载仪器及球皮的总质量为 2.7 kg,球内充满氢气,已知氢气的密度为 0.09 kg/ m^3,空气的密度为 1.29 kg/m^3,为使这样的气球升空,球内所充氢气的体积至少应为________ m^3.

3. 某段铁路由长度为 L 的铁轨一根一根地铺成,一列火车在匀速前进,车内一位旅客要测火车运行的速度,他测出了火车经过铁轨接缝时连续发生 N 次振动的时间间隔为 t,则计算车速 v 的关系式是 v=________.

4. 有一种农村柴灶风箱,在推拉活塞时都能向灶内吹风,如图 3 所示.图中活塞正在向右运动,请你在 A、B、C、D 处各装一个阀门并画出此刻它们的开合状态.

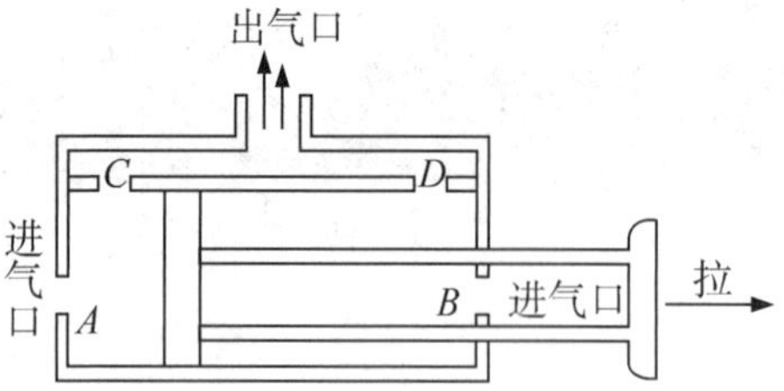

图 3

三、(8 分)

有一卷无木轴的铜导线,需要确定它的长度,但不能把铜导线全部拉开,更不能把导线截断,请你设计一个测量方案(提出所用器材,说明测量步骤,给出计算方法).

四、(8 分)

现有透明塑料软管连接着的两根直玻璃管及铁架台、米尺、滴管和足够的水,用这些器材可以测出不溶于水的液体(例如食用油)的密度,写出你的测量步骤和计算方法.

第二部分

八年级组

五、选择题(15 分,每小题 3 分)

1. 甲看到路旁的树木向东运动,乙看到甲静止不动,若以地面为参照物,应当是(　　).

A. 甲向西运动,乙向东运动　　B. 甲向东运动,乙向西运动

C. 甲、乙都向东运动　　D. 甲、乙都向西运动

2. 运载重物的大型平板车都装有很多车轮,这是为了(　　).

A. 增大受力面积,减小对路面的压力

B. 增大受力面积,减小对路面的压强

C. 增大受力面积,既减小压强,又减小压力

D. 增大受力面积,以减小压强,增大压力

3. 有一支自制的水银气压计,测得的数据偏低,其主要原因是(　　).

A. 玻璃管中有空气进入　　B. 水银槽内水银太多

C. 管子没有竖直放置　　D. 管子太粗

4. 一杯浓橘汁加了冰块后,刚好不会溢出,如果冰块完全融化(　　).

A. 将会溢出　　B. 液面会下降

C. 仍然刚好不会溢出

5. 如图 4 所示,公路两侧的甲、乙两条水渠由路面下的倾斜涵洞相连,两渠水面相平. 涵洞中的水流方向正确说法是(　　).

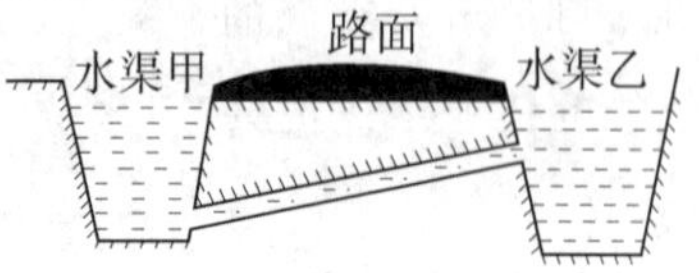

图 4

A. 由于水向低处流,涵洞中的水从乙向甲流

B. 由于甲侧涵洞口在水下位置较深,压强较大,涵洞中的水由甲流向乙

C. 由于两渠水面相平,涵洞中的水不流动

六、填空题(12 分,每小题 3 分)

1. 请给下列数据填上合理的单位:王刚的身高是 161 ________,一个苹果的质量大约是 140 ________,卡车的速度一般为 40 ________.

2. 某工厂生产的酒精要求含水量不超过 10 %,用抽测密度的方法检查产品的质量,密度在________ kg/m^3 至________ kg/m^3 范围内的为合格产品.

3. 用铜线绕在木筷的一端可以制成一个密度计,将这样的密度计分别放在 A、B 两种不同的液体中,位置如图 5 所示,密度较大的是________种液体,如果把这个密度计放在比 A、B 两种液体密度更小的 C 种液体中,密度计露出液面的部分将比在 A、B 两种液体中更________.

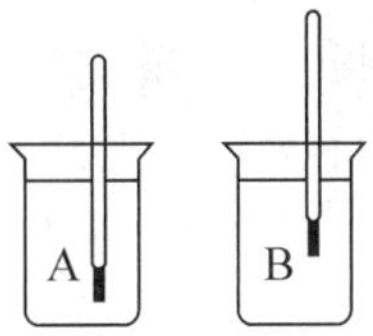

图 5

4. 某工厂要用横截面积为 25 mm^2 的铜线 8000 m,应买这种铜线________ kg.

七、(7 分)

压力锅直径为 24 cm,限压出气口的直径为 3.5 mm,限压阀质量为 100 g,使用时,压力锅内外最大压强差是多少?合多少标准大气压?锅盖与锅的接口处应该至少能承受多大的力?

八、(8 分)

北京站和上海站之间铁路距离是 1462 km,请你根据表 1、表 2、表 3 所给数据,(1)计算北京至上海的 21 次列车的平均速度.(2)通过计算来判断 21 次列车与 22 次列车相会地点距离表 3 所列的哪个途经站最近.

表 1　北京站开出列车时刻表

车次	车种	开点	到站	到点	备注
…	…	…	…	…	
21	特快	21:55	上海	次日 14:54	
…	…	…	…	…	

表 2　北京站到达列车时刻表

车次	车种	到点	发站	开点	备注
…	…	…	…	…	
22	特快	12:54	上海	19:55	
…	…	…	…	…	

表 3　北京站始发各次快车途经站名及时刻

…	…	…	…	…	…
21 次	北京 21:55	(天津西) 23:26	(济南) 3:07	(蚌埠) 9:18	上海 14:54

注:站名加括号表示该站不停车.

九、(7 分)

有一块形状不规则的均匀金属板,请你提出两种简便的方法来测定它的重心.

十、(8 分)

市场上有一种圆形软塑料吸盘,把它按在玻璃上,挤出它和玻璃之间的空气,它就可以吸在玻璃上(如图 6 所示).请你利用这样的吸盘、弹簧秤和刻度尺估测大气压的数值,要求:

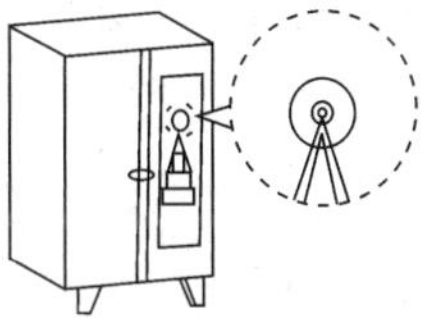
图 6

1. 写出操作步骤；

2. 写出大气压强计算式.

九年级组

五、选择题(21 分，每小题 3 分)

1. 冬天用手去摸铁棍和木棍，觉得铁棍比木棍凉，这是因为(　　).

A. 铁棍比木棍的温度低　　B. 铁棍比木棍的热能少

C. 铁棍比木棍的导热能力强　　D. 铁棍比木棍的比热容大

2. 如图 7 所示，有一块厚铁板 M，冲下圆柱体 N(N 能很紧密地塞回圆孔). 现把铁板和铁柱同时放到炉内加热较长时间，在取出的瞬间(　　).

A. N 变粗，塞不进圆孔　　B. 圆孔变大，N 很容易塞进

C. 圆孔变小，N 不能塞进　　D. N 仍能紧密地塞进圆孔

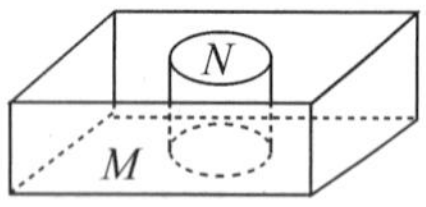

图 7

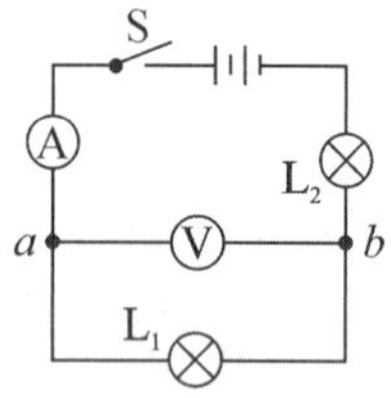

图 8

3. 如图 8 所示，闭合开关，两只灯泡都不亮，电流表指针几乎不动，而电压表指针有明显偏转，该电路故障可能是(　　).

A. 电流表坏了或未接好

B. 从 a 经过 L_1 到 b 的电路中有断路

C. L_2 灯丝烧断或灯座未接通

D. 电流表和 L_1、L_2 都坏了

4. 自制一个密度秤，其外形跟杆秤差不多(如图 9 所示)，装秤钩的地方吊着一个铁块，秤砣放在 A 处时秤杆恰好水平平衡，把铁块浸没在待测密度的液体中，移动秤砣，便可直接在杆上读出液体的密度，下列说法中错误的是(　　).

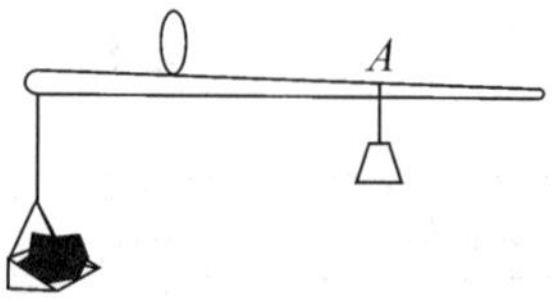

图 9

A. 密度秤刻度零点在 A 处

B. 秤杆上较大刻度在较小刻度的左边

C. 密度秤的刻度都在 A 点的右侧

5. 如图 10(a)和图 10(b)，是小红的两张清晰照片，拍摄这两张照片时照相机镜头的焦距相同，下列说法中正确的是(　　).

(a)　　(b)

图 10

A. 拍摄(a)时相机与人的距离比拍(b)时大

B. 拍摄(a)时胶片与镜头的距离比拍(b)时大

C. 拍摄(a)时所用相机镜头的直径比较大

6. 当手扶拖拉机上的柴油发动机出现故障而使转速急剧增加时，正常的操作已不能使它停转，这种故障叫作“飞车”. 下列应急措施中，可行的是(　　).

A. 用手捂住进气口

B. 立即找一个隔热的东西捂住排气口

C. 脚踏刹车板同时手拉制动器

7. 一面镜子竖直挂在墙上，某人站在镜前 1 m 处，从镜子里只能看到自己的上半身，他要看到自己的全身，则(　　).

A. 应后退到距镜 2 m 远处　　B. 应前进到距镜 0.5 m 远处

C. 应后退到距镜 4 m 远处　　D. 无论前进后退都不能实现

六、填空题(12 分，每小题 3 分)

1. 一节干电池的电压是______ V，家庭照明电路的电压是______ V，只有低于______ V 的电压对人体才是安全的.

2. 我们周围有许多利用电能发光的灯，有的灯靠灯丝直接发光，如________灯，有的灯虽然有灯丝，但不靠灯丝发光，如________灯.

3. 下列天气现象的发生各属于汽化、液化、升华、凝华中的哪一种？露：________，霜：________，雾：________.

4. 电冰箱中常用的制冷物质是________. 测量 −60 ℃低温的温度计中装的液体通常是________.

七、(6 分)

前些年我国每年从 4 月到 9 月中实行夏时制，约 150 天. 如果由此每天平均减少照明时间半小时，每户照明用功率按 80 W 计算，一个有 20 万户居民的城市，由于实行夏时制仅家庭照明一项，每年能为国家节约多少电能？

八、(6 分)

有甲、乙、丙、丁四个标有“110 V　100 W”的灯泡，要把它们接在220 V 的电路中使用，用图 11(a)和图 11(b)哪一种接法好？试说明理由.

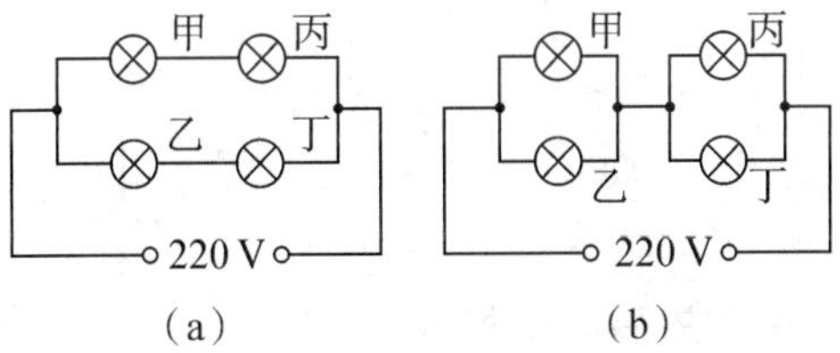

图 11

九、(6 分)

某控制电路的一个封闭部件上，有三个接线柱 A、B、C 和电灯、电铃各一只，如图 12 所示. 连接 A、C，灯亮，铃不响；连接 A、B，铃响，灯不亮；连接 B、C，灯不亮，铃不响，请你根据上述情况画出这个部件的电路图.

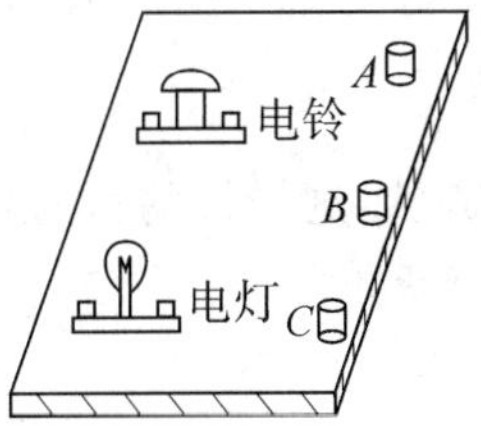

图 12

十、(6 分)

从商店买来一个电热毯，使用中有时感到温度太高，现想用一个开关和一个电阻把它改装为两挡，使电热毯单位时间发热量或为原来的数值，或为原来的一半，厂家说明书上只写着额定电压为 220 V，没有其他电器指标，请你设计一个方案，完成这项改装. 要求：

1. 画出电路图；

2. 导出所用电阻大小的计算式；

3. 指明安装时必须注意的问题.

第二届全国初中应用物理知识竞赛

学习笔记

一、选择题(42 分,每小题 3 分)

1. 30 N 可能是下列哪一个物体所受的重力?(　　)

A. 一个小学生　　B. 一辆汽车

C. 一支铅笔　　D. 一个装满书本的书包

2. 夏天,打开冰箱门,常可看到白雾.这是因为(　　).

A. 冰箱内原有的水蒸气

B. 冰箱内食物中的水分遇到高温空气后,蒸发形成的水蒸气

C. 空气中的水蒸气降温形成的小冰晶

D. 空气中的水蒸气降温形成的小水滴

3. 白炽灯泡的灯丝断了之后,如果再搭接上,还会发光.这时的耗电功率与原来相比(　　).

A. 增加　　B. 减小

C. 不变　　D. 增加或减少由灯丝搭接的位置决定

4. 为了比较准确地测出一堆相同规格的小橡胶垫圈的数量(估计为 1000 个),最好采用下列哪种方法?(　　)

A. 将这些垫圈叠在一起,用刻度尺量出总厚度 L,再量出一个垫圈的厚度 L_1,$\frac{L}{L_1}$即为垫圈的总数

B. 将这些垫圈叠在一起,用刻度尺量出总厚度 L,再量出 10 个垫圈的厚度 L_{10},$\frac{10L}{L_{10}}$即为垫圈总数

C. 用天平测出这些垫圈的总质量 M,再测出一个垫圈的质量 M_1,$\frac{M}{M_1}$即为垫圈总数

D. 用天平测出这些垫圈的总质量 M,再测出 10 个垫圈的质量 M_{10},$\frac{10M}{M_{10}}$即为垫圈总数

5. 白炽灯泡的灯丝常制成螺旋状,这样做的目的是(　　).

A. 便于灯丝散热,防止灯丝熔断

B. 尽量减小灯丝的电阻

C. 减少灯丝散热,提高灯丝的温度

D. 减少灯丝在高温时的升华

6. 拖拉机的履带是由一块块金属板做成的,每块板上都有一两条凸起的棱(　　).

A. 金属板和它上面的棱都是为了减小对地面的压强

B. 金属板和它上面的棱都是为了增大对地面的压强

C. 金属板是为了减小对地面的压强;棱是为了增大对地面的压强

D. 金属板是为了增大对地面的压强;棱是为了减小对地面的压强

7. 冬天,把自来水笔从室外带到室内,有时会有墨水流出.这主要是因为(　　).

A. 墨水受热膨胀,流出来了

B. 笔囊受热膨胀，把墨水挤出来了

C. 笔囊中的空气受热膨胀，把墨水挤出来了

D. 笔尖处的缝隙受热膨胀，使墨水漏出来了

8. 如图 1 所示为一只白炽灯泡，正常工作时的电流约是(　　).

A. 0.27 mA

B. 270 mA

C. 0.41 A

D. 0.11 A

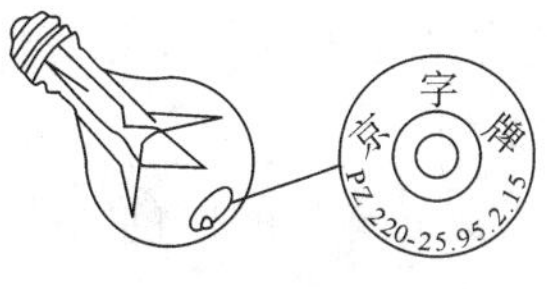

图 1

9. 小明两次煮鸡蛋. 第一次在水开后继续用急火煮，直到煮熟. 第二次在水开后将火焰调小，但仍保持锅中的水沸腾，直到煮熟. 两次比较发现(　　).

A. 第一种方法比第二种方法省燃料又省时间

B. 第一种方法费燃料但省时间

C. 第二种方法比第一种方法省燃料但费时间

D. 第二种方法比第一种方法省燃料，两种方法所用时间相近

10. 有一种自行车尾灯设计很巧妙. 当后面汽车的灯光以任何方向射向尾灯时，它都能把光线“反向射回”. 图 2 是 4 种尾灯的剖面示意图，其中用于反光的镜面具有不同的形状. 能产生上述效果的镜面是(　　).

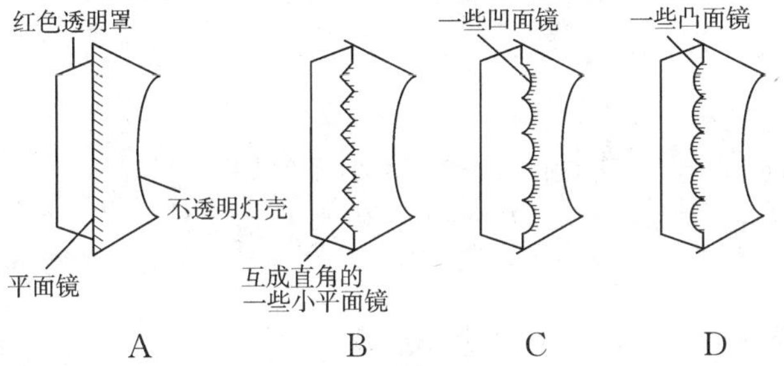

图 2

11. 化纤衣服很容易沾上灰尘，这是因为它(　　).

A. 容易积累静电荷　　B. 具有一定的黏性

C. 具有大量微孔　　D. 质地柔软

12. 有些电工仪表的刻度盘上有一个弧形缺口，缺口下面有一面镜子(图 3)，它的作用是(　　).

A. 读数时使眼睛处于正确位置

B. 增加刻度盘亮度

C. 检验仪表是否水平

D. 便于观察仪表内部结构

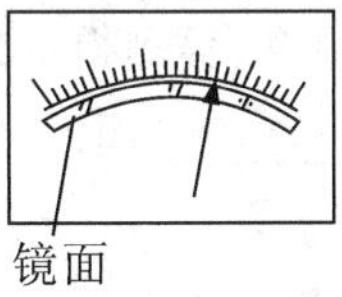

图 3

13. 汽车刹车时站在车内的人会向前倾倒. 在解释这个现象时要用到以下 4 句话：

① 刹车时人脚和汽车一起减慢了速度；

② 汽车行驶时人和车以相同的速度前进；

③ 人的身体由于惯性还在以原来的速度向前运动；

④ 人会向前倾倒.

按照下列哪个顺序排列这 4 句话可以把这个现象解释得最清楚？(　　)

A. ①②③④　　B. ②①③④

C. ①③②④　　D. ②③①④

14. 为了避免秤杆损伤，制秤时在秤杆两端各包上质量相等或相近的两块小铜片. 现在秤杆一端的铜片脱落丢失，主人怕影响秤的准确性，把另一端

的铜片也取了下来. 用这样的杆秤来称量,结果是(　　).

A. 称量时的读数比实际质量大

B. 称量时的读数比实际质量小

C. 不论两块铜片的质量是否完全相等,都可恢复秤的准确性

D. 只有在两块铜片的质量完全相等的情况下,才能恢复原来秤的准确性

二、填空题(18 分,每小题 3 分)

1. 用放大镜观看彩色电视机荧光屏上的白色区域,会发现它是由________种颜色的亮点或亮条组成的.

2. 如图 4 所示,弹簧拉力器的说明书上写着,把每一根弹簧拉长10 cm需要 10 N 的力. 王刚把图中的拉力器拉长 0.4 m,他的拉力是________ N.

图 4

图 5

3. 炒菜时利用的热传递方式主要是________.

4. 检查视力时人与视力表间的距离应为 5 m. 现在由于屋子太小而使用一个平面镜,视力表到镜子的距离为 3 m(图 5),那么人到镜子的距离应为________.

5. 医生测量血压时逐渐以国际单位 kPa(1 kPa＝1000 Pa)取代旧单位 mmHg. 已知水银的密度是 13.6×10^3 kg/m^3,还知道 1 Pa＝________N/m^2,这样就能得出 1 mmHg＝________ Pa. 1991 年的高等学校招生体检标准规定,肱动脉舒张压超过 11.46 kPa 的考生不能报考地质勘探等专业,这里 11.46 kPa＝________ mmHg.

6. 有一只标着“2.5 V　0.3 A”的小灯泡. 李红算出它的灯丝电阻是 8.3 Ω,但用欧姆表(测量电阻的仪表)测得的结果是 2.5 Ω,关于这种差异,最合理的解释是:金属的电阻随________而改变.

三、(4 分)

图 6 为一种手电筒的结构图. 它有两种接通方式,短时间使用时按下按钮;长时间使用时向前推动滑键. 请对照实物剖面图画出这种手电筒的电路图.

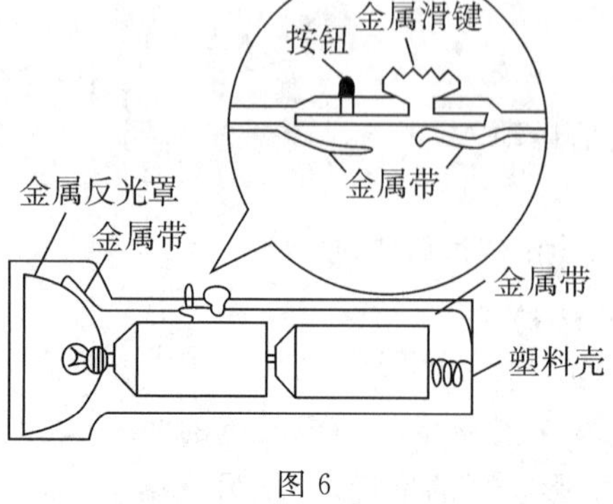

图 6

四、(6 分)

一种厕所便桶水箱结构如图 7 所示(图中略去了水箱中注水的装置). 出水口上的橡胶盖是空心的,放水时它漂浮在水面上,水从出水口流出,如图 7(a)所示. 随着水的流出,水面降低,直到橡胶盖盖住出水口,放水过程结束. 注水过程中和注满水后,橡胶盖都盖住出水口,如图 7(b)所示.

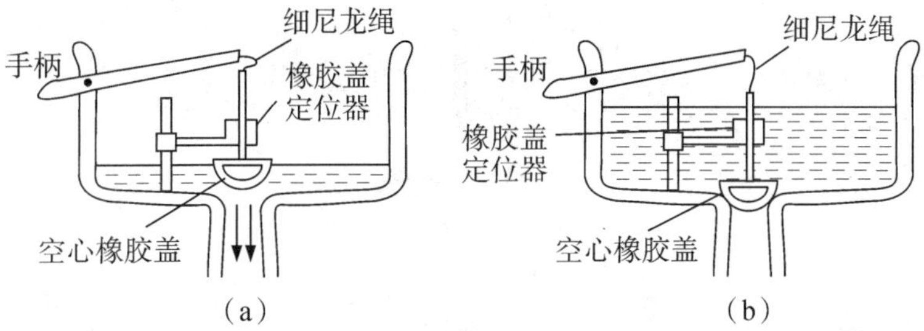

图 7

1. 请你判断,图 7(a)中空心橡胶盖所受的重力与它所受的浮力大小有什么关系.

2. 请你说明,图 7(b)中为什么橡胶盖能紧紧地盖在出水口而不浮起.

3. 这种装置的一个重要缺点是,每次冲便桶都要用掉一箱水. 为了节约用水,请你对橡胶盖做些改造,使得按下手柄时,橡胶盖抬起放水,放开手柄后橡胶盖能立即盖上出水口,停止放水.

五、(6 分)

有一个理发用的电吹风机,由于说明书遗失,只知道它的额定电压是 220 V,没有其他数据. 请你利用一般家庭用的电度表(铭牌上的数据如图 8 所示)和一只钟表,设计一种简便方法,测定这个电吹风机的功率.

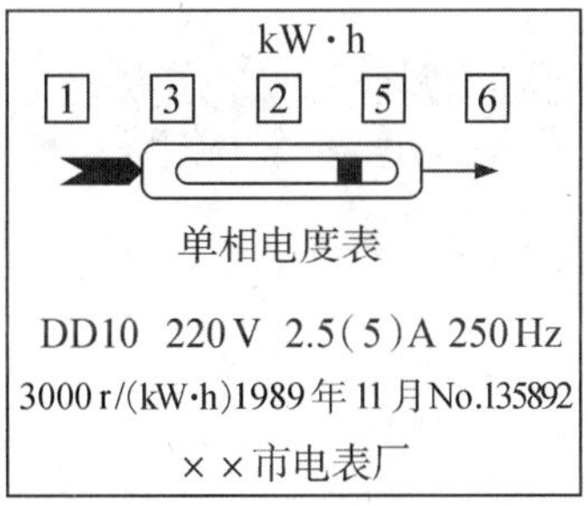

图 8

要求:

1. 写明测量步骤;

2. 用字母代表所涉及的物理量,导出计算电功率的公式.

六、(8 分)

液压电梯是一项新技术,它可以为十层以下的旧楼加设电梯而无须在楼顶增建悬挂轿厢用的机房.

1. 液压机的柱塞通过滑轮和钢索带动轿厢上升,如图 9 所示. 为使轿厢上升 18 m,液压机柱塞要上升多少 m?

2. 有一种液压电梯如图 9 所示,轿厢本身质量是 1300 kg,油泵最大油压是 2.3×10^{6} Pa,厂家所能提供的油压机柱塞直径为(单位为 mm)60、85、105、140、184、238 六种. 通过计算说明应该选用哪种直径的柱塞.(由于柱塞本身受到重力作用及轿厢加速上升时需要较大的牵引力,厂家要求将柱塞直径扩大到计算值的 1.4 倍,然后从所给的六种规格中选取.)

七、(8分)

不同品种、不同产地的小麦,即使麦粒都很饱满,其中各种成分的比例及麦粒的坚实度也不一样,因此麦粒的密度也略有不同.请你利用实验课上用过的仪器,设计一个测定饱满麦粒密度的实验方案,要求:

1. 写明所需器材、测量步骤及操作中为减小误差而需注意的事项;

2. 用字母代表物理量,写出计算麦粒密度的公式.

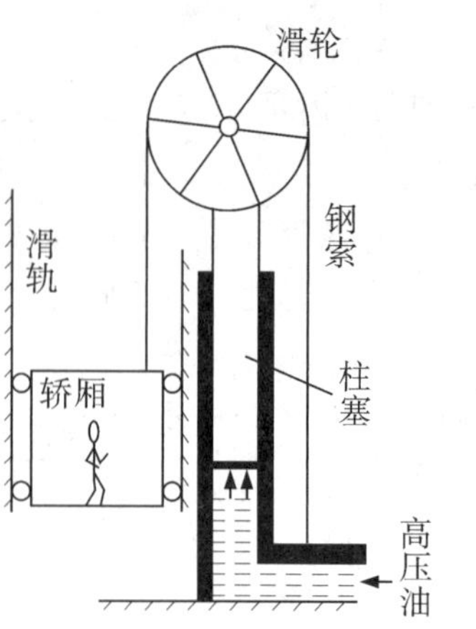

图 9

八、(8分)

电热淋浴器分为储水式和无水箱式两种.储水式淋浴器要用较长时间把水箱中的水加热,待水温达到要求后用水箱中的热水淋浴;无水箱式淋浴器使冷水流过电热器就达到要求的温度而立即从喷头流出供淋浴.请你利用以下数据通过计算说明,家庭中不宜使用无水箱式电热淋浴器.

冷水温度 16 ℃;

淋浴所需热水温度 38 ℃;

淋浴所需热水流量 4×10^{-3} m^3/min;

水的比热容 4.2×10^3 J/(kg·℃);

家庭电路允许通过的最大电流约 5 A.

第三届全国初中应用物理知识竞赛

学习笔记

一、选择题(39分,每小题3分)

1. 落在高压线上的鸟儿不会触电死亡,这是因为(　　).

A. 鸟爪上的角质层是绝缘的

B. 鸟儿对电流的承受能力比较强

C. 鸟儿双爪落在同一条导线上,没有电流流过鸟的身体

D. 高压线有橡胶外皮

2. 人们常说井水冬暖夏凉,这是因为(　　).

A. 井内冬夏温度变化小,地面冬夏温度变化大,所谓"冬暖夏凉"是井水温度与地面温度比较而言的

B. 井水受地热的作用而有较多的热能

C. 井水远离地面,不受空气流动的影响,因而具有较多热能

D. 井水暴露在空气中,夏天气温高,蒸发得快,吸收了较多的热量,因而温度较低

3. 多油的菜汤不易冷却,这主要是因为(　　).

A. 油层阻碍了汤的热辐射

B. 油层和汤中的水不易发生热交换

C. 油的导热能力比水差

D. 油层覆盖在汤面,阻碍了水的蒸发

4. 夏天,自来水管上常有水珠,这是因为(　　).

A. 夏天自来水的温度较高,蒸发较快,从而在管壁上形成水珠

B. 夏天空气中水蒸气较多,遇到较冷的自来水管就在管壁上凝结成水珠

C. 夏天气压较低,管内外压强差较大,少量水分透过管壁微孔渗出

D. 夏天用水量大,水厂须给自来水加压,管内外的压强差增大,因此有少量水分透过管壁微孔渗出

5. 许多电冰箱的后背涂成黑色,原因是(　　).

A. 黑色物体的热辐射能力较强

B. 黑漆的强度较高

C. 黑色物体吸热能力较强,有利于冰箱内物体的降温

D. 黑色物体不易吸附灰尘

6. 家用电熨斗为适应不同衣料的熨烫,设计了调节温度的多挡开关.使用时转动旋钮即可使熨斗加热到所需的温度.图 1 是电熨斗的电路图,旋转多挡开关可以改变 1、2、3、4 之间的连接情况.现将开关置于温度最高挡,这时,1、2、3、4 之间的连接是下列图 2 四幅图中的哪一个?(　　).

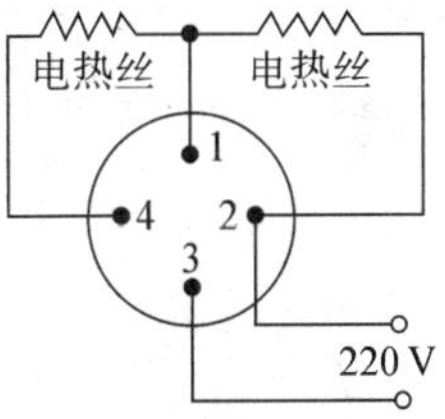

图 1

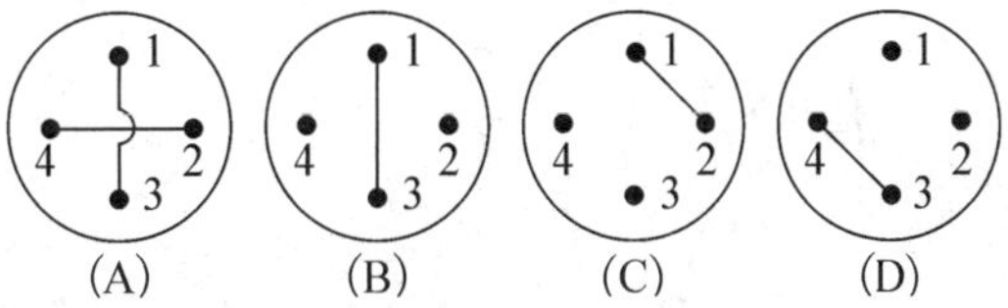

图 2

7. 量筒做得细而高,不做成粗而矮的形状(图 3),这主要是因为(　　).

A. 实验中,细高的量筒便于操作

B. 细高的量筒可以做出相对较大的底座,增加稳度

C. 细高的量筒与矮粗的相比,相应的刻度间隔较大,便于准确地读数

D. 矮粗量筒中的液体较多,筒壁所受压强较大,需用较厚的玻璃,因而不便读数

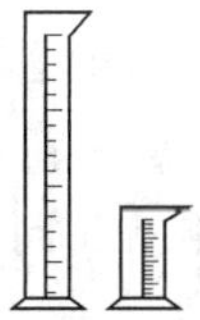

图 3

8. 图 4 中画的是王小刚同学的眼镜,从眼镜判断,他的眼睛(　　).

A. 是远视眼

B. 是近视眼

C. 视力正常,眼镜是太阳镜

D. 一只眼视力基本正常,另一只是近视眼

图 4

9. 市售电热水壶有两种形式,一种如图 5(a)所示,电热元件在壶底下面的底座内;另一种如图 5(b)所示,电热元件在壶底之上,浸没在水中.如果两种水壶的耗电功率相同,壶内水量和初温都相同,那么(　　).

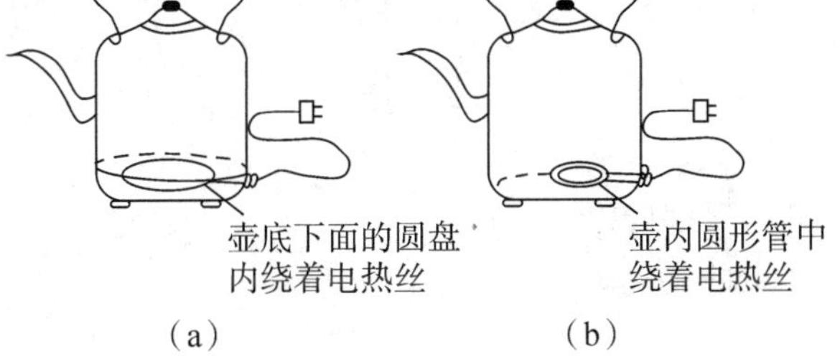

图 5

A. (a)壶的电热元件在壶底下面，有利于水的对流，(a)壶中的水先沸腾

B. (a)壶的电热元件安放在底座内，热量损失较小

C. (b)壶中的电热元件被水包围，热量损失小，(b)壶中的水温上升较快

D. (b)壶的电热元件体积较小，热能的利用率较低

10. 图 6 是一张在湖边拍摄的照片. 因为湖水平静，岸上景物与湖中的倒影在照片上十分相似. 下列几种方法中哪一种不能用来正确区分真实景物与它在湖中的倒影？(　　).

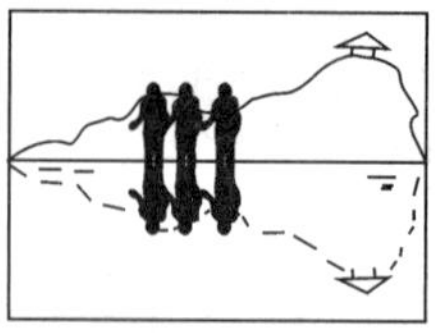

图 6

A. 倒影比真实景物略暗一些

B. 倒影比真实景物的清晰度略差一些

C. 倒影中人物排列的左右位置与拍照时的真实位置正好相反

D. 倒影中人物的身高比真实人物略大一些

11. 黑白照片进行暗室加工时，所用温度计的液柱是蓝色的，而不是红色的. 以下说法中不正确的是(　　).

A. 暗室安全灯是红灯，因而一切物体看来都是红的. 温度计的红色液柱在这种环境中不易看清

B. 温度计的蓝色液柱在红光照射下是黑的

C. 蓝色液柱在红光下看得更清楚

D. 红色液柱在红灯照射下反射白光

12. 有两只小灯泡，只标有额定电压，都是 6.3 V. 串联起来接到电源上，亮度不同. 在回答哪个灯泡的额定功率比较大时要用到以下 6 句话：

(1) 较亮灯泡的电阻较大；

(2) 从关系式 $P=I^2R$ 可以知道；

(3) 串联时流过两个灯泡的电流相同；

(4) 从关系式 $P=\frac{U^2}{R}$ 可以知道；

(5) 在相同的电压下工作时，灯泡的电功率和它的电阻成反比；

(6) 所以，串联时较暗灯泡的额定功率大.

按照下列哪个顺序排列这六句话可以把问题讲得最清楚？(　　)

A. (2)(1)(3)(4)(5)(6)　　B. (2)(3)(1)(4)(5)(6)

C. (4)(5)(2)(1)(3)(6)　　D. (3)(2)(1)(4)(5)(6)

13. 水中有甲、乙两支比重计，水面与甲的最上端刻度对齐，与乙的最下端刻度对齐(图 7). 在回答“测牛奶的密度应该用哪支比重计”这个问题时，一位同学用到了以下 7 句话：

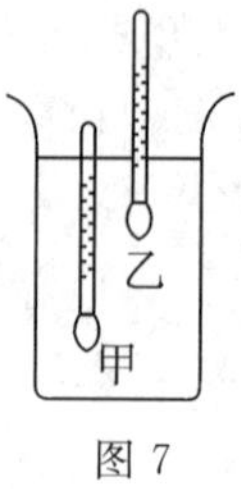

图 7

(1) 把比重计放入牛奶中它会漂浮在液面上；

(2) 比重计漂浮在任何液体的液面上时，它所排开的液体受到的重力都与它自身受到的重力相等；

(3) 牛奶的密度大于水的密度；

(4) 一定体积的牛奶受到的重力大于同体积的水重；

(5) 比重计排开较小体积的牛奶就可以获得足够的浮力；

(6) 比重计漂浮在牛奶中的位置要比在水中的位置高一些；

(7) 应该选用甲比重计.

这些话中有的是多余的. 采用下列哪种说法可以把问题讲得既精练又准确?(　　).

A. (1)(2)(3)(4)(6)(7)　　B. (2)(3)(5)(6)(7)

C. (2)(3)(5)(6)　　D. (2)(3)(4)(7)

二、填空题(21 分,每小题 3 分)

1. 王老师要用一个电影放映灯泡(图 8)为实验仪器照明. 他所用电源的输出电压是 24 V. 若把一段电阻丝和灯泡串联起来接到电源上,为使灯泡正常发光,这段电阻丝的电阻值应该是________ Ω,它应该至少能承受________ A 的电流.

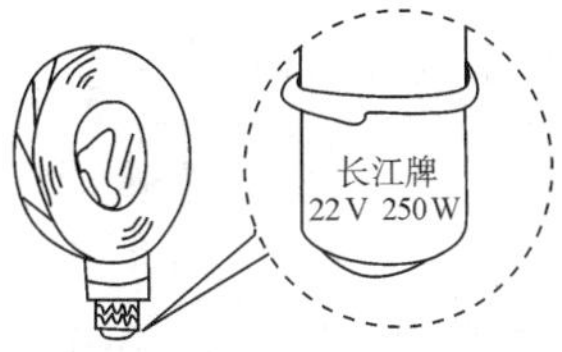

图 8

2. 火车在进入隧道前必须鸣笛. 若火车速度为 80 km/h,声音在空气中的速度是 340 m/s,司机在鸣笛后 2 s 时听到自隧道口处的山崖反射的回声,则鸣笛时火车到隧道口的距离是______ m.

3. 有一支用毕没有甩过的体温计,读数停留在 38.2 ℃,被误用来测量病人的体温. 若病人实际体温是 37.8 ℃,体温计读数是________℃;如果病人实际体温是 38.5 ℃,体温计读数是________℃.

4. 城市燃气供应行业常用毫米水柱作为燃气的压强单位,JMB-3 型煤气表的铭牌如图 9 所示(铭牌中"压力"指的是压强),当煤气的压强大于________ Pa,小于________ Pa 时,这种煤气表可以正常工作.

JMB-3 型煤气表	
额定流量 2.5 m^3/h	使用压力 50～300 mm · H_2O
回转数 41.7 r/min	使用介质城市煤气
出厂日期 1991 年 4 月	

图 9

5. 如图 10 所示,老师利用投影仪把课前写好的透明胶片投射到屏幕上,得到了清晰的像. 当他把两块条形磁铁放在投影仪上,在磁铁上面铺好玻璃板,用铁粉演示磁力线的分布时,屏幕上磁力线的像却不清晰. 这时应该向______移动投影仪的镜头.

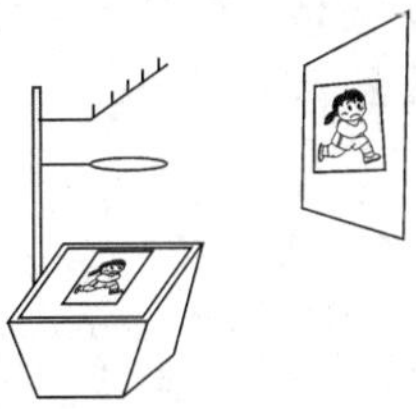
图 10

6. 冬天,李明同学插上电热取暖器的插头后发现室内电灯变暗了. 他用电压表测量供电电压,结果是,不接取暖器时的电压是 210 V,接上标有"220 V　1000 W"的电热取暖器后电压降为 200 V. 通过计算可以知道,供电电路中的电阻约为________ Ω.

7. 贾铭同学打算利用电度表来测量电视机实际消耗的电功率. 他断开电度表连接的所有其他用电器,只把电视机打开,在 t s 内测得电度表的盘转数为 N. 如果电度表铭牌上标明每千瓦时的盘转数为 n,电视机的电功率为________ W.

三、(5 分)

1. 给你一个透镜,怎样用最简单易行的方法判断它是不是凸透镜?

2. 说出两种最简单的估测凸透镜焦距的方法.

四、(5 分)

电视台把无线电信号传送到高空中的通信卫星上,卫星再把信号传到地面上的其他地区，这样就实现了卫星电视转播. 在调试过程中，电视台本身也需要接收卫星传回的信号，并和演播室用电缆传来的信号进行比较. 这时发现，卫星传来的画面上，人们动作的变化总比电缆传来的画面上相应的变化发生得晚一些.

1. 解释产生这种时间延迟的原因.

2. 已知通信卫星的高度大约是 36000 km，无线电信号传播的速度与光速相同，估算画面延迟的时间.

五、(7 分)

图 11 为一种设计中的牲畜饮水用自动装置. 底盖 A 平时顶住水箱的出水口，一旦饮水槽水位下降，浮子受到的浮力减小，水就从水箱流入饮水槽. 设计中水箱水位最高为 60 cm，水箱出水口直径是 6 cm，底盖 A 及竖杆 B 的总质量是 420 g，浮子 D 的质量是 580 g，体积是 $2\ \mathrm{cm^3}$，横杆 C 的质量可以忽略. 通过计算说明，这个自动装置在水箱蓄满水时不能正常工作.

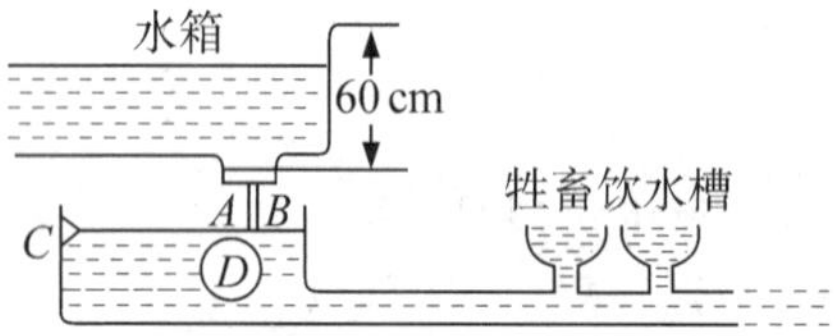

图 11

六、(7 分)

硬钢片做成的瓶盖起子有图 12(a)和图 12(b)两种用法. A、B 是开盖时起子和瓶盖接触的两点. 在瓶盖和瓶口的接触点中，D 和 E 分别是离手最远和最近的两点. 开盖时手对起子施加的力 F 作用在 G 点，瓶口对瓶盖的阻力可以认为作用于瓶盖的中心点 C(图中没有标出). 如果瓶盖在打开的过程中没有发生明显的弯折，那么请回答：

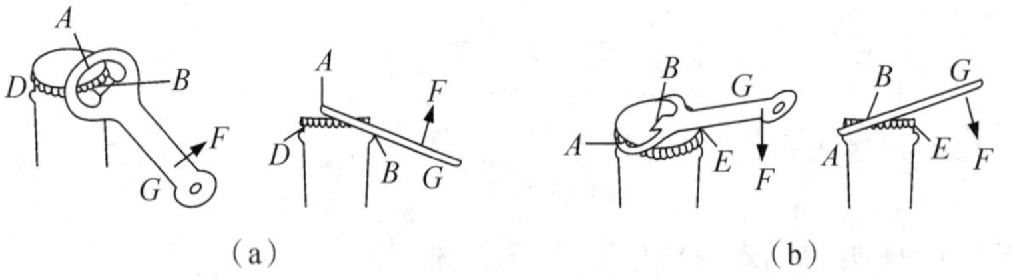

图 12

1. 分别指出(a)、(b)两种情况下杠杆的支点.

2. (a)、(b)两种用法中哪一种比较省力？为什么？

七、(8 分)

有些家用玻璃茶几的桌架是用四个塑料吸盘吸附在桌面上的(图 13). 如果每个吸盘的直径是 4 cm，计算一下，桌架质量不超过多少时，抬起桌面就能把桌架带起. 实际上，所能带起的桌架质量小于上述计算值，请分析原因.

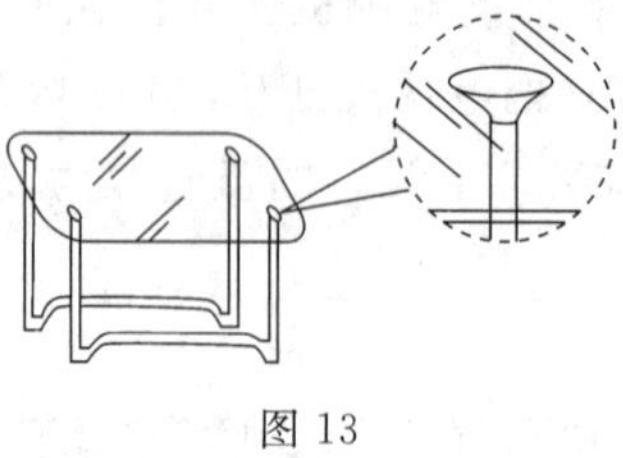

图 13

八、(8 分)

楼道里的灯常常彻夜通明，因而极易损坏. 给它串联一个电阻后再接到电路里，虽然亮度略有降低，寿命却可以大大延长. 现在欲使标称“220 V 25 W”的灯泡在实际使用时消耗的功率约是额定功率的 80 %，应该串联多大电阻？这个电阻消耗的电功率是多大？

第四届全国初中应用物理知识竞赛

学习笔记

一、选择题(36 分，每小题 3 分)

1. 按我国交通管理部门最近规定，坐在小汽车前排的司机和乘客都应在胸前系上安全带，这主要是为了减轻在下列哪种情况出现时可能对人造成的伤害？(　　)

A. 车速太快　　B. 车速太慢

C. 紧急刹车　　D. 突然启动

2. 一个质量为 50 kg 的人，他整个身体的体积大约是(　　).

A. 0.005 m^3　　B. 0.01 m^3　　C. 0.05 m^3　　D. 0.1 m^3

3. 有四种器材：(1) 自行车座；(2) 机械手表；(3) 衣服夹子；(4) 发令手枪. 其中利用弹簧形变的势能转化为动能工作的有(　　).

A. (1)和(2)　　B. (2)和(3)　　C. (1)和(4)　　D. (2)和(4)

4. 有四种飞行器：(1) 直升机；(2) 飞艇；(3) 热气球；(4) 滑翔机. 其中利用空气浮力升空的是(　　).

A. (1)和(4)　　B. (2)和(3)　　C. (1)和(3)　　D. (2)和(4)

5. 手持抽气、打气两用气筒的构造如图 1 所示. a 为筒身，b 为活塞，c 和 d 是气门装置，类似于自行车内胎上套有气门芯的气门嘴，起阀门作用. 使用这种气筒时(　　).

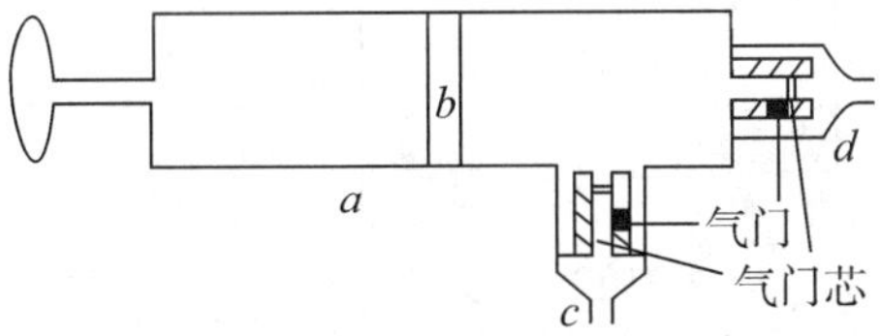

图 1

A. 接 d 气门，起打气作用；接 c 气门，起抽气作用

B. 接 d 气门，起抽气作用；接 c 气门，起打气作用

C. 向外拉活塞，2 个气门都起抽气作用

D. 向里推活塞，2 个气门都起打气作用

6. 我国农村使用的一种钢架水泥壳抛物面太阳灶，用 30 min 可将 4 kg 与气温(26.5 ℃)相同的水刚刚烧开，若不计热损失，此时这个太阳灶的功率为(　　).

A. 163 W　　B. 686 W　　C. 933 W　　D. 41160 W

7. 在制药时，为从溶液中提取抗生素，要用加热的方法使水沸腾而除去水分，但抗生素不能在超过 80 ℃的条件下提取，应采用的办法是(　　).

A. 增加容器内的气压，使水的沸点低于 80 ℃

B. 降低容器内的气压，使水的沸点低于 80 ℃

C. 缩短加热沸腾的时间

D. 用微火加热使其沸腾

8. 电视机的玻璃荧光屏表面经常有许多灰尘,这主要是因为(　　).

A. 灰尘的自然堆积

B. 玻璃有较强的吸附灰尘的能力

C. 电视机工作时,屏表面温度较高而吸附灰尘

D. 电视机工作时,屏表面有静电而吸附灰尘

9. 这张试卷是白纸上印有黑字,每个人都看得特别清楚. 我们之所以能看清楚这些字的主要原因是(　　).

A. 白纸和黑字分别发出了不同颜色的光进入眼睛

B. 白光照到试卷上,白纸和黑字分别反射出白光和黑光进入眼睛

C. 白光照到试卷上,白纸反射出白光进入眼睛,而黑字不反光

D. 黑字比白纸反射光的本领强

10. 一种手电筒上所用的聚光小电珠如图 2 所示. 其前端相当于一个玻璃制成的凸透镜. 灯丝(可看作一个点光源)发出的光通过它出射时,出射光束(图中实线所示)比无此透镜时的光束(图中虚线所示)要窄,即它可减小光束的发散,有聚光功能. 在这种小电珠中,灯丝应位于(　　).

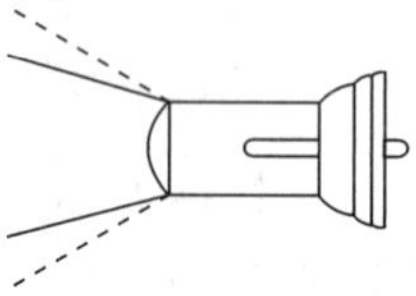

图 2

A. 凸透镜的焦点以内

B. 凸透镜的一倍焦距和二倍焦距之间

C. 凸透镜的焦点处

D. 凸透镜的二倍焦距处

11. 在图 3 所示的电路中,R 为待测电阻,阻值约为 5 Ω. 给你的器材有:滑动变阻器(2 A,0～10 Ω);电压表,有 2 个量程,分别为 0～3 V、0～15 V;电流表,有 2 个量程,分别为 0～0.6 A、0～3 A;电池组为新干电池 3 节串联,两只电表的量程可采用以下 4 种选法,但为使测量时能较准确地读数,最后,两只电表的量程应采用(　　).

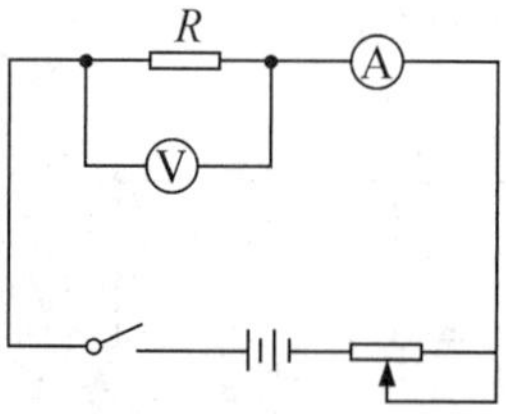

图 3

A. 0～0.6 A 和 0～15 V

B. 0～3 A 和 0～15 V

C. 0～0.6 A 和 0～3 V

D. 0～3 A 和 0～3 V

12. 电炉通电后,电炉丝热得发红,而跟电炉连接的铜导线却不那么热,这是因为(　　).

A. 通过铜导线的电流小,所以它消耗的电能也较少

B. 电炉丝和铜导线消耗的电能相同,但铜导线散热快,所以就不那么热

C. 通过电炉丝的电流大,所以它消耗的电能较少

D. 铜导线电阻较小,所以它消耗的电能较少

二、填空题(24 分,每小题 3 分)

1. 帽子的功能很多,仅从热学角度看,夏天戴草帽主要是为了防止________;冬天戴棉帽主要是为了防止________.

2. 制造金属工具时,为增加工件的硬度,将烧红的工件放入冷水中进行淬火,此时会发出“吱吱”的声音,并在水面上冒出“白烟”,这个物态变

化是________________________________过程.

3. 内燃机工作时，燃料燃烧释放出的________能转换为________能. 给蓄电池充电，________能转换为________能. 使用电饭锅时，________能转换为________能.

4. 干湿泡温度计是用两个相同的温度计并列制成的. 在使用时，其中一个温度计下端的玻璃泡包着湿布，因为水在蒸发时要________，所以这个温度计的读数要比另一个的读数________. 在相同室温下，两个读数的差值大，就表明空气中的水蒸气含量________.

5. 如图 4 所示为自动调温电熨斗的电路图. 右下方为温控部分，在未通电和低于预定温度时，双金属片 A 和静片 B 上的触点接通，指示灯 L 亮，电热丝 R 发热. 当温度达到预定温度时，双金属片因________向左弯曲，电路断开. 若双金属片由铜片和铁片铆合而成，则左片应是________片. 调节调温旋钮 C，使静片向左时，调温电熨斗的预定温度值将变________.

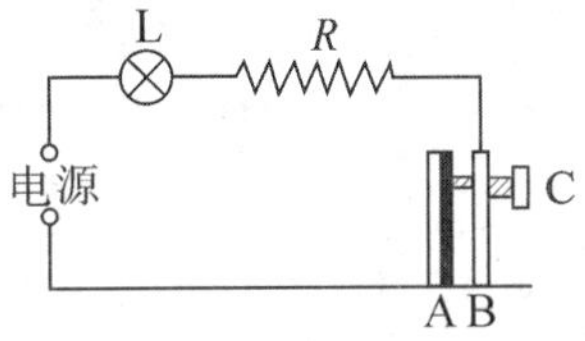

图 4

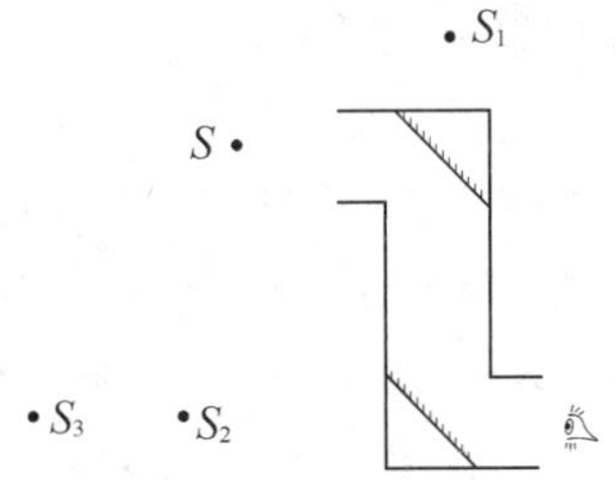

图 5

6. 如图 5 所示为潜望镜工作原理图. 若现有一军舰位于点 S 处，则潜水艇中的人通过潜望镜看到军舰的像在图中的点________处.

7. 列车上有出售食品的手推车，若货物在车内摆放均匀，当前轮遇到障碍物 A 时，如图 6 所示，售货员向下按扶把，这时手推车可以视为杠杆，支点是________(写出字母)；当后轮遇到障碍物 A 时，售货员向上提扶把，这时支点是________，手推车可以视为________力杠杆.

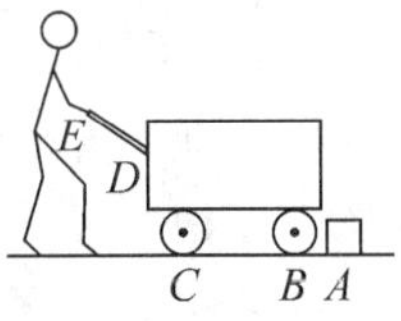

图 6

8. 小刚家有额定功率为 40 W 的电灯 4 盏，60 W 的彩电一台，60 W 的电扇一台，100 W 的电冰箱一台. 它们均在 220 V 的额定电压下工作. 若电灯、彩电、电扇以每天工作 3 h 计，电冰箱以每天工作 5 h 计，每月用电(每月按 30 天计)________ kW · h.

三、(5 分)

某医院要安装一种呼唤电铃，使各病床的病人均可单独呼叫，只要一按床头的开关，值班室的电铃就响，且与该病床相对应的指示灯亮. 请在图 7 中画出正确的连接方法.

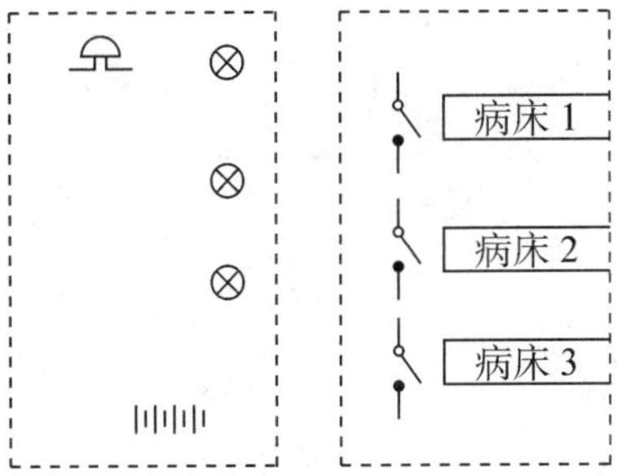

图 7

四、(6 分)

利用日常生活中装饮料的塑料空瓶可以做演示液体压强或大气压强存在和性质的物理实验.请就演示液体压强和大气压强的实验各举一个实例.要求制作方法简单,并只附加少量其他辅助器材.写明制作方法、实验步骤和说明了什么物理内容.

五、(8 分)

电烙铁使用前需要一定的预热时间,因而若暂时不用也要接在电源上,这样既费电又会造成烙铁头氧化而不易沾锡.所以,可采用如图 8 所示电路,在暂不需要焊接时,断开 S,使电烙铁处于预热状态;当需焊接时,闭合 S,能很快达到焊接温度,现用"220 V 25 W"的电烙铁,若灯泡在预热状态时的电阻为800 Ω,电烙铁在预热状态下,求消耗的功率为多少瓦?整个电路消耗的功率是电烙铁正常工作的百分之几?

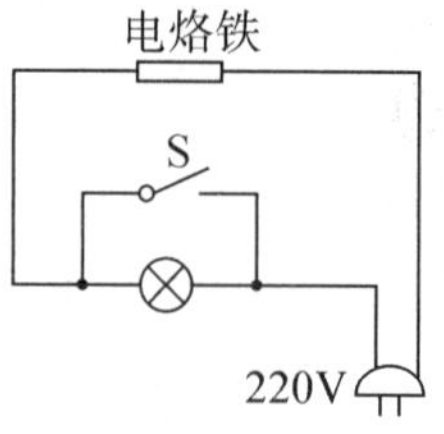

图 8

六、(7 分)

常用浮筒打捞海底沉船,充满海水的浮筒靠自重下沉,向浮筒内充气,将筒内海水排出,浮筒即产生上举力.浮筒为用钢制成的空心圆柱体,若底面外半径 $r=5$ m,外高 $L=12$ m,其质量为 2×10^5 kg,当浮筒沉入 60 m 深处时,才能把筒内的海水排出.充气的压强至少应为多少个标准大气压时才能把筒内的海水排出?它能产生多大的上举力?(略去充入气体的质量.海水的密度 $\rho=1.03\times10^3$ kg/m^3.)

七、(6 分)

倒链(又称神仙葫芦)是一种简单的起重用具.它由滑轮组组成(图 9),A、B 为同轴并一起转动的定滑轮,半径分别为 R_1 和 R_2,R_1 稍大于 R_2;C 为动滑轮,其半径为 r.它们之间用铁链如图 9 所示的方式联结起来.当用力 F 拉一侧铁链使定滑轮转动时,套在 A 上的铁链使挂在 C 上的重物上升,与此同时,套在 B 上的铁链被放下,使重物下降(图中虚线箭头表示铁链运动方向).转动一周时,其总效果使重物上升的距离为多少?若重物所受重力为 G,则使重物缓慢匀速上升,拉力 F 的大小至少应为多少?

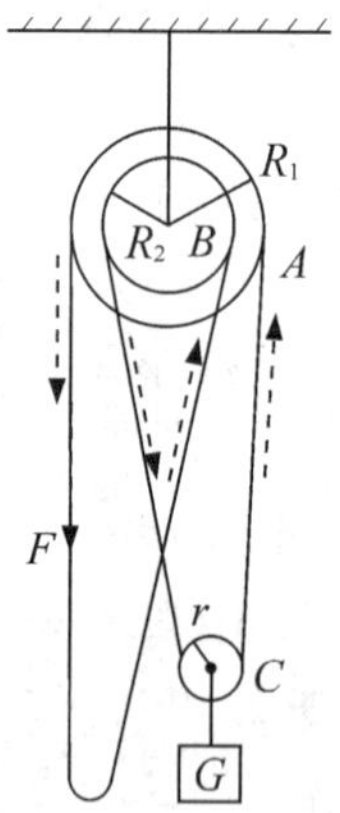

图 9

八、(8 分)

我国已兴建 3 座抽水蓄能水电站,它可调剂电力供应.深夜时,用过剩的电能通过水泵把下蓄水池的水抽到高处的上蓄水池内.白天则通过闸门放水发电,以补充电能不足.如图 10 所示,若上蓄水池长为 150 m,宽为30 m,从深夜 11 时至清晨4 时抽水,使上蓄水池水面增高20 m,而抽水过程中水上升的高度始终保持为 400 m.不计抽水过程中其他能量损耗,试求抽水的功率.($g=10$ N/kg)

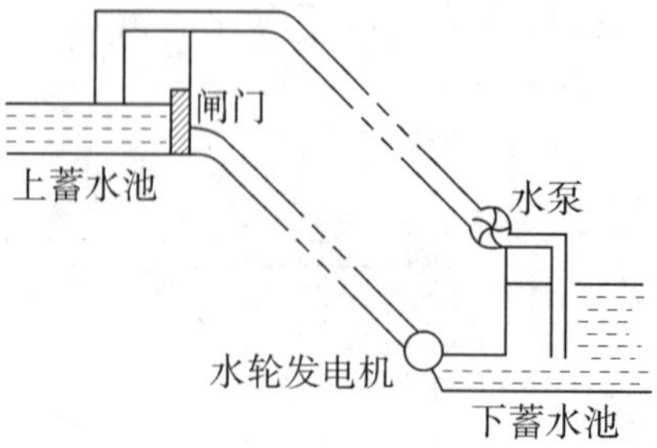

图 10

第五届全国初中应用物理知识竞赛

学习笔记

一、选择题(33 分,每小题 3 分)

1. 下列各实例中属于静摩擦的是(　　).

A. 用橡皮擦纸时,橡皮和纸间的摩擦

B. 小汽车急刹车时,车轮和地面间的摩擦

C. 皮带正常传动时,皮带和皮带轮间的摩擦

D. 用卷笔刀削铅笔时,铅笔与刀孔间的摩擦

2. 若把掉在地面上的物理课本捡回桌面,根据你平时对物理课本质量及桌面的高度的观察与了解,估算人手克服课本所受重力所做的功约为(　　).

A. 0.1 J　　B. 10 J　　C. 1 J　　D. 0.01 J

3. 秤杆上相邻刻度间所对应的质量差是相等的,因此秤杆上的刻度(　　).

A. 是均匀的

B. 从提纽开始向后逐渐变密

C. 从提纽开始向后逐渐变疏

D. 与秤杆的粗细是否均匀有关,以上三种情况均有可能

4. 在北方的冬天,汽车驾驶员常用水和酒精的混合物作为汽车冷却系统中的冷却液,这是因为这种混合液具有(　　).

A. 较低的沸点　　B. 较低的熔点

C. 较大的比热　　D. 较小的密度

5. 有两只灯泡,分别标有“220 V　15 W”和“220 V　100 W”的字样. 如将它们串联接在电压为 380 V 的动力电源上,则(　　).

A. 15 W 的灯泡烧坏,100 W 的灯泡完好

B. 100 W 的灯泡烧坏,15 W 的灯泡完好

C. 两只灯泡均被烧坏

D. 两只灯泡均完好

6. 在电学实验中遇到断路时,常常用电压表来检测. 某同学连接如图 1 所示的电路,开关闭合后,电灯不亮,电流表无指示. 这时用电压表测得 a、b 两点间和 b、c 两点间的电压均为零,而 a、d 间和 b、d 间的电压均不为零,这说明(　　).

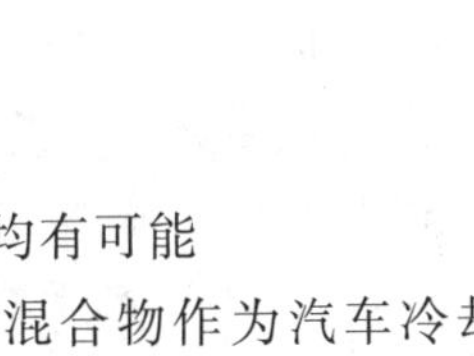

图 1

A. 电源接线柱接触不良

B. 开关的触片或接线柱接触不良

C. 电流表接线柱接触不良

D. 灯泡灯丝断了或灯座接触不良

7. 李军在检修一只 1000 W 的电炉时,发现电炉丝断了一小截,他用一段较细一些但由同种材料制成的电炉丝将残缺部分补接至原长,这样再接入原电路中使用时,其实际发热功率将(　　).

A. 大于 1000 W　　B. 等于 1000 W

C. 小于 1000 W　　D. 无法判断

8. 在烹炸食物时常会见到：滚开的油锅中，溅入一滴水后，会有剧烈的响声，并溅起油来. 其主要原因是(　　).

A. 溅入的水滴温度太低　　B. 水是热的不良导体

C. 水的比热容比油的比热容大　　D. 水的沸点比油的沸点低

9. 测定血液的密度不用比重计(因为这样做需要的血液量太大)，而采用巧妙的办法：先在几个玻璃管内分别装入浓度不同的、呈淡蓝色的硫酸铜溶液，然后分别在每个管中滴进一滴血液. 分析人员只要看到哪一个管中血滴悬在中间，就能判断血液的密度. 其根据是(　　).

A. 帕斯卡定律

B. 液体内同一深度各方向压强相等

C. 物体的浮沉条件

D. 血滴上部所受硫酸铜溶液的压强等于下部所受硫酸铜溶液的压强

10. 某同学用托盘天平测一物体的质量，测量完毕后才发现错误地将物体放在了右盘，而将砝码放在了左盘. 因无法重测，只能根据测量数据来定值，他记得当时用了 50 g、20 g 和 10 g 三个砝码，游码位置如图 2 所示，则该物体的质量为(　　).

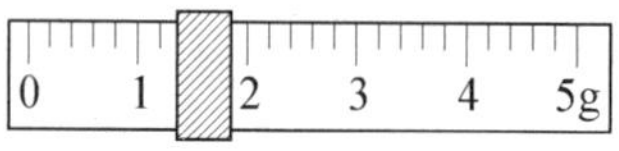

图 2

A. 81.4 g　　B. 78.6 g　　C. 78.2 g　　D. 81.8 g

11. 用飞机向云层喷撒干冰(固体的 CO_2)是一种人工降雨的方法. 以下列出几个物态变化过程：(a)干冰迅速吸热升华；(b)干冰吸热熔解；(c)云层中水蒸气遇冷液化成雨滴；(d)云层中水蒸气遇冷凝华成小冰晶；(e)水蒸气以干冰为核心凝结成雨滴；(f)小冰晶下落遇暖气流熔解成雨滴. 在这种人工降雨过程中，发生的物态变化过程为(　　).

A. a、c　　B. a、d、f　　C. b、c　　D. e

二、填空题(27 分，每小题 3 分)

1. 某工厂生产酒精，要求含水量(按质量计算)不超过 10%，他们用抽测密度的方法对产品进行检查，则合格酒精的密度应在_______ kg/m^3 至_______ kg/m^3 范围内. (不考虑酒精与水混合后的体积变化)

2. 儿童练习游泳时穿的一种“救生衣”实质是将泡沫塑料包缝在背心上. 使用时，穿上这种“救生衣”，泡沫塑料位于人的胸部. 为确保人的安全，必须使人的头部露出水面. 儿童的体重约 300 N，人的密度约为 $1.06\times10^3\ kg/m^3$，人的头部体积约占人体总体积的 1/10，泡沫塑料的密度约为 $10\ kg/m^3$，则此儿童使用的“救生衣”的最小体积为_______.

3. 下列设备中都使用了简单机械，请填入所用简单机械名称(全名). 起重机钢索下面吊钩上的铁轮是________，旗杆顶端的轮是________，自行车的飞轮与后轮是________.

4. 现有如下光学器件：(a)平面镜；(b)凸镜；(c)凹镜；(d)凸透镜；(e)凹透镜. 在下列光学仪器或用具中用到了哪种器件？请把相应的字母填入空格. 自制潜望镜用______，太阳灶用______，老花镜用______，汽车观后镜用______，近视眼镜用______，耳科医生的额镜用______.

5. 放映电影、幻灯的银幕常用粗糙的白布做成，其优点在于：一是利用________使剧场中各处的观众均能看到画面；二是白布能反射________颜色的光，使观众能看到色彩正常的画面.

6. 农村广泛使用塑料地膜种菜. 来自太阳的热量主要通过________

的方式传递进去，以提高土壤的温度，同时，由于薄膜隔开地膜上下的空气，所以防止了热量以________方式的散失.

7. 标有“16 Ω　25 W”字样的扬声器，正常工作时，供电电压应为________，通过它的电流应为________.

8. 雷电是云层与大地之间或云层与云层之间的放电现象，放电的两者所带的是________种电荷，云层所带的电荷是因________而获得的.

9. 常用体温计的刻度部分为三棱体，横截面如图 3 所示，其正面呈圆弧形，这样就可看清体温计内极细的水银柱，以便于读数. 这是因为圆弧形玻璃的作用相当于________，使我们能看到水银柱放大后的________像.

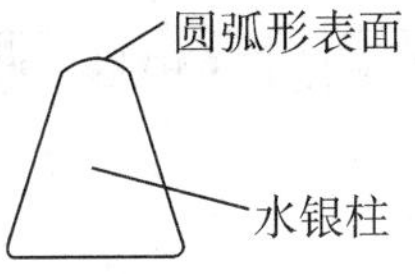

图 3

三、(4 分)

举出四个利用光的直线传播规律解决实际问题的例子(相似的用法只算一个).

四、(7 分)

螺旋千斤顶是一种常用的起重装置，如图 4 所示. 用手柄转动螺杆时，螺杆顶端的重物就随螺杆一起上升. 若螺杆的直径为 d，螺距为 h，手柄末端到转轴的距离为 l，要举起质量为 M 的重物时，至少要给手柄顶端加多大的力? 指出本题中为了省力应用了哪几种简单机械.

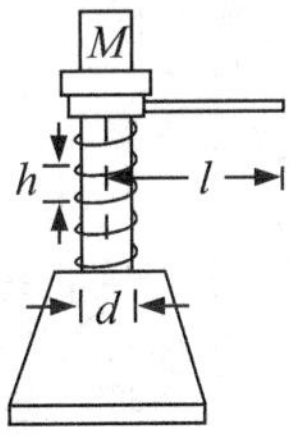

图 4

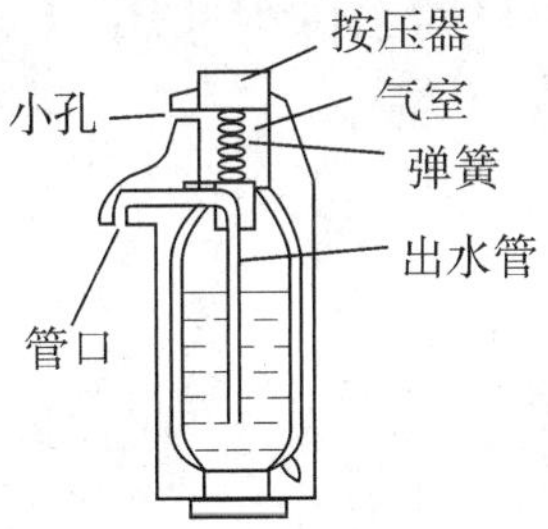

图 5

五、(6 分)

有一种气压保温瓶其结构如图 5 所示. 用手压下按压器，气室上方小孔被堵住，在瓶内气体压强作用下，水经出水管流出. 按压器面积为 8 cm^2. 瓶内水面低于出水管口 10 cm. 要将水压出管口，瓶内水面上方的压强至少要多大? 在按压器上至少要加多大的压力?（弹簧的平均弹力为 1 N，$p_0=1.01\times10^5$ Pa，$g=10$ N/kg，按压器所受重力忽略不计）

六、(8 分)

一台拖拉机的发动机是四汽缸、四冲程的柴油机，汽缸的直径为 95 mm，活塞冲程为 127 mm，第三冲程中气体作用在活塞上的平均压强是 196 N/cm^2，飞轮的转数是 1200 r/min，这台发动机的功率是多少瓦?

七、(8 分)

将一个标有“220 V　400 W”字样的“热得快”插入体积为 0.5 L、初温为 20 ℃的水中，此时由于是用电高峰，实际电压为 210 V，在标准大气压下经过 9 min 10 s 将水加热至沸腾，求“热得快”烧水时的热效率(不计电阻值随温度的变化).

八、(7 分)

某家的电度表盘如图 6 所示，室内安装了 60 W 的电灯 4 盏，90 W 的电视机一台，105 W 的音响一台. 另有一台电冰箱，铭牌上的功率值看不清. 为了测出这台电冰箱的功率,先停止使用其他电器,然后将电冰箱接在电压为 220 V 的电源上,开机工作 4 min,电度表的转盘转过 13 圈,请求出这台电冰箱的功率值. 如果这个家庭平均每天使用电灯、音响、电视机各 2 h,而冰箱有 1/4 的时间处于开机工作状态,则一个月(30 天)耗电多少 kW · h? 将月底的表盘数填入图 7 中.

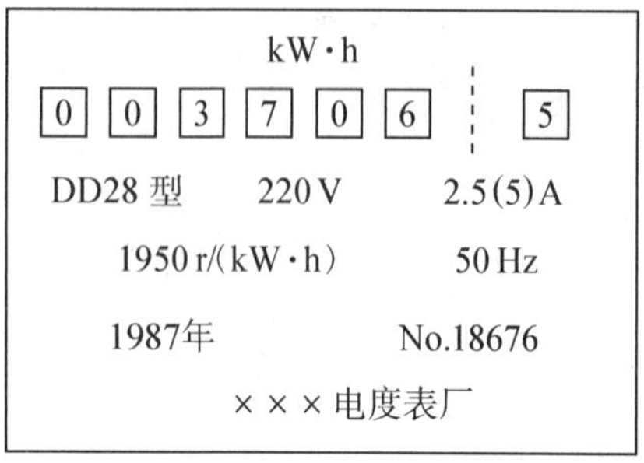

图 6

图 7

第六届全国初中应用物理知识竞赛

一、选择题(36 分,每小题 3 分)

1. 图 1 是实际离心式水泵的示意图,箭头表示正常工作时叶轮转动的方向,示意图中正确的是(   ).

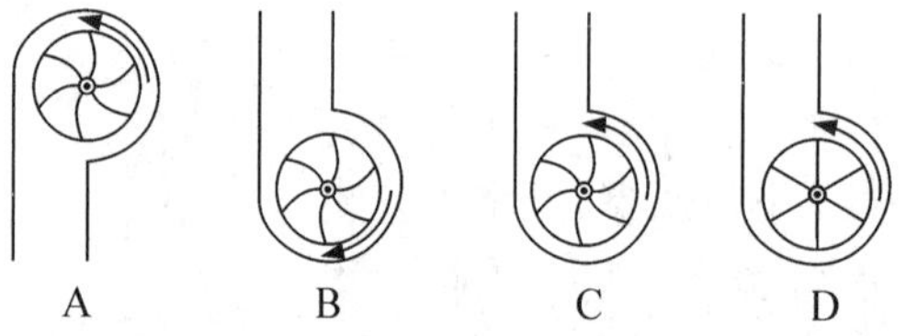

图 1

2. 在没有任何其他光照的情况下,舞台追光灯发出的绿光照在穿白上衣、红裙子的演员身上,观众看到她(   ).

A. 全身呈绿色　　B. 上衣呈绿色,裙子呈紫色

C. 上衣呈绿色,裙子不变色　　D. 上衣呈绿色,裙子呈黑色

3. 对锅加热,锅内的水持续沸腾时,水面上的“白气”并不明显. 如果突然停止加热,水面上很快出现许多“白气”. 这是因为(   ).

A. 沸腾时水不蒸发

B. 沸腾时水面上的蒸汽温度高于 100 ℃

C. 停火后水开始大量蒸发

D. 停火后水面上方的温度明显低于水蒸气的温度,大量水蒸气液化为细小的水珠,形成“白气”

4. 往保温瓶里灌开水的过程中,听声音就能判断壶里水位的高低,因为(   ).

A. 随着水位升高,音调逐渐升高

B. 随着水位升高，音调逐渐降低

C. 灌水过程中音调保持不变，音响越来越大

D. 灌水过程中音调保持不变，音响越来越小

5. 在舞台上喷撒干冰(固态二氧化碳)可以产生白雾，形成所需的效果. 这种雾气是(　　).

A. 二氧化碳气体迅速液化而形成的小液滴

B. 干冰迅速熔化后再蒸发形成的气体

C. 干冰迅速升华变成的气体

D. 干冰使空气中的水蒸气液化形成的小水珠及小水珠凝固形成的小冰晶

6. 小明做实验时把甲、乙两只灯泡串联后通过开关接在电源上. 闭合开关后，甲灯发光，乙灯不发光，乙灯不发光的原因是(　　).

A. 它的电阻太小　　B. 它的电阻太大

C. 流过乙灯的电流比甲灯小　　D. 乙灯灯丝断了

7. 图 2 中四只灯泡的连接方式是(　　).

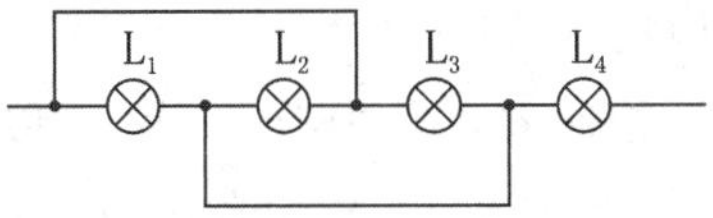

图 2

A. 四灯串联

B. 四灯并联

C. L_2、L_3、L_4 并联，再与 L_1 串联

D. L_1、L_2、L_3 并联，再与 L_4 串联

8. 测绘人员绘制地图时常常需要从飞机上拍摄地面的照片. 若使用的相机镜头焦距为 50 mm，则底片与镜头距离应该在(　　).

A. 100 mm 以外　　B. 50 mm 以内

C. 恰为 50 mm　　D. 略大于 50 mm

9. 拖拉机深耕时总比在道路上行驶时速度慢，这是为了(　　).

A. 提高传动机械的效率　　B. 节省燃料

C. 增大拖拉机的牵引力　　D. 提高柴油机的功率

10. 为了保护听力，在一般情况下应该控制噪声不超过(　　).

A. 30 dB　　B. 50 dB　　C. 90 dB　　D. 110 dB

11. 物理小组的同学们练习安装照明电路. 接通电源之前，老师将火线上的保险丝取下，把一个额定电压为 220 V 的灯泡作为检验灯泡连接在原来安装保险丝的位置，同时要求同学们将电路中所有开关都断开，用这种方法可以检查电路中是否有短路. 在接通电源后，下列说法正确的是(　　).

A. 若检验灯泡正常发光，表明电路连接无误

B. 若检验灯泡不亮，但将某一个用电器的开关闭合后检验灯泡正常发光，表明这个开关的两端直接连接到了火线和零线上

C. 检验灯泡不亮，但将某一盏电灯的开关闭合后，这盏电灯和检验灯泡都能发光，只是亮度都不够，这表明电路中出现了短路现象

D. 不论将电路中用电器的开关断开还是闭合，检验灯泡均不发光，这表明电路中有短路现象

12. 如图 3，烧杯中的冰块漂浮在水中，冰块上部高出杯口，杯中水面恰好与杯口相平. 待这些冰块全部融化后(　　).

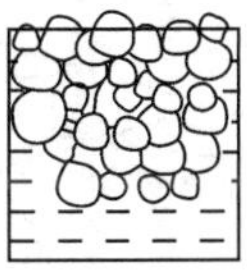
图 3

A. 将有水从烧杯中溢出

B. 不会有水从烧杯中溢出,杯中水面也不会下降

C. 烧杯中水面会下降

D. 融化过程中水面下降,完全融化后有水溢出

二、填空题(27 分,每小题 3 分)

1. 一辆汽车在水平的河岸上行驶,它在水中的倒影相对于汽车的速度是________.

2. 安装家庭电路时,从进户线到用电器之间应有总开关、电能表和保险盒,它们的排列顺序是________、________、________.

3. 为发电建成的核电站,在那里,电能是由核________变时释放的________能转化来的,电能是从________机中得到的.

4. 中华民族对人类文明作出了巨大的贡献. 在物理学领域中,战国初期的________在力学、声学、光学等方面的研究成果代表了当时科学技术的先进水平;宋代的沈括在《________》一书中已有关于地磁偏角的记载,这个发现比西方早 400 年. 近年来,我国对超导材料的研究已跻身于世界前列,1989 年已找到临界温度为 −141 ℃的超导材料,当温度降到 −141 ℃左右时,这种材料的电阻变为________.

5. 物理小组制作了一个自动控制器,其中有一个调压电路如图 4 所示. 滑动变阻器 R 的最大阻值是 100 Ω,负载电阻 R' 的阻值为 100 Ω,A、B 间电压为 10 V,保持不变. 使用过程中发现这个电路的调压范围和原设计不符,检查结果是图中 F 处导线折断. 滑片 P 由上向下移动时,如果电路完好,CD 两端的电压范围应是_______ V 至_______ V;如果 F 点导线折断,CD 两端的电压范围是_______ V 至_______ V.

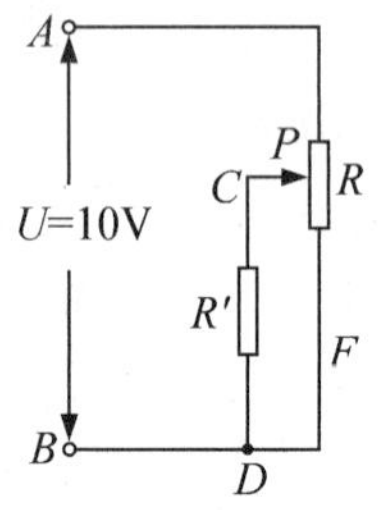

图 4

6. 如图 5 所示电路,由估算可知,通过毫安表的电流约为________ mA,通过电流表的电流约为________ A.

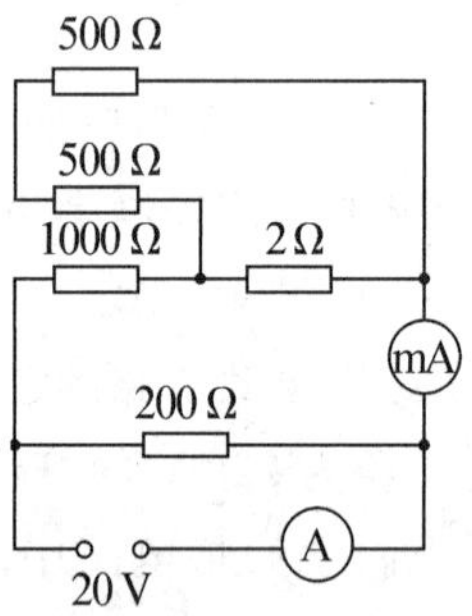

图 5

7. 有一辆娱乐电瓶车,工作电压为 24 V,工作电流为 10 A,效率为 80%,车及人总重为 2000 N,行驶时阻力为车总重的 0.1 倍,该车匀速行驶 120 m 需________ s.

8. 端午节举行龙舟大赛,开始阶段甲队落后于乙队,甲队急起直追,从甲队船头追上乙队船尾到甲队船尾超过乙队船头,共历时 80 s. 已知两队船长均为 10 m,乙队划船速度保持为 7 m/s 不变,甲队超越乙队的过程中船速也不变,那么甲队超越乙队时船的速度为________ m/s.

9. 图 6 是月球的影区分布. 当人随地球运动到________区时会看到日全食,运动到________区时会看到日偏食,运动到________区时会看到日环食.

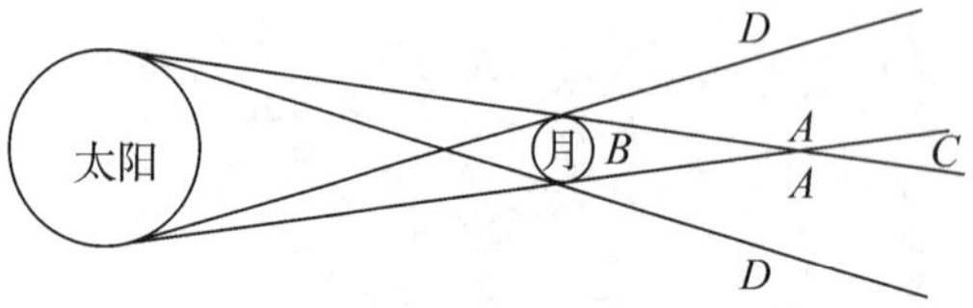

图 6

三、(5 分)

老花镜的“度数”等于它的焦距的倒数乘 100,请设计一个测老花镜度数的最简单的方法,要求写出所用器材、操作步骤和计算公式.

四、(4 分)

用一节干电池、一个开关和一个灯泡自制小台灯.接上电源时,开关虽未闭合,灯泡却已发光;若闭合开关,灯泡反而熄灭了;几秒后再次断开开关,小灯泡又亮了,但亮度减少了许多.请画出这个错误的电路图.

五、(6 分)

某地下油层的压强为 2.10×10^{7} Pa.从地面向此油层钻一口油井,自油层顶部向上计算,原油自喷时可能达到的最大高度为多少?若油层距地面 2000 m,油井直径为 10 cm,要阻止原油喷出地面,至少要向出油口施加多大的压力(原油密度为 0.9×10^{3} kg/m^{3})?

六、(7 分)

一般地说,用电器的工作电压并不等于额定电压.家庭里通常不备电压表,但借助电能表可以测出用电器的实际工作电压.现在电路中只接入一个电热水壶,壶的铭牌和电能表的铭牌如图 7 和图 8 所示,测得电能表的转盘转过 125 r 的时间为 121 s.求此时加在电热水壶上的实际电压.

××牌电热水壶
额定电压 220 V 额定功率 1500 W
容量 4.5 L
××家用电器厂

图 7

kW·h
3 2 4 0 8
单相电度表
DD10 220 V 2 A 50 Hz
3000 r/(kW·h) 1994 年 11 月 No.157
××市电表厂

图 8

七、(7 分)

经验表明,自制家用太阳能热水器的效率在夏天可达 50 %;从太阳能手册中查到,在地球表面,晴天时垂直于阳光的表面接收到的热辐射为 1.26×10^{3} J/(m^{2}·s).如果晒水箱内的水大约有 40 kg,晒水箱接收阳光垂直照射的面积始终是 1.5 m^{2},计算要使水温上升 30 ℃需要的时间.

八、(8 分)

为保证市场的公平交易,我国已有不少地区禁止在市场中使用杆秤.杆秤确实容易为不法商贩坑骗顾客提供可乘之机.请看下例:

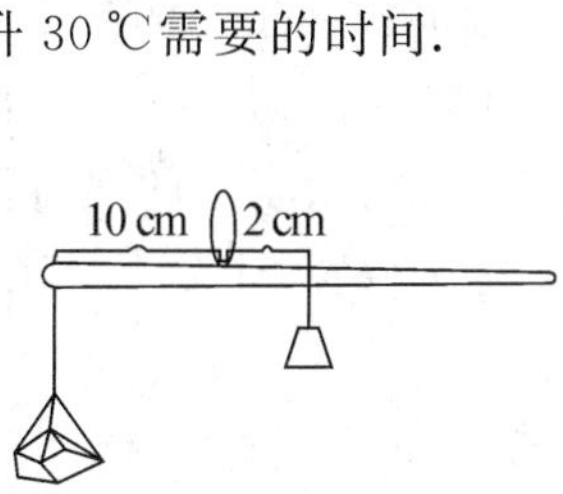

图 9

秤砣质量为 1 kg,秤杆和秤盘总质量为 0.5 kg,定盘星到提纽的距离为 2 cm,秤盘到提纽的距离为 10 cm(图 9).若有人换了一个质量为 0.8 kg 的秤砣,售出 2.5 kg的物品,物品的实际质量是多少?

第七届全国初中应用物理知识竞赛

初　赛

学习笔记

一、选择题(36 分,每小题 3 分)

1. 家庭电路中的保险丝烧断了,下列做法中正确的是(　　).

A. 用铜丝代换

B. 为了保险,选择尽量粗的保险丝代换

C. 选择额定电流稍小于电路中最大正常工作电流的保险丝代换

D. 选择额定电流等于或稍大于电路中最大正常工作电流的保险丝代换

2. 在下列事例中,目的为增大压强的是(　　).

A. 在坦克的轮子上安装履带　　B. 菜刀钝了,磨一磨

C. 将背包的背带做得宽一些　　D. 在铁轨下铺设枕木

3. 下列哪种器材在工作中利用了由弹簧形变的势能转化成为动能?(　　)

A. 自行车座　　B. 机械手表

C. 弹簧秤　　D. 衣服夹

4. 利用空气浮力升空的飞行器是(　　).

A. 飞艇　　B. 直升机　　C. 滑翔机　　D. 火箭

5. 在制糖工业中常用沸腾的方法较快地除去糖汁中的水分. 为了使糖汁在沸腾时不致因温度过高而变质,沸腾时的温度要低于 100 ℃,可行的做法是(　　).

A. 缩短加热时间

B. 使容器内的气压小于标准大气压

C. 降低炉火的温度

D. 将糖汁密闭在高压容器内加热

6. 目前有些饭店安装了热风干手器,打开它就有热风吹到手上,使手上的水很快蒸发掉. 使水快速蒸发的原因是(　　).

A. 加快了水面附近空气的流动并提高了水的温度

B. 提高了水的温度并增大了水的表面积

C. 加快了水面附近空气的流动并增大了水的表面积

D. 加快了水面附近空气的流动,提高了水的温度并增大了水的表面积

7. 实验室有一个旧的学生直流电源,输出端的符号模糊不清,无法分辨正负极. 小明设计了下面的判断电源两极的方法. 在桌面上放一个小磁针,在磁针东面放一个螺线管,如图 1 所示. 闭合开关后,磁针指南的一端向东偏转. 下述判断正确的是(　　).

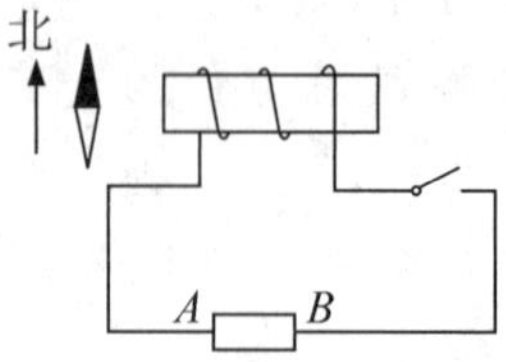

图 1

A. 电源 A 端是正极,在电源内电流由 A 流向 B

B. 电源 A 端是正极，在电源内电流由 B 流向 A

C. 电源 B 端是正极，在电源内电流由 A 流向 B

D. 电源 B 端是正极，在电源内电流由 B 流向 A

8. 生活中常把碗放在大锅内的水中蒸食物，碗与锅底不接触，如图 2 所示. 当锅里的水沸腾以后，碗中的汤将(　　).

A. 同时沸腾

B. 稍后沸腾

C. 不会沸腾，汤的温度总是低于水的沸点

D. 不会沸腾，汤的温度能够达到水的沸点

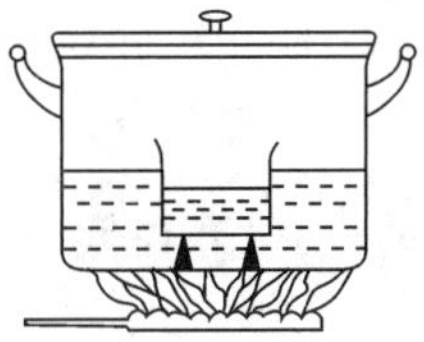

图 2

9. 以下有关离心式水泵的扬程及工作原理的说法中，不正确的是(　　).

A. 离心式水泵靠大气压提水，因此其扬程不可能高于 10.4 m

B. 离心式水泵的实际扬程可以高达 20 m 以上

C. 离心式水泵的吸水扬程不可以高于 10.4 m

D. 离心式水泵的提水过程不仅仅靠大气压的作用

10. 若用照相机的镜头作为透镜做透镜成像实验，那么下述现象中不可能出现的是(　　).

A. 看到物体倒立的、缩小的像　　B. 看到物体正立的、放大的像

C. 看到物体倒立的、放大的像　　D. 看到物体正立的、缩小的像

11. 电冰箱启动时，与电冰箱并联的台灯变暗. 关于这一现象，下列说法中不正确的是(　　).

A. 进户线中电流变大　　B. 线路中电阻变大

C. 线路中热损耗变大　　D. 灯泡两端电压变小

12. 原子核物理的知识可以应用到下面几项工作中，其中哪项不是放射现象的应用(　　).

A. 检查金属板内部的砂眼　　B. 处理种子，使农家作物增产

C. 核能发电　　D. 检查和治疗恶性肿瘤

二、填空题(27 分，每小题 3 分)

1. 体检时一位同学记录了自己的一些测量结果，其中有三项忘记写单位了，请你替他补上：他的身高是 1.57 ________，体重(质量)是 40 ________，血压的收缩压是 1.5×10^4 ________.

2. 生活中梳妆台上的大镜子是________镜，观察细小东西用的放大镜是________镜，道路拐弯处立的是________镜.

3. 小明从平面镜中看到挂钟的像如图 3 所示，这时的时间是________.

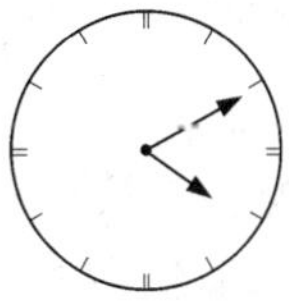

图 3

4. 为制作高度为 2 m 的英雄塑像，先用同样材料精制一个小样，高度为 20 cm，质量为 3 kg，那么这个塑像的质量将是________ t.

5. 著名短跑运动员卡尔·刘易斯曾以 9.86 s 跑完 100 m. 在这次赛跑中，从起跑点算起每 10 m 所用时间分别是：1.88 s、1.08 s、0.92 s、0.89 s、0.84 s、0.84 s、0.84 s、0.83 s. 最后 20 m 用了 1.74 s. 从这组数据可以算出，他跑完 100 m 的平均速度是________ m/s，平均速度最小的是第________个 10 m，平均速度最大的是第________个 10 m.

6. 做透镜成像的实验时，烛焰的像成在屏的下边缘处. 如果不改变烛焰及屏的位置，而打算移动透镜使像移到屏的中央，应将透镜向________移.

7. 一个实验用的电动机与电流表串联后接在 6 V 直流稳压电源上. 闭合开关后电动机并没转动,这时电流表的读数为 5 A;检查发现电动机轴上的齿轮被卡住了. 排除故障后,让电动机带动轻负载转动,这时电流表的读数为1 A,由此可以算出,此时电能做机械功的功率为________ W.

8. 1978 年夏天,法国、意大利、西班牙等国的科学工作者曾乘坐容积为 $3.3\times10^4\ m^3$ 的充氦气球升入高空. 如果气球本身所受的重力(不包括里面的氦气)是它在低空所受浮力的 $\frac{1}{4}$,气球在低空飞行时可吊起最重物体的质量是________ kg.(常温时一个大气压下空气的密度是 $1.29\ kg/m^3$,氦气的密度是 $0.18\ kg/m^3$)

9. 无线电广播所用的中波波段的频率是 5.4×10^5 Hz～1.5×10^6 Hz,这个波段的波长范围是________ m～________ m.

三、(6 分) 实验中有时需要将一束粗平行光变成细平行光,这可以利用两块透镜的组合来解决. 请在图 4 的两个方框中各画出一种组合方式(要在图中画清光束粗细的变化),分别写出两块透镜间的距离 s 跟两块透镜到各自焦点的距离 f_1、f_2 的关系.

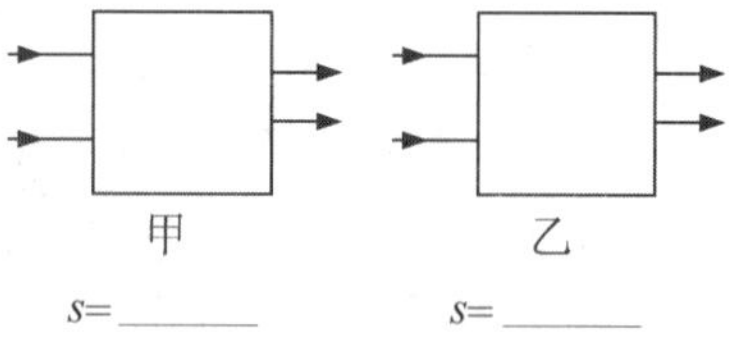

图 4

四、(7 分) 电工师傅要在院子里装一盏灯,灯泡与室内的灯泡完全相同,并且共用一个开关. 他打算在闭合开关时两灯同时正常发光,断开开关时两灯同时熄灭,他要求一位学徒电工进行操作. 学徒电工把连接院子里电灯的两根导线直接接到室内电灯开关的两个接线螺丝上,结果没有达到目的. 请你在图 5 甲中画出学徒电工安装的电路图,并说明当开关断开和闭合时两灯是否发光及亮度情况. 然后在图 5 乙中画出正确的电路图.

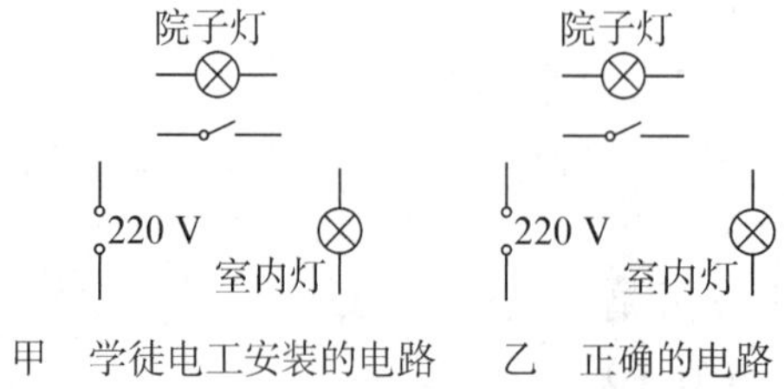

图 5

五、(7 分) 小明家有一个标有“220 V 800 W”的电炉,在额定电压下用 10 min 能烧开一壶水. 一天他用这个电炉在相同环境下(空气的温度和压强相同)烧开同样一壶水却用了 12 min,请你帮助小明算一算他家当时的电源电压约为多大. 你在计算过程中使用了哪些近似条件?

六、(9 分) 国产 165 型单缸四冲程汽油机的汽缸直径为 65 mm,活塞冲程长 55 mm,满负荷工作时做功冲程燃气的平均压强为 9.58×10^5 Pa,飞轮的转速是 1500 r/ min.

1. 求这种汽油机满负荷工作时做功的功率(不计摩擦损失);

2. 如果满负荷工作时每分钟消耗 15 g 汽油,这种汽油机把内能转化为机械能的效率是多少?(汽油的燃烧值为 4.6×10^7 J/kg)

七、(8 分) 做电学实验时需要测量约 0.5 A 的电流,但是实验室内当时只有一个量程为 0.3 A 的电流表. 如果手边有 12 V 学生电源、0～50 Ω 的滑动变阻器、电炉用的电阻丝,以及导线和开关,有什么简单办法可以把电表的量程临时地近似改为 0.6 A? 画出电路图,简述操作步骤.

复 赛

一、选择题(30 分,每小题 3 分)

1. 某初中生的体重是下面数据中的一个,则应该是(　　).

A. 4 N　　B. 40 N

C. 400 N　　D. 4000 N

2. 如图 1 所示,放在水平桌面上的容器 A 为圆柱形,容器 B 为圆锥形,两容器本身的质量和底面积都相同,装入深度相同的水后,再分别放入相同质量的木块,如图所示,下列说法中正确的是(　　).

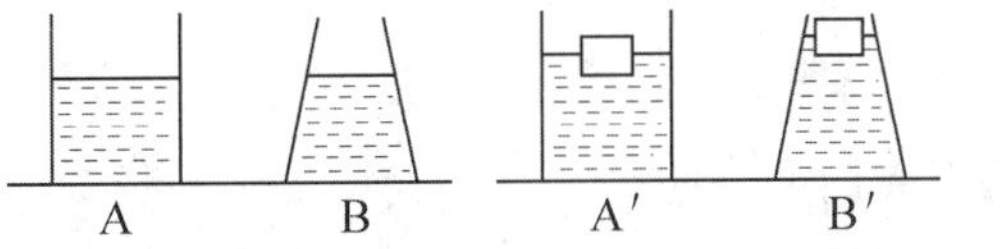

图 1

A. 放入木块前,两容器对桌面的压力相等

B. 放入木块前,由于 A 容器中的水多于 B 容器,所以 A 容器底部受水的压力大于 B 容器

C. 放入木块后,两容器底部所受水的压力相等

D. 放入木块后,B′容器底受水的压力大于 A′容器底所受水的压力

3. 标有"220 V　40 W"和"220 V　60 W"的两只灯泡 L_1、L_2 串联在电路中时,两灯泡均发光,实际消耗的功率分别为 P_1 和 P_2,则(　　).

A. $P_1>P_2$　　B. $P_1=P_2$

C. $P_1<P_2$　　D. 无法确定

4. 如图 2 所示,吊篮的重力为 400 N,动滑轮重力为 50 N,定滑轮重力为 40 N,人的重力为 600 N,人在吊篮里拉着绳子不动时需用力(　　).

A. 218 N　　B. 220 N

C. 210 N　　D. 236 N

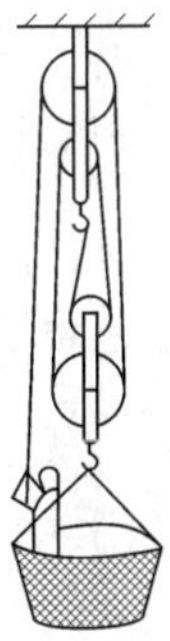

图 2

5. 某电度表盘上标有"3000 r/(kW·h)",单独开动某一用电器时,电度表的转盘在 100 s 内转了 5 r,由此可知,该用电器的功率为(　　).

A. 40 W　　B. 60 W

C. 20 W　　D. 100 W

6. 将鼓轻敲一下,然后重敲一下,两次敲出的声音相比是(　　).

A. 音调改变　　B. 响度改变

C. 音色改变　　D. 三项均不变

7. 如图 3 所示,甲灯为"6 V　6 W",乙灯为"6 V　4 W",用一个输出电压恒为 12 V 的电源对两灯供电,要使这两个灯能同时正常发光,则应选择电路(　　)

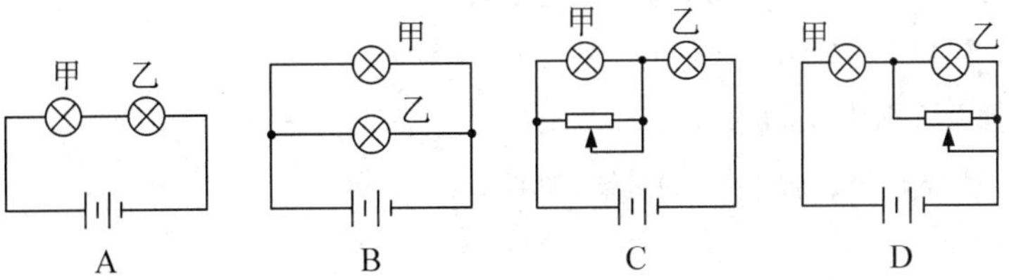

图 3

8. 已知液态氧气、氮气和二氧化碳，在一个标准大气压下的沸点是-183 ℃、-196 ℃和-78.5 ℃. 如果在一个标准大气压下用降温的办法，用空气来提取这些气体，那么温度下降时首先液化被分离出来的是(　　).

A. 氧气　　　　B. 氮气

C. 二氧化碳　　　　D. 整个空气同时液化无法分离

9. 放映幻灯片时，为了在屏幕上得到更大的像，那么应采取的措施是(　　).

A. 幻灯机离屏幕远一些，镜头与幻灯片的距离调小一些

B. 幻灯机离屏幕远一些，镜头与幻灯片的距离调大一些

C. 幻灯机离屏幕近一些，镜头与幻灯片的距离调大一些

D. 幻灯机离屏幕近一些，镜头与幻灯片的距离调小一些

10. 某同学设计了如图 4 所示的电路，电路中滑动变阻器的总阻值与电阻 R 的阻值相同，电源电压恒定，当他将滑片 P 从 a 端滑到 b 端的过程中，所看到的现象是(　　).

A. 电流表的示数逐渐变大

B. 电流表的示数逐渐变小

C. 电流表的示数先增大，然后减小到原值

D. 电流表的示数先减小，然后增大到原值

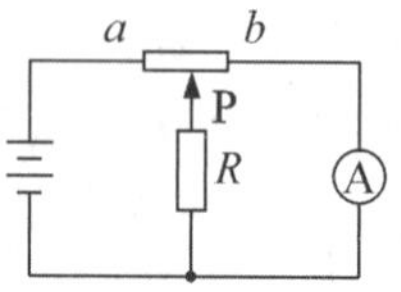

图 4

二、填空题(20 分，每小题 2 分)

11. 已知砖的密度为 1.5×10^3 kg/m^3，用长 25 cm、宽 12 cm、厚6 cm的砖块砌房子的墙，若房子内外墙的总面积为 720 m^2，墙的厚度为 25 cm，则修建此房约需砖 ________ 块，如果汽车一次能装载 4 t，则最少要拉 ________ 次才能将这些砖拉来.

12. 一列匀速行驶的火车，在距峭壁前 532.5 m 处鸣笛，经过 3 s 司机听到回声，已知声音速度为 340 m/s，则火车的行驶速度为______ m/s.

13. 如图 5 所示的三个容器中分别装有酒精、清水与盐水，它们对容器底部的压力相等. 则所装三种液体中，质量最大的是________，质量最小的是________.

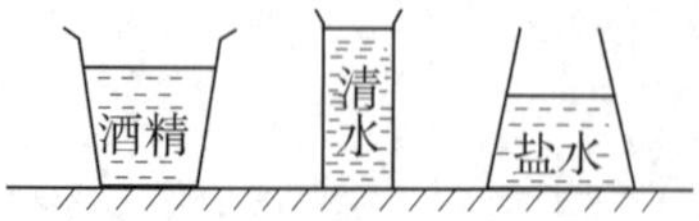

图 5

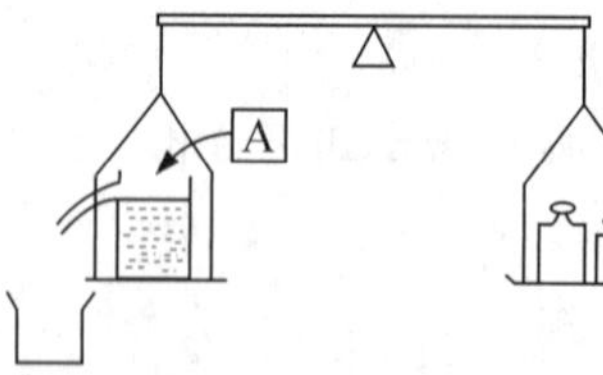

图 6

14. 如图 6 所示，天平平衡后将天平制动，再把一实心物体 A 放入左盘盛满水的溢杯中(溢出的水将落在盘外的杯中)，待物块在水中稳定后，再松开制动观察天平. 若物块 A 的密度大于水的密度，则天平将会________，若物块 A 的密度小于水的密度，则天平将会________.

15. 有一块金、铜合金块，总质量为 185.5 g，合金块的体积为15 cm^3，已知 $\rho_{金}=19.3\times10^3$ kg/m^3，$\rho_{铜}=8.9\times10^3$ kg/m^3，则可知此合金含金________ g.

16. 用太阳能热水器给 40 kg 的水加热，水温由 18 ℃升高到 36 ℃，水吸收的热量是________ J. 若用燃烧值为 3.0×10^7 J/kg 的煤给水加热，其效率为 20 %，则需要燃烧约________ kg 煤.

17. 如图 7 所示，电路中打×处表示断路之处，若用试电笔测试电路中 A、B、C、D、E、F 六点，则会使试电笔氖管发亮的点有________.

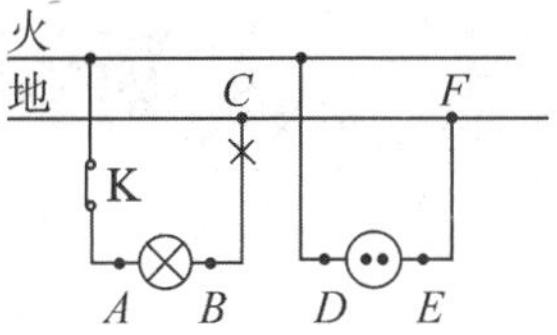

图 7

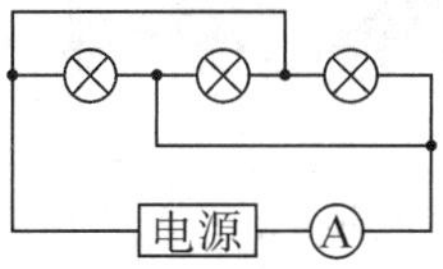

图 8

18. 如图 8 所示，三只灯泡上均标有"6 V 6 W"的字样，在此电路中的灯泡均正常工作，此电路电源的输出电压应为________ V，电流表的示数为________ A.

19. 两只灯泡 L_1 和 L_2 的额定电压相同，额定功率之比 $P_1:P_2=2:1$，并联后接在电路中，总电流为 3 A，则通过 L_1 的电流为________ A；若将两只灯泡 L_1 和 L_2 串联后，仍接在原来的电路中，则通过 L_1 的电流为________ A.

20. 目前，人类正在研究如何和平地利用核能，释放核能有________和________两种不同的核反应方式. 现在，已建成运转的核电站就是利用________产生的能量来发电的.

三、(12 分) 小芳家有一只用来烧开水的电热水壶，铭牌上标着"220 V 1000 W"字样. 请你帮她设计一种方法，用来测量这只水壶烧水时的效率. 写出所用器材、测量步骤，导出计算公式.

四、(12 分) 小杰家的压力锅盖上标有"××铝制品[illegible] 24 cm 压力锅"的字样. 他测得限压阀的质量是 100 g，排气孔的直径约为 3 mm，这个压力锅正常工作时内部水蒸气的最大压强相当于大气压的多少倍？锅盖应该至少承受多大压力才能保证安全？(大气压强为 1.01×10^5 Pa)

五、(15 分) 小明有一支温度计，虽然它的玻璃管的内径和刻度都是均匀的，标度却不准确. 它在冰水中的读数是 −0.7 ℃，在沸水中的读数是 102.3 ℃.

1. 当它指示的气温是 −6 ℃时，实际的温度是多少？

2. 它在什么温度附近误差很小，可以当作刻度正确的温度计使用？

六、(11 分) 小红准备在旅游时估算登山缆车的机械效率. 她从地图上查到，缆车的起点和终点的海拔高度分别为 230 m 和 840 m，两地的水平距离为 1200 m. 一台缆车运载 15 个人上山的同时，有另一台同样的缆车与它共用同一个滑轮组，运载 8 个人下山. 每个人的体重大约是 60 kg. 从铭牌看到，缆车的自重(质量)为 600 kg. 小红还用直尺粗测了钢缆的直径，约为2.5 cm. 拖动钢缆的电动机铭牌上标明，它的额定功率为 45 kW. 管理人员说，在当时那种情况下，电动机的实际功率为额定功率的 60%. 实际测得缆车完成一次运输所用的时间为 7 min. 请你帮助小红估算缆车的机械效率.

第八届全国初中应用物理知识竞赛

学习笔记

初 赛

一、选择题(36 分,每小题 3 分)

1. 氢气球上升的过程中将出现的现象是(　　).

A. 上升到最大高度后由于受到的浮力等于重力,会长期悬浮在空中

B. 由于受到的浮力大于重力,气球一直上升

C. 因为高空温度很低,球内气体遇冷收缩,气球体积越来越小

D. 因为上升过程中球内压强大于球外压强,气球不断膨胀,到一定高度后气球破裂

2. 日光灯的发光效率比白炽灯高,是一种节能光源,但车床照明不使用日光灯,主要的原因是(　　).

A. 日光灯是管形的,因此用它照明看不清零件的细节

B. 长期的日光灯照射下人感到疲劳

C. 日光灯发光是不连续的,所以在它照射下观看转动的物体会发生错觉

D. 日光灯长度大,不便于工人操作

3. 高压锅煮粥,熄火后用冷水将锅冷却,拿去限压阀后打开锅盖,可以看到锅内的粥仍在沸腾. 普通铝锅却看不到这样的现象. 对此,下列说法中正确的是(　　).

A. 熄火后,锅内温度迅速降到 100 ℃以下,但由于打开锅盖后气压降低,所以重新沸腾

B. 熄火时,锅内温度仍然高于 100 ℃,即使不冷却、不拿去限压阀,粥也在沸腾

C. 熄火时,锅内温度仍然高于 100 ℃,冷却后锅内气压比原来低,所以重新沸腾

D. 粥的流动性差,不易降温. 熄火后即使不浇冷水,不拿去限压阀,粥也要沸腾较长时间

4. 冬天,医生检查牙齿时,常把小镜子放在酒精灯上适当烤一烤,然后再伸进口腔内. 这样做的主要目的是(　　).

A. 防止接触口腔时病人感到太凉

B. 进行消毒

C. 镜面不会产生水雾,可以看清牙齿

D. 防止镜框受热膨胀,致使镜片脱落

5. 甲、乙两人在照同一个镜子,甲在镜中看到了乙的眼睛. 以下说法中正确的是(　　).

A. 乙也一定能看到甲的眼睛　　B. 乙只能看到甲的眼睛

C. 乙不可能看到甲的眼睛　　D. 乙不可能看到甲的全身

6. 妈妈买碗时常把两只碗碰一碰,听听发出的声音. 她判断碗的好坏时主要的根据是声音的(　　).

A. 音调　　B. 响度　　C. 音色　　D. 音量

7. 厨房、卫生间里的脏水,通过下水管流到阴沟,我们却闻不到沟里的臭味. 这种下水管的示意图是图 1 中的(　　).

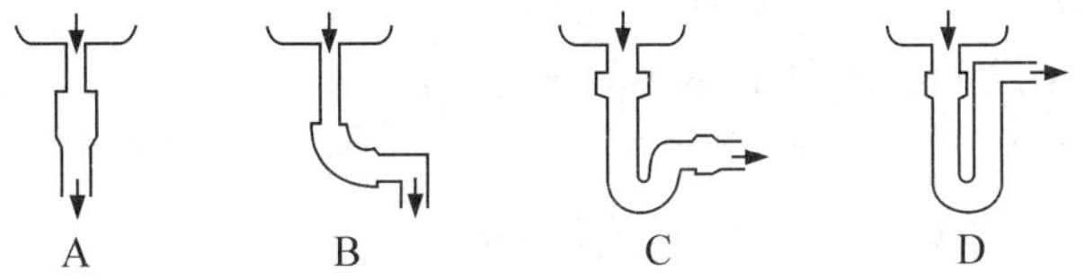

图 1

8. 骑自行车上坡前往往要加紧蹬几下,这样做是为了(　　).

A. 增大车的惯性　　B. 增大车的冲力

C. 增大车的动能　　D. 增大车的势能

9. 无论是木锯还是钢锯,它们的锯齿都是东倒西歪不在一个平面上,这是因为(　　).

A. 这样使锯齿更锋利

B. 这样使锯更耐受撞击

C. 锯用得太久,齿被撞歪

D. 可以使锯口加宽,减小材料对锯的摩擦力

10. 当盛油的厚壁钢瓶内压强很大,相当于大气压的 1 万～2 万倍时,虽然瓶壁无裂痕,瓶内的油依然能从里面渗出,这是因为(　　).

A. 金属原子间有空隙　　B. 油分子被压小了

C. 油分子不停地做无规则运动　　D. 金属原子不停地做无规则运动

11. 老奶奶用放大镜看报时,为了看到更大的清晰的像,她常常这样做(　　).

A. 报与放大镜不动,眼睛离报远一些

B. 报与眼睛不动,放大镜离报远一些

C. 报与放大镜不动,眼睛离报近一些

D. 报与眼睛不动,放大镜离报近一些

12. 工人师傅在改装电炉时,为了使电功率减小到原来的一半,下列措施中可行的是(　　).

A. 截去一半电炉丝

B. 串联一条相同的电炉丝

C. 并联一条相同的电炉丝

D. 把连接电炉和电源的导线长度增加一倍

二、填空(27 分,每小题 3 分)

1. 现有 10 m、2 m、1 cm、1 mm、1 μm 六个长度值,请分别选择其中一个完成下列填空:一分硬币的厚度最接近于________,小手指的宽度最接近于________,教室门的高度最接近于________.

2. 小明参观工厂时,注意到一个电度表上标有“1500 r/(kW·h)”字样. 他又发现电度表盘在 2 min 内转了 120 r,于是他算出当时这个工厂的用电功率是________ kW.

3. 甲、乙两列火车,车长分别为 L_1 和 L_2,在相邻的两条轨道上,甲车以速度 v_1 向东匀速行驶,乙车以速度 v_2 向西匀速行驶,则甲、乙两列火车

从相遇到离开所需时间为________.

4. 某地质勘探队将设备装在木筏上渡河，若不载货物，人和木筏共重为 G，木筏露出水面的体积是木筏总体积的 $\frac{1}{3}$，则此木筏的载货重至多为________.

5. 实验室用的普通温度计的横截面为________形，而体温计的横截面却为________形. 体温计的横截面做成这样形状的目的是加强玻璃的________作用.

6. 凹透镜、凸透镜、凹面镜、凸面镜和平面镜，都是常用的光学器材，近视眼镜的镜片是________镜，老花眼镜的镜片是________镜，教学投影器上的反射镜是________镜.

7. 下面几句话主要涉及的物理知识是什么？

(1)"墙内开花墙外香"________.

(2)"捞不到的是水中月，摘不到的是镜中花"________.

(3)"看山恰似走来迎，仔细看山山不动，是船行"________.

8. 运输液体货物的槽车，液体上有气泡，如图 2 所示. 当车开动时，气泡将向________运动；刹车时，气泡将向________运动，其原因是________具有惯性.

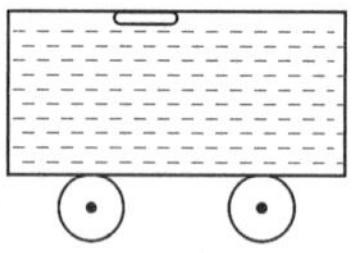

图 2

9. 已知某种食用油的密度为 $0.9\times10^3\ \text{kg/m}^3$，现在准备了 8 个容量为 1.25 L 的饮料瓶去商店采购食用油，最多可装________ kg 食用油.

三、(6 分) 图 3 是从某电子仪器拆下来的密封盒子. 已经知道盒内有三只电阻，A、B、C、D 为四根引线. 现用多用电表测量，得知 AC 间的电阻 $R_{AC}=20\ \Omega$，CD 间的电阻 $R_{CD}=50\ \Omega$，AD 间的电阻 $R_{AD}=30\ \Omega$. 若用导线把 BD 连接后，测得 AD 间电阻 $R_{AD}=20\ \Omega$. 请在方盒内画出电阻的连接图，并在图中标出每个电阻的阻值.

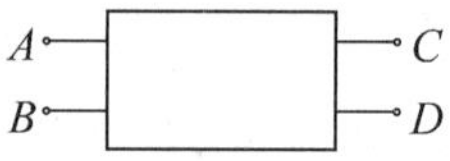

图 3

四、(7 分) 小华利用自己绕制的电磁铁设计了一个能使甲、乙两灯交替发光的电路，电磁铁及电路图如图 4 所示. 你认为在开关闭合后实际会看到什么现象？请把更正后的电磁铁及电路画在图 5 的空白处.（A、B 为带活动触点的接线柱，BC 间为铁片.）

五、(8 分) 有一瀑布，每分钟有 $60\ \text{m}^3$ 的水从 50 m 高处落下，想利用它建设小水电站. 若水的机械能有 70% 转化为电能，送电电压为 10000 V，导线上的电流是多少？($g=10\ \text{N/kg}$)

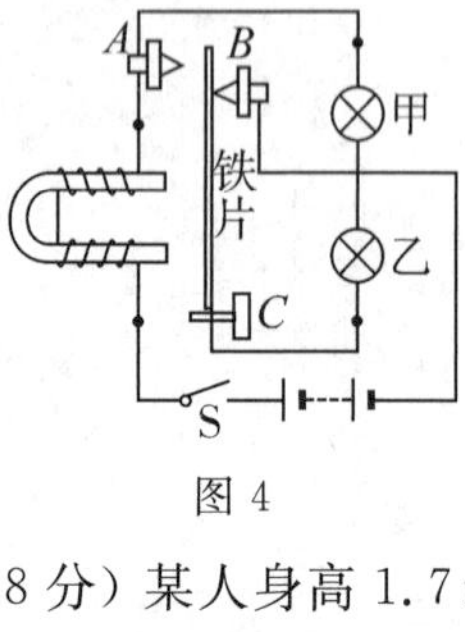

图 4

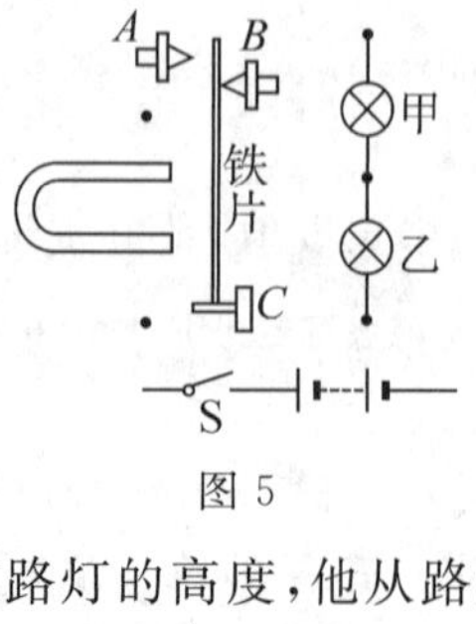

图 5

六、(8 分) 某人身高 1.7 m，为了测试路灯的高度，他从路灯正下方沿平直公路以 1 m/s 的速度匀速走开. 某时刻他的影子长为 1.3 m，再经过 2 s，他的影子长为 1.8 m，路灯距地面的高度是多少？

七、(8 分) 甲、乙两处距离为 L，其间铺设了两根导线组成的电话线，每单位长单根导线的电阻为 r（r 的单位为 Ω/m），乙处终端接有负载电阻. 如果线路中途某处两导线因绝缘层损坏而相连，为了找出相连位置，给你一台电压为 U 的直流稳压电源和一个量程合适的电流表，怎样求出损坏处离甲端的距离和损坏处的接触电阻？

复 赛

一、(8 分) 如图 1 所示，是一种自行车打气筒的截面示意图，其中有一处地方结构没有画全，请根据打气的原理和过程，在图上补全结构，并用文字简要说明这种打气筒跟普通气筒不同的打气原理.

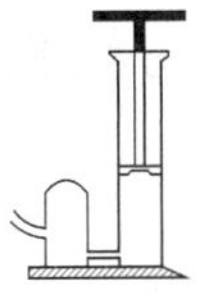

图 1

二、(7 分) 小华用一根长 6 m、半径 7.5 cm 的均匀粗木棒为爸爸设计了一架能搬运柴草的简易起重机，如图 2 所示. 他把支架安在木棒的 $\frac{1}{4}$ 长处，每捆柴草重 1000 N，为了使木棒平衡以达到省力的目的，他又在另一端吊一块配重的石头，请你算出这块配重的石头应有多重？（木棒密度 0.8×10^3 kg/m^3，g 取 10 N/kg.）

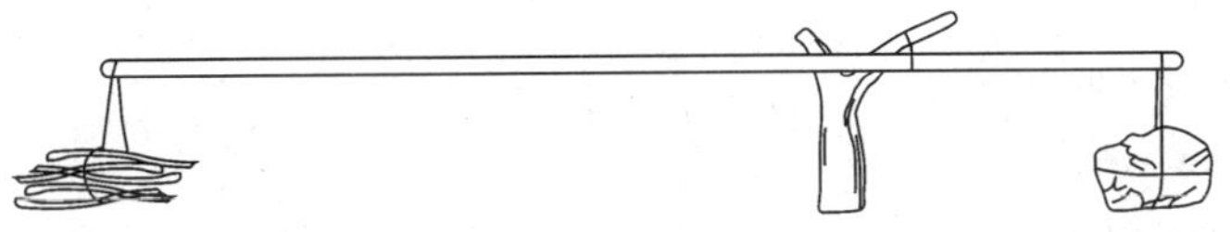

图 2

三、(9 分) 太阳和月亮位于如图 3 所示的位置，请你根据光的直线传播规律，在图中画出当地球上的人分别位于什么空间区域时，可以看到日全食、日偏食和日环食.

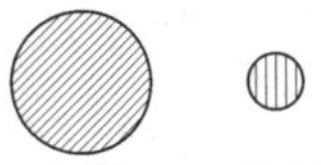

图 3

四、(8 分) 照明电路用电高峰时，电灯就会暗下来，这是由于电灯两端电压降低的缘故. 某同学想测算电灯两端的实际电压，但手头没有交流电压表，只有一块手表、一把带有铭牌的电烙铁，配电盘上还有一块正在运行的带有铭牌的电度表. 他利用这些器材就测算出了照明电路中用电器两端的实际电压，请你说明他的测算方法.

五、(12 分) 小华在假期探望外祖母，他乘坐火车时发现，每经过铁轨接头处，车身都要振动一次，他还发现，火车进山洞前的一瞬间要鸣笛一次. 小华恰好坐在车尾，从听到笛声到车尾出洞，小华共数出84 次车身振动，所用的时间是 1 min 45 s. 若车身总长 175 m，每节铁轨长 12.5 m，山洞的长度是多少？当时火车的速度是多少？（设火车一直匀速直线行驶，声音在空气中的传播速度是 340 m/s）

六、(7 分) 有一支杆秤，量程是 2 kg，现给你质量为 2 kg 的标准砝码，一根足够长的刻度尺.

1. 请你说明，如何检验此杆秤是否准确？

2. 如果不准确，应重新刻度，写出简单的刻度方法(要求准确到 50 g).

七、(13 分) 有两种灯泡，分别标有“110 V　60 W”和“110 V　25 W”，把它们接入家庭照明电路中.

1. 能不能各取一只串联使用？请说明原因.

2. 若把两种灯泡在同一电路中混合使用，并使它们都能正常发光，最少应各使用多少只，如何连接？

3. 这时总电功率是多少?

八、(11 分) 在四个外形完全一样的电阻中,有三个电阻的阻值完全相同,为了挑出那只阻值不同的电阻,并确定它的阻值是偏大还是偏小,小华设计了如图 4 所示的电路. 闭合开关后,他发现电流由 Q 流向 P,电流计的指针向右偏转. 请你帮助他完成实验,并回答他是如何得到结果的?(要求写出实验操作过程,过程要尽量简便.)

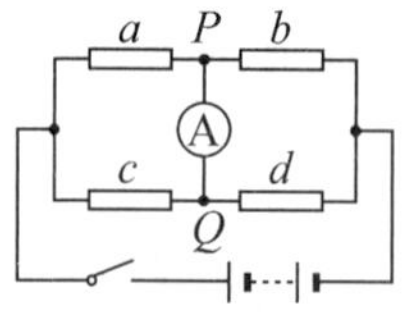

图 4

九、(13 分) 有一个形状不规则的石蜡块,现要测出它的密度,但身边没有天平,也没有量筒,只有两个可以放进石蜡块的杯子和一枚自行车胎气门芯用的细长橡皮管,还有一桶水和一枚大头针. 请你设计一个实验来测出这块石蜡的密度.(要求写出实验的原理和主要步骤,并导出计算石蜡密度的公式.)

十、(12 分) 某工厂设计了一个蓄水池,如图 5 所示,水源 A 罐的液面高度 h_1 保持不变. 罐底有一个小出水孔,面积为 S_1. 孔下通过一个截面积为 S_2 活塞与杠杆 BC 相连. 杠杆可绕 B 端上下转动,另一端有一个中空的圆柱形浮子,横截面积为 S_3,

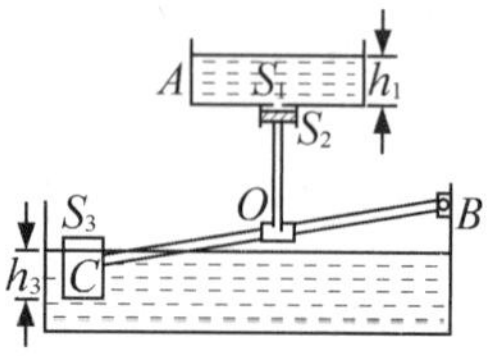

图 5

BO 是杠杆总长的 $\frac{1}{3}$. 原设计打算当杠杆水平时,浮子浸入水深为 h_2,活塞恰好能堵住出水口,但在使用时发现,活塞离出水口尚有极小一段距离时,浮子便不再上浮,此时浮子没入水深为 h_3. 为了使活塞自动堵住出水口,只得将浮子的重量减去 G'. 试求浮子应减去重量 G' 的大小.(活塞及连杆的重量不计,杠杆所受浮力不计.)

第九届全国初中应用物理知识竞赛

初　赛

学习笔记

一、选择题(30 分,每小题 3 分)

1. 图 1 为小刚所连的两盏白炽灯和两个插座的电路图,通电后发现不能正常工作. 下面几个措施中可能引起危险的是(　　).

A. 拆掉灯丙,两条导线连在一起

B. 拆掉插座甲,两条导线连在一起

C. 拆掉开关 S_3,两条导线连在一起

D. 拆掉开关 S_2,两条导线连在一起

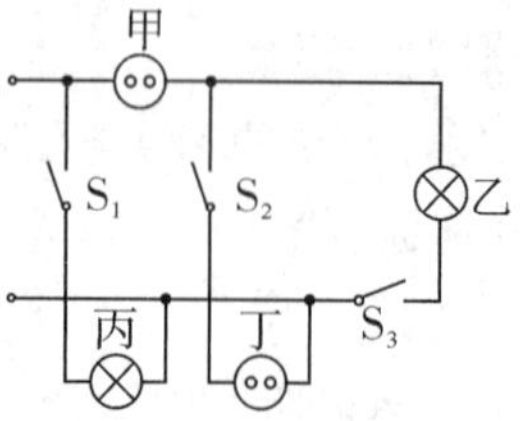

图 1

2. 关于电冰箱，以下说法中正确的是(　　).

A. 电冰箱内温度比较低，这是液体蒸发吸热造成的

B. 电冰箱散热器摸起来烫手，这主要是电流热效应造成的

C. 夏天，打开电冰箱门看到的“白烟”是冰箱内蔬菜、水果等蒸发产生的水蒸气

D. 家用电冰箱的耗电功率通常超过 1000 W

3. 两支内径不同、下面玻璃泡内水银量相等的合格的温度计，同时插入一杯热水中，过一会儿则会看到(　　).

A. 两支温度计水银柱上升的高度相同，示数相同

B. 内径细的温度计水银柱升得较高，示数较大

C. 内径粗的温度计水银柱升得较高，示数较大

D. 内径粗的温度计水银柱升得较低，两支温度计示数相同

4. 在抗洪救灾中，大堤上的许多人都身穿厚厚的“背心”，这种“背心”的主要作用是(　　).

A. 能阻碍热传递，从而可以抵御寒冷

B. 跌倒或碰撞时减小其他物体对人体的作用力，起保护作用

C. 不同的背心反射不同颜色的光，便于识别

D. 以上说法都不对

5. 车站上，坐在火车里的乘客从窗口发现有两列火车沿相反的方向运动，由此得出的下列判断中错误的是(　　).

A. 乘客坐的火车和看到的两列火车中一定有两列在沿相反方向运动

B. 乘客坐的火车可能在运动

C. 三列火车可能沿同一方向运动

D. 三列火车中可能有一列是静止的

6. 航天飞机关闭发动机后正在太空中飞行. 如果科学家要在其中进行实验，下列哪些操作不能正常进行？(　　)

A. 用温度计测温度　　B. 用弹簧秤测力

C. 用天平测质量　　D. 用电子表测时间

7. 如图 2 所示，水平桌面上斜放着一个平面镜，桌面上有一个小球向镜面滚去. 要使平面镜中小球的像沿竖直方向下落，则镜面与桌面间的夹角 α 应为(　　).

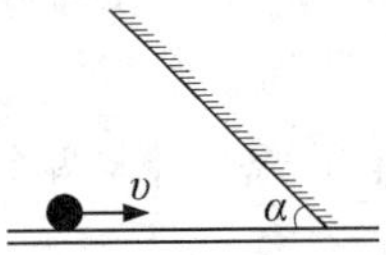

图 2

A. 30°　　B. 45°

C. 60°　　D. 90°

8. 有两个鸡蛋，一生一熟，让它们在光滑的水平桌面上以同样的速度同时开始转动，则(　　).

A. 生鸡蛋很快停止转动，熟鸡蛋转了一会儿才停止

B. 熟鸡蛋很快停止转动，生鸡蛋转了一会儿才停止

C. 两个鸡蛋都很快停止转动

D. 两个鸡蛋都转了一会儿，然后同时停止

9. 小明在光具座上做“研究凸透镜成像”的实验. 当光屏、透镜及烛焰的相对位置如图 3 所示时，恰能在光屏上得到一个清晰的像. 由此判断，他所用凸透镜的焦距(　　).

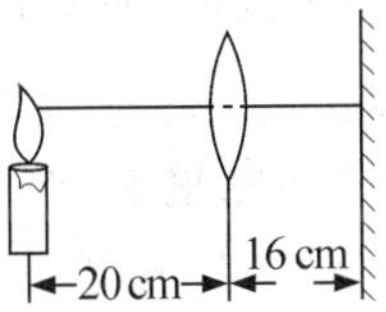

图 3

A. 一定大于 20 cm　　B. 一定小于 8 cm

C. 一定在 10 cm 到 16 cm 之间　　D. 一定在 8 cm 到 10 cm 之间

10. 山间公路往往环绕山坡，盘山而上，这样可以使上山的汽车(　　).

A. 提高功率　　B. 提高机械效率

C. 减小所需的牵引力　　D. 减小所需的功

二、填空(30 分，每小题 3 分)

1. 小明的爷爷和爸爸都是老花眼，爷爷的老花眼更重一些，小明的妈妈则是近视眼. 他们的三副眼镜都放在报纸上，如图 4. 现在爸爸要看书，让小明把眼镜递给他，小明应该拿图________中的那一副.

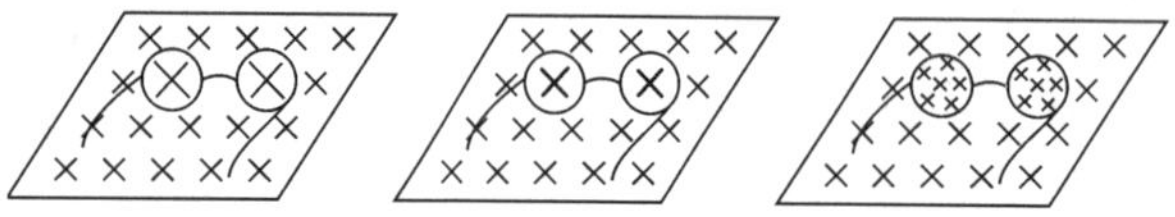

甲　　乙　　丙

图 4

2. 公路交通标志由基板和附着其上的反光膜组成，夜晚它可以反射汽车射来的灯光，使司机看清交通标志. 以下反光膜结构的示意图 5 中，正确的是图________.

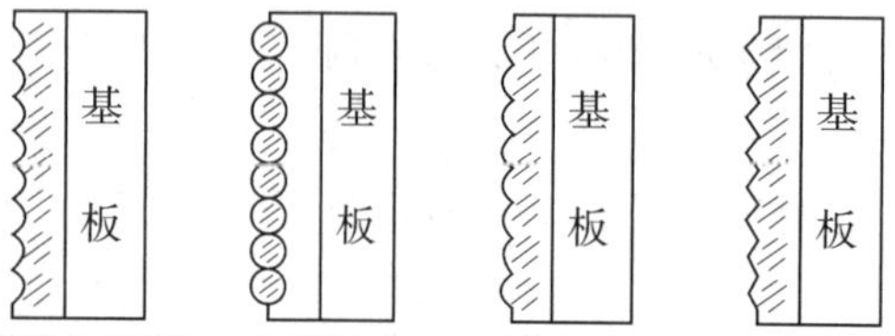

球形小凹面　　玻璃微珠　　球形小凸面　　互成直角的小平面

甲　　乙　　丙　　丁

图 5

3. 已知空气的密度为 1.29 kg/m^3，人体的平均密度与水的密度相当. 质量为 60 kg 的人在空气中受到的浮力大约是________ N.

4. 有一种能反映空气中水蒸气含量的装置叫作干湿泡温度计. 它是由两个相同的温度计并列制成的，其中一个温度计被湿布包起来了. 两个温度计的读数不一样，湿泡温度计的读数较________，这是由于湿布中的水在________时要吸热. 在一定的温度下，两个温度计读数的差别越小，表示空气的湿度越________.

5. 有一个需 100 kW 功率的用户，所需电压为 400 V. 如果不用变压器而直接供电，输电线路电阻损耗的功率为 62.5 kW. 要使损失减为 100 W，输电电压应提高到________ V.

6. 地面上有一根大木杆，抬起 A 端需用力 300 N，抬起 B 端需用力 200 N. 这根木杆的________端较粗，整个木杆的重量(所受的重力)为________ N.

7. 我国大亚湾核电站一号机组的发电功率为 4.5×10^4 kW. 若这个机组连续发电，一天内输出的电能为________.

8. 如图 6 所示，四个相同的玻璃瓶里装水，水面高度不同. 用嘴贴着瓶口吹气，如果能分别吹出“do”“re”“mi”“fa”四个音阶，则与这四个音阶相对应的瓶子的序号是________、________、________、________.

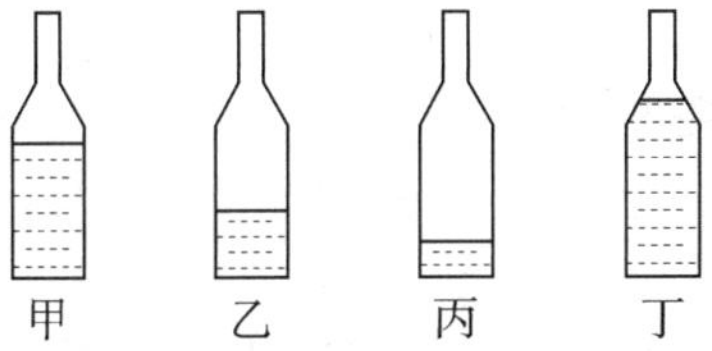

图 6

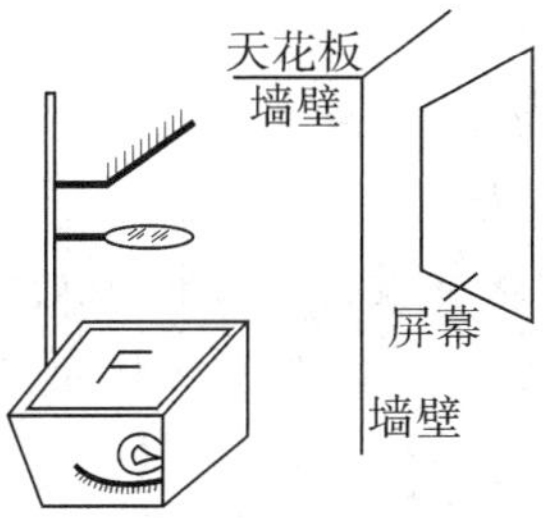

图 7

9. 如图 7，有一个写着 F 字样的胶片放在教学用投影仪上．此时屏幕上刚好形成一个清晰的像．请在屏幕上画出 F 的像．如果要得到更大的清晰的像，应使投影仪________（选填“远离”或“靠近”）屏幕，并把透镜向________（选填“上”或“下”）移动．

10. 原子核发生改变时有时会释放能量．有两种途径可以大量获得核能，即________和________．其中________还不能进行人工控制，因此还不能用来发电．

三、（5 分）在趣味物理表演会上，小明展示了如图 8 所示的蓄水和放水装置．如果原来水箱是空的，注水时水箱中的水位高于哪点时排水口才有水流出？如果原来水箱是满的，放水时水箱中的水位降到哪点时排水口才停止出水？如果进水口不停地向箱中注水，但进水流量较小，使得当出水口有水流出时，进水流量小于出水流量，这种情况下排水口的水流有什么特点？

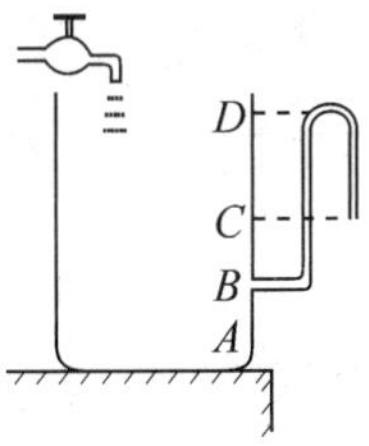

图 8

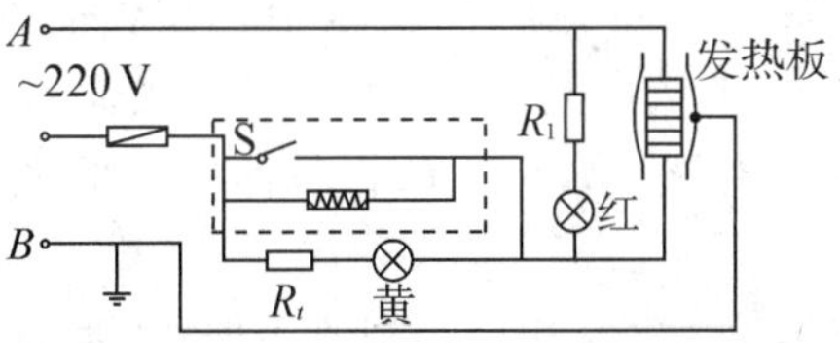

图 9

四、（6 分）电饭锅的原理如图 9 所示．煮饭时开关 S 是闭合的，红色指示灯亮；饭熟后（当时的温度大约为 103 ℃），保温时开关 S 自动断开；黄灯亮．电阻 R_1 的作用是保护红色指示灯不致因电流过大而烧毁，与电饭锅发热板的等效电阻相比，二者的大小应有什么关系？为什么？通常情况下用这种电饭锅烧水时它的自动断电功能不起作用，这是为什么？

五、（8 分）有一堆从河中捞出的湿沙子，测得其比热容为 1.2×10^3 J/(kg·℃)．已知干沙子的比热容为 0.9×10^3 J/(kg·℃)，则按质量说，这堆沙子含水的百分比是多少？

六、（8 分）在一次实验中需要测量小灯泡两端的电压和流过它的电流．聪明而粗心的小刚连接了如图 10 所示的电路．同组的小林发现有错，主张拆了以后重新连接，可是时间来不及了，小刚眼珠一转，在图 10 电路中只增加了一根导线，电路就正常工作了．问：

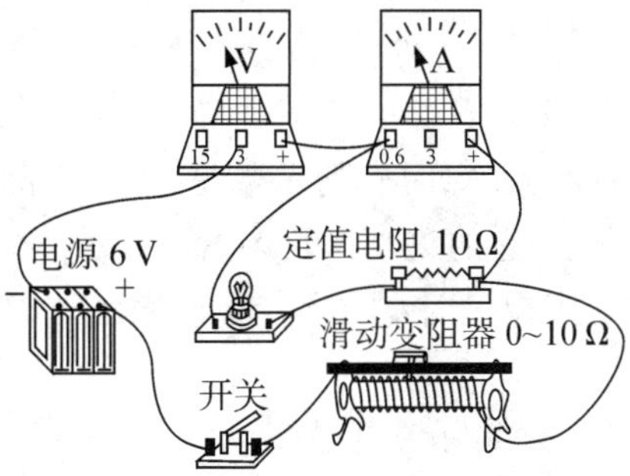

图 10

1. 如果闭合图示电路中的开关，电压表的读数约为多少？电流表的读数约为多少？小灯泡发光情况如何？

2. 在图中画出小刚连接的那条导线.

七、(13分) 淋浴用水的流量约为10 L/min，合适的水温约为50 ℃，用水时间约为4 min. 电热淋浴器有两种设计，一种是淋浴时电流直接对于流动的水加热，另一种则备有水箱，待箱中的水加热至合适的温度后再淋浴. 加热前的水温以20 ℃计.

1. 请根据上面提供的数据论证，第一种设计不适合大多数家庭的供电电路.

2. 如果水箱中的水恰好够一个人淋浴用，供电电路允许的电流最大为10 A，电加热的效率为80%，这种条件下把水箱中的水加热最少需多长时间？

复　赛

一、(10分) **1.** 画图并简要说明月食时太阳、地球、月球的相对位置.

2. 画图并简要说明阴历每月初七前后太阳、地球、月球的相对位置.

3. 图1中A和B哪个是新月的图案？哪个是月偏食的图案？你是根据什么做出判断的？

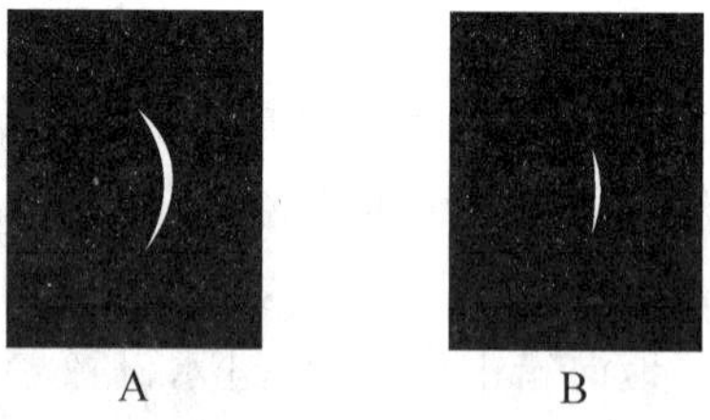

图1

二、(10分) 小明用薄玻璃管做了一个液体密度计. 他先把管的下端封闭，装入少许铅粒，然后竖直放入水中. 在水面的位置做个刻度，标为1.0，这个刻度的单位是什么？如果再设法做出其他刻度，则较大的刻度在上面还是在下面？管中为什么要放入铅粒？如果不放铅粒而放别的颗粒，对这种物质的密度有什么要求？

三、(15分) 由于冬季供暖系统发生故障，某房间内温度下降. 小强在测量后发现，3 h内室温下降了5 ℃. 后来临时用电热器供暖，耗电功率为2 kW，电热转换效率为80%. 这时室内温度刚好保持不变. 求室内温度降低1 ℃时大约向外散热多少. 你在解决这个问题时所做的主要近似假设是什么？

四、(20分) 某工地在冬季水利建设中设计了一个提起重物的机械，图2是这个机械一个组成部分的示意图. OA是根钢管，每米受重力为30 N；O是转动轴；重物的质量m为150 kg，挂在B处，$OB=1$ m；拉力F加在A点，竖直向上，取$g=10$ N/kg. 为维持平衡，钢管OA为多长时所用的拉力最小？这个最小拉力是多少？

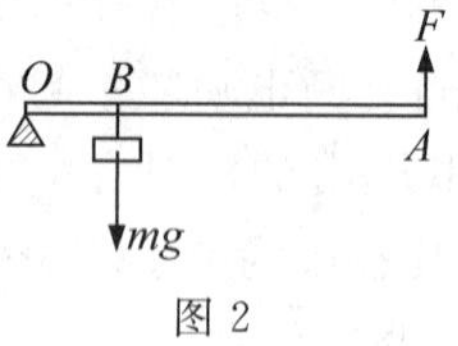

图2

五、(25分) 小红做实验时发现一支温度计不准确. 把它和标准温度计一同插入水中，发现当实际温度为2 ℃时它的示数是4 ℃，实际温度为82 ℃时它的示数是80 ℃. 仔细观察，它的刻度是均匀的.

1. 请以x表示任意温度时这支温度计的示数，以y表示这时的实际温度，导出用x表示y的公式.

2. 这支温度计的示数为26 ℃时，实际温度是多少？

3. 在什么温度时这支温度计的示数等于实际温度？

六、(20分) 用10盏“220 V　100 W”的白炽灯每晚7时到次日早6时为一个地下过街通道照明. 原方案为始终将10盏灯并联后接在220 V

的电源上.为节约用电,小强设计了一个改进方案:将 10 盏灯分为 A、B 两组,每组内的 5 盏均为并联.每晚 7 时至11 时将两组灯并联后接在220 V 的电源上;晚 11 时至次日早 6 时将两组灯串联后接在 220 V 的电源上.

1. 请按小强设计的方案连接图 3 所示电路:当双刀双掷开关 S 接在左侧时两组灯并联后接在电源上;接在右侧时两组灯串联后接在电源上.

2. 已知串联时每盏灯的电阻为并联时电阻的$\frac{2}{3}$,按小强的方案,每天用电多少 kW·h? 与原方案相比,每月(30 天)节约用电多少 kW·h?

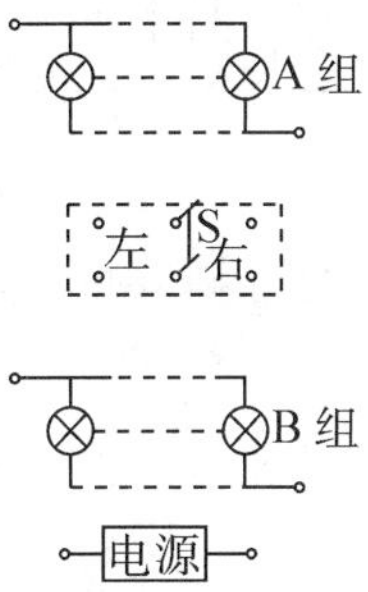

图 3

第十届全国初中应用物理知识竞赛

初 赛

学习笔记

一、选择题(24 分,每小题 3 分)

1. 摩托车做飞跃障碍物的表演时为了减少向前翻车的危险,下列说法中正确的是(　　).

A. 应该前轮先着地

B. 应该后轮先着地

C. 应该前后轮同时着地

D. 哪个车轮先着地与翻车的危险没有关系

2. 下列有关激光应用的说法中,错误的是(　　).

A. 利用激光进行室内照明　　B. 利用激光进行通信

C. 利用激光加工坚硬的材料　　D. 利用激光进行长距离测距

3. 从地面上看,通信用的地球同步卫星是静止不动的.它运行一周所用的时间是(　　).

A. 24 h　　B. 23 h 56 min

C. 24 h 4 min　　D. 24 h 56 min

4. 小红家的电表允许通过的最大电流是 10 A,她家有 4 个标有"220 V　60 W"的灯泡,1 个标有"220 V　1000 W"的热水器,1 台制冷时耗电为 140 W 的电冰箱和 1 台耗电为 80 W 的电视机,则(　　).

A. 所有用电器可以同时使用

B. 除热水器外其他用电器可以同时使用

C. 关闭电视机后其他用电器可以同时使用

D. 电冰箱制冷时,其他用电器不能同时使用

5. 我们能够分辨钢琴和小提琴的声音,这是因为它们发出声音的(　　).

A. 音调不同　　B. 音色不同

C. 响度不同　　D. 频率不同

6. 将筷子竖直插入装水的玻璃杯内,从俯视图(图 1)中的 P 点沿水平

方向看到的应该是图 2 中哪个图的情形？(　　)

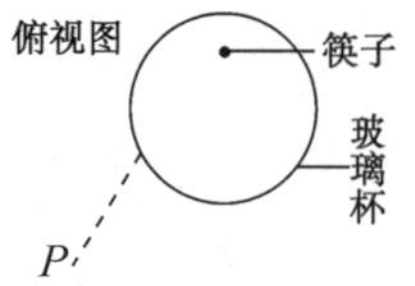

图 1

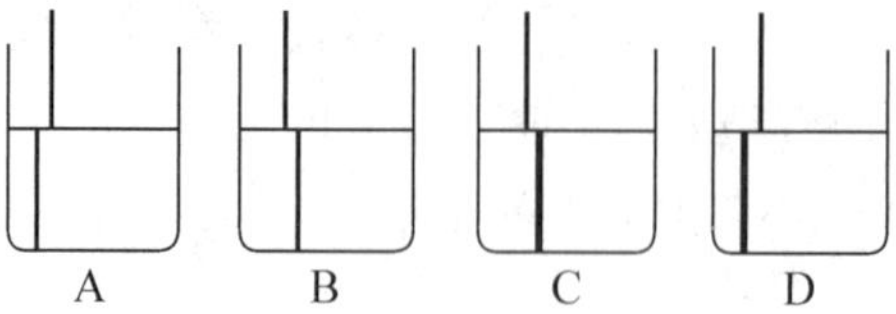

图 2

7. 一个鸡蛋的质量、课本中一张纸的厚度、一块橡皮从桌上落到地面所用的时间，大约分别为(　　).

A. 60 g、0.8 mm、0.5 s　　B. 10 g、80 μm、5 s

C. 60 g、80 μm、0.5 s　　D. 10 g、0.8 mm、5 s

8. 一艘宇宙飞船关闭发动机后在大气层外绕地球飞行，飞船内可能出现的现象是(　　).

A. 物体的质量消失　　B. 物体自由下落的速度变快

C. 蜡烛正常燃烧　　D. 水滴呈球状飘浮在空气中

二、填空(18 分，每小题 3 分)

1. 图 3 为色光三原色的示意图. 图中区域 1 应标________色，区域 2 应标________色.

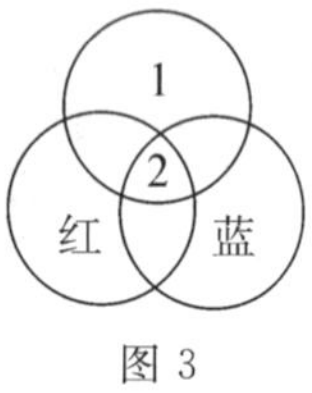

图 3

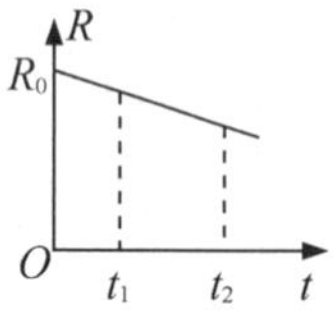

图 4

2. 不同时刻测量一段镍铬合金丝的电阻，其电阻——时间图像如图 4 所示. 与时刻 t_1 相比，t_2 时刻的温度比较________.

3. 图 5 为测量降水量的雨量筒，无风时正确的使用方法如图甲所示. 有风时正确的使用方法为图________所示；如果使用了图中的错误方法，测得的降水量将比实际降水量________(选填“多”或“少”).

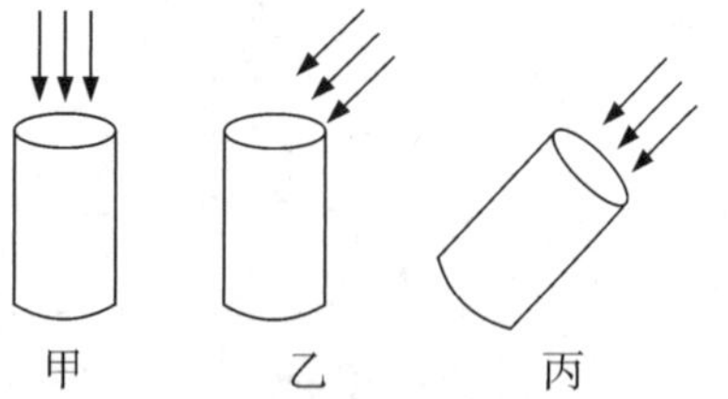

图 5

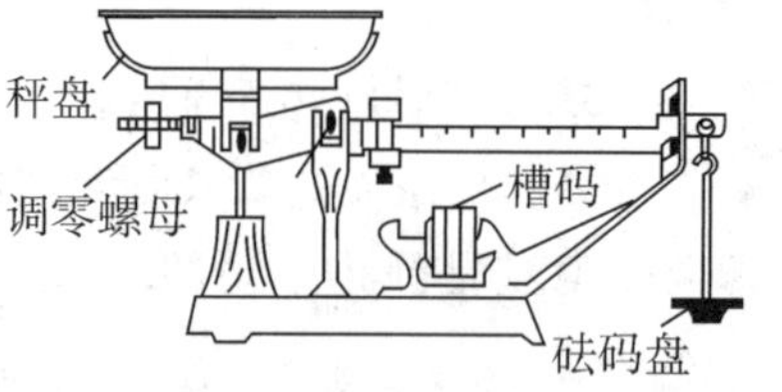

图 6

4. 商店常用案秤称量货物的质量(图 6). 称量时，若在秤盘下粘了一块泥，称量的结果比实际质量________(选填“大”或“小”)；若砝码磨损了，称量的结果比实际质量________(选填“大”或“小”)；若调零螺母的位置比正确位置向右多旋进了一些，称量的结果比实际质量________(选填“大”或“小”).

5. 小明家的电能表的铭牌上标有“220 V　5 A　3000 r/(kW·h)”等字样. 如果长时间连续用电，他家最多可以使用总功率为______ W 的用电器；电能表的转盘每转过 1 r，表示他家用去了______ J 的电能.

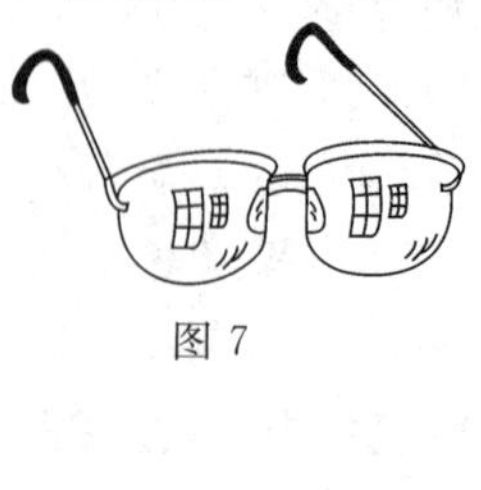
图 7

6. 李东同学在桌面上的近视眼镜上看到自己身后同一个窗户的两个像，如图 7. 这两个像是________(选填“实”或“虚”)像，是________(选填

"平""凸"或"凹")面镜所成的像. 其中较大的像是镜片上离李东较________(选填"近"或"远")的玻璃面所成的.

三、简答下列各题(25 分)

1.(3 分)日常生活中我们常用"21 吋""29 吋"等来说明电视机的大小. 这里,"吋"是什么制中的长度单位?"21 吋""29 吋"指的是电视机上哪条线段的长度?

2.(3 分)家中烧水的水壶,壶盖上常有一个小孔. 如果没有这个小孔,而壶盖又盖得很紧,当水沸腾时会有什么弊病?为什么?

3.(6 分)气象站测量气温用的温度计装在百叶箱中. 百叶箱是什么颜色的?为什么?如果装在封闭的箱子中会有什么弊病?为什么?如果露天放置会有什么弊病?为什么?

4.(7 分)扬场机能把谷粒、谷糠和小石块分开. 这三种东西中哪一种的落地点距扬场机最近?哪一种最远?同样大小的谷粒和小石块,为什么落地点的远近不同?

5.(6 分)目前新建楼房的供电系统中已经不再使用保险丝,而是使用一种自动控制的安全电路. 当用电负荷过大或发生短路时,电路会自动切断. 如果站在地面上的人碰到火线而使火线与大地经人体构成通路,电路也会自动切断,以保障人身安全.

小玲家新居中装的就是这样的电路. 搬家后,她看到墙上的电源插孔是三线的,为了安装电视机,她买了一个插线板,插在墙上的一个三线插孔中,然后把电视机的插头插在插线板上的插孔内. 但是,接通电视机的电源时,室内所有插座全都断电,表明电路自动切断了. 到配电箱一看,果然是"掉闸"(总开关自动切断)了.

试分析是电视机出了故障,还是用电负荷太大了?用手把总开关闭合,换其他几个确保正常的用电器插到这个插线板上,直至耗电只有 15 W的小台灯,仍然是这样. 但是,把插线板插到墙上其他插孔上,一切正常. 问题可能出在哪里?为什么会出现这样的现象?怎样解决?

四、(6 分)测得一个 24 cm 高压锅的限压阀的质量为 0.08 kg,排气孔的内径为 3 mm. 如果用它煮水消毒,根据下面水的沸点与压强关系的表格(表 1),这个高压锅内的最高温度大约是多少?(当时的大气压为 1.03×10^5 Pa)

表 1

T/℃	90	95	100	105	110	112	114	116	118	120	122	124	126	128	130
p/kPa	70	84	101	121	143	154	163	175	187	199	211	226	239	258	270

五、(8 分)由电源引到某工地的一只"220 V 100 W"的灯泡亮度较暗,测得该灯泡的实际功率只有 81 W,而电源的电压确为 220 V. 输电导线上消耗的功率约有多大?你在计算中用到了什么近似值?

六、(10 分)汽车更换轮胎时需要把车轴抬起来,这时可以使用"油压千斤顶". 图 8 是油压千斤顶的原理图. 向下按动手柄,圆柱形小活塞把小油缸中的机油压向大油缸. 大油缸中的油量增多,把圆柱形大活塞向上推,带着上面的重物上升. 实际表明,加在密闭的液体上的压强,能够按照原来的大小向各个方向传递(这个规律叫作帕斯卡定律).

现在有一个油压千斤顶,有关尺寸如图 8 所示. 如果希望在手柄上用

20 N的力向下压时就能在大活塞上举起 1 t 的重物，大活塞的直径至少是多少？

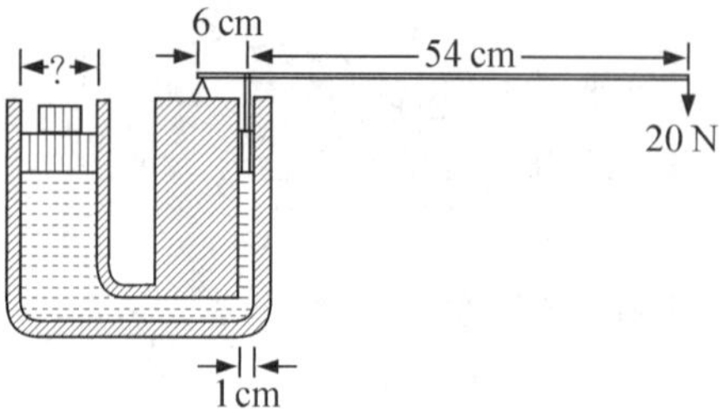

图 8

七、(9 分) 小红在两个同样的烧瓶中灌满水，加热到相同的温度后分别用厚度相同的 1、2 两种保温材料包好，定时测量烧瓶中水的温度. 实验过程中室温保持不变. 她想用这种方法比较两种材料的保温性能. 表 2 中给出在时刻 t(单位是分)测得的两个烧瓶中的水温 T_1、T_2 的几组数据. 根据这些数据在下面图 9 的方格纸中作出表示水温与时间关系的图像并回答以下问题：

1. 哪种材料的保温性能较好？

2. 当时的室温大约是多少？

3. 在这些水温数据中，哪一个最可能是因测量或记录的疏忽而产生的错误？

表 2

t/min	0	5	10	15	20	25	35	45	55	65	80	95	110	125	140	155
T_1/℃	80	72	64	59	55	51	50	41	37	34	30	26	24	22	21	20
T_2/℃	80	65	56	48	43	38	32	28	26	24	22	22	21	21	20	20

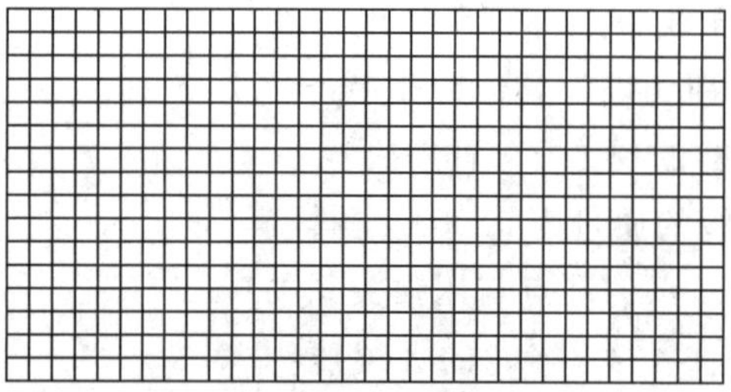

图 9

复　赛

一、(15 分) 网球拍的拍面有若干条经线和纬线，它们组成了一个个正方形的小格. 如果光源安装在天花板，球拍在光源的正下方，要使经线和纬线在地面的影呈如下所列的几种形状，应该用什么样的光源，怎样放置球拍？

1. 影为正方形格子，边长放大到约为原来的 2 倍.

2. 影为矩形(不是正方形).

3. 影为若干条平行的直线.

4. 无论怎样放置球拍，都看不清经线和纬线的影.

二、(15 分) 1920 年观测到，金牛座附近的蟹状星云(图 1)对地球的视角正以每年 0.21 角秒的速率膨胀，当

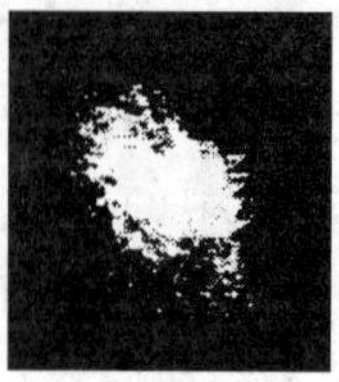

图 1

时的视角为 180 角秒. 似乎巧合的是，我国在宋代至和元年(公元 1054 年)，就在同一位置，观测到一颗“客星”(即原来看不见而突然出现的亮星，天文学上叫作新星或超新星). 以上数据是否支持这样的结论，即现在的蟹状星云就是在公元 1054 年我国观测到的那颗“客星”爆发后形成的？

三、(20 分)一种家用灭蚊器中的电热元件是用钛酸钡材料制成的，它具有控温功能. 图 2 中给出了这种电热元件的电阻随温度变化的曲线. 请你根据这条曲线分析，灭蚊器稳定工作时发热元件处于哪个温度区间，环境温度在哪个区间时这种灭蚊器可以正常使用.

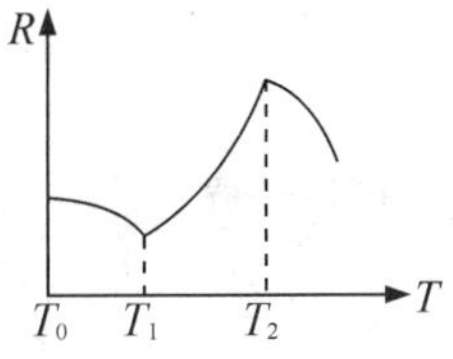

图 2　钛酸钡元件的 R-T 曲线

四、(20 分)1996 年清华大学和香港大学的学生合作研制了一辆太阳能汽车. 车上电池的太阳能接收板的面积是 $8\ m^2$，它正对太阳时电池能够产生 120 V 的电压，并对车上电动机提供 10 A 的电流. 电动机的直流电阻为 4 Ω，而太阳光照射到地面时单位面积上的辐射功率为 $1.0\times10^3\ W/m^2$.

1. 该车的太阳能电池的效率是多少？电动机把电能转化为机械能的效率是多少？

2. 若太阳辐射的总功率为 3.9×10^{26} W，且太阳光在穿过太空及地球大气层到达地面的途中有 28% 的能量损耗，还知道半径为 R 的球面面积为 $S=4\pi R^2$. 请根据这些资料计算太阳到地球的距离.

五、(30 分)有一种五角棱镜实际上是一个玻璃棱柱，几个平面都经过精密磨光，是一种常用的光学器件，如图 3，图(a)是它的横截面图. 图中 $\angle A=\angle B=\angle C=\angle D=112.5°$，$\angle E=90°$，$AB$ 和 CD 两个平面外侧镀银.

1. 如图(a)所示，一束光线 PQ 垂直射入 AE 平面，画出它射入棱镜后直至射出的路径，标出在每一个镀银界面上的入射角.

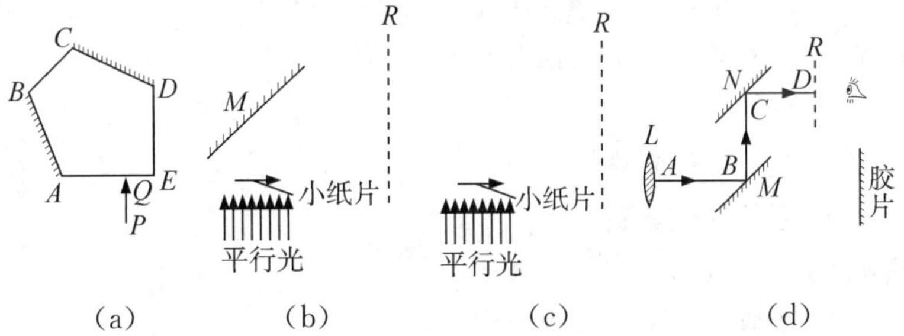

图 3

2. 如图(b)所示，一束平行光以 45°的入射角射向平面镜 M. 如果用一个箭头形小纸片“→”挡光，请在磨砂玻璃 R 上以箭头标出纸片的影. 设光源、小纸片的方向和磨砂玻璃的位置都不变，如图(c)，用上述五角棱镜代替平面镜，如果也要在磨砂玻璃上得到小纸片的影. 应该怎样放置这个棱镜？在图(c)中作出五角棱镜位置的示意图并以箭头标出磨砂玻璃上的影.

3. 图(d)是一种单镜头反光相机的示意图，镜头 L 的焦距 f 满足关系式 $f<AB+BC+CD<2f$. 取景时来自镜头的光经过两个小平面镜 M、N 的反射后在磨砂玻璃 R 上成像(曝光时小平面镜 M 向上弹起，处于水平位置，来自镜头的光在胶片上成像). 试作简图分析，这种取景器的最大缺点是什么，提出解决办法.

第十一届全国初中应用物理知识竞赛

学习笔记

初　赛

一、选择题(33 分,每小题 3 分)

1. 宇宙飞船进入预定轨道并关闭发动机后,在太空运行.在这飞船中用天平测物体的质量,结果是(　　).

A. 和在地球上测得的质量一样大　B. 比在地球上测得的大

C. 比在地球上测得的小　D. 测不出物体的质量

2. 秋高气爽的夜里,当我们仰望天空时会觉得星光闪烁不定,这主要是因为(　　).

A. 星星在运动

B. 地球在绕太阳公转

C. 地球在自转

D. 大气的密度分布不稳定,星光经过大气层后,折射光的方向随大气密度的变化而变化

3. 1999 年以某国为首的军队用飞机对某发电厂进行轰炸时,使用了一种石墨炸弹.这种炸弹爆炸后释放出大量的纤维状的石墨覆盖在发电厂的设备上,造成电厂停电.这种炸弹的破坏方式主要是(　　).

A. 炸塌厂房　B. 炸毁发电机

C. 使设备短路　D. 切断输电线

4. 小刚家中的几盏电灯突然全部熄灭了,检查保险丝发现并未烧断,用测电笔测试各处电路时,氖管都发光.他对故障作了下列四种判断,其中正确的是(　　).

A. 灯泡全都烧坏　B. 进户零线断路

C. 室内线路发生短路　D. 进户火线断路

5. 下列物体都能导热,其中导热本领最好的是(　　).

A. 铁管　B. 铝管　C. 铜管　D. 热管

6. 室内垃圾桶平时桶盖关闭不使垃圾散发异味,使用时用脚踩踏板,桶盖开启.根据室内垃圾桶的结构示意图(图 1)可确定(　　).

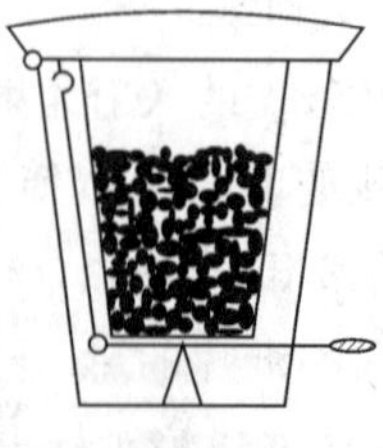

图 1

A. 桶中只有一个杠杆在起作用,且为省力杠杆

B. 桶中只有一个杠杆在起作用,且为费力杠杆

C. 桶中有两个杠杆在起作用,且都是省力杠杆

D. 桶中有两个杠杆在起作用,且一个是省力杠杆,一个是费力杠杆

7. 小明拿着一个直径比较大的放大镜伸直手臂观看远处的物体,可以看到物体的像.下面说法中正确的是(　　).

A. 射入眼中的光一定是由像发出的

B. 像一定是虚像

C. 像一定是倒立的

D. 像一定是放大的

8. 生物显微镜的镜筒下面有一个小镜子，用来增加进入镜筒的光强. 如果小镜子的镜面可以选择，在生物课上使用时，效果最好的是(　　).

A. 凹形镜面　　　　B. 凸形镜面

C. 平面镜面　　　　D. 乳白平面镜面

9. 小强在北京将一根质量分布均匀的条形磁体用一条线悬挂起来，使它平衡并呈水平状态，悬线系住磁体的位置应在(　　).

A. 磁体的重心处　　　　B. 磁体的某一磁极处

C. 磁体重心的北侧　　　　D. 磁体重心的南侧

10. 小红家的家庭电路进户开关上安装着漏电保护器，上面写着表 1 中的一些数据. 在以下几种说法中，正确的是(　　).

表 1

20 A	220 V
额定漏电动作电流	30 mA
额定漏电不动作电流	15 mA
漏电分断时间<0.1 s	

A. 漏电电流大于 30 mA，保护器会在 0.1 s 之内切断电源

B. 漏电持续时间超过 0.1 s 时保护器才能动作

C. 当漏电电流达到 15 mA 时就能起到可靠的保护作用

D. 只有当进户电压大于 220 V 或用电电流大于 20 A 时，才能起保护作用

11. 炎热的夏天，当你走在晒得发烫的柏油路上时，刚巧来了辆洒水车，洒湿了路面. 这时你会感到更加闷热. 产生这种感觉的主要原因是(　　).

A. 洒水车中的水经过暴晒，内能增加，温度很高

B. 洒水后空气的湿度增加，身上的汗较难蒸发

C. 地面上的水反射了阳光，使身体得到更多的热量

D. 水蒸发时把地面的热带到了人的身上

二、填空(24 分，每小题 3 分)

1. 李明同学放学回家，正碰上刮风下雨，他以 18 km/h 的速度由西向东快跑. 此时他发现了奇怪的现象：雨滴成竖直下落状态. 请你确定，这时刮的是________风，风速是________ m/s.

2. 后轮驱动的汽车在平直路面上向前加速行驶时，地面对后轮的摩擦力方向是________；对前轮的摩擦力方向是________.

3. 图 2 是根据广西北海市一家宾馆中所挂钟表的照片绘制的示意图. 图中秒针、分针和标有 24 个数字的转盘都沿顺时针方向转动. 根据钟表的示数，这张照片是在北京时间(按 24 小时制计时)______ h ______ min ______ s 拍摄的.

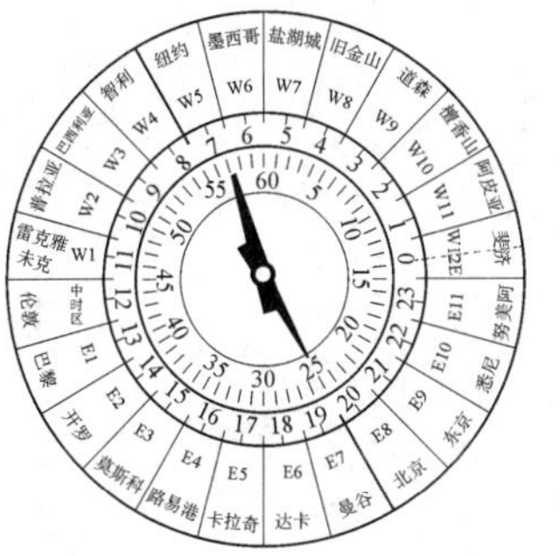

图 2

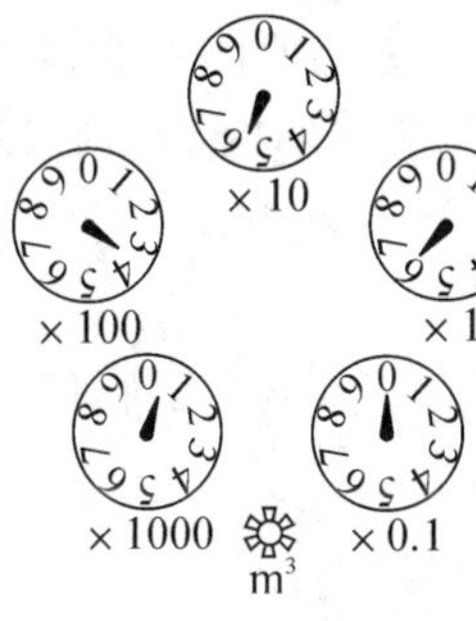

图 3

4. 小红家上月 5 日自来水表的读数为344 m^3，本月 5 日自来水表各指针的位置如图 3 表示. 这时水表的示数是________ m^3，所以一个月来她家用去________ m^3 水(读数到立方米即可).

5. 音乐厅正在举行音乐会，男中音在放声高歌，女高音轻声伴唱，又有多种乐器伴奏. 这时男中音的________比女高音的大，而女高音的________比男中音的高. 音乐会的声音我们听起来有丰富的立体感，这主要是由于人的听觉具有________效应.

6. 近视眼镜的镜片是一个________透镜，它和眼球中相当于透镜的那部分的综合作用使得眼球这个“照相机”的“镜头”的焦距变________了.

7. 如图 4 甲所示，为农户用的一种风箱的结构示意图，其中在 A、B、C、D 四处分别装有单向通风阀门，使得无论向左推还是向右拉活塞时，风箱都能向灶中送风. 若此时正向左推活塞，请在丙图中画出这时阀门的开、闭状态. 作图时可参照图 4 乙的画法.

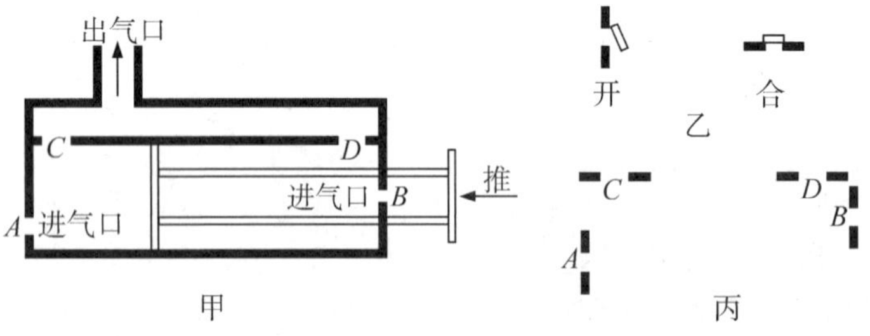

图 4

8. 我们周围有很多利用电能发光的灯. 有的利用灯丝的高温而发光，如________灯；有的灯有灯丝，但是不靠灯丝发光，如________灯；有的灯根本没有灯丝，通电后也能发光，如________灯.

三、简答下列各题（17 分）

1.（4 分）物理学常常把实际的研究对象或实际的过程抽象成“物理模型”. 如用铡刀铡草时，可以把铡刀看作是一个能够绕轴转动的硬杆，而不必考虑刀的形状、刀的材质，在物理学中把它称为“杠杆”，这时“杠杆”就是铡刀的“物理模型”.

汛期，江河中的水有时会透过大坝下的底层而从坝外的地面冒出来，形成“管涌”，初中物理讲过的什么装置可以作为“管涌”的物理模型？自行车的车把可以控制车的方向，它的“物理模型”又是什么？

2.（3 分）小峰想利用电冰箱降低室温：他先将电冰箱的门打开，然后接通电源. 他这样做，可以达到降低室温的目的吗？为什么？

3.（4 分）节日里氢气球飘向高空，越来越小，逐渐看不见了. 设想，气球最后可能会怎样. 根据你所学的物理知识作出预言，并说明理由.

4.（6 分）要学好物理就要多动手实践. 请你列举出大塑料可乐瓶制成的三种物理实验器具，并简述制作过程及用它们所演示的物理现象.

四、（10 分）小英设计了一个实验，验证水的内部压强和水深的关系，所用的装置如图 5 所示，增加细管内的砂粒可以改变细管沉入水中的深度.

1. 指出所用的测量工具，并用字母表示需要测量的物理量.

2. 逐条写出实验步骤.

3. 根据测量导出在不同深度处计算压强的公式.

4. 说明怎样通过实验结果判断水的内部压强是否与水深成正比.

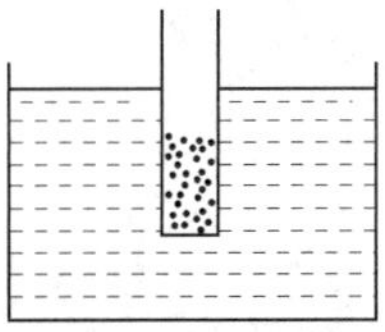

图 5

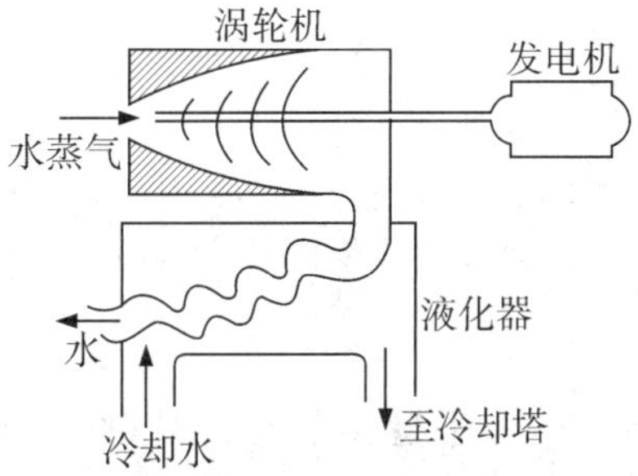

图 6

五、(8 分) 水在热电研制的锅炉中变为水蒸气，通过涡轮机带动发电机发电，用过的水蒸气在液化器中凝结成水，再到锅炉，循环使用. 液化器中的冷却水则流到冷却塔中降温，如图 6. 水的比热为 4.2×10^3 J/(kg·℃)，求：

1. 夏天，来自冷却塔的水温为 16 ℃，而回到冷却塔的水温为30 ℃. 若冷却塔和液化器间水的流量为 15 m^3/s，试求这个系统通过冷却塔散热的功率.

2. 如果发电机的发电功率是 56×10^4 kW，发电机把机械能转化为电能的效率为 80 %，不计水蒸气通过涡轮机过程中由于热传递造成的能量损失及涡轮机的摩擦，试求水蒸气的能量转化为电能的功率.

六、(8 分) 山区某工地施工时，照明电路需用导线从离工地 250 m 处的电源引来. 工地上要用一只“220 V　100 W”和一只“220 V　200 W”的灯泡来照明，所用导线的电阻为每米 0.018 Ω. 如果电源两端的电压为 220 V，且保持不变，试求照明时导线上所消耗的功率和每只灯泡实际所消耗的功率.（计算时不考虑灯丝电阻的变化，数值只取整数，小数可四舍五入.）

复　赛

一、(8 分) 1 kg 20 ℃的水吸收 4.2×10^5 J 的热量后，它的可能温度是多少？在下列 4 个答案中选出正确答案的序号并说明选择该答案的理由.（　　）

A. 80 ℃　　B. 100 ℃　　C. 120 ℃　　D. 130 ℃

二、(8 分) 小浩制作了一个弹簧秤，如图 1 所示，弹簧一共 20 匝. 经检验，该弹簧秤在测量范围内(0～5 N)示数是准确的. 该弹簧不但“伸长的长度跟所受的拉力成正比”，而且弹簧受拉力伸长时，各匝伸长的长度都相等.

有一次不慎把弹簧靠近 O 端的一小部分挤压变形，小浩把变形的 3 匝剪去，并把弹簧上端重新固定在 O 点，然后把指针 C 适当向下移，使它在弹簧秤竖直放置时指针 C 仍然指在“0”刻线处.

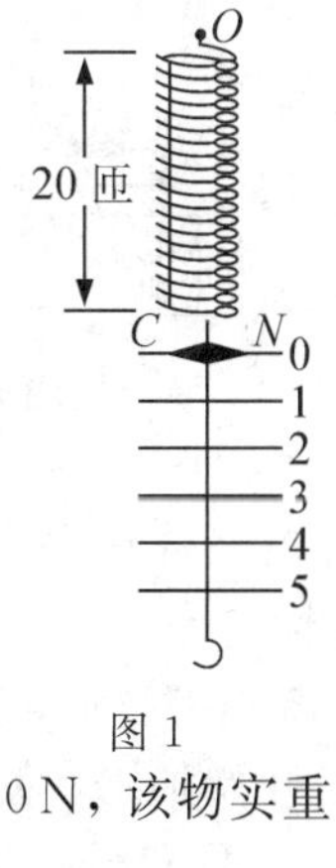

图 1

1. 写出这个新改制的弹簧秤受到的拉力 F 与它的示数 $F_{测}$ 的关系式并说明理由.

2. 用这个新改制的弹簧秤称量一个重物，它的示数为 4.0 N，该物实重是多少？

三、(10 分)

1. 如图 2，甲、乙、丙三人要合扛一个重物. 物重 600 N，三人肩头所能承受的最大压力均为 200 N. 现有两根一样长的硬棒及必要的绳子(硬棒及绳的自重不计)，请你设计出一种方法，使三人肩头承受的压力都不超过最大压力. 画出示意图表示你设计的扛重物的方法.

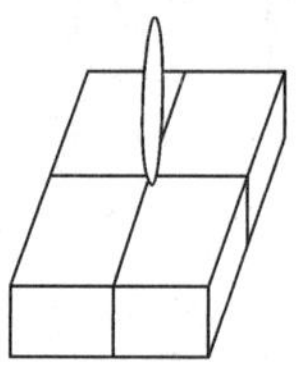

图 2

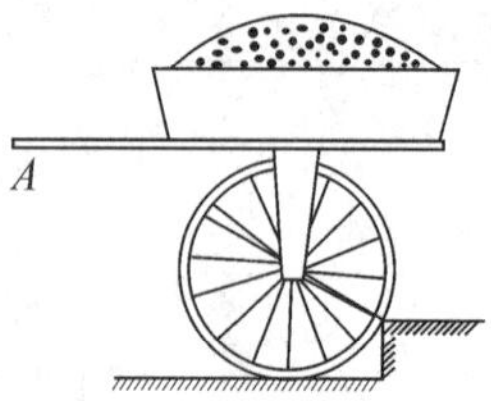

图 3

2. 如图 3，小明推一辆满载重物的独轮车，手握在车把 A 处（图中未画人），遇到一个较高的台阶，他自己推不上去，小华赶快跑来帮忙．小华选择了一种最省力且效果最好的施力方法，请画出小华所施力 F 的示意图．

四、（20 分）教学中常用的投影仪的结构如图 4 所示，在水平放置的凸透镜的正上方有一与水平成 45°的平面镜，右边竖直放一屏幕．物体的光线经凸透镜和平面镜后，可在屏上成一清晰的像；图 5 是这一装置的示意图，$A''B''$是物 AB 的像．图中 $BO_1=30$ cm，$O_1O_2=20$ cm，$O_2O_3=90$ cm．

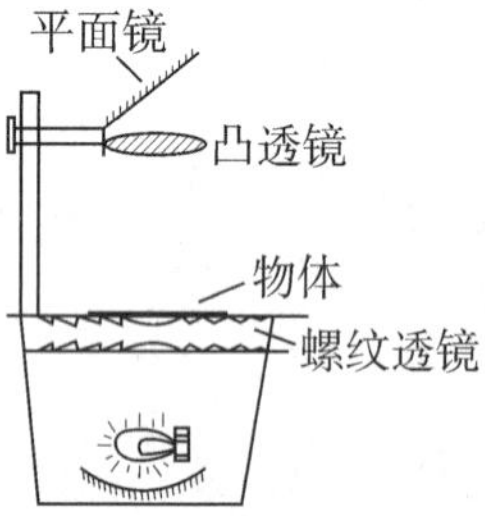

图 4

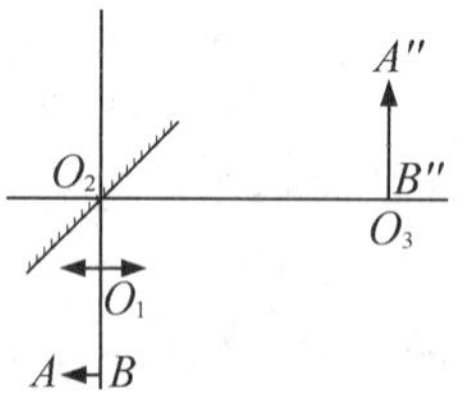

图 5

1. 对凸透镜而言，物距和像距各是多少？

2. 在图 5 中画出物 AB 的成像光路图．

3. 若将凸透镜向上移动一点，像将向何方移动？

4. 说明螺纹透镜的作用．

五、（16 分）图 6（甲）所示为一个电磁继电器的示意图，a、b 是它的两个端点；B 是衔铁，D 是安在一块金属板上的触点，B 和 D 都安在一个弹性片 C 上，C 的左端固定，c 和 c'、d 和 d'分别是安在绝缘板上的金属触点．当线圈 A 不通电时，D 上的触点与 c 及 c'接触，并把 c 和 c'连接起来，因此 c、c'称为常闭触点；而 d 及 d'此时是断开的，称为常开触点．当线圈 A 通电时，衔铁 B 被吸下，c 和 c'断开而 d 和 d'被连接起来．

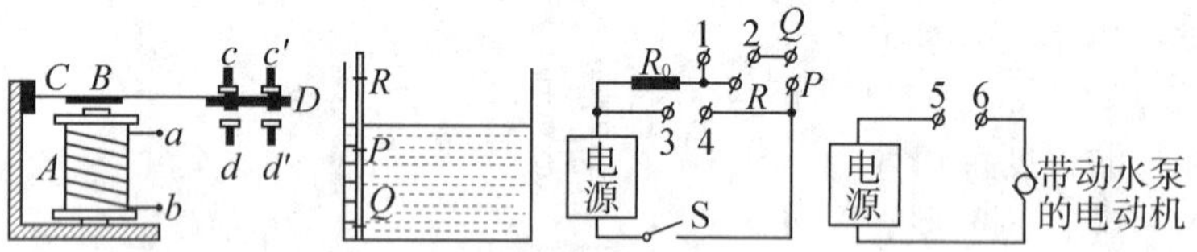

图 6

现在利用这个电磁继电器控制带动水泵的电动机工作，使水泵往水箱中抽水．在水箱中竖直立一根绝缘棒，在棒上分别安有 P、Q、R 三个电极，如图（乙）所示．现在希望控制水箱内的水位总在 Q、R 之间，即水位降到 Q 处，电动机启动，开始抽水，水位达到 R 处，电动机自动关机，停止抽水（水是导电的）．图（丙）和图（丁）分别是控制电路和电动机的供电电路，图中 R_0 是与电磁继电器线圈并联的一个电阻，它的阻值很小；当 R_0 接入电路后，电磁继电器的线圈相当于被短路．（丙）、（丁）两图中标有 1～6 的 6 个接线柱是与电磁继电器的线圈或触点相连的．

1. 写出这 6 个接线柱分别与电磁继电器的何处连接．

2. 开始水箱内没有水，试说明闭合开关 S 后，水箱内的水位为什么能保持在 Q、R 之间．

六、(18分)课外活动小组的同学设计制作了一个电热孵卵器,他们用两根额定电压和额定功率都相同的电热丝作热源,再连入一个电阻 R_0,使这台孵卵器即使断了一根电热丝,单丝工作产生热量的效果仍然与双丝工作时产生的热量效果完全相同.若电源两端的电压为 U,两丝的额定电压均为 U_L、额定功率均为 P_L.

1. 画出孵卵器的电路图.

2. R_0 的阻值是多大?

3. R_0 在单丝工作与双丝工作状态下消耗功率之比是多少?

七、(20分)小刚家的一个水龙头拧不紧,水一滴一滴不停地滴落到地上.小刚发现,在耳朵听到前一滴水滴在地上的声音的同时,看到下滴水刚好开始下落(图7).他为了测算水滴下落的平均速度和一天来浪费的水量,找来了秒表和卷尺.首先量出水龙头口离地面的高度 h,再用秒表计时.计时的方法是:当听到某一水滴滴在地上的声音的同时,开启秒表开始计时,并数“1”,以后每听到一声水滴声,依次数“2、3……”一直数到“n”时,按下秒表停止计时,读出秒表的示数为 t.

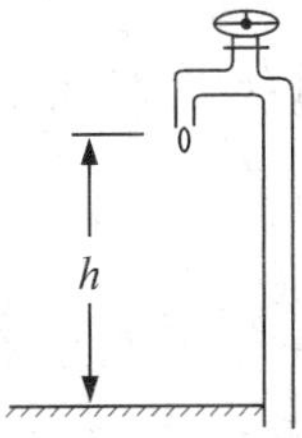

图7

1. 写出用上述测量表示水滴在空中运动的平均速度 $\bar{v}$ 的表达式.

2. 小刚测得 $h=1\ \mathrm{m}$,当数到 $n=20$ 时秒表的示数 $t=8.7\ \mathrm{s}$,则水滴下落的平均速度 $\bar{v}$ 是多少?

3. 若每滴水质量是 0.25 g,则一昼夜要浪费多少水?

4. 小刚为了进一步找出水滴下落的平均速度 $\bar{v}$ 和下落高度 h 的关系,又做了以下实验:找来一块挡板,让水滴落在挡板上.改变挡板和水龙头口之间的距离 h,并仔细调节水龙头滴水的快慢,使得耳朵听到前一滴水滴在挡板上的声音的同时,下一滴水刚好开始下落.计时方法仍和上面一样.他从实验中又获得了如表1所示的6组数据(连同上面的一组共有7组数据).请你帮助小刚继续完成以下的工作:(1)把这些数据分别标示在图8(甲)、(乙)两个坐标系中,并作出相应的图像.其中(甲)的纵坐标是水滴在空中运动的平均速度 $\bar{v}$,(乙)的纵坐标是水滴在空中运动的平均速度的平方,即 $\bar{v}^2$,它们的横坐标都是高度 h.(2)根据图像写出 $\bar{v}$ 与 h 的函数关系.

表1

次数	1	2	3	4	5	6
高度 h/m	0.2	0.3	0.4	0.5	0.6	0.8
平均速度 $\bar{v}$/(m/s)	0.97	1.19	1.38	1.54	1.68	1.95

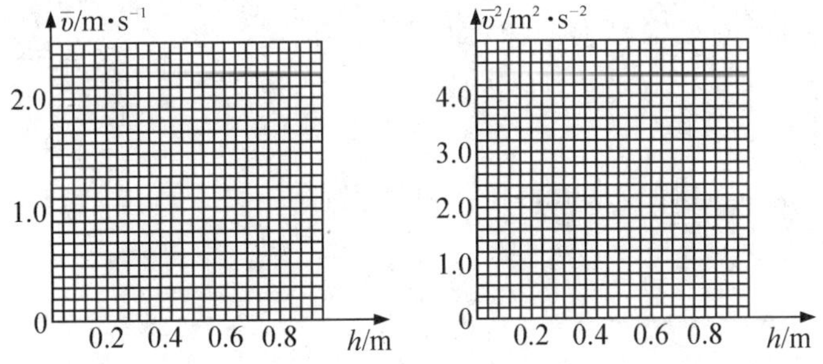

(甲) (乙)

图8

5. 考虑到声音传播的速度远小于光的传播速度这一因素,上面测出的水滴的平均速度会有一定的误差,测量值与真实值相比,是偏大还是偏小?为什么?

第十二届全国初中应用物理知识竞赛

学习笔记

初　赛

一、选择题(12 分,每小题 3 分)

1. 下列用电器正常工作时,电流最接近 200 mA 的是(　　).

A. 学生用计算器　　B. 手电筒

C. 家用空调　　D. 电饭锅

2. 小明的写字台上有一盏台灯. 晚上在灯前学习的时候,铺在台面上的玻璃"发出"刺眼的亮光,影响阅读. 在下面的解决方法中,最简单且效果最好的是(　　).

A. 把台灯换为吊灯　　B. 把台灯放在正前方

C. 把台灯移到左臂外侧　　D. 把台灯移到右臂外侧

3. 如图 1 所示,纸筒 A 的一端(以下称 A 端)蒙了一层半透明纸,纸筒 B 的一端(以下称 B 端)嵌了一个凸透镜,两纸筒套在一起组成了一个模型照相机. 为了在 A 端得到清晰的像,要调整 A、B 间的距离,这时(　　).

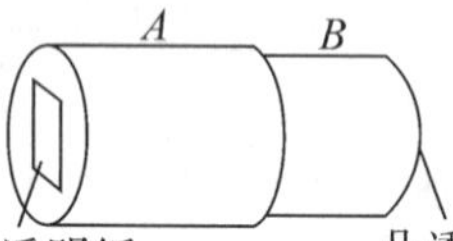

图 1

A. 眼睛应对着 B 端向筒内观察,看看像是否清楚

B. 如果看近处的景物时像很清楚,再看远处的景物时就应该把 B 向外拉,增加 A、B 间的距离

C. 应把 A 端朝着明亮的室外,B 端朝着较暗的室内,否则看不清楚

D. 应把 B 端朝着明亮的室外,A 端朝着较暗的室内,否则看不清楚

4. 小明在听讲座时,想把银幕上用投影仪投影的彩色幻灯片图像用照相机拍摄下来. 由于会场比较暗,他使用了闪光灯. 这样拍出来的照片(　　).

A. 反而看不清投影到银幕上的图像,倒是把银幕上的一些污渍拍出来了

B. 色彩鲜艳,比不用闪光灯清楚多了

C. 色彩被"闪"掉了,拍到的仅有黑色的字和线条

D. 与不用闪光灯时效果一样,因为拍摄的是银幕上的像,而不是实际的景物

二、填空(24 分)

1. (4 分) 有以下 6 种物质:铁,牛奶,水晶,白酒,水银,饼干. 可以把它们分成两类:

一类包括________________________,

其特征为________________________;

另一类包括________________________,

其特征为________________________.

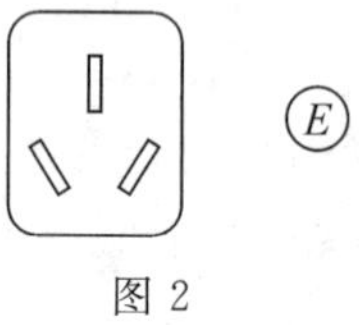

图 2

2. (6 分) 图 2 为一个三孔插座,其中有一个插孔的导线是与室外大地相连的,请把这个插孔与图中代表大地的

记号 E 用线连起来. 如果这个插孔的导线断了,使用这个插座还能使洗衣机转动,但是存在的问题是________.

3.(4 分)如图 3,甲、乙、丙、丁是镜头焦距不同的四种相机,它们所用的底片规格是相同的. 分别用它们在同一地点拍摄同一景物. 我们可以判定,在图 4 中,照片________是用相机甲拍摄的,照片________是用相机乙拍摄的,照片________是用相机丙拍摄的,照片_______是用相机丁拍摄的.

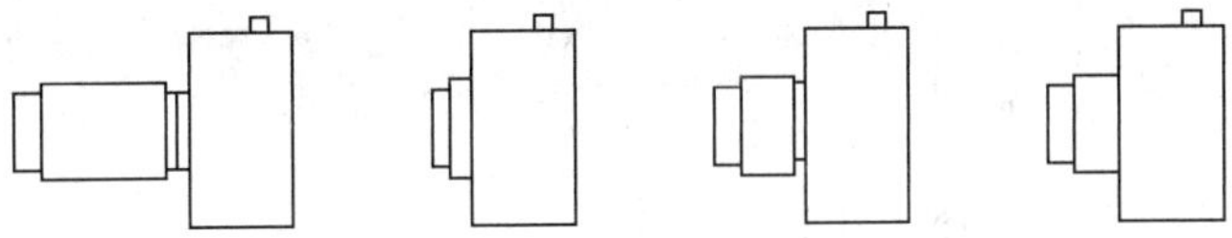

图 3　焦距不同的四种照相机

图 4　不同相机拍摄的不同照片

4.(6 分)请举出两个有实用价值的液体蒸发吸热的应用实例:

(1)____;

(2)____.

5.(4 分)开关电灯时,收音机里会出现“喀啦”声,这是因为____.

三、简答下列各题(18 分)

1.(6 分)小李在电视中看见了一种体育娱乐活动:一个人把自己悬吊在一根很长的橡皮绳下,自由地在空中上下振荡. 小李发现,不管这人运动的幅度如何,他上下一次所用的时间似乎总是相等的. 小李想证实这个观察结果的普遍性,甲、乙、丙、丁四位同学分别向他提出了建议.

甲:多问几个人,以多数人的意见为准.

乙:问问老师.

丙:用一根橡皮绳吊一个沙袋做实验,测量不同幅度的情况下来回一次所用的时间.

丁:直接打电话问问电视节目主持人.

如果以上四种途径得出的结论存在分歧. 你最相信的是哪一种? 简要说明理由.

2.(6 分)为了探究声的产生条件,有人建议利用以下几个实验现象.

甲:放在钟罩内的闹钟正在响铃,把钟罩内的空气抽去一些后,铃声明显减小.

乙:使正在发声的音叉接触水面,水面溅起水花.

丙:吹笛子时,手指按住不同的孔便会发出不同的声音.

丁:在吊着的大钟上固定一支细小的笔,把钟敲响后,用纸在笔尖上迅速拖过,可以在纸上画出一条来回弯曲的细线.

你认为,能说明声的产生条件的实验现象是哪一个或哪几个? 其他现象虽然不能说明声的产生条件,但是分别说明了什么问题?

3.(6 分)厕所的坐便器在冲水之后由自来水自动上水,当水箱内的水达到一定深度时,浮标带动杠杆压住进水口,停止上水(图 5). 有一种水箱的浮标，形状是中间有隔断的圆柱体，隔断的中部有小孔通过塑料管连在一个阀门上（图 6）. 阀门安装在便器坐圈的下面，平时是闭合的，当从圈落在便器上并受到压力时阀门打开，塑料管与大气相通.

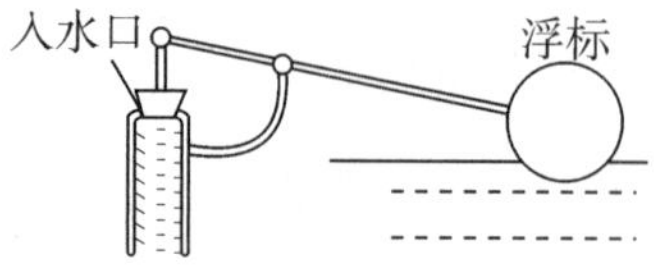

图 5　普通水箱的结构

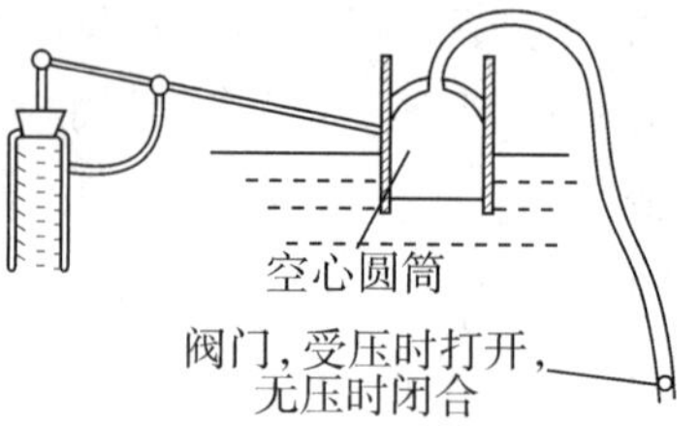

图 6　某种水箱的特殊结构

（1）说出这种设计的目的.

（2）说出这种设计的工作原理，特别要指出在什么地方用到了什么物理知识.

四、根据你对“宽带”“数字”“电子信箱（电子邮件）”这几个术语的理解，判断以下说法的正误. 正确的在后面的括号中打“√”，错误的打“×”.（满分 4 分，每错一题减 1 分，减完为止.）

1. 宽带网络可以进行电视信号的传送.（　　）

2. 现在商店卖的“数字电视机”，不能接收数字电视信号.（　　）

3. 别人给你发来电子邮件时，如果当时你的计算机没有开机，邮件也不会丢失.（　　）

4. 声音经过话筒后变成的电信号是模拟信号，电报机发出的“滴滴答答”的信号是数字信号.（　　）

5. 宽带通信线路允许更多的人同时用同一线路通电话.（　　）

6. 电子邮件地址中，“@”前面的字符是这个邮箱的用户名.（　　）

五、（8 分）小明在一根均匀木杆的一端缠绕少许铅丝，使得木杆放在液体中可以竖直漂浮，从而制成一支密度计. 将它放在水中，液面到木杆下端的距离为 16.5 cm，再把它放到盐水中，液面到木杆下端的距离为 14.5 cm. 如果所用铅丝的体积很小，可以忽略，小明测得的盐水密度是多少？

六、（10 分）学校淋浴用的简易太阳晒水箱内装水 60 kg，水箱玻璃盖的面积为 0.84 m^2. 从手册中查得，地球上与太阳光线垂直的表面接收的太阳辐射能为 7.56×10^4 J/(min·m^2)；这类水箱吸收太阳能的效率约为 50%；散热损失约为 20%. 假设使用中能够及时调整水箱朝向，使阳光总能垂直射入玻璃盖，计算 4 h 后箱中水升高的温度. 水的比热容为 4.2×10^3 J/(kg·℃).

七、（12 分）上题水箱中的水在冬天往往温度不够高，同学们在水箱中加装了一个“220 V　2000 W”的电热管，并利用一个“6 V　1 W”的小灯泡和一段 10 Ω/m 的电阻丝，为电热管安装了一个指示灯.

1. 画出电热管及指示灯的电原理图.

2. 在同学们的方案中，小灯泡两端的电压是按 5 V 设计的. 对于指示灯来说，这样设计有什么好处？

3. 按上述设计，电阻丝需截取多长的一段？

4. 安装指示灯后，电热管的实际功率是额定功率的百分之几？

计算中可以认为电热管、小灯泡及电阻丝的电阻不随温度发生明显变化.

八、(12 分) 回答下面三个问题.

1. 图 7 中的两个实验现象说明气体的压强与什么因素有关? 有什么关系?

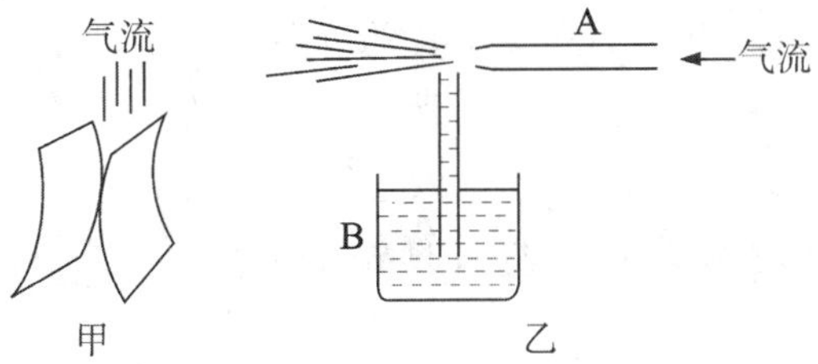

甲下垂的两张纸,向中间吹气,这两张纸相互靠拢

饮料管 A 吹气,饮料管 B 中的液体会上升并从管口喷出.

图 7　有关气体流动的两个实验

2. 用细线吊起一个空的塑料饮料瓶,用手转动饮料瓶,使它绕对称轴线旋转.转动的塑料瓶带动四周的空气绕它旋转.如果这时用电扇向它吹风,由于瓶的转动,它两侧的风速将不一样(图 8).按照第 1 小题中发现的规律,旋转着的饮料瓶应当向哪个方向移动? 请在图中标出.

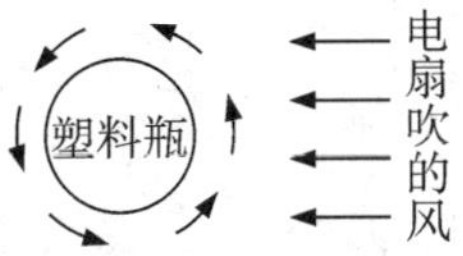

图 8　标出吹风后塑料瓶移动的方向

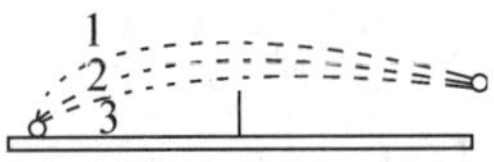

图 9　乒乓球三种击球方法的轨迹

3. 乒乓球前进过程中由于不同的旋转方向会沿不同的径迹运动.运动员用三种不同的击球方法把乒乓球击出,请判断,图 9 中 1、2、3 三条径迹哪一种是上旋球(图中沿逆时针方向旋转)的、下旋球(图中沿顺时针方向旋转)的、不转球的.说明你为什么认为上旋球应该沿着你所选的径迹运动.

复　赛

一、(10 分) 有一根缝衣用的钢针,与磁铁接触后磁化.试说出三种简单实用的方法,判断它的南北极.

二、(12 分) 洗浴用的电热水器的电功率是 1.2 kW,热水器内筒的直径是 30 cm,高是 50 cm.如果加热过程中的热量散失率为 10 %,则把水从 20 ℃加热到 70 ℃需要多长时间?

三、(14 分) 摄影胶片的感光能力一定时,要获得正确曝光的底片,镜头的透光面积和曝光时间的组合就应该是一定的.镜头的透光面积由叫作"光圈"的构件控制,通常用 22、16、11、8、5.6、4、2.8 等数字代表,22 就表示此时镜头透光的直径是它的焦距 f 的 $\frac{1}{22}$,以此类推.曝光时间的长短由叫作"快门"的机构控制,通常用 500、250、125、60、30、15 等数字代表,500 就表示此时曝光的时间是 $\frac{1}{500}$ s,以此类推.现在通过试摄知道,光圈、速度的最佳曝光组合是 11、15,如果为了其他需要而必须选用 5.6 的光圈,试计算应该选用的快门速度.

四、(14 分) 已知空气的密度为 1.29 kg/m^3,估算人体在空气中受到的浮力.

五、(14 分) 某机床上使用的一台直流电动机，标有“36 V 24 W”的字样. 用多用电表测得电机的电阻为 2 Ω. 试计算这台电动机在满负荷工作时的效率.

六、(14 分) 小刚今年 15 岁，因重感冒输液，针头插在左手背的静脉上，其间他必须下床，这时他发现只有右手把药瓶高高举起时，血液才不会回流到输液管内. 试根据这个现象估算，他手上静脉的血压比大气压强大多少. 这个差值相当于多少毫米高的水银柱产生的压强？(水银的密度是 $13.6\times10^{3}\ kg/m^{3}$)

七、(14 分) 表 1 摘自一个冰箱的说明书. 依据表中的数据计算冰箱在给定的工作状态下压缩机平均每天的工作时间. 并回答：要带着外包装把冰箱搬到室内，屋门宽度不能小于多少？

表 1

气候类型	ST	总有效容积(L)	305
冷冻食品储藏室有效容积(L)	70	输入功率(W)	170
除霜功率(W)	140	冷冻能力(kg/24 h)	10
耗电量(kW·h/24 h)	1.6	防触电保护类型	I
电源(AC)	220 V/50 Hz	制冷剂	R134a，140 g
冷冻室星级	★★★★	外形尺寸(mm)	599×702×1653
外包装尺寸(mm)	654×799×1768	重量(kg)	75

八、(8 分) 图 1 中的甲、乙两个房间里的两壶水都已烧开，试判断哪个房间的气温比较高. 说明理由.

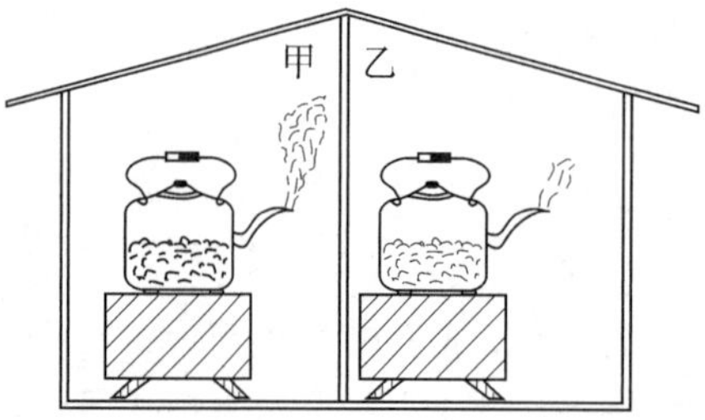

图 1

第十三届全国初中应用物理知识竞赛

初 赛

学习笔记

一、选择题(12 分，每小题 3 分)

1. 许多照相机镜头到胶片的距离是可调的. 某次拍摄前摄影师已经把相机“调焦”，使被摄者在胶片上形成了清晰的像. 如果在拍摄前被摄者移动了位置，他和摄影者的距离变大，为使他在胶片上仍然形成清晰的像，镜头与底片的距离应该(   ).

A. 变小　　　　B. 变大

C. 先变小后变大　　　　D. 先变大后变小

2. 拖拉机深耕时的行驶速度一般比在公路上慢,这主要是为了(　　).

A. 提高机械传动效率　　　　B. 增大牵引力

C. 节省燃料　　　　D. 提高发动机的功率

3. 安全用电的常识之一就是不要靠近高压电. 但是,两爪站在高压线上的鸟却不会发生触电事故,这是因为(　　).

A. 鸟爪上的角质层不导电　　　　B. 鸟爪很干燥

C. 电线上有绝缘层　　　　D. 鸟的两爪间的电压很低

4. 我国最近发射的"神舟"四号飞船返回舱的表面有一层叫作"烧蚀层"的物质,它可以在返回大气层时保护返回舱不因高温而烧毁. 烧蚀层能起这种作用,除了它的隔热性能外,还由于(　　).

A. 它的硬度大,高温下不会损坏

B. 它的表面非常光滑,能减少舱体与空气的摩擦

C. 它在汽化时能吸收大量的热

D. 它能把热辐射到宇宙空间

二、填空(18 分)

1. (4 分) 一种微型手电筒的灯泡做成图 1 所示的形状,它的前端相当于一个________. 使用这种灯泡可以省去一般手电筒中的一个零件,它是________.

图 1

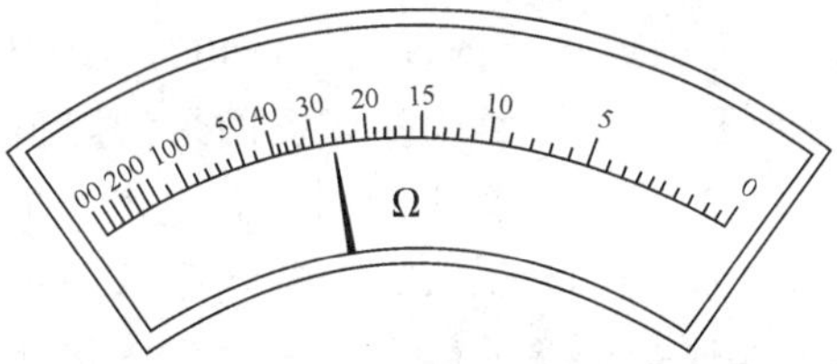

图 2

2. (4 分) 图 2 是一个电表的表盘. 也许你没有学过这种电表的用法,但根据所学的其他电表的读数方法,你也能知道,它的示数是________,单位是________.

3. (4 分) 一架飞机水平匀速地从小明的头顶飞过. 当他听到飞机发动机的声音从头顶正上方传来时,发现飞机在他前上方与地面约成 60°的方向. 这架飞机的速度大约是声速的________倍.

4. (6 分) 图 3 为农用扬场机的示意图. 谷物脱粒后,谷粒、糠皮及少量碎石的混合物在快速转动的轮 W 和皮带 B 的带动下被抛出,谷粒、糠皮、碎石落地的远近不同,从而形成 1、2、3 三堆,达到分离的目的. 其中 1 是________, 2 是________. 从能量的角度看,它们在运动过程中能够分离,是因为____.

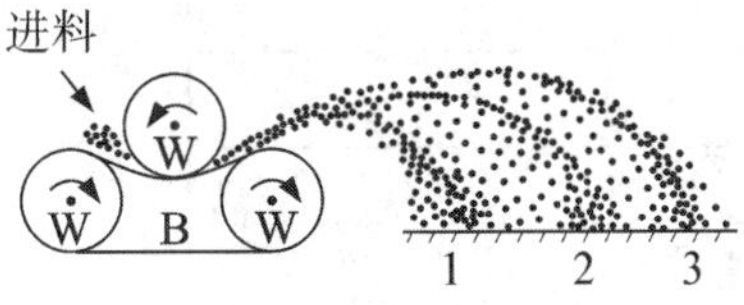

图 3

三、简答下列各题(29 分)

1. (5 分) 如果用铁丝代替家庭电路中的保险丝,在什么情况下,可能出现什么危险? 写出一种可能的危险,并说明会产生危险的理由.

2.（4 分）城市中的气温通常比郊区的气温高一些，这种现象叫作城市的“热岛效应”. 形成热岛效应的主要原因是人类的活动.

(1) 举出两个例子，说明人类的一些活动可以引起热岛效应.

(2) 提出两点切实可行的建议，用于改善热岛效应.

3.（6 分）图(a)是一个指甲剪.

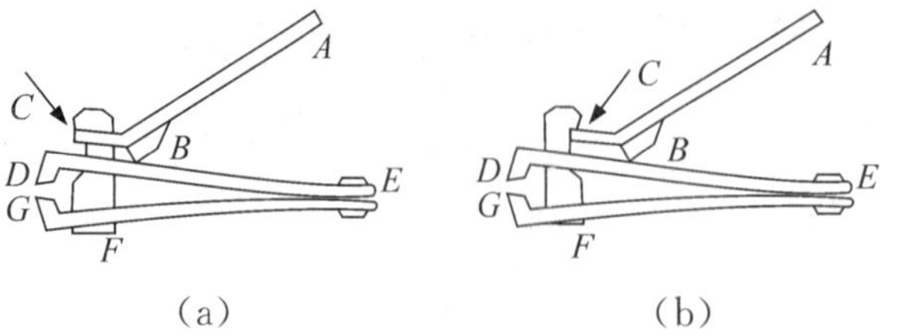

图 4

(1) 这个指甲剪是由哪几个杠杆组成的？它们的支点各在哪里？

(2) 小明的指甲剪有图(a)和图(b)两种组装方式. 请分析哪种组装方式更合理.

4.（6 分）图 5 是一台常见的台秤. 参照天平的使用方法，从放置台秤开始，到称出物品的质量为止，说出它的使用步骤. 各步骤用序号(1)、(2)、(3)……标出.

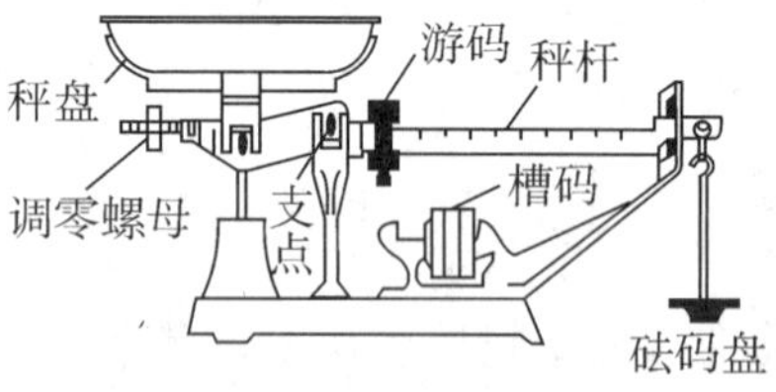

图 5

5.（8 分）小明家新买了一床标有“220 V　50 W”的电热毯，他想用电流表和电压表测量电热毯的电阻值，于是连接了图 6 所示的电路，其中 R 为待测电热毯的电阻，电源两端的电压为 6 V，滑动变阻器的最大阻值为 20 Ω. 但是，小明在测量过程中发现，无论怎样调整滑动变阻器，电表的示数都几乎没有变化，且查得各元件完好，电路连接无误. 请分析产生这一现象的原因. 如果仍然使用这些器材，怎样连接电路才能有效地改变电热毯两端的电压？在小明电路图的右侧画出你的电路图.

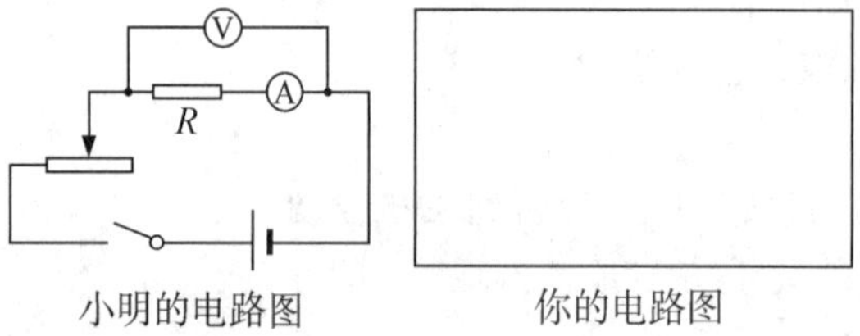

图 6

四、（7 分）手机、数码相机等电器中多使用可充电电池，电池上所标的“电压”和“容量”是两个重要参数. 容量的单位通常为“毫安时”（符号为 mA · h）. 某种可充电电池所标的电压是 1.2 V，容量是 1300 mA · h，请估算这种电池可储存的电能.

五、（8 分）在不同地区，车用燃油的价格会有不同，不同日期的油价也可能不一样，但都不会相差很大. 赵明生活在沿海地区，暑假到新疆探亲，在新疆乘坐汽车时却发现了下面的奇怪现象. 车辆在甲加油站时，他看到加油机上的示数如表 1 所示；走过一段路之后，在乙加油站的小黑板上又看到一个如下的价目表 2. 赵明最初非常吃惊：为什么在相距不远的两地，油价相差这么多！但仔细思考之后他恍然大悟，原来两站的计量方式不同.

表 1

0 号　柴油		
SALE	70.02	金额
LITTER	26.93	升
PRICE	2.60	单价

表 2

油品价格密度温度一览表（2002.7.14）				
品名	密度	温度	价格	值班人
93 号汽油	0.7530	28.6	3.545	发油：×××
90 号汽油	0.7300	28.3	3.344	安全：×××
0 号柴油	0.8350	28.6	3.103	计量：×××
－10 号柴油	0.84			站长：×××

1. 通过计算说明，两个加油站的计量方式有什么不同.

2. 为什么在新疆会有两种不同的燃油计量方式，而在沿海地区一般只用一种方式计量？

六、(12 分) 照相时，选择不同的“光圈”以控制镜头的进光面积；选择不同的快门速度，以控制镜头的进光时间. 两者结合的目的是使底片受到的光照能量保持一定，光照能量过大或过小都不能得到好照片. 下面的表 3 是某种情况下光圈与快门的几种正确组合. 在“快门”一行中，“15”表示快门打开的时间是$\frac{1}{15}$ s，以此类推；在“光圈”一行中，“16”表示镜头透光部分的直径等于镜头焦距的$\frac{1}{16}$，以此类推. 计算光圈一行的最后一格应填的数字.

表 3

光圈	16	11	8	5.6	4	2.8	
快门	15	30	60	125	250	500	1000

七、(14 分) 电气化铁路的输电线常用图 7 所示的方式悬挂在钢缆上. 钢缆的 A 端固定在电杆上，B 端通过滑轮组连接在电杆 C 上.

1. 配重 D 是 n 个混凝土圆盘(图中只画出 3 个)，每个盘的质量是 m. 按图示的配置，钢缆在 B 端所受的拉力大约是多少？

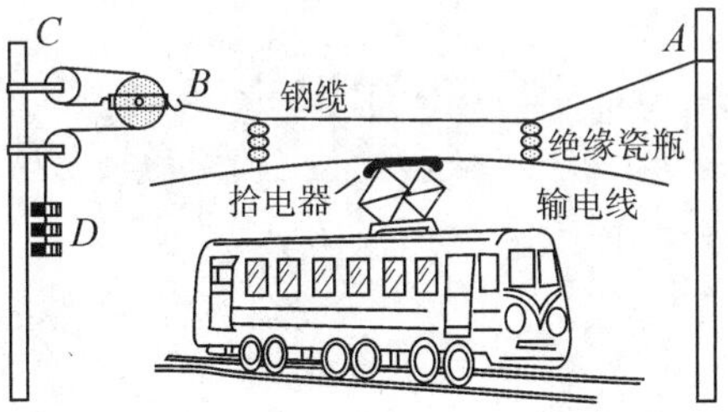

图 7

2. 如果只考虑 B 端的牢固性，本来可以把它直接固定在电杆 C 上，也可以用一个很硬的大弹簧连接 B 和 C. 实际上却用滑轮组来连接，这样做的优点是什么？

复 赛

一、(15 分＋4 分) 现在许多平房和多层建筑的屋顶都安装了太阳能热水器，用于家庭洗浴. 试分析热水器对供水压力、水管强度两方面的要求.

二、(15 分＋4 分) 采取什么方法可以把大块马铃薯尽快煮熟？尽可能多地写出可行的方法，并说明其中的物理原理和这种方法的优缺点或适用场合.

三、(25 分+4 分) 当你背对着路灯向前匀速行走时,定量分析你的身影长度变化的规律.

四、(25 分+4 分) 利用空的塑料饮料瓶(如矿泉水瓶)能做哪些物理实验?尽可能多地写出来.要求写出实验的装置和制作要点(必要时画出简图)、简明操作步骤、所根据的物理原理.

五、(20 分+4 分) 为了交通安全,机动车转弯时,要使用转向灯对其他车辆及行人发出信号,同时车内的转向指示灯装置也会给驾驶员提供转向灯是否正常的信息.具体地说,当机动车要向右转弯时,前、后两只转向灯 $D_{右1}$、$D_{右2}$ 均正常发光,车内的转向指示灯同时也闪亮,而两只左转向灯 $D_{左1}$、$D_{左2}$ 不发光.左转弯与右转弯的情况类似.

如图 1 所示,机动车转向灯电路的四只转向灯 $D_{右1}$、$D_{右2}$、$D_{左1}$、$D_{左2}$ 以及转向指示灯 D 尚未接入电路.已知四只转向灯均为标有"6 V 10 W"字样的灯泡,转向指示灯 D 标有"6 V 1.5 W"字样,电源电压为6 V,图中 RJ 为闪光器,它可以使电路间歇地通、断.请回答:

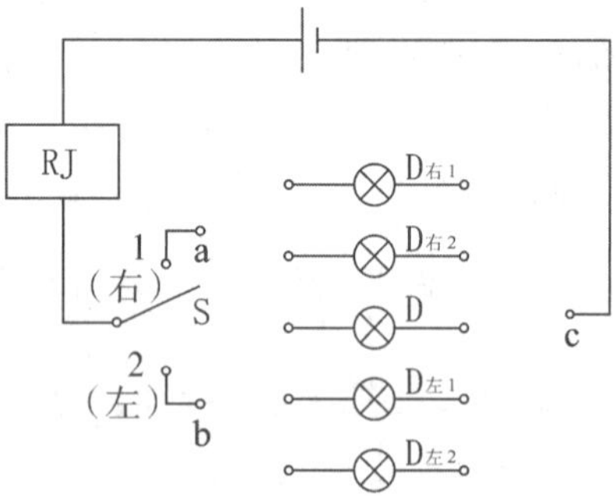

图 1

1. 按题目要求将四只转向灯 $D_{右1}$、$D_{右2}$、$D_{左1}$、$D_{左2}$ 及转向指示灯 D 接入电路,完成机动车转向灯电路图.

2. 四只转向灯的额定功率相同,为什么转向灯电路工作时,总是两只转向灯发光,另外两只转向灯不发光?请运用你学过的电学知识加以分析、论证.

第十四届全国初中应用物理知识竞赛

初 赛

学习笔记

一、选择题(12 分,每小题 3 分)

1. 电视机的开启和关闭可以通过遥控器实现.遥控器用来控制电视机的是(   ).

A. 红光   B. 红外线   C. 紫光   D. 紫外线

2. 烹制油炸食品时,如果不慎将水滴溅入烧热的油锅中,会听到"叭叭"的响声,同时油花四溅.出现这一现象的主要原因是(   ).

A. 水是热的不良导体

B. 水滴的温度与油的温度不一样

C. 水的沸点比热油的温度低

D. 水的比热容比油的比热容大

3. 在儿童乐园,摄影师给卡通人照相,在对焦时,发现毛玻璃上卡通人像的位置如图 1 甲所示. 为了使毛玻璃上卡通人像的位置如图 1 乙所示，摄影师应将镜头适当地(　　).

A. 向下并且向左移

B. 向下并且向右移

C. 向上并且向左移

D. 向上并且向右移

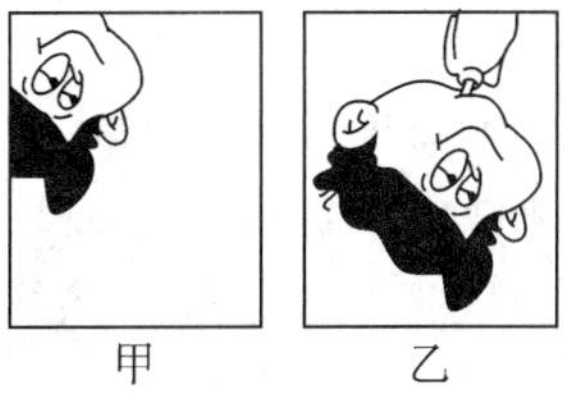

图 1

4. 图 2 给出了小明设计的楼梯照明电灯的四种控制电路，其中 S_1、S_2 分别为楼上和楼下的开关(都是单刀双掷开关). 要求拨动其中任一开关，都能改变电灯原来发光或熄灭的状态. 在实际应用中最好的方案是(　　).

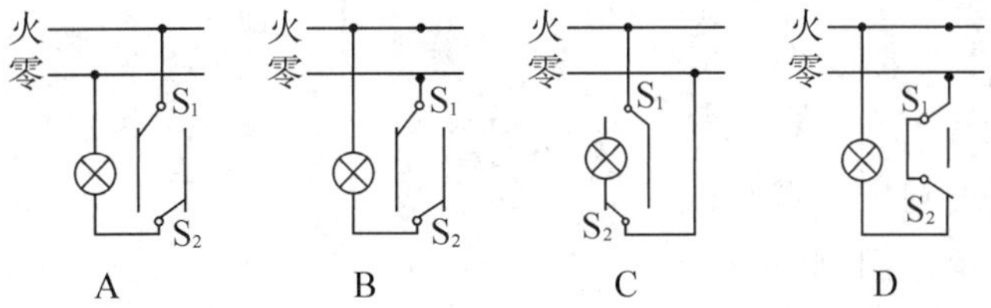

图 2

二、填空(20 分)

1. (4 分) 用来烧开水的铝制水壶的底部，常有几个凸凹不平的同心圆圈，其主要作用是：

(1) ____;

(2) ____.

2. (3 分) 小峰身高 1.70 m，眼睛距头顶 8 cm，直立在水平地面上照镜子. 如果他想从竖直挂在墙上的平面镜里看到自己的脚，这面镜子的底边离地面的高度不应超过________ m.

3. (4 分) 某年春季，在我国部分城市出现了"非典"疫情，各地广泛使用喷雾器对公共场所消毒. 图 3 给出了一种喷雾器的示意图，就其工作原理要用到的物理知识有(写出两项即可)

(1) ____________________________;

(2) ____________________________.

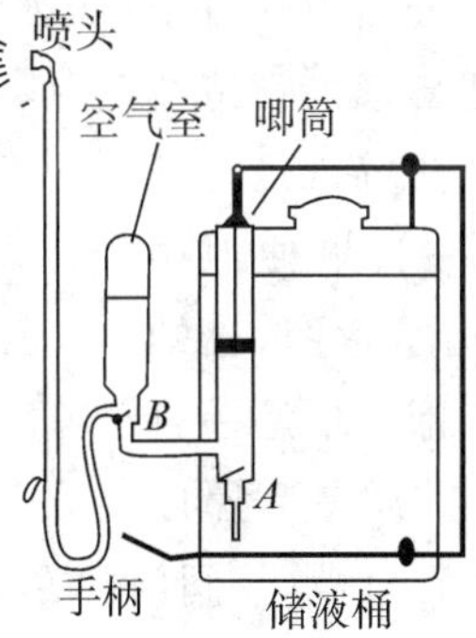

图 3

4. (5 分) 2003 年 10 月 16 日 6 时 23 分，"神舟"五号飞船成功完成了我国第一次载人航天飞行，返回舱在内蒙古着陆场安全着陆.

(1) 火箭发射时发生的能量转化主要是____________能转化为________能.

(2) 在飞船关闭发动机后绕地球飞行时，如果在舱内进行下列实验，与在地面相比，其中最难完成的是________(填字母)：A. 用温度计测温度；B. 用显微镜观察洋葱表皮；C. 用漏斗、滤纸过滤，除去水中的泥沙.

(3) 如果将农作物种子携带到太空，然后再带回来进行种植实验. 这样做的目的是________.

5. (4 分) 我国北方早春育苗常用温床，电热温床是其中的一种. 电热温床是这样制成的：先将床土挖去约 20 cm 厚，床底铺一层麦秸或锯末，再铺一层塑料膜. 将电热线按 10 cm 间距，均匀地铺在塑料膜上，再把床土放回，这样电热温床就做成了.

电热温床的温控仪相当于一个阻值随温度变化的可变电阻，利用它可以根据温度自动控制通过电热线的电流，从而实现温床温度的自动控制. 使用时应该把温控仪与电热线________联. 电热线不能打结、交叉或重叠，否则可能由于________而发生危险. 这种方法是利用________获得适宜幼苗生长的温度.

三、简答下列各题（20 分）

1.（4 分）某城市铁路车站的设计方案如图 4 所示，进站和出站的轨道都与站台构成一个缓坡. 从能量利用的角度看，这种设计的优点是什么？

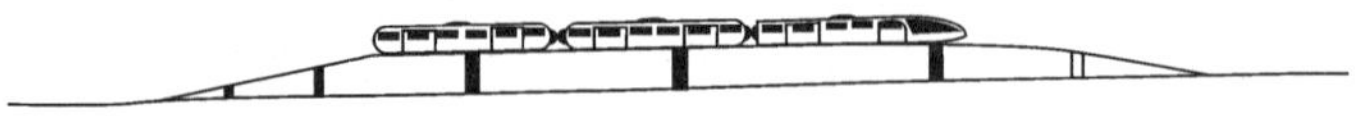

图 4

2.（4 分）在远洋轮船的船舷上，都漆着几条"载重线"，俗称"吃水线"，轮船满载时，水面不能超过规定的载重线. 如图 5 所示为一艘远洋轮船及载重线的示意图，其中标有 W 的是北大西洋载重线，标有 S 的是印度洋载重线. 运用你学过的物理知识，分析一下这种标识说明了什么？

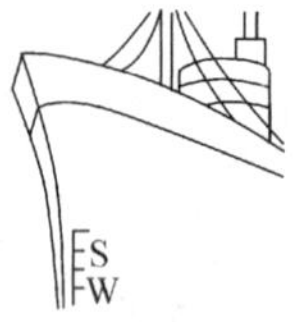

图 5

3.（6 分）小汽车的前挡风玻璃有一定的倾斜角度，而卡车、公交车等大型车辆的前挡风玻璃却几乎是竖直的. 请用光学知识分析小汽车前挡风玻璃这样安装的原因（可以画图说明）.

4.（6 分）在生产、生活中，由于摩擦等原因，常常产生静电，静电既可利用也能造成危害.

（1）请各举一个实例，说明静电对人们生活、生产的利与弊.

（2）请举例说明防止静电带来不利影响的具体措施.

四、（8 分）小明设计了一个公厕中的自动冲刷厕所的水箱. 这种水箱能把自来水管持续供给的较小流量的水储备到一定量后，自动开启放水阀，这样就可用较大水量冲刷便池中的污物. 图 6 为这种水箱的结构示意图，已知水箱底为边长 $l=40$ cm 的正方形，A 是一直径 $d_1=8$ cm 的圆形放水阀门，其质量和厚度均可忽略不计，且恰好能将排水管口盖严. 阀门的左端用活页固定在箱底的排水管口的边缘，右端通过一很小的挂钩及连杆与浮子 B 相连，连杆的长度 $h_0=10$ cm. 浮子 B 是一外部直径 $d_2=8$ cm、高 $H=30$ cm、质量 $m=0.4$ kg的空心圆柱体. 设水箱每次放水都能将水箱中的水全部放尽，试通过计算说明：

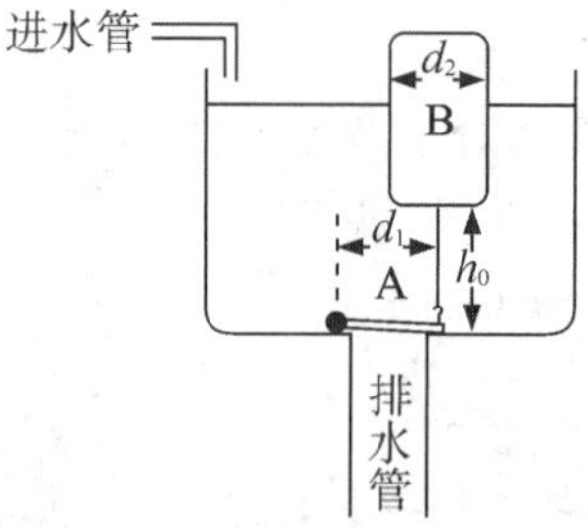

图 6

1. 水箱体至少多高，水才不会从水箱上部溢出？

2. 如果自来水管的流量为 $0.2\ m^3/h$，该水箱每次放水结束到下次开始放水的时间间隔为几分钟？

五、（12 分）学校要开运动会，几个同学讨论怎样才能将铅球掷得更远. 陈平说："掷出点越高，掷得越远."王力说："掷出速度越大，掷得越远."李明说："我们还是通过实验来探究吧."

大家经过讨论，提出了以下猜想.

猜想 1：铅球掷得远近，可能与掷出铅球点的高度有关.

猜想 2：铅球掷得远近，可能与掷出铅球时的速度有关.

猜想 3：铅球掷得远近，可能与掷出铅球的角度(投掷方向与水平方向的夹角)有关.

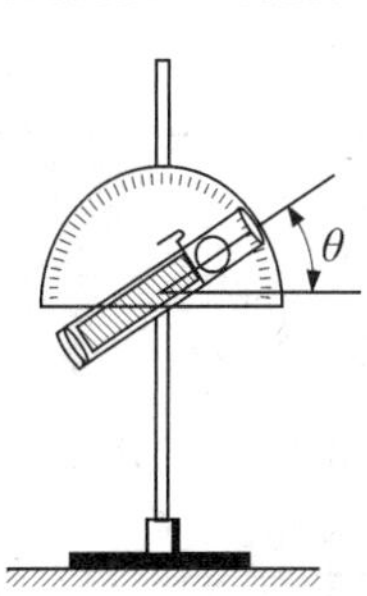

图 7

为了检验上述猜想是否正确，他们制作了一个小球弹射器，如图 7 所示. 它能使小球以不同的速度大小和方向射出，弹射方向对水平方向的仰角，可由固定在铁架台上的量角器读出. 他们通过 7 次实验得到表 1 中的实验数据(“射出距离”指水平距离).

表 1

实验序号	射出点高度 h/m	射出速度 v/(m·s^{-1})	射出仰角 θ	射出距离 l/m
1	0.5	5	30°	2.9
2	0.5	10	30°	9.6
3	0.5	10	45°	10.7
4	1.0	10	45°	11.1
5	1.5	10	45°	11.5
6	0.5	10	60°	9.1
7	0.5	15	30°	20.7

请你根据上述所收集的信息和相关证据回答下列问题.

1. 为验证猜想 1，应选用序号为________、________、________的实验数据，因为________.

2. 为验证猜想 2，应选用序号为________、________、________的实验数据，因为________.

3. 为验证猜想 3，应选用序号为________、________、________的实验数据，因为________.

4. 通过上述实验，你认为怎样才能将铅球掷得更远？

六、(12 分) 图 8 为一种摩托车转向灯的电路原理图. 其中“RJ 开关”为由继电器控制的开关，可以使电路间歇地通断，D 为指示灯. 当 S 拨至 1 位置时，RD_1、RD_2 前后两个右转向灯发光，向外界发出右转信号，同时 D 灯闪亮，向驾驶员显示转向灯工作正常. 左转时道理与右转一样. 若四只转向灯都用“6 V　10 W”的灯泡，D 用“6 V　1.5 W”的灯泡，电源两端电压为 6 V. 试通过计算说明，为什么把 S 拨至 1、2 中的任何位置时 D 灯都会发光，而左、右转向灯不同时发光.

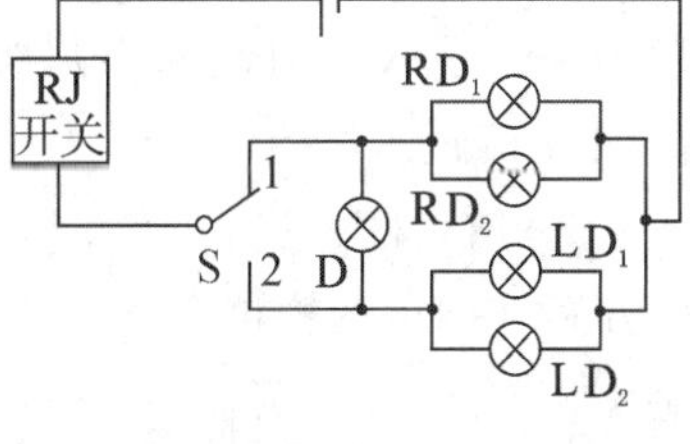

图 8

七、(16 分) 下表 2 列出的是某厂生产的家用燃气热水器的参数. 表中“额定热负荷”指的是满负荷使用时，1 h 内燃料燃烧产生的热量.

表 2

产品名称		燃气快速热水器		
产品型号		JSY5-C	JSR5-C	JST5-C
适用燃气		液化石油气	人工煤气	天然气
额定燃气压力		2800～3000 Pa 280～300 mmH_2O	800～1000 Pa 80～100 mm H_2O	2000～2500 Pa 200～250 mmH_2O
额定热负荷		37 MJ/h		
额定燃气耗量		0.368×10^2 m^3/h	1.964×10^2 m^3/h	1.04×10^2 m^3/h
热效率		>80%		
适用水压		0.04～1.0 MPa (0.4～10 kgf/cm^2)		
热水产率	温升 25℃	51/min		
	温升 40℃	31/min		
	温升 55℃	21/min		
接口尺寸	燃气入口	G1/2″		
	冷水入口	G1/2″		
	热水入口	G1/2″		
外形尺寸		406 mm(高)×293 mm(宽)×230 mm(厚)		
重　量		6.2 kg		

1. 分别计算燃烧 1 m^3 液化石油气、人工煤气和天然气所产生的热量.

2. 根据表中数值和你已有的知识，讨论“额定燃气压力”一行中，“mm H_2O”的含义.

3. 王保成同学说，“热水产率”一栏中，5、3、2 后面的字符好像是数字“1”，但是在“/min”的前面又好像丢掉了什么. 请你通过计算判断这个栏目中三个参数的正确数值和单位.

4. “热效率”一栏给的是参考值，“热水产率”一栏给的是厂家对样品的实测值. 分别计算温升 25 ℃和 55 ℃时的热效率，并解释这两个情况下热效率不同的原因.

复　赛

一、(14 分) 1998 年某地区遭受特大洪涝灾害. 为了抗洪抢险，急需在 20 h 内从甲地调运 65 t 钢材到乙地. 现仅剩下一艘满载时排水量为 80 t 的货船，船身(包括船员)质量约 17 t，已知甲、乙两地的水路距离为 80 km，船行驶的平均速度为 10 km/h(不计水流速度).

1. 请你设计一个完成此项任务的可行性方案；

2. 通过分析、计算，找出最佳方案.(钢材的密度为 7.9×10^3 kg/m^3)

二、(18 分) 图 1 为一种电磁炉的原理示意图. 它是利用高频电流在电磁炉内部线圈中产生磁场，磁化铁磁材料制成的烹饪锅，在锅体形成无数小的涡流(感应电流)而产生焦耳热. 同时，被磁化的铁磁材料分子因摩擦、碰撞而发热. 从而使锅体自身发热达到加热食物的目的.

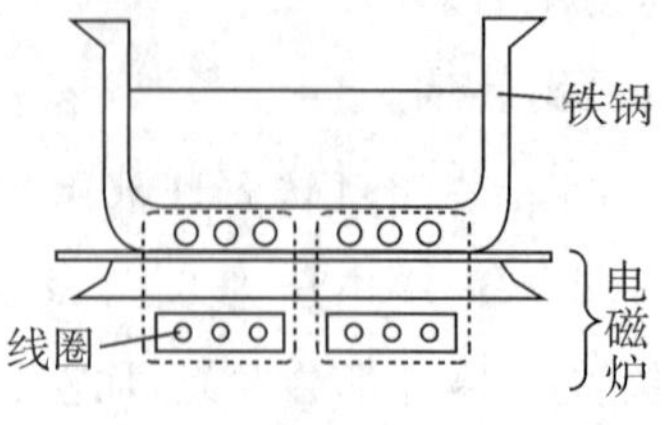

图 1

1. 使用电磁炉加热食物时，不产生明火、无烟尘，无废气，清洁、安全、高效、节能. 请写出电磁炉在使用中可能涉及的物理知识(只写名称不写内容,不少于10个可得满分).

2. 在使用电磁炉时,炉和锅之间的热是由______传递给______的. 电磁炉加热食物的过程中消耗________能转化为________能;若用该电磁炉1次蒸熟5个馒头需用时间25 min,那么,1次只蒸熟1个同样大小的馒头大约需要________ min.

3. 某款电磁炉性能参数如表1所示:

表1

型号	额定电压	额定功率	功率调节范围	温度调节范围	热效率
SC-16	220 V 50 Hz	1600 W	450 W～1600 W	70～240℃	(大于)90℃

根据上表数据,若电磁炉在功率调节和温度调节的范围内,加热温度随功率调节的变化图像是一直线,电磁炉工作电压正常,在1个标准大气压下,烧开一锅质量为3 kg,温度为22 ℃的水最多需要多少时间(不计锅吸热及热散失)?

三、(18分) 有人在夏季用简易晒水箱给水加热用来淋浴,这不仅能节省能源,而且很方便. 李明和张华想利用这样的装置估测太阳光对地球表面辐射强度的大小. 也就是说,太阳光垂直照射地球表面时,地球表面单位时间单位面积所获得的能量是多少. 实验装置如图2所示,晒水箱内部是被涂黑的,箱体外加了保温层,上面开口并盖有透明玻璃板.

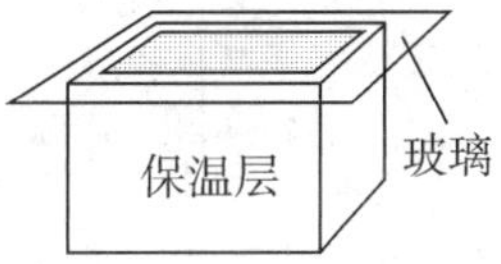

图 2

在估测之前要首先弄清,透过玻璃板的太阳光能量究竟占太阳辐射到玻璃板上的能量的百分之几?李明和张华各拿一块实验用的玻璃板,把阳光反射到墙上的同一个地方,他们发现,两块反射光斑重叠处的强度,和太阳光直接照射到地上的强度差不多.

1. 透过玻璃板的太阳光能量占太阳辐射到玻璃板上的能量的百分之几?你在得出这个结论时做了什么假设?假设的根据是什么?

2. 请你帮助他们设计实验方案,并写出具体的实验步骤.

3. 请你对这个实验方案的可行性作出评价.

四、(18分) 用电流表和电压表测电流和电压时,通常并不考虑仪表本身电阻对待测电路的影响,而将其视为"理想仪表",即认为电流表的内电阻为零,电压表的内电阻为无限大. 实际上,电流表和电压表都有一定电阻值,因而我们可以把电流表看成一个能显示通过自身电流大小的其阻值很小的电阻. 可以把电压表看成一个能显示自身两端电压大小的其阻值很大的电阻. 所以,把电流表或电压表接入待测电路时,就相当于在待测电路中串联一个电阻,或并联一个电阻. 这样,电流表两端就要有一定的电压,电压表中就要通过一定的电流,因此实际上很难同时精确地测出待测电阻两端的电压和通过待测电阻的电流.

1. 现有一个量程为0.6 A,内电阻为0.13 Ω的电流表,能否用它测量某电路两端的电压?若不能,请说明理由. 若能,请说明用它能测量的最大电压值.

2. 现要精确测量一个阻值约为8 Ω的电阻 R_x,实验室提供下列器材.

- 电流表 A_1: 量程100 mA, 内电阻 $r_1=4\ \Omega$
- 电流表 A_2: 量程500 μA, 内电阻 $r_2=750\ \Omega$

- 电压表 V：量程 10 V，内电阻 $r_3=10\ \text{k}\Omega$
- 变阻器 R_0：阻值约 10 Ω
- 定值电阻 R_1：阻值约 10 kΩ
- 电池 E：两端电压约 1.5 V
- 开关 S、导线若干

(1) 选出你测量时所需的适当器材，并在虚线方框中画出电路图.

(2) 需要测量哪些物理量？根据所测物理量，写出被测电阻 R_x 的表达式.

五、(16 分) 图 3 甲是使用汽车打捞水下重物的示意图.

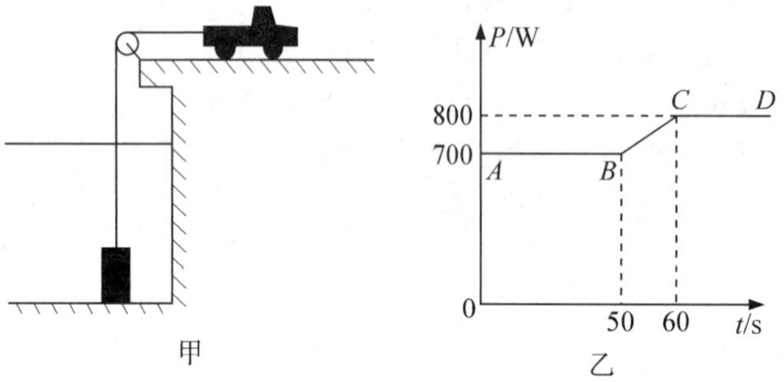

图 3

汽车通过定滑轮牵引水下一个圆柱形重物，在整个打捞过程中，汽车以恒定的速度 $V=0.2\ \text{m/s}$ 向右运动. 图 3 乙是此过程中汽车拉动重物的功率 P 随时间 t 变化的图像. 设 $t=0$ 时汽车开始提升重物，忽略水的阻力和滑轮的摩擦，g 取 10 N/kg. 求：

1. 圆柱形重物的质量；

2. 圆柱形重物的密度；

3. 打捞前，圆柱形重物上表面所受的水的压力.

六、(16 分) 图 4 为一种电饭煲的工作原理图. 下面是王宁同学对电饭煲工作原理的研究，请你也参与共同探讨.

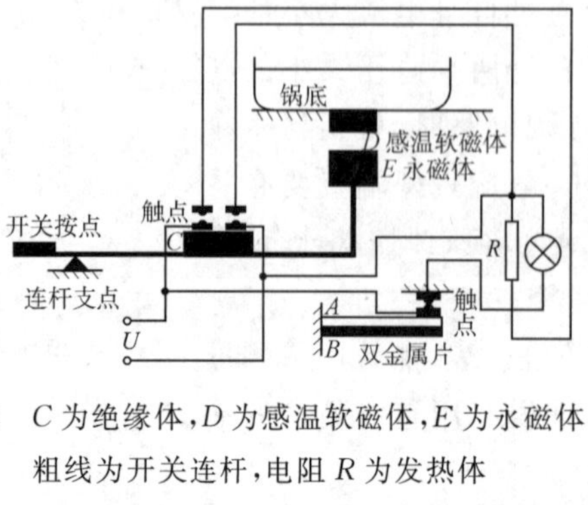

图 4　C 为绝缘体，D 为感温软磁体，E 为永磁体，粗线为开关连杆，电阻 R 为发热体

按下、扳起电饭煲的开关，有一种"粘连""吸引"的感觉，取出饭锅，发现电饭煲的底部有一个凸起物，它可以上下弹动，能被磁铁吸引. 王宁同学通过用这个电饭煲做米饭和烧水来研究它的工作情况，请回答他在使

用过程中发现的如下问题.

1. 图 4 中只有两根外接导线,这样的用电器有什么危害?应当怎样加以完善?

2. 将三脚插头插入电源插座,不用按开关,指示灯就发亮,按下开关后,指示灯亮度不变.此时为什么开关对指示灯的亮度没有影响?

3. 电饭煲工作了 15 min,会出现大量“白气”,这些“白气”是怎样形成的?

4. 电饭煲工作了 25 min,听到“啪”的一声,指示灯不亮了.以此推测,感温软磁体的磁性可能受什么因素影响?怎样影响?

5. 听到“啪”的一声后又过了 10 min,指示灯又发光,一会儿指示灯又熄灭了.分析在相同条件下,不同种类金属的热胀冷缩程度是否一样?

6. 要想获得恒温的温水,你可以怎样做?

7. 电饭煲使用较长一段时间后,常常在饭未完全熟透时就“跳闸”,这样就会出现“夹生饭”,请问这种情况电饭煲可能在什么地方出现了故障?为什么?

第十五届全国初中应用物理知识竞赛

初　赛

学习笔记

一、选择题(12 分,每小题 3 分)

1. 在铁路道口常设有如图 1 所示的道闸,这种道闸平时上扬,当火车要通过道口时道闸转动到水平位置,示意过往的其他车辆停车等候,这种道闸称为常开型道闸.与之相反,另一种道闸平时水平放置,当有车辆要通过时,道闸上扬,允许车辆通过,这种道闸称为常闭型道闸.对于这两种道闸重心的位置,下列说法正确的是(　　).

A. 常闭型道闸,重心应在 O 点左侧

B. 常开型道闸,重心应在 O 点右侧

C. 常闭型道闸,重心应在 O 点右侧

D. 以上说法都不对

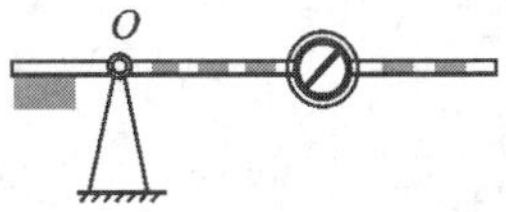

图 1

2. 有一种叫作“压电陶瓷”的电子元件,当对它挤压或拉伸时,它的两端就会形成一定的电压,这种现象称为压电效应.一种燃气打火机,就是应用了该元件的压电效应制成的.只要用大拇指压一下打火机上的按钮,压电陶瓷片就会产生 10 kV～20 kV 的高压,形成火花放电,从而点燃可燃气体.在上述过程中,压电陶瓷片完成的能量转化是(　　).

A. 化学能转化为电能　　B. 内能转化为电能

C. 光能转化为内能　　D. 机械能转化为电能

3. 用可变焦的光学照相机可以把远处的景物“拉近”进行拍摄,就是说,虽然被拍摄的景物与照相机镜头之间的距离基本不变,但仍可以使底片上所成的像变大.关于这个过程,下列说法中正确的是(　　).

A. 焦距变大,像距也变大　　　　B. 焦距变小,像距也变小

C. 焦距变大,像距变小　　　　D. 焦距变小,像距变大

4. 我国北方地区冬季用燃煤取暖所造成的大气污染,已越来越引起人们的关注.现在有些家庭已经改用燃油取暖,以降低对大气的污染.小明家的住房面积约 110 m^2,若将住房的门窗关闭好,用燃烧柴油来取暖,并使室温升高 10 ℃,已知柴油的热值为 4.3×10^7 J/kg,空气的密度约为 1.3 kg/m^3,空气的比热容为 1.0×10^3 J/(kg·℃),所需的柴油约为(　　).

A. 0.01 kg　　B. 0.1 kg　　C. 1 kg　　D. 10 kg

二、填空题(共 13 分)

1. (3 分)在装修房屋时,工人师傅常用一根灌有水(水中无气泡)且足够长的透明塑料软管的两端靠在墙面的不同地方并做出标记,如图 2 所示.他们这样做的目的是______________________,在做标记时用到的物理知识是__________________.

2. (3 分)小明同学暑假去旅游,在避暑山庄他看到"烟雨楼"在水面上映出了美丽的倒影,这主要是由于光的__________成像而形成的.小明用照相机记录了这些美景.但是当他从冲洗部取出照片时,发现照片如图 3 所示,经过仔细辨别,他才确认出__________侧是真实景物在水中的倒影.

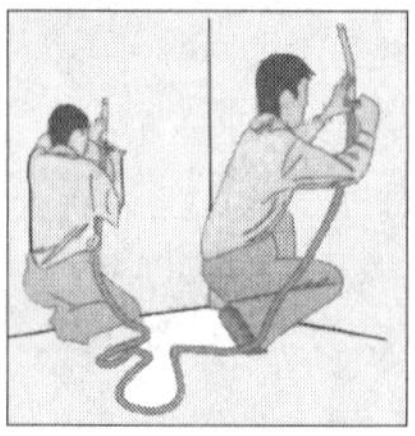
图 2

图 3

图 4

3. (3 分)住在非洲沙漠的居民,由于没有电,夏天无法用电冰箱保鲜食物,当地人发明了一种简易"沙漠冰箱",如图 4 所示.它由内罐和外罐组成,两罐之间填满潮湿的沙子.使用时将食物放在内罐,罐口盖上湿布,放在干燥、通风的地方,并经常向内罐和外罐之间的沙子上洒些水,这样对内罐中的食物可以起到一定的保鲜作用.

根据上文,请回答:

(1)将它放在干燥、通风的地方,目的是____________________.

(2)经常向两罐之间的沙子上洒些水,目的是________________.

4. (4 分)按照我国交通管理的规定,"红灯停、绿灯行、黄灯预备",小刚在科技活动中设计了一个实验电路,用以模拟十字路口的红绿灯,如图 5 所示.请你分析并回答下面的问题.

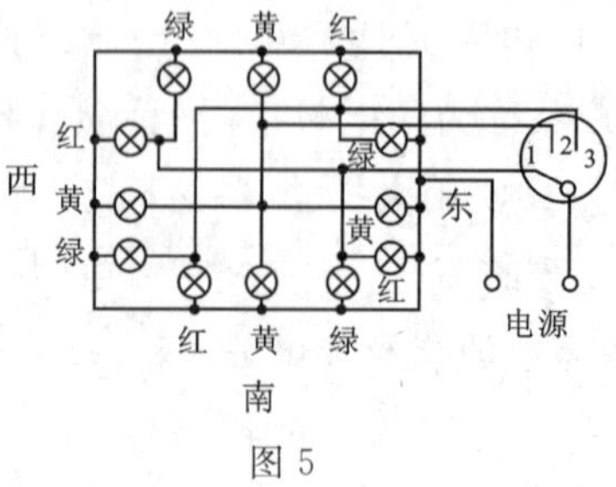

图 5

(1)规定红灯发出的光作为交通的停止信号,其原因是______________________________________.

(2)当单刀多掷开关接通位置"1"时,______________灯发光,发光的各灯采用的是________联方式.

(3)当开关接通位置"3"时,允许________方向的车辆通行.

三、简答下列各题(共 23 分)

1. (4 分)小明和小红都想帮妈妈煮鸡蛋. 当煮鸡蛋的水烧开后，小明认为要继续将火烧得很旺，使锅内水剧烈沸腾，这样会很快将鸡蛋煮熟. 小红则认为，水沸腾后应改用小火，盖上锅盖，让锅内水微微沸腾，同样能很快将鸡蛋煮熟. 你认为谁的想法更合理？请写出理由.

2. (4 分)在观看河岸边的城市夜景时，往往发现每盏灯在水里的像不是一盏灯，而是一条光柱，请你分析这是为什么.

3. (4 分)小明用打气筒给自行车轮胎打气后，发现气筒壁的温度明显高于打气前的温度. 对于这个现象，你作怎样的解释？

4. (5 分)如图 6 甲、乙分别是两种小型饮水锅炉的结构示意图，从节能角度看，你认为哪一种更合理？请简要说明理由.

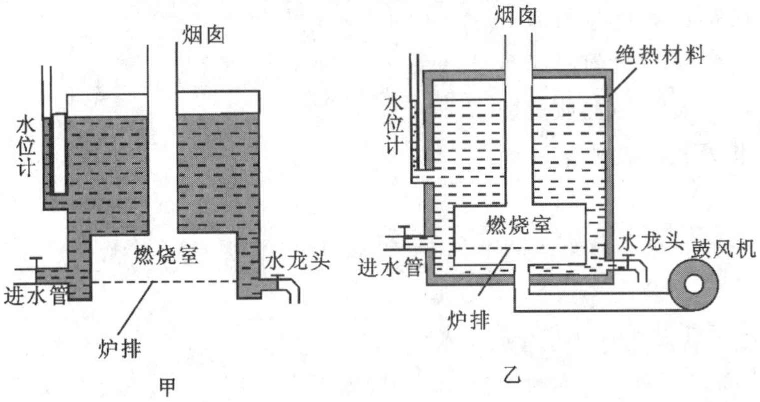

图 6

5. (6 分)果蝇的每只眼睛都是由许多微型的“小眼睛”组成的，所以这种眼睛又称为复眼. 图 7 甲是果蝇眼睛的特写照片，图乙是果蝇眼球局部再次放大的特写照片，图丙是其中一只“小眼睛”的示意图. 请你把果蝇的眼睛与人眼相比分析它有哪些优势，为什么？

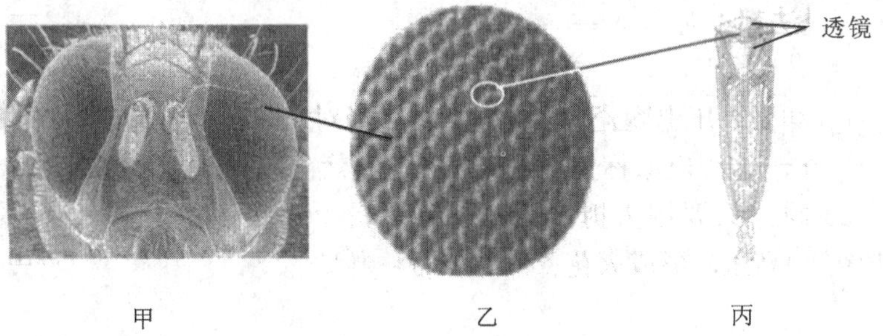

图 7

四、(6 分)当李老师最后离开计算机房要去关闭总电闸时，发现电能表(如图 8 所示)的转盘仍在缓慢地转动. 他用手表粗略地估测了一下，1 min 转盘转动了 5 r. 检查发现，原来机房内还有 20 台电脑显示器处于待机状态. 请你算一算 1 台电脑显示器的待机功率约为多大？

图 8

五、(7 分)AB 和 CD 是完全相同的两条带有绝缘皮的导线，它们并行地埋设在相距 2 km 的甲、乙两地之间. 由于两导线之间某处的绝缘外皮受到损伤，而发生了漏电现象

(即相当于两根导线之间在漏电处连接了一个电阻). 为了确定漏电处的位置,维修人员做了以下测量:

(1) 在甲地将两端电压恒为 90 V 的电源的两极分别接在 A、C 两端,此时在乙地用内电阻很大的电压表测得 B、D 两端电压为 72 V.

(2) 在乙地将两端电压恒为 100 V 的电源的两极分别接在 B、D 两端,此时在甲地用同一型号的电压表测得 A、C 两端的电压为 50 V.

如果 AB 和 CD 导线每千米电阻值为 2 Ω ,请你根据以上测量结果计算漏电处距甲地多远? 绝缘皮破损处的漏电电阻是多大?

六、(11 分)图 9 是一种电梯结构的示意图,电梯厢在电梯井中沿竖直通道上下运行. 钢链的两端分别固定在电梯井顶部的 A 点和 B 点,同时钢链绕过重 15000 N 电梯厢下的滑轮而托起整个厢体 E,又跨过电梯井顶部由电动机驱动并带有齿轮的轮轴 C,在 C 和 B 之间吊起与动滑轮相连的配重 D. 电梯载重量为 10 人(1 人的质量按 60 kg 计算,取 $g=10\text{N/kg}$,忽略摩擦及钢链的质量). 请回答:

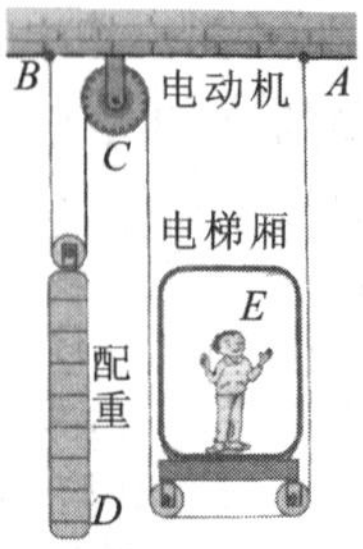

图 9

1. 配重的功能是什么? 在已知电梯厢重和载重量的情况下,配重的质量最好是多大?

2. 当电梯满载匀速上升时,A、B 两点受到的拉力各是多大?

七、(14 分)科技小组的同学们准备对市场上一批标有"PZ220 V-100 W"的灯泡进行一项质量检测. 他们测出灯泡在不同电压下的实际电流值(见下表 1). 实验操作可靠、数据无误.

表 1

电压 U/V	…	180	185	190	195	200	205
电流 I/A	…	0.417	0.426	0.434	0.441	0.447	0.453
电压 U/V	210	215	220	225	230	235	240
电流 I/A	0.458	0.462	0.467	0.471	0.475	0.479	0.482

请你回答:

1. 试通过计算说明这种灯泡在标称电压下工作时,其消耗的功率是否等于额定功率?

2. 假如生产这种灯泡的钨丝的粗细是一定的,为使其在标称电压下工作时消耗的功率等于额定功率,其长度为一确定的数值 l_0,实际上这个灯泡钨丝的长度比 l_0 长了还是短了? 为什么?

3. 如果要使这种灯泡达到额定功率,加在灯泡上的实际电压应为多大?

提示:可用作图像的方法解答. 在图 10 的坐标纸上作出相关图像,根据图像求得结果.

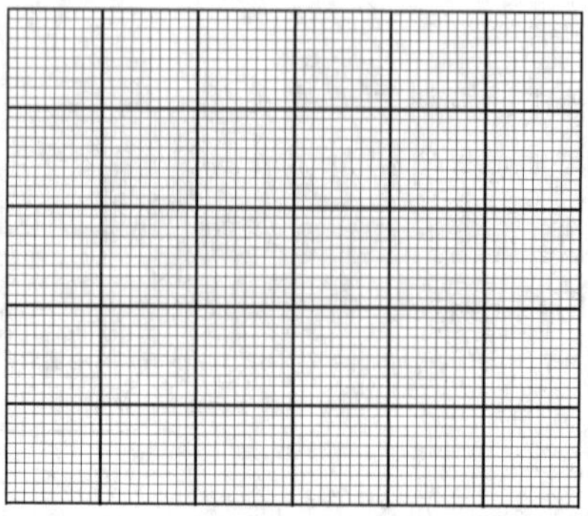
图 10

八、(14 分)有一种测量人的体重和身高的电子秤，其测体重部分的原理图如图 11 中的虚线框所示，它主要由三部分构成：踏板和压力杠杆 ABO，压力传感器 R（电阻值会随所受压力大小发生变化的可变电阻），显示体重大小的仪表 A（实质是电流表）. 其中 $AO:BO=5:1$，压力传感器 R 表面能承受的最大压强为 2×10^6 Pa，且已知压力传感器 R 的电阻与所受压力的关系如表 2 所示.

表 2

压力 F/N	0	50	100	150	200	250	300	…
电阻 R/Ω	300	270	240	210	180	150	120	…

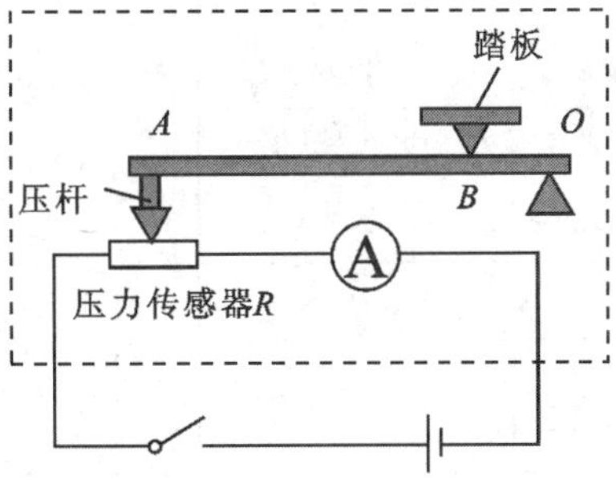

图 11

设踏板和杠杆组件的质量可以忽略不计，接通电源后，压力传感器两端的电压恒为 4.68 V，取 $g=10$ N/kg. 请回答：

1. 该秤零点起（即踏板空载时）的刻度线应标在电流表刻度盘多少毫安处？

2. 如果某人站在该秤踏板上，电流表刻度盘的示数为20 mA，这个人的体重是多少？

3. 若压杆与压力传感器之间的接触面积是 2 cm^2，则该秤的最大称量值是多少？

复　赛

一、(14 分)王伟同学研究了均匀拉紧的琴弦发音频率与弦长的关系，并记录了实测的数据（如表 1 所示）. 请你根据记录表中的有关数据，分析并估算出他有意留出的空格中应该填写的数据（要求写出估算的过程）.

表 1

音名	中央 C 1	D 2	E 3	F 4	G 5	A 6	B 7	C $\dot{1}$
唱名(C 调)	Do	Re	Mi	Fa	Sol	La	Si	Do′
频率/Hz	264	297	330	352	396	440		528
弦长	l	$\frac{8}{9}l$	$\frac{4}{5}l$	$\frac{3}{4}l$	$\frac{2}{3}l$		$\frac{8}{15}l$	$\frac{1}{2}l$

二、(14 分)类比水压是形成水流的原因，李楠同学猜想，血液在血管内流动时也需要一定的压力差来维持. 假设血液匀速通过长度一定的血管时，受到的阻力 f 与血液的流速 v 成正比，即 $f=kv$. 那么，要想让血液匀速流过，血管两端就需要一定的压力差. 设血管截面积为 S_1 时，两端所需的

压强差为 ΔP_1；若血管截面积减少 10%时，为了维持在相同的时间内流过同样体积的血液，压强差必须变为 ΔP_2. 请你通过计算比较 ΔP_1、ΔP_2 的大小，说明血管变细可能是诱发高血压的重要因素之一.

三、(16 分)表 2 是某锅炉厂生产的 CWNG 系列三种锅炉的主要技术参数表.

表 2　CWNG 系列三种锅炉主要技术参数

型号	CWNG 0.7-80/60-AⅡ	CWNG 1.05-80/60-AⅡ	CWNG 1.4-80/60-AⅡ
功率/MW	(　　)	1.05	1.4
容水量/t	3	3.5	4
耗煤量/($kg \cdot h^{-1}$)	145	(　　)	290
外形尺寸/m^3	2.7×1.5×2	3.0×1.5×2.9	3.0×1.9×2.9
烟囱尺寸/mm	Φ300×15000	Φ350×15000	Φ400×15000
热效率/%	75	75	75
出水温度/℃	80	80	80
回水温度/℃	60	60	60
总重量/t	5	7.5	9
运行压力	常压	常压	常压
供暖面积/m^2	6000	(　　)	12000
循环水量/($m^3 \cdot h^{-1}$)	(　　)	45	60

已知水的比热容为 4.2×10^3 J/(kg·℃)，假设三种锅炉的燃煤效率相同，且煤均可达到完全燃烧. 请根据表 2 回答以下问题：

1. 根据表 2 中的已知数据，请在表 2 中的四个(　　)内填上合适的数据.

2. 按表 2 中的出水温度和回水温度，计算 CWNG1.05-80/60-AⅡ型锅炉每小时给住宅内释放的热量是多少？

3. 根据表 2 中已知数据计算燃煤的热值为多少？

四、(16 分)李明得到一个国外生产的电热暖手器，铭牌表示额定值的字样中，能看清楚的只有"24 W"这几个字. 为了能正确使用该用电器，他把一只标有"600 Ω　0.4 A"的定值电阻与电热暖手器和开关串联起来，连接到家庭照明电路中，然后进行如下实验观察：将开关接通后，电能表转盘转动 137 圈恰好用了 100 s；断开开关后，电能表转盘在 1min 内恰好转了 80 圈；观察电能表上标有 3000 r/(kW·h)字样；他在做实验的时间内，家中其他用电器的使用情况没有变化. 请根据以上数据，计算电热暖手器的额定电压是多少？你在计算过程中忽略了什么因素的影响？由此导致的计算结果是偏大还是偏小？

五、(20 分)一所农村中学常常因为不能及时给水塔注水而停水，科技小组的同学知道后，利用下图所示的器材设计了一个自动注水模拟装置. A 为浮子(浮子及其连杆总重约 15 N)，在浮子连杆的上端有一可移动金属触头 B(其受重力可忽略不计)，它可以分别将其上、下的两个固定触点连通. C 为水塔上的圆桶形蓄水池；M 为配有电动机的水泵(电泵)；D_1、D_2 为弹簧，

E_1、E_2 为衔铁，F_1、F_2 为电磁铁线圈；K_1 为最高水位限位开关、K_2 为最低水位限位开关、K_3、K_4、K_5 均为由电磁铁衔铁带动的触头开关. 电磁铁 F_1 通电时，K_4 接通，断电时，K_3 接通. 电磁铁 F_2 断电时，K_5 接通. S_1、S_2 为开关.

1. 请你按照下图所示的器材，连接一个可以实现自动注水的模拟电路，并说明自动注水的过程.

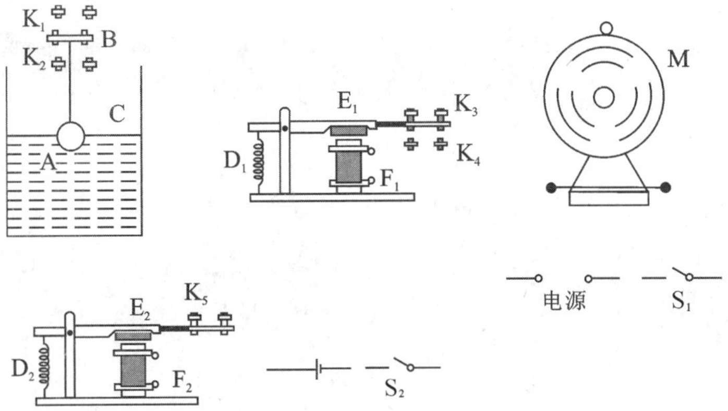

图 1

2. 要实现自动注水的要求，浮子的最小体积约为多大？($g=10\ \mathrm{N/kg}$)

3. 若设计要求每次自动注水需在 10 min 内完成，需要知道或测量哪些物理量才能得到相匹配电泵的最小额定功率？请你用字母表示这些物理量，推导出电泵最小额定功率的表达式. 在你的计算过程中，如果运用了近似条件，请说明.

六、(20 分)在当今世界，研制各种机器都必须考虑节约能源和治理废气污染这一重要课题. 在内燃机中，废气带走了很多能量，如果能将这些能量再利用起来，会使内燃机的效率提高许多. 某工厂科研人员研制生产的四冲程汽车专用柴油发动机，就采用了很多新技术. 其中最重要的一项叫“增压”技术，它是利用“废气涡轮增压器”使排气冲程中排出的高温、高压的废气去冲击“废气涡轮”高速旋转，它同时又带动同轴的进气系统中的“进气涡轮”也高速旋转，从而增加吸气冲程的进气量并增大进气气压，使做功冲程中柴油燃烧得更充分，燃气压强更大，同时也减少了废气中的有害物质，达到提高柴油发动机效率和减少废气污染的目的. 这种柴油发动机有 6 个汽缸，汽缸直径为 110 mm，活塞行程为 135 mm，当转速为 2300 r/min时，发动机功率为 220 kW，最低油耗可达 240 g/(kW·h)，柴油的热值为 $4.3\times10^{7}\ \mathrm{J/kg}$. 请回答下列问题：

1. 该柴油发动机的效率最高可达多少？

2. 在做功冲程中汽缸内的平均压强是多少？

3. 如果将我国这种机型的汽车柴油发动机都安装“增压器”后，能使它们的平均效率由原来约 31%提高到近 35%，安装前按每年消耗 3 亿吨柴油估算，这项技术每年能为我国节约多少吨柴油？

4. 如果目前我国柴油的平均价格为 3750 元/吨，根据上面的估算结果，计算使用“增压”技术后仅节约柴油一项可使我国每年节约多少资金. 由此你有哪些认识？

第十六届全国初中应用物理知识竞赛

学习笔记

初 赛

一、选择题(15 分,每小题 3 分).

1. 小亮同学从超市买来一个玻璃瓶装的铁皮盖罐头,想把瓶盖打开,可是怎么也拧不动.小亮的哥哥用螺丝刀沿瓶盖的边轻轻撬了几下,一拧就打开了.这主要是因为用螺丝刀撬瓶盖可以(　　).

A. 增大瓶盖直径,减小瓶盖侧壁对瓶的压力

B. 减小瓶盖与瓶口的接触面积

C. 减小瓶内外气体的压力差

D. 由于撬了盖的一边,而增大了盖的另一边的压力

2. 高压输电线路的铁塔顶端有一条(或两条)比下面输电线细的金属线(如图 1～图 2),它的作用是(　　).

A. 加强铁塔的稳定性

B. 传输零线的电流

C. 防雷电,起到避雷针的作用

D. 作为备用线,供输电线断开时应急使用

图 1

图 2

3. 用普通照相机拍照时,要按被摄物体距相机镜头的远近进行"调焦",使用起来不太便捷.有一种"傻瓜"相机,只要把想拍摄的景物全部纳入取景器内,不论远处还是近处的物体,在照片上都比较清晰,从而使拍照的过程变得十分快捷.这种"傻瓜"相机不用"调焦"的奥秘是(　　).

A. 采用了长焦距的镜头,使远近不同的物体成像的位置相差不大

B. 采用了短焦距的镜头,使远近不同的物体成像的位置相差不大

C. 采用了长焦距的镜头,使远近不同的物体成像的位置相同

D. 采用了短焦距的镜头,使远近不同的物体成像的位置相同

4. 磁带录音机既可以录音,也可以放音,其主要部件为运行的磁带和绕有线圈的磁头.录音时,磁带上的磁粉被由声音信号转化而来的电流产生的磁场所磁化,这样便将声音信号转化为磁信号记录在磁带上;放音时,再把磁带上的磁信号通过磁头转化为电信号使扬声器发声.对于录音机录音、放音过程的基本原理,下列各种说法中正确的是(　　).

A. 录音的基本原理是电磁感应,放音的基本原理是电流的磁效应

B. 录音的基本原理是电流的磁效应,放音的基本原理是电磁感应

C. 录音和放音的基本原理都是电流的磁效应

D. 录音和放音的基本原理都是电磁感应

5. 王勇同学在宾馆饭店看到一种自动门,当有人靠近时,门会实现自动开闭.王勇同学对此产生了浓厚的兴趣,他很想知道自动门是如何实现自动控制的.为此他反复做了几次试验:当他轻轻地靠近自动门时,门自

动打开；当把一个足球滚向自动门时，门自动打开；当把一面底部装有滚珠的无色透明大玻璃板，直立着滑向自动门时，门不打开. 王勇同学根据探究试验的结果，对自动门的自控原理提出了以下几种猜想，你认为其中最合理的猜想是(　　).

A. 自动门"听"到来者的声音时，通过声控装置实现自动开闭

B. 自动门探测到靠近的物体发射出的红外线，通过光控装置实现自动开闭

C. 自动门本身能发射出一种红外线信号，当此种信号被靠近的物体反射时，就会实现自动开闭.

D. 靠近门的物体通过空气能产生一种压力传给自动门，实现自动开闭

二、填空题(15 分，每小题 3 分)

1. (3 分)如图 3 所示，小婷乘汽车到姥姥家去度假，汽车在平直公路上行驶. 小婷的感觉是：远处的村庄相对于电线杆在向________运动；近处的小树相对于电线杆在向________运动；电线杆周围的景物看起来好像在绕电线杆做________时针转动.

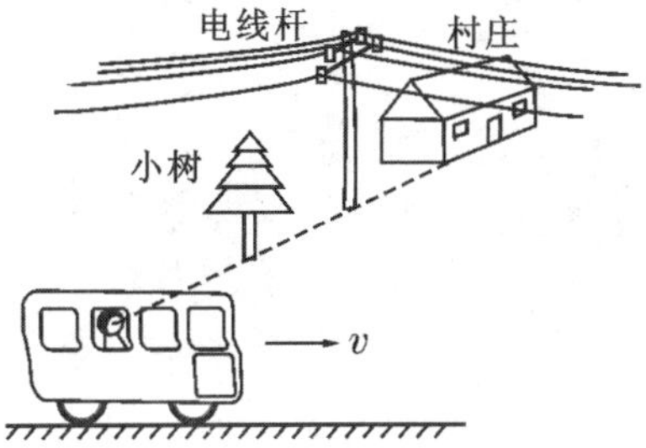

图 3

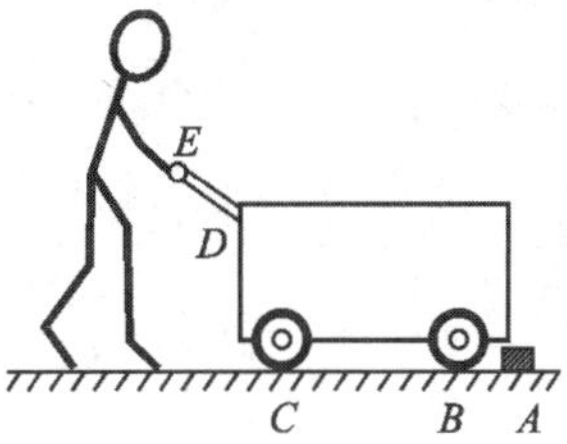

图 4

2. (3 分)列车上出售的食品常常放在如图 4 所示的小推车上，若货物均匀摆在车内，当前轮遇到障碍物 A 时，售货员向下按扶把，这时手推车可以视为杠杆，支点是________(写出支点位置的字母)；当后轮遇到障碍物 A 时，售货员向上提扶把，这时支点是________. 后一种情况下，手推车可以视为________力杠杆.

3. (3 分)在海拔 3000 m 以上的高原地区，汽车发动机的冷却水容易沸腾，这是因为高原地区________________________________的缘故. 常年生活在平原地区的人到达该地区后，由于空气稀薄会产生缺氧反应，为了得到足够的氧气，人会不自觉地进行深呼吸，这时肺的容积与在平原上相比要扩张得更________(选填"大"或"小")一些.

4. (3 分)汽车上的机械式里程表是用安装在轮上的一组计数齿轮来实现计数的，而这些计数齿轮又通过特定的传动装置被车轮的转动所驱动. 同时车轮的转动还通过特定的传动装置，传递给由电磁感应原理制成的传感器，传感器再将反映车轮转动情况的电信号显示在速度表上，从而指示此时的车速. 当轮胎用久了有明显的磨损后，就会使所计里程和指示的时速产生误差. 若里程表记录里程为 12000 km，则汽车实际行驶的里程将________(选填"大于""小于"或"等于")示数；若此车从北京驶往上海，以速度表上指示的时速为依据，对整个行程所估算的行驶时间将________(选填"大于""小于"或"等于")实际行驶时间.

5.(3分)2005年春节晚会上,一群聋哑舞蹈演员用精美绝伦的舞蹈“千手观音”给人以美的享受,善的启迪.

图5

(1) 如图5所示,观众看不见领舞者邰丽华身后站着的其他舞蹈者,这是因为光是________传播的.

(2) 在观看演出的过程中,我们虽然没有看到乐队却也能分辨出是何种乐器在发声,这主要是因为不同乐器所发声音的________是不同的.

(3) 电视观众看到莲花座上的千手观音身披绚丽霞光,这些光是由__________、__________、__________三原色依不同的比例混合而成的.

三、简答下列各题(共22分)

1.(4分)火箭点火发射时,若高温火焰向下喷射到发射台上,发射台就会被烧毁.为了保护发射台,在它的底部建造了一个大水池,从而巧妙地解决了这个技术问题.

图6

(1) 火箭发射时,底部喷出的庞大的白色气团(图6)是由什么组成的?它是怎样形成的?

(2) 分析“大水池”对发射台起到保护作用的原理.

2.(4分)在高压输电线路中常可看到如图7所示的一些绝缘子.请说明为什么悬挂高压输电线的绝缘子的表面要涂光亮的瓷釉,而且做成一节一节的?

图7

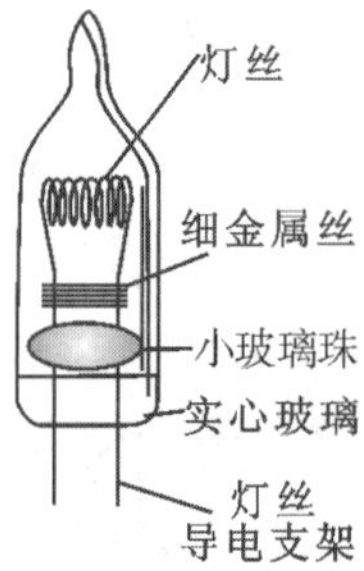

图8

3.(4分)小志家买了一种点缀节日用的小彩灯,他发现当其中一个小彩灯的灯丝烧断了以后,其余的小彩灯还能继续发光.于是小志对小彩灯之间的连接关系产生了兴趣,为此他请教了科技人员,得到以下信息.

他用的小彩灯规格是“2.5 V 0.25 A”,通过串联一定数量的小彩灯,使单个小彩灯两端所加的电压比它的额定电压稍低,每个小彩灯都能基本正常发光.

小彩灯的构造如图8所示,在灯丝导电支架上除了有灯丝和起固定作用的小玻璃珠以外,还绕有约4圈细金属丝.灯丝电阻冷时约为2.5 Ω,热时约为15 Ω.

细金属丝的电阻为1 Ω,正常(低压)情况下,由于支架表面有一层氧化铜的缘故,它与灯丝支架是不导通的,没有电流流过.若加上较高的电压(如220 V)时氧化层可被击穿,细金属丝与灯丝支架导通.

根据以上介绍的资料,请你说明为什么一个小彩灯的灯丝烧毁后,其他的小彩灯还能继续发光.

4.（4 分）向阳中学广播室想借助于双刀双掷开关控制南北两教学楼的喇叭：开关掷向 A 端时南面的三只喇叭接通，掷向 B 端时南北六只喇叭全部接通．请你用笔画线代替导线按上述要求完成图 9 中的电路图．

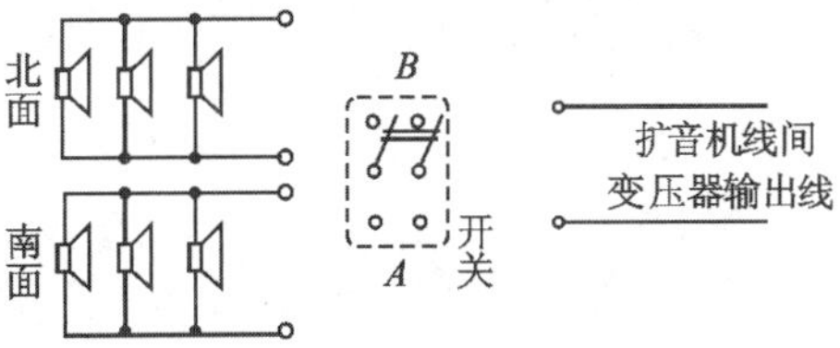

图 9

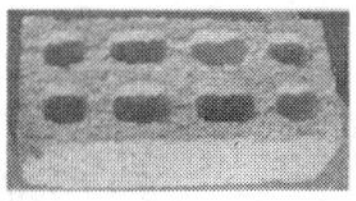
图 10

5.（6 分）长期以来，实心黏土砖一直是我国主要的建筑材料．由于黏土砖在生产过程中存在着诸多弊端，国家有关部门提出了减少黏土砖使用率、倡导新型材料的要求．如图 10 所示的空心水泥砖就是新型建筑材料的一种．请你从节能与环保等方面分析，使用空心水泥砖比使用实心黏土砖有哪些好处．（至少写出三条）

四、（6 分）：李明同学家要买一个烧水用的水壶，超市里有两种容积相同但品种不同的铝质水壶可供选购，一种是放在液化气灶上用的，另一种是壶内装有电热器的，如图 11 所示．李明想比较哪一种水壶烧水更省钱．他首先进行了调查，得到如下资料：当地居民用电的价格是 0.5 元/(kW·h)；瓶装液化气的价格是 60 元/瓶（每瓶中液化气的质量约为 15 kg，液化气的热值为 4.2×10^7 J/kg）；用液化气烧水的热效率约为 30%，用电热水壶烧水的热效率约为 90%．根据以上信息，请你通过计算分析一下用哪种水壶烧水更省钱．

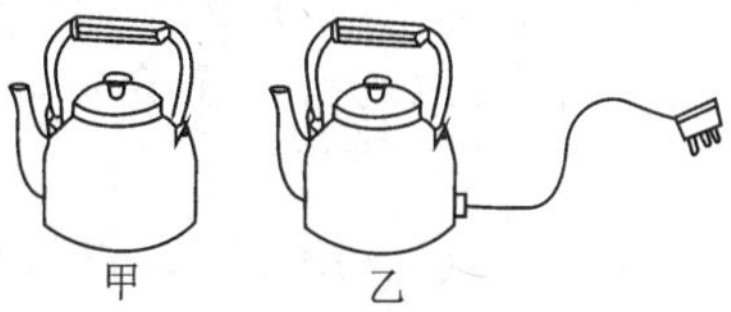

图 11

五、（8 分）为了保护环境，治理水土流失，学校的环保小组设计并进行了河水含沙量的研究．

第一阶段是理论分析：分别以 $\rho_{水}$、$\rho_{沙}$、$\rho_{泥水}$ 表示水、泥沙、泥沙水的密度，以 x 表示每立方米泥沙水中所含泥沙的质量（称作含沙量），导出了 $\rho_{泥水}$ 与 $\rho_{水}$、$\rho_{沙}$、x 的关系式；然后作出了泥沙水的密度 $\rho_{泥水}$ 随含沙量 x 变化的图像．

第二阶段是实验验证：在一个量筒里放入一定量干燥的黄土，再倒入一定量的清水，计算出含沙量 x，并测出泥沙水的密度 $\rho_{泥水}$；接着再多次加入清水配制成不同密度的泥沙水，进行同样的计算和测量，由此得出 $\rho_{泥水}$ 与 x 的多组数据；然后根据这些数据作出了表示泥沙水的密度与含沙量关系的 $\rho_{泥水}$-x 图像．他们惊喜地发现，实验结果与理论分析是一致的．

第三阶段是实际测量：在一次山洪冲刷地面时，他们采集了 40L 的水样，称出其总质量为 40.56 kg．此前已经测出干燥的泥沙的密度 $\rho_{沙}=2.4\times10^3\ \text{kg/m}^3$，于是求出了洪水中的平均含沙量．

1. 请你参与环保小组第一阶段的工作，导出 $\rho_{泥水}$ 与 $\rho_{水}$、$\rho_{沙}$、x 的关系式．然后根据关系式作出泥沙水的密度 $\rho_{泥水}$ 随含沙量 x 变化图像的草图．

2. 请你参与环保小组第三阶段的计算工作，求出洪水中的平均含沙量．

六、(10 分)现在很流行的数码相机的主要优点是可以直接生成数码照片，从而可以方便地进行编辑与加工，保存的时间也更长.而且数码照片还可以直接在电脑上显示出来，或者通过电子邮件传送出去.

右面是一款数码相机的电池的一些资料.

根据右面提供的信息以及下面对数码相机工作过程的介绍，回答相关问题：

名　　称：充电式锂离子电池
容　　量：2200 mAh
标称电压：3.7 V
充电电压：4.2 V
充电模式：恒流/恒压
完全充电：2200 mA/4.2 V，2.5 h
最大持续放电电流：3300 mA
循环寿命：500 次
工作环境温度：－20～60 ℃
注意：不可将电池拆开、短路或投入火中，不要与其他种类电池混用，使用指定的充电器及正确方法对电池充电.
执行标准：GB/T18650

1. 数码相机的电源打开后，就处于待机状态，这时要消耗一定的电能；拍摄时，拍摄与处理数据所消耗的电能就更大.假设用一个充满电的电池作电源进行拍照，每 5 min 拍一张照片.相机使用过程中的平均工作电流为 0.2 A.请估算一节充满电的电池最多可以拍摄多少张照片?

2. 对一个电能已全部耗尽的这种电池进行完全充电，充电的效率多大?

七、(12 分)空调的“匹数”，是对空调输入功率的粗略标识.因相同匹数不同品牌空调的制冷效能有较大的差异，为便于比较，空调的效能常以“制冷量”来表示.

在选择空调时，除了制冷量和制热量(对冷热空调而言)外，还要考虑“能效比”.空调的能效比$=\frac{制冷量(W)}{输入功率(W)}$，它表示空调器是否高效节电.目前市场上空调器的能效比相差很大，一般在 2～3 之间，最高的可达到 3.5 左右，应尽量挑选能效比高的空调.

房间所需的制冷量和制热量可按下面的公式计算：制冷量 $Q_{冷}=S$(房间面积)×140 W－180 W；制热量 $Q_{热}=S$(房间面积)×180 W－240 W(此公式适用于层高 2.5 m 的房间，如果层高偏大，则应适当加大功率).

表 1 是小明家准备购买的某一型号空调的使用说明书的一部分.

表 1

额定制冷量/W	5000	室内机组噪声 dB(A)	≤45
额定制热量/W	5300	室外机组噪声 dB(A)	≤57
电源	220 V 50 Hz	室内机外形尺寸(长×宽×高)/mm	195×1014×320
工作电压/V	220	室外机外形尺寸(长×宽×高)/mm	253×800×646
额定制冷输入电流/A	8.6	额定制冷输入功率/W	1850
热泵额定制热输入电流/A	8.7	热泵额定制热输入功率/W	1880

请结合上面所介绍的知识和空调使用说明书，通过计算回答下面的问题：

1. 这台空调的能效比是多少?

2. 小明家新购买楼房客厅的面积约为 30 m^2，层高为 2.7 m，他想在客厅内安装表 1 所示的空调.请你通过计算说明这种选择是否合理.

3. 若小明家用此空调器制冷，空调器的压缩机每天实际工作 6h，一个月仅空调一项所支付的电费约为多少？[当地的电价为 0.5 元/(kW·h)]

八、(12 分)小军家客厅墙壁上有一个控制灯的开关和一个两孔插座装在一起的"一开两孔"的电工元件. 图 12 是元件的面板、图 13 是元件壳体内部的原接线图. 由于开关损坏，需要更换整个元件. 小军爸爸决定自己动手完成，小军给爸爸当助手.

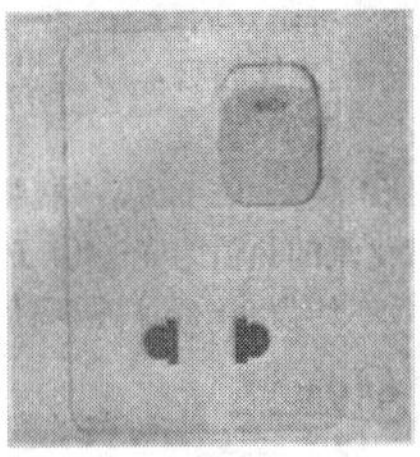

图 12

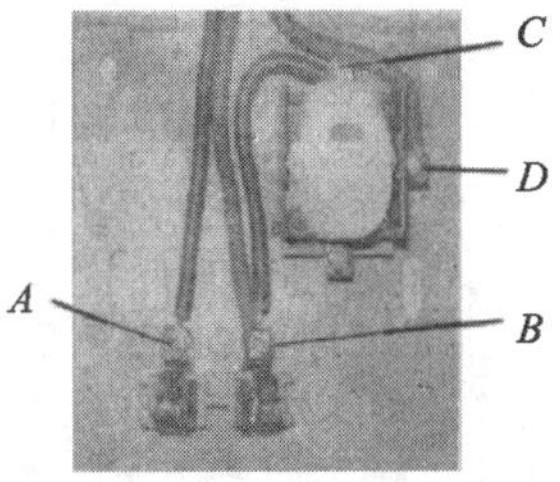

图 13

小军爸爸断开家中进户线的总开关，在拆旧换新的过程中发现：拆下前没有留意元件中的 *A*、*B*、*D* 三根导线(*B*、*C* 间已有一短导线在内部相连)与外面的①②③三根导线的连接关系(图 14)，因为室内导线都在水泥墙内，无法观察①②③各导线与墙内导线的连接情况.

于是他闭合家中进户线的总开关，用试电笔检测各根导线，发现：第①根导线可以使试电笔发光；第②、③根导线不能使试电笔发光.

根据小军爸爸的检测，能不能判断各根导线的连接情况？小军经过仔细思考后认为，不能判断每根导线的连接情况，如果在情况不明时盲目连接还可能出现更严重的问题.

1. 你认为小军的观点对不对？为什么？

2. 你能不能利用常用的家用电器，如台灯等(均带有插头)，鉴别出①②③根导线应怎样分别与 *A*、*B*、*D* 接线柱相连接？说出你的方法并简述理由.

3. 根据你的判断，将图 14 中①②③根导线与下面的 *A*、*B*、*D* 接线柱和上面的火线、零线及灯泡连接起来.

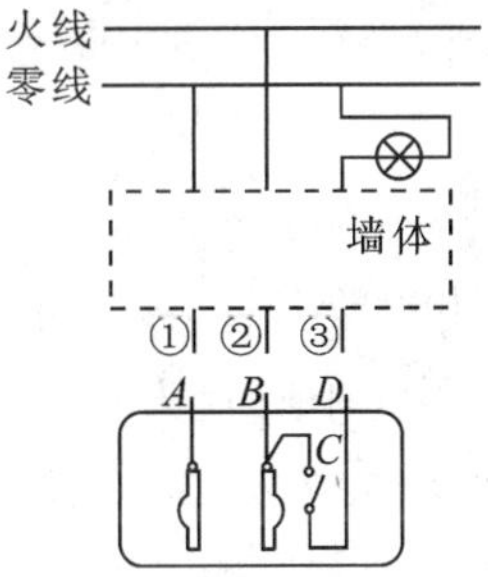

图 14

复　赛

一、(10 分)如图 1，某中学想用离心泵将湖中的水抽到 *C* 处的养鱼池中. 要求在 30 min 内至少向养鱼池中输水 120 m^3，学校领导将以下几个需要解决的问题交给了科技小组.

1. *A*、*B* 处各有一个平台，离心泵应放在什么位置，请说明理由.

2. 某型号离心式水泵的扬程为 15 m，功率为 17 kW，效率为 0.6，试通过计算说明这台水泵是否可满足东湖中学的需求？

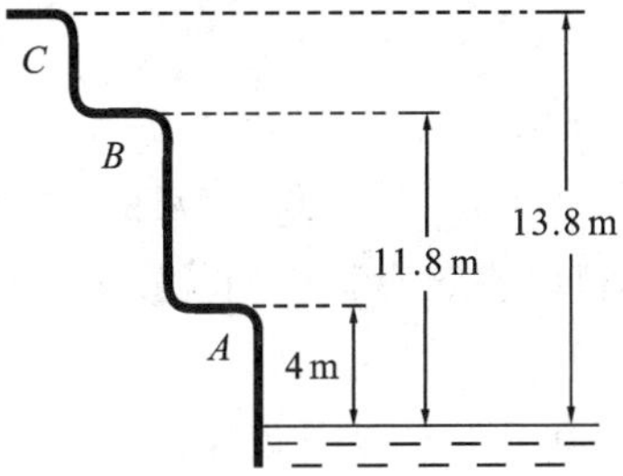

图 1

3. 为了节约资金，有人提出全部采购比硬质管便宜，而且与水泵管径相符的软橡皮管配套使用，你认为是否可行，为什么？说出你的正确方案.

二、(10分)一个地质勘探小分队,在野外河边休息时发现了一种矿石,他们非常想尽快知道这种矿石的密度大约是多少,但是手中只有皮尺、直木棍和针线包中缝衣服用的针和细线,请你帮助他们利用现场可利用的物品,设计一个测定矿石密度的方案,并推导出计算矿石密度的表达式.

三、(14分)小华同学为了节能和方便家人洗澡,用废弃的汽油桶在房顶上自制了一个简易太阳能热水器,图2是安装示意图.在水箱上下安有两根管子,其中一根是进出水管,给热水器上冷水或淋浴时用热水,都是通过进出水管来完成,室内进出水管上安有三个阀门.

若当地的大气压强 $P_0=1.0\times10^5$ Pa,请回答下列问题:

1. 小华为什么要在热水器上方安装一根与大气相通的管子 A?

2. 根据阀门Ⅰ、Ⅱ、Ⅲ的位置,说明它们的作用是什么?如何调节喷头出水的温度?

3. 给热水器上冷水时,阀门Ⅰ、Ⅱ、Ⅲ应当处于何种状态?洗澡时,阀门Ⅰ、Ⅱ、Ⅲ应当处于何种状态?

4. 如果小华同学住的居民楼层高为3 m,他家的热水器安装在七楼楼顶上,且距楼顶高1 m,那么该地区的水压至少为多大,才能顺利为热水器上水?

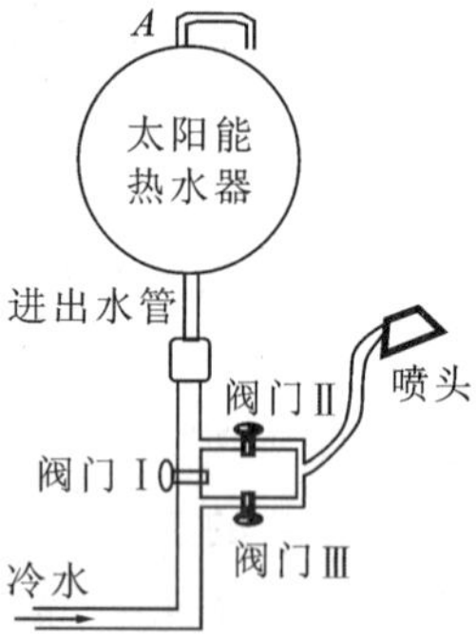

图2

5. 设热水器水箱容积为100 L,在一般的光照条件下,一满箱12 ℃的水经白天太阳的加热温度可达到45 ℃,这相当于多少煤气完全燃烧放出的热量?[已知水的比热容为 4.2×10^7 J/(kg·℃),煤气的热值约 4.2×10^7 J/kg]

四、(12分)育才中学科技小组设计了一个可以测量电阻值的多量程欧姆表,图3中所示为其中两个量程的测试电路,G为灵敏电流表,其内阻 $R_0=100\ \Omega$、电流灵敏度(即指针在满刻度时流过灵敏电流表的电流)$I=100\ \mu$A,R 为可调电阻,阻值变化范围为0~5 kΩ,R_1 和 R_2 为定值电阻,$R_1=15\ \Omega$,$R_2=11\ \Omega$,E 为1.5 V干电池,S为量程选择开关.测量时把待测电阻两端分别与 A、B 两端相接.为了能从灵敏电流表上直接读出待测电阻的阻值,需在表盘上重新标注示数.请回答:

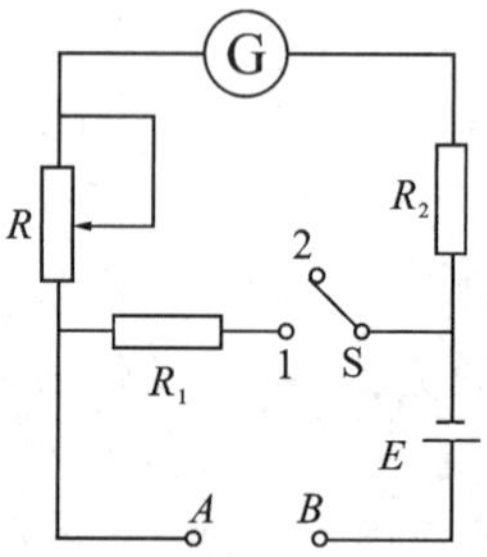

图3

1. 在指针满偏处,盘面应标注的示数是多少?

2. 当 A、B 间断开时,指针所指的位置处,盘面应标注的示数是多少?

3. 开关分别置于1和2位置时,在表盘正中间位置处应标注的示数各是多少?请简要说明理由.

4. 该欧姆表表盘上的刻度是否均匀?请从电路原理上说明理由.

五、(12分)有一种被称作PTC的半导体材料,其电阻随温度的变化曲线如图4所示.

1. 请你根据这条曲线分析,PTC材料的电阻值怎样随温度的变化而改变?

2. 请说出这种材料的两个可能的应用实例.

3. 以其中的一个应用为例,说明它的正常工作过程和使用条件.

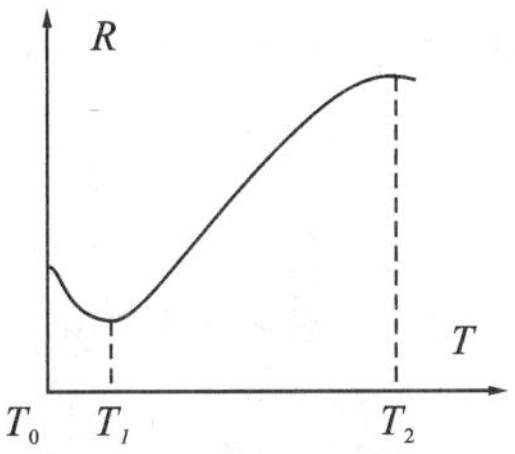

图 4

六、(14 分)利民电器厂设计了一种具有高、中、低温三挡的家用电火锅,其发热体电阻丝如图 5 所示. A、B、C 为三个接线柱,B 是电阻丝中点的接线柱. 相信你一定能帮助该厂完成以下工作.

1. 说明各挡位的连接方法(文字表述或画图连接均可).

2. 如果要求低温发热功率为 200 W,那么高温和中温两挡的发热功率分别应是多大?

3. 设计一份该火锅的产品铭牌.

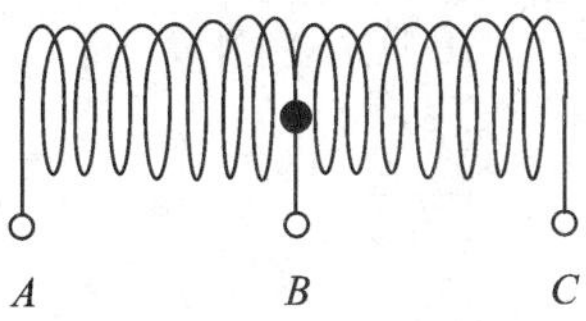

图 5

七、(14 分)一度流行的无线市话俗称"小灵通",是一种新型的个人无线接入系统,具有语音清晰、发射功率低、待机时间长、功能多、价格合理等特点. 它的使用使传统意义上的固定电话不再固定在某个位置,可在无线网络覆盖范围内自由移动使用,随时随地接听、拨打本地和国内、国际电话.

表 1 是某一型号小灵通的部分资料数据. 若这种小灵通在正常使用的情况下,充电一次可使用 7 天,累计通话时间为 1.2 h,通话时耗电功率为平均发射功率的 20 倍. 则:

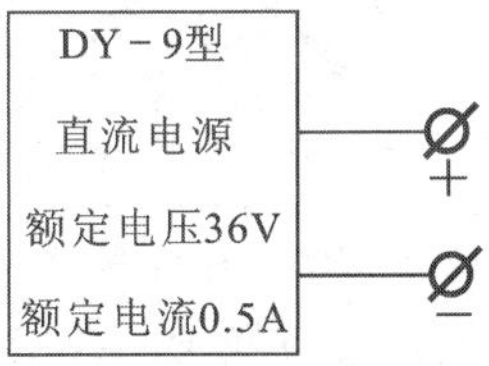

图 6

1. 这部小灵通正常通话时的工作电流大约多大?

2. 小灵通开机但不通话时的状态称为待机. 这部小灵通的待机电流大约多大?

3. 在没有充电器的情况下,可用一个电压略高于 3.6 V 的直流电源为小灵通电池临时应急充电. 请你设计一个方案,用图 6 所示的直流电源给这部小灵通的电池充电,并画出充电的电路图.

表 1

尺寸 (长×高×宽)	约 45 mm×83 mm×23.5 mm
质量	约 85g
发射功率	约 10 mW(平均)
电池	3.6 V 580 mA·h 锂电池
充电器	输入:AC220 V 50 Hz 输出:DC5.2 V 320 mA
充电器重	约 50 g
充电时间	2.5～3.5 h
连续待机时间	48～200 h

八、(14 分)现在有些住宅区使用的水表是预付费式的水表,每个用户一表一卡,凭卡用水,卡中数据输入表中,水表自动开阀供水.

所购水用完后自动关阀断水，用户必须重新购水，方能重新用水. 图 7 是某水表厂生产的预付费式的 IC 卡水表，其主要技术参数如表 2 所示. 请根据表 2 中的数据，回答下列问题：

FY-15E非接触式IC卡智能热水表

FY-20E非接触式IC卡智能热水表

FY-25E非接触式IC卡智能热水表

射频IC卡(非接触式IC卡)

图 7

表 2

项目	FY-15E 热水表	FY-20E 热水表	FY-25E 热水表
质量	1.4 kg	1.8 kg	2.5 kg
长度	165 mm	195 mm	225 mm
口径(DN)	15 mm	20 mm	25 mm
过载流量	3 m^3/h	5 m^3/h	7 m^3/h
常用流量	1.5 m^3/h	2.5 m^3/h	3.5 m^3/h
分界流量	0.12 m^3/h	0.2 m^3/h	0.3 m^3/h
最小流量	0.03 m^3/h	0.05 m^3/h	0.07 m^3/h
启动流量	≤0.010 m^3/h	≤0.012 m^3/h	≤0.017 m^3/h
水表性能	B 级表		
密封性	1.6 MPa 水压，15 min 内不泄漏		
最小读数	0.0001 m^3		
最大读数	9999.9999 m^3		
用户窃水	自动关阀并提示		
电源	3.6 V、2.4 Ah 锂电池 2 节串联		
IC 卡的保密性	射频卡，一表一卡，不可复制		
IC 卡使用寿命	使用次数>10 万次		
报警方式	剩余水量 2 m^3 时报警，用完剩余水后关阀		
静态工作电流	0.5 mA		
开阀或关阀时的工作电流	500 mA		
常用流量误差	≤2%		
工作温度	温度：0～90 ℃(FY 系列)		
工作水压	0.1 MPa～0.6 MPa		
材料	铜		

1. 要保证水表正常工作，水平位置相对水塔内的水面高度差的范围应是多少？(g 取 10 N/kg)

2. 如果水表仅处在静态下，最多能使用多少天才需更换电池？水表开阀或关阀时它的电功率是多少？

3. FY-25 E 型热水表在常用流量状态流出 50 ℃的热水时，需要用多大功率、效率为 80 %的锅炉来加热原来温度为 20 ℃的水？如果连续这样供热水，一昼夜至少需要烧多少煤？（煤的热值是 3×10^{7} J/kg）

4. FY-15 E 型热水表报警后，在常用流量下用水，大约还能用几小时？

5. FY-20 E 型热水表出水口水的最大流速是多少？

第十七届全国初中应用物理知识竞赛

初 赛

学习笔记

一、选择题（10 分，每小题 2 分）

1. 为了保证飞机在起降过程中的安全，飞机起飞和降落时，下列操作中正确的是（　　）.

A. 起飞时前轮先离开地面，降落时前轮先接触地面

B. 起飞时前轮先离开地面，降落时后轮先接触地面

C. 起飞时前轮先离开地面，降落时前、后轮同时接触地面

D. 起飞时前、后轮同时离开地面，降落时前、后轮同时接触地面

2. 手机已成为现代生活中常用的一种通信工具. 一般的手机都设有利用振动提示人们“来电”的装置. 有一种手机提示“来电”是用一个微型电动机带动转轴上的叶片转动，当叶片转动时，电动机也就跟着振动起来，从而又带动手机振动. 在图 1 所示的几种形状的叶片中，你认为能够实现上述振动功能的是（　　）.

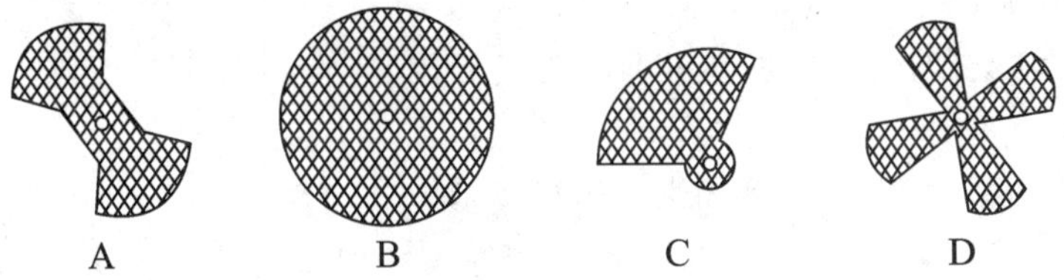

图 1

3. 蔬菜加工企业为了避免蔬菜在长途运输、贮藏等环节中腐烂变质及高温杀菌时对蔬菜营养成分的破坏，常常对蔬菜进行真空脱水，使之成为脱水蔬菜. 从物理学的角度看，真空脱水的原理是（　　）.

A. 真空环境的温度极低，可使蔬菜中的水分迅速凝固并升华，从而实现脱水

B. 真空环境的温度很高，可使蔬菜中的水分在短时间内迅速汽化，从而实现脱水

C. 真空环境的空气密度很小，可迅速提高蔬菜中水分子的运动速度，从而实现脱水

D. 真空环境的气压很低，因而大大降低了水的沸点，使蔬菜中的水分迅速汽化，从而实现脱水

4. 人们用来取暖的一种热水袋如图 2 所示. 它的表面有很多长条状的橡胶凸起部分，这些凸起部分相互平行且凸起的高度较大，做成这种外形

的主要目的是(　　).

A. 使热水袋美观大方,起到装饰作用

B. 使热水袋能同时具有传导、对流和辐射的传热功能

C. 这种凸起具有良好的弹性,在外界压力作用下容易发生弹性形变,以防止在某种重压下,所灌热水将热水袋胀破

D. 减小热水袋与人体的直接接触面积,以降低热水袋的放热速度,实现缓慢放热

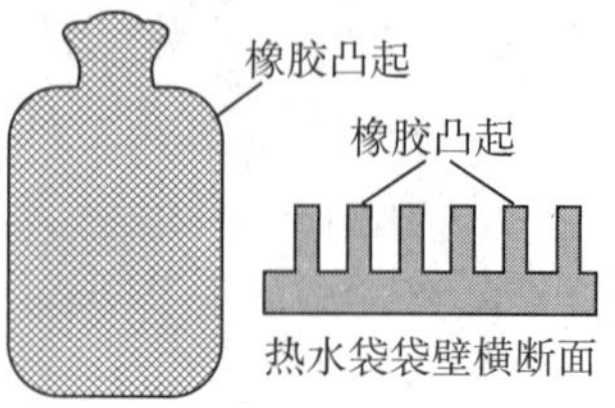

图 2

5. 由于长期的河道淤塞,黄河下游的河床已被抬高. 沿河农民通常采用如图 3 所示的方式,引黄河水来灌溉农田. 有关这种引水灌溉方式,下列说法中错误的是(　　).

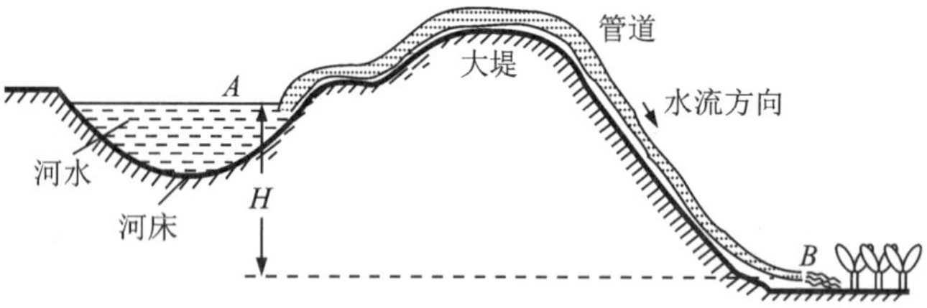

图 3　农田灌溉的剖面示意图

A. 这种取水灌溉方式利用了连通器原理

B. 使用时 B 端管口必须低于 A 处水面

C. 使用时先将管道中灌满水

D. 高度差 H 越大,管道中的水流得就越快

二、填空题(每空 1 分,共 15 分)

1. 古诗《小儿垂钓》中有“路人借问遥招手,怕得鱼惊不应人”.

(1) 这个钓鱼的小儿面对路人的询问,只是招招手却默不作声. 这是因为他知道声音不仅能在空气中传播,还能在________中传播.

(2) 小儿招手____(选填“会”或“不会”)产生波动,鱼儿听不见的原因是__________________.

2. 去年暑假小明参加学校的生存夏令营,学到了野外生存的很多知识和技能. 其中:

(1) 获取饮用水. 如图 4,用大塑料袋套在树叶浓密的嫩枝上,扎紧袋口. 随着植物中水的不断________和________,经过一段时间,塑料袋的内表面上就会出现一层水珠.

(2) 用影子辨别方向. 如图 5 所示,将一根直杆竖直插在水平地面上的 O 点. 中午前后,用描点的方法在地面上画出杆的阴影顶端的运行轨迹,在轨迹上找出其中距 O 点最近的点 A,则 OA 所指示的方向就是________(选填“东”“西”“南”“北”)方向,这一判断应用的光学知识是________.

图 4

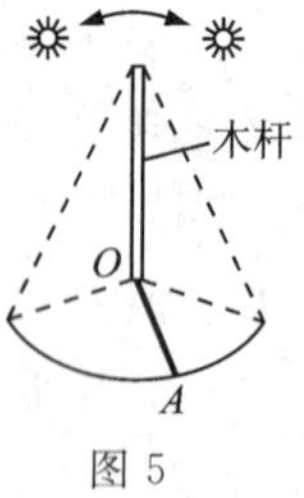

图 5

3. 当摄影师用一台镜头焦距固定的照相机给全班同学照完毕业照后,接着又要给小明同学照半身照,这时摄影师应该______(选填“增大”或“减小”)照相机镜头和小明同学的距离,同时______(选填“增大”或“减小”)镜头到底片的距离.

4. 用久了的白炽灯泡会蒙上一层浅浅的黑色,这是因为钨丝受热时产生______现象,出现钨蒸汽,在灯泡内壁上产生______的缘故.

5. 油库里的储油罐如图 6 所示，它浑身银白，直径较大，高度较矮（相对于直径而言），像个短胖子. 请回答：

图 6

(1) 在储油罐的这些设计中，“浑身呈银白色”是为了________；“直径较大，高度较矮”是为了________.

(2) 在储油罐旁还安装有自动喷头，每到夏天，特别是白天的中午，常用喷头向储油罐喷水，这主要是利用水的________较大的特性，以及水蒸发时要吸热的特性来给储油罐________，以防止油的自燃.

三、简答题（20 分，每小题 4 分）

1. 小华感冒咳嗽，妈妈给她买了“双黄连口服液”. 粗心的小华将口服液盒内特制吸管弄丢了，只好拿来一根饮料吸管插入瓶中，结果她费了很大的劲才把药液“吸”上来. 后来，她发现这两种吸管的形状不一样：饮料吸管外壁光滑，口服液吸管外壁有棱，两种吸管的截面形状如图 7 所示. 请你运用物理知识解释为什么两种吸管“吸”药的效果不同？

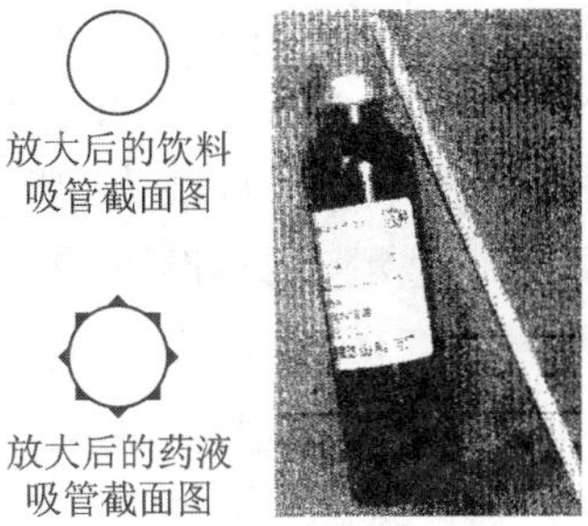

图 7

2. 小明要买一个电炉用来烧开水，他到商店去选购时看到有 800 W 和 1200 W 两种规格，他想：800 W 的功率小，比较省电，打算买 800 W 的. 如果从节能的角度考虑，你认为他的这种想法合理吗，为什么？

3. 寒冬时节的早晨，汽车司机上车后常发现在前风挡车窗上出现白色的“哈气”，于是他打开暖风，很快就能除掉“哈气”；夏天，在下大雨后，风挡车窗上也出现“哈气”影响驾驶安全，于是司机打开空调制冷，很快“哈气”也被除掉. 为什么同样的现象，司机采取不同的方法却收到了相同的效果？请你用所学的物理知识加以解释.

4. 小洪买了一个叫“吹泡泡”的玩具，发现有时能吹出泡泡，有时又吹不出泡泡. 爱动脑筋的他产生了一个疑问：这泡泡的产生究竟与哪些因素有关呢？他猜想：泡泡的产生可能与吹泡泡用的管子粗细有关，于是他设计并进行了实验，记录了如下实验结果：

液体	肥皂液				
管子直径/mm	3	5	10	20	50
泡泡产生的情况	容易	较易	较难	难	不产生

请你根据小洪的实验记录回答下列问题：

(1) 分析以上实验结果，可以得到什么结论？

(2) 请你另外提出两种猜想，说明影响泡泡产生的因素.

(3) 设计一个方案，验证你提出的其中一种猜想.

5. 如图 8 为输电线路中常用的油浸自冷式变压器. 变压器内部的铁芯、线圈就浸没于变压器油（一种矿物油，也称导热油）中. 变压器工作时，铁芯、线圈会发热. 这些热量主要通过导热油并流经变压器外部的一根根金属管道散发到空气中，从而使铁芯、线圈的温度不会升高太多，以确保变压器的安全运行. 请回答：

图 8

(1) 变压器外部的散热器为什么做成管道状？

(2) 变压器的上部有个油箱，其侧面有一个油量表. 油量表就是一根上、下两端均开口并插入油箱中的玻璃管. 电工通过观察玻璃管中油面的高度来判断油箱中油量的多少. 请问：设计这一装置利用的主要物理知识是什么？

(3) 从图 8 我们发现：变压器外部的散热管道都是沿竖直方向而不是沿水平方向分布的，这是为什么？

(4) 正常情况下，变压器油箱中的导热油是绝对不允许装得满满的，这是为什么？

四、(8 分)小明家新买了一床 100 W 的电热毯，他想用电流表和电压表测量电热毯的电阻值，于是连接了如图 9 所示的实验电路. 其中电源两端的电压为 6 V，R_x 为电热毯的电阻值，滑动变阻器的最大阻值为 20 Ω. 但实验过程中，小明发现，不论怎样调整滑动变阻器触头 P 的位置，电压表的示数几乎不发生变化，且查得电路各处均连接无误. 请你分析一下产生这一现象的原因是什么？若不更换实验器材，应怎样连接电路，才能在触头 P 滑动过程中，有效地改变电热毯两端的电压值.

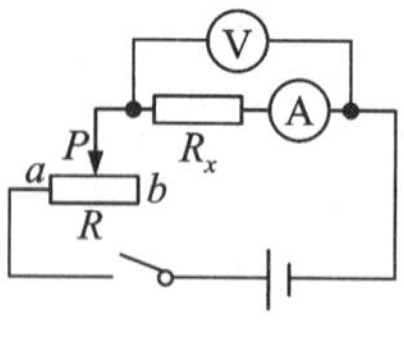

图 9

五、(10 分)如图 10 所示为利群商厦安装的光敏电阻自动计数器的示意图. 其中 A 为光源，B 为由电动机带动匀速运行的自动扶梯，R_1 为光敏电阻，R_2 为定值电阻，当有光照射时 $R_1=R_2$. 每当扶梯上有顾客经过，挡住由 A 射向 R_1 的光线时，R_1 的电阻值就增大，计数器就计数一次. 请回答：

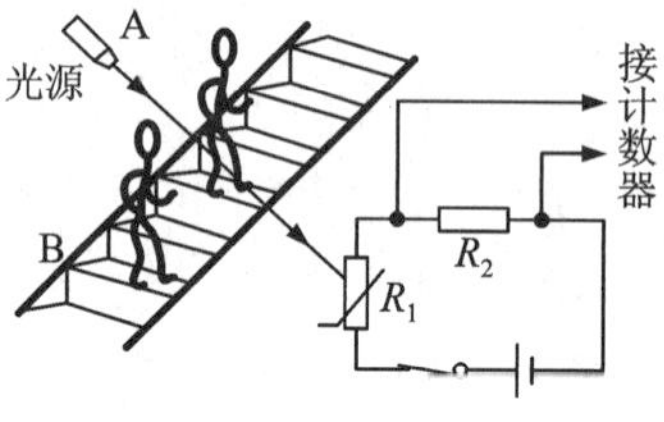

图 10

1. 当扶梯上的顾客挡住由 A 射向 R_1 的光线时，光敏电阻 R_1 两端的电压将发生怎样的变化？R_1 的功率怎样变化？

2. 若已知自动扶梯满载时，相邻的两个顾客之间的距离均为 50 cm，扶梯运行的速度为 1 m/s. 求计数器计数 101 次，所需用的时间.

3. 若某一段时间内自动扶梯的乘载率为 20%，试求这一段时间内该商场自动扶梯上的平均客流量是多少.(客流量是指单位时间经过的顾客人数)

六、(10 分)“加在密闭液体上的压强，能够大小不变地被液体向各个方向传递”，这个规律叫作帕斯卡定律. 在图 11 所示的连通器中，如果活塞的质量和液体本身所受的重力可以忽略不计，根据帕斯卡定律可以推得，作用在大、小活塞上的力和大、小活塞的面积有以下关系：

$$\frac{F_2}{F_1}=\frac{S_2}{S_1}$$

根据这一关系式：如果小活塞的面积较小，那么在小活塞上加一个较小的力，就可以在大活塞上得到一个较大的力. “液压千斤顶”就是根据帕斯卡定律制成的.

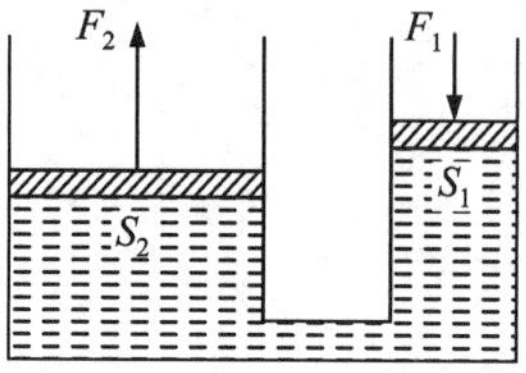

图 11

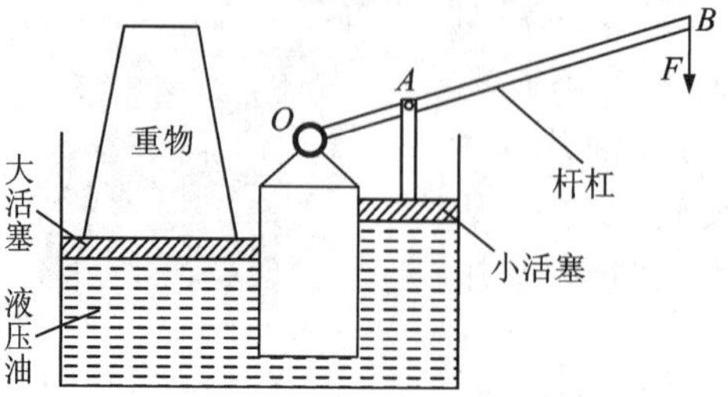

图 12

图 12 所示的是液压千斤顶的剖面图. 它是汽车等运输机械常备的维修工具，只要对杠杆施加一个不大的作用力 F，就可以把一辆汽车顶起来而便于更换和修理轮胎. 如果图示的千斤顶的大活塞面积是 $40\ cm^2$，小活塞面积是 $5\ cm^2$，杠杆上的 $OA=\frac{1}{5}OB$. 请回答：

1. 使用中发现，压下杠杆时，虽然能把一个重物顶起来，但一放手，重物又降了下来，不能把重物长时间顶住. 这说明图示的千斤顶有一个零件损坏或丢掉了. 请你画一个零件补在相应的位置上，达到被顶起的重物不再降下来的目的(在图 12 上画出示意图即可).

2. 若修好了的液压千斤顶的机械效率为 80 %，使用时，假设大活塞刚好顶在重物的重心竖直线的位置上. 若要在 1 min 内把 1 t 的重物顶起 3 cm，则维修人员消耗的平均功率和加在杠杆 B 端的力分别是多大？(取 $g=10\ N/kg$)

七、(13 分)某院内有甲、乙两户居民，院内原先供电线路用的是横截面积为 $2.5\ mm^2$ 的铝芯橡皮绝缘线，从进院后的接线端经 25 m 先到达甲户，再从甲户经 25 m 到达乙户. 每户总用电额定功率均为 2 kW. 为了增加用户的最大安全用电功率，现在要进行“电力增容”，使每户总用电额定功率均可增加到 4 kW. 增容后保持院内线路分布情况不变，只是供电线路改用铜芯橡皮绝缘线. 下表 1 列出了不同横截面积的铜导线在常温下的安全载流量(即长时间通电时的最大安全电流).

表 1

导线横截面积 S/mm^2	铜芯橡皮绝缘线安全载流量 I/A
2.5	28
4	37
6	47
10	68

假设两户所有用电器均为纯电阻电器，各用电器的额定电压都是 220 V，用户室内电线的电阻忽略不计. 而且设进院后的接线端的电压总保持 220 V，试回答下列问题：

1. 画出院内的供电和用电的电路图.

2. 通过计算说明，在实用和经济的前提下，为了“电力增容”，院内的供电线路应选用哪一种铜导线？

3. 若选用的铜导线每米电阻为 $4.25\times10^{-3}\ \Omega$，那么增容后，在甲、乙两用户都同时使用“220 V　4 kW”的电器时，乙户所得到的实际电功率是多少？

八、(14 分)图 13 是常见的一种电动自行车，使用前要先对车上的蓄电池充电. 骑行时，蓄电池对车上的电动机供电，电动机为车提供动力. 下表 2 是这种品牌电动自行车的一些主要技术参数.

表 2

最高车速	≤30 km/h	一次充电连续行驶里程	50 km
蓄电池	36 V/10 Ah 铅酸蓄电池	充电时间	8 h
一次充电耗电量	0.6 kW·h	电动机效率	80 %
整车质量	40 kg	最大骑行噪声	≤62 dB

请回答：

图 13

1. 技术参数表中“36 V/10 Ah”表示的物理意义是什么?

2. 若质量是 70 kg 的人骑电动自行车在水平路面上以 6 m/s 的速度匀速行驶时,受到的阻力是人与车总重的 0.02 倍,取 $g=10$ N/kg. 求:行驶 20 min,电动机对自行车做的功和通过电动机线圈的电流.

3. 若摩托车每行驶 100 km 耗油 2.5 L,油价约 5.1 元/L,照明用电的电费约 0.5 元/(kW·h),请通过计算说明使用电动自行车与摩托车哪种更经济.

4. 请从环保角度,比较电动自行车与摩托车对环境的污染情况.

5. 在交通运输中,常用“客运效率”来反映交通工具的某项效能,“客运效率”表示每消耗单位能量对应的载客数和运送路程的乘积,即客运效率=人数×路程/消耗能量. 一个人骑电动自行车消耗 1MJ(10^6 J)的能量可行驶 30 km,一辆载有 4 人的普通轿车,消耗 320 MJ 的能量可行驶 100 km,则电动自行车与这辆轿车的客运效率之比是多少?

复　赛

一、(10 分)表 1 中提供的是明湖中学使用的一台教学投影仪的有关数据,请根据其中的数据,通过计算回答:

1. 这台投影仪的耗电总功率是多大?

2. 如果投影仪的光源采用串联电阻降压的话,所用电阻的阻值应该多大? 该电阻消耗的功率为多大?

3. 这台投影仪的光源采用上述串联电阻降压的方法可行吗? 为什么?

4. 如果上述方法不可行,请你提出一种可以使投影仪正常工作的方案.(要求定性说明即可)

表 1

电源工作电压	220 V	电源频率	50 Hz
光源电压	24 V	光源电流	10.0 A
鼓风机电压	220 V	鼓风机电流	0.1 A

二、(10 分)李老师的家离学校大约 10 km,为了便于上下班,他购买了一部轻便摩托车来代步,使用的燃料为 93#汽油. 根据表 2 提供的数据,请回答:

1. 如果李老师上班时骑车的平均速度为 36 km/h,试根据表 2 中所提供的有关信息,为李老师计算一下,他骑车从家到学校至少需花多少油费?

2. 小洪同学学过物理以后,给李老师建议:在上述条件不变的情况下,采用加快车速缩短时间的办法,就一定可以省油费. 请你根据自己掌握的知识,分析说明这种方法是否可行.

表 2

轻便摩托车		93#汽油	
燃　　料	汽油	密度	0.7×10^3 kg/m^3
油箱容量	7 L	热值	4.5×10^7 J/kg
功　　率	6 kW	价格	4.90 元/L

三、(12 分)汽车在行驶途中,为了安全,车与车之间必须保持一定的距离. 因为驾驶员从发现某一异常情况到采取制动动作的“反应时间”里(设

同一人、不同速度下的“反应时间”是相同的)，汽车要通过一段距离(称为思考距离)；而从采取制动动作到汽车完全停止，汽车又要通过一段距离(称为制动距离). 表 3 中给出了某辆汽车在同一段路面上行驶过程中，在不同速度下的思考距离和制动距离等部分数据.

1. 根据表 3 中已给的数据，分析计算并填写尚缺的三个数据，完成表格.

表 3

	速度 v/(km/h)	思考距离 S_1/m	制动距离 S_2/m	停车距离 S_3/m
1	45	9	14	23
2	75	15	38	
3	90			74
4	105	21	76	97

2. 根据表 3 中的数据，分析或通过计算说明超速和酒后驾车的危害.

四、(12 分)有一种电脑电源适配器(即充电器)的铭牌如图 1 所示. 这款国产充电器，有九个国家或地区的认证标志，其中已经标出了八个.

1. 请你在第一个标志前的方框中填入所代表的国家名称及其英文名，并在铭牌下面的另三个图案下填写所表示的含义.

2. 根据给出的数据说明此电源适配器所适用的电源条件是什么？

3. 用它与配套的笔记本电脑供电使用时的耗电功率大约在什么范围？

4. 试估算它为笔记本电脑供电时的效率大约在什么范围？

5. 有人说：“如果适配器只是输入端插入电源，输出端不接用电器时就不耗电.”你认为对吗？请简要说明理由.

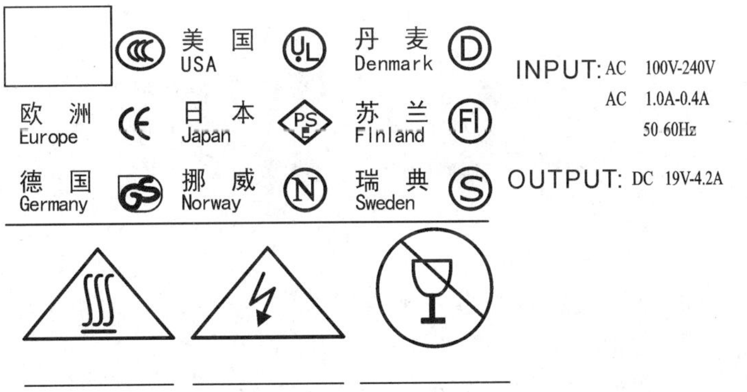

图 1

五、(12 分)我们已经知道，肺活量是一个人做最大吸气后再做最大呼气所呼出的气体的体积，单位是毫升(mL). 肺活量是身体机能的重要指标之一，对青少年的成长及日后身体是否健康都关系重大.

我们要注意增强自身的肺活量. 图 2 所示的是一种测定肺活量的实用方法，图中 A 为倒扣在水中的开口薄壁圆筒，测量前排尽其中的空气(即测量前筒内充满水). 测量时，被测者吸足空气，再通过 B 尽量将空气呼出，呼出的空气通过导管进入 A 内，使 A 浮起.

测得圆筒质量为 m，横截面积为 S，筒底浮出水面的高度为 H，大气压强为 p_0，求：

1. 此时圆筒内气体的体积.

2. 此时圆筒内气体的压强.

3. “肺活量体重指数”是人体重要的呼吸机能指数，它主要通过人体的肺活量与体重的比值

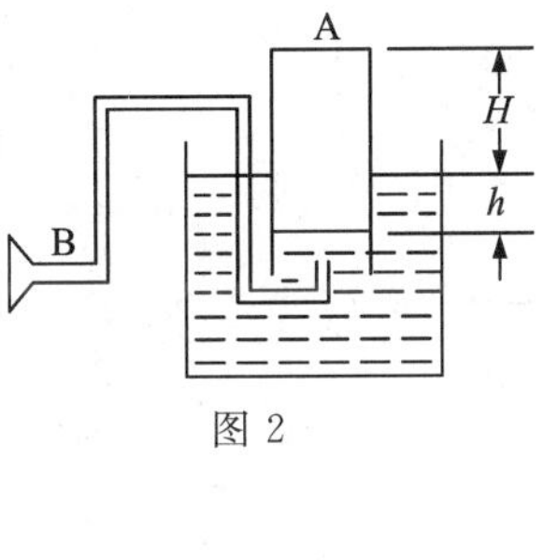

图 2

来反映肺活量和体重的相关程度，用以对不同年龄、性别的个体与群体进行客观的定量比较分析.

例如，我国初三年级男生肺活量体重指数标准：67 以上为优秀；50～66 为良好；33～49 为及格；32 以下为不及格.

如果体重 60 kg 的小强用上面的肺活量仪测肺活量，测得 $H=18$ cm，已知筒 A 的质量为 200 g，横截面积为 200 cm^2，请计算他的肺活量体重指数是多少？

六、(14 分)空气的流动形成风，风具有能量，称为风能. 风能具有来源丰富、安全卫生等优点. 图 3 是我国某地区风力发电的外景图. 风力发电机中的叶片在风力的推动下转动，并带动机头发电机发电，为人们提供电能. 设该地区空气密度为 1.3 kg/m^3，一台风车的轮叶转动时可以形成面积为 600 m^2 的圆面.

1. 若风速为 10 m/s，则 1 s 内冲击到风车轮叶形成的圆面的空气质量是多少 kg？已知 1 kg 空气以这样的速度运动时具有的动能是 50 J，10 台这样的风车工作 1 s 所产生的电能可供 1 盏 220 V 60 W 灯泡正常工作 2 h，求这种风车发电的效率.

2. 若此地年平均风速为 15 m/s，100 台这样的风车一年(工作时间按 4000 h 计算)获得的风能相当于完全燃烧多少 kg 煤？(煤的热值为 3×10^7 J/kg)

3. 请你结合风力发电的实际情况及图 4 中的有关信息说明目前风力发电开发的困难和前景.

图 3

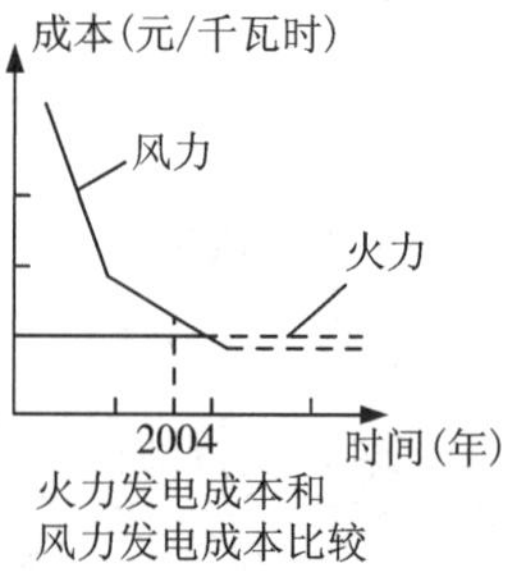

图 4

七、(14 分)医院、宾馆等公共场所普遍使用高温高压蒸汽消毒锅对物品消毒. 图 5 为自动测定锅内温度的电路原理图，其中 R_0 为定值电阻，A 为温度指示表(实质是一只电流表)，R_x 为热敏电阻(其电阻值随锅内温度的变化而变化). 热敏电阻的阻值与温度的对应关系如表 4 所示，电源两端的电压不变.

1. 若锅内温度为 75 ℃时电流表指针指向 0.24 A；若锅内温度为 112 ℃时电流表指针指向 0.50 A；若锅内温度为 125 ℃时电流表指针指向 0.60 A. 求锅内温度为 125 ℃时热敏电阻的阻值 R_x.

2. 高温高压蒸汽消毒锅内温度与锅内气压的关系如表 5 所示.

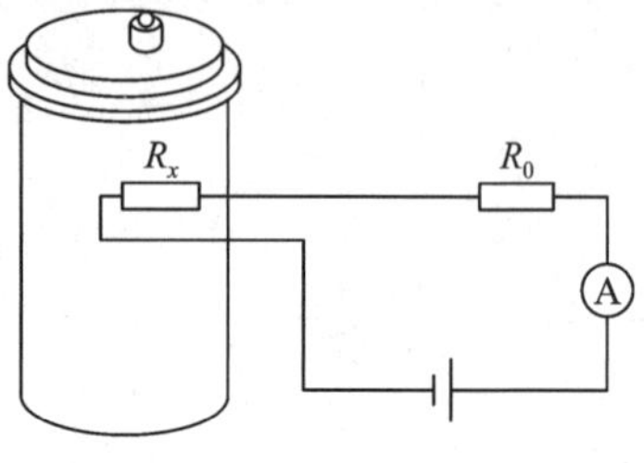

图 5

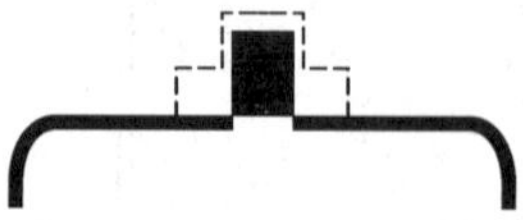

图 6

为了使高温高压蒸汽消毒锅内温度不超过 112 ℃，高压锅盖上有一限压阀，图 6 为限压阀的原理图，限压阀由一直立圆柱形金属体和滤网型外套组成. 当锅内温度接近 112 ℃时，锅内高压气体将圆柱形金属体顶起，并对外排气减压，从而起到限压的作用. 已知圆柱形金属体的底面积 S 为 $0.2\ cm^2$，求该金属体的质量 m.（外界大气压 $p=1.0\times10^5$ Pa，g 取 10 N/kg）

表 4

锅内温度值/℃	25	37	50	62	75	87	100	112	125
R_x 对应的电阻值/Ω	150	80	50	30	20	15	10	7	

表 5

锅内温度值/℃	87	100	112	125
锅内气压值/Pa	1.8×10^5	2.0×10^5	2.5×10^5	3.3×10^5

八、(16 分)育才中学科技小组的小明同学自行设计了一个地磅，其原理如图 7 所示. 设电源两端电压 U 恒为定值，R_0 为定值电阻，滑动变阻器的总电阻为 R，总长度为 L，滑动触头与托盘固联，开始时触头位于变阻器最上端 A，并能随轻弹簧一起上下滑动. 已知滑动变阻器的电阻与其接入电路的长度成正比；当对地磅施加压力 F 时，弹簧的长度会缩短 l.（弹簧发生弹性形变时，弹力的大小跟弹簧伸长或缩短的长度成正比：$f=kx$）请回答：

1. 说明定值电阻 R_0 的作用.

2. 写出电流表的示数，与待测物体质量 m 之间的关系式；并分析此地磅的刻度特点.

3. 有同学建议小明将原理图改为图 8 所示，你认为这样改动好不好？请你分析并简要说明理由.

4. 请你在图 8 的基础上，在图 9 的方框里画出你改进后的电路图，并说明改进后的特点.

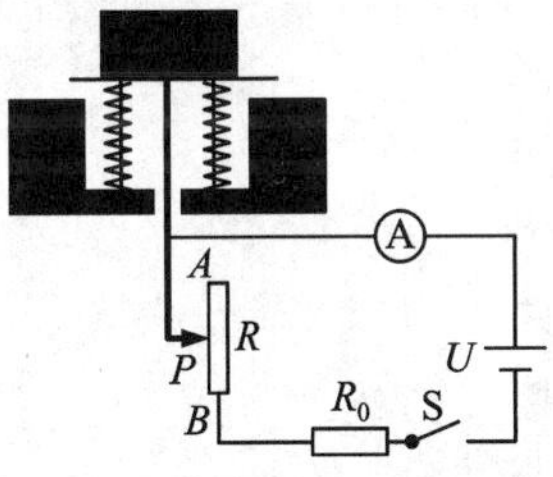

图 7

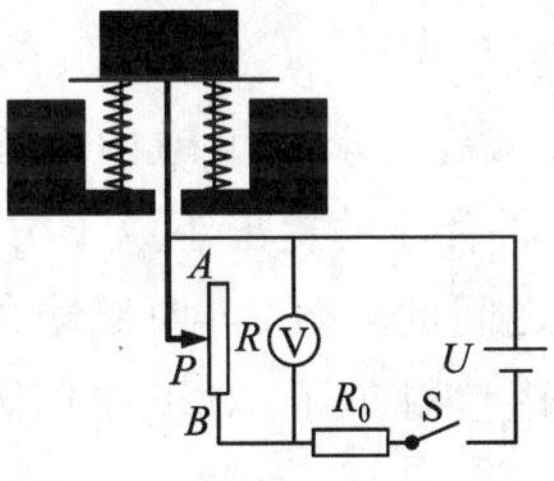

图 8

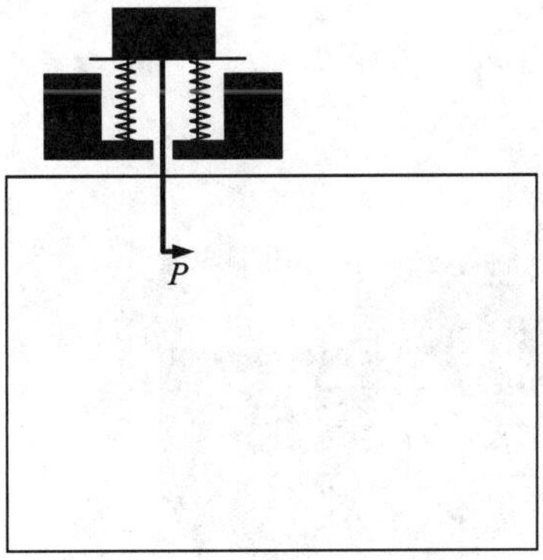

图 9

第十八届全国初中应用物理知识竞赛

学习笔记

初 赛

一、选择题(10 分,每小题 2 分)

1. 长途汽车经过长时间行驶后,驾驶员常常会停下车,拿根铁棒敲打车轮,凭借声音可以判断轮胎内的空气是否充足.这主要是因为敲击的轮胎内空气充足时发出声音的(　　).

A. 响度较大　　　　B. 音调较高

C. 音调较低　　　　D. 响度较小

2. 检查视力时,要求眼睛与视力表相距 5 m. 医院里常按图 1 所示的方式检查视力,让被检查者面对平面镜而坐,身后是视力表. 已知人距平面镜 2 m,那么视力表离平面镜的距离是(　　).

A. 5 m　　　　B. 2 m

C. 3 m　　　　D. 4 m

图 1

3. 光在同种均匀介质中是沿直线传播的,小红一直不明白:在光纤通信中,光信号是怎样经过漫长而又曲折的线路,从一端传到另一端的呢?后来通过“探究光纤怎样传输光信号”的活动中,她终于明白了:光信号在光纤中(　　).

A. 是靠光纤壁不断地反射而向前传播

B. 就像电流沿弯曲导线那样传播

C. 就像水流沿弯曲水管流动那样传播

D. 是靠光纤壁不断地折射而向前传播

4. 某工厂要制造一种特殊用途的钢罐,要求在钢罐内表面牢牢地压接上一层 0.25 mm 厚的铝膜. 技术人员联合攻关提出了以下方案:先把铝膜紧贴到钢罐内表面,排出铝膜与钢罐之间的空气,再向钢罐内灌满水并插入冷冻管使水结冰,铝膜就可以与钢罐接触牢了. 对于使铝膜与钢罐接牢的方法,下列分析中正确的是(　　).

A. 铝膜与钢罐之间的水把它们冻牢了

B. 水结冰时放出的热量使铝膜焊接在钢罐表面上了

C. 大气压的作用把铝膜压接到钢罐上了

D. 水结冰膨胀产生的压力把铝膜与钢罐紧紧地压牢在一起了

5. 图 2 所示的是高压输电线路,其中高压输电线与变压器之间安装有避雷器,它的作用是防止变压器遭受雷击. 关于这种避雷器,下列说法正确的是(　　).

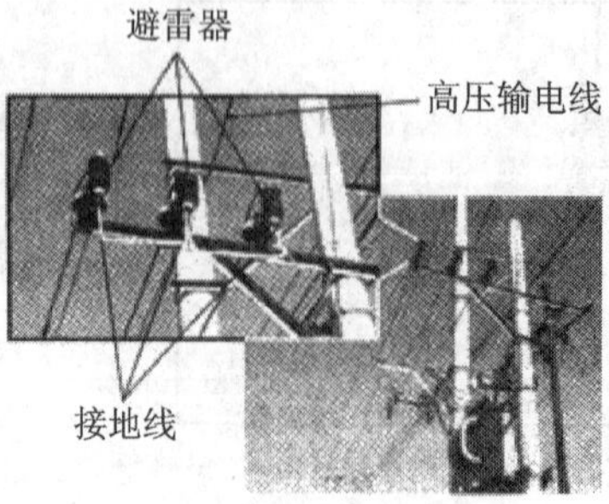

图 2

A. 避雷器在通常电压下是导体,在遇到雷击的电压时是绝缘体

B. 在任何电压下避雷器都是导体

C. 在任何电压下避雷器都是绝缘体

D. 避雷器在遇到雷击的电压时是导体，在通常电压下是绝缘体

二、填空题(共 18 分)

1. 金秋十月，小琪一家人来到郊区游玩，看到农民过去用来舂米粉的工具(如图 3 所示)和磨面的工具(如图 4 所示). 小琪联想学过的简单机械，发现这两件工具其实就是________、________，都是物理知识在生活生产中的应用.

图 3

图 4

2. 国庆假期，爱动脑的小明和李志乘坐火车去旅游，并计划在途中观赏车外景色的同时，做一次测定火车速度的活动，事先商定了方案，明确了分工. 当他们发现有另一列客车迎面开来时，记录了如下数据：对面客车从他们窗边驶过的时间约为 8 s；对面客车共有 17 节车厢，而且与他们乘坐的车厢是相同的；他们所乘坐的车厢内电子显示屏上显示的时速为108 km/h. 在火车停靠车站时，小明又观察到车厢外表面标有“换长 2.2”的字样，并通过询问列车员得知，“换长”就是换算长度的意思，且 1 个换长＝11 m. 根据这些信息，他们估算出迎面开来的客车的行驶速度约为________.

3. 图 5 所示的是医院为病人输液时用的吊瓶，瓶中插入两条管子，A 管是输液管、B 管是空气管. 在输液的过程中，如果发现病人的血液沿输液管回流，可将吊瓶适当地升高，血液就会随着药液重新流入患者的血管而不再回流. 这是因为当吊瓶升高后，增大了流入患者血管药液的________，阻止了血液的流出. B 管的作用是____________________.

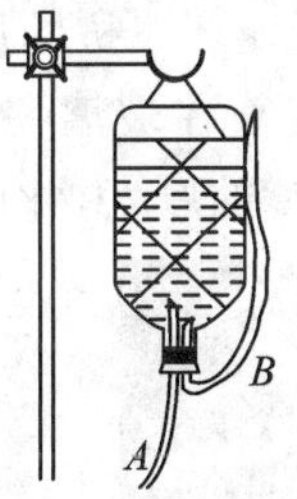

图 5

4. 图 6 所示为种环保型手电筒，筒内没有电池. 使用时，只要来回摇晃手电筒，使永磁体在手电筒中的两个橡胶垫之间来回运动，灯泡就能发光. 而且来回摇晃得越快，灯泡越亮. 这种手电筒能发电的依据是____________原理，这个原理是英国科学家__________发现的.

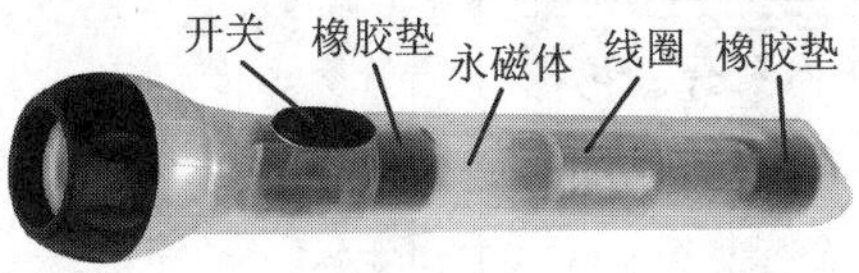

图 6

5. 1821 年，德国物理学家塞贝克发现了一种奇怪的现象：把两根铜丝和一根铁丝与灵敏电流计串联成闭合电路，然后把铜丝和铁丝的一个连接点放在盛有冰水混合物的容器里保持低温；另一个连接点放在火焰上加热. 发现灵敏电流计的指针发生了偏转，这一现象表明这时闭合电路中产生了电流. 塞贝克把这种电流叫作“热电流”. 把这一电路叫“热电偶电路”.

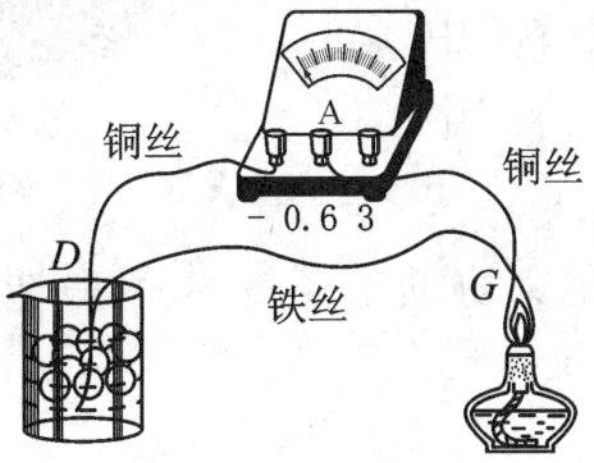

图 7

某研究小组的同学们按如图 7 所示的电路，模拟塞贝克实验，探究了决定“热电流”大小的因素. 通过实验测得了电流的大小与温差关系的一

组数据表 1：

表 1

两接点间的温差/℃	0	1	100	200	300	500
电路中的电流/10^{-1}A	0.00	0.01	0.64	1.42	2.29	4.17

请根据以上资料数据说明：

(1)产生热电流的条件是____________,____________.

(2)根据热电流的特点，猜想并写出热电偶电路的一种应用：____________________________________.

三、简答题(共 22 分)

1. (6 分)如图 8 是一把厨房里常见的多功能剪刀，特别是图中标有 1、2、3、4、5 序号的部位都具有一定的功能，且每一项功能都与物理知识息息相关.请你写出其中的三项功能，并说明所用到的物理知识.

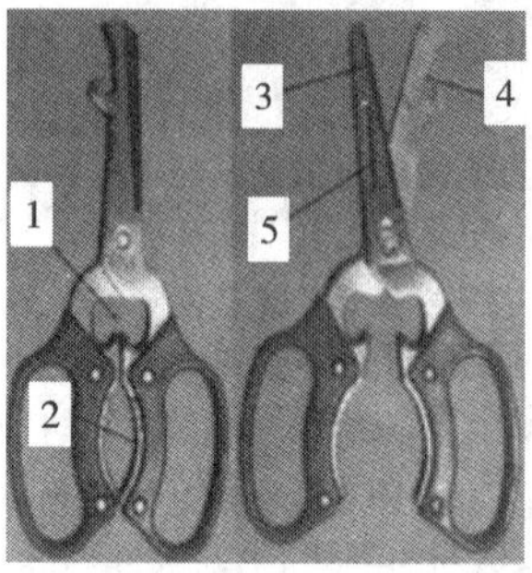

图 8

2. 据报道：2005 年 4 月 20 日上午 8 时 38 分，由重庆飞往上海的 CA4541 航班在重庆江北机场起飞后撞上一群鸽子，飞机多处破损，左发动机停止工作，直接经济损失达 295 万元人民币.所幸机长沉着冷静依靠右发动机单机工作，在空中盘旋 59 min 后成功迫降，机上所有人员安然无恙.小小的鸽子怎能把结实的飞机撞坏呢？请你运用学过的知识解释鸽子撞坏飞机的原因.

3. 图 9 是李阳把刻度尺直立在玻璃镜面上拍得的一张照片，请根据照片上的信息，估算一下玻璃镜的厚度，并说明估算的依据.

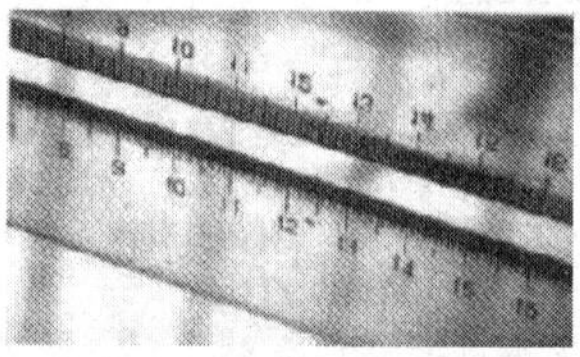

图 9

图 10

4. 为什么汽车前灯的玻璃灯罩要用有一些横竖条纹的玻璃(如图 10 所示)制成.

5. 我国南方某些地区有用“番薯、酒曲、水”做原料酿造“地瓜酒”的习俗.首先将番薯煮熟，晾到一定的温度后，把“番薯、酒曲、水”按一定比例混合并搅拌均匀，经发酵 40 天左右，其间每天搅拌一两次；最后在“酒料”中分离出“地瓜酒”.图 11 是从“酒料”中提取“地瓜酒”的装置示意图.

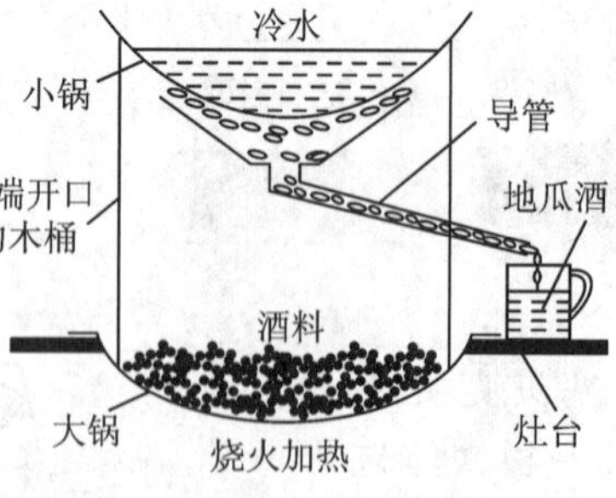

图 11

小明同学利用放假期间，在家协助爷爷完成了酿造“地瓜酒”的最后一道工序：

①在小锅中加入冷水；

②取适量酒料放入大锅里加热；

③在大杯中得到“地瓜酒”；

④适时用冷水替换小锅中变热的水；

⑤把“渣”取出，重复以上步骤.

请你说明酿造“地瓜酒”的这最后一道工序中用到了哪些物理知识.

四、(13分)图12是一种牲畜饮水用自动装置的示意图.水箱底部有一出水孔,底盖A平时顶住水箱的出水孔.一旦饮水槽水位下降,浮球C受到的浮力减小,底盖A打开,水就通过出水孔从水箱流入饮水槽.设计水箱的最高水位为60 cm.水箱出水孔横截面积是30 cm^2.底盖A及竖杆B的总质量是400 g,浮球C的质量是600 g,体积是2 cm^3,g取10 N/g.

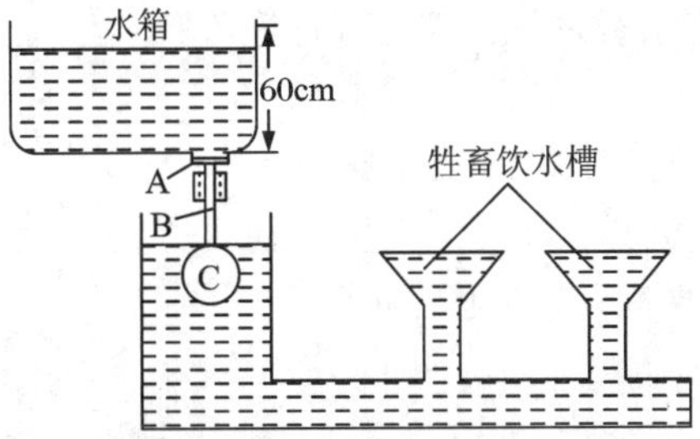

图12

1. 写出此装置应用到的物理知识(至少说出2条);

2. 通过计算说明,这个自动装置在水箱蓄满水时是否能正常工作;

3. 若能正常工作,请分析说明影响此自动装置能否正常工作的因素;若不能正常工作,请提出使该自动装置正常工作的改进方案.

五、(13分)如图13是一个电热器的工作原理图,电热器内有两个阻值分别为$R_1=60\ \Omega$和$R_2=120\ \Omega$的电热丝;旋转开关内有一块绝缘圆盘,在圆盘的边缘依次有0、1、2、…、9共10个金属触点;可以绕中心轴转动的开关旋钮两端各有一个金属滑片,转动开关旋钮可以将相邻的触点连接.如旋钮上的箭头指向图中位置D时,金属滑片将2、3触点接通,同时另一端将7、8触点接通.用这个旋转开关可以实现电热器有多挡位工作的要求.请回答:

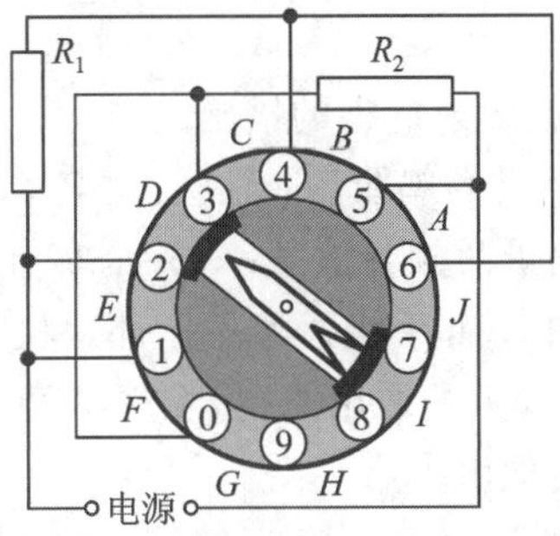

图13

1. 这个电热器可有几个不同加热挡位?并指出每个加热挡位旋转开关的箭头指向的位置;

2. 将此电热器接入家庭电路中,电热器在正常工作时每个挡位的功率各是多大?

六、(12分)2000年8月12日,在巴伦支海参加军事演习的俄罗斯北方舰队“库尔斯克”号核潜艇(图14)意外沉没,所有舱室都灌满了海水,艇上118名官兵全部遇难,引起了国际社会的普遍关注.

图14

已知“库尔斯克”号核潜艇的质量$m=1.4\times10^7$ kg,海水密度近似取作$\rho_水=1.0\times10^3$ kg/m^3.制造潜艇的材料的平均密度取作$\rho_船=7.0\times10^3$ kg/m^3,g取10 N/kg.请回答:

1. 核裂变和核聚变是大量获得核能的两种途径,核潜艇中反应堆的核能是通过哪种途径获得的?

2. 为了精确地探测到潜艇沉没的位置,在潜艇正上方海面向下发出超声波,从发出信号至接收到由潜艇反射回来的信号经历的时间$t=0.146$ s,如果超声波在海水中的传播速度$v=1450$ m/s,则潜艇沉没的实际深度h约为多大?(计算结果取整数)

3. 有人提出一种打捞“库尔斯克”号的方案，就是在潜艇周围缠满可充气的负载量大的浮力袋，若每只浮力袋的质量为 50 kg，充气后的体积 $V_0=10\ m^3$，试估算要将“库尔斯克”号核潜艇打捞起来，至少需用多少只浮力袋？

七、(12 分)频率为 300 MHz～300 GHz 的电磁波，它的波长很短，通常称之为微波. 微波能沿直线传播，在遇到金属材料时能发生反射；遇到玻璃、塑料、陶瓷等绝缘材料时可以穿透；遇到含有水分的蛋白质、脂肪等介质可被吸收，并将微波的电磁能量变为内能.

人们熟悉的手机就是利用微波进行通信的. GSM 手机的工作频率一般为 900 MHz/1800 MHz 波段. 使用手机通话时，微波会对人体产生一种“加热效应”，微波频率越高，人对其能量吸收率就越高，危害也就越大. 下表 2 提供了某种型号手机的技术参数.

表 2

工作电压	标准配置电池	最长通话时间	最大发射功率	工作频率
4.1V	670mAh	300min	2W	900/1800MHz

请根据这些技术参数和微波的上述特性解决下列问题.

1. 手机的最大工作电流约是多少？在 300 min 的通话时间内，手机的平均功率约为多少？

2. 请列举两项减小手机微波辐射危害的措施.

3. 某网站上登载了一则“手机煮鸡蛋”的消息：两名实验人员将一个生鸡蛋放置在陶瓷杯子里，在鸡蛋两侧各放置一部手机，让听筒与鸡蛋的水平距离保持 2 cm 左右. 用其中一部手机拨通另一部手机，并保持通话状态. 在实验进行到 65 min 时，实验人员取出鸡蛋，发现已经完全熟透. 请判断这则消息的真伪，并简要说明理由.

复　赛

一、(共 16 分)小明利用实验室的电磁继电器、热敏电阻 R_1、可变电阻器 R_2 等器件设计了一个恒温箱控制电路，如图 1 所示. 其中“交流电源”是恒温箱加热器的电源(加热器在恒温箱内，图中未画出)，R_1 处于恒温箱内，图 2 是小明通过实验测得的 R_1 的阻值随温度变化的关系曲线，电磁继电器的电源两端电压 $U=6\ V$，电磁继电器线圈的电阻可不计，通过实验测得当电流为 30 mA 时，电磁继电器的衔铁被吸合.

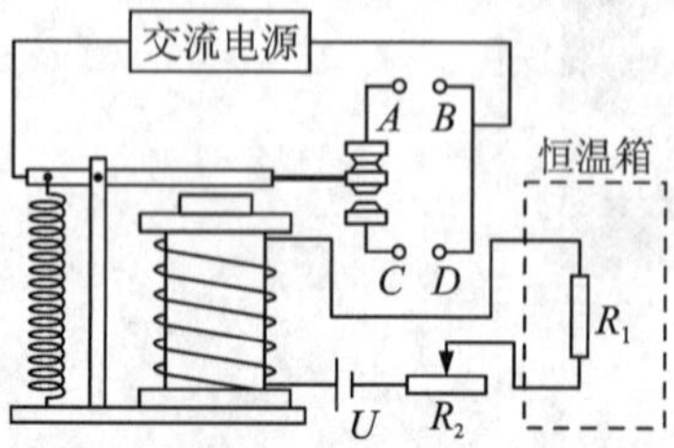

图 1

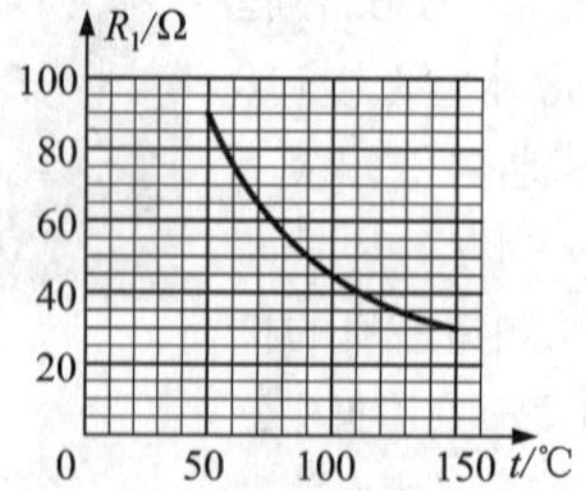

图 2

1. 请简述此恒温箱的工作过程.

2. 为什么恒温箱的加热器应该接在 A、B 端，而不能接在 C、D 端？

3. 如果要使恒温箱内预设的温度可调节范围是 90～150℃，可供选择的可变电阻器 R_2 的电阻值有如下的几种：

A. 0～100 Ω　　B. 0～200 Ω

C. 0～1000 Ω　　D. 0～1500 Ω

请问应选择哪一个可变电阻器？为什么？

4. 小明设计的这个控制电路，使用起来有何不足之处？请你提出一种解决的方案.

二、(16分)清洗机是利用高压水清洗车辆表面污垢的机器. 有一种CC5020型清洗机的铭牌如表1所示. 请回答：

表1

型号	CC5020	额定压力	5 MPa
电源	220 V～/50 Hz	额定流量	20 L/min
额定功率	2.2 kW	防护等级	IP25

1. 从物理学的角度看，铭牌中有一个物理量名称与单位不一致，请你指出并说明如何更正.

2. 清洗机正常工作时，通过清洗机的电流是________A. 若清洗一辆汽车平均耗时10 min，则清洗一辆汽车平均用水________m^3；平均耗电________kW·h.

3. 清洗机正常工作10 min，清洗机对水做多少功？

4. 该清洗机正常工作时的效率是多少？

三、(共15分)家庭水暖又叫"土暖气"，是我国北方广大农村及一些城市使用的一种取暖设备，图3是一种家庭水暖的安装示意图，其中下水管的D端比A端略高，其坡度为1∶100. 请看图思考并回答以下问题：

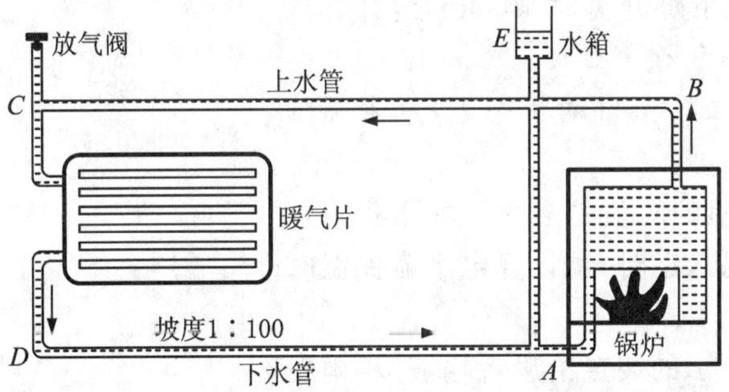

图3

1. 这种水暖设备并没有应用水泵，但是当点燃锅炉后，水便可以在管中按箭头所示方向自行流动. 请具体分析管中的水流动的原因是什么？

2. 为什么要安装放气阀？

3. 使用该套设备时，对水箱中的水位高低有什么要求？

四、(16分)有一种WSJ－60型号电水壶，图4是该电水壶的电路图，L_1为电源指示灯、L_2为保温指示灯、L_3为加热指示灯，R_1、R_2、R_3为指示灯的保护电阻，其大小为100 kΩ左右；R为加热器，其电阻小于100 Ω；S_1、S_2为压键开关；ST温控器是一个双金属片温控开关，当温度较低时，其处于闭合状态，当温度升高到一定值后，会自动断开，从而实现了自动温度开关控制.

当水壶放在底座上时，就分别压下压键开关S_1、S_2，并接通电路，如果插头插入插座后，就接通了电源，电源指示灯就亮，反之就断开.

该壶有手动和自动两种工作状态.

当钮子开关拨到手动挡时，加热电阻连入，开始加热，水沸腾以后再将钮子开关拨回.

当钮子开关拨到自动挡时，此时通过ST温控器将加热电阻连入，并开始加热；当水沸腾后，ST温控器的触点断开，进入保温状态，保温指示灯亮；当水的温度低于某温度后，ST温控器又重新接通，再次进入加热状态.

若加热器电阻阻值随温度改变而发生的变化可忽略不计，根据以上叙述与观察，请回答以下问题.

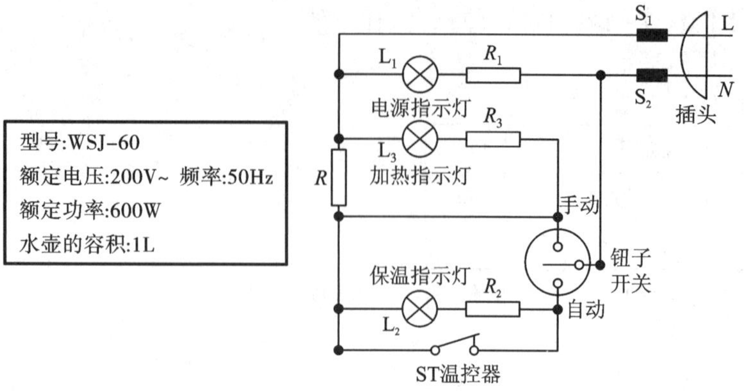

图 4

1. 在下列空格中填写“亮”或“不亮”：

(1) 手动状态通电工作时，电源指示灯________，加热指示灯______，保温指示灯________.

(2) 自动状态通电工作时，水沸腾前：电源指示灯________，加热指示灯________，保温指示灯________. 水沸腾后：电源指示灯________，加热指示灯________，保温指示灯________.

2. 现将一满壶 25 ℃的水在标准大气压下烧开需时 10 min，请计算该电水壶的热效率. 水的比热容 $c=4.2\times10^3$ J/(kg·℃).

3. 通过分析电水壶的电路，说明为什么处于自动状态下，水未沸腾前，保温指示灯是不亮的？

4. 试计算电水壶正常工作时其加热电阻的阻值是多大？如果指示灯的保护电阻的大小是 100 kΩ，当它处于保温状态时，试计算电水壶保温时的功率有多大？由此可以说明什么问题？

五、(18 分)医院里的护士使用如图 5 所示的装置给患者输液. 小雨发现照这样做法，护士为患者多次更换药瓶比较麻烦，于是就设计了图 6 所示的三瓶串接的方案. 请分析回答：

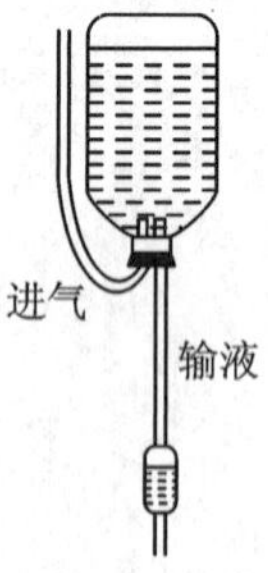

图 5

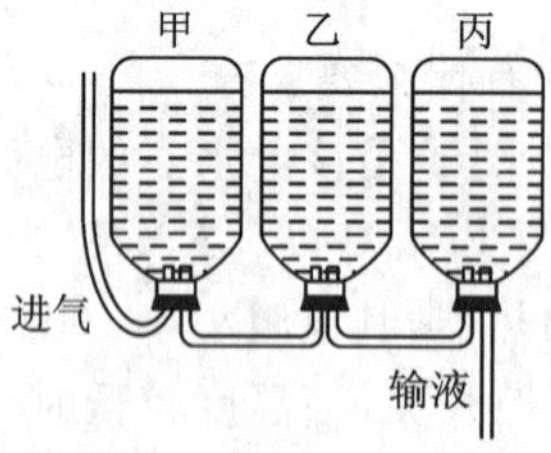

图 6

1. 图 5 中药液为何会匀速滴下？

2. 图 6 中哪个药瓶中的药液先流完？为什么？

3. 根据病房的现有条件，如果要估测出输液过程中的一滴药液的质量，需要收集哪些数据，请写出表达式，并简要说明估测中做了哪些近似处理.

六、(19 分)晓欣同学看到一些小汽车的尾部都标有“0.8”“1.6”“1.8”或“2.0”等字样，他上网查询得知这是汽车发动机“排气量”的数值. 所谓排气量就是发动机汽缸的工作容积，是指所有汽缸内活塞从下止点到达上止点所扫过的容积之和. 一般情况下发动机的“排气量”越大，功率越大.汽车发动机每一个工作循环要经历四个冲程，带动曲轴转动2周.现有一辆小轿车发动机排气量为1.8 L，最大功率为74 kW，当该发动机以最大功率工作时，曲轴的转速为5200 r/min.汽油机工作时的最佳空燃比(即空气和燃油的质量比)为14∶1，压缩比是10(即汽缸总容积与燃烧室容积的比值)，若发动机在最大功率时汽油和空气的混合密度为1.35 kg/m³，汽油的热值为4.6×10^{7} J/kg，密度为0.71×10^{3} kg/m³.请计算：

1. 这台发动机在最大功率时的热机效率.

2. 发动机在最大功率时，汽车的最高时速为175 km/h，计算在此情况下汽车每百公里油耗为多少升.

第十九届全国初中应用物理知识竞赛

初　赛

学习笔记

一、选择题(12分，每小题2分)

1. 在2008年北京奥运会的所有运动场馆都安装了光纤网络.场馆中光纤的主要用途是(　　).

A.输电　　B.通信　　C.导热　　D.照明

2. 炎热无风的夏天，小宇走在被晒得发烫的柏油路上，看见前面的路面已被一辆洒水车洒水淋湿了.他认为走在淋湿了的路面上一定比走在干燥的路面上感到凉爽，于是赶快走过去，结果在洒过水的路面上，他却感到更加闷热了.你认为产生这种感觉的主要原因是(　　).

A.洒水车中的水经过暴晒后，内能增大，温度很高

B.地面上的水使被反射的阳光增多，身体获得更多热量

C.洒水后使附近的空气湿度增加，身上的汗液蒸发变慢

D.地面上的水蒸发时把热量带到了人的身上

3. 修补被扎破的自行车内胎时，修车师傅通常用一把周身是刺的锉将内胎扎破处的外表面锉毛糙，再把要补上去的橡胶补丁贴在内胎上的一面也锉毛糙，然后再将锉毛糙的两个表面涂上胶水，待胶水晾一会儿之后，对准、压紧.对于下列锉毛糙橡胶表面的主要目的的分析，你认为最可能的是(　　).

A.使补胎处的橡胶更膨松，以增强补胎处橡胶的弹性

B.增大内胎和橡胶补丁接触的表面积，以充分发挥胶水的黏合作用

C.增大内胎与橡胶补丁之间的摩擦，防止错位

D.防止因补胎处太厚而导致内胎对外胎的压强不均匀，避免外胎爆胎

4. 与火车相比，汽车车厢外表面更容易堆积灰尘.对于导致这种现象的原因分析，你认为下列说法中最可能的是(　　).

A.火车车厢的外表面比汽车车厢的外表面光滑，更不容易堆积灰尘

B.火车行驶的速度比汽车的大，产生的风更大，更容易把灰尘吹掉

C. 火车行驶的速度比汽车的大，车厢外侧空气流动的速度比汽车的大，车厢外侧气压比汽车的小，车厢的内外压强差比汽车的大，更不容易堆积灰尘

D. 在车辆行驶过程中，车厢外表面由于和空气摩擦而带电，因为汽车的轮胎是绝缘的橡胶，和铁轮的火车相比更不容易把电荷导入地下，因而更容易吸附灰尘

5. 在水泥路面的道路施工中，其中有一道工序是：大约每隔 8m 在水泥中插入一根长木条，将水泥路面割断成一块一块的. 然后再趁水泥还未完全固化时用带有齿的轮在铺设好的路面画出一道道的横线（如右图所示）. 对上述做法的分析，你认为下列说法中最可能的是（　　）.

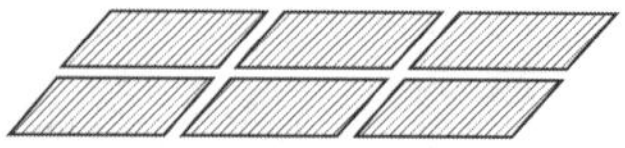

A. 用带有齿的轮在铺设好的路面上画出一道道的横线，是为了使路面更加美观

B. 用长木条将水泥路面割断成一块一块的，是为了节约铺设路面的水泥材料

C. 用长木条将水泥路面割断成一块一块的，是为了防止由于热膨胀导致路面损坏

D. 用长木条将水泥路面割断成一块一块的，是为了增大路面的摩擦

6. 如图甲所示，煤气管道包括户外和户内两部分，二者之间连接着一只煤气表. 工人师傅给每户安装完户内管道后，都要检查一下管道是否漏气. 有一种检测装置如图乙所示，在两端开口的透明的 U 形管中装有水，当 U 形管两端压强相等时，两侧水面相平. 检测时，关闭开关后，用力向用户管道口 Y 内吹气，然后迅速将 U 形管的一端 Y 与用户管道口 Y 相连接，U 形管内水面出现高度差（如图丙所示）. 观察 U 形管中水面的变化可以判断户内管道是否漏气（　　）.

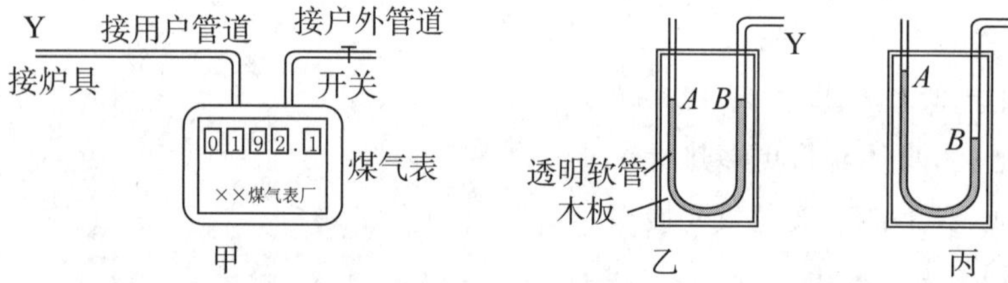

甲　　乙　　丙

A. 若水面高度差逐渐增大，则表明不漏气

B. 若水面高度差逐渐减小，则表明不漏气

C. 若水面高度差保持不变，则表明漏气

D. 若水面高度差保持不变，则表明不漏气

二、填空题（6 分，每小题 2 分）

1. 科学家根据星球光谱的红移现象推断宇宙正在膨胀，星球正在离我们越来越远. 其实在日常生活中声音也有类似的现象，在火车从我们身边疾驶而过的瞬间，尽管火车发出的汽笛声频率是不变的，但我们听起来声音的音调却是________（选填“由高变低”或“由低变高”）.

2. 2008 年 5 月 12 日 14 时 28 分，我国四川省汶川县发生了里氏 8.0 级强烈地震，为及时了解震区的受灾情况，便于指挥调度，相关部门利用了飞机航拍和卫星遥感技术. 飞机航拍只能在白天进行，利用的是地面物体反射的可见光来拍摄. 拍摄过程中，地面上的物体在摄像机上成的像，应位于摄像机镜头的一倍焦距至二倍焦距之间，且更靠近________（选填“一倍焦距”或“二倍焦距”）处；而卫星遥感则可以昼夜不停地工作，

因为它不仅可以感知可见光，还可以感知物体发出的________(选填“紫外线”或“红外线”).

3. 在建造高楼大厦时，其地基大多采用箱式基础. 所谓箱式基础，就是把整栋大楼占地范围的地皮掏空挖深，然后填上钢筋混凝土. 箱式基础的优点在于：第一，增大了大楼与地面的接触面积，从而减小了大楼对地面的__________，可有效地防止地皮大幅度的下陷；第二，降低了整栋大楼的__________，增大了大楼的稳度，提高了大楼的抗震能力.

三、简答下列各题(30 分，每题 5 分)

1. 豆腐本来是光滑细嫩的(如图 1 甲所示)，经冰冻再解冻以后，就会出现许多小孔，成为美味的“冻豆腐”(如图 1 乙所示). 请你说明“冻豆腐”中产生许多小孔的道理.

甲　　乙

图 1

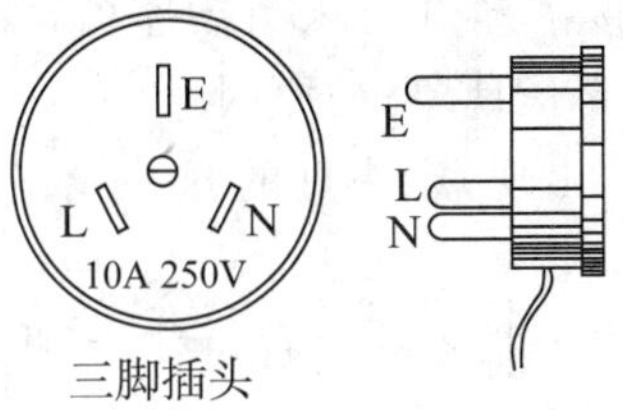

三脚插头

图 2

2. 小明学了家庭电路的知识后，在生活中更加注意观察家用电器. 他发现自己家洗衣机用的是三脚插头，插头上标有一些符号和文字，如图 2 所示.

(1)请写出以下标识或字符的含义：

①10 A　250 V　　②E　　　　　　③L　　　　　　④N

(2)小明仔细观察三只插脚，又有新的发现：标有“E”字的插脚比其他两脚稍长一些. 他又查看了其他用电器的三脚插头，也是这种情况. 请你从安全用电的角度写出这样制作的好处.

3. 小琳家新安装了一台电热水器，电热水器的铭牌旁贴有图 3 所示的一段警示语.

请你应用学过的物理知识对这段警示语的必要性给予合理的解释.

1. 严禁湿手拔插电源插头.
2. 必须确认电热水器贮水后，才能通电加热.
3. 在气温低于 0 ℃的寒冷季节，欲长时间停用热水器，请先排空电热水器中的水.

图 3

4. 图 4 为商店常用称量货物的台秤，试分析在下列情况下称量货物时，称量结果与实际质量相比是偏大还是偏小. (1)秤砣磨损了；(2)调零螺母的位置比正确位置向右多旋进了一些.

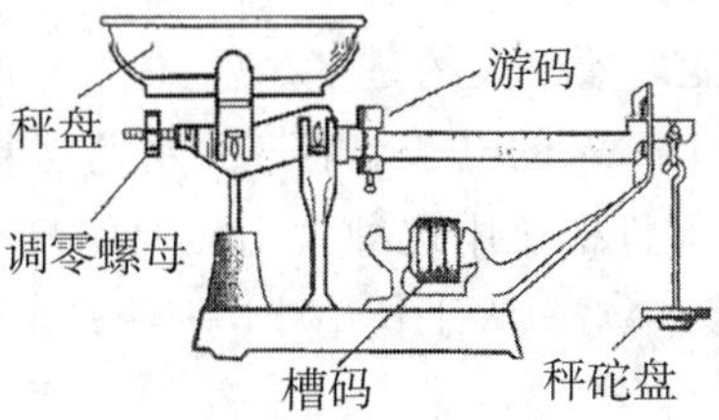

图 4

5. 如图 5 甲所示，在一根横跨河流两岸的硬塑料管内穿有三根完全相同的导线. 为了辨别哪两个线头为同一根导线的两端，工人师傅用图乙所示的“测通器”来进行测试. 他首先将 A 和 B 连接起来，然后将“测通器”的 m 连接在 D 上，将 n 连接在 F 上，发现此时小灯泡发光. 工人师傅据此可以做出什么判断？下一步他将如何操作才能最终搞清每根导线的两端？

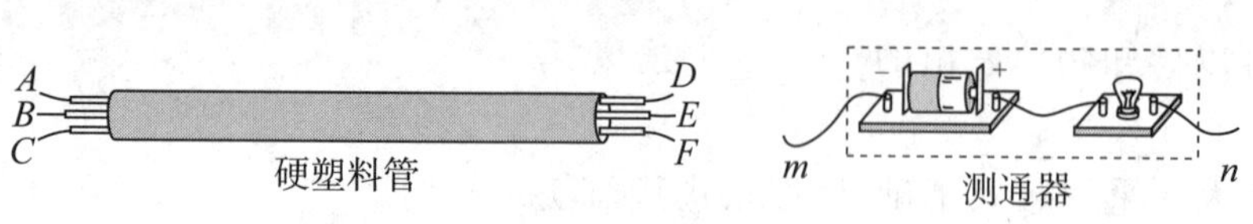

甲　　　　乙

图 5

6. 小明搬进刚装修完的新家，妈妈给他买了一个床头灯，他将这个床头灯插在床边墙壁的插座上．晚上，小明在床上看书时，突然床头灯熄灭了，过了一会儿，灯又亮了，这时他发现爸爸刚刚洗完澡从卫生间走了出来．小明很好奇，亲自去卫生间打开“浴霸”的灯，发现他床头的灯又熄灭了．关闭“浴霸”的灯，床头的灯又亮了．小明很想知道为什么他的床头灯会出现这种“奇怪现象”，线路究竟出了什么问题？

(1)请你画出小明家装修时连接浴霸灯与床头插座(床头灯)的电路图，并运用所学知识分析产生这一“奇怪现象”的原因．

(2)如果不想让上述“奇怪现象”出现，床头灯的开关能正常控制床头灯的亮灭，请画出正确的电路图．

四、(10 分)为了缓解用电高峰电力紧张的矛盾，我国一些地区使用了“分时电(能)表”．表 1 是采用分时计费前、后电费价目表：

表 1

	原电表计费方法	分时电表计费方法	
时间范围	全天	高峰期	低谷期
		6:00～22:00	22:00～次日 6:00
单价(元/kW·h)	0.48	0.50	0.30

小明家每天要用电水壶将质量为 3kg、初温为 20℃的水烧开，已知气压为 1 标准大气压，水的比热容为 4.2×10^3 J/(kg·℃)．求：

1. 这些水被烧开需要吸收多少热量？

2. 使用分时电表后，小明家把烧水时间安排在低谷期，若不计热量损失，仅此一项，一个月(以 30 天计)比原来节省多少元电费？

五、(14 分)图 6 所示为一种太阳能照明灯，太阳能电池板供 1 只“220 V　40 W”的电子节能灯工作．若太阳能电池板接收太阳能的有效面积为 0.3 m^2，地球上该处与太阳光垂直的表面接收的太阳辐射能约为 7.2×10^4 J/(min·m^2)，太阳光照一天，恰好可供电子节能灯工作 10 h．假设太阳光一直垂直照射太阳能电池板，且不考虑天气影响，每天以 8 h 计算．求：

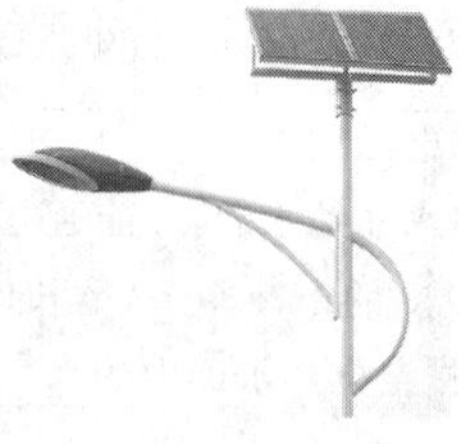

图 6

1. 太阳能照明灯利用太阳能的效率大约是多少？

2. 若 200 W 的白炽灯与这种 40 W 的电子节能灯的发光效果相当．请你根据表 2 中数据计算说明：按目前价格使用这种太阳能照明灯与使用这种白炽灯相比在经济上是否有优势？(灯每天工作 10 h，一年按 365 天计算)

表 2

	额定电压/V	额定功率/W	平均寿命	每只售价/元	单价(元/(kW·h))
白炽灯	220	200	1000 小时	2.0	0.5
电子节能灯	220	40	8000 小时	20	
太阳能电池板			20 年	1500	

六、(14 分)科技小组的同学想利用学到的浮力知识制作一个浮力秤.他们找来一个瓶身为柱状体的空饮料瓶,剪掉瓶底,旋紧瓶盖,在瓶盖系上一块质量适当的石块,然后将其倒置在水桶里,如图 7 所示.使用时,只要把被测物体投入瓶中,从水面所对的刻度就可以直接读出被测物体的质量.

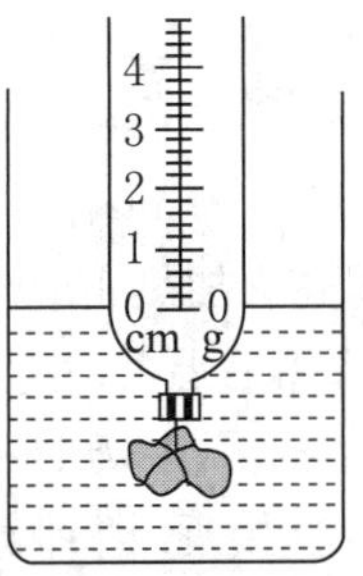

图 7

1. 在这里石块的作用是什么?试运用所学物理知识分析其中的道理.

2. 这种浮力秤的质量刻度是均匀的吗?为什么?

3. 经测量,该饮料瓶圆柱状部分的直径为 8.0 cm,当浮力秤中不放被测物体时,水面所对位置为零刻度(如右图所示).请根据图中标明的长度值,通过计算,在 1、2、3、4 各刻度线右侧给浮力秤标明对应的质量值.(π 取 3.1,最后结果保留整数)

七、(14 分)在一些农村地区建造的沼气池,通过将农村大量的秸秆、人畜粪便发酵来获取沼气,利用沼气来烧火做饭,点灯照明.沼气池的应用,不仅使上述资源得以更好地利用,同时也给生活带来了诸多便利,使环境得以改善.这是一个一举多得的惠民工程.如图 8 所示为一农户的水压式沼气池的剖面简图.

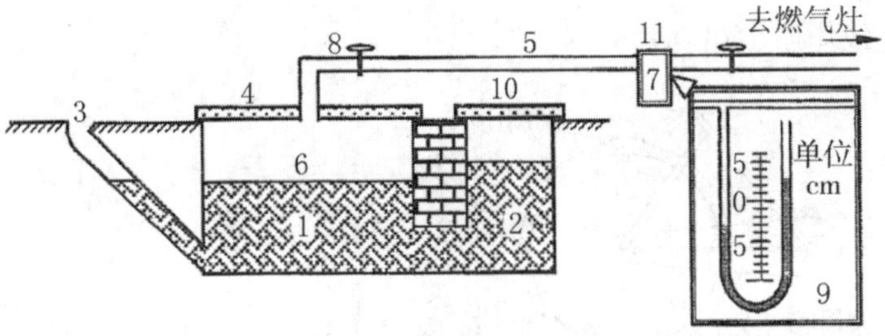

说明:1. 沼气池 2. 水压池 3. 进料口 4. 密封盖 5. 输气管 6. 贮气室 7. 沼气压力显示器 8. 总阀门 9. U 形管压强计(里面装有染成红色的水) 10. 出料口盖板(不密封水压池,水压池仍与外面大气相通) 11. 阀门

图 8

已知该农户家燃气灶的相关技术数据如表 3 所示:

表 3

<table>
<tr><td>使用燃料</td><td>液化石油气</td><td>天然气</td><td>人工煤气</td><td>人工沼气</td></tr>
<tr><td>灶前压强/kPa</td><td>2.8</td><td>2.0</td><td>1.0</td><td>0.5</td></tr>
<tr><td rowspan="3">额定热流量/kW</td><td rowspan="2">普通炉</td><td>左:3.6</td><td rowspan="3">组合炉</td><td>左:3.6</td></tr>
<tr><td>右:4.0</td><td>右:3.6</td></tr>
<tr><td>单炉</td><td>4.0</td><td></td></tr>
</table>

取 $g=10\ N/kg$,水的比热容 $c_{水}=4.2\times10^3\ J/(kg\cdot℃)$

1. 根据图 8 所示,通过计算说明,该农户此时能否使用这个沼气池中的沼气来正常烧火做饭?

2. 有一天,该农户发现,沼气压强小于燃气灶的要求.为了能尽快利用沼气生火做饭,从物理学的角度看,可采取哪些措施?

3. 若该农户所用的燃气灶是普通炉,通常情况下,普通炉中的右炉单独正常工作时,将一壶质量为 2.5 kg、温度为 20 ℃的水烧开,耗时约 10 min.试估算右炉烧水的效率.

4. 请你就如何提高燃气灶的效率问题谈谈你的设想.

复 赛

一、(16 分)小李把一袋体积为 200 mL、温度为 10 ℃的牛奶放进微波炉中,用高火加热 1 min,牛奶被加热至 50 ℃,达到适宜饮用的温度.小李家微波炉的部分技术数据如表 1 所示,牛奶的密度和比热容与水的密度和比热容接近.请计算说明:

表 1

KJ21B—AF(G)型微波炉	
额定电压	220 V
额定频率	50 Hz
额定功率	1300 W
微波频率	2450 MHz

1. 微波的波长是多少?

2. 如果电价为 0.5 元/kW·h,按上述条件加热 10 袋这样的牛奶需要多少电费?

3. 该微波炉在加热牛奶时的效率是多少?

二、(16 分)小明家的高压锅锅体直径为 24 cm,排气孔内径为 4 mm.小明不慎丢失了锅的限压阀,当他到商店购买时售货员告诉他,生产这个锅的厂家提供的限压阀有两种,孔径相同,质量分别为 100 g 和 60 g.

1. 请你根据说明书给出的数据,通过计算说明,小明应该买哪一种限压阀.(说明书标有:当大气压为 10^5 Pa 时,该锅最高温度为 120 ℃.已知:水的沸点与压强的关系如图 1 所示,取 $g=10$ N/kg)

2. 请你说明如果买另一种限压阀,使用时会出现什么问题?

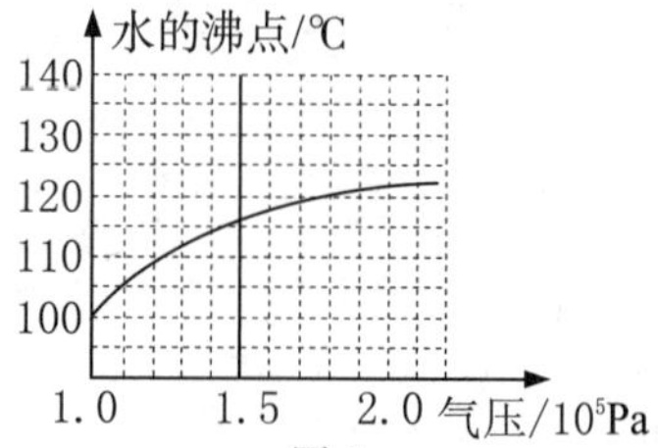

图 1

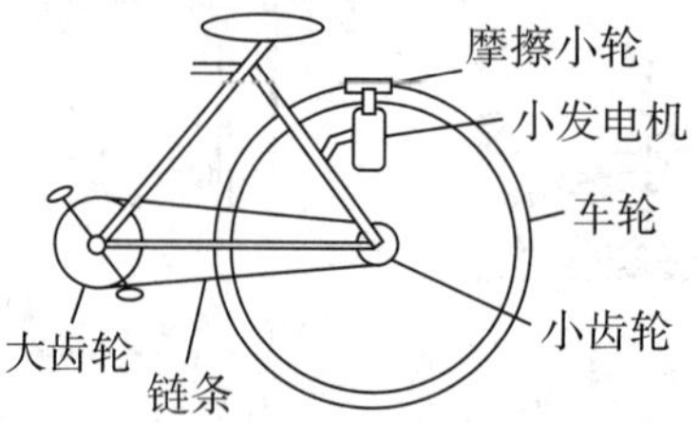

图 2

三、(16 分)图 2 是小强的自行车传动装置的示意图.请思考并回答:

1. 假设脚踏板每 2 s 转 1 圈,在这种情况下,要计算自行车前进的速度大小,还需要测量哪些量?请你用这些量推导出自行车前进速度的表达式.

2. 该自行车后架上装有向车头灯供电的小发电机,小发电机的上端有一半径 $R_0=1.0$ cm 的摩擦小轮.行驶过程中,当需要小发电机向车头灯供电时,小轮压紧车轮,此时小轮与自行车车轮之间无相对滑动,车轮带动小轮转动,发电机发电.测得自行车大齿轮、小齿轮和后轮的半径分别为 8.0 cm、3.4 cm、33 cm,问当自行车的车速为 15 km/h 时,摩擦小轮的转速(单位时间内转过的圈数,单位:r/s)是多少?(取 $\pi=3.14$)

3. 小强利用第 1 问中推导的公式,计算出了自行车前进的速度大小(请你帮助小强计算自行车前进的速度).然后他又实地测量了自行车的速度,对比后发现总有差别,请你说明这可能是什么原因造成的.

四、(16 分)小兰家的全自动家用豆浆机的部分技术数据如表 2 所示:

表 2

额定电压	220 V	电机功率	180 W
额定频率	50 Hz	加热功率	800 W
加干豆量	75 g	加 水 量	1200 mL

制作豆浆的程序大致如下：(水温为 20 ℃)

工作程序	加热→	打浆→	煮浆→	防溢延煮→	断电报警
工作时间与状态	电热器开始加热，8 min 后，水温达到打浆设定温度	电机带动刀片高速打浆，打浆共 4 次，每次打 15 s，间隔 15 s	电热器继续加热，直至豆浆第一次沸腾，耗时 2 min	电热器间断加热，(每加热 1 min，停 20 s)使豆浆反复煮沸，充分煮熟. 共 6 min 40 s 结束	机器发出声光报警，提示豆浆已做好

小兰在用该豆浆机制作豆浆之前关闭了她家所有的用电器开关，然后在豆浆机开始制作豆浆的同时，开始记录她家电能表(如图 3 所示)的转盘转过的圈数，当豆浆机发出声光报警时为止，数得电能表的转盘转过了 74 圈. 请回答：

图 3

1. 煮好一锅这样的豆浆需要消耗多少电能？

2. 根据第 1 问的计算结果，计算制作一锅这样豆浆的过程中她家电能表的转盘应转过多少圈？

3. 第 2 问中计算的结果与小兰实际记录的圈数相符吗？如不相符，请说出你对产生这一偏差的猜想.

五、(18 分)阅读资料并回答问题：

干湿温度计是一种既能测量空气温度，又能测量空气相对湿度的常用测量仪器(某一温度下，空气中水蒸气量与该温度下饱和水蒸气量的比值叫作该温度下的空气相对湿度，以百分数表示；饱和气是指一定温度下，一定数量空气中所能最大限度容纳的水蒸气量). 如图 4 甲所示，仪器上有两支相同的温度计并列地安装在同一刻度板上(图 4 乙为其背面)，其中一支温度计的测温泡外面裹有被水浸湿的棉纱，这一支温度计即为“湿”温度计；另一支温度计的测温泡直接裸露在空气中，这一支温度计即为“干”温度计. 还有一个可根据干、湿温度计的示数来确定空气相对湿度的转盘式标尺.

1. 通常情况下，湿温度计的示数比干温度计的示数稍低一些，这是为什么？

2. 转盘式标尺由两个同轴的圆盘组成，其中外盘是固定的，上面标有对应“湿温度计”温度值的 0～40 刻度线及表示相对湿度值的 10～100 刻度线；内盘可以绕轴转动，上面标有对应“干温度计”温度值的 0～40 刻度线及“相对湿度％”字样. 转动内盘，当内、外盘上的相同温度值对准时，“相对湿度”的箭头正好指向 100，表明空气的相对湿度为 100％，如图 4 丙所示.

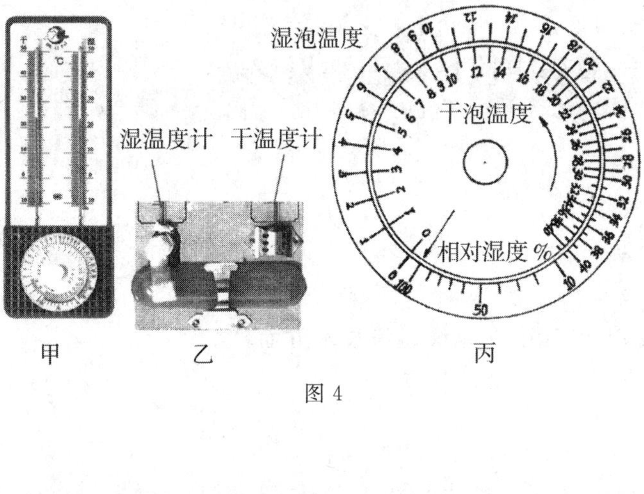

甲　乙　丙

图 4

请你根据以上信息，说明如何根据干、湿温度计的示数，使用这个转盘式标尺来确定出空气的相对湿度.

3. 中午，小宏看到干温度计的示数为 26.0 ℃，湿温度计示数为 22.0 ℃. 到了晚上，小宏看到干温度计的示数为 16.0 ℃，湿温度计示数为 12.0 ℃. 请思考并回答：

(1)关于中午和晚上空气的相对湿度，以下说法正确的是(　　).

A. 中午和晚上空气的相对湿度相同

B. 因为中午和晚上气温不同，所以无法比较中午和晚上空气相对湿度的大小

C. 中午空气的相对湿度大

D. 晚上空气的相对湿度大

(2)请你简要地说明选择该答案的理由.

六、(18 分)小胖同学在暑假期间参加了农村电网改造的社会实践活动，其中电工所挖的埋水泥电线杆的坑引起了小胖的兴趣. 坑的形状如图 5 所示，从地面上看，坑基本上是一个长方形，其宽度仅比电线杆的粗端直径稍大一点，坑中沿长方形的长边方向有一从地面直达坑底的斜坡. 请你回答：

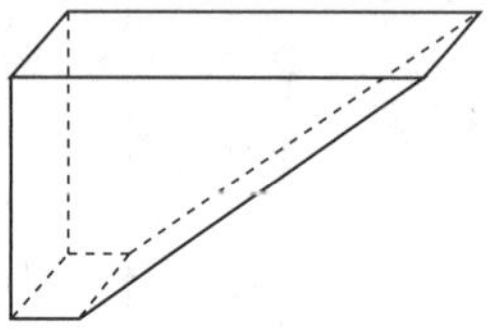

图 5

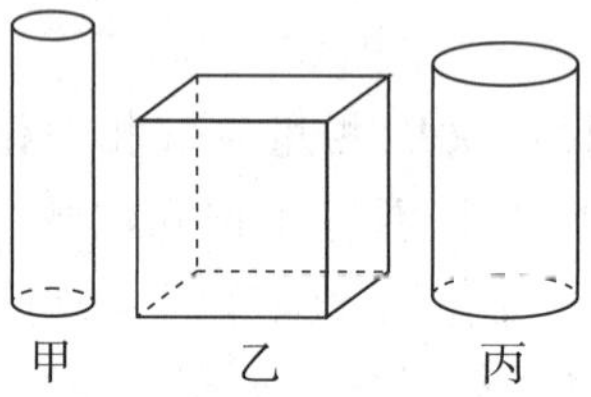

图 6

1. 为什么要挖成图 5 所示的深坑，而不挖成图 6 甲所示的仅比电线杆略粗一点的圆筒状深坑，或者如图 6 乙、丙所示的那种大口径的方形或圆形的深坑？这样做有什么好处？

2. 通过计算对比分析：如果将这种水泥电线杆分别埋入图 5、图 6 甲所示的坑中. 则把水泥电线杆放到坑口适当位置后，在竖起水泥电线杆的过程中，抬起水泥电线杆的细端至少分别需要多大的力？已知这种坑深 2.0 m，宽 0.3 m，地面处坑口长 2.3 m，坑底长 0.3 m. 水泥电线杆的质量为 600 kg，长 10.0 m，粗端直径 0.25 m，其重心距粗端 4.0 m.(取 $g=10\ \text{N/kg}$)

3. 在上述两种情况下，竖起水泥电线杆的过程中，人对水泥电线杆至少分别要做多少功？

第二十届全国初中应用物理知识竞赛

初　赛

学习笔记

一、选择题(20 分，每小题 2 分)

1. 2009 年的诺贝尔物理学奖由三人分享，其中在光纤通信技术方面所做的原创性工作而被称为“光纤之父”的美籍华人是(　　).

A. 钱永健　　B. 朱棣文　　C. 高锟　　D. 丁肇中

2. 晴朗无风的早晨，当飞机从空中飞过，在蔚蓝的天空中会留下一条长长的“尾巴”，如图 1 所示，这种现象俗称为“飞机拉烟”. 产生这一现象的原因之一是飞机在飞行过程中排出的暖湿气体遇冷. 在这一过程中，暖湿气体发生的物态变化是(　　).

A. 熔化　　B. 液化　　C. 蒸发　　D. 升华

图 1

图 2

图 3

3. 2010 年 1 月 2 日起，我国北方大部分地区遭大范围降雪天气袭击. 大雪严重影响了民航、铁路和高速公路等交通，如图 2 所示. 在遇到这种天气时，为了尽快清除积雪，常用的办法是撒“融雪盐”，这是因为(　　).

A. “融雪盐”与少量水发生化学反应，产生的热量使周围的冰雪熔化

B. “融雪盐”产生“保暖层”，使冰雪吸收足够的“地热”而熔化

C. 使雪形成“含融雪盐的雪”，“含融雪盐的雪”熔点低于当地温度，使雪熔化

D. “融雪盐”有利于冰雪对阳光的吸收，从而加快冰雪的熔化

4. 小明发现户外地面以上的冬季供热管道每隔一段距离总呈现 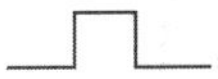 形，如图 3 所示. 其主要原因是(　　).

A. 为了避开行人和建筑物

B. 为了美观

C. 为了避免管道因热胀冷缩导致的损坏

D. 为了方便工人师傅安装和检修

5. 体操、投掷、攀岩等体育活动都不能缺少的“镁粉”，它的学名是碳酸镁. 体操运动员在上杠前都要在手上涂擦“镁粉”，其目的是(　　).

A. 仅仅是为了利用“镁粉”吸汗的作用，增加手和器械表面的摩擦而防止打滑

B. 仅仅是为了手握着器械并急剧转动时“镁粉”能起到衬垫作用，相当于在中间添加了一层“小球”做“滚动摩擦”

C. 仅仅是为了利用“镁粉”填平手掌的褶皱和纹路，使手掌与器械的接触面积增大，将握力变得更加实在和均匀

D. 上述各种功能都有

6. 小新同学家中的墙壁上竖直悬挂着一指针式电子钟，当其因电池电能不足而停止时，指针最可能停在如图 4 所示的哪个位置附近(　　).

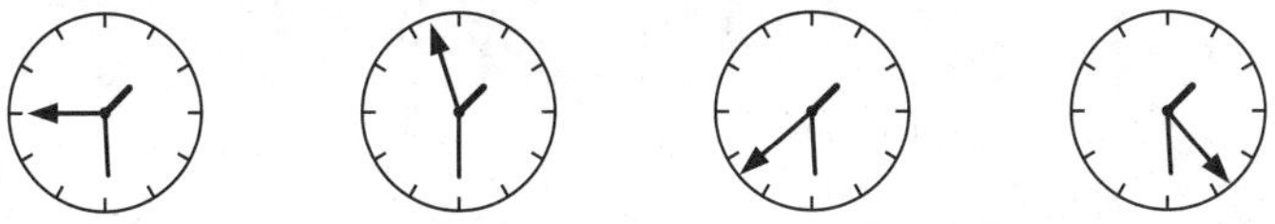

A　　B　　C　　D

图 4

7. 小明在用可变焦的光学照相机(一种镜头焦距大小可根据需要发生改变的光学照相机)给小兰拍了一张半身照之后，保持相机和小兰的位

置不变.又给小兰拍了一张全身照.关于这个过程对相机的调节,下列说法中正确的是(　　).

A.焦距变大,像距也变大　　B.焦距变小,像距也变小

C.焦距变大,像距变小　　D.焦距变小,像距变大

8. 为判断一段导线中是否有直流电流通过,手边有下列几组器材,其中最为方便可用的是(　　).

A.小灯泡及导线　　B.铁棒及细棉线

C.带电的小纸球及细棉线　　D.被磁化的缝衣针及细棉线

9. 物理小组的同学想利用闪电和雷声的时间间隔计算闪电发生位置到他们的距离,以下是四位同学提出的不同方案,其中计算结果误差最小的应该是(　　).

A.记录刚刚看到闪电至刚刚听到雷声的时间,再乘以声速

B.记录刚刚看到闪电至雷声刚刚结束的时间,再乘以声速

C.由两位同学分别按选项A、B两种方法测量时间,求平均值后,再乘以声速

D.由一位同学按照选项A的方法,多测几次对应不同闪电与雷声的时间间隔,求平均值后,再乘以声速

10. 图5是环卫工人用的一种垃圾夹的结构示意图.拉绳的一端固定在手把上,另一端穿过空心管杆与两夹爪的一端相连.当用力捏手把时,夹爪在拉绳的作用下可夹持物体,同时弹簧被压缩;当松开手把时,夹爪在弹簧的作用下恢复原状.在使用过程中,手把和夹爪分别是(　　).

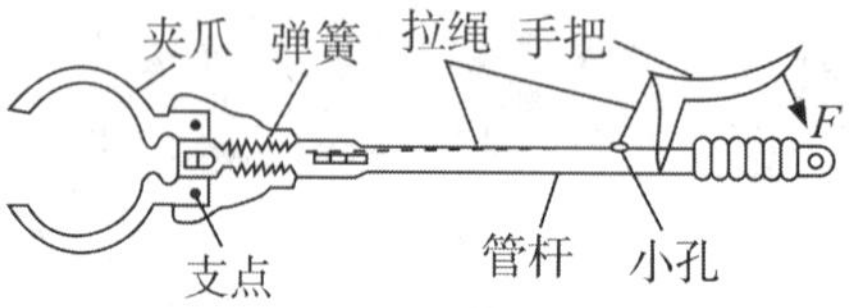

图5

A.省力杠杆,费力杠杆　　B.费力杠杆,省力杠杆

C.省力杠杆,省力杠杆　　D.费力杠杆,费力杠杆

二、简答下列各题(30分,每题5分)

1. 小军的爸爸想拆除厨房一盏灯,并将控制该灯的开关改成插座.但是他家所有的线路除了电灯和开关的接线盒处,其余部分的导线都在墙内,若将改动后的线路重新铺设明线又不美观.小军得知后,经过认真思考,根据物理课上所学的知识,首先画了他家现有接线的电路图(如图6所示),并认为只需在原线路上稍做改装,就能达到目的.请你用文字说明小军的改装方法,并在右侧虚线框中画出改装后的电路图.

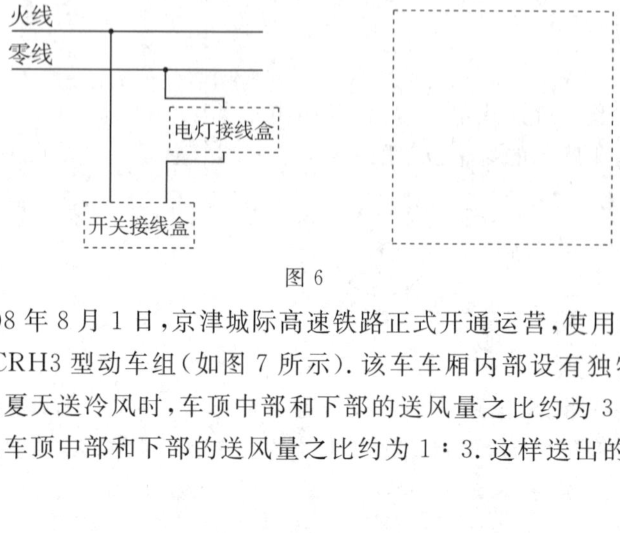

图6

2. 2008年8月1日,京津城际高速铁路正式开通运营,使用的是国产"和谐号"CRH3型动车组(如图7所示).该车车厢内部设有独特的空气调节系统,夏天送冷风时,车顶中部和下部的送风量之比约为3∶1;冬天送热风时,车顶中部和下部的送风量之比约为1∶3.这样送出的风平和、

均匀，保障车厢各处温度适宜. 请定性解释采用这种送风比例设计的原因.

图 7

图 8

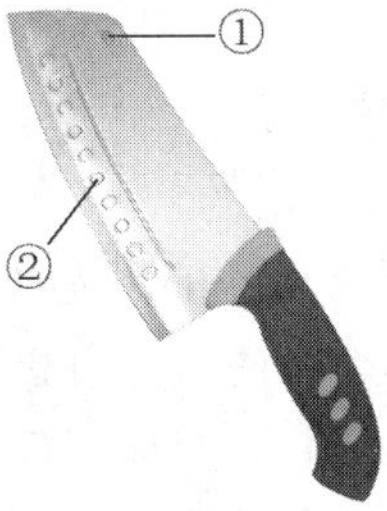

图 9

3. “鸳鸯火锅”是用金属片将锅的内部空间隔成相等的两部分，一边放清汤卤，一边放红汤卤，清汤和红汤的质量、主要成分以及初温几乎相同，但是清汤卤一侧液面没有油层，红汤卤一侧液面有一层麻辣风味的油，如图 8 所示. 吃饭的人们可根据自己的喜好把食物放入不同的汤料中进行烫涮. 但小新注意到每次使用这种“鸳鸯火锅”吃烫涮食品时，总是红汤卤一侧首先沸腾. 最初，小新认为这是由于红汤卤一侧的火更大些，但观察发现，两边的火焰相同. 试分析为什么总是红汤卤一侧先沸腾.

4. 小丽在厨房帮妈妈做饭时发现菜刀上有两种孔，如图 9 所示，她对这两种孔的作用不了解. 请你给她解释图中孔①、②的作用.

5. 中新网 2009 年 5 月 20 日电：英国《每日邮报》19 日刊登了一组照片，如图 10 所示. 灰鹅在飞行途中突遇强风，这只艺高胆大的灰鹅做出了令人吃惊的动作——以飞行方向为轴线，横向转体 180°，但最难的是——它的头部依然保持着正常飞行时的姿态！虽然这看起来有些不可思议，连世界上最优秀的运动员都会被其柔韧的鹅脖所折服. 请你思考并回答，灰鹅这样转体的效果是什么，为什么？

转体前　　转体后

图 10

图 11

图 12

6. 露天放置的大型石油液化气罐，为了防止因温度过高而造成爆炸等事故，罐体外表面通常漆成银白色，如图 11 所示. 而露天安装的电力变压器，同样为了防止因温度过高而造成火灾等事故，在采用加注冷却油、安装散热管等一系列散热措施的同时，却把其外表面漆成颜色很深的灰黑色，如图 12 所示. 同样是为了防止温度过高，一个外表面漆成颜色很浅的银白色，另一个外表面却漆成颜色很深的灰黑色，这是为什么呢？

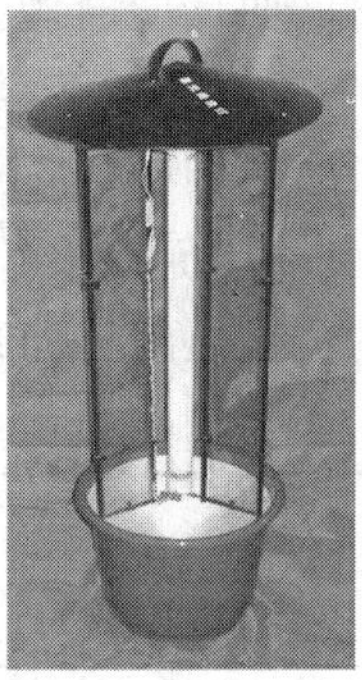
图 13

三、(11 分)黑光诱虫灯是应用物理学原理治理害虫的一种专用设备，其结构和工作电路与普通的日光灯的基本相同，区别只是黑光诱虫灯灯管的材料和其内壁上所涂的荧光粉不同. 有的黑光诱虫灯的灯管外侧加一层高压电网杀灭害虫，如图 13 所示，有的是直接利用自然水源(如养鱼池等)杀灭害虫. 黑光诱虫灯在正常工作时，会发出波长为 365 nm 的“光”，尽管这种“光”，人眼看不见，一些害虫却看得见. 具有趋光特性的害虫见到这种“光”后即纷纷飞来，为进一步杀灭害虫创造条件.

1. 为什么人眼看不见黑光诱虫灯发出的“光”？它发出的是红外线还是紫外线？[人的视觉频率范围：$(0.43\sim0.75)\times10^{15}$ Hz]

2. 尽管人眼看不见黑光诱虫灯发出的“光”，但技术人员仍然不允许我们用肉眼近距离地直接观察正在正常工作的黑光诱虫灯灯管. 这是为什么？

3. 通常一盏 H-40 型 40 W 的黑光诱虫灯可以用来诱杀害虫的果园范围约 35 亩. 小胖家承包有 400 亩果园，在果园里安装的这种黑光诱虫灯每年工作约 150 天，每天工作约 10 小时，电价按每度电 0.5 元计算，则每年需要为这些黑光诱虫灯交多少元电费？

4. 请解释上述两种黑光诱虫灯是如何杀灭害虫的.

四、(12 分)小明发现他家的电源插排上有多个指示灯，如图 14 甲所示. 小明将电源插排拆开后发现，每个指示灯实际上是一个发光二极管，每个发光二极管和一个定值电阻串联后接在 220 V 的电源上.

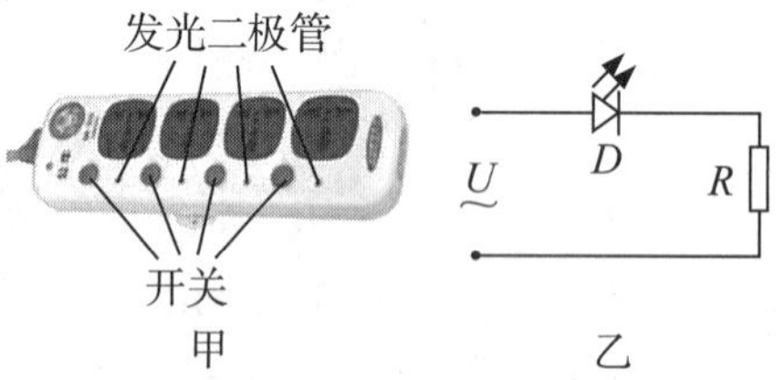

图 14

他通过查阅资料得知，发光二极管的结构与普通二极管相似，由一个 PN 结构成，具有单向导电性. 当在发光二极管上加正向电压时，发光二极管导通并发光；当加反向电压时，发光二极管截止(电阻可视为无穷大)且不发光. 如果将发光二极管 D 和电阻只接在如图 14 乙所示的正弦交流电路中，只有在交流电压正半周期时，发光二极管导通，在负半周期时不导通. 并可以证明：若用 U_D 表示发光二极管导通时其两端的电压，当所加的交流电压为 U 时，电阻 R 上的电压为 $U_R=\frac{\sqrt{2}}{\pi}U-U_D\approx0.45U-U_D$　实际上交流电压值是变化的，其瞬时可达到的最大值约为$\sqrt{2}U$.

查表可知发光二极管正常发光时其两端的电压约为 2V，通过它的电流约为 10 mA，计算时忽略发光二极管发光过程中消耗功率的变化.

1. 为了保证发光二极管的安全，需要串联一个多大阻值的定值电阻？

2. 此时发光二极管和定值电阻消耗的总功率为多大？

3. 如果我国有一亿个家庭每天使用带有一个发光二极管指示灯的插排，每天工作 24 小时，那么我国每年(按 365 天计算)要损耗多少度电？

4. 根据此现象警示我们平时要如何节约用电？

五、(12 分)现代社会汽车大量增加，发生交通事故的一个重要原因是遇到意外情况时车不能立即停止. 司机从看到情况到肌肉动作操纵制动器来刹车需要一段时间，这段时间叫反应时间；在这段时间内汽车要保持原速前进一段距离，这段距离叫反应距离. 从操纵制动器刹车，到车停下来，汽车又要前进一段距离，这段距离叫制动距离.

表 1 是一个机警的司机驾驶一辆保养得很好的汽车在干燥的水平公路上以不同的速度行驶时，测得的反应距离和制动距离. 请回答：

表 1

速度/km·h^{-1}	40	50	60	80	100
反应距离/m	7	9	11	15	19
制动距离/m	8	13	20	34	54

1. 刹车过程中轮胎会发热，这是什么原因？是什么能转化为什么能的过程？

2. 利用上表数据，通过计算求出该司机的反应时间大约是多少秒？

3. 分析上表数据可知，汽车制动距离与行驶速度有什么关系？

4. 为了提醒司机朋友在雨雪天气里注意行车安全，在高速公路旁边设置了"雨雪路滑，减速慢行"的警示牌，请简要说明这句话的物理道理.

六、(15 分)"手拉葫芦"(如图 15 所示)是一种携带方便、使用简易的手动起重机械，广泛用于工厂、土地、矿山、农业生产等环境，用来完成起吊货物等任务. 其中 HCB30 型"手拉葫芦"的技术数据如表 2 所示：

表 2

型号	HCB30	承载链条股数/股	2
最大承载质量/t	3	链条直径/mm	8
一次起升高度/mm	3	手拉轮直径/mm	150
测试载荷/kN	37.5	承载轮直径/mm	50
最小净空高度/mm	470	净重/kg	21.7
最大载荷所需拉力/N	360	毛重/kg	22.3

注："一次起升高度"是指，成年人在站立状态，用左、右两手交替拉动手拉链条进行正常起重操作的过程中，左手或右手下拉一次(按 30cm 计)，所吊重物上升的高度.

承载轮上所缠的承载链条较粗且两端固定，而手拉轮上所缠的手拉链条较细且构成一个完整的环. 工作过程中，手拉链条、承载链条在轮上都不打滑. 其缠绕情况如图 16 所示. (取 $g=10\ \mathrm{N/kg}$)

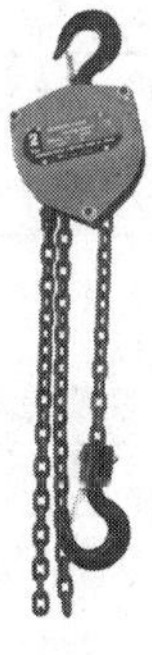

图 15

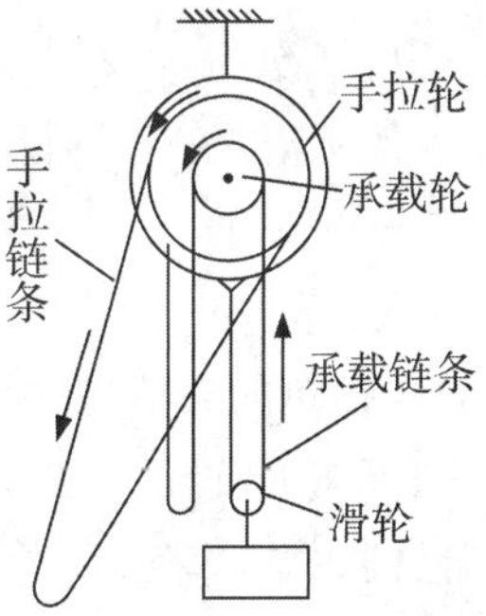

图 16

1. 根据题目中提供的相关信息，通过计算，分析判断 HCB30 型"手拉葫芦"的手拉轮与承载轮是否是一个共轴的轮轴？

2. 计算该型"手拉葫芦"在满载的情况下正常工作时的机械效率.

复 赛

一、(16 分)干簧管(也叫干簧继电器)比一般机械开关结构简单、体积小、速度高、工作寿命长；而与电子开关相比，它又有抗负载冲击能力强的特点，工作可靠性很高. 如图 1 甲所示为干簧管的结构简图，其中磁簧片是一种有弹性的薄铁片，被固定于玻璃管上.

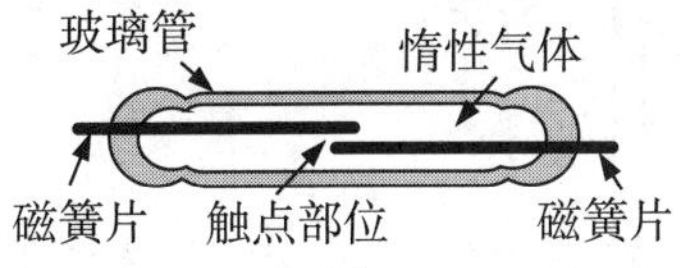

甲

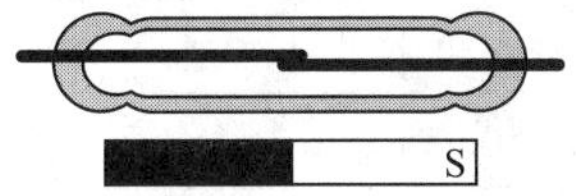

乙

图 1

1. 当将一个条形磁铁与干簧管平行放置时，如图 1 乙，干簧管的磁簧片触点就会闭合，将电路接通；当条形磁铁远离干簧管时，触点就会断开.

请简述其原理.

2. 某同学设想用干簧管制作水位自动报警器，图 2 是他设计的一部分情况，请帮助他完成其余部分的设计：

(1)设永久磁铁所受的重力为 3 N，浮球的体积为 200 cm^3，不计滑轮处的摩擦，则要想让此装置能正常工作，浮球的质量应满足什么条件(取 $g=10$ N/kg)?

(2)他手边还有开关、红灯、绿灯和电铃各一个，导线若干，请在图中的虚线方框内画出报警电路，要求：水位到达 A 处时，红灯亮，电铃报警；水位到达 B 处时，绿灯亮，电铃报警.

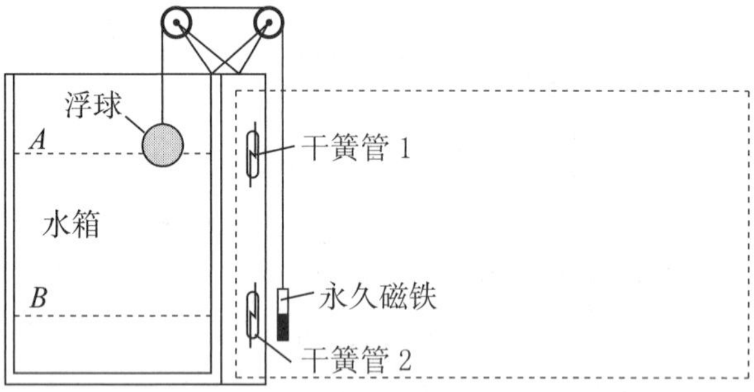

图 2

二、(16 分)小星同学为实验室设计了一个多挡位电加热器，其工作原理图如图 3 所示. 其中 R_1、R_2、R_3 为发热电阻. 三只灯泡为上述发热电阻相应的工作指示灯，其所消耗的电功率可忽略不计. 小星设想通过开关的组合，使电加热器能有 200 W、300 W、…、900 W 共七挡功率. 为此他还设计了下面这份简单的表格，表中的"√"表示对应的开关闭合，相应的指示灯亮；"×"表示对应的开关断开，相应的指示灯熄灭. 功率栏给出了相应状态时电加热器的功率值.

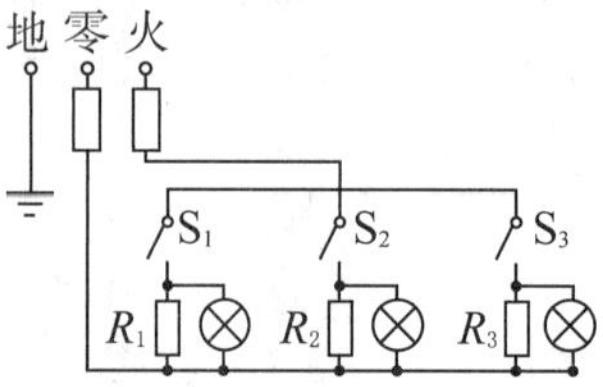

图 3

1. 按照他的设想，帮他计算出 R_1、R_2、R_3 的阻值各为多少?

2. 补齐表 1 中其余挡位的空格.

表 1

额定电压	220 V		额定频率	50 Hz
挡位	S_1	S_2	S_3	功率
1	√	×	×	200 W
2	×	√	×	300 W
3				
4				
5				
6				
7				900 W

三、(16 分)如图 4 为过去邮局里用来称量邮件质量的双杆台秤的主要结构简图，这种台秤的两条秤杆是固定在一起的，两条秤杆分别装有秤锤 A、B，其中秤锤 A 只能处于其所在秤杆上有槽的特定位置处，秤锤 B 则可停在其所在秤杆上的任意位置.

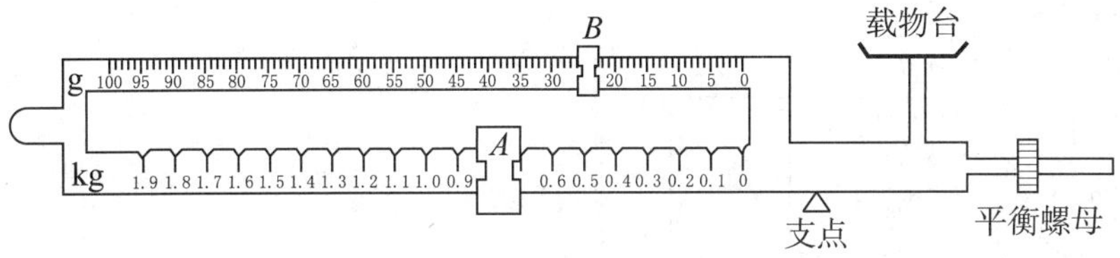

图 4

1. 这个台秤的量程和分度值分别是多少？

2. 写出用这种秤测量一个邮包的质量时的操作步骤(包括校零的具体步骤).

3. 若用调整好的台秤称量一个邮包的质量时，秤杆水平平衡后，秤锤 A、B 所处的位置如图 4 所示，则这个邮包的质量为多少？

4. 由图中的信息推导出 A、B 两秤锤的质量 m_A、m_B 的关系.

四、(16 分)小华家买了新房，准备改装客厅顶灯的电路时，他发现爸爸拿来一幅如图 5 所示电路图，他很好奇，看了一会儿之后，发现这幅图有些眼熟，但又和过去所看的图不同，他拿着图去问爸爸：S_3 是什么开关，爸爸告诉他这叫“双刀双掷”开关，相当于两个单刀双掷开关“联动”. 爸爸还告诉他要将这三个开关分别装在三个与客厅相连的房间的门旁边. 这是为什么？这样装有什么好处呢？小华决定仔细研究一下.

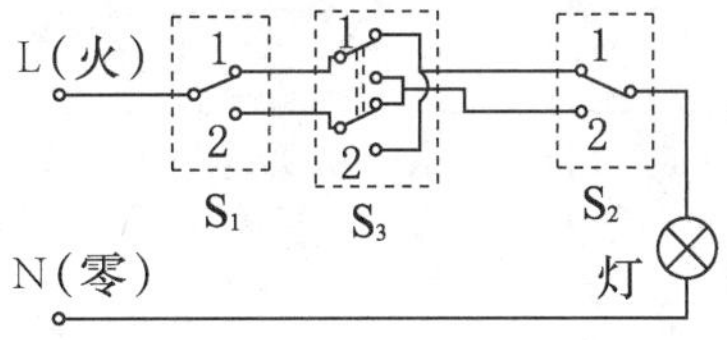

图 5

1. 小华准备首先用列表的方法分析开关的状态与灯泡亮灭的关系. 为此他设计了如下的表格，并用“1”和“2”表示开关接通的位置，用“1”和“0”表示灯泡的“亮”和“灭”. 请你也参与到他的研究中来，并帮他在表格中记录下三个开关所有可能的组合对灯的控制情况，完成表 2：

表 2

S_1	S_3	S_2	灯的亮灭

2. 根据列表的结果总结出这个电路的好处.

3. 弄懂了这个电路和双刀双掷开关的特点之后，他又有了新的想法：还可以在图 5 的电路中再增加一个双刀双掷开关 S_4，并使它和其他的开关作用相同. 请把他的设计画在图 6 中.

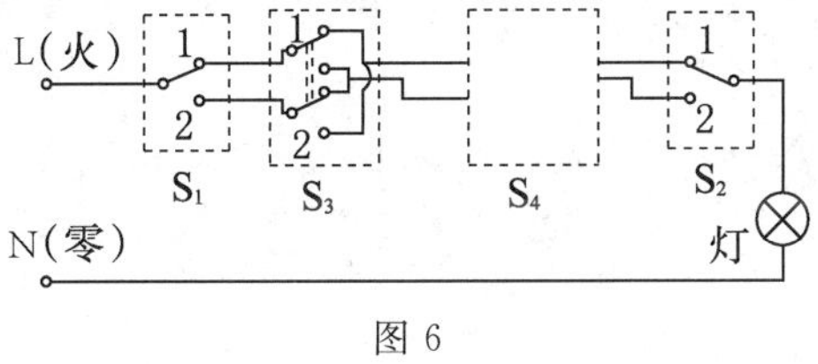

图 6

五、(18 分)单位质量的某种液体变为同温度的气体所需要吸收的热量,叫作这种液体的汽化热.通常情况下,同种液体在不同温度下的汽化热是不同的.某课外活动小组设计了如图 7 所示的装置,可以用来测定 100 ℃时水的汽化热.该装置的测量原理是:用电压可调的电加热器使玻璃容器内的水沸腾,用电子天平分别测量沸腾一段时间前后水的质量,同时测量所用的时间及在该段时间内电加热器的电压和电流,根据相关的数据和能量守恒关系即可求出水的汽化热 λ.由于这个装置工作时的散热损失是不可忽略的,该组同学实验时测量了两组数据,如表 3 所示:

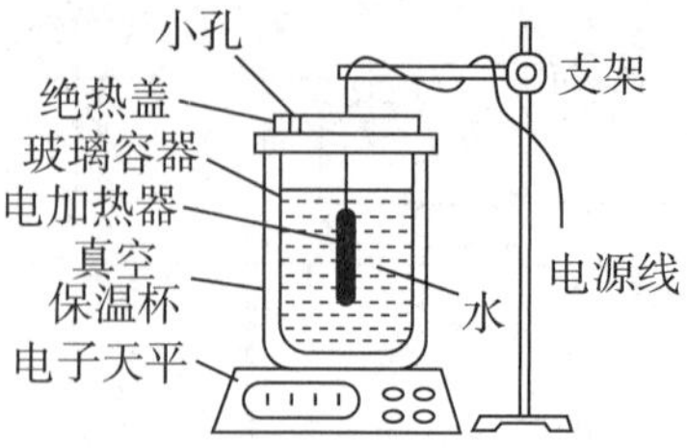

图 7

表 3

	电压/V	电流/A	时间/s	水的初质量/g	水的末质量/g
第一组	20	1	300	70	68
第二组	40	2	300	70	60

1. 试简单说明该装置的散热功率是否随加热功率的改变而改变.

2. 根据以上数据,求水的汽化热 λ.

3. 针对此实验提出一些减少实验误差的措施.

六、(18 分)小亮家有一辆家用轿车,爸爸在给他说车的性能时,总是说“2.0 的排量”,却很少说“功率”,为此小亮特地从网上查到了排量的定义:活塞从上止点移动到下止点所通过的空间容积称为汽缸排量.如果发动机有若干个汽缸,所有汽缸工作容积之和称为发动机排量.从说明书上查到:小亮家的汽车采用的是 LFX 直列四缸发动机,排量为 2.0 L;从网上查找到了其输出特性曲线(如图 8 所示);小亮又向爸爸询问了一些实测数据:由于汽车行驶的路况很好,所以平均车速为 90 km/h,此时发动机转速为 2000 r/min,平均行驶百公里油耗为 9 L;从物理书上查得汽油的热值为4.6×10^{7} J/kg,密度为 0.71×10^{3} kg/m^{3}.

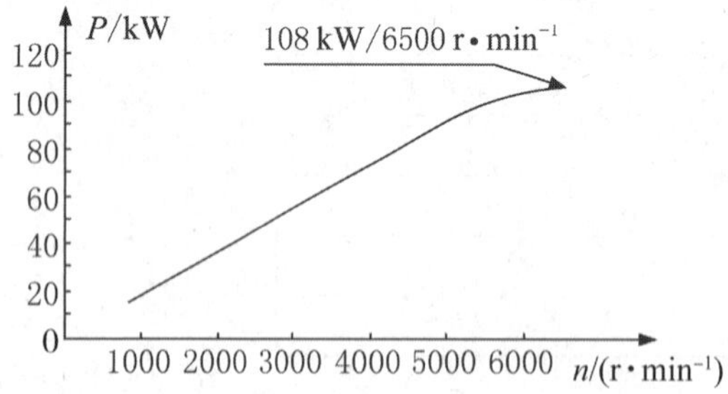

图 8

1. 由这台发动机输出特性曲线可以看出,在发动机转速为 1000～5000 r/min范围内,它的输出功率与转速大致有什么关系?

2. 试通过公式推导出在其他参数相同时,发动机的输出功率与其排量的关系.

3. 这辆汽车以 90 km/h 行驶时,发动机的效率约为多少?每个做功冲程汽缸内的平均压强约为多少?

第二十一届全国初中应用物理知识竞赛

学习笔记

初 赛

一、选择题(20分,每小题2分)

1. 目前,很多汽车的驾驶室里都有一个叫作GPS(全球卫星定位系统)接收器的装置. GPS接收器通过接收卫星发射的导航信号,实现对车辆的精确定位并导航. 卫星向GPS接收器传送信息依靠的是(　　).

A. 红外线　　B. 紫外线　　C. 电磁波　　D. 激光

2. 如图1为工人师傅用推车运送纯净水的图片,对于这两种方法中哪种方法比较省力的判断,下列说法中正确的是(　　).

A. 图甲的方法比较省力

B. 图乙的方法比较省力

C. 图甲和图乙两种方法所用力的大小相等

D. 无法判断

图1

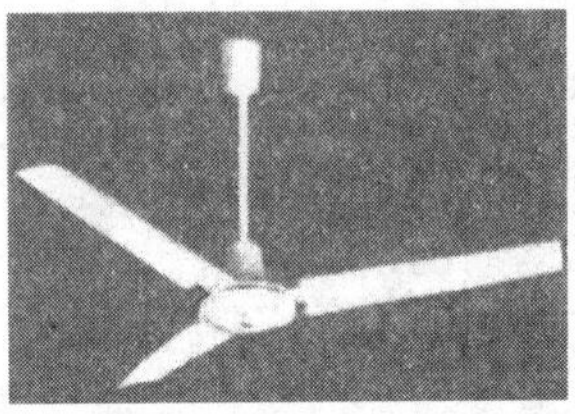

图2

3. 如图2所示,教室里的天花板下面装有多挡位吊扇,当吊扇正常工作时,对于吊扇对天花板的拉力大小与其重力大小的判断,下列说法中正确的是(　　).

A. 吊扇在高挡位工作时,拉力等于重力

B. 吊扇在低挡位工作时,拉力大于重力

C. 电扇在任意挡位工作时,拉力等于重力

D. 电扇在任意挡位工作时,拉力小于重力

4. 在学校的田径运动会上,小亮注意到发令台上有一块"板子",如图3所示. 关于这块板子的作用,他做了如下猜想,其中正确的是(　　).

A. 主要用来反射发令枪的枪声,所以必须正对着终点计时裁判的方向

B. 主要用来衬托发令枪冒出的白烟,所以应该是深色或黑色的

C. 主要用来减弱噪声,所以要把它放在看台和发令枪之间

D. 主要用来遮阳,所以要把它放在裁判员的头的上方

图3

5. 随着我国航天员在轨道舱内停留时间的增加，在轨道舱内进行体育锻炼必将成为航天员需要完成的一项重要工作. 下列适合航天员在轨道舱中进行体育锻炼的运动项目是(　　).

A. 举哑铃　　B. 跳绳　　C. 踢毽子　　D. 拉弹簧拉力器

6. 动车组列车进站前的减速过程分为两个阶段进行：第一阶段采用"再生刹车"技术，速度从 250 km/h 减至 90 km/h，这期间停止动力供给，列车依靠惯性继续前行，并带动发电机发电；第二阶段采用机械刹车，速度从 90 km/h 开始不断减小直至停止. 关于列车进站过程中的能量转化，下列说法中正确的是(　　).

A. 第一阶段减小的动能全部转化为电能，即电能等于减小的动能

B. 第一阶段减小的动能有一部分转化为电能，即电能小于减小的动能

C. 第二阶段减小的动能主要转化为内能，且内能等于减小的动能

D. 第二阶段减小的动能主要转化为内能，且内能大于减小的动能

7. 在晴朗的夜空，我们很容易找到北斗星与北极星，如图 4 所示. 天刚黑下来的时候，我们观察并记录一次北斗星与北极星相对于地面的位置；半夜的时候，我们再次观察并记录北斗星与北极星相对于地面的位置. 比较这两次的记录结果，我们会发现(　　).

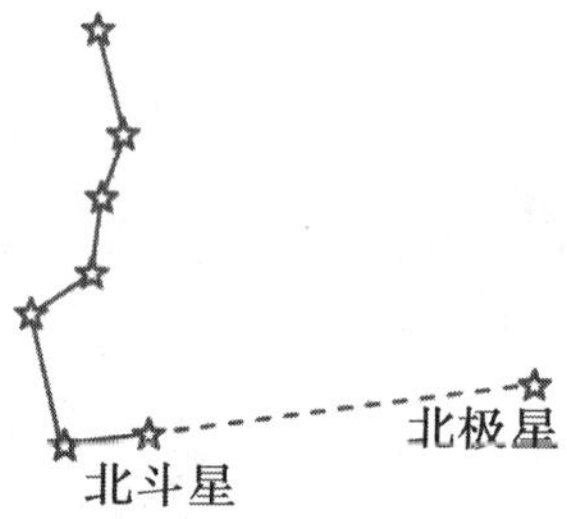

图 4

A. 北斗星和北极星都是运动的

B. 北斗星和北极星都是静止的

C. 北斗星是运动的，北极星是静止的

D. 北斗星是静止的，北极星是运动的

8. 在炒花生或栗子时，通常要往锅里放一些沙子(或粗盐)。这样做的主要目的是(　　).

A. 使炒锅的温度更高

B. 使花生或栗子受热均匀且避免与锅底直接接触时间过长

C. 让沙子(或粗盐)吸收一些水分，使花生或栗子更加干酥脆

D. 让沙子(或粗盐)吸收部分热量，防止因温度过高而使花生或栗子变焦

9. 人站在哈哈镜前，由于哈哈镜的特殊形状会使人体不同部位的像或被拉长或被压短而变形，令人发笑. 现有一个如图 5 甲所示由两个水平方向的柱面镜连接而成的哈哈镜，竖直置于水平地面上. 当一个与哈哈镜等高的人站在其正前方(如图 5 乙所示)，他看到的像的情况是(　　).

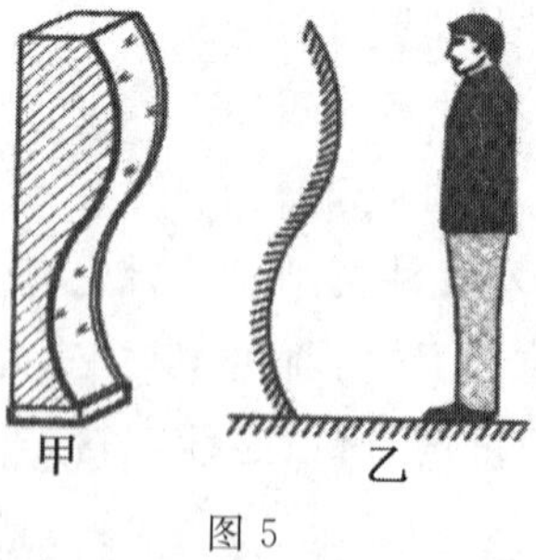

图 5

A. 上半身的像被拉长　　B. 下半身的像被拉长

C. 全身的像都被拉长　　D. 全身的像都被压短

10. 如图 6 甲是某生产流水线上的产品输送及计数装置示意图. 其中 S 为激光源，R_1 为光敏电阻(有光照射时，阻值较小；无光照射时，阻值较大)，R_2 为定值保护电阻，a、b 间接"示波器"(示波器的接入对电路无影响). 水平传送带匀速前进，每当传送带上的产品通过 S 与 R_1 之间时，射向光敏电阻的光线会被产品挡住. 若传送带上的产品为均匀正方体，示波

器显示的电压随时间变化的关系如图 6 乙所示. 已知计数器电路中电源两极间的电压恒为 6V,保护电阻 R_2 的阻值为 400 Ω. 则(　　).

A. 有光照射时光敏电阻 R_1 的阻值为 800 Ω

B. 有光照射和无光照射时保护电阻 R_2 两端的电压之比为 1∶2

C. 有光照射和无光照射时光敏电阻的阻值之比为 1∶2

D. 每 1h 通过 S 与 R_1 之间的产品个数为 6000 个

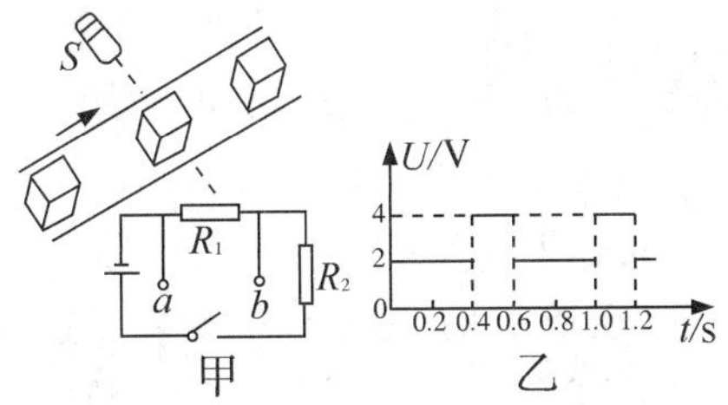

图 6

二、简答下列各题(每题 5 分,共 30 分)

1. 警用弓弩因其发射时无光、声音小等特点,被广泛应用于反恐,如图 7 甲所示. 图 7 乙和丙为两种配有不同瞄准装置的弩,它们可用来发射箭和钢珠,并配有手柄、肩托等辅助设备,弩弦的拴绕使用了滑轮可有效地减小体积. 请观察它的结构,并分析它的使用过程,其中用到了哪些物理知识?

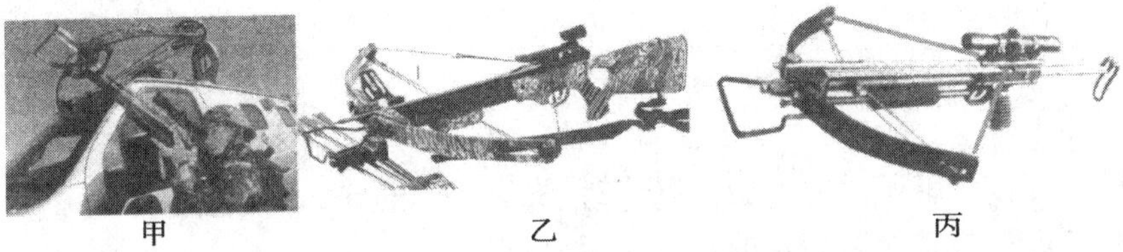

图 7

2. 许多轿车后窗玻璃的内壁上都平行地贴有若干条很窄的金属膜,如图 8 所示. 驾驶员可以通过开关对其进行控制,当通电时这些金属膜会发热. 请回答这些金属膜的主要作用是什么?

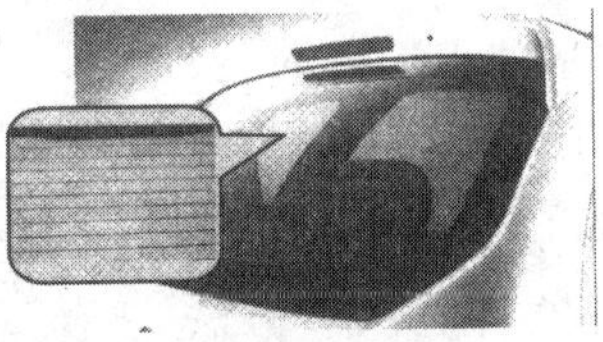

图 8

3. 图 9 中的甲、乙两图是同一把平放在一张白纸上的透明刻度尺正放和反放的照片,图 9 丙是其沿刻度线方向的横截面图. 刻度尺的刻度线是用油漆喷上去的. 由图 9 乙可以看到,每个数字和刻度线的右侧都有一个阴影. (1)利用图 9 丙说明,该刻度尺的刻度线喷在图 9 丙中所标的 A、B、C、D 的哪个部位? 为什么? (2)一般都将刻度尺带刻度的一侧做得较薄,这样做的好处是什么?

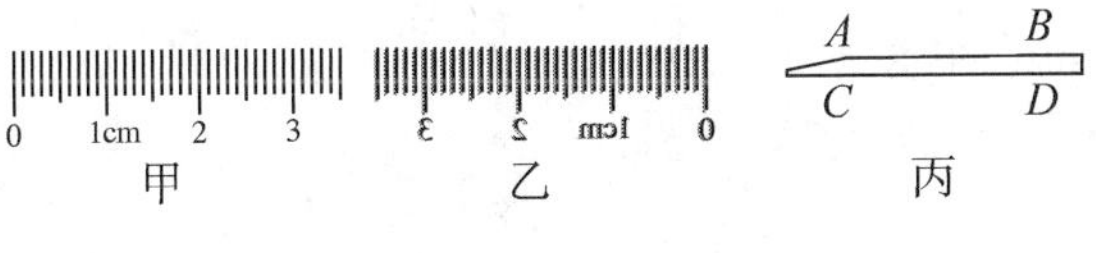

图 9

4. 一串小彩灯,规格都是"4 V　0.2 A",每个小彩灯的结构如图 10 所示,在正常情况下,细金属丝由于表面有一层氧化铜而与灯丝支架不导通,若加上 200 V 以上电压时,氧化铜被击穿,细金属丝与灯丝支架导通. 若将这种规格的小彩灯接入 220 V 电路中,为使小彩灯正常发光,请通过计算说明:(1)应串联多少个小彩灯? (2)若其中一只小彩灯的灯丝被烧断,其他小彩灯是否

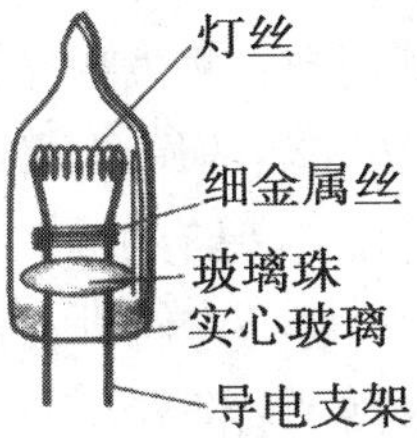

图 10

还能发光？为什么？

5. 为了节省电能，居民楼的楼道灯通常由两个开关共同控制. 一个是利用光敏器件制成的“光控开关”，它的作用是光线暗时自动闭合，光线亮时自动断开；一个是利用声敏器件制成的“声控开关”，它的作用是有声音时自动闭合电路，两分钟后，若再无声音则自动断开.

(1)请将图 11 甲中的器材连成符合上述楼道灯要求的电路.

(2)小明受楼道灯电路的启发，在爷爷的卧室里也安装了这样一个“聪明”的电路. 晚上只要拍拍手，灯就亮了，过一会自动熄灭，给爷爷带来了方便. 不过遇到晚上有雷雨，就麻烦了，雷声使灯不断被点亮，影响爷爷休息. 还有爷爷睡觉前需要这盏灯一直被点亮. 现在再给你两个开关 S_1、S_2，在图 11 乙中完成对这个“聪明”电路的改装. 并分别说明在灯自动工作、晚上打雷需取消自动功能和需要灯一直被点亮时开关 S_1、S_2 的断开与闭合情况.

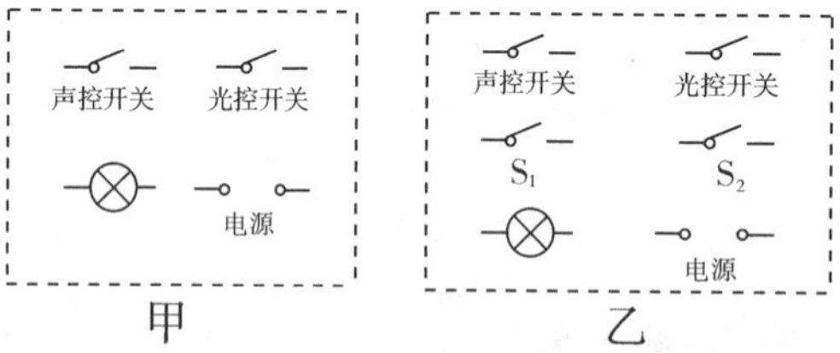

图 11

6. 某物理兴趣小组的同学设计了图 12 甲所示的实验装置，在橡皮塞中紧密地插入一根细玻璃管，将此橡皮塞盖紧在装满水的玻璃瓶瓶口，玻璃瓶沿水平方向的截面为图 12 乙所示的椭圆. 当用力沿图 12 所示方向挤压装满水的玻璃瓶时，会看到细玻璃管内的水面明显上升. 在这里，同学们利用细玻璃管内水面的变化将玻璃瓶的微小形变“放大”了. 请你再列举两个用到这种“放大”方法来观察物理现象的实验或用到这种方法来工作的仪器，并简要说明“放大”的方法.

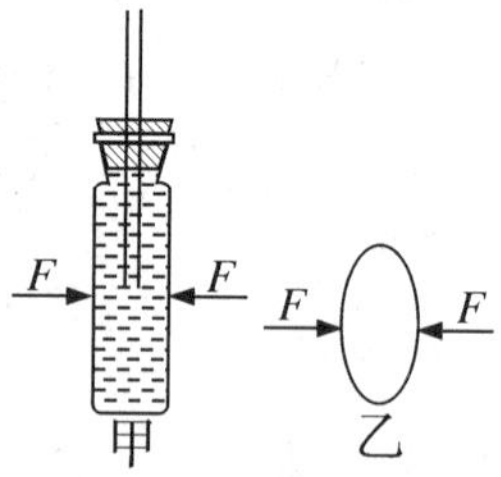

图 12

三、(11 分)“米线”是一种特色小吃. 端上餐桌的有：一碗热汤，上面浮着一层油；一碟切成薄片的鲜肉；一碗已煮熟的米线. 食客先把肉片放进汤内，稍候再加入米线.

现有以下资料：汤的初温 97 ℃，比热容 4.2×10^3 J/(kg·℃)；肉片的质量为 0.2 kg，初温 22 ℃，比热容 3.5×10^3 J/(kg·℃). 基于健康缘故，肉片必须至少在大于 80 ℃的汤中保持 2 min，在这 2 min 时间里，由于向外界散热整体温度将下降约 2 ℃. 问：

1. 碗中油层的作用是什么？

2. 为实现上述的温度要求，碗中汤的质量多少应满足什么条件？

四、(12 分)微波炉是一种利用向食物发射微波，进而将以微波形式存在的电磁能转化为内能来对食物加热的厨具. 因为微波可以深入食物表面内约 5 cm，因此与蒸烤类厨具比较，具有加热更加迅速的特点.

小明家最近买了一个微波炉，他听人们讲利用微波炉对食物加热，不仅加热时间短，还具备加热效率高的特点. 为了验证后一种说法，他决定借助电能表、手表、温度计等器材实际测量一下微波炉在高火挡烧水时的效率.

为此他查看了家中微波炉后面的铭牌，上面注明额定输入功率为1200 W，他又查看了他家的单相电子电能表，上面注明 3200 imp/ kW·h（表示每消耗电能 1 kW·h，该电能表上面的发光二极管闪烁 3200 次）．之后，他关闭其他所有家用电器，将体积为 1L、温度为 20 ℃的水放入微波炉并用高火开始加热，同时用钟表计时并记录电能表上面的发光二极管闪烁的次数，历时 4 min，电能表上面的发光二极管闪烁了 256 次，此时取出并测得水的温度为 72 ℃，请你帮助小明计算微波炉烧水时的效率．

微波炉中发射微波的器件叫作微波管，若某微波炉内的微波管只有一只，且该微波管只能在额定电压下以额定功率工作，请回答这个微波炉是如何仅仅利用这只微波管实现在不同挡位工作的呢？

五、（12 分）小明的父亲为了解决全家人夏季淋浴问题，想自己动手制作一个太阳能淋浴器，他买来了一个圆柱形金属桶，一个压力传感开关，两个圆柱体以及细线若干．初步设计如图 13 所示，其中 A、B 两个圆柱体通过细绳与压力传感开关相连．

已知：圆柱形金属桶的底面积 $S_1=0.5\ m^2$，高 $h_1=50\ cm$；压力传感开关的作用是当它受到竖直向下的拉力达到 10 N 时闭合，通过控制水泵从进水口向桶内注水，当拉力等于 4 N 时断开，水泵停止向桶内注水．两个圆柱体的底面积 $S_2=40\ cm^2$，高 $h_2=12\ cm$，每个圆柱体重 $G=6$ N．要求当水桶内储水量达 200 L 时停止注水，当储水量剩余 40 L 时开始注水．

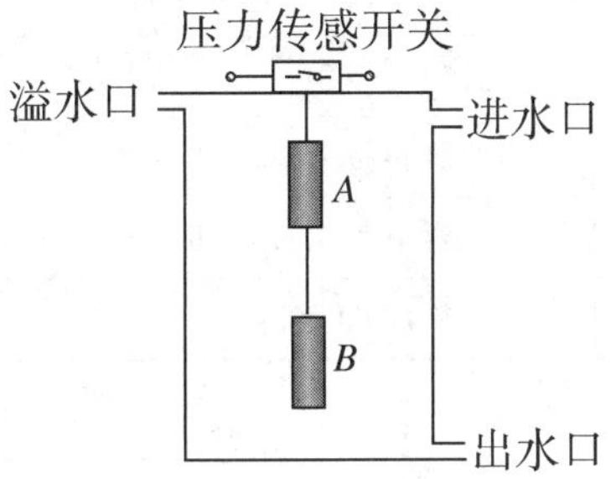

图 13

请你帮助小明的父亲在其初步设计的基础上，求出满足上述要求的两段细线的长度．（压力传感开关与金属桶间的距离、细绳质量与体积、计算储水量时圆柱体排水体积忽略不计）

六、（15 分）随着新能源、低碳等理念的普及，小明设想出了一种完全以太阳能电池为能源的汽车，以下是他查到的一些数据：太阳辐射的总功率 $P_{总}=3.9\times10^{26}$ W，太阳到地球的距离为 1.5×10^{11} m，阳光穿过太空和地球周围的大气层到达地面的过程中的能量损耗约为 51 %；太阳光垂直照射时，太阳能电池的能量转化效率最高约为 15 %；假设一辆太阳能电池车的质量约为 750 kg，期望达到的最高时速为 72 km/h，车辆行驶过程中的平均阻力约为车重的 0.02 倍，车身最多能敷设的太阳能电池板的面积约为 8 m^2，驱动电机能够将输入功率的 90 %转化为用于牵引汽车前进的机械功率．（已知半径为 r 的球的表面积为 $S=4\pi r^2$）

1. 根据以上数据，通过计算对小明的设想进行分析与评价．

2. 你对他的设想有什么改进建议？

复 赛

一、（16 分）测定患者的血沉，是医学上用来帮助医生对病情作出正确判断的一种手段．把新鲜的血液，加入抗凝剂，静置一定时间后形成抗凝血后，红细胞即从血浆中分离出来而下沉．设抗凝血是由红细胞和血浆组成的悬浮液，血浆的密度 $\rho_0\approx1.0\times10^3\ kg/m^3$，红细胞的密度 $\rho\approx1.3\times$

$10^3\ kg/m^3$.将抗凝血放进竖直放置的血沉管内,红细胞起初在血浆中加速下沉,然后一直匀速下沉,其匀速下沉的速度称为"血沉".正常人血沉的值大约是 $v=12\ mm/h$.如果把红细胞近似看作半径为 R 的小球,它在血浆中下沉时所受的黏滞阻力为 $f=6\pi\eta Rv$,在室温下 $\eta=1.8\times10^{-3}\ Pa\cdot s$,已知 $V_{球}=\frac{4}{3}\pi R^3$,试根据以上信息解答下列问题:

1. 红细胞在血浆中为什么先加速下沉、后一直匀速下沉?

2. 计算红细胞半径的大小.

二、(16分)为了推进环保和节能理念的实施,某公司开发生产了"风光互补路灯",该路灯只需要晒晒太阳吹吹风就能工作,如图1所示.它在有阳光时通过太阳能电池板发电,有风时通过风力发电机发电,二者皆备时同时发电,并将电能输至蓄电池储存起来,供路灯照明使用.为了能使蓄电池的使用寿命更为长久,一般充电至90%左右即停止,放电余留20%左右即停止电能输出.

下表1为某型号风光互补路灯系统配置方案.问:

表1

风力发电机		太阳能电池组件	
最小启动风速	1.0 m/s	太阳能电池	36 W
最小充电风速	2.0 m/s	太阳能转换效率	15%
最大限制风速	12.0 m/s	蓄电池	500 A·h-12 V
最大输出功率	400 W	大功率LED路灯	80 W-12 V

1. 当风速为6.0 m/s时,风力发电机的输出功率将变为50 W,在这种情况下,将蓄电池的电量由20%充至90%需多长时间?

2. 如果当地垂直于太阳光的平面得到的太阳辐射最大强度约为 $240\ W/m^2$,要想太阳能电池的最大功率达到36 W,太阳能电池板的面积至少要多大?

图1

3. 若遇到阴天无风的天气,仅靠蓄电池供电,最多可供灯具正常发光多长时间?

三、(16分)电动自行车是备受人们青睐的一种交通工具,如图2所示.其主要结构就是在原来的普通自行车的基础上,增加了电动机及供电、传动设备,它可以电动骑行,亦可以脚踏骑行.电动骑行时,蓄电池为车上的电动机供电,电动机为车提供动力;脚踏骑行时,与普通自行车相同.

表2是某型号电动自行车主要技术参数.

图2

表2

整车	整车质量	40 kg
	最高车速	≤30 km/h
	最大噪声	≤62 dB
整车	电压	48 V
	容量	12 A·h
电动机	额定电压	48 V
	额定功率	240 W

1. 仔细观察电动自行车的构造，会发现很多地方用到了物理知识. 请仿照下面的示例，再列举三处应用物理知识进行设计的事例.

示例：电动自行车的车座大而扁平，可减小压强.

答：(1)________________________________

(2)________________________________

(3)________________________________

2. 当某人骑着电动自行车在平直的公路上匀速行驶时，轮胎与地面的总接触面积约为 $40\ cm^2$，此时路面受到的压强约为多大?

3. 电动自行车以额定功率行驶时通过电动机线圈的电流是多大?

4. 蓄电池充足电后储存的能量是多少?

5. 在蓄电池充足电后为电动机供电的过程中，当把储存能量的 80% 提供给电动机后就应进行充电. 若电动机工作时将电能转化为对自行车输出机械能的效率为 75%，电动自行车在平直的公路上匀速行驶时受到的阻力为 30 N，则蓄电池充一次电最多能完全依靠储存的电能连续行驶多远?

6. 从环保的角度来看，与摩托车相比，电动自行车有什么优缺点?(各列举一条)

四、(16 分)家用燃气快速热水器(如图 3 所示)是一种方便、快捷且不受天气影响的洗浴设备. 表 3 为某品牌家用燃气快速热水器的主要技术数据. 已知天然气的热值为 $8\times10^7\ J/m^3$，水的比热容为 $4.2\times10^3\ J/(kg\cdot℃)$.

图 3

表 3

生产许可证	XK00-1020044
执行标准	GB6932-2001
型号	JSD16-D8JA
燃气种类	天然气
额定燃气压强	2000 Pa
额定热负荷	16 kW
适用水压	0.025 MPa～0.75 MPa
额定产热水能力	8 L/min　($\Delta t=25$ K)
额定电压	3 V　(DC)

1. 为安全使用此热水器，机体上印有一些警告，其中一条是这样说的："气温低于 0 ℃时，用后请打开放水塞，放尽机体内存水，再拧紧……". 请解释为什么要这样做?

2. 试求该型号家用燃气快速热水器正常工作时的烧水效率.

3. 若在额定产热水能力下进行淋浴，一次淋浴总计加热时间为 20 min，则此次淋浴至少需消耗多少天然气?

4. 为防止燃气热水器在无水或水压过低时"干烧"，技术人员设计了很多种"水气联动"装置，实现通常所说的"水到气到". 图 4 就是其中一种"水气联动"装置的原理图，你能看出它的工作原理吗? 请简述它是如何利用"水到"来控制"气到"的.

5. 为了防止热水器工作过程中加热火焰意外熄灭导致燃气泄漏，技术人员设计了"火灭断气"的装置. 如图 5 所示为一种"火灭断气"装置的原理图，请根据这个原理图，简述它是怎样实现"火灭断气"功能的?

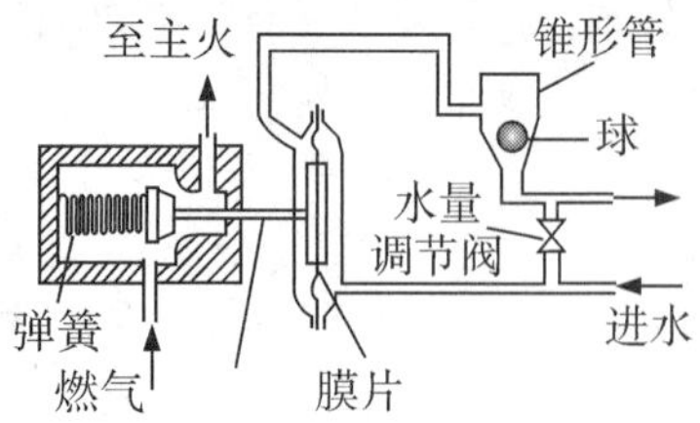

图 4

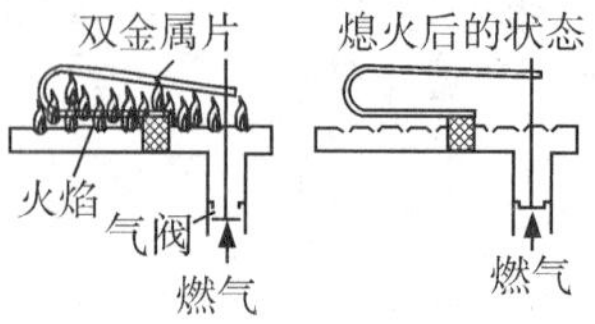

图 5

五、(18 分)小芳家里新买了一台电热水器,从"用户手册"中,她获得了以下资料,请根据这些资料完成相应的计算:

(一)外形尺寸(mm)

A	B	C	D	E	F
781	100	196	196	353	434

(二)技术数据

额定功率/W	1000/1500/2500	额定压力/MPa	0.8
额定电压/V	交流 220	容积/L	50
频率/Hz	50	净重/kg	19

1. 图 6 为安装示意图,安装时要将 L 形挂钩用膨胀螺钉固定在承重墙上,上表是热水器的部分数据,请估算 L 形挂钩受到的最大向下拉力 F 及对应此时膨胀螺钉与承重墙体间的摩擦力 f.

2. 这台热水器共有三挡加热功率,销售人员曾介绍说:热水器内部有两个加热管.请你根据销售人员的介绍,猜测并画出内部加热电路的主要结构(简化的等效电路图).然后依据你的猜想,计算出每个加热管的电阻值.

3. 产品说明书上标明:当达到设定温度,停止加热后,如果水温降到低于设定温度 4 ℃时,热水器将自动以设置功率将桶内的水加热至设定温度,如此反复直至手动停止加热.小芳想到了国家提倡的峰谷电价制度的有关规定:2011 年起,本地的分时电价为:峰时段(08:00—22:00)0.6 元/kW·h,谷时段(22:00—次日 08:00)0.3 元/kW·h.她想,如果每天下午 6 点洗浴时需要把 20 ℃的冷水加热至 50 ℃,可以下午直接加热,也可以早晨 8 点前加热好,让热水器自动保温至下午 6 点,哪种方式更省钱呢?为此她利用热水器提供的测温功能测量了水温从 50 ℃降至 46 ℃需要 190 min,已知 $c_{水}=4.2\times10^3$ J/(kg·℃),请帮她通过计算做出哪种方式更省钱的判断.

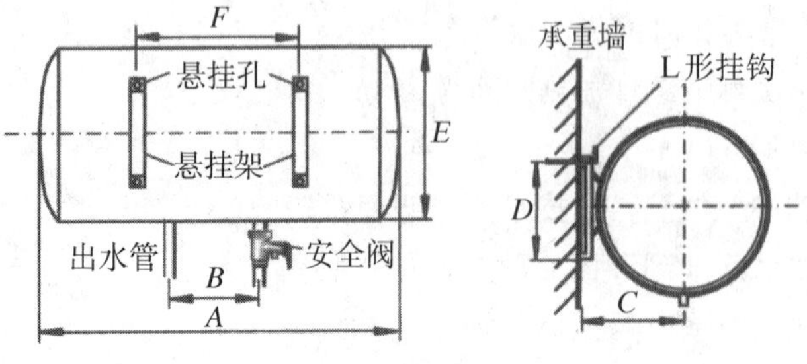

图 6

六、(18 分)电动木工机械的发明和应用大大地降低了木工的劳动强度,且大幅度地提高了劳动效率.木工圆锯机就是一种常见的用来锯切木料的电动木工机械.如图 7 所示为某型号电动木工圆锯机,其主要结构如

图 8 所示. 它采用电动机作为动力，通过皮带传动的方式带动与圆形锯盘共轴安装的皮带轮，从而带动周边有齿的圆形锯盘高速转动以锯开木料. 它的主要技术数据如表 4：

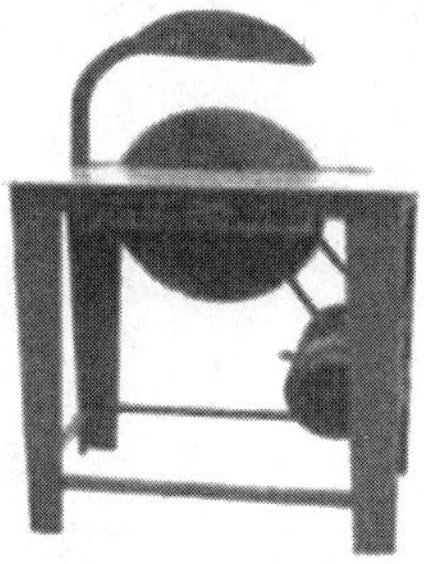

图 7

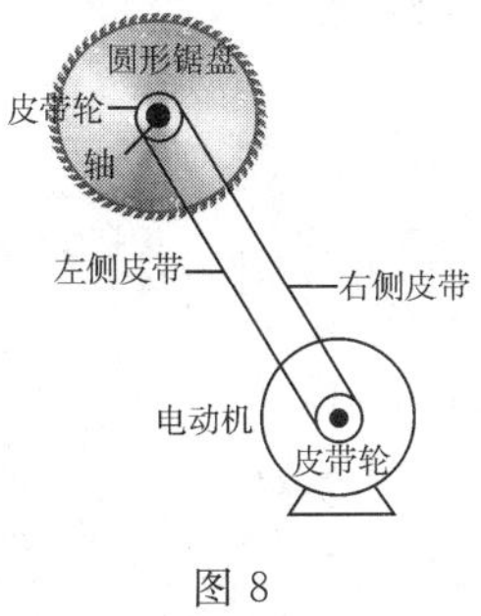

图 8

表 4

最大锯盘直径		mm	400
最大锯切厚度		mm	125
配套电动机	额定功率	kW	3
	额定转速	r/min	1420
	额定电压	V	380
	额定电流	A	5.0
	额定频率	Hz	50
	型号	$Y100L_2$-4	
	防护等级	IP44	

1. 小明仔细观察圆形锯盘后发现，圆形锯盘的周边除了有齿外，还开有图 9 所示的很深的缝，缝的底端打有一个小圆孔，锯齿部分还比锯盘部分稍厚一些. 请你从物理学的角度说说这样做的道理.

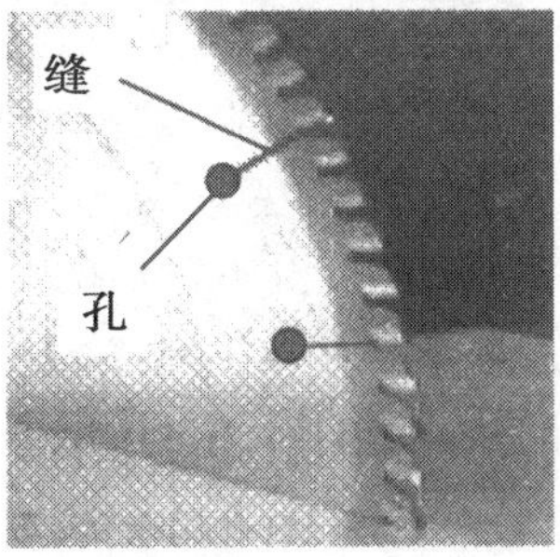

图 9

2. 该型号电动木工圆锯机正常工作时，图 8 中的哪一侧皮带上的拉力较大？并说明你做出判断的理由.

3. 若测得与圆形锯盘共轴安装的皮带轮的直径为 9.2 cm，电动机的皮带轮的直径为 11.0 cm. 电动机满负荷工作时配套电动机输出机械能的效率为 90 %，则此时皮带上较大的拉力与较小的拉力的差值是多大？

4. 若将皮带传动的效率看作 100 %，共轴传动的摩擦损耗不计. 试估算该型号电动木工圆锯机安装最大锯盘正常工作时，圆形锯盘所受到的木料的阻力是多大？

第二十二届全国初中应用物理知识竞赛

初　赛

学习笔记

一、选择题（20 分，每小题 2 分）

1. 早晨，小明骑着自行车沿平直的公路驶向学校，强劲的北风迎面吹来，此时地面对车前轮的摩擦力为 f_1，对车后轮的摩擦力为 f_2. 则下列说法中正确的是(　　).

A. f_1 与前进的方向相反，$f_1<f_2$　　B. f_2 与前进的方向相反，$f_1>f_2$

C. f_1 与前进的方向相同，$f_1<f_2$　　D. f_2 与前进的方向相同，$f_1>f_2$

2. 小明发现，有些电线杆上装有如图 1 所示的“小风车”，这些风车在微风中能不停地旋转，且旋转叶片的一面还装有反光的小镜子. 关于这样的“小风车”的作用，下列说法中正确的是(　　).

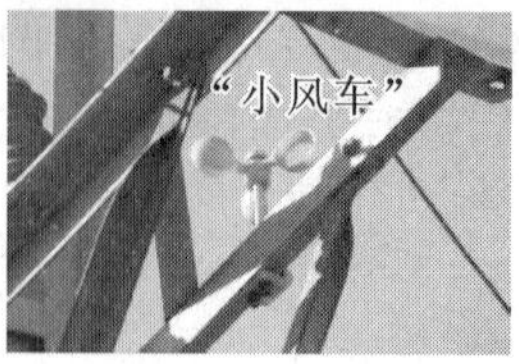

图 1

A. 为了警示此处有电

B. 为了测定风向

C. 为了测量风速大小

D. 为了驱赶小鸟，避免小鸟在上面做窝而导致电路短路

3. 一名军人在一次执行任务时需要从正在正常向前行驶的卡车右侧跳下. 对于跳车的方法，以下四种方案中最安全的是(　　).

A. 脸向车后并相对于车向后跳　　B. 脸向车后并相对于车向前跳

C. 脸向车前并相对于车向后跳　　D. 脸向车前并相对于车向前跳

4. 我国不少地区把阴霾天气现象并入雾一起作为灾害性天气，统称为“雾霾天气”. 关于雾和霾的认识，下列说法中正确的是(　　).

A. 霾是大量的小水滴或冰晶浮游在近地面空气层中形成的

B. 雾和霾是两种不同的天气现象

C. 雾是由飘浮在大气中大量微小尘粒、烟粒或盐粒形成的

D. 雾和霾是同一个概念的两种不同说法

5. 北京奥运会上的花样游泳运动员，由于在水面上、下都能听到音乐指令，从而以其优美的舞姿、随音乐节拍而精确完成的动作，让观众感受到了体育之美. 关于运动员在水下是如何接收到音乐指令的下列说法中，符合实际情况的是(　　).

A. 仅在水面以上放有音箱，当运动员的头部在水面以下时，声音经由空气、水，最终传到运动员的耳朵

B. 仅在水面以下放有音箱，当运动员的头部在水面以下时，声音通过水传到运动员的耳朵

C. 运动员通过无线耳机，接收来自控制室的电磁波信号，再将其转化成声音，被耳朵接收

D. 在水面以上和以下都放有音箱，使运动员的头部无论是在水面以上还是在水面以下，都能听到清晰的音乐声

6. 小明学习了浮力知识以后，对热气球运动产生了兴趣，他在网上收集了许多关于热气球的知识及类似如图 2 所示的图片. 以下是他对热气球运动所做的猜想，其中正确的是(　　).

图 2

A. 通过调节火焰大小，改变热气球的体积来调节热气球飞行的高度，进而选择需要的风向

B. 通过改变人在吊篮中站立的位置，来改变热气球飞行的方向

C. 通过调节火焰的大小，改变热气球内的空气密度来调节热气球的飞行高度，进而选择需要的风向

D. 通过调节火焰喷射的方向，来改变热气球飞行的方向

7. 如图 3 所示，四个相同的玻璃瓶内装有深度不同的水. 用筷子轻轻敲击瓶口或用嘴贴着瓶口吹气，会发出不同的声音. 下列关于所发出声音的判断中正确的是(　　).

图 3

A. 用筷子轻轻敲击瓶口，甲瓶的音调最高

B. 用嘴贴着瓶口吹气，甲瓶的音调最高

C. 用筷子轻轻敲击瓶口，丁瓶的音调最高

D. 用嘴贴着瓶口吹气，丁瓶的音调最高

8. 在煮饺子时，将饺子投入沸腾的水中，并用勺子轻轻在锅底推动沉下的饺子，等到水重新沸腾后，加上些凉水继续烧煮一会儿使水再次沸腾，这时煮热的饺子会浮出水面. 熟饺子会浮起来的主要原因是(　　).

A. 锅里的水量多了

B. 饺子在水里经过烧煮变轻了

C. 水温低时水对饺子的浮力小，水温高时水对饺子的浮力大

D. 水沸腾后，饺子内的小部分水汽化后变成水蒸气，使饺子体积增大

9. 目前航天飞船的飞行轨道都是近地轨道，一般在地面上方 300 km 左右的轨道上绕地飞行，环绕地球飞行一周的时间约为 90 min 左右. 若飞船在赤道上空飞行，则飞船里的航天员在 24 h 内可以看到的日落次数最接近(　　).

A. 2 次　　B. 4 次　　C. 8 次　　D. 16 次

10. 如图 4 甲所示的热熔胶枪是一种装修工具，用于材料涂胶. 它的内部有 2 只相同的 PTC(正温度系数)加热元件，其工作电路如图 4 乙所示，扣动扳机能使固体胶条向前挤压，联动开关 S 同时掷向 A、B，枪口冒出胶液，松开扳机，联动开关 S 同时掷向 B、C. 单只 PTC 元件的电阻随温度的变化如图 4 丙所示. 关于 PTC 元件的工作情况，下列说法正确的是(　　).

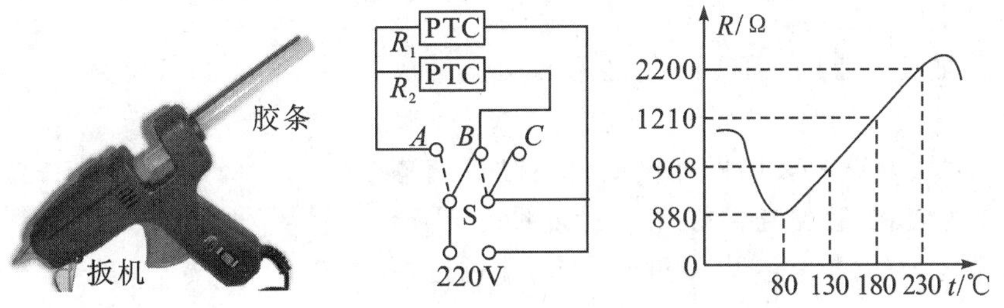

图 4

A. 扣动扳机，两只 PTC 元件串联在电路中

B. 松开扳机，只有一只 PTC 元件接入电路

C. 松开扳机，当温度为 80 ℃时，电路消耗的电功率为 55 W

D. 扣动扳机，当温度为 180 ℃时，1 min 电路消耗的电能为 4800 J

二、简答下列各题(每题 5 分，共 30 分)

1. 乒乓球运动是竞技、娱乐、健身于一体的体育运动，如图 5 所示. 请分析运动员在击球过程中用到了哪些物理知识?

图 5

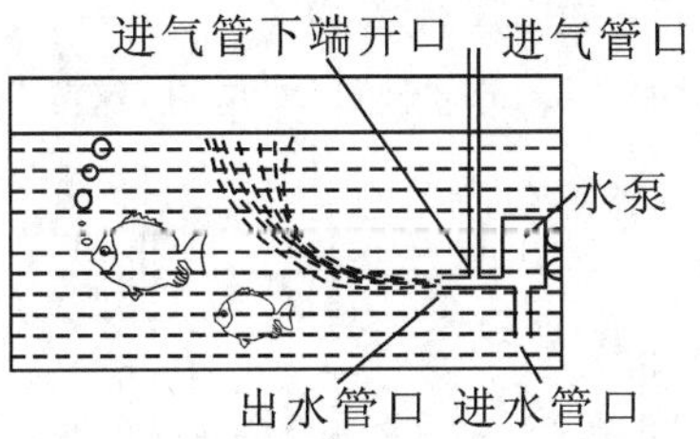

图 6

2. 图 6 是鱼缸中过滤增氧泵增氧工作时的原理图，水泵把水从进水管吸入，从出水管快速喷出时，空气就会从进气管进入水中，与水流一起喷出.

(1)请解释空气能进入水中的原理和过程.

(2)请再列举一个生产或生活中利用上述原理进行工作的例子.

3. 2006 年 7 月 1 日，青藏铁路全线贯通. 铁路要通过“千年冻土”区，“冻土”区路基在温度过高时会变得松软不牢固. 为解决“冻土”难题，保证

路基的稳定，青藏铁路中期两旁各插有一排碗口粗细、高约 2 m 的热棒(中空的铁棒)，如图 7 所示，热棒在路基下还埋有 5 m 深，里面灌有液氨. 请解释热棒是如何解决“冻土”难题保证路基的稳定的.

图 7

图 8

4. 小明家新买了一台电热油汀取暖器，如图 8 所示. 当小明用力晃动这台取暖器时，可以听到其内部发出了液体流动的声音. 小明找出说明书仔细阅读后得知，这种取暖器将电热管安装在散热片腔体内的下部；在腔体内电热管周围注有导热油；在控制电路中装有双金属温控元件，当油温达到调定温度时，温控元件会自行断开电源；在使用注意事项中特别强调这种取暖器不能倒置或侧卧使用. 请回答：

(1)为什么用油作导热物质而不用水？

(2)取暖器内部发出了液体流动的声音，说明油没有满，这是为什么？

(3)为什么强调不能上下倒置或放倒后通电加热？

5. 有的轿车的观后镜是用平面镜做成的，而有的又是用凸面镜做成的，请说明其各自的优点是什么？

6. 一些高楼大厦表面用许多大块的镀膜玻璃做外墙面(俗称“玻璃幕墙”). 在大楼外面的人，白天看这些玻璃，感觉它们好像一面面的镜子，能看到楼外景物的像，却看不到大楼里面的景物. 在大楼里面的人，通过这些玻璃，却能看到楼外的景物.

请对楼外面的人白天观察到的现象做出解释.

三、(11 分)早在 1800 年前的汉代，科学家张衡就发明了用来测量车辆行驶里程的“记里鼓车”，又名“记里车”“司里车”“大章车”等. 科技史学家王振铎先生根据史书上的文字描述，复原了这种神奇的车，如图 9 甲所示.

如图 9 乙所示为记里鼓车的原理图，马匹拉着该车向前行走，带动左、右轮转动. 立轮与左、右足轮装在同一水平轴上，齿数为 18，并与下平轮啮合，带动下平轮水平转动，下平轮齿数为 54；齿数为 3 的旋风轮与下平轮装在同一竖轴上，并与上平轮啮合. 上平轮齿数为 100，转动一圈，轮上的拨子便拨动上层木人右臂击鼓一次，显示车行一里. 汉代曾以六尺为一步，三百步为一里，假设那时人们认为的圆周率约为 3. 试通过计算说明，这架“记里鼓车”的足轮直径应该是多少尺？

甲

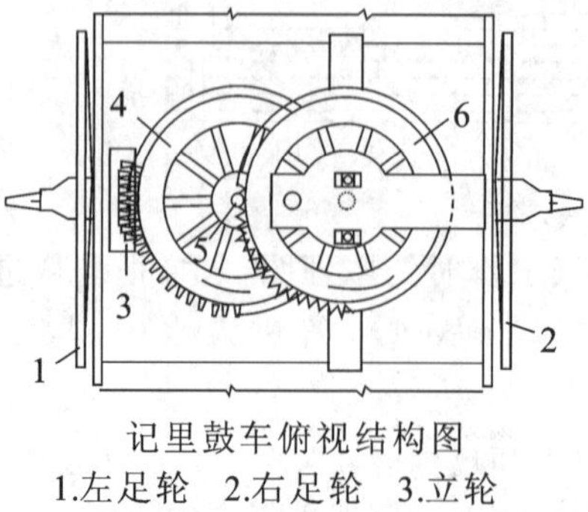

记里鼓车俯视结构图
1.左足轮　2.右足轮　3.立轮
4.下平轮　5.旋风轮　6.上平轮

乙

图 9

四、(12分)在学校创新比赛中,小亮同学设计了一个多挡位的电热水器.如图10甲所示是他设计的电热水器的工作原理图,R_1和R_2是两根电热丝.他设计的旋转开关如图10乙所示,旋转开关内有一块绝缘圆盘,在圆盘的边缘依次有共10个金属触点(在图乙中用"○"表示,"○"中标有1、2、3、4编号,编号相同的触点用导线连接).可以绕中心轴转动的开关旋钮两端各有一个金属滑片,转动开关旋钮可以将相邻的触点连接.例如,图乙中,旋钮上的箭头指向图中位置D,此时,金属滑片将1、2两点接通,同时另一端也将3、4两点接通.当旋钮上的箭头指向A、B、C、D不同位置时,可以实现四挡加热功率.他设计的四挡加热功率如表1所示:

表1

温度挡位	高温	中温2	中温1	低温
加热功率/W	1100	660	440	264

1. 如果要实现旋转开关沿某个方向转动时,加热功率依次递减或递增,通过计算,分析说明电热丝R_1和R_2的阻值应分别为多大?

2. 小亮根据计算结果,借助电池组、电压表和电流表分别截取了电阻大小符合要求的两根电热丝,并按电路图连接好.经检查无误后,小亮将电热器接入了家庭电路,同时借助电能表和手表测量电热器在不同挡位工作时的实际消耗的电功率,结果发现每一挡的实际功率均小于按照电热丝电阻值计算的结果,测量后发现电源电压为220 V.请简单解释产生这种的偏差原因.

3. 使用中他发现水温开始升高较快,后来水温升高越来越慢,最后甚至会保持某个温度就不再升高,此时水并没有沸腾.并且选择加热挡位功率越小,水能够达到的最高温度越低,这是为什么?

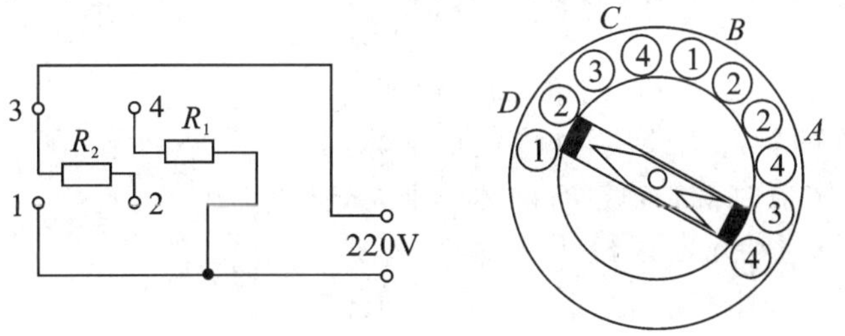

甲　　　　乙

图10

五、(12分)如图11甲所示为某型号汽车的自动测定油箱内油量的电路原理图,其中电源两端的电压恒为24 V,R_0为定值电阻,A为油量指示表(一只量程0~0.6 A的电流表),R_x为压敏电阻,它的上表面受力面积为10 cm^2,其阻值与所受压力的对应关系如图11乙所示.油箱的上下两部分皆为长方体形状,下部分的横截面积为20 dm^2,高为2 dm,上半部分的横截面积为10 dm^2,油箱加满油时油的总体积为60 dm^3.当油箱装满油时,油量指示表的示数如图11丙所示.已知:$\rho_{汽油}=0.7\times10^3$ kg/m^3,取$g=10$ N/kg.

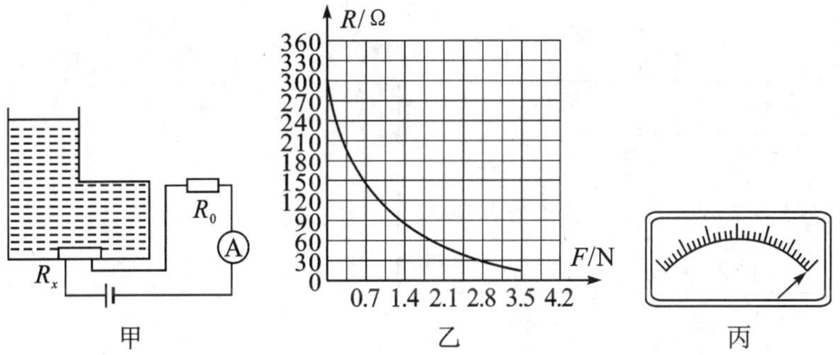

甲　　　　乙　　　　丙

图11

1. 当油箱内汽油用完时，油量指示表的指针指向某一位置，求此位置所对应的电流值是多少？

2. 若汽车在高速公路匀速行驶 400 km，油量表由满刻度指向满刻度的四分之一位置，求该汽车行驶 100 km 消耗汽油多少升？

3. 在上面第 2 问所述的行驶过程中发现，油量表的示数在开始运动的一段时间内变化较快，而后来一段时间内变化较慢，请解释其中的原因.

六、(15 分)如图 12 甲所示，冰冻是造成高山地区冬季输配电线路倒塔(杆)断线的重要原因. 为了避免这类事故的发生，一方面电力工人要及时对输电线路进行除冰作业，另一方面要加强输电线的抗拉能力. 一般高压输电线每一根都是由一股位于中间的钢质线芯和六股相同粗细的铝质线芯绞在一起组成的，其横截面如图 12 乙所示. 这种输电线通常被称为钢芯铝绞线(代号 LGJ). 已知该钢芯铝绞线所能承受的最大安全拉力为其正常工作情况下拉力的 5 倍. 表 2 是该种钢芯铝绞线的相关技术数据.

甲　　　　乙

图 12

表 2

铝线(股数×直径)(mm)	钢线(股数×直径)(mm)	导线外直径(mm)	电阻(Ω/km)	安全载流量		
				70℃	80℃	90℃
6×3.80	1×3.80	11.4	0.5	194 A	228 A	255 A

1. 该电力线路采用钢芯铝绞线而不采用与之同样尺寸的铝绞线，其主要目的是什么？

2. 输电线路结冰后，输电线(连同上面的冰)变粗、变重. 为了保证输电线路的安全，防止输电线被拉断，在冰冻的钢芯铝绞线(连同上面的冰，其横截面可以看作圆)的直径 D 增大到一定值时就必须进行除冰作业，试估算需要进行除冰作业时冰冻的钢芯铝绞线的直径 D. ($\rho_{铝}=2.7\times10^3\ kg/m^3$，$\rho_{钢}=7.9\times10^3\ kg/m^3$，$\rho_{冰}=0.9\times10^3\ kg/m^3$，取 $\sqrt{114.1}=10.7$)

3. 有一种输电线路除冰作业的方法叫作“短路熔冰”，就是在短时间内，输电线不经过用电器而直接接通，输电线中通过比平时大许多的电流，利用导线本身发热熔冰以完成除冰作业的方法. 短路熔冰时，若一根这种钢芯铝绞线每米的发热功率为 200 W，则短路熔冰时通过一根钢芯铝绞线的电流大约是多大？(取 $\sqrt{10}=3.2$)

复　赛

一、(16 分)某小型汽油发电机外形如图 1 所示，其实质是利用一个汽油机带动一个发电机来发电. 该发种电机铭牌部分数据如表 1 所示，根据表中的数据求：

图 1

表 1

发动机(汽油机)		发电机	
型号	XGQF5.0	型号	XGQF5.0
额定功率 8.3 kW		额定输出功率 5 kW	
噪声	73 db	额定输出电压 220 V	
连续运行时间 8 h		额定频率	50 Hz
强制水冷四冲程		自动电压保护	

1. 在允许的连续运行时间内，发电机以额定功率输出，能够提供的电能是多少度？

2. 已知汽油的热值是 $q=4.6\times10^7$ J/kg，密度是 0.71×10^3 kg/m^3，设该汽油机的效率为 35%，则该汽油发电机油箱的容积至少需要多大？

3. 汽油发电机将内能转化为电能的效率是多少？

二、(16 分)长期以来，我国北方地区城镇居民的冬季采暖计量一般都按住宅面积收费，导致用户节能意识差，造成严重的资源浪费. 作为建筑节能的一项基本措施，近几年部分地区试点以热量表作为计量收费的依据和手段，经测算可节能 20%～30%.

如图 2 所示，一个完整的热量表由以下三个部分组成：一只流量计，用以测量经热交换的热水流量；一对用铅电阻制作的温度传感器，分别测量供暖进水和回水温度；一低功耗的单芯片计算机，根据与其相连的流量计和温度传感器提供的流量和温度数据，利用热力学公式可计算出用户从热交换系统获得的热量，通过液晶显示器将测量数据和计算结果显示出来.

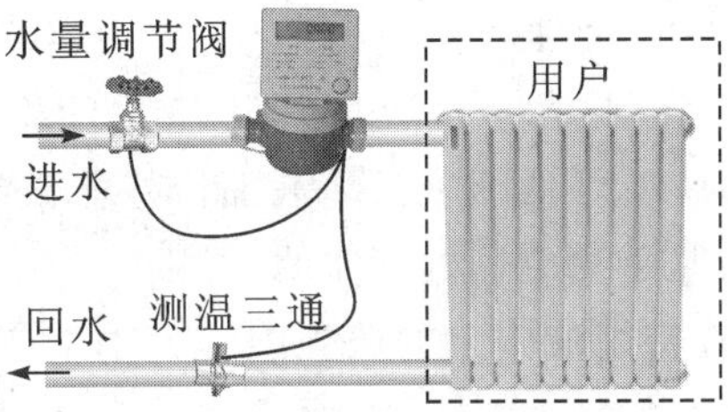

热量表热量计量系统组成

图 2

表 2 是某用户家中的热量表的部分参数，已知水的比热容取 4.2×10^3 J/(kg·C)，天然气的热值约为 8×10^7 J/m^3.

表 2

最大流量/m^{3}h^{-1}	2.5	测温范围/℃	4～100
温差范围/K	2～50	最大水压/MPa	1.6
电源	3.6 V　2 Ah	电源寿命	≥5 年

1. 试通过以上数据计算该型号热量表能测量的最大供热功率是多少？

2. 在一次要查看热量表记录情况时，通过逐次点按热量表上的信息显示按钮，液晶显示器逐项循环显示出了下列数据：

供水温度:52.5 ℃ → 回水温度:49.7 ℃ → 瞬时流量:0.777 m^3/h → 工作时间:19104 h46min → 累计热量:46235.67 kW·h

根据这些数据推算，求此次查看时该用户家平均每小时从暖气中得到的热量约为多少焦？到此次查看时为止，该用户从这套供暖系统得到的总能量相当于完全燃烧了多少立方米的天然气？

3. 如果出现大风降温天气，住宅通过外墙散热的速度会加大. 从原理分析，应该在家中怎样调节，才能保持室内温度不出现明显下降.

4. 这种型号的热量表平均耗电功率不超过多大？

5. 2010 年国家将逐渐在全国推广使用供热分户计量. 假设某城区在未使用热量表计费时，一年热力公司共消耗天然气 40 亿立方米，现有 30 % 的用户使用热量表，在使用后平均每户节能 20 %. 按此情况计算，这些使用热量表的用户一年可节约多少天然气？

三、(16 分)双活塞气压计是一种可以消除活塞自重影响、对低压容器内的压强进行测量的装置. 如图 3 所示，在甲、乙两个空腔容器中各有一个活塞 A 和 B，其中活塞 A 的截面上下一致，称为自由活塞，其横截面积为 S_1；活塞 B 的上下截面不等，称为差动活塞，其上下两部分的横截面积分别为 S_2 和 S_3. 乙容器的上、下两部分彼此隔绝，不能相互渗气、渗油. C 为带

有阀门 K_1 的工作液体的接口，工作液体充满甲容器和乙容器的上部空腔；D 为带有阀门 K_2 的接口，可接待测容器；E 为带有阀门 K_3 的接口，可与抽气机相连. 测量前要先校正零位平衡：K_1 关闭，K_2 打开. D 口不连接待测容器，在两活塞上面放置砝码(图中未画出). 调节砝码的质量使两活塞升起的高度相同. 进行测量时，要将待测量的容器接在 D 口上，并关闭 K_2、打开 K_3，开动抽气机进行抽气，待乙容器下部空腔内接近真空时，关闭 K_3、打开 K_2，此时差动活塞 B 已有所下降，在自由活塞 A 上再加放重为 G 的砝码时，A、B 两活塞的上表面恰好能恢复等高. 已知进行测量 时大气压强为 p_0. 求待测容器内气体的压强 p.

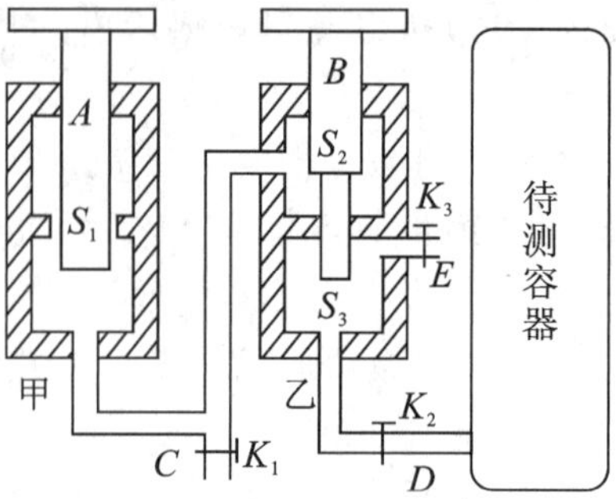

图 3

根据帕斯卡定律可知：加在密闭液体上的压强能够大小不变地被液体向各个方向传递.

四、(16 分)小明看到一句农谚："下雪不冷化雪冷". 他很好奇，想具体了解一下冰雪熔化时究竟要吸收多少热量. 于是查找了资料，知道"熔化热"的定义是：单位质量的某种晶体，在熔化成同温度的液体时吸收的热量，叫作这种晶体的熔化热. 他想用实验测量一下冰的熔化热，于是找来了一些实验器材：一架天平和配套的砝码、一支实验室温度计(0～100 ℃)、一个有密封盖子的保温桶、一个小烧杯、一把锤子和一个专门用来在冰箱中冻小冰块的塑料冰格，又观察到家里的冰箱面板上显示冷冻室温度恒为 −18 ℃. 请帮助小明设计一个用这些器材粗测冰块熔化热的方案，要求写出实验的步骤和用测量的物理量计算冰的熔化热 λ 的表达式(水和冰的比热容分别用 $c_水$ 和 $c_冰$ 表示).

五、(18 分)在一些地区的电力线路敷设过程中，会使用简易绞盘将沉重的混凝土电线杆立起来. 其主要结构如图 4 所示. 作业前，先将绞盘底座牢固地固定在地面上，立杆作业时，根据实际需要，安排 1～4 人分别推动不同的横杆末端，使横杆绕轴做顺时针转动，这样系在电线杆上的钢丝绳就被不断地缠绕在轴上，电线杆被逐渐拉起并最终竖直站立. 已知，某个绞盘的轴直径 $D=10$ cm，各横杆末端到轴心的距离 $L=1$ m. 在一次立杆作业中，所立的电线杆所受重力 $G=6200$ N，长 $L_0=10$ m，其重心距粗端 4 m. 若在电线杆升至某时刻时的情形如图 5 所示，设此时绞盘的机械效率 $\eta=80\%$，定滑轮的阻力可忽略不计.

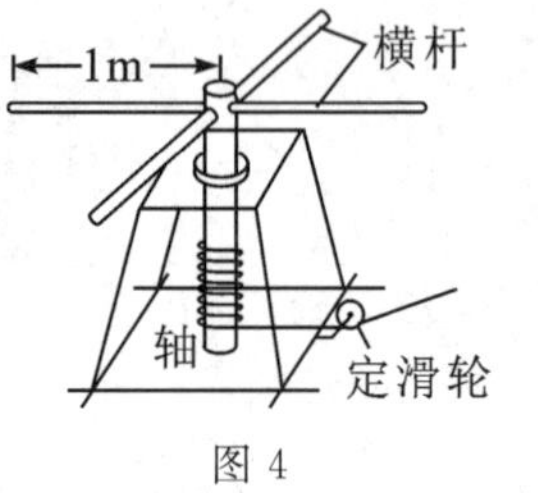

图 4

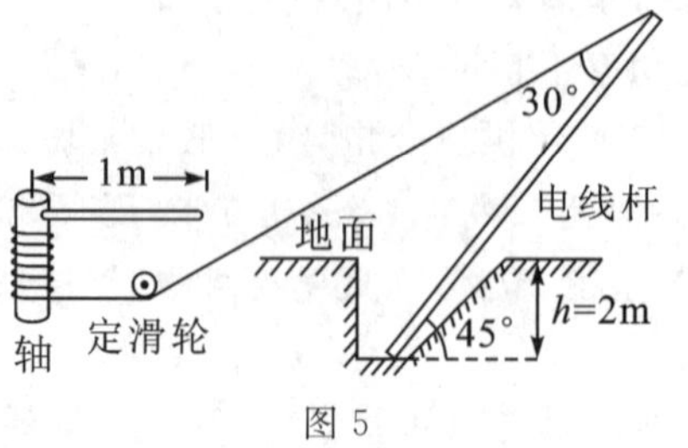

图 5

1. 若此刻仅有两名施工人员推横杆，则该施工人员对绞盘横杆所施加的最小推力 F 为多少？

2. 在整个立杆过程中，施工人员对绞盘横杆的最小推力的变化情况如何？

3. 在立杆作业时，施工人员一般要求绞盘离所拉的电线杆适当地远一些，请定性分析这样做的原因.

六、(18 分) 应急照明灯是在正常照明电源发生故障时，能持续照明而不间断工作的一类灯具，如图 6 所示. 应急照明灯主要由灯泡(或 LED 灯珠)、蓄电池、充电器、自动控制电路及相关部件组成. 在照明电源正常情况下，应急照明灯通过充电器给蓄电池充电，此时，自动控制电路及相关部件自动将灯泡(或 LED 灯珠)与蓄电池断开不发光. 当照明电路突然停电时，应急照明灯通过自动控制电路及相关部件自动把灯泡(或 LED 灯珠)跟蓄电池接通，从而实现自动应急照明. 表 3 为某型号应急照明灯的主要技术数据：

图 6

表 3

输入电压		充电时间	应急照明时间		应急照明功率
AC 220 V		<24 h	>90 min		0.96 W×2
应急照明光源			蓄电池		
种类	数量	额定电压	类别	额定电压	容量
灯泡	12 只	2.4 V	Ni-Cd	2.4 V	1.8 Ah

1. 在该型号应急照明灯刚投入使用阶段，待蓄电池充满电后，可以实现的最长连续应急照明时间为多少？

2. 小兰跟老师提出自己要设计并组装一只简易的应急照明灯. 老师告诉她实验室现有以下器材：双孔插座及与之配套的插头 1 套、小灯泡(额定电压：DC3.0 V～3.4 V，额定电流：350 mA) 4 只、电磁继电器(额定电压：DC6 V；额定电流：0.15 A) 1 套及与之配套的低压直流电源(输入电压：AC220 V，输出电压：DC6 V) 1 台、蓄电池(两端两端电压：6 V) 1 只及与之配套的充电器(输入电压：AC220 V，输出电压：DC6.3 V) 1 只、导线(足量). 如图 7 所示.

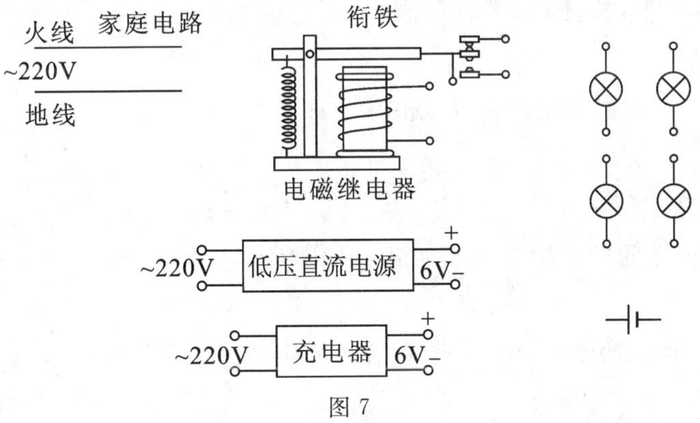

图 7

(1) 请你帮助小兰在图 7 上完成简易应急照明灯的接线. 要求如下：

①家庭电路正常工作时，充电器自动给蓄电池充电，各灯泡均不发光；

②当家庭电路停电时，蓄电池自动给各灯泡供电，使各灯泡均正常发光，且在一盏小灯泡灯丝烧断后还应该有部分小灯泡能正常工作；

(2) 小明看到小兰的连接电路后，认为可以去掉低压直流电源，而将电磁铁的两个接线柱直接接在充电器的输出端. 请分析这样做不可行的原因.

第二十三届全国初中应用物理知识竞赛

初　赛

一、选择题(20 分,每小题 2 分)

1. 验钞机发出的“光”能使钞票上的荧光物质发光;家用电器的遥控器发出的“光”,能用来控制电风扇、电视机、空调器等电器的开启与关闭.对于它们发出的“光”,下列说法中正确的是(　　).

A. 验钞机和遥控器发出的“光”都是紫外线

B. 验钞机和遥控器发出的“光”都是红外线

C. 验钞机发出的“光”是紫外线,遥控器发出的“光”是红外线

D. 验钞机发出的“光”是红外线,遥控器发出的“光”是紫外线

2. 在严寒的冬季,小明到滑雪场滑雪,恰逢有一块空地正在进行人工造雪.他发现造雪机在工作过程中,不断地将水吸入,并持续地从造雪机的前方喷出“白雾”,而在“白雾”下方,已经沉积了厚厚的一层“白雪”,如图 1 所示.对于造雪机在造雪过程中,水这种物质发生的最主要的物态变化,下列说法中正确的是(　　).

图 1

A. 凝华　　B. 凝固　　C. 升华　　D. 液化

3. 在有些地区,人们常在小河边洗衣服.如图 2 所示,人们先把脏衣服浸泡在水里,然后提出来放在石板上,用木棒捶打,水花四溅……被洗净为止.这里,用木棒捶打的主要目的是(　　).

A. 把衣服上的灰尘打碎,以便于洗涤.人们先把脏衣服浸泡在河如此反复多次,直到衣服干净

B. 增大木棒与灰尘之间的摩擦,将灰尘带走

C. 迫使湿衣服里面的水从衣服纤维之间的缝隙中高速喷出,利用高速水流将灰尘冲洗掉

D. 木棒捶打,使衣服突然运动起来,而衣服上的灰尘由于具有惯性仍然静止,从而使灰尘脱离衣服

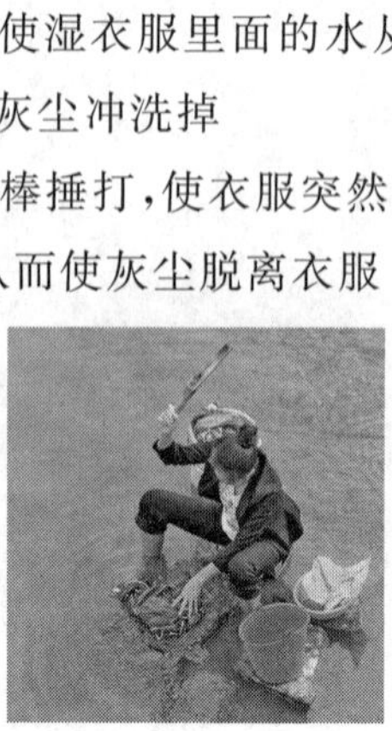

图 2

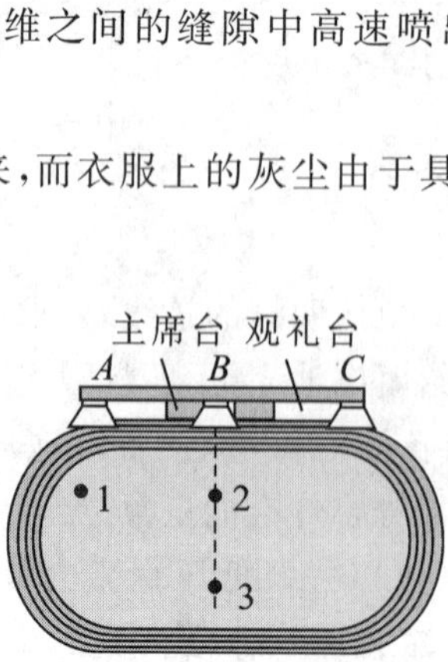

图 3

4. 如图 3 所示,海北中学有一个跑道为400 m的操场,在操场的主席台和观众席上方一字形排列着 A、B、C 三个相同的音箱.在一次运动会的

开幕式上，站在操场中的所有同学都可以听到音箱发出的足够大的声音，但站在某些位置的同学却感觉听不清音箱中播放的内容，在图3的1、2、3三个位置中，位于哪个位置附近的同学应该是“感觉听不清”的？(　　).

A. 1　　B. 2　　C. 3　　D. 在哪个位置都一样

5. 炒菜时如果发生油锅起火现象，下列做法中最不应该的是(　　).

A. 加一些冷油，降低温度　　B. 立刻盖上锅盖

C. 立即向锅内倒入冷水来灭火　　D. 将蔬菜倒入油锅内

6. 北斗卫星导航系统是我国自行研制的全球卫星定位与通信系统(BDS). 系统由空间端、地面端和用户端(导航仪)组成，全部建成后可在全球范围内为各类用户提供高精度、高可靠定位、导航、授时服务. 2012年12月27日，北斗导航业务正式对亚太地区提供无源定位、导航、授时服务. 关于“BDS”的工作过程，下列说法正确的是(　　).

A. 导航仪只能接收地面端的中心控制系统的信息而不能接收导航卫星的信息

B. 导航仪只能接收导航卫星的信息而不能向导航卫星发送信息

C. 导航卫星发射的电磁波不能在真空中传播

D. 导航仪与导航卫星之间是通过电磁波传递信息的

7. 小明学习了电路知识后，想利用发光二极管设计一个带开关指示灯的照明电路，晚间关闭照明灯后，利用二极管发出的光指示开关所在的位置. 他共设计了4个电路，如图4所示，其中L为白炽灯，规格为(220 V　60 W)、D为发光二极管，规格为(1.2 V　0.01 A)、S为单刀双掷开关、R为限流电阻. 图4中能够满足要求的电路是(　　).

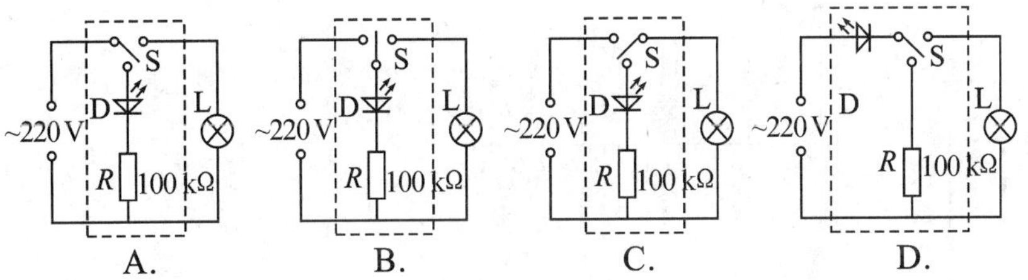

图4

8. 某测量仪器及其控制电路如图5所示，仪器的等效内阻为100 Ω，正常工作电流范围为100～300 mA，电源电压为30 V. 控制电路由两个滑动变阻器组成，为了快速准确地调节仪器的工作电流，应选用哪一组变阻器？(　　)

A. R_1=100 Ω，R_2=10 Ω

B. R_1=200 Ω，R_2=20 Ω

C. R_1=100 Ω，R_2=100 Ω

D. R_1=200 Ω，R_2=200 Ω

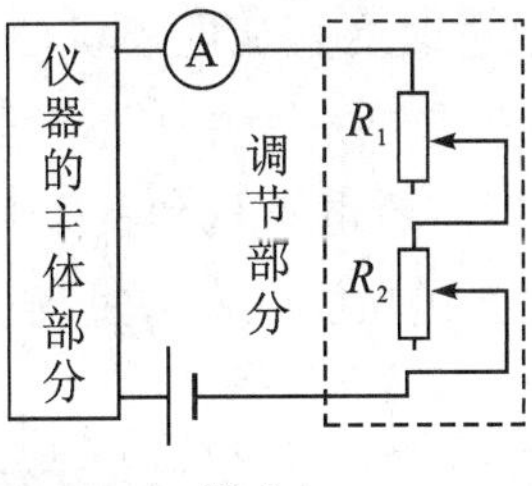

图5

9. 明光中学的同学制定了一个划船比赛规则：①在距两个船队之间的中点处放置一个插有红旗的小木箱(发令枪响时被释放，随河水流动)；②甲、乙两船队(两船连线与水流方向平行)听发令枪声同时从上游和下游向着小木箱出发；③先得到小木箱的船队获胜. 针对这个比赛规则同学们开展了讨论，下列选项是一些同学的意见，其中正确的是(　　).

A. 比赛规则不公平，对上游船队有利

B. 比赛规则不公平，对下游船队有利

C. 比赛规则公平，水流动对两船队影响效果一样

D. 条件不足，无法确定

10. 小轿车匀速行驶在公路上，坐在副驾驶位置的小青观察到轿车速度盘的指针始终在 110 km/h 位置处，在超越相邻车道上同向匀速行驶的另一辆大客车的过程中，小青发现自己经过该车的时间约为 5 s，如图 6 所示. 则被超越大客车的车速范围为(　　).

图 6

A. 10 m/s～20 m/s　　　　B. 20 m/s～30 m/s

C. 30 m/s～40 m/s　　　　D. 40 m/s～50 m/s

二、简答下列各题(每题 5 分，共 30 分)

1. 图 7 是常见的一种电动自行车，因其节能环保、便捷实用而受到很多工薪阶层人员的青睐. 请你说出 5 种电动自行车上不同部件中蕴含的物理知识.

图 7

2. 小文同学学习了有关物理知识后，设想制作了一个为气球充气的电动充气泵，她画出了如图 8 甲所示的结构示意图，其中永久磁铁下方为 S 极. 充气泵在工作过程中，通过电磁铁线圈的电流大小随时间变化情况如图 8 乙所示. 请简述这个气泵为气球充气的工作过程.

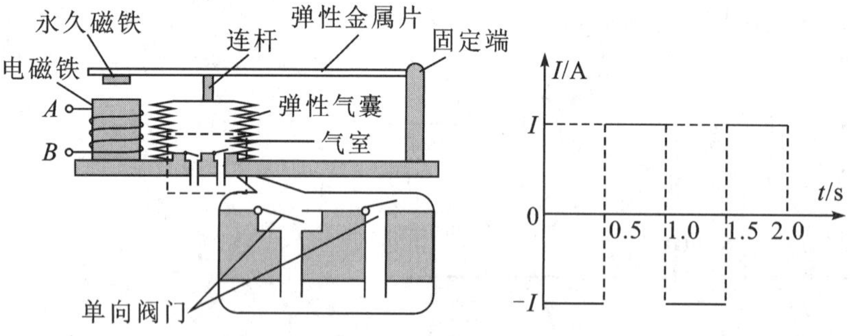

甲　　　　乙

图 8

3. 明光中学物理实践小组在装配直流电动机模型后参加班级的实践成果展示交流会，在会上演示通过改变直流电动机的转动方向及转速使重物上升或下降的过程. 电路元件包括一个单刀单掷开关、一个双刀双掷开关、一个滑动变阻器、一个小型直流电动机和一个直流电源，如图 9 所示. 请完成电路图的连接以实现上述功能.(操作过程中只能扳动开关，不得再改变电路中的接线.)

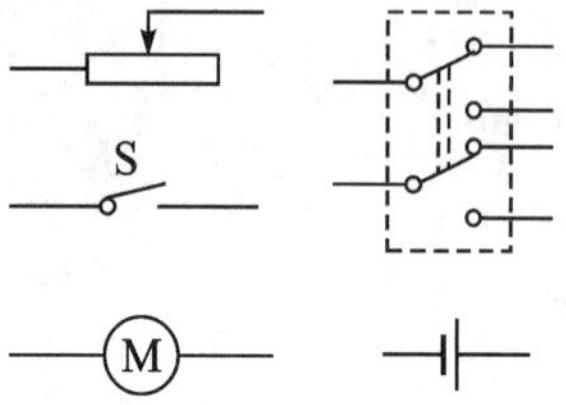

图 9

图 10

4. 电磁波遇到平滑的金属表面会像光遇到平面镜一样发生反射，反射过程遵循光的反射定律. 小明与叔叔一起去参观救生艇时，发现救生艇

的上方悬挂着一个由三块相互垂直的正方形薄金属平板组成的“角反射器”，如图10所示．请你简述角反射器的工作原理以及该救生艇悬挂角反射器的原因．

5. 民航客机在飞行过程中，飞行高度可达10 km左右，在这种情况下，飞机外部的气温可达−60℃左右，气压也低至26 kPa～28 kPa．但是座舱内却是温暖如春，气压和地面大气压相近．请应用物理知识分析飞机座舱内是如何获得如此舒适环境的．

6. 一般说来，物体在温度升高时膨胀，温度降低时收缩，这一现象称为热胀冷缩．在相同的条件下，气体的热胀冷缩最显著，液体次之，固体最不显著．固体、液体、气体的这种性质都可以被利用．有一些电冰箱中的自动温度控制装置，就是根据气体热胀冷缩的性质制成的．图11是它的结构示意图，其中金属盒是用薄的弹性钢片制作，表面有一些环状波纹，内部密封有一定量的气体．结合图片尝试分析它的控温原理．

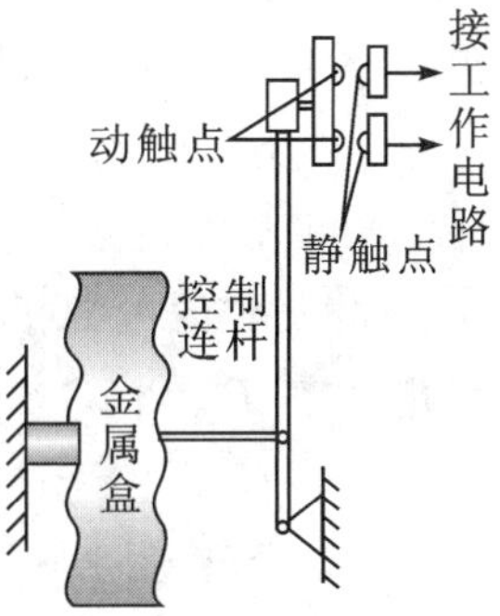

图11

三、(11分)随着社会的进步，电冰箱已经成为现代家庭不可或缺的家用电器，表1是某品牌电冰箱的铭牌．请认真阅读铭牌上的信息，并结合平时的生活经验回答下列问题：

1. 小明认为，耗电量应当等于输入总功率与一天的时间的乘积，但计算后却发现，差异很大．这是为什么？

2. 电冰箱上标示的耗电量为0.58 kW·h/24h．但是在炎热的夏季当电冰箱内装满食物后，小明利用电能表测量的结果大约是该耗电量的1.5倍，其可能原因是什么？

3. 若某电冰箱的耗电量按铭牌上标注的耗电量的1.5倍计算，该电冰箱一天要工作多长时间？

表1

产品型号	BCD−197＊＊＊
气候类型	亚热带型 ST
防触电保护类型	1
总有效容积	197 L
冷冻室容积	67 L
额定电压/频率	220 V/50 Hz
输入总功率	105 W
耗电量	0.58 kW·h/24h
能源效率等级(GB12021.2−2003)	1级
额定电流	0.15 A
制冷剂名称及充灌量	R600a56 g

四、(12分)工人师傅经常使用一种称为“大力钳”的工具夹紧或切断金属材料，图12所示为用于切断金属所常用的一种小型大力钳，其各部分尺寸已在图中标明(单位为cm)．若工人师傅的单手最大握力为900 N，他使用该大力钳时，在被钳材料处能够产生的最大压力为多大？

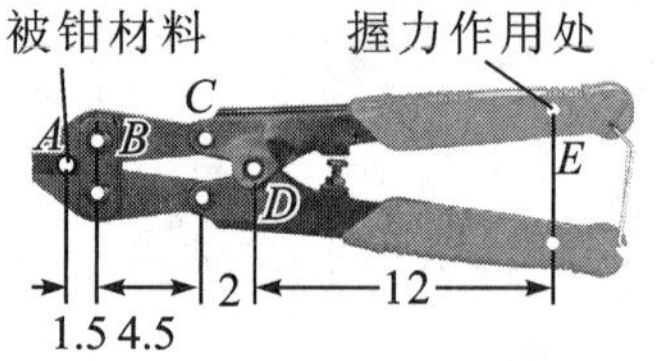

图 12

图 13

五、(12 分)三峡水利枢纽工程是中国规模最大的水利枢纽工程,如图 13 所示. 枢纽控制流域面积约 $1.0\times10^{6}\ km^{2}$,占长江流域面积的 56 %,坝址所在位置年平均流量为 $Q=4.51\times10^{11}\ m^{3}$. 水利枢纽的主要任务包括防洪、发电、航运三方面,在发电方面,三峡水电站共安装 32 台 7×10^{5} kW 水轮发电机组,另外还有 2 台 5×10^{4} kW 的电源机组,总装机容量(指 34 台发电机组同时工作时的总发电功率)$P=2.25\times10^{7}$ kW,设计年发电量约 $W=10^{11}$ kW·h.

阅读上述材料,解答下列问题(水的密度 $\rho=1.0\times10^{3}\ kg/m^{3}$,取 $g=10\ N/kg$):

1. 若三峡电站上、下游水位差按 $h=110$ m 计算,试求三峡电站将水的势能转化为电能的效率.

2. 若 34 台发电机组全部发电,要达到年发电量的要求,每台发电机组平均年发电时间 t 为多少天?

六、(15 分)寒假小明参加了学校组织的去内蒙古草原的冬令营之前,老师对他们讲了草原上防火和自救的知识,告诉他们,草原一旦起火,推进的速度很快,草原的火就像一堵墙一样大面积地向前推进;但由于草的质量小,很快就烧完了,所以当火墙的前面还在燃烧,火墙的后面很快就会熄灭,因此火墙比较薄. 这一点与森林火灾有着显著的不同.

基于草原火灾的特点,老师嘱咐他们,若遇到草原着火,一定要迎着火墙快速地冲过去. 如果背着火,朝没有火的地方跑,很快就会被大火吞噬.

若某次草原发生火灾时,恰好西风,风速 $v_1=1$ m/s,所形成的火墙厚度 $D=8$ m;火墙的推进速度可看作与风速相同,即 $v_2=v_1=1$ m/s. 通常情况下,人在草原上奔跑的速度可达 $v_3=7$ m/s;而在十分疲惫的情况下,持续奔跑的速度约为 $v_4=1.5$ m/s. 人的衣服被火焰点燃所需的时间约为 $t_1=1.5$ s.

1. 请你通过计算说明老师所说的"草原火灾自救方法"的科学道理以及后面所说的"如果背着火,朝没有火的地方跑,很快就会被大火吞噬"的原因.

2. 假如草原发生火灾时,天刮着西风,这时你恰好在火场东侧约 200 m 的位置. 当时你随身带有以下物品中的某一件:镰刀、铁锨、矿泉水. 在不方便使用老师所说的"草原火灾自救方法"的情况下,请你简述你将如何利用上述物品逃生(任选两种作答,多选无效)? 如果连上述随身物品也没有,你还能采用什么方法逃生(只说一种方法,多说无效)?

复　赛

一、(16分)图1甲所示的手动液压小吊车广泛适用于工厂、矿山、码头、建筑工地等场所，用来完成机器安装、货物装卸等任务.起重臂由内外两根横截面均为长方形的钢管套在一起组成.通过调节内管在外管中的长度可以改变起重臂的长度.若起重臂处在图1丙所示的水平位置和长度的情况下，它最多能吊起800 kg的重物而不会发生翻倒，且已知该手动液压小吊车的总质量为400 kg.问：

1. 当保持起重臂的水平位置不变而将其长度调整为图1乙所示情况，通过计算说明该手动液压小吊车可否吊起500 kg的重物？

2. 该手动液压小吊车在图1丙所示状况下，匀速吊起400 kg重物的过程中，前后支撑轮的每个轮子对地面的压力多大？

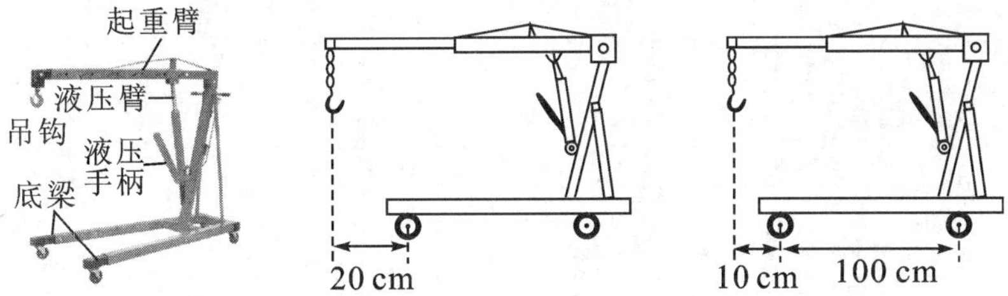

图1

二、(16分)有一种由电动机与水泵共轴安装组成的电动水泵，如图2所示.它广泛用于工厂、矿山、农田等场所，担负排灌作业.表1为某种型号的电动水泵的技术数据：

图2

表1

功率/kW	电压/V	频率/Hz	转速/(r·min^{-1})
2.2	380	50	2860
扬程	流量/(m^3·h^{-1})	配管内直径/mm	效率
36	10	40	

注：表格中的扬程为水泵进水管所在水面到水泵出水口之间的高度.

在该电动水泵正常工作时，请计算：

1. 水泵出水口处水的流速大小；

2. 水泵的效率 η.(出水口处水流的动能可忽略不计，取 $g=10$ N/kg)

三、(16分)15岁的小明和爸爸妈妈一起去某古镇旅游时，发现了一处“酿酒作坊”，还在酿造某种当地特产的白酒.作坊里的一些装置(如图3所示)引起了她的好奇心.导游介绍说这个装置名为“木榨”，将事先经过浸泡、蒸煮、发酵的糯米和水的混合物(称为“酒醪”)装入绢袋，再放入右侧的榨箱内(榨箱下面铺有竹帘)，盖上压板和砧木，将横梁的一端卡在右边立架的 F 点，用 E 点压住砧木，左端的 D 点被一根竖直的木条与下面的木架 AC 的 B 点连接起来，然后在本架左边的 A 处木板上放上沉重的石条来施加持续的压力，就可以将酒醪中的液体压榨出来.他站在木榨侧面正对着木榨拍下了此照片，回到家后用刻度尺测量了照片上的一些尺寸，如图3(单位：mm).

1. 他当时用自己的手估测了旁边放置的石条，每块宽约1拃(1“拃”

为尽力伸开手掌后，拇指尖到中指尖的距离），长约为2拃加一掌宽，厚约为一掌宽，他还查阅了石头的密度，发现各种石头的密度一般不同，就选了其中一种石头密度值 $\rho=2.7\times10^3\ kg/m^3$；根据这些数据估算每块石条的质量，进而估算当在 A 处增加5块石条时，砧木受到的压力的增加量.

2. 在酒坊另一个角落，有两个用粗管连接的圆柱形容器.如图4甲所示，上面分别写着“蒸馏锅”和“冷却池”.将压榨出的酒液放入蒸馏锅内，将上盖密封后，在底部用柴火加热；从冷却池的上方可以看到，池内的水中浸泡着一段螺旋状的管道，外壁分别接有两个水管和一个出酒管，如图4乙所示.冷却池里的管道为什么要做成这种形状？

3. 试分析冷水应该从冷却池的 A、B 哪个口进入，为什么？

4. 从冷却池出酒口流出的酒液和蒸馏锅内剩下的液体相比，哪个的密度大？为什么？

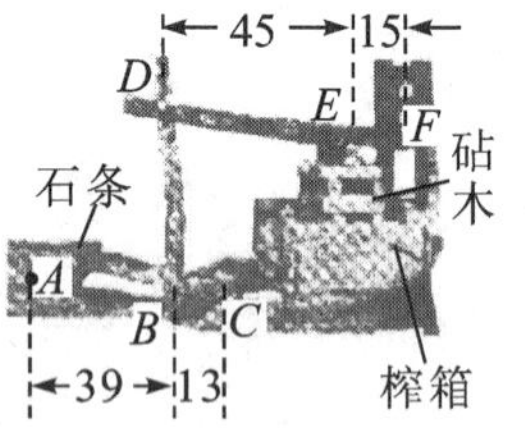

图3

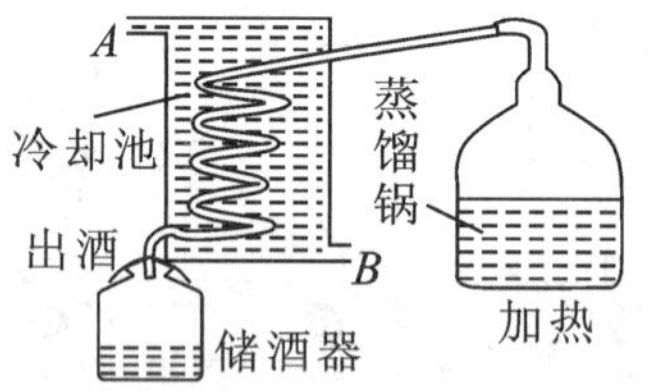

图4

四、（16分）有一种由磁性开关控制的自动水位控制装置，其基本原理结构如图5所示：当储水槽内的水位降低到某一位置时，弹簧的弹力会克服水的压力将活塞向右推，当环形电磁铁到达干簧管2正下方时，由于磁化使得干簧管接通，送入电信号至控制电路，使水泵电动机与电源接通，水泵开始向储水槽内送水；当储水槽内的水位升高到某一位置时，水的压力克服弹簧弹力将活塞向左推，当环形电磁铁到达干簧管1正下方时，由于磁化使得干簧管接通，送入电信号至控制电路，使水泵电动机与电源断开，水泵停止工作.

1. 若弹簧的弹力 F 与压缩时的形变 ΔL 之间的关系为 $F=k\Delta L$，其中 $k=9\ N/cm$，活塞的直径 $D=4\ cm$，当环形电磁铁到达干簧管1正下方时，弹簧的形变为 $\Delta L_2=4\ cm$，此时储水槽内的水深为多少（不计活塞受到的摩擦力，圆周率取3）？

2. 若希望储水槽内水位 h_1 降低到0.15 m时，水泵就开始向储水槽供水，则干簧管1和2的触点间隔 L 应为多少？

3. 若储水槽为长方体，其底边的尺寸为1.5 m×2 m，水泵的流量为0.16 m^3/min，出水口始终开着，流量为0.01 m^3/min，求水泵每次向储水槽加水时，要工作多久才会停止？

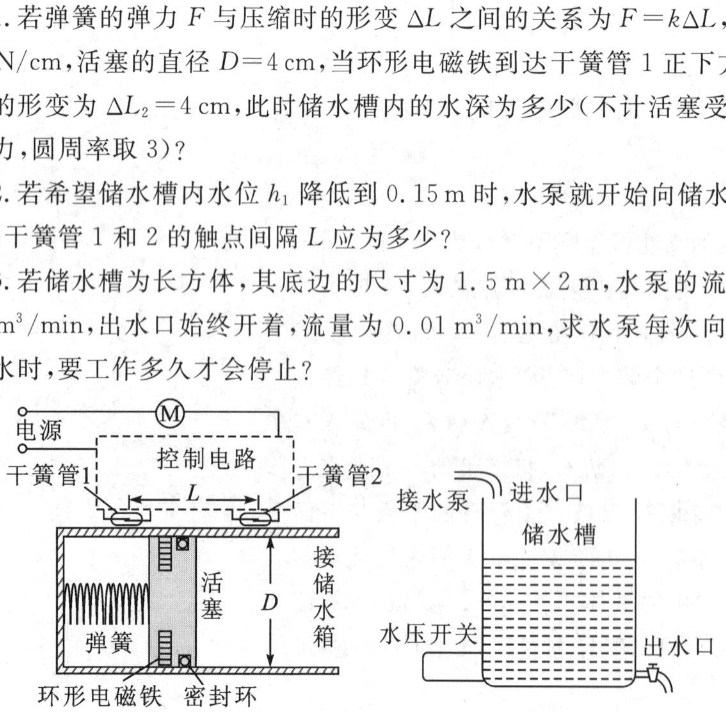

图5

五、(18分)图6甲是小明家的调温电熨斗，额定电压为220 V，其电热丝的额定功率为800 W，图6乙是其原理图.

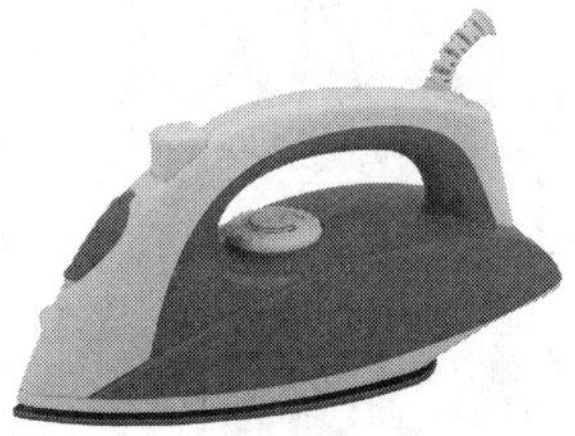

甲

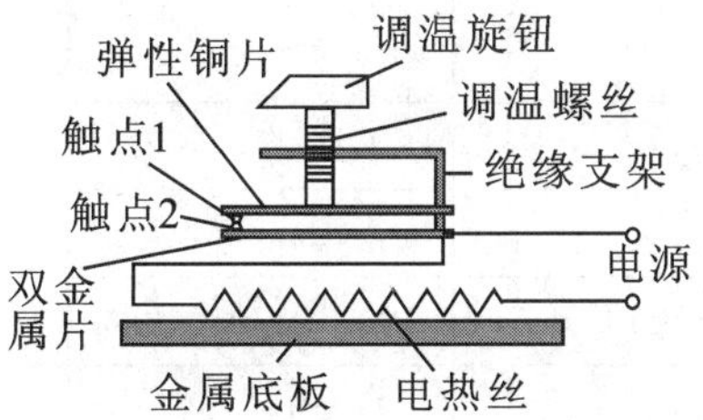

乙

图6

1. 小明为了搞明白电熨斗的工作原理，专门查阅了相关资料，得知：(1)双金属片是把长和宽都相同的铜片和铁片紧紧地粘在一起做成的. 受热时，由于铜片膨胀得比铁片明显，双金属片便会向铁片一侧弯曲. (2)调温电熨斗的双金属位于金属底板上方附近. 请回答：调温电熨斗在工作过程中是如何实现金属底板温度基本恒定的？如果想提高金属底板的设定温度，应将升降螺丝向上移动还是向下移动？

2. 小明在使用电熨斗时发现，室温不变，设定温度越高，每1 min电熨斗的工作指示灯亮的时间越长；进一步研究又发现，当设定温度不变，环境温度越低，每1 min电熨斗的工作指示灯亮的时间越长. 小明查阅资料得知，其他条件相同，两个物体间温度差不太大的情况下，散热速度与温度差成正比. 小明为了探究该电熨斗的散热速度和电熨斗底板与环境温度差的关系，在电熨斗底板已经达到设定温度后，将其竖直放置处于等待状态的情况下，通过实验得到如下数据见表2：

表2

电熨斗每1 min工作时间 t/s	15	18	21	24	27	30
电熨斗底板与环境的温度差 Δt/℃	100	120	140	160	180	200

假定电熨斗每1s散发的热量为Q，请你帮助小明写出Q与Δt的关系式.

3. 利用第2问的结果回答：如果使用该电熨斗在温度为20 ℃的房间熨烫毛料西服，要求电熨斗表面温度约为180 ℃. 问该电熨斗表面温度已经达到要求，在竖直放置处于等待状态的情况下，电热丝每1 min内将消耗多少电能？

六、(18分)目前市场上有一种热水器叫作“空调热水器”，又名“冷气热水器”，顾名思义，就是可同时提供空调制冷和热水供应的热水器. 其最大的好处是相比传统的电热水器和燃气热水器，这种热水器非常节能. 其原理与普通的空调相似，如图7所示.

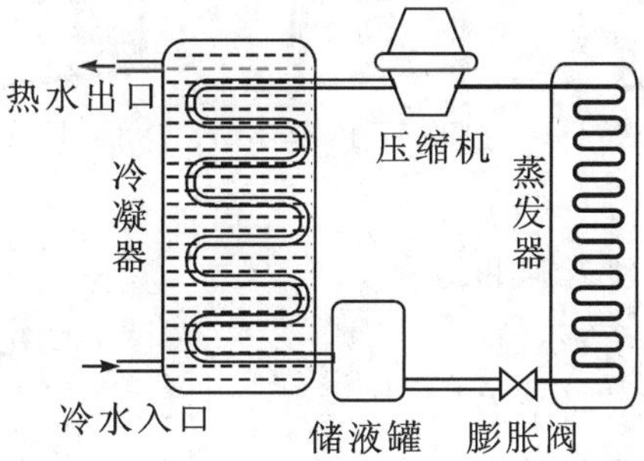

图7

1. 根据图7简述这种热水器的工作原理.

2. 表3为某种品牌的三种型号“空调热水器”的测定参数(在环境温度20 ℃，进水温度20 ℃时测定)：

表 3

型号	A	B	C
额定/最高出水温度(℃)	55/60		
输入功率(kW)	1.2	1.7	2.8
电源	220/50Hz		
热水产率(L/h)(Δt=35±1℃)	120	170	280
环境温度范围(℃)	−10～50		

请根据表 3 中的数据计算或分析：

(1)根据型号 A 的热水产率，计算说明为什么这种“空调热水器”比传统的电热水器更节能[水的比热容 $c_{水}=4.2\times10^3$ J/(kg·℃)]；

(2)这种热水器有一种性能参数叫作“能效比”，其定义为：当水吸收 Q 的热量，电流所做的功为 W 时，能效比 $\eta=Q/W$. A 型热水器的能效比为多少？

3. 若 B 型与其他两种型号的能效比相同，而出水温度只要求达到 45 ℃时，它的实际热水产率会是多少？

第二十四届全国初中应用物理知识竞赛

初 赛

学习笔记

一、选择题(20 分，每小题 2 分)

1. 汽车的观后镜是用来观察车后路面情况的装置，一般为凸面镜. 正常情况下，坐在驾驶员位置的人通过左侧观后镜应该看见如图 1 甲所示的效果. 在某次准备驾车外出前，坐在驾驶员位置的王师傅发现，从左侧观后镜中看到的是如图 1 乙所示的情景. 为确保行驶安全，左侧观后镜的镜面应适当完成图 2 中的哪种操作(　　).

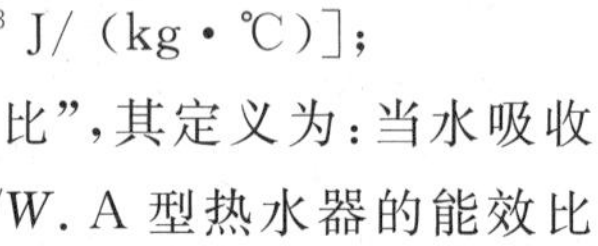

甲　　乙

图 1

A.向外旋转　B.向内旋转　C.向下旋转　D.向上旋转

图 2

2. “元旦文艺汇演”时，物理老师和电工师傅合作给同学们表演了一个“不怕电”的节目(注意：因该节目有危险，同学们切勿模仿). 首先电工师傅将两根导线的接头 A、B 分别连接到一标有“PZ220　100”的灯泡(如图 3 甲所示)的接线柱 C、D 上，闭合开关，灯泡正常发光. 随后，电工师傅断

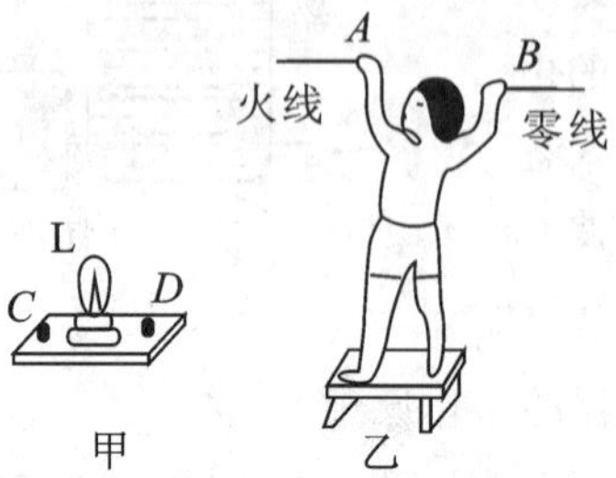

图 3

开开关，取下灯泡，物理老师站到干燥的木凳上，左、右两手分别抓住两导线接头 A、B（如图 3 乙所示），此时电工师傅闭合开关，用测电笔分别测试导线接头 A、B 及物理老师的皮肤，发现测电笔的氖管均发光，而在这一过程中，物理老师依然谈笑自如. 对以上现象的解释，你认为下列说法中正确的是（　　）.

A. 物理老师有“特异功能”，确实不怕电

B. 物理老师的双手戴着绝缘手套

C. 在人、灯替换的过程中，电源的零线被断开了

D. 在人、灯替换的过程中，电源的火线被断开了

3. 图 4 甲为一把手工锯的锯条，图 4 乙所示为正对着锯齿看的效果，发现它的锯齿都“东倒西歪”的侧向两侧，而不在一个平面上. 其原因是（　　）.

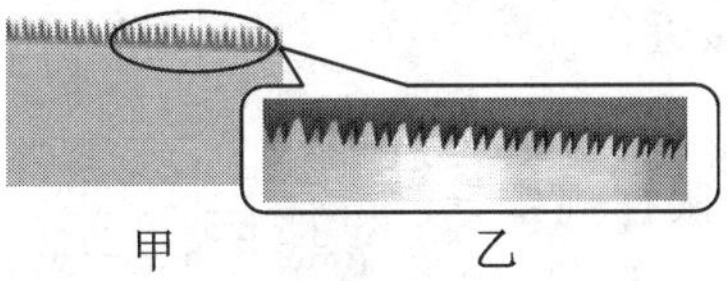

图 4

A. 将锯齿做成这样的形状后，容易将锯齿打磨得更锋利

B. 将锯齿做成这样的形状后，锯条承受撞击能力更强

C. 锯条用得太久，锯齿被撞歪了

D. 将锯齿做成这样的形状后，可以使锯口加宽，减小被锯物体对锯条的摩擦力

4.“嫦娥三号”探测器在月球表面降落时，没有使用降落伞，是因为（　　）.

A. 月球表面非常松软，不需要使用降落伞减速

B. 距离月球表面太近，用降落伞来不及减速

C. 月球表面附近没有大气，降落伞无法起到减速的作用

D.“嫦娥三号”质量太大，不易制作足够大的降落伞

5. 汽车发动机在工作过程中需要冷却. 图 5 为汽车发动机的水冷系统工作原理示意图. 在汽车发动机正常工作的过程中，图 5 所示有关汽车发动机水冷系统中水流方向以及水泵叶轮转向的示意图中，正确的是（　　）.

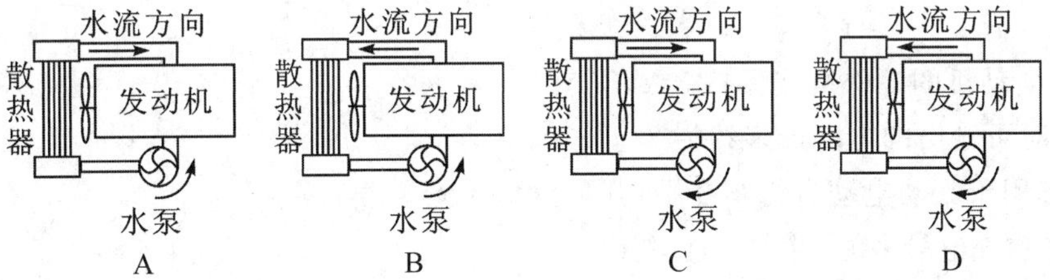

图 5

6. 2013 年 6 月 20 日我国航天员王亚平首次进行了太空授课. 图 6 为王亚平所做实验的一个画面，图中的水呈球状而不破裂，除了失重的原因外，还主要是因为（　　）.

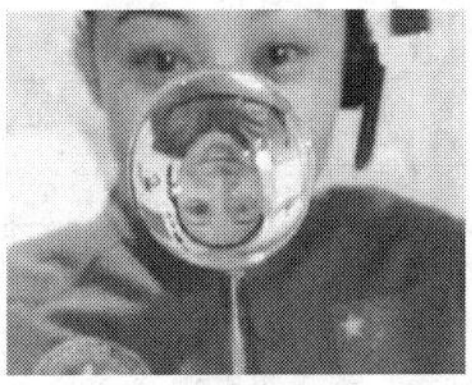
图 6

A. 水球的外表面有一层很薄的橡皮膜

B. 水球表面分子之间相互作用的引力大于斥力

C. 在实验用水中事先添加了某些特殊物质

D. 到外太空后，水的分子结构发生了变化

7. 将一支点燃的蜡烛靠近家里的镜子，会发现镜子中出现了多个蜡烛的像，如图 7 所示. 对于这种现象，下列解释中正确的是（　　）.

图 7

A. 镜子的质量不好,反射面不平整

B. 光经玻璃前表面和后表面发生多次反射后形成了多个虚像

C. 烛焰将附近的空气加热后,由于空气密度不均匀导致的折射形成了多个虚像

D. 火焰抖动的过程中,由于视觉暂留效应形成的错觉

8. 小东在观看“神舟十号”飞船发射时,想估算一下运载飞船的火箭在发射后的第一个 10 s 内的平均速度. 他上网查到运载“神舟十号”的长征二号 F 运载火箭全长 58 m. 然后从网上下载了“神舟十号”发射的视频,分别截取火箭刚发射时和发射后第 10 s 的图片,如图 8 甲和图 8 乙所示. 则火箭发射后第一个 10 s 内的平均速度值应最接近(　　).

甲　　　乙

图 8

A. 4 m/s　　B. 9 m/s　　C. 12 m/s　　D. 15 m/s

9. 为了监督司机是否遵守限速规定,交管部门在公路上安装了固定测速仪. 如图 9 所示,汽车向放置在道路中间的测速仪匀速驶来,测速仪向汽车发出两次短促的超声波信号. 第一次发出信号到测速仪接收到经汽车反射回来的信号用时 0.5 s,第二次发出信号到测速仪接收到经汽车反射回来的信号用时 0.3 s,若发出两次信号的时间间隔是 1.1 s,超声波的速度是 340 m/s,则(　　).

图 9

A. 汽车接收到第一次信号时,距测速仪 170 m

B. 汽车接收到第二次信号时,距测速仪 102 m

C. 汽车的速度是 34 m/s

D. 汽车的速度是 30.9 m/s

10. 如图 10 所示的电动自行车既可以电动骑行,也可以脚踏骑行. 电动骑行时,蓄电池对车上的电动机供电,电动机为车提供动力. 表 1 是某型号电动自行车的主要技术参数. 根据学过的物理知识,判断以下估算结果中合理的是(　　).

A. 电动自行车行驶过程中,电动机的工作电流保持 5 A 不变

B. 蓄电池一次充足电,放电时可输出的电能最多约为 3.5×10^4 J

C. 若蓄电池储存能量的 80%用于驱动电动自行车在平均阻力为 40 N 的水平公路上匀速行驶,蓄电池一次充电最多能连续电动行驶约 41 km

D. 蓄电池一次充电后,该电动自行车最多可供电动骑行 2.4 h

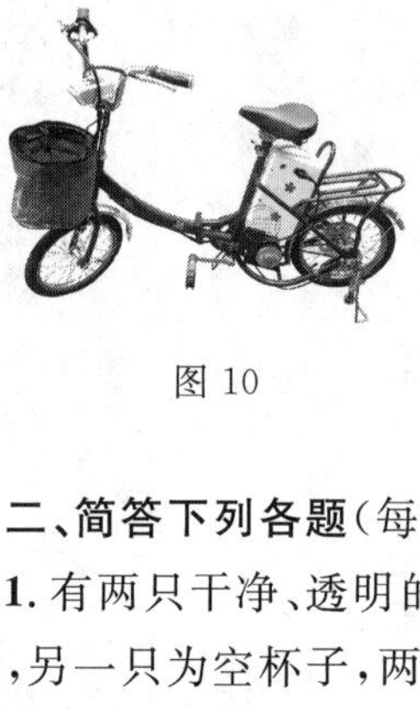

图 10

表 1

整车	整车质量	40 kg
	最高车速	30 km/h
	最大噪声	62 dB
蓄电池	电压	48 V
	容量	12 Ah
电动机	额定电压	48 V
	额定功率	240 W

二、简答下列各题(每题 5 分,共 30 分)

1. 有两只干净、透明的圆柱形玻璃杯,一只盛满不含气泡、污物的纯净水,另一只为空杯子,两只杯子的杯口都被不透明的盖子盖严了. 请你

说明如何只用眼睛观察判断哪只杯中装有水,并说明这样做的依据.

2. 如图 11 所示,位于两根电线杆之间的电线总是呈现出向下的弧线,弧线最低点与两端悬点间的水平线的距离称为垂距或称垂度.请回答:

(1)若架设电线时所留垂距过小,你认为会有什么危害?

(2)若架设电线时所留垂距过大,你认为会有什么危害或不足?

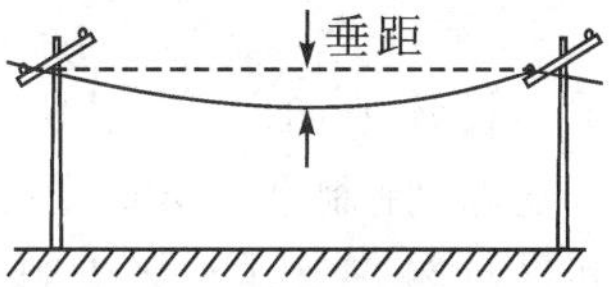

图 11

3. 如图 12 甲所示,家用漏电保护器是在用电器发生漏电故障或人体触电时实施保护的设备,它的内部构造中包含有两个部分——检测装置和实验电路.家庭电路漏电时,通过火线与零线的电流不相等.漏电保护器中有一检测装置(在图 12 乙中双虚线框内,未具体画出),当它检测到通过自身的火线和零线的电流不等时,便切断电源,起到保护作用.漏电保护器中还有试验电路,由一只开关 S 与一个电阻 R 组成,闭合开关 S 就能模拟漏电情形,从而检查漏电保护器工作是否正常.请在图 12 乙中漏电保护器的虚线框内画出实验电路.

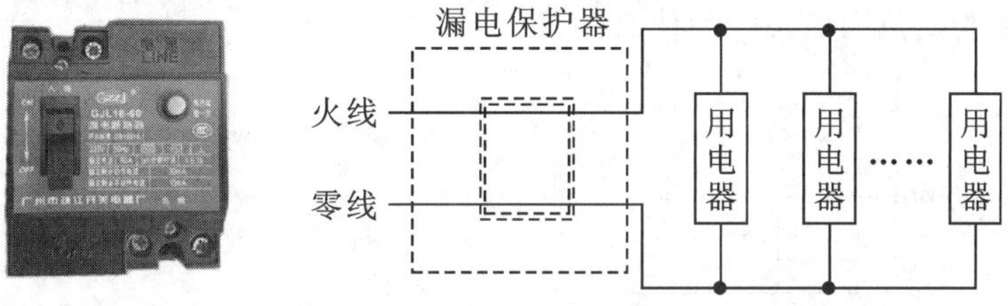

甲　　乙

图 12

4."嫦娥三号"探测器主要由两大部分构成:着陆器和巡视器,其中巡视器就是我们俗称"玉兔"的月球车(如图 13 所示).网上有许多学生和科学爱好者问了许多关于月球车的有趣问题,你能帮他回答吗?

图 13

(1)月球表面的某些部分土壤非常松软,而且崎岖不平,石块、陨石坑遍布.设计什么样的月球车轮才能方便它在月球表面行驶?

(2)月球车为什么不使用减震性能更好的充气轮胎?

(3)月球车的主要能量来源是什么?

5. 如图 14 甲所示为一辆在田地里使用的农用四轮拖拉机,它的前轮是导向轮,后轮是驱动轮,拖拉机在工作时一般后面挂有拖车或耕地设备等.图 14 乙所示为一辆在仓库、机场、车站等地方常见的搬运货物的叉车,它的前轮是驱动轮,后轮是导向轮.请分别解释为什么拖拉机的前轮窄小、后轮宽大得多,而叉车的前轮宽大、后轮窄小?

前轮　后轮　　后轮　前轮

甲　　乙

图 14

6. 小明在用如图 15 所示的气筒给自行车轮胎打气后,发现气筒外管的温度明显比打气前升高很多，且越靠近气筒外筒的顶部的地方，温度越高. 注：在用该气筒给自行车轮胎打气过程中，底座和内管不动，手柄和外管上下运动；活塞固定在内管顶部. 请你分析产生这一现象的原因.

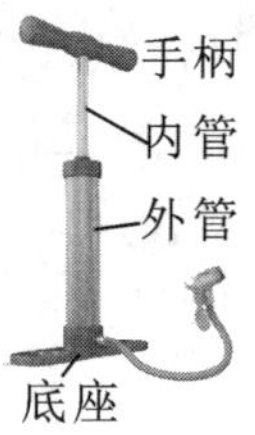

图 15

三、(11 分)科技小组的同学们设计了如图 16 甲所示的恒温箱温控电路(用于获得高于室温、控制在一定范围内的"恒温")，包括工作电路和控制电路两部分. 其中，R' 为阻值可以调节的可变电阻. R 为热敏电阻(置于恒温箱内)，其阻值随温度变化的关系如图 16 乙所示，继电器线圈电阻 50 Ω.

1. 如图 16 甲所示状态，加热器是否处于加热状态？

2. 已知当控制电路的电流达到 0.04 A 时，继电器的衔铁被吸合；当控制电路的电流减小到 0.036 A 时，衔铁会被释放. 当调节 $R'=350\ \Omega$ 时，恒温箱内可获得最高温度为 100 ℃的"恒温". 如果需要将恒温箱内的温度控制在最低温度为 50 ℃的"恒温"，则应将 R 的阻值调为多大？

3. 使用该恒温箱，获得最低温度为 50 ℃的"恒温"，与获得最高温度为 100 ℃的"恒温"相比较，哪一个的温度波动范围更小？为什么？

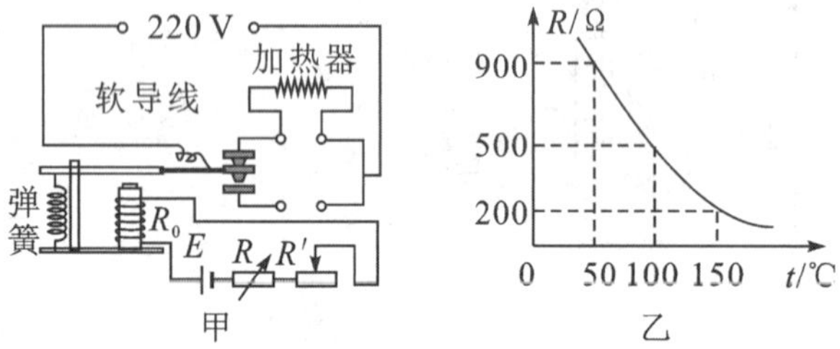

图 16

四、(12 分)如图 17 所示为 16 mm 电影放映机放电影，这种电影放映机使用宽度为 16 mm 的电影胶片，电影中的声音以声音信号的方式刻录在电影胶片上，如图 18 所示.

16 mm 电影放映机

图 17

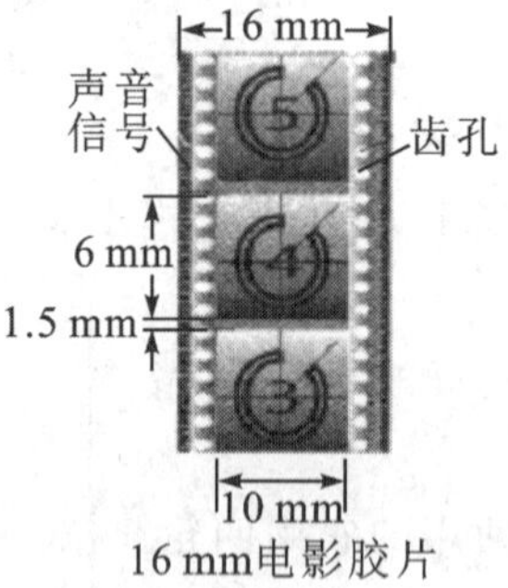

16 mm电影胶片

图 18

1. 电影放映机正常放映时，有关放映灯泡、放映机镜头(凸透镜)、电影胶片、反光镜(凸面镜或凹面镜)的种类及其相对位置关系，提出了如图 19 所示的几种猜想，其中可能正确的是(　　).

图 19

2. 有一次，电影刚开始放映时，小新发现银幕上的画面全部是倒立的. 在这种情况下，下列所述的观看效果中，不可能出现的场景是(　　).

A. 人退着向后走

B. 地上的碎陶片突然聚集起来，最后形成一只漂亮的陶罐

C. 听到的是正常的影片中的对白

D. 箭倒着飞向弓

3. 小新看电影时，估计银幕到电影放映机的距离约为 15 m，银幕上的电影画面宽度约为 3 m. 已知电影放映机所使用的 16 mm 电影胶片中画面的宽度约为 10 mm. 则根据以上数据可知电影放映机镜头的焦距可能为（　　）.

A. 52 mm　　B. 24 mm　　C. 49 mm　　D. 26 mm

4. 若该 16 mm 电影胶片的厚度 $H=0.14$ mm. 片夹上密密地绕了一整盘电影胶片，如图 20 所示，图中 d 和 D 分别表示片夹内电影胶片的内径和外径. 求：

(1)这盘电影胶片的总长度 L 约是多少？

(2)若按每秒 24 幅画面正常放映，这盘电影胶片大约能连续正常放映多长时间？（不计片头与片尾的长度）

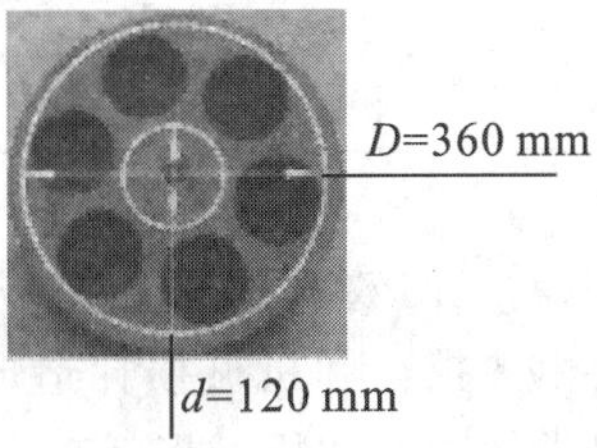

图 20

五、(12 分)小亮家有一辆轿车，爸爸在给他讲车的性能时，总是说“2.0的排量”，却很少说“功率”，为此小亮特地从网上查到了排量的定义：活塞从上止点移动到下止点所通过的“工作容积”称为汽缸排量. 如果发动机有若干个汽缸，所有汽缸“工作容积”之和称为发动机排量. 小亮从说明书上查到家中的轿车采用的是 LFX 直列四缸发动机，排量为 2.0 L，从网上查找到了这种轿车的输出功率与转速的关系如图 21 所示.

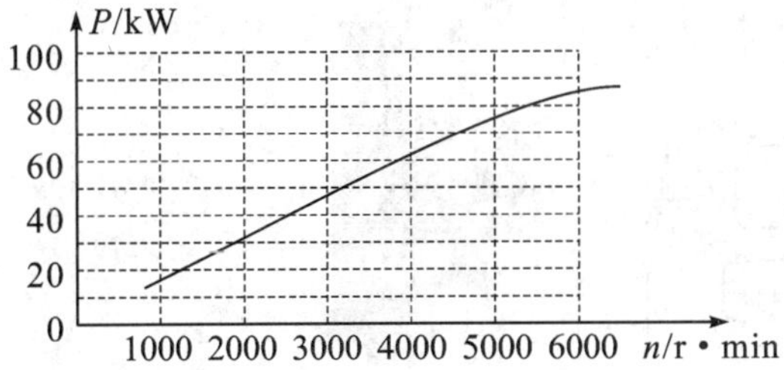

图 21

1. 根据图 21 分析，在发动机转速为 1000 r/min～5000 r/min 范围内，它的输出功率与转速大致有怎样的定性关系？

2. 试通过公式推导出在其他参数相同时，轿车发动机的输出功率与其排量的关系.

3. 小亮又向爸爸询问了一些实测数据：轿车行驶的路况好，平均车速为 100 km/h 时，发动机转速为 2000 r/min，平均油耗为 9 L/100 km. 参考图 21 中的数据，分析这辆汽车在这种状态下行驶时，发动机的效率约为多少？每个做功冲程汽缸内气体的平均压强约为多少？（已知汽油的热值为4.6×10^{7} J/kg，密度为 0.71×10^{3} kg/m^{3}）

六、(15 分)小明自己设计并动手将房间里的窗帘改成电动窗帘. 为此他购置了微型电动机及减速装置、电源、双刀双掷开关、滑轮、皮带、拉绳等器材，对原有的窗帘盒进行改造.

1. 如图 22 甲所示，小明在窗帘盒(上方的双虚线框)内安装了电动装置，电动装置通过拉绳拉着窗帘一起运动. 改变通过微型电动机的电流方向，就可改变其转轴转动的方向，从而将窗帘打开或关闭. 利用双刀双掷开关，可以实现电源对电动机供电电流方向的改变. 请你在图 22 甲右侧的虚线框内，完成电源、双刀双掷开关和接线柱间的电路连接.

2. 电动机的转速一般很高,需要安装减速装置,如图 22 乙所示.请说明减速装置的减速原理.

3. 表 2 是所使用的微型电动机的部分数据.表格中,额定功率是"电动机在额定电压和额定电流下工作时的输出功率",堵转电流是"在额定电压下,让电动机的转轴固定不动时的电流".

表 2

型号	工作电压范围 U/V	额定电压 $U_{额}$/V	额定电流 $I_{额}$/A	额定功率(输出) $P_{电}$/W	额定转速 $n/(r\cdot min^{-1})$	堵转电流 $I_{堵}$/A
RS-360SH-14280	8.0～30.0	12	0.34	2.15	5000	1.36

请根据表中的有关数据计算:

(1)以额定功率运行时,该电动机的效率为多少?

(2)电动机的额外功率主要由热损耗和机械损耗造成,请分别求出以额定功率运行时,该电动机的热损耗功率和机械损耗功率?

(3)在图 22 甲中,减速装置、飞轮、皮带、滑轮、拉绳共同构成了传动装置.已知每半边的窗帘滑轨长度为 1.5 m,要求自动窗帘能够在 6 s 内从完全关闭到完全打开.拉动半边窗帘时,挂钩和滑轨间的平均摩擦力为 2 N.则安装电动窗帘时,对传动装置的机械效率有何要求?

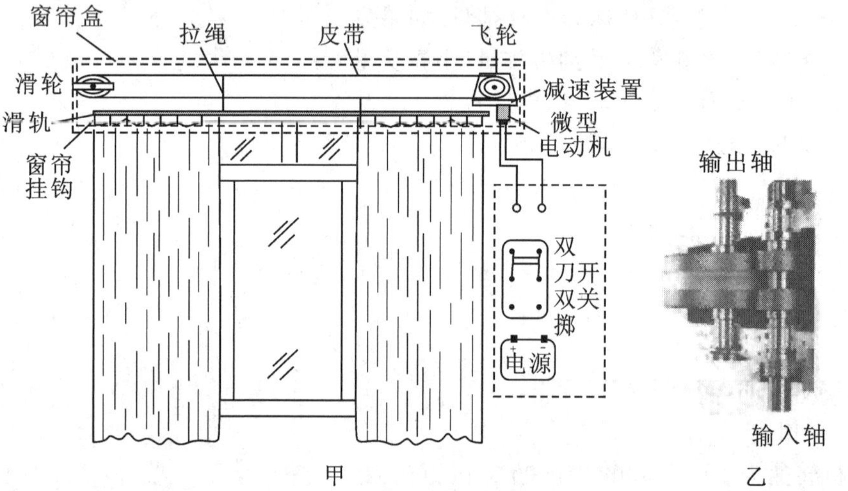

甲　　乙

图 22

复　赛

一、(16 分)请利用现有器材:一块大小合适且质地不一定均匀的木板,一把量程为 2 m 的卷尺,一台能够测量人体质量的磅秤(如图 1 所示),砖块若干块.设计一个测量人体重心位置的方案.要求写出测量步骤和测量结果的表达式.

图 1

二、(16 分)小明的妈妈为了方便早餐时喝上豆浆,买了一台全自动豆浆机,如图 2 甲所示.图 2 乙所示为豆浆机的主要结构:中间部位是一个连接着刀头的电动机,用来将原料进行粉碎打浆;电热管负责对液体加热煮沸.表 1 是这个豆浆机的主要技术参数.

小明想探究一下豆浆机工作的具体过程以及耗电情况,在某次使用之前,先查看了他家的单相电子电能表,上面注明 1600 imp/(kW·h),之后,他关闭其他所有家用电器,将浸泡好的适量黄豆和 1000 cm^3 的清水放入豆浆机的杯体，启动自动控制键，开始用钟表计时的同时记录电能表上面的发光二极管闪烁的次数，豆浆机按"①加热—②预打浆—③加热—④打浆—⑤煮浆—⑥防溢延煮"的程序正常工作直至豆浆机发出声光报警，提示豆浆已做好. 从启动自动控制键至豆浆机发出声光报警，整个过程用时20 min，电能表上面的发光二极管闪烁了 320 次. 其中①、③、⑤三个过程为电热丝单独不间断工作，而②、④为电机单独间歇工作，此过程中电动机累计工作时间为 2 min，⑥为电热丝单独间歇工作. 请回答：

1. ②、④两个过程中，电动机为什么要间歇工作？

2. 在豆浆机工作的 20 min 内，消耗的电能为多少千瓦时？

3. 在豆浆机工作的 20 min 内，电热丝和电机都不工作的时间为多少分钟？

表 1

型号	※※※※
额定电压	220 V
额定频率	50 Hz
电机功率	180 W
加热功率	800 W
容量	1000 mL

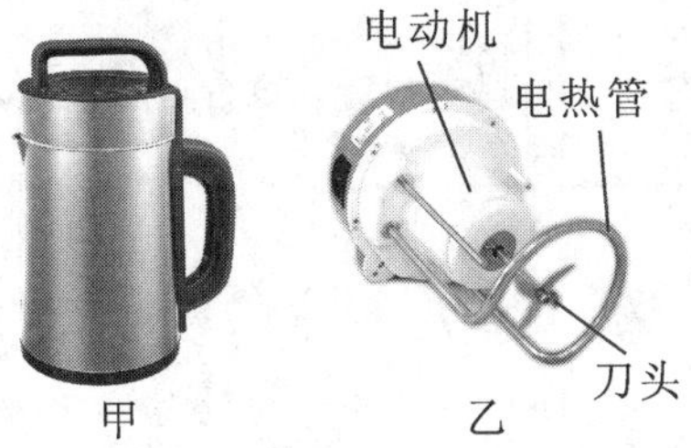

图 2

三、(16 分) 表 2 所示为某品牌的空调器铭牌上的部分参数，其中 KFRD 表示该空调为家用分体式具有电辅热功能的冷暖空调器. 请根据表中的数据，回答下面的问题.【已知：空气的密度为 $1.29\ kg/m^3$，空气的比热容取 $10^3\ J/(kg\cdot℃)$. 注：空调的电辅热功能有两方面的作用，一是在室外温度不太低时开启电辅热功能可以增加制热量，实现室内温度的快速提升；二是当室外温度很低，空调器的压缩机制热效能过低时，开启电辅热功能可以辅助制热，弥补单纯靠压缩机工作制热量不足的问题.】

表 2

×××KFRD－23GW/ZI 分体式房间空调器		
电源	IPH220V～50 Hz	
制冷运行	制冷量	2300 W
	额定输入功率	830 W
制热运行	制热量	2600 W
	额定输入功率	780 W
电热功率	500 W	

1. 如果房间的面积为 $15\ m^2$，高度为 2.6 m，问：如果按照表中的数据工作，该空调器至少多长时间才能将室内的空气由 10 ℃加热升高至 20 ℃？

2. 在 **1** 中，若室外温度不太低，实际加热时间约为 4.0 min，则在利用空调器对室内空气加热的过程中，室内空气向外散热的平均功率约为多少？空调器总共消耗的电能为多少？

3. 该空调器在制冷时的额定输入功率为 830 W，而它的制冷量却是 2300 W，比输入功率还要大，这是为什么？

四、(16 分) 机器人小组的同学要制作一个能自己从椅子上站起的机器人，如图 3 所示. 他们已经完成的部分如图 4 甲所示：O_1 和 O_2 为两个关节(所有关节处均安装有马达，可使关节在一定范围内缓慢转动)：当机器人的上半身、小腿均垂直于大腿坐在椅子上时，上半身可以绕 O_1 顺时针转动 30°、逆时针转动 90°，小腿只能绕 O_2 逆时针转动 90°，如图 4 乙所示；O_1 以上的上半身总长 50 cm，总质量为 11.2 kg，其重心 G_1 位于 O_1 正上方

25 cm 处；在 O_1 和 O_2 水平连线上的大腿部分长 25 cm，两只大腿的总质量为 4.8 kg，其重心 G_2 位于 O_1 和 O_2 连线的中点；O_2 以下的小腿和脚总长 27 cm，两只小腿和脚的总质量为 4.8 kg，其重心位于 O_2 正下方 6 cm 处；其中脚在水平面上的前后长度为 10 cm. 且过 O_2 的竖直线恰好将脚分为对称的两半.

现还需在 O_1 正上方 40 cm 的 O_3 处，为机器人安装两只手臂（如图 4 丙，大臂可绕关节 O_3 转动 360°、小臂可绕关节 O_4 逆时针转动 90°，如图 4 乙所示；大臂和小臂的长度相等，重心位于整只手臂的中心点）. 根据所使用的材料，已知每一只手臂的质量和长度的关系为“每 1 cm 长度手臂的质量为 0.06 kg”. 请你从理论上计算出机器人的整只手臂至少需要多长，才能使机器人能够从图 4 甲所示的坐姿自己站起来.

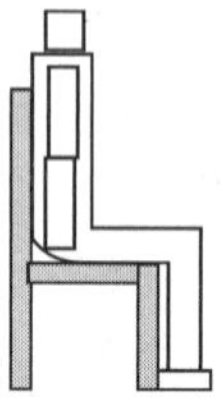

图 3　椅子上的机器人

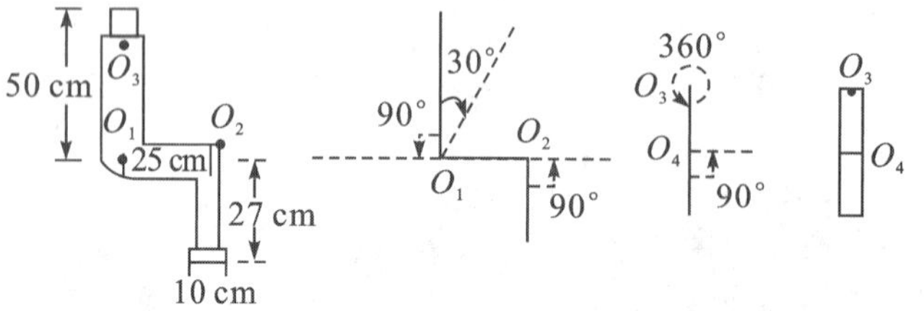

甲　　乙　四个关节的转动范围　　丙

图 4

五、（18 分）如图 5 所示为油田开采石油的抽油系统，由抽油机、抽油杆和抽油泵等部分组成. 抽油泵的原理与活塞式抽水机类似；抽油机通过抽油杆，带动抽油泵的活塞上下往复运动，将油层中的原油抽至地面.

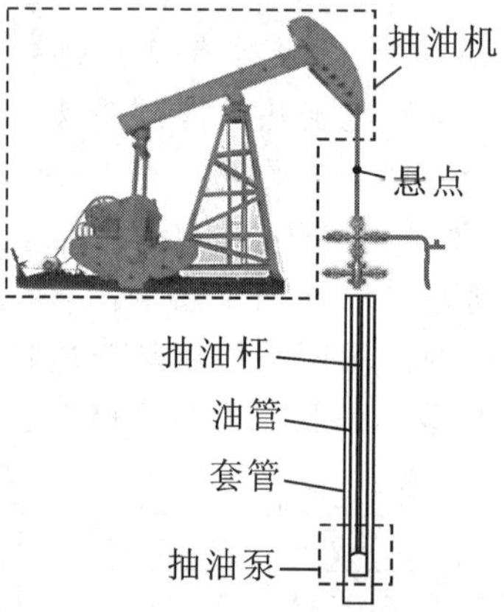

图 5

1. 抽油机的结构如图 6 甲所示. 电动机带动曲柄转动，通过连杆推动游梁和驴头绕支点 O 往复转动. 驴头的外侧为一段以 O 为圆心的圆弧，它可以确保游梁转动时，上端固定在驴头外侧某一点上的钢丝绳对悬点的拉力始终在同一条竖直线上.

已知驴头外侧圆弧的半径为 L_1，支点 O 到连杆和游梁连接处的（沿游梁方向）长度为 L_2. 游梁和驴头受到的总重力为 G，支点 O 到游梁和驴头的重心的（沿游梁方向）长度为 L_3.

若当驴头通过钢丝绳拉动悬点保持静止、悬点处受到竖直向下的拉力为 F、游梁和水平线的夹角为 θ 时，连杆对游梁的拉力方向竖直向下，请你求出该拉力的大小.

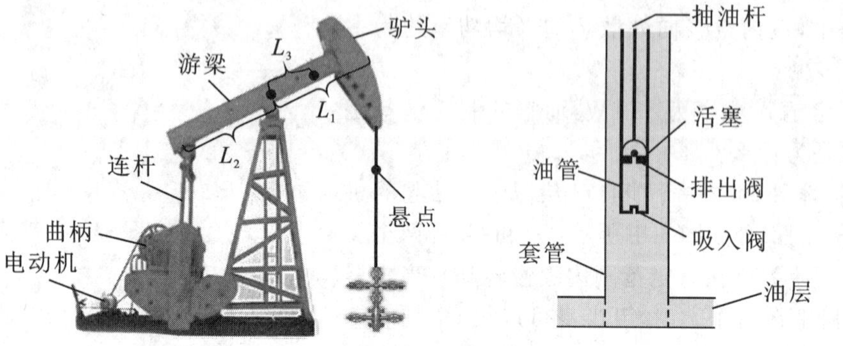

甲　　乙

图 6

2. 抽油泵处的示意图如图 6 乙所示.

①抽油泵包括活塞、排出阀、吸入阀、油管等组成部分，请说明抽油泵的工作原理.

②由于油层内的压强，当套管插入油层时，原油的液面会自动上升到一定高度. 再通过抽油泵，可进一步将原油吸至地面. 用回声仪可以测出原油液面距地面的深度. 在套管中插入油管时，需保证抽油泵始终在原油液面之下.

已知在某油田，地面的回声仪发出声波，时间 t 后接收到回声(空气中声速为 v)；所安装的抽油杆的总长度为 L(单位长度抽油杆的质量为 m)，横截面积为 S_l，活塞的横截面积为 S_2，原油的密度为 ρ. 现要将原油抽至地面，抽油杆和活塞匀速上升时，受到的总摩擦阻力为 f_1，抽油杆和活塞匀速下降时，受到的总摩擦阻力为 f_2. 请分别估算当抽油杆匀速竖直向上提升、匀速竖直下降时，悬点处受到竖直向下的拉力(套管和油管中，原油液面上方的气压相同；地面下的抽油杆长度远大于悬点距地面的高度).

六、(18 分)小明坐地铁时发现，在地铁离开某一站之后不久，透过地铁的车窗，可以看见黑洞洞的地铁隧道墙壁上出现了一小段动画广告，如图 7 甲所示. 他很好奇，就上网查到了这种技术的原理：事先用电脑制作好一段动画，再通过软件将动画的每一帧画面逐列地以一定的时间间隔发送到一根长约 1 m 的 LED(半导体发光二极管)显示柱上，每根显示柱约有 600 个 LED，如图 7 乙所示，每根显示柱只接收同一幅画面的信号. 地铁列车通过时同步感应器驱动显示柱同步发光，随着列车以某个速度行驶，由于视觉暂留效应(人眼在观察景物时，光信号传入大脑神经，需经过一段短暂的时间，光的作用结束后，视觉形象并不立即消失，而是会保留约十分之一秒，视觉的这一现象称为“视觉暂留”)，就会在人眼中形成一幅幅静止的具有一定宽度的静止画面，每个显示柱形成的略有变化的画面在掠过乘客眼中时，就会像放电影一样形成一小段动画广告了. 试根据以上数据估算：

1. 假如要在乘客眼前形成流畅的动画，需要在地铁车窗外每秒出现 24 幅宽度约 90 cm 的画面，列车的速度应该是多少千米/小时？

2. 要想展示一个 20 s 的动画广告，每两站之间一共需要多少个 LED 显示柱？

3. 如果某时刻乘客发现动画的画面向车行的前方缓慢移动，是因为实际车速与设计的速度相比偏大还是偏小？

4. 若每个 LED 的耗电功率为直流 0.03 W，假设将交流电转化为直流电时的效率为 80%，某条地铁线路一共有 16 个站点(含起点与终点站)，地铁经过每个相邻站间均有 20 s 的动画广告，每天每根 LED 显示柱均累计工作 2 h，则这条双向的地铁隧道中，仅 LED 显示柱发光每天就会消耗多少千瓦时的电能？

甲

乙

图 7

第二十五届全国初中应用物理知识竞赛

学习笔记

初 赛

一、选择题(20 分,每小题 2 分)

1. 市面上有一种化妆镜,当对着它照镜子时,能看到自己面部更细微处.这种化妆镜应该是一个(　　)

A. 平面镜　　B. 凸面镜　　C. 凹面镜　　D. 凸透镜

2. "充电宝"是一种给手机等电子设备提供电能的移动电源.2014 年 8 月 7 日,我国民航局首次专门针对"充电宝"发出公告,公告要求旅客携带登机的"充电宝"额定能量不能超过一定标准.这一"标准"的单位是(　　)

A. Ah　　B. mAh　　C. Wh　　D. VA

3. 为了确保用电安全,家中都会安装配电盘.配电盘中除了装有分别控制厨房、客厅和卧室等用电的开关外,还装有漏电保护器.小明装完新房后,将插排插入客厅墙上的电源插孔中,然后将电视机的电源插头插入插排的电源插孔,但打开电视机后,配电盘中漏电保护器就"跳闸"了.小明拔下电视机电源插头,把漏电保护器的开关复原(重新闭合),然后将能正常使用的台灯插入该插排的电源插孔,闭合台灯开关后,漏电保护器再次"跳闸".关于发生上述现象的原因,下列猜想正确的是(　　)

A. 墙上的电源插座中的火线和零线间短路了

B. 插排中插座处的零线和地线接反了

C. 插排中插座处的零线和火线接反了

D. 插排中插座处的火线和地线接反了

4. 氢气具有可燃性,因此早期使用氢气填充的气球和飞艇很容易燃烧起火.后来使用不会燃烧的氦气替代氢气来填充气球和飞艇.相同条件下氦气的密度约为氢气密度的 2 倍.若忽略球皮和吊索的重力,则相同体积的氦气球与氢气球相比(　　)

A. 氦气球的有效载重量约为氢气球的一半

B. 氦气球的有效载重量约为氢气球的 2 倍

C. 氦气球的有效载重量比氢气球小很多

D. 氦气球的有效载重量与氢气球差不多

5. 图 1 是一种案秤的照片.根据这张照片估计,如果将该案秤配备的标有"1 kg"字样的槽码放在秤盘上,那么测得其质量应约为(　　)

A. 1 kg

B. 0.2 kg

C. 0.1 kg

D. 0.5 kg

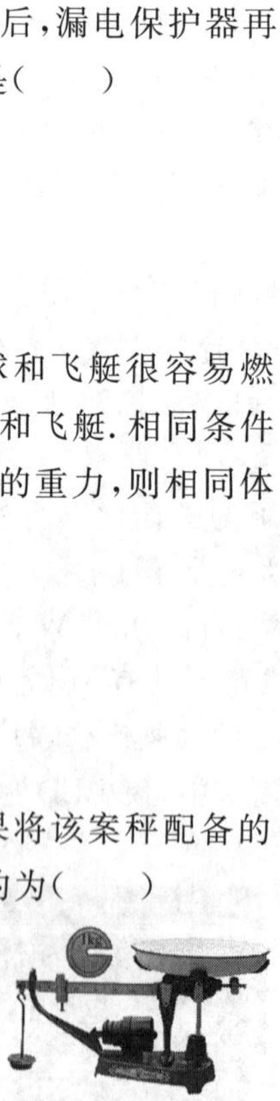

图 1

6. 晚上,小明挑着一盏不带光源的工艺品小灯笼在家里玩.当把小灯笼移到发光面较大的吸顶灯正下方时(如图 2 甲所示),会在小灯笼正下方的水平白纸上出现一个影子,关于这个影子的形状,图 2 乙中正确的

是(　　)

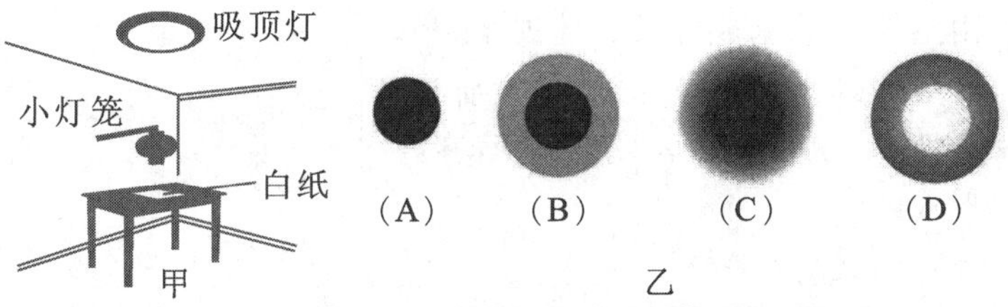

图 2

7. 如图 3 所示,一个圆柱状的轻质纸筒顺着一个倾斜的木板滚下.关于纸筒在地面上的落点,下列说法中正确的是(　　)

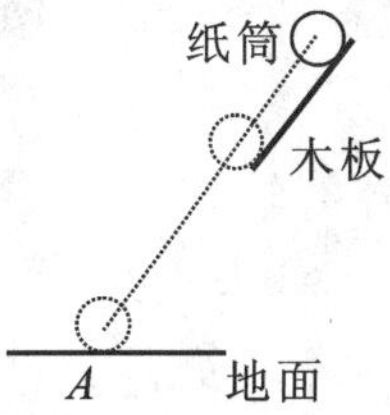

图 3

A. 在 A 点的左侧

B. 正好在 A 点

C. 在 A 点的右侧

D. 上述三种情况皆有可能

8. 无论是严冬还是酷暑,在使用冷暖空调的房间窗户玻璃表面,有时会出现小水珠.下列关于这一现象的说法中,正确的是(　　)

A. 无论冬夏,小水珠总是附着在玻璃的内表面

B. 无论冬夏,小水珠总是附着在玻璃的外表面

C. 夏天,小水珠附着在玻璃的内表面,冬天,小水珠附着在玻璃的外表面

D. 夏天,小水珠附着在玻璃的外表面,冬天,小水珠附着在玻璃的内表面

9. 如果地球表面大气压力为 1 个标准大气压,地球半径为 6.4×10^3 km,据此估算地球周围空气的总质量约为(　　)

A. 5×10^{18} kg　　B. 5×10^{12} kg

C. 1×10^{12} kg　　D. 1×10^{12} kg

10. 某种变焦镜头的变焦范围为 15～85 mm,用这个锐头对着远处的某一栋楼房拍照.当使用焦距 15 mm 拍照时,显示屏上所成的清晰像的高度为 h_1;当使用焦距 85 mm 拍照时,显示屏上所成的清晰像的高度为 h_2,则 h_1 与 h_2 的比值约为(　　)

A. 3∶17　　B. 17∶3　　C. 289∶9　　D. 9∶289

二、简答下列各题(每题 6 分,共 30 分)

1. 小刚和家人在逛公园时,发现园艺工人正在用一个奇怪的工具修剪树枝(如图 4 甲所示).在交谈中师傅告诉他这个工具叫作"高枝剪",使用时用"高枝剪"头部钩住高处要剪断的枝杈,拉动绳子,就可以轻松地剪断树枝了.图 4 乙为高剪的头部照片,你能说出它使用了哪些物理知识吗?

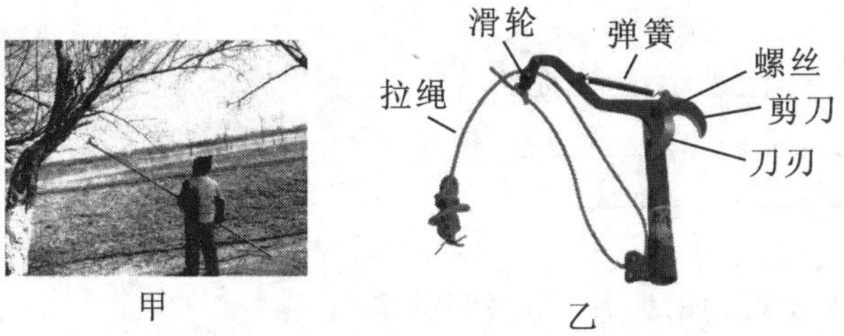

图 4

2. 小明过生日那天,妈妈买了冰激凌蛋糕.回到家中妈妈把随赠的干冰棒装入矿泉水瓶并旋紧了瓶盖,然后与蛋糕一起放入了冰箱.没过多

久，冰箱内发生了爆炸，门被震飞. 请你解释产生这一结果的原因.

3. 在不太明亮的博物馆里，有一个由透明玻璃制成的长方体展柜，柜内放着一个碗形文物甲，文物的正上方有灯光朝下照射. 从某个角度看过去，可以看到"4 个"文物（如图 5 所示，分别标记为甲、乙、丙、丁）. 请回答：

(1)图 5 中的乙、丙、丁分别是如何形成的？

(2)为什么看起来甲最亮、乙和丁较暗、丙最暗？

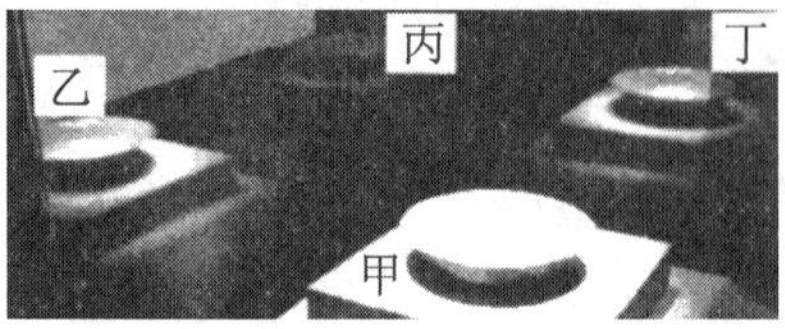

图 5

图 6

4. 小丽随爸爸参观一个大型油库，她发现每个储油罐都是又矮又粗，外表刷成银白色，顶部都向上拱起，罐身上方有很高的铁针，每个油罐旁边还有自动喷水装置，如图 6 所示. 请你帮助小丽分析储油罐为什么这样设计和安装？

5. 现有如下器材：一个带有阀门的"U"形管（如图 7 所示）；铁架台（带有夹持附件）；注射器（带有橡胶软管，可供抽气用）；一把刻度尺；两只分别盛有水和浓盐水的烧杯. 试用上述器材测量烧杯中的浓盐水的密度. 要求写出实验的方法和步骤，以及结果的表达式.

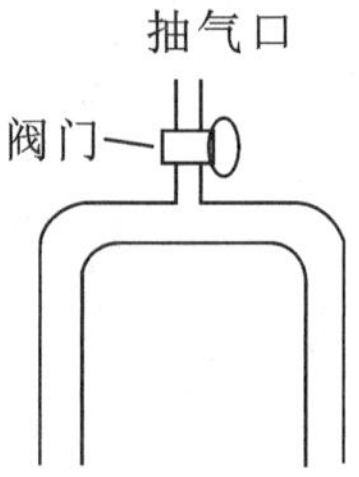

图 7

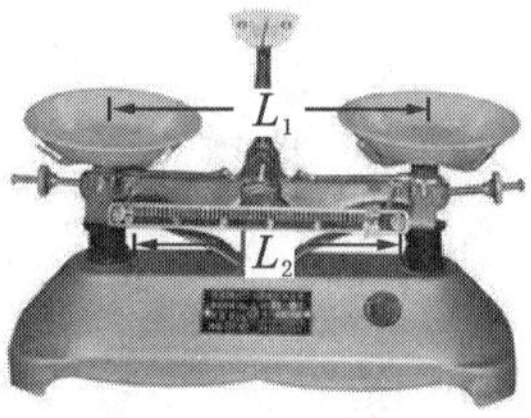

图 8

三、（11 分）如图 8 所示为一架学生用托盘天平，其游码标尺的最大刻度值为 5 g. 若测得天平横梁两刀口间距 L_1 为 24 cm，游码刻度线总长度 L_2 是 18 cm，试用以上数据推算游码的质量.

四、（12 分）声波在海水中传播衰减程度远小于电磁波. 声呐就是利用声波在水中的传播特点来对物体进行定位和测速的. 图 9 是一艘静止军舰上的声呐装置的显示器所显示出声波信号发出与接收的情况，图中 P_1、P_2 是声呐发出的信号，n_1、n_2 分别是 P_1、P_2 被不明物体反射回来的信号. 如果 P_1、P_2 之间的时间间隔 t 为 1.0 s，声波在海水中的传播速度 $v=1500$ m/s，不明物体是沿直线正对着军舰匀速行驶. 求

1. 信号 P_1 遇到不明物体时，该物体到军舰的距离.

2. 不明物体的速度.

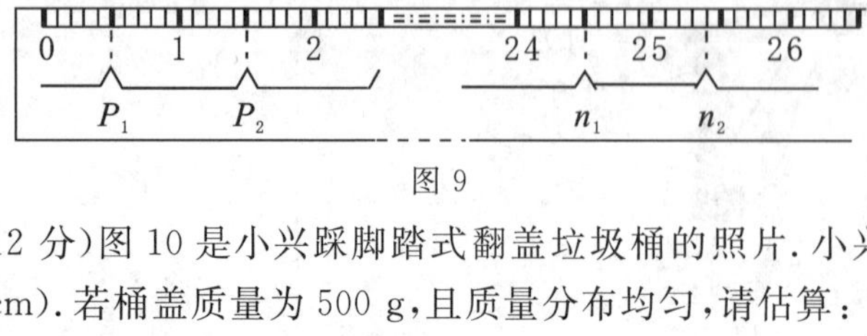

图 9

五、（12 分）图 10 是小兴踩脚踏式翻盖垃圾桶的照片. 小兴穿的鞋是 41 码（26 cm）. 若桶盖质量为 500 g，且质量分布均匀，请估算：

1. 若要把桶盖顶起，脚掌对踏板的压力至少应该是多大？

2. 将桶盖翻到照片所示状态，至少要做多少功？

六、(15 分)随着人们环保意识的提高,“风光互补路灯”(如图 11 所示)得到了广泛的应用.它在有阳光时通过太阳能电池板发电,有风时通过风力发电机发电,两者皆备时同时发电,并将电能输送至蓄电池储存起来,供路灯晚间照明使用.为了能使蓄电池的使用寿命更为长久,一般充电至 90%左右即停止充电,放电余留 20%左右即停止电能输出.

图 10

表 1 为某型号风光互补路灯系统配置方案的相关参数.

表 1

风力发电机		太阳能电池组件	
最小启动风速	1.0 m/s	太阳能电池	180 W
最小充电风速	3.0 m/s	太阳能转换效率	15 %
最大限制风速	12.0 m/s	蓄电池	400 Ah—12 V
最大输出功率	400 W	大功率 LED 路灯	80 W—12 V

1. 若遇到阴天并且无风,仅靠蓄电池供电,最多可供灯具正常发光多长时间?

2. 若一块该“风光互补路灯”太阳能电池板的总面积为 5 m^2,当其垂直太阳光方向放置时,最大发电功率达到 180 W,则当地垂直太阳光方向 1 m^2 范围内太阳能电池板所接收太阳辐射的最大功率为多少?

图 11

3. 当风速为 6.0 m/s 时,风力发电机的输出功率将变为 50 W.在这种风速下,持续光照 12 h,蓄电池的电量也只由 20 %充到了 70 %.求此过程中太阳能电池板发电的平均功率.

复　赛

一、(16 分)小刚在和家人逛公园时,发现园艺工人在用一种叫作高枝剪的工具修剪树枝.图 1 是高枝剪头部结构照片.使用时,用高枝剪的定刀口钩住高处要剪断的枝杈,拉动右侧拉绳,动刀口则可绕转轴转动,从而轻松地剪断树枝.

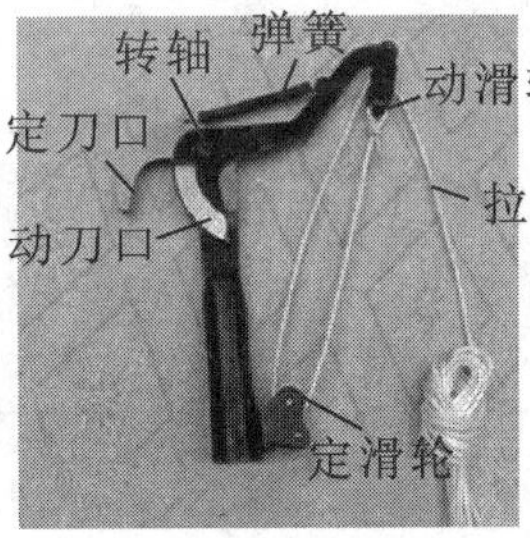

图 1

(1)根据此图估算,当园艺工人用 50 N 的力拉绳端时,剪刀的动刀口会对树枝产生的剪切力最大约为多大?

(2)实际情况下对树枝产生的剪切力会小于上述估算值,试分析各种可能的原因.

二、(16 分)电饭锅大多具有自动焖制米饭且保温功能.某电饭锅工作电路的简图如图 2 所示.其中,S_1 为磁钢式限温开关,其工作特点是:电饭锅开始工作时,需要人为下压使其闭合,并被磁铁吸住而保持闭合状态;当锅底的温度达到 103 ℃时,会因磁铁的磁性减弱而自动断

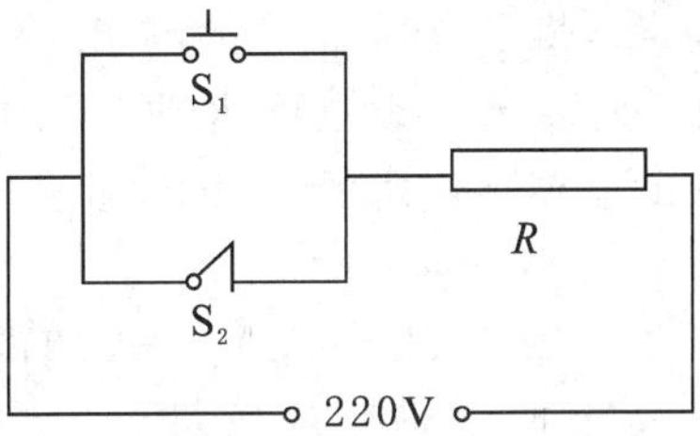

图 2

开，且在无外力作用下不会再自动闭合. S_2 为双金属片保温开关，工作特性是当锅底温度达到约 70 ℃以下时自动闭合，温度达到约 80 ℃时自动断开. R 为电热盘.

1. 请说明该电饭锅在自动焖制米饭并实现保温的过程中，各元件的工作情况.

2. 若在一个标准大气压下用这种电饭锅烧水，请说明各元件的工作情况.

三、(16 分)某校科技小组为培育某种热带植物制作了一个小型温室，其内部有一个恒温的加热器. 当温室外温度为 10 ℃时，温室内温度为 22 ℃；当温室外温度为 16 ℃时，温室内温度为 27 ℃；假定温室内加热器与室内间、室内与室外间的热量传递均与温度差成正比.

1. 求该温室中加热器的温度.

2. 为节省能源，科技小组的同学对该温室进行了适当的保温改造，使室内向室外热传递的热量减少了 20 %. 那么，当室外温度为 10 ℃的情况下，求室内温度.

四、(16 分)图 3 所示为一种利用蒸汽为奶瓶消毒的消毒器，其铭牌如表 1 所示. 使用时，在消毒器底座上的不锈钢加热盘中倒入少量清水，再把用于放置奶瓶、底部有孔的桶放在加热盘上方. 按下工作键，加热盘加热使水沸腾产生蒸汽，蒸汽进入桶中实现对奶瓶高温消毒的目的. 该消毒器还有烘干功能，即通过向桶内吹热风，使消毒后布满小水珠的奶瓶快速干燥.

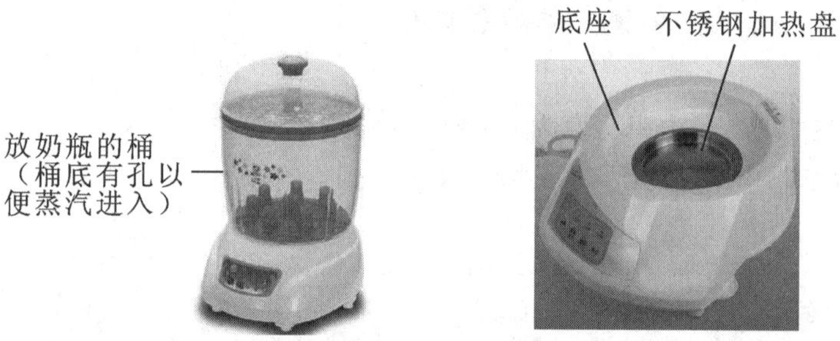

图 3

闭合"消毒＋烘干"开关，该消毒器将定时工作 40 min. 如果在加热盘中倒入 100 mL 室温下(约 20 ℃)的清水，该消毒器的消毒时间约为 9 min(即加热盘在 9 min 内使盘中的清水全部汽化为蒸汽进行消毒).

表 1

奶瓶消毒器铭牌	
额定电压	220 V
额定频率	50 Hz
消毒功率	500 W
烘干功率	125 W

1. 估算上述过程中完成"消毒＋烘干"功能消耗的电能.

2. 一般将奶瓶保持 100 ℃的高温 5 min 以上可达到消毒的目的. 估算该消毒器在加热盘中倒入 100 mL 室温下清水的情况下，最多可能同时对几个玻璃奶瓶进行消毒.

[已知：①水的比热容为 4.2×10^3 J/(kg·℃)；②玻璃的比热容为 0.84×10^3 J/(kg·℃)；③平均每个玻璃奶瓶的质量为 0.2 kg，体积为 300 mL]

五、(18分)风力发电机发电时,风机叶片在风力的推动下转动,然后带动发电机发电.已知风能密度(单位时间内通过单位面积的风能)$W=0.5\rho v^3$,其中 v 为风速,ρ 为空气密度.

某台风力发电机风机叶片的旋转面积约 $S=5\times10^3\ m^2$(即叶片旋转过程中所扫过的面积),在工作过程中始终保持风速与叶片的旋转面垂直.当地空气密度为 $\rho=1.2\ kg/m^3$.

图 4

1. 请分别说出风力发电机的优点和不足.

2. 当风速 $v_1=8\ m/s$ 时,求 1 s 内流过叶片旋转面的空气质量.

3. 当风速 $v_2=10\ m/s$ 时,1 h 输出电能约为 960 kW·h,若传动装置和齿轮箱的能量损失不计,其中发电机的效率为 80%,求风机的效率.

六、(18分)物体在空气中运动时所受空气的阻力 f 与其相对于空气的速度 v 有关。我们把研究对象简化为半径为 r 的球体,并认为空气相对于地面静止.当物体的速度 v 比较小时,空气阻力 $f=6\pi\eta rv$,式中空气的黏度 $\eta\approx1.8\times10^{-5}$ Pa·s,不考虑它随温度的变化;当物体的速度 v 比较大时,空气阻力 $f=\frac{1}{5}\pi\rho r^2v^2$,式中 ρ 为空气的密度。依据以上规律,请分析以下问题:

(已知球体的体积公式为 $V=\frac{4}{3}\pi r^3$,$\rho=1.29\ kg/m^3$,$\rho_{水}=1.0\times10^3\ kg/m^3$,$g=10\ N/kg$)

1. 试用第二个空气阻力的表达式计算半径分别为 $r_1=10^{-6}$ m 与 $r_2=10^{-3}$ m 的水滴在空中竖直下落过程中可分别达到的最大速度?

2. 通过计算说明这两种水滴各适合哪一个阻力表达式.

第二十六届全国初中应用物理知识竞赛

初 赛

学习笔记

一、本题共10小题,每小题2分,共20分.以下各小题给出的四个选项中只有一个是正确的,把正确选项前面的字母填在题后的括号内.

1. 我国有句谚语说:"下雪不冷化雪冷."你认为以下几个说法中一定错误的是(　　)

A. 冷与不冷是将下雪过程中与下雪过后的温度进行对比来说的

B. 冷气流的北上导致气温的降低

C. 雪的熔化、熔化后水的蒸发以及雪的升华都需要吸热导致气温的降低

D. 人们感觉的"冷"与"不冷"除与温度有关之外,还受空气湿度的影响

2. 公路交通标志由基板和附着其上的反光膜组成,夜晚它可以反射汽车射来的灯光,使司机看清交通标志.图1所示的反光膜横截面的结构

示意图中，设计最合理的是(　　)

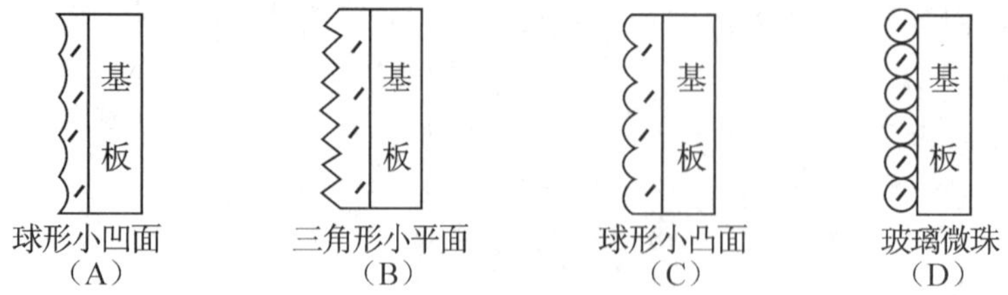

图 1

3. 如图 2 所示，生活中有很多方法都可以将斧头安紧在斧柄上，下面四种方法能更好地利用斧头惯性的是(　　)

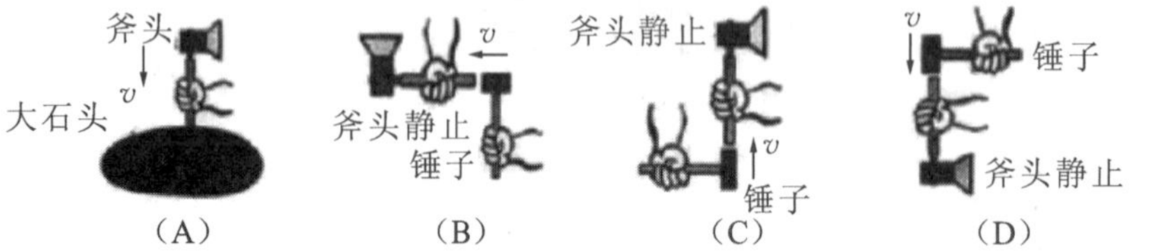

图 2

4. 将一根直木棒放在一装有水的长方体形状的玻璃水槽中的偏左侧的位置，直木棒静止后从其正前方观察到的现象是下面四种情况中的哪一种(　　)

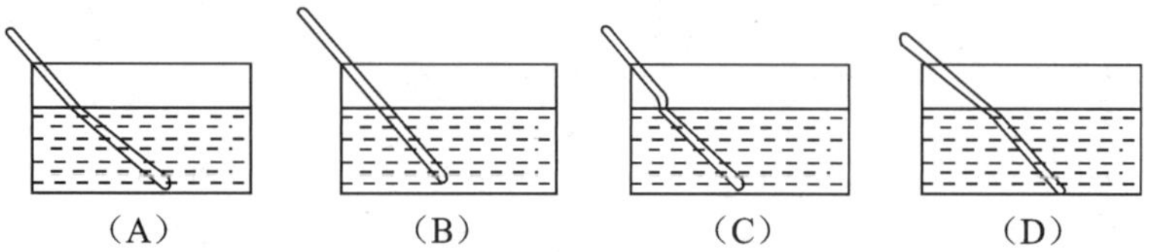

图 3

5. 用手提起长细金属链的一端，使金属链的另一端接触玻璃杯底部，然后逐渐将长金属链顺序地盘入玻璃杯中，直到金属链几乎能装满玻璃杯. 将玻璃杯放置在水平桌面的最左端，使金属链的另一端伸出玻璃杯外，然后用手指按住金属链，如图 4 所示. 若将手指放开，将会出现下列哪种现象(　　)

A. 没有变化

B. 金属链会回到玻璃杯中

C. 金属链会下落一段距离后停止滑出杯子

D. 金属链会下落直到玻璃杯清空

图 4

图 5

6. 如图 5 所示为双金属片温度计的内部结构示意图，双金属片一般是由形状相同的铜片和铁片铆合在一起制成的，其中铜的热膨胀程度比铁的大. 当温度变化时，由于内外两层金属片的膨胀程度不一样而引起指针偏转，同时在弹力的平衡下，指针便指在刻度盘上相应的温度值位置上，从而显示出被测的温度. 下面关于双金属片温度计的认识中，错误的是(　　)

A. 双金属片温度计是根据固体热胀冷缩的原理制成的

B. 被测温度越高，双金属片温度计内弹簧的弹力越大

C. 双金属片温度计的指针做得比较长，是为了能起到将微小形变放大的作用

D. 要使温度升高时指针顺时针偏转，双金属片的外层(图中较粗线所示)应是铁，内层(图中较细线所示)应是铜

7. 有经验的面点师傅在用手从蒸笼里拿刚蒸熟的馒头之前，总是先用手蘸上少许凉水. 面点师傅这样做，主要的道理和目的是(　　)

A. 利用凉水先对手进行冷却，同时由于水的比热容又较大，避免手被烫伤

B. 利用凉水蒸发吸热，以降低手的温度，避免手被烫伤

C. 利用凉水蒸发吸热，以迅速降低笼内水蒸气的温度，避免手被烫伤

D. 利用凉水把手与热馒头隔开，以避免手被烫伤

8. 在抢救呼吸困难的病人时，医生往往给病人输氧气. 氧气经过很长的输送管道进入病房，再通过一个如图 6 所示的装置. 这个装置让氧气先通入瓶中的蒸馏水内，而后才提供给病人呼吸使用. 研究性学习小组的同学们对于让氧气通入瓶中的蒸馏水内的目的，提出了如下几种观点：

①过滤氧气，除去输送过程中夹杂的少量杂质

②给氧气加湿，使氧气湿润一些

③冷却氧气，降低氧气的温度

④通过气泡可以观察氧气的流量大小，便于调节

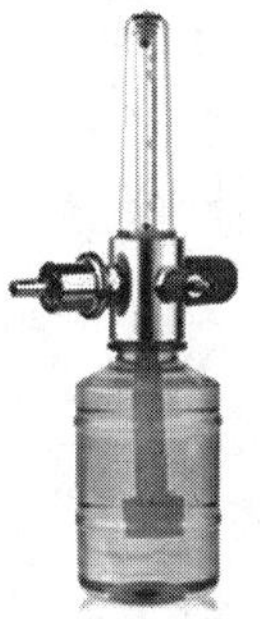

图 6

在上述观点中，最为合理的一组是(　　)

A. ①②③　　B. ②③④　　C. ①②④　　D. ①③④

9. 晶晶在超市买了一块豆腐、一棵圆白菜、一盒鸡蛋，根据你学的物理知识，你觉得如图 7 所示的哪种装袋方式最合理(　　)

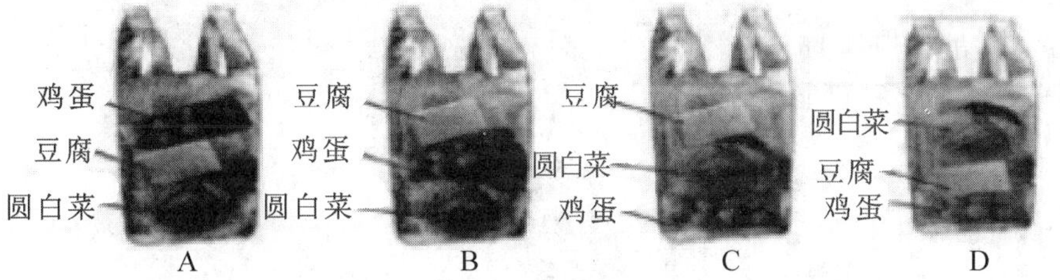

图 7

10. 半潜船是专门从事运输大型海上石油钻井平台、大型舰船、潜艇等超长超重而又无法分割吊运的超大型设备的船舶. 如图 8 甲所示，半潜船把装货甲板潜入水中，使货物能够进入装货甲板上. 然后半潜船上浮至船身和货物一起浮出水面，将货物运走. 如图 8 乙所示为用半潜船运送损坏的舰艇. 下列说法中正确的是(　　)

图 8

A. 半潜船是由密度比水小的实心材料制成的

B. 建造半潜船时内部一定留有很大体积的空舱

C. 没有装载任何货物处于下潜状态的半潜船，与它装载着舰艇并浮出水面时受到的浮力大小一定相等

D. 图 8 乙中的半潜船的质量必须要小于舰艇的质量

二、简答下列各题(每题 6 分，共 30 分)

1. 眼镜是我们十分熟悉的光学器件，由镜片和镜架组成(如图 9 所示). 眼镜可分为①矫正视力的近视眼镜、远视眼镜、老花眼镜及散光眼镜等；②保护眼睛的防风眼镜、太阳眼镜、游泳眼镜等；③具有矫正视力和保护眼睛双重功能的眼镜。

请分别从力学、光学等不同角度，说出至少 3 条上述各种眼镜中包含的物理知识.

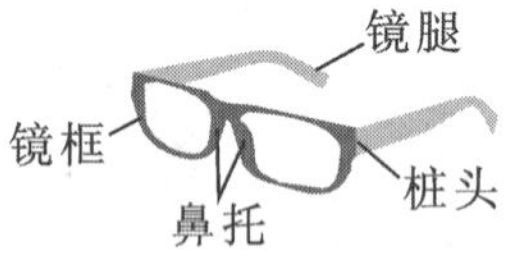

图 9

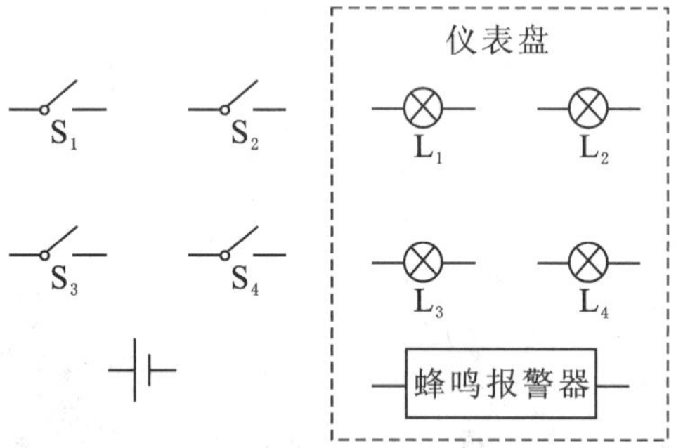

图 10

2. 为防止小轿车在行驶途中由于车门没有关闭而带来危险，厂家设计了报警电路. 四个车门都关闭时蜂鸣报警器不响且指示灯不亮；只要有一扇车门没有关闭，蜂鸣报警器就会报警，对应的指示灯就会发光，根据指示灯发光情况可判断哪一扇车门没有关闭. 请你在图 10 中用笔画线表示导线，将各元件连接成符合要求的电路图(导线不许交叉或穿过开关). 说明：每个车门控制一个开关(S_1 对应 L_1，其他类推)，当车门关闭时开关断开，车门打开时开关闭合.

3. 如图 11 甲所示的吊车在试图吊起损坏的车辆时，发生了翻车事故(如图 11 乙所示). 请你分析吊车翻车的 3 种可能原因.

图 11

4. 参加拔河比赛前老师告诉同学们应注意以下技巧：①挑选体重大的同学参赛；②穿较新的有花纹的橡胶底运动鞋；③拔河时身体要向后倾斜适当角度，两腿前伸两脚用力蹬地，重心落在脚掌后面；④发力时，绳子一定要拉直，听到口号一起用力往后拉. 请你分析并说出 3 条上述技巧背后蕴含的物理知识.

图 12

5. 在秋季无风或微风的清晨，湖面上方经常有一层厚厚的“水雾”. 请你解释秋季水面容易产生水雾的原因.

三、(11 分)抽水蓄能电站是一种特殊的发电站.也是目前电力系统中最可靠、最经济、寿命周期长、容量大、技术最成熟的储能装置.抽水蓄能电站的基本结构如图 13 所示.当电网上的电能有盈余时,抽水蓄能电站就利用盈余的电能,通过蓄能机组带动水泵,把水由低处的下库抽到高处的上库并储存起来;当电网上的电能不足时,使原来抽到上库的水再流回下库,并推动蓄能机组带动发电机发电.

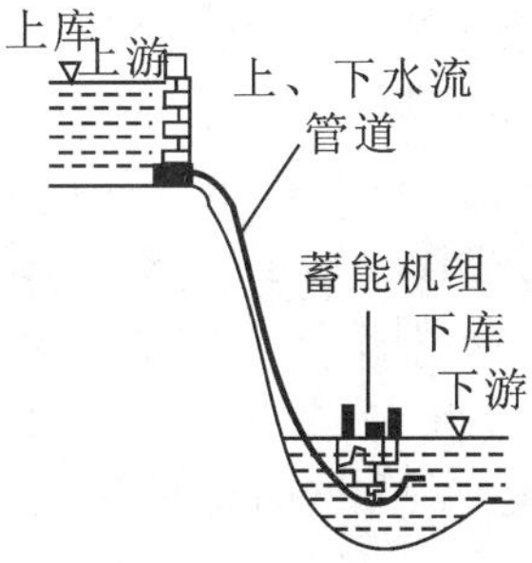

图 13

2015 年 6 月 12 日,安徽金寨抽水蓄能电站项目正式开工.总装机容量 120 万千瓦(此处可看作总发电功率为 120 万千瓦),计划建设 4 台单机容量 30 万千瓦的发电机组.设计年总抽水消耗电能 26.8 亿千瓦时,蓄能发电 20.1 亿千瓦时.取 $g=10\ N/kg$.求:

1. 按照设计要求,平均每年这 4 台发电机组相当于要共同连续工作多少天?

2. 该抽水蓄能电站的年运行综合效率 $\eta_{行}$ 的设计值是多少?

3. 若该抽水蓄能电站在放水发电阶段的效率 $\eta_{发}=90\%$,则抽水蓄能阶段的效率 $\eta_{抽}$ 是多少?

4. 若该抽水蓄能电站上、下库的水面平均高度 $h=100\ m$,为保证该抽水蓄能电站 4 台发电机组全部满负荷连续发电 $t_0=10\ h$,试估算,该抽水蓄能电站上库的容量 $v_{库}$ 至少要多少立方米?

四、(11 分)2015 年 4 月 16 日,中国首创的十秒级闪充电车在宁波正式下线,如图 14 所示.这种电车采用超级电容(一种可以直接以电能形式储存能量的设备,像蓄电池一样也有正、负两极)作为电能存储设备.这种超级电容安全环保,可反复充放电 100 万次以上,使用寿命长达十年.与该车相匹配的充电桩安装在各公交站点,充电桩在乘客上下车的约 30 s 时间里即可把电充满,并可让电车持续正常行驶 5 km 以上.在制动和下坡时,电车还可以把一部分动能再转化为电能为超级电容充电.

图 14

若假设这种电车的质量(满载,含乘客)为 $m=15\ t$;正常匀速行驶时,电车受到的平均阻力 f 为车重 G 的 0.02 倍;正常匀速行驶时的速度为 $v=10\ m/s$.(取 $g=10\ N/kg$)求:

1. 这种电车正常匀速行驶时的功率 $P_{行}$.

2. 若这种电车每次充满电后持续正常行驶 5 km,正常匀速行驶时的效率为 $\eta_{行}=90\%$.试估算,每次充满电,电车从充电桩所获得的能量 E.

3. 若每次给这种电车充满电需耗时 $t=30\ s$,试估算,充电桩为电车充电时的输出功率 $P_{输}$.

4. 若按电价 0.5 元/(kW·h)来计算,则每次充电需花费电费多少元?与之同样功能的燃油公交车百公里油耗约为 36 L,燃油价格按 5.5 元/L 来计算.同样行驶 5 km 需花费燃油费多少元?

五、(14 分)小明某次在路边观察到,工人师傅们在安装水泥电线杆过程中要将地面上水平的电线杆“竖立”起来时,在地面上先挖了形状如图 15 所示的坑.地面处的坑口截面基本上是一个长方形,其宽度仅比电线杆的粗端直径略大一点,坑中从长方形的一边开始有一从地面直达坑底的斜坡.而另一边则是直上直下的,坑底基本上是一个正方形.请你回答:

1. 为什么要挖成图 15 所示的深坑，而不挖成图 16 甲所示的仅比电杆略粗一点的深坑，或者如图 16 乙所示的大口径的深坑？这样做有什么好处？

2. 通过计算对比分析：如果已将电线杆水平放在坑口上方，且其粗端位于坑底右端正上方，现要把电线杆分别埋入图 15、图 16 甲所示的两个坑中，则在竖起电线杆的开始阶段，对电线杆的细端分别至少需要多大的力？已知这种坑深 1.6 m，坑底的长、宽都是 0.3 m，地面处坑口长 2.3 m、宽0.3 m. 电杆线的质量为 410 kg，长 8.0 m，粗端直径 0.26 m，其重心距粗端3.2 m.（取 $g=10\ \mathrm{N/kg}$）

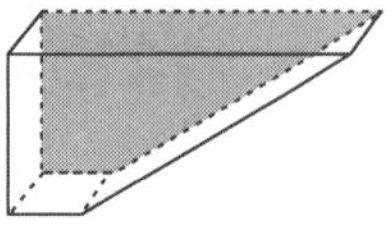

图 15

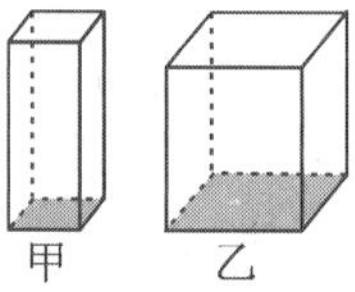

图 16

3. 在上述两种情况下，竖起电线杆的过程中，工人师傅们对电线杆分别至少要做多少功？

六、(14 分)如图 17 所示为一种新型电器——无叶空气净化暖风器，兼具风扇、制暖和空气净化的功能，其铭牌如表 1 所示. 如图 18 甲所示，电器的底部为进气口，空气进入时要经过滤网净化，然后被马达送入环形通道(内有加热元件). 环形通道一端开有细缝，空气从细缝高速吹出. 如图 18 乙所示，高速吹出的气流，能带动周围和后方的空气，使形成风的空气体积比进气体积增加十几倍.

图 17

1. 请解释这种电器形成风的空气体积比进气体积增加很多的原因.

2. 如果要将一个“10 m×7 m×3 m”的房间的温度从 15 ℃提升到 20 ℃，请回答：

(1)请估算该电器至少需工作多长时间？(已知空气的密度约为 $1.22\ \mathrm{kg/m^3}$，比热容约为 $1.0\times10^3\ \mathrm{J/kg\cdot℃}$)

(2)反思你的估算和实际情况有何差异，解释为什么会有差异？

3. 如果要净化该房间内的空气，请回答：

(1)该电器过滤一遍与房间相同体积的空气至少需要多长时间？

(2)反思你计算出的时间和实际情况下将空气过滤干净需要的时间有何差异，解释为什么会有差异？

表 1　空气净化暖风器铭牌

最大功率	制暖 2000 W 凉风/净化 40 W
送风距离	4～7 m
最强进气气流可达	33 L/s(升/秒)
最强出风气流可达	434 L/s(升/秒)

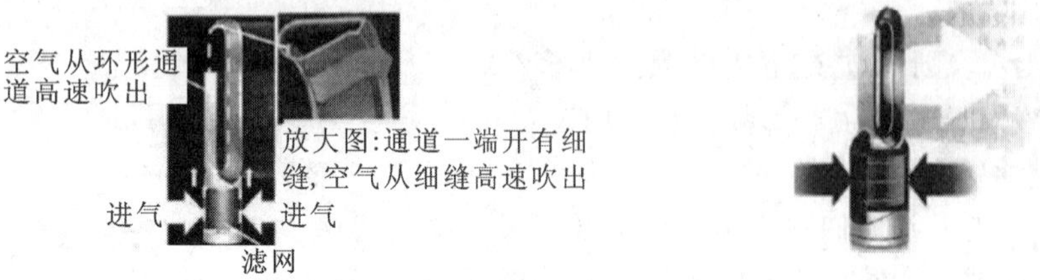

甲　空气从底部经滤网进入，从上方环形通道将气流高速吹出

乙　高速吹出的气流，带动周围和后方的空气，使形成风的空气体积比进气体积增加十几倍

图 18

复　赛

一、(16分)图1是带烘干功能的滚筒洗衣机，额定电压为220 V.洗衣机中的电动机在不同工作环节的电功率由电脑芯片控制.图2为某次正常洗衣过程中电动机和电热丝的电功率随时间的变化情况.若该次洗衣过程共消耗电能0.745 kW·h，求：

1. 此次洗衣过程中电动机共消耗的电能.

2. 烘干用电热丝的电阻.

图1

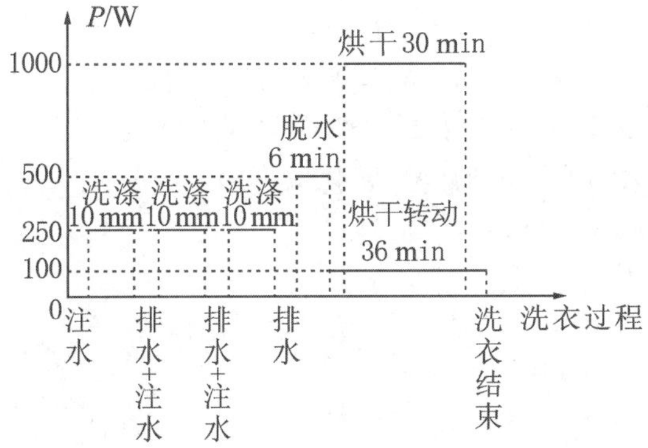

图2

二、(16分)相较于特高压交流输电，特高压直流输电具有造价低、损失小、系统稳定、调节快速、运行可靠等优点，有“世界电力高速公路”之称.例如我国正在建设中的全世界首个±1100 kV高压直流输电线路，设计输送功率1200万kW，每千千米输电损耗仅为1.5%，输送距离为3324 km.

1. 按照国家标准，火力发电厂的发电煤耗均统一以输出1 kW·h电能所消耗的标准煤的质量表示(标准煤的热值为2.93×10^{7} J/kg).目前国内大型火力发电厂实际发电煤耗大致为320 g/(kW·h)，求这种火力发电厂的发电效率.

2. 大型火力发电站每天需要消耗多少标准煤，才能满足上述高压直流输电线路输送电能的要求？

3. 采用高压直流输电，电能在输送过程中的损耗主要来自电流通过金属导线时产生的电流热效应.试推导，若这条输电线路只采用±550 kV超高压直流输电方式输送容量(即最大输送电功率)完全相同的电能，每千千米损耗约为百分之多少？

三、(16分)图3甲所示为某小区户外健身场地中的一种健身器材，各部分尺寸如图3甲所示，锻炼的人坐在座椅上(如图3乙所示)竖直向下方向拉牵引杆手柄，可以将自己拉离地面，如图3丙所示.若正在锻炼的人体重为80 kg，座椅总质量为40 kg，其余部分质量忽略不计，取$g=10$ N/kg.

甲　　乙　　丙

图3

1. 请回答座椅下方立柱CD与起固定作用的立柱AB间的杠杆为什么做成相互平行的双杠杆？

2. 若人的手臂沿竖直向下方向用力拉牵引杆手柄，请估算两手共需要用多大的力才能将自己和座椅拉离地面. 并说明估算过程中做了哪些近似.

四、(18 分)我们可以认为光是由一个个能量粒子组成的. 组成光束的每一个能量粒子所拥有的能量可近似为 $E_0=3.9\times10^{-19}$ J.(若球的半径为 r，则球的表面积 $S'=4\pi r^2$)

1. 一个功率 $P=100$ W 的白炽灯泡，其发光效率为 15 %，假设灯泡可以均匀地向四周辐射光能量，求在距灯泡 40 cm 处垂直于光的传播方向上 1 cm^2 的面积内，每秒钟平均通过的光能量粒子的数量.

2. 已知太阳辐射的总功率 $P_0=4\times10^{26}$ W，太阳到地球的距离 $r=1.5\times10^{11}$ m，太阳光传播到达地面的过程中由于云层的反射和大气的吸收作用，大约有 60 %的能量损耗，太阳能电池的能量转化效率为 15 %，某太阳能电池板设计的输出功率为 2000 W. 求：

(1)此太阳能电池板的最小面积.

(2)此电池板上每平方厘米的面积上，每秒钟平均吸收的光能量粒子的数量.

五、(18 分)滑动摩擦力的大小 f 与相互接触的两个物体间的压力和接触面的粗糙程度有关，接触面越粗糙，压力 N 越大，滑动摩擦力 f 也越大，并满足 $f=\mu N$ 的关系，式中 μ 与接触面的情况有关. 两本相同的书，每本 200 页(即 100 张)，每张纸的质量 m_0 约为 1g. 现将两本书静置在水平桌面上，且逐张交叉叠放在一起，交叠部分的面积为书页面积的一半大小，并用不可伸长的细绳穿过书的中央，如图 4 所示. 已知纸与纸之间、纸与桌面间均可认为 $\mu=0.3$，取 $g=10$ N/kg.

1. 将穿过左侧书 A 的细绳固定不动，用水平力 F 把书 B 匀速抽出，如图 4 所示，求水平力 F 的最小值.

2. 若将穿过右侧书 B 的细绳固定不动，用水平力 F' 把书 A 匀速抽出，求水平力 F' 的最小值.

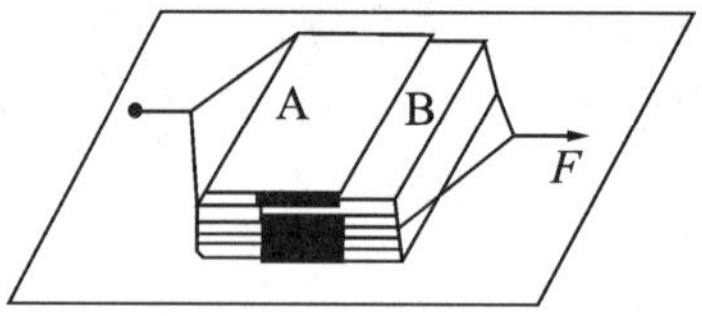

图 4

六、(16 分)在南方，很多家庭的屋顶上安装有利用太阳能加热的水箱. 利用磁铁、两个双触点的干簧管和一个带辅助触点的继电器可以组成一个水箱自动补水控制电路，所用元件如图 5 所示.

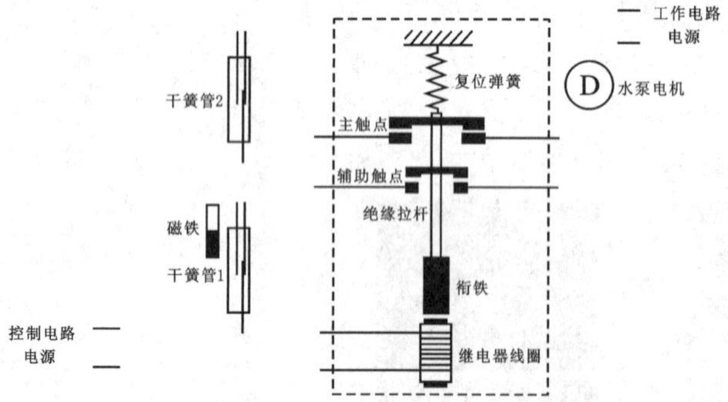

图 5

说明：磁铁与水箱中的浮子固定相连，可随水箱中水面的高低变化而上下移动(水箱和其中的浮子均未画出). 干簧管有两个触点，一个常闭触点和一个常开触点. 当磁铁由于水箱中水面变化而靠近干簧管时，常闭触点断开，常开触点接通；当磁铁由于水面变化而离开干簧管时，两个触点复原. 继电器有两对触点：主触点和辅助触点. 继电器线圈不通电时，两对触点均处于断开状态．当继电器线圈通电时，两对触点同时闭合．使用时主触点接在工作电路中，辅助触点接在控制电路中．

请你完成下列任务：

(1)在图中完成电路的连接；

(2)说明电路的工作过程．

第二十七届全国初中应用物理知识竞赛

学习笔记

初　赛

一、本题共10小题，每小题2分，共20分．以下各小题给出四个选项中只有一个是正确的，把正确选项前面的字母填在题后的括号内．

1. 录音棚的墙壁通常装有皮质材料的软包，如图1所示，这样做的主要目的是(　　)．

A. 减弱声音的反射　　B. 增强声音的反射

C. 增大声音的响度　　D. 提高装饰的效果

图1

图2

2. 如图2所示的两个完全一样的陶瓷杯中分别装有半杯刚冲好的热茶和半杯冷牛奶，如果将它们混合在一起，想尽快做一杯温度可能低一些的奶茶，以下方法中效果最好的是(　　)．

A. 将热茶冷却2 min，之后再把冷牛奶倒入热茶杯中

B. 把冷牛奶倒入热茶杯中，再冷却2 min

C. 将热茶冷却2 min，之后再把热茶倒入冷牛奶杯中

D. 把热茶倒入冷牛奶杯中，再冷却2 min

3. 炎热的夏天，在玻璃杯中装有水和冰块，如图3所示，左边杯子里的冰块压着杯底，右边杯子里的冰块漂浮在水面．若不考虑水的蒸发，当两个杯中的冰块全部熔化时，杯中水面和初始时刻杯中水面相比(　　)．

A. 都高于初始时刻杯中的水面

B. 都和初始时刻杯中的水面相平

C. 左侧杯中水面和初始时刻的水面相平，右侧杯中水面高于初始时刻杯中水面

D. 左侧杯中水面高于初始时刻杯中水面，右侧杯中水面和初始时刻的水面相平

图3

4. 小明用塑料吸管喝汽水时发现，松手后原本插入瓶底的吸管会自己上浮，但放在凉开水中却不会，如图4所示．对此现象的分析，下列说法中正确的是(　　)．

A. 吸管密度小于汽水密度，因此会上浮

B. 吸管很细，由于内部液体表面张力的作用导致上浮

C. 从汽水中析出的二氧化碳以气泡形式附着在吸管上，使它们整体所受的浮力大于所受重力而上浮

D. 由于吸管内外大气压强的作用，使吸管上浮

图 4

图 5

5. 小明是一个爱动手并且善于思考的同学. 一天他把自己的手机拆开，看到了一块如图 5 所示的锂电池. 以下是他做出的判断，其中**不正确**的是(　　).

A. 这块电池提供的电能大约为 2.3×10^4 J

B. 图中 mAh 和 Wh 都是能量的单位

C. 将这块电池充满电需要的电费将不会超过 0.1 元

D. 这块电池提供的电能若全部用来驱动电动机，能借助机械将一个中学生提升超过 20 m 高

6. 有些自动洗衣机通过压力传感器来感知气体的压力，从而控制进水量. 如图 6 所示，某种自动洗衣机进水时，与洗衣缸相连的细管中会封闭一定质量的空气，若不考虑温度的影响，则洗衣缸内水位升高过程中，细管中被封闭的空气(　　).

A. 体积不变，压强变小

B. 体积变小，压强变大

C. 体积不变，压强变大

D. 体积变小，压强变小

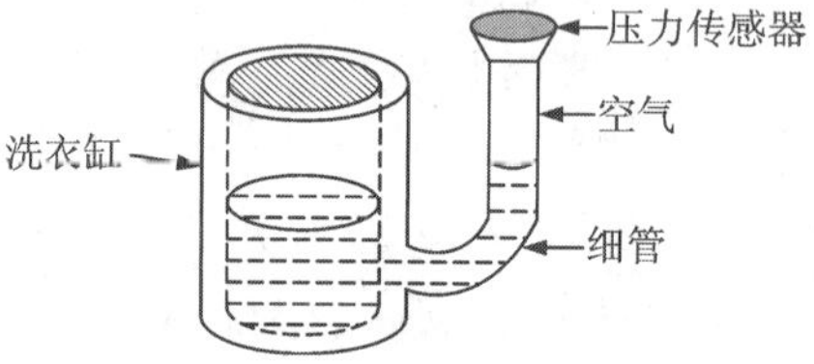

图 6

7. 如图 7 所示，过生日的小朋友正准备吹蜡烛，此刻给他照相，结果发现照片里的烛焰的左侧出现两个“亮影”(箭头所指位置). 关于“亮影”形成原因的猜想，下列说法中最可能正确的是(　　).

A. 人脸就像凸面镜，“亮影”是烛焰通过人脸形成的虚像

B. 烛焰使周围空气密度不均，“亮影”是折射形成的“蜃景”

C. “亮影”是放蛋糕的玻璃茶几表面反射烛光形成的虚像

D. “亮影”是烛光在相机镜头中被不同的镜片表面反射形成的虚像

图 7

图 8

8. 初春的一个晴朗无风的上午，两位小朋友在户外活动时，各自分别用吸管和玩具泡泡枪将肥皂泡吹出，发现肥皂泡在空中轻盈飞舞，如图 8 所示. 两位小朋友利用不同的工具沿水平方向将肥皂泡吹出后，关于肥皂泡在空中沿竖直方向上的位置变化情况，下列说法中正确的是(　　).

A. 都会直接持续下降直至落地

B. 都会先上升，再持续下降直至落地

C. 使用吸管吹出的肥皂泡有可能会先上升，再下降直到落地

D. 使用玩具泡泡枪吹出的肥皂泡有可能会先上升，再下降直至落地

9. 如图 9 所示，在液化燃气加气站操作间的地面上装有一根高约 1 m 顶部带有金属球的金属杆，其主要作用是（　　）.

A. 让工作人员通过与金属杆的接触，避免人体带电

B. 用作避雷装置，避免加气站在阴雨天遭受雷击

D. 供工作人员作为扶手使用，防止工作人员摔倒

D. 把加气站空气中的电荷导入大地，避免空气带电

图 9

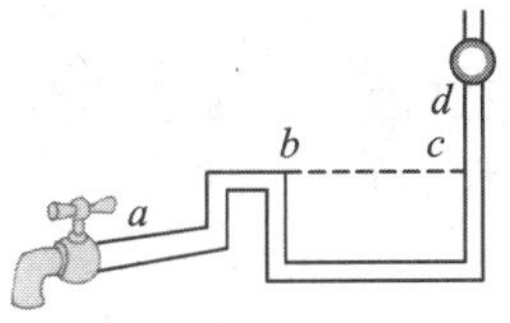

连接b、c两点的虚线为水平线

图 10

10. 图 10 所示为小明家的一段自来水管路的示意图. 平时总水阀保持打开，某次出远门前，小明先将水龙头关闭再将总水阀完全关闭后，突然想洗手又打开水龙头，则（　　）.

A. *abcd* 段水管中的水均可流出

C. 只有 *ab* 段水管中的水能流出

C. 流出的水量等于 *ab* 段和 *cd* 段水管中的水量之和

D. 基本没有水流出

二、简答下列各题（每题 6 分，共 30 分）

1. 大家都有这样的生活经验，洗完澡照镜子的时候，会发现浴室内镜子表面雾茫茫的，无法看清镜子中的自己，如图 11 所示. 请说明浴室中镜子无法正常使用的原因，并提出两种可行的解决方案.

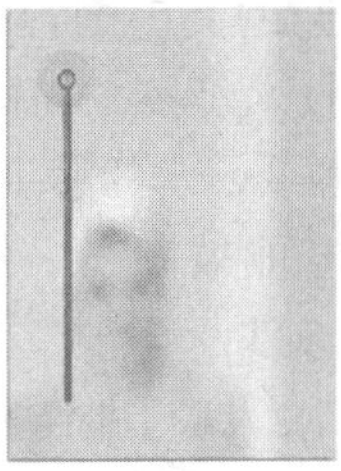

图 11

2. 如图 12 所示，小明将较粗的铜丝绕成圈，由上向下罩在燃烧的蜡烛上，发现虽然并没有隔绝空气，但是火焰明显变小，甚至熄灭. 请你说明这个现象其中的道理.

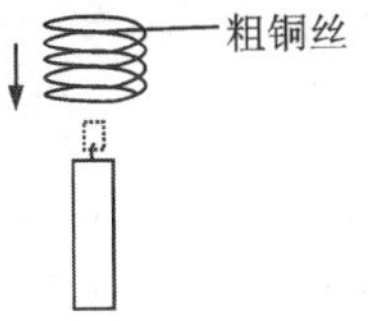

图 12

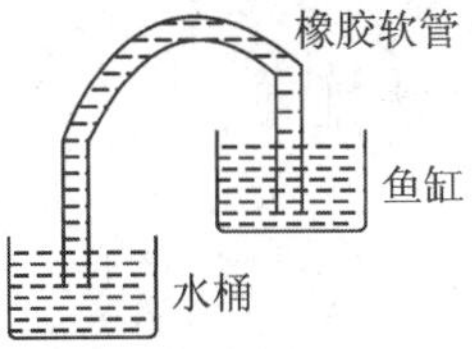

图 13

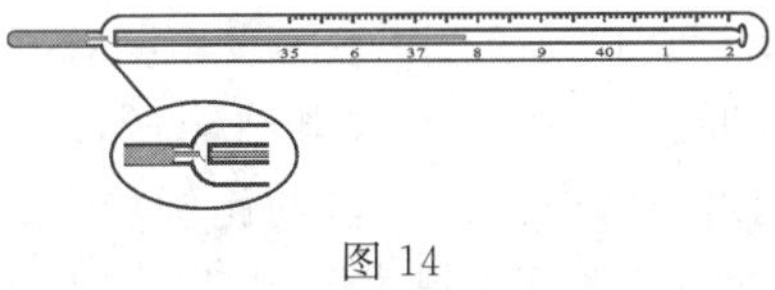

图 14

3. 小明为了给家里的鱼缸换水，自制了一个简易的吸水器，如图 13 所示. 他把一根长橡胶软管注满水，用手堵住管的两端，一端伸入到鱼缸水中，另一端放在鱼缸外低于鱼缸水面的水桶中，放开手后水就可以自动由鱼缸流向水桶. 请你用学过的物理知识解释这个现象.

4. 如图 14 所示是一支医用的水银温度计（体温计），请说出这种体温计设计及其使用过程中所用到的物理知识（至少说出三条）.

5. 如图 15 甲所示为“天宫二号”的伴随卫星在太空为“天神”（我国“天宫二号”空间实验室和“神舟十一号”飞船组合体）所拍摄的合影. 请看图回答：

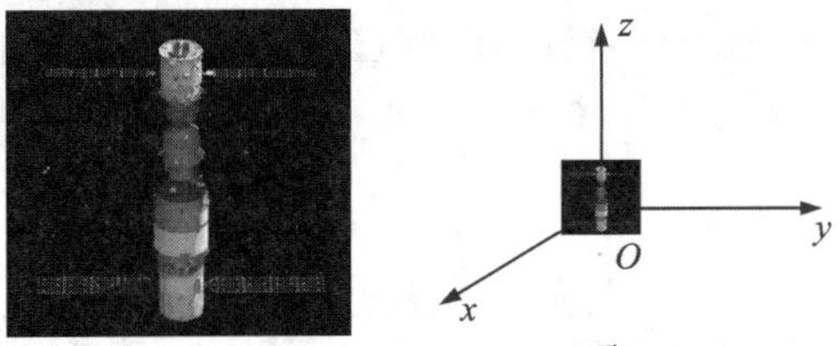

甲　　乙

图 15

（1）为什么照片的背景不是我们常看到的蓝天？

(2)以“天神”组合体的中心为原点建立坐标系如图 15 乙所示，其中图 15 甲所在平面即为坐标系中的 yOz 平面. 则从图 15 甲可以推测，此时太阳的方位位于(　　).

A. x 轴正方向，y 轴正方向，z 轴正方向之间

B. x 轴负方向，y 轴正方向，z 轴正方向之间

C. x 轴正方向，y 轴正方向，z 轴负方向之间

D. x 轴负方向，y 轴正方向，z 轴负方向之间

三、(11 分)汽油发动机工作时，汽油必须和吸进的空气成适当的比例，才能形成可以有效燃烧的混合气，这就是空燃比(可燃气体中的空气质量与燃油质量之比). 空燃比是发动机运转时的一个重要参数，它对尾气排放、发动机的动力性和经济性都有很大的影响. 根据发动机的类型等因素，每种发动机的空燃比一般不同. 某汽缸总量为 2.0 L 的 4 缸发动机所需的空燃比为 14∶1，混合燃气的密度为 $1.35\ \mathrm{kg/m^3}$，当发动机曲轴每分钟转速为 2600 转时，输出功率为 65 kW. 此时该发动机的效率是多少？(汽油的热值为 $4.6\times10^7\ \mathrm{J/kg}$)

四、(12 分)2010 年 11 月 5 日，在新疆召开的“引渤入疆”(指引渤海水进入新疆)研讨会，引起了全国舆论的广泛关注. 其中一个方案是：从天津取水，由黄旗海—库布齐沙漠—毛乌素沙漠—腾格里沙漠—乌兰布和沙漠—巴丹吉林沙漠，走河西走廊，经疏勒河自行流入罗布泊. 此路径中最高海拔约为 $h_1=1200\ \mathrm{m}$，从罗布泊到下游的艾丁湖，又有近 $h_2=1000\ \mathrm{m}$ 的落差. 此方案是否可行，涉及环境、能源、技术等多方面的因素. 下面我们仅从能量的角度来分析这个方案. 取 $g=10\ \mathrm{N/kg}$，水的密度 $\rho=1.0\times10^3\ \mathrm{kg/m^3}$.

(1)若通过管道提升海水，电能效率 $\eta=60\%$，将 1t 海水提升到海拔 1200 m 处，需要电能 E_1 至少为多少？

(2)若每年调 $4\times10^9\ \mathrm{m^3}$ 海水入疆，即使把从罗布泊到下游的艾丁湖落差发的电全部用来提升海水，也还需要额外提供电能.

①若利用水的落差发电，发电效率也为 $\eta=60\%$，将 1 t 海水运输送到艾丁湖，额外需要电能 ΔE_0 为多少？

②已知三峡水电站年平均流量 $Q=5.0\times10^{11}\ \mathrm{m^3}$，水库水面与发电机的水轮机所在位置的平均高度差 $h=100\ \mathrm{m}$，发电站的发电效率 $\eta=60\%$. 若“引渤入疆”工程额外需要的电能可以从三峡水电站输送，求在一年中“引渤入疆”工程额外需要的电能占三峡电站发电量的比例.

五、(13 分)在高速公路上常使用“超声波测速仪”测定车速，从而判断汽车是否超速行驶. “超声波测速仪”其实就是一种传感器，测速仪发出并接收超声波脉冲信号，根据发出和接收到信号的时间差的变化，测出被测物体速度. 图 16 甲中仪器 A 和 B 通过电缆连接，B 为超声波发射与接收一体化装置，仪器 A 能将装置 B 发出和接收到的超声波以脉冲波形显示在屏幕上. 现固定装置 B，并将它对准沿直线匀速行驶的小车 C 的尾部，使其每隔固定时间 T_0 发射一短促的超声波脉冲，如图 16 乙中幅度较大的波形. 反射波(图乙中幅度较小的波形)滞后的时间已在图中标出，其中 T_0 和 ΔT 为已知量，另外还知道该测定条件下超声波在空气中的速度为 v_0，求小车的速度大小.

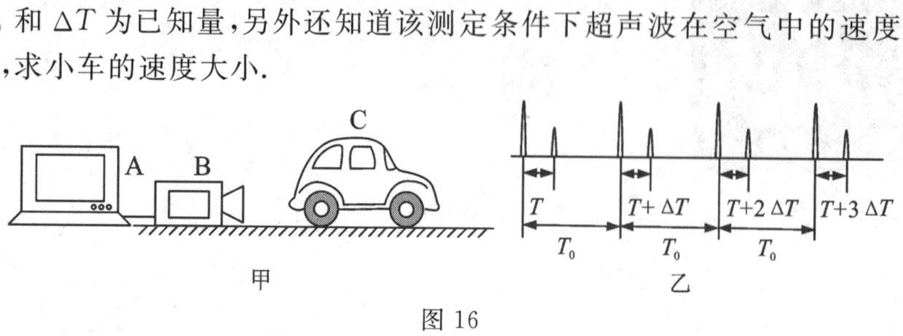

图 16

六、(14 分)某电动公交车的部分数据如表 1 所示.

表 1

整备质量(空车质量)	13200 kg
制动距离(初速 30km/h 紧急制动)	9 m
一次充电续驶里程(36km/h 匀速行驶)	150 km
电池总电压	384 V
电池总容量	255 A·h

当该车电池储存的能量降低到充满电时的 10 %以下时,就需要再次充电.该车在刹车时,可以将约 10 %的动能回收并储存到电池中.已知质量为m,速度为 v 的物体所具有动能的计算式 $E_{动}=\frac{1}{2}mv^2$,请计算:

1. 该车以 36 km/h 匀速行驶时受到的阻力?

2. 公交公司想要估算该车在某公交线路运行时,充一次电能跑多少趟(从始发站到终点站算第 1 趟,再从终点站返回算第 2 趟).

该公交线路从始发站到终点站全程约 21.5 km,且没有明显的上下坡.公交公司在该线路上设置了 30 个站点.线路途径 20 个红绿灯,假设公交车在行驶过程中,平均每趟遇到 10 次红灯.假设该车以 36 km/h 匀速行驶,平均每趟搭乘司机和乘客约 30 人.

在上述条件下,请你估算:该车充满一次电最多能跑几趟该公交线路?

3. 你认为实际情况下,该车在此公交线路上连续可行驶路程比第(2)问的估算结果更大还是更小?请说明你的理由(说出 4 条以上).

复 赛

一、(16 分)图 1 甲是利用激光测量转速的示意图,其中水平圆盘可绕竖直固定轴转动,盘边缘侧面上有一小段涂有很薄的反光材料.当盘转到某一位置时,接收器可以接收到反光涂层所反射的激光束,并将所有收到的光信号转变成电信号输入计算机,经处理后画出相应图线,如图 1 乙所示,其中的横坐标表示时间,纵坐标表示接收的激光信号强度.若已知圆盘直径为 14.00 cm,图 1 乙中显示屏横向的每大格(5 小格)对应的时间为 5.00×10^{-2} s.求:

1. 圆盘每秒转过的圈数.(结果保留 1 位有效数字)

2. 侧面反光涂层的长度为多少厘米.(保留整数)

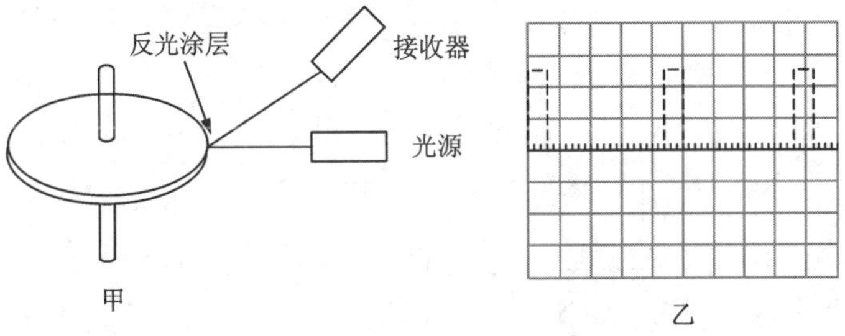

图 1

二、(16 分)由于一些驾驶员的安全意识不强,使得交通事故偶有发生.如图 2 所示,一辆小轿车经过某一桥面时,不小心冲破了防护栏杆,掉到桥下的河水中.假设在最初漂浮的时间内,司机可实施自救,自救时间最少需要 100 s.假设河水很深,单位

图 2

时间内进入小轿车的水量相等，小轿车和外总体积约为 $5\ m^3$，内部可储水空间可等效地看成一个长 3 m、宽 1.5 m、高 1 m 的长方体，设小轿车和人的总质量为 2.0×10^3 kg，$\rho_水=1.0\times10^3\ kg/m^3$，$g$ 取 10 N/kg.

1. 若要保证司机有足够的自救时间，请估算每秒进入小轿车的水总质量最多为多少.

2. 求当小轿车开始下沉时，车内未进水的空间体积占其储水空间总体积的百分比.

三、(16 分)如图 3 甲所示为“双刀双掷”开关(相当于两个单刀双掷开关“联动”，两个开关之间用绝缘材料连接，彼此并不联通)，通过搬动手柄，就可以将六个接线柱按一定规律接通，接线柱 c 与 e 相连，d 与 f 相连，通过适当的连线，双刀双掷开关可以产生一些神奇的效果.

1. 假如用两根导线分别连接 a、f 和 b、e 之后，再与电源和直流电动机连接成如图 3 乙所示的电路，请说明这个电路的作用.

2. 若再给你两个单刀双掷开关、1 个电源、一只小灯泡和适量的导线，请设计用这三个开关都能独立控制小灯泡亮和灭的电路，并在图 3 丙中完成所设计的电路图.

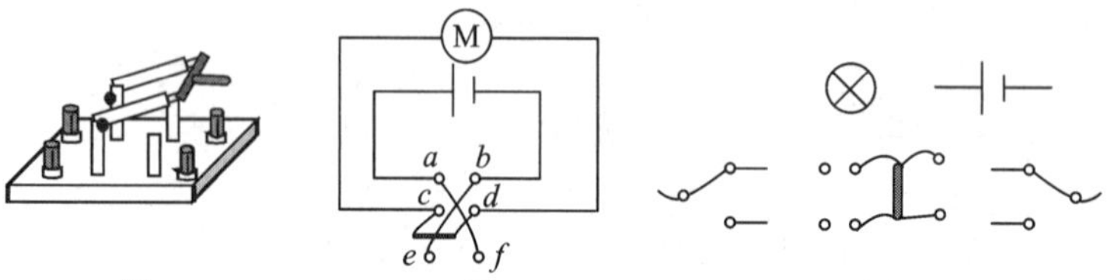

甲　　　　乙　　　　丙

图 3

四、(16 分)如图 4 所示为一张多功能活动桌子，桌子面板为长方形，其长度为 80 cm，质量为 2 kg，位于桌面左端下方的支柱高度为 60 cm，质量 4 kg，其粗细可忽略不计，带有滚轮(不计其所受重力)的工字型底座的长度 60 cm，质量 3 kg. g 取 10 N/kg，请计算：

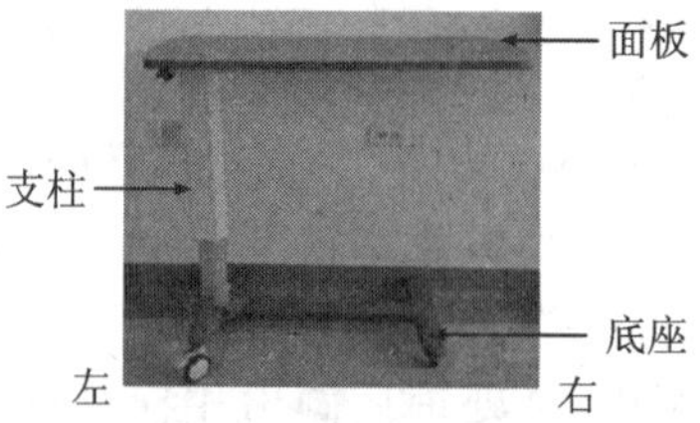

图 4

1. 将一实验仪器放在桌子上，若要保证实验仪器摆放在面板上的任意位置桌子都不会翻倒，求这台实验仪器的最大质量.

2. 桌子不放任何物品时，左侧两个滚轮共需承受多大压力？右侧两个滚轮共需承受多大压力.

五、(18 分)节水喷灌系统已经在我国很多地区使用，某节水喷灌系统如图 5 所示，其喷口距离地面的高度 $h=1.8$ m，该喷灌系统从喷口沿水平喷出水的最大速度 $v_0=15$ m/s，每秒喷出水的质量 $m_0=15$ kg/s，该喷灌系统所用的水是从蓄水池中抽取的，蓄水池中水面距离地面的高度 $H=1.95$ m，并保持不变，水泵由电动机带动，电动机线圈电阻 $r=5.0\ \Omega$. 电动机正常工作时，输入电压 $U=220$ V，输入电流 $I=4.0$ A. 若不计电动机在工作过程中由于摩擦等一些因素所造成的能量损耗，则此时电动机的输出功率等于水泵所需要的最大输入功率. 水泵输出的机械功

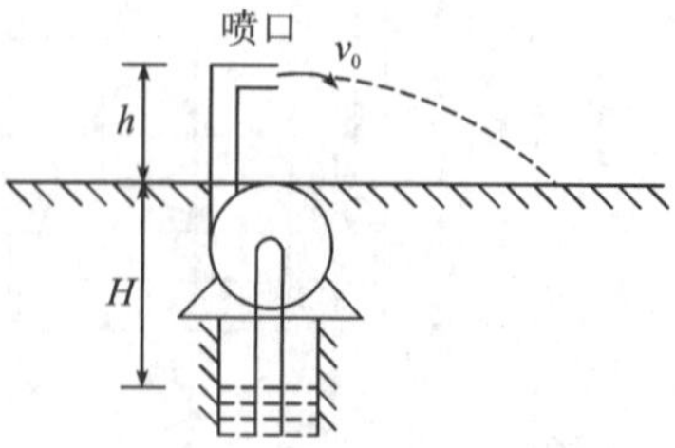

图 5

率与输入功率之比为水泵的抽水效率.计算时取 $g=10\ N/kg$,取 $\pi=3$,已知动能的计算式为 $E_{动}=mv^2/2$.

1. 假设系统总是以最大喷水速度工作,求:

①电动机的输出功率 $P_{出}$;

②水泵的抽水效率 η.

2. 若该喷灌系统总是以最大水平喷水速度工作,在某地区需要用蓄电池将某种太阳能电池产生的电能存储起来供该系统使用,根据以下数据求所需太阳能电池板的最小面积 S_m.已知太阳光传到地面的过程中大约有 $\delta=40\%$的能量损耗,太阳辐射的总功率$P_0=4\times10^{26}$ W,太阳到地球的距离 $R=1.5\times10^{11}$ m,上述太阳能电池的能量转化效率约为 $\eta_1=20\%$,蓄电池释放电能的效率为 $\eta_2=90\%$.

六、(18 分) 某工人在野外施工,需要使质量 $m=4.20$ kg 的铝合金工件从 $t_0=10.0$ ℃升温到 66.0 ℃以上(含 66.0 ℃);除了保温瓶中尚存有温度 $t=90.0$ ℃的 1.2 kg 的热水外,无其他热源.请提出一种能达到目的、操作简单的方案,并通过估算验证你的方案.

已知铝合金的比热容 $c_1=0.88\times10^3$ J/(kg·℃),水的比热容 $c_2=4.20\times10^3$ J/(kg·℃),不计工件与热水向周围环境传递的热量.

第二十八届全国初中应用物理知识竞赛

初 赛

学习笔记

一、本题共 10 小题,每小题 2 分,共 20 分.以下各小题给出的四个选项中只有一个是正确的,把正确选项前面的字母填在题后的括号内.

1. 如图 1 所示为伦敦四大地标性摩天大楼:"对讲机""小黄瓜""奶酪刨""碎片大厦".其中一座大楼的设计考虑不周,曾经由于玻璃反光将停放在附近的小轿车某些部件"烤"熔化了,你认为这座大楼最可能是(　　).

图 1

2. 当今,世界性的能源危机在不断地加深,节约能源义不容辞.如图 2 所示四种符号中,为中国节能标志的是(　　).

图 2

3. 在炎热的夏天，当我们吃冰棒的时候，常常看到在冰棒的周围有“白气”冒出，关于这个“白气”，下列说法正确的是(　　).

A. “白气”是冰棒上的冰升华的结果，“白气”应该上升

B. “白气”是冰棒上的冰升华的结果，“白气”应该下降

C. “白气”是空气中的水蒸气液化的结果，“白气”应该上升

D. “白气”是空气中的水蒸气液化的结果，“白气”应该下降

4. 如图 3 所示为双线并绕的螺线管，a、b、c、d 为四个接线柱，其中 a、b 之间连接一根较细的导线；c、d 之间连接一根较粗的导线. 如用两端电压恒定的同一个电源供电，下列连接方式中磁性最强的方法是(　　).

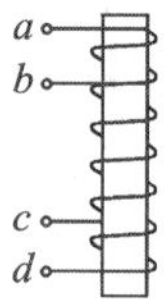

图 3

A. 将 bc 相连，然后 a、d 分别接电源两极

B. 将 cd 相连，然后 a、b 分别接电源两极

C. 将 ab 相连、cd 相连，然后分别接电源两极

D. 将 ad 相连、bc 相连，然后分别接电源两极

5. 5 号电池因其体积小、容量适中，因此在小功率电器产品中广泛使用. 某种市值 5 号电池包装上写有“1.5 V　2000 mAh”字样. 对该电池，下列说法中正确的是(　　).

A. 它能提供的电能约为 10.8 kJ　　B. 它正常工作时的电流是 2 A

C. 它提供的最大功率为 3 W　　D. 它在电路中是提供电荷的装置

6. 在平缓的海滩上经常可以看到如图 4 所示的情景：不论远处的海浪沿什么方向冲向海岸，到达海岸时总是大约沿着垂直于岸的方向，发生这个现象的原因可能是(　　).

图 4

A. 在海岸边，风的方向总是与海岸线垂直

B. 在海岸边，风的方向总是与海岸线平行

C. 水波在浅水中传播时，水越浅传播得越快

D. 水波在浅水中传播时，水越浅传播得越慢

7. 小明有宠物店买了淡水热带鱼，为方便带回家，商家将鱼放在装有水的轻薄的塑料袋里. 如果小明将装着鱼且没有打开的塑料袋直接放入家里的淡水鱼缸中，则图 5 中最有可能发生的情况是(　　).

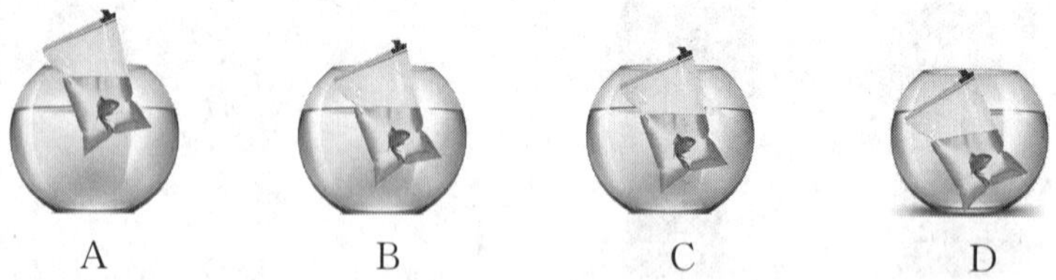

图 5

8. 微波在传播过程中，如果遇到金属会被反射，遇到陶瓷或玻璃则几乎不被吸收的透射，而遇到类似于水、酸等极性分子构成的物质则会被吸收导致这些物质的温度升高. 如图 6 所示为家用微波炉工作过程的示意图. 根据这些信息，你认为以下关于微波炉的说法**不正确**的是(　　).

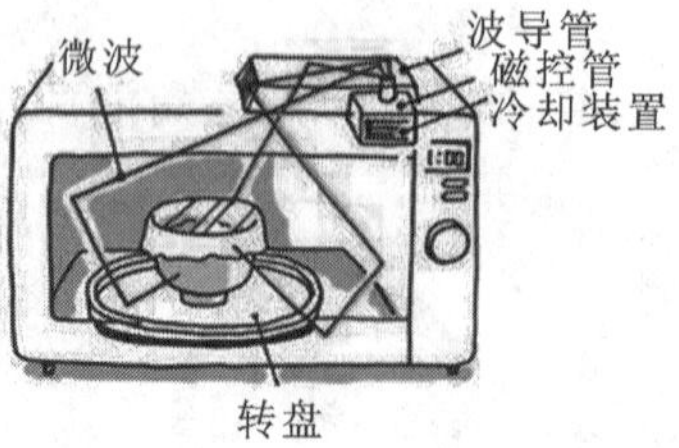

图 6

A. 炉的内壁要使用金属材料

B. 炉内盛放食物的容器的材质可以是玻璃或是陶瓷

C. 炉内转盘的主要作用是为了从不同侧面看到食物被加热的情况

D. 微波炉的玻璃门上有一层金属膜或金属网

9. 静止、密闭的客车上有一个系在座椅上的氦气球，一个悬挂在车顶的小球. 若客车突然启动向左驶出，图 7 中氦气球与悬挂小球最有可能出现的相对位置的变化是(　　).

A　　B　　C　　D

图 7

10. 纸是我国古代四大发明之一，造纸术的发明，引起了书写材料的一场革命，直至今日仍为信息传递和保存的重要方式之一. 如图 8 所示是平放于水平桌面上的一包打印纸，热爱物理的小远同学注意到打印纸的包装上有如图 8 乙所示的一些信息，他还用毫米刻度尺测量了这包纸的厚度，记录了一个数据 5.00，但忘了写单位，以下对这包纸的估算最符合实际情况的是(　　).

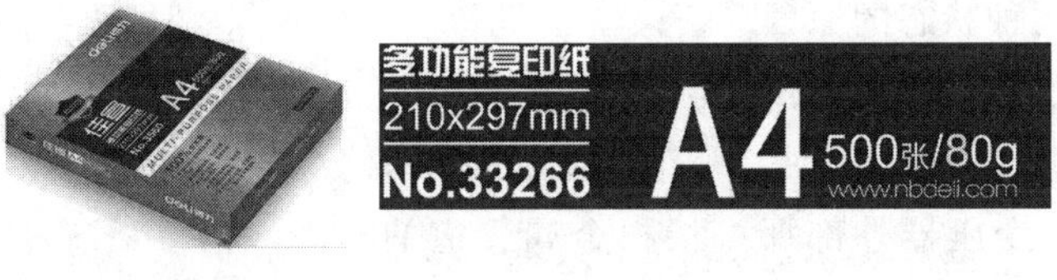

甲　　乙

图 8

A. 这种纸单张纸张的厚度约是 50 μm

B. 这包纸的质量约为 2.5 kg

C. 这种纸的密度大于水的密度

D. 这包纸对水平桌面的压强约为 40 Pa

二、简答下列各题(每题 6 分，共 30 分)

1. 炎热的夏天，小明想用冰袋给如图 9 所示的罐装饮料降温. 他想到了两种方法：一种方法是将冰袋放在罐装饮料的上方，另一种方法是将冰袋放在罐装饮料的下方. 假定液体饮料充满整个容器且饮料的末温不低于 4 ℃，则哪种方法可以使饮料降温更快，为什么？

图 9

2. 将新打开盖子的饮料盒中的果汁倒入杯中时，有时会出现果汁流出断断续续、时远时近(同时发出咕咚声)的现象，果汁也很容易溅出杯子外面. 为避免这种情况发生，在打开饮料盒的盖子后，应采用图 10 甲还是图 10 乙的方式倒果汁，请运用物理知识说明图 10 甲、乙两种方式倒果汁效果不同的原因.

甲 开口在下　　乙 开口在上

图 10

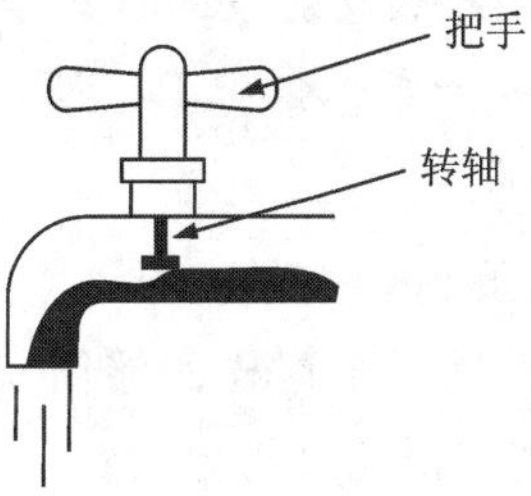

图 11

3. 拧开水龙头，让水流平稳地流出，形成如图 11 所示形状的水柱. 请看图回答：

(1)简述水龙头把手的作用；

(2)为什么流出的水柱呈上粗下细的形状？

4. 中国科技馆"探索与发现"展厅有一个展品名为"伸缩的线圈"，它是一个用软线在一根塑料管上绕成的软螺线管，软螺线管导线的两端可通过开关与电源相连. 如图 12 所示分别是该展品中软螺线管通电或不通电的两种状态，请回答以下几个问题：

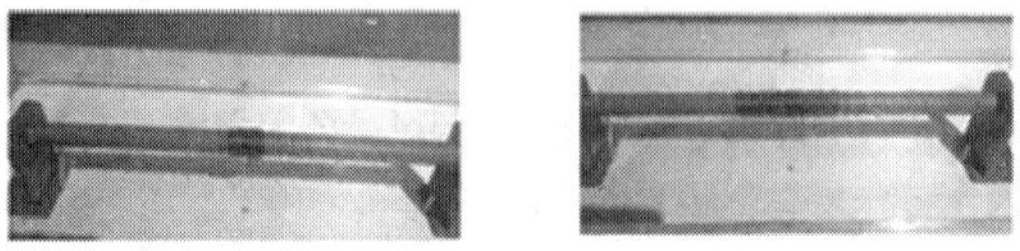

甲　　乙

图 12

(1)哪幅图是软螺线管通电的状态？

(2)如果将软螺线管通电的电流反向，可以看到什么现象？

(3)解释软螺线管通电或不通电的两种状态的原因.

5. 图 13 所示为低压电路中常用的油浸自冷式变压器，变压器内部的铁芯、线圈浸没于变压器油（一种矿物油，也称导热油）中. 变压器工作时，铁芯、线圈会发热. 热量就在导热油流经变压器外部那一根根金属管道的过程中导出并散发到空气中，从而使铁芯、线圈的温度不会升高太多，以确保变压器的安全运行. 请回答：

(1)变压器外部的散热器做成竖直方向上的管道状，这样做的目的是什么？

(2)变压器的上部有个油箱，其侧面有一个油量表，如图 13 所示，油量表的主要部件是一根外置的玻璃管. 请简述如何判断油箱的测量，依据的主要物理知识是什么，并解释正常情况下，变压器油箱中的导热油为什么不允许装满？

图 13

(3)变压器附近要设置防触电的警示标志，请解释原因.

三、(11 分)海洋打捞技术中常用浮筒打捞海底沉船. 充满海水的浮筒靠自重下沉，向沉入水中的浮筒内充气，将浮筒内海水排出，浮筒即产生上举力. 浮筒为钢制的空心圆柱体，其圆柱面的外半径 $r=5$ m，圆柱体高度 $L=12$ m，其质量为 2×10^5 kg. 某海域有一艘失事沉船，打捞人员需先用声呐（一种发射声波的仪器）探测沉船的深度，在沉船正上方的海面上向沉船发射声波，测得声波从发出至接收到反射波的时间是 0.1 s，海水中的声速为 1500 m/s. 已知海面大气压 $p_0=1.0\times10^5$ Pa，海水的密度是 $\rho=1.03\times10^3$ kg/m^3.

1. 求给浮筒充气的气体压强至少应是多大？

2. 若用浮筒打捞沉船时，需用 6 个这样的浮筒. 若用其他方式打捞这艘沉船，大约需要多大的力才能将沉船打捞起来？

四、(12 分)如图 14 甲所示为手动压力机，厂家已标出部分尺寸，其他相关尺寸可根据图 14 甲估测获得. 压力机手柄拆卸下来后的结构如下图 14 乙所示，手柄总长度为 30 cm. 手柄连接的齿轮直径为 2 cm. 向下压手柄右端时通过齿轮带动齿条向下运动，可对放在台面上的物体施加巨大压力. 若此压力机的规格是可产生 5000 N 的压力，总质量为 9 kg. 请通过估算说明：根据该压力机的设计规格，若手柄转到任何方位时都能正常工作，在将该压力机放在水平桌面上使用时，是否需要用螺栓将其固定在工作台上？(g 取 10 N/kg)

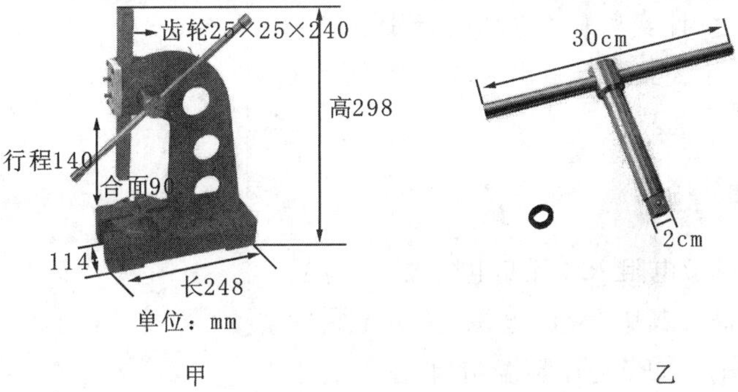

图 14

五、(13 分) 某学校新装的饮水机既能提供温度为 100 ℃的开水，也能提供温度为 35 ℃的可直接饮用的温开水. 研究性学习小组的同学查阅了相关资料，画出了饮水机内部结构图如图 15 所示. 他们发现从自来水管流入饮水机的 20 ℃生水并不是直接进入加热器，而是先进入换热器，与已经加热到 100 ℃的开水进行热交换，这样开水就变成了 35 ℃的温开水，生水也被加热到 85 ℃然后进入加热器. 若饮水机加热器的额定功率为 3 kW，饮水机内水箱容量 45 L，已知 $c_{水}=4.2\times10^{3}$ J/(kg·℃). 请回答下列问题：

1. 写出 A、B、C、D 四个位置的水温.

2. 相同功率的只能提供开水的饮水机，一天供应 8 小时开水，最多能供应多少 L？

3. 统计结果显示，学校学生一天所需的开水和温开水的质量之比是 1∶4，使用该型号饮水机，每天正常工作 8 h，最多能供应多少升可饮用水？

4. 请简述这种饮水机有哪些优点？

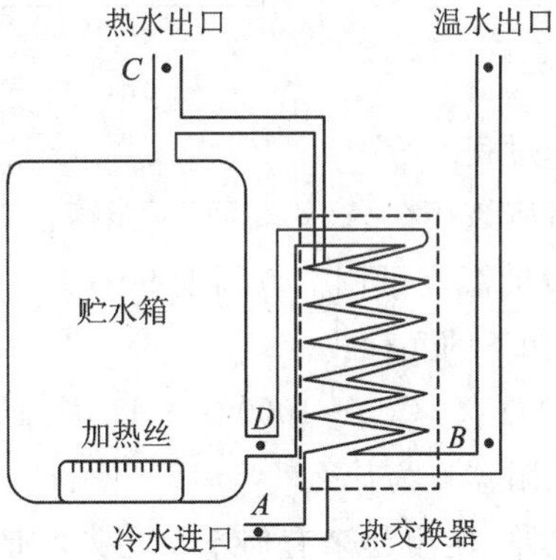

图 15

六、(14 分) 为了研究"从静止开始滴落的水滴，在不同时间段的平均速度随时间变化的规律"，小林将这个问题简化为"研究水滴分别在 0～0.2 s、0.2～0.4 s、0.4～0.6 s…的平均速度与时间有什么关系". 他使用医用输液系统、刻度尺、电子秒表展开了研究. 使用如图 16 所示的输液系统可以保持一段时间内滴出水滴的时间间隔相同.

1. 调节流速调节器，可改变滴出水滴的时间间隔. 不增加器材，请设计实验研究：当滴出水滴时间间隔长短改变时，每个水滴的质量是否发生变化？写出实验步骤、预测可以观察到的现象，并说明可得出的结论.

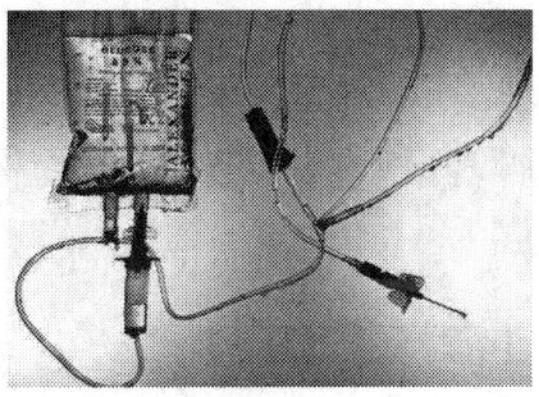

图 16

2. 小林从第1个水滴离开针头开始计时，到第31个水滴离开针头按下秒表停止计时，读出秒表的示数为 t_1. 调整水滴滴出时间间隔，使 $t_1=6\text{s}$. 保持滴出时间间隔不变，然后他在针头正下方放置接水盘，调整接水盘底部到针头滴水口的高度 h_1，使耳朵刚好听到一个水滴滴在盘中的声音，同时下一个水滴刚好开始下落. 用刻度尺测量出 $h_1=0.20\text{ m}$，求此过程水滴下落的平均速度 v_1.

3. 假如第(1)问实验结果证明：当水滴滴出时间间隔较长时，改变水滴滴出时间间隔，滴出的质量几乎不变. 请设计实验研究"水滴分别在0～0.2 s、0.2～0.4 s…的平均速度，与时间有什么关系"，写出实验步骤和平均速度的计算公式.

复 赛

一、小明利用实验室的电磁继电器、热敏电阻 R_1、可变电阻器 R_2 等器件设计了一个恒温箱控制电路，如图1所示. 其中"交流电源"是恒温箱加热器的电源(加热器在恒温箱内，图中未画出)；R_1 处于恒温箱内，图2是小明通过实验测得的 R_1 的阻值随温度变化的关系曲线；电磁继电器的电源两端电压 $U=6\text{ V}$，电磁继电器线圈的电阻可不计，通过实验测得当电流为30 mA时，电磁继电器的衔铁被吸合.

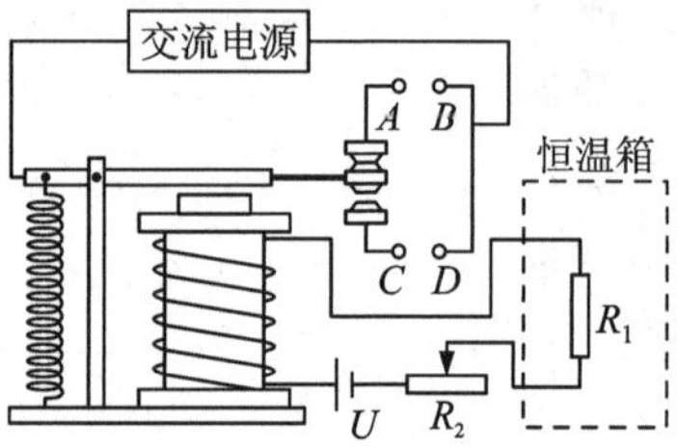

图1

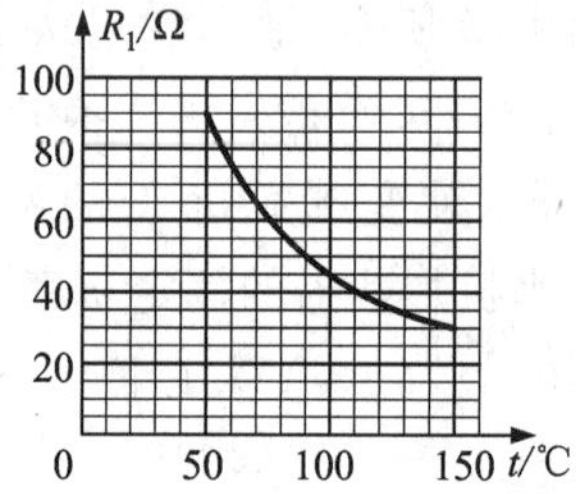

图2

1. 请简述此恒温箱的工作过程.

2. 为什么恒温箱的加热器应该接在 A、B 端，而不能接在 C、D 端？

3. 如果要使恒温箱内预设的温度可调节范围是90～150 ℃，可供选择的可变电阻器 R_2 的电阻值有如下的几种：

A. 0～100 Ω　B. 0～200 Ω　C. 0～1000 Ω　D. 0～1500 Ω

请问应选择哪一个可变电阻器？为什么？

4. 小明设计的这个控制电路，使用起来有何不足之处？请你提出一种解决的方案.

二、清洗机是利用高压水流清洗车辆表面污垢的机器. 有一种CC5020型清洗机的铭牌如表1所示. 请回答：

表1　CC5020清洗机铭牌

型号	CC5020	额定压力	5 MPa
电源	220 V～/50 Hz	额定流量	20 L/min
额定功率	2.2 kW	防护等级	IP25

1. 从物理学的角度看，铭牌中有一个物理量名称与单位不一致，请你指出并说明如何更正.

2. 清洗机正常工作时，通过清洗机的电流是________A. 若清洗一辆汽车平均耗时10 min，则清洗一辆汽车平均用水________m^3；平均耗电

________ kW · h.

3. 清洗机正常工作 10 min，清洗机对水做多少功？

4. 该清洗机正常工作时的效率是多少？

三、家庭水暖又叫“土暖气”，是我国北方广大农村及一些城市使用的一种取暖设备，图 3 是一种家庭水暖的安装示意图，其中下水管的 D 端比 A 端略高，其坡度为 1∶100. 请看图思考并回答以下问题：

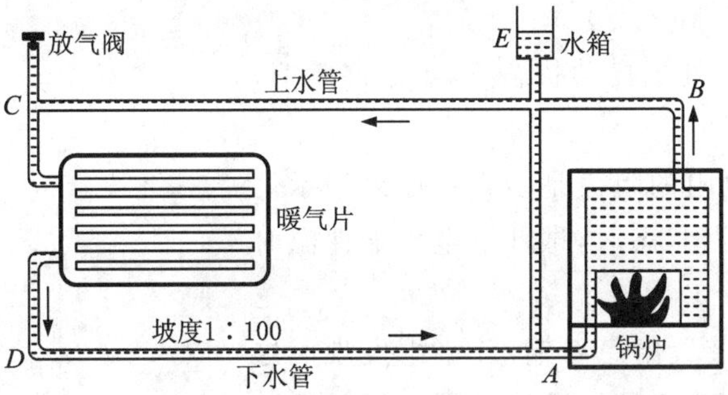

图 3

1. 这种水暖设备并没有应用水泵，但是当点燃锅炉后，水便可以在管中按箭头所示方向自行流动. 请具体分析管中的水流动的原因是什么.

2. 为什么要安装放气阀？

3. 使用该套设备时，对水箱中的水位高低有什么要求？

四、有一种 WSJ－60 型号电水壶，图 4 是电水壶的电路图，L_1 为电源指示灯、L_2 为保温指示灯、L_3 为加热指示灯，R_1、R_2、R_3 为指示灯的保护电阻，其大小为 100 kΩ 左右；R 为加热器，其电阻小于 100 Ω；S_1、S_2 为压键开关；ST 温控器是一个双金属片温控开关，当温度较低时，其处于闭合状态，当温度升高到一定值后，会自动断开，从而实现了自动温度开关控制.

型号：WSJ－60
额定电压：220 V～
频率：50 Hz
额定功率：600 W
水壶的容积：1 L

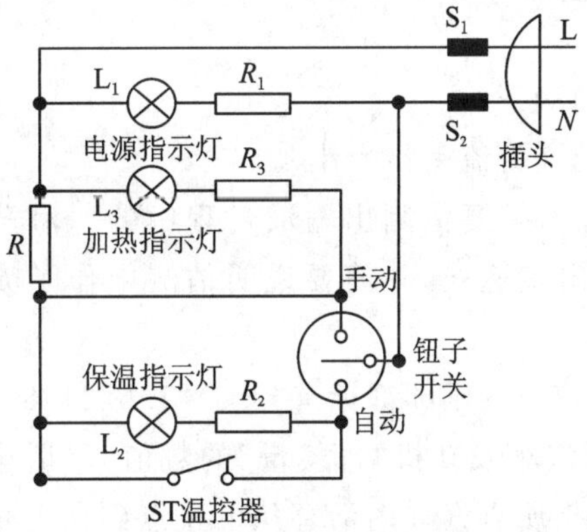

图 4

当水壶放在底座上时，就分别压下压键开关 S_1、S_2，并接通电路，如果插头插入插座后，就接通了电源，电源指示灯就亮，反之就断开.

该壶有手动和自动两种工作状态.

当钮子开关拨到手动挡时，加热电阻连入，开始加热，水沸腾以后再将钮子开关拨回.

当钮子开关拨到自动挡时，此时通过 ST 温控器将加热电阻连入，并开始加热；当水沸腾后，ST 温控器的触点断开，进入保温状态，保温指示灯亮；当水的温度低于某温度后，ST 温控器又重新接通，再次进入加热状态.

若加热器电阻阻值随温度改变而发生的变化可忽略不计，根据以上叙述与观察，请回答以下问题.

1. 在下列空格中填写“亮”或“不亮”：

(1)手动状态通电工作时,电源指示灯________,加热指示灯________,保温指示灯________.

(2)自动状态通电工作时,水沸腾前:电源指示灯________,加热指示灯________,保温指示灯________.水沸腾后:电源指示灯________,加热指示灯________,保温指示灯________.

2. 现将一满壶 25 ℃的水在标准大气压下烧开需时 10 min,请计算该电水壶的热效率.水的比热容 $c=4.2\times10^3$ J/(kg·℃).

3. 通过分析电水壶的电路,说明为什么处于自动状态下,水未沸腾前,保温指示灯是不亮的?

4. 试计算电水壶正常工作时其加热电阻的阻值是多大?如果指示灯的保护电阻的大小是 100 kΩ,当它处于保温状态时,试计算电水壶保温时的功率有多大?由此可以说明什么问题?

五、医院里的护士使用如图 5 所示的装置给患者输液.小雨发现照这样做法,护士为患者多次更换药瓶比较麻烦,于是就设计了图 6 所示的三瓶串接的方案.请分析回答:

图 5

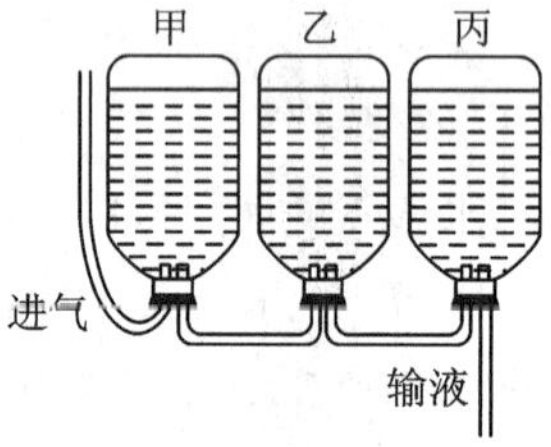

图 6

1. 图 5 中药液为何会匀速滴下?

2. 图 6 中哪个药瓶中的药液先流完?为什么?

3. 根据病房的现有条件,如果要估测出输液过程中的一滴药液的质量,需要收集哪些数据,请写出表达式,并简要说明估测中作了哪些近似处理.

六、晓欣同学看到一些小汽车的尾部都标有“0.8”“1.6”“1.8”或“2.0”等字样,他上网查询得知这是汽车发动机“排气量”的数值.所谓排气量就是发动机汽缸的工作容积,是指所有汽缸内活塞从下止点到达上止点所扫过的容积之和.一般情况下发动机的“排气量”越大,功率越大.汽车发动机每一个工作循环要经历四个冲程,带动曲轴转动 2 周.现有一辆小轿车发动机排气量为 1.8 L,最大功率为 74 kW,当该发动机以最大功率工作时,曲轴的转速为 5200 r/min.汽油机工作时的最佳空燃比(即空气和燃油的质量比)为 14∶1,压缩比是 10(即汽缸总容积与燃烧室容积的比值),若发动机在最大功率时汽油和空气的混合密度为 1.35 kg/m³,汽油的热值为 4.6×10^7 J/kg、密度为 0.71×10^3 kg/m³.请计算:

1. 这台发动机在最大功率时的热机效率.

2. 发动机在最大功率时,汽车的最高时速为 175 km/h,计算在此情况下汽车每百公里油耗为多少升.

第二十九届全国初中应用物理知识竞赛

初　赛

学习笔记

一、填空题

1. 2019 年 11 月 3 日凌晨，我国自主设计的“神舟八号”飞船与“天宫一号”成功实现安全对接，携手遨游太空，如图 1 所示，对接后，“神舟八号”相对于“天宫一号”是________的，相对于地球是________（选填“运动”或“静止”）.

图 1

2. 在某些地区，由于空气质量下降导致大雾天气越来越多，对当地的交通造成了很大影响，雾是空气中的水蒸气遇冷________形成的，看到漫天的雾是由于光________的造成的.

3. 在“节能减排，低碳生活”的理念下，太阳能越来越受到人们的青睐，太阳能属于________能源（填“可再生”或“不可再生”）. 许多家庭安装了太阳能热水器，太阳能热水器主要是通过________方式增加水的内能. 装有 40 kg 水的热水器温度升高 25 ℃，水的内能增加了多少________ J. [水的比热容 $c_{水}=4.2\times10^{3}$ J/(kg · ℃)]

4. 用图 2 所示的装置探究斜面的机械效率，用 15 N 的力沿着长 50 cm，高 30 cm 的斜面，将重为 20 N 的木块匀速拉上斜面. 此过程中的额外功主要是指________. 此斜面的机械效率为________. 写出一条提高斜面机械效率的措施________.

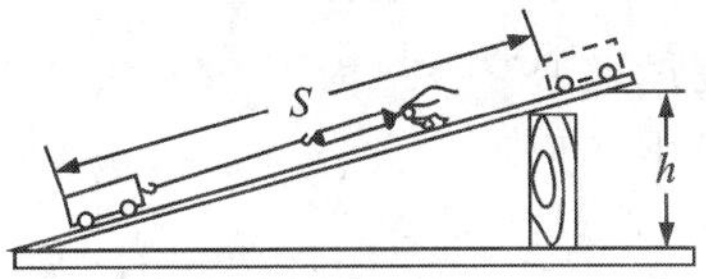

图 2

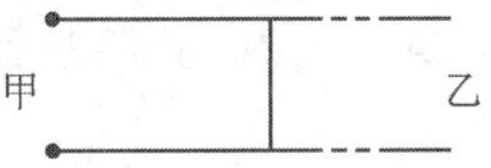

图 3

5. 在一次风暴中，甲、乙两地之间的两根输电线在某处发生了短路，如图 3 所示，为了确定短路的具体位置，电力工人在甲地把这两根输电线的接头接到电压为 3 V 的电池两端，测出了这时输电线中的电流为 30 mA. 已知输电线每米长度的电阻为 0.01 Ω，则发生短路处离甲地________ m. 测出的电流越大，说明短路处离甲地越________.

6. “蜻蜓点水”是常见的自然现象，某同学在研究蜻蜓运动的过程中，获得一张图 4 所示的蜻蜓点水的俯视图片. 该图片记录了在相等时间内蜻蜓连续三次点水过程中激起的波纹，已知水的传播和蜻蜓的飞行都是匀速运动. 根据图中弦的形状和分布可知蜻蜓当时是向________（填“左”或“右”）飞行的，且飞行速度比水波传播的速度________（填“快”或“慢”）.

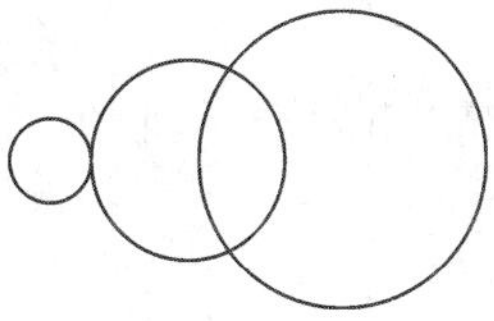

图 4

7. 在学习物理的过程中，有些日常生活中的观念与物理概念的科学含义是不同的，我们要认真区分. 如：生活中人提着不动是有功劳的；而物理学中人提着箱子不动人对箱子没有做功. 请你依照上例再举一例.

生活中：

物理学中：

二、选择题

8. 在平昌冬奥会的双人滑比赛中，乙运动员在冰面上沿弧线 MN 运动的过程中，甲运动员给乙运动员施加一个水平恒力 F. 乙运动员在 M、N 两点的速度分别为 v_M 与 v_N，夹角恰好为 90°，则恒力 F 可能是图中的(　　).

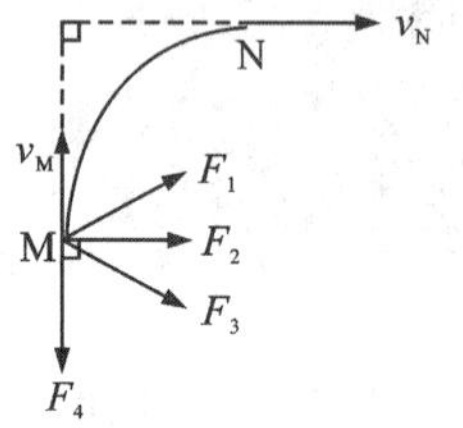

A. F_1　　B. F_2　　C. F_3　　D. F_4

9. 地震发生前，由于地壳的微动，会产生次声波，人对这次声波没有感受，但能引某些动物的听觉，由右表提供的数据可知，对地震产生的次声波反应最灵敏的动物是(　　).

一些动物的听觉范围 Hz	
蝙蝠	1000～120000
猫	60～65000
狗	15～50000
大象	1～20000

A. 蝙蝠　　B. 猫　　C. 狗　　D. 大象

10. 为了解释地球的磁性，19 世纪安培假设，地球的磁场是由绕过地心的轴的环形电流 I 引起的. 在图 5 中的四个图中，正确表示安培假设中环形电流方向的是(　　).

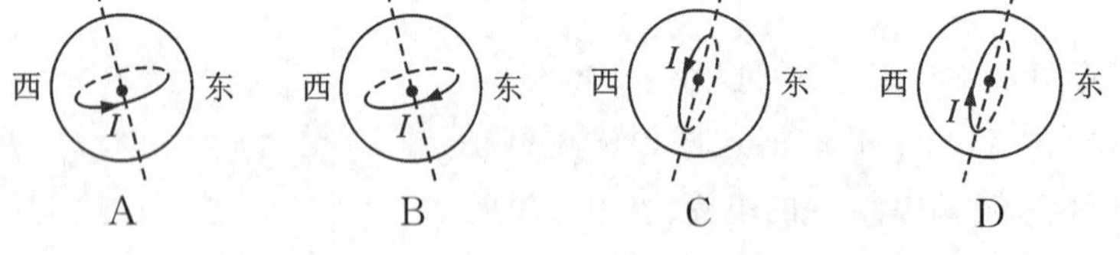

图 5

11. 2019 年的诺贝尔物理学奖授予了在石墨烯材料研究方面做出卓越贡献的一对师生. 石墨烯又称单层墨，它具有抗拉性能，优良的导热性和导电性，硬度大，熔点高，还有可能代替硅成为新的半导体材料. 根据石墨特性，你认为石墨烯不能用来做成(　　).

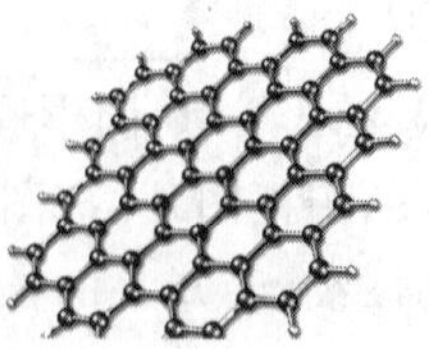

图 6

A. 高压输电线　　B. 坚硬的防弹衣

C. 保温隔热材料　　D. 二极管和三极管

12. 小明的手机镜头上沾有一小粒灰尘，小明不知情，用这台手机拍照，得到的相片将(　　).

A. 出现一个黑斑　　B. 出现一个白斑

C. 没有明显变化　　D. 变得模糊不清

13. 某校实验小组设计了一种自动记录跳绳次数的装置，其简化电路如图 7 甲所示. A、B 间接信号记录仪，R_0 是定值电阻，R' 是一种光敏元件，当 R' 接收不到红外线时，其电阻会变大，信号记录仪会计数一次，已知电源电压为 6 V，A、B 间的电压随时间变化的图像如图乙所示，则下列说法正确的是(　　).

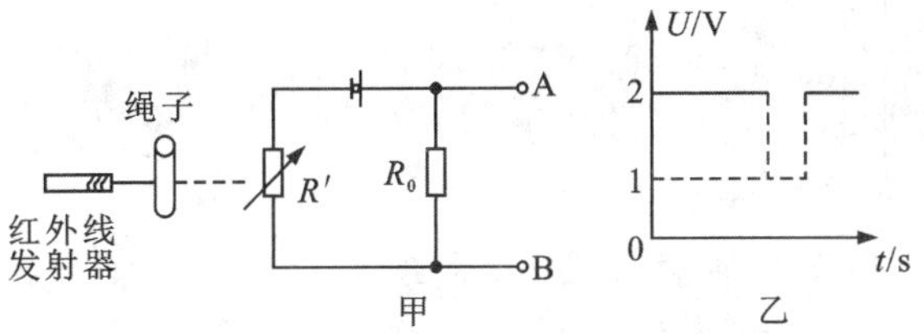

图 7

A. AB 两端电压为 3 V 时，信号记录仪计数一次

B. 绳子遮挡红外线时，R' 和 R_0 的阻值相等

C. R' 接收到红外线时，R' 的阻值是 R_0 的 3 倍

D. 绳子遮挡红外线时，R' 的阻值会增加 1.5 倍

三、综合题

14. 如图所示，每只管的边缘与瓶之间是密封的，二号瓶几乎装满水，在一号瓶加水，就可以看到三号管上端有水喷出，形成喷泉. 回答下列问题：

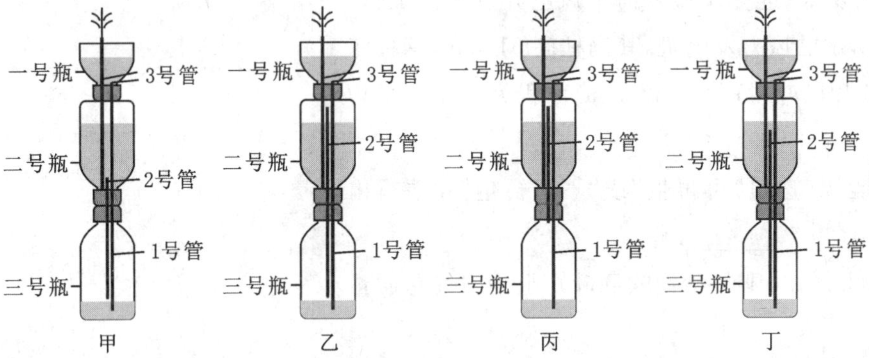

(1)最佳应选择________图(选填“甲”“乙”“丙”或“丁”)；

(2)上述选择的理由是____________________；

(3)简述这种喷泉的工作过程.

15. 在一次演练活动中，要求学生完成下列任务：给 8 名学生提供若干个塑料瓶，足够的绳子，搭建小船渡河. 8 名学生的平均体重为 60 kg，每个塑料瓶的质量为 36 g，体积为 $1.5\times10^3\ cm^3$，长度为 30 cm，假设河水密度为 $1\times10^3\ kg/m^3$. 请分析、说明为完成任务，给予 8 名学生 300 个塑料瓶的合理性.

四、计算题

16. 小明拿了一只有温度显示的保温电热水瓶. 装上一定量的水之后，温度计的示数为 $T_0=20$ ℃. 经过 $t_1=1$ min，水被加热到 $T_1=40$ ℃，他往电热水瓶里又注入了一些水. 在 $t_2=3.5$ min 的时刻，水的温度达到了 $T_2=50$ ℃. 小明不再往电热水瓶里注水了. 又过了 5 min 水烧开了. 如图为热水瓶里水的温度在加热和注水的过程中的变化图像. 试求注入的水的温度 T_x 等于多少？

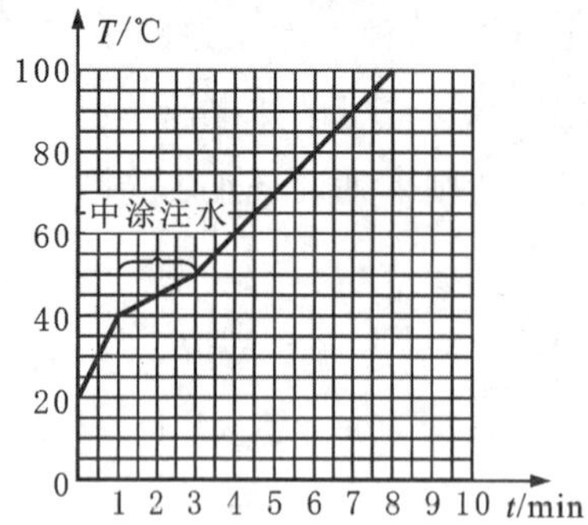

17. 风能很早就被人们利用，主要是通过风车来抽水、磨面等，而现在，人们感兴趣的是利用风来发电．据估计，地球上可用来发电的风力资源约有 100 亿 kW，几乎是现在全世界水力发电量的 10 倍．目前风力在一年内所提供的能量是全世界每年燃烧煤所获得的能量的 3 倍．因此，国内外都很重视利用风力来发电，开发新能源．

我国风能资源丰富，可开发利用的风能储量约 10 亿 kW，其中，陆地上风能储量约 53 亿 kW(按陆地上离地 10m 高度计算)，海上可开发和利用的风能储量约 7.5 亿 kW．国家能源局 2015 年 9 月 21 日发布数据显示，到 2015 年 7 月底，纳入海上风电开发建设方案的项目已建成投产 2 个、装机容量 6.1 万 kW，核准在建 9 个、装机容量 170.2 万 kW，核准待建 6 个，装机容量 154 万 kW．国家能源局要求，进一步做好海上风电开发建设工作，加快推动海上风电发展．如图所示的风力发电机，其钢柱高 61.5 m，钢柱底部直径为 4 m，钢柱顶部装有 3 片风叶，每片长 37.5 m、面积为 20 m^2，平均风速为 21.6 km/h．

(1)风能是属于________能源(选填“可再生”或“不可再生”)．请写出风力发电的两个主要优点________、________．

(2)若空气的密度为 1.29 kg/m^3，则每秒钟吹到叶片上的空气总质量为多少？

(3)安装 17 台总功率为 1500 kW 的风力发电机组，每年(按 360 天计算)并网发电量为多少 kW·h？与燃煤发电相比，每年可节约标准煤多少 t？(标准煤的热值为 3×10^7 J/kg)

复　赛

一、汽油发动机工作时，汽油必须和吸进的空气成适当的比例，才能形成可以有效燃烧的混合气，这就是空燃比(可燃混合气中空气质量与燃油质量之比)．空燃比是发动机运转时的一个重要参数，它对尾气排放、发动机的动力性和经济性都很大影响．根据发动机的类型等因素，每种发动机的空燃比一般不同．某气缸总排量为 2.0 L 的 4 缸发动机所需的空燃比为 14∶1，混合燃气的密度为 1.35 kg/m^3，当发动机曲轴每分钟转速为 2600 转时，输出功率为 65 kW．此时该发动机的效率是多少？(汽油的热值为 4.6×10^7 J/kg)

二、2010 年 11 月 5 日，在新疆召开“引渤入疆”（指引渤海水进入新疆）研讨会，引起了全国舆论的广泛关注，其中一个方案是：从天津取水，由黄渤海—库布齐沙漠—毛乌素沙漠—腾格里沙漠—乌兰布和沙漠—巴丹吉林沙漠，走河西走廊，经疏勒河自行流入罗布泊. 此路径中最高海拔约为 $h_1=1200\ \text{m}$，从罗布泊到下游的艾丁湖. 又有近 $h_2=1000\ \text{m}$ 的落差. 此方案是否可行，涉及到环境、能源、技术等多方面的因素. 下面我们仅从能量的角度分析这个方案，取 $g=10\ \text{N/kg}$，水的密度 $=1.0\times10^3\ \text{kg/m}^3$.

1. 若通过管道提升海水，动能效率 60 %，将 1t 海水提升到海拔高度 1200 m 处，需要电能 E_1 多少？

2. 若每年调 $4\times10^9\ \text{m}^3$ 海水入疆，即使把从罗布泊到下游的艾丁湖落差发的电全部用来提升海水，也还需要额外提供电能.

①额外需要的电能可以从三峡水电站输送，已知三峡水电站水库面积 $1.0\times10^9\ \text{m}^2$，年平均流量 $Q=5.0\times10^{11}\ \text{m}^3$，水库面积与发电机所在位置的平均高度差 $h=100\ \text{m}$，发电效率也为 $\eta_1=60\ \%$，求在一年中“引渤入疆”工程额外需要的电能占三峡电站发电量的比例.

②我国西北地区风能充足，额外需要的电能也可通过风力发电来解决，通过风轮机一个叶片旋转一周扫过的面积的最大风能为可利用风能，取空气密度 $\rho=1.25\ \text{kg/m}^3$，某风力发电机的发电效率 $\eta_2=40\ \%$，其风轮机一个叶片旋转一周扫过的面积 $S=400\ \text{m}^2$，某地区风速不低于 $v=10\ \text{m/s}$ 的时间每年约为 5600 小时（含 2.0×10^7 s）. 求：在该地区建多少台这样的风力发电机才能满足“引渤入疆”工程额外需要的电能？

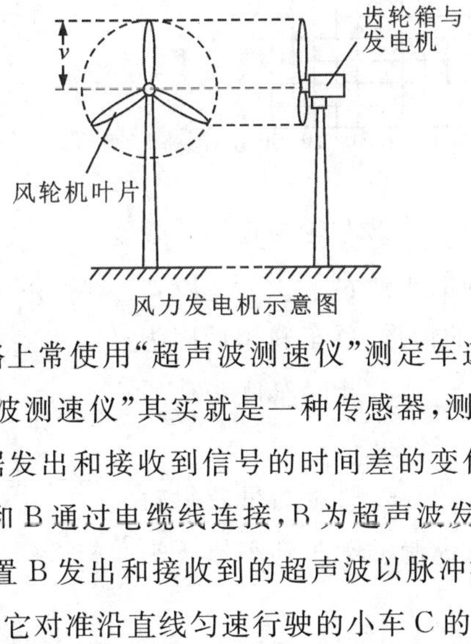

风力发电机示意图

三、在高速公路上常使用“超声波测速仪”测定车速，从而判断汽车是否超速行驶. “超声波测速仪”其实就是一种传感器，测速仪发出并接收超声波脉冲信号，根据发出和接收到信号的时间差的变化，测出被测物体速度. 图甲中仪器 A 和 B 通过电缆线连接，B 为超声波发射与接收一体化装置，仪器 A 能将装置 B 发出和接收到的超声波以脉冲波形显示在屏幕上. 现固定装置 B，并将它对准沿直线匀速行驶的小车 C 的尾部，使其每隔固定时间 T_0 发射一短促的超声波脉冲，如图乙中幅度较大的波形. 反射波（图乙中幅度较小的波形）滞后的时间已在图中标出，其中 T_0 和 ΔT 为已知量，另外还知道该测定条件下超声波在空气中的速度为 v，求小车的速度大小.

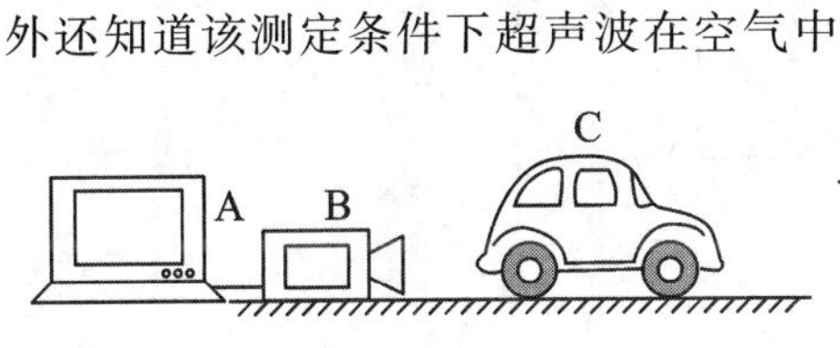

甲

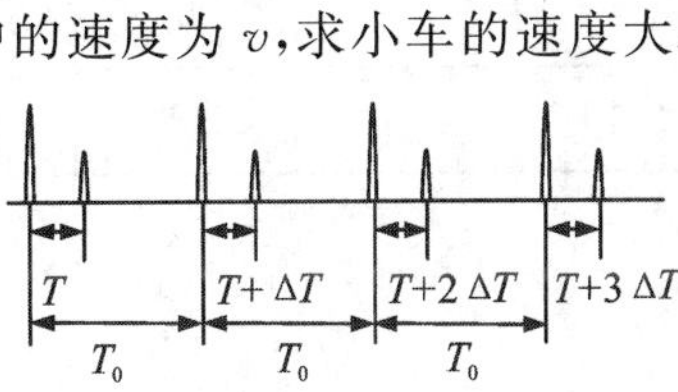

乙

四、某电动公交车的部分数据如表 1 所示，当该车电池储存的能量降低到充满电时的 10％以下时，电池就进入断电保护状态，需要再次充电才能使用.

表 1

整备质量(空车质量)	13200 kg
单次充电续航里程 S(36 km/h 匀速行驶)	1.8×10^5 m
单次充电电池蓄能 E	100 kW·h

1. 该公交车在单次充电续航里程中，若消耗的电能都用于水平行驶做功，则该车行驶时受到的阻力 F 多大？

2. 该公交车的运行线路均可视为水平路面，经测算以 36 km/h 匀速行驶，运行 1 趟全程 20 km，因停靠站点和红灯共刹车 40 次，在刹车时，可以将 10％的动能(即 1×10^4 J 的动能)回收并储存到电池中. 则该车充满一次电最多能跑几趟该公交线路？(从始发站到终点站算 1 趟，返回算第 2 趟).

3. 你认为实际情况下，该车在此公交线路上连续可行驶路程比第 2 问的计算结果更大还是更小？请说明你的理由.

五、随着人们生活水平的不断提高，各种轿车已经走进我们的家庭，轿车的一些设计和使用过程中的出现许多现象与物理知识有关，请你用学过的物理知识解答下面的问题：

甲

乙

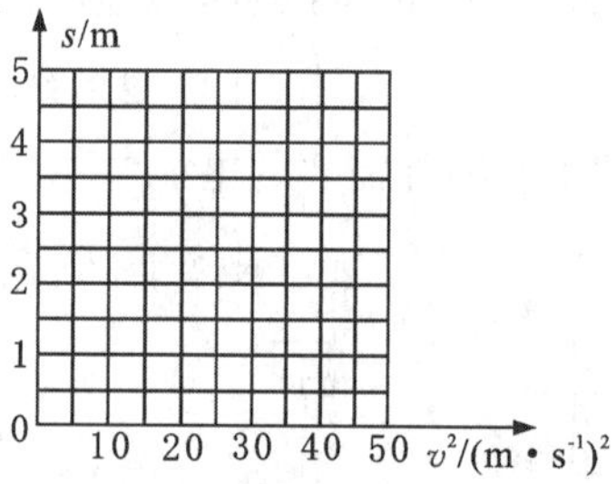

丙

1. 如图甲是小丽家新买的轿车，总质量 1.2×10^3 kg，车轮与地面总接触面积 8 dm^2，则轿车停放在水平地面时，车对地面的压强为________ Pa；

2. 如图乙是同向行驶的两辆轿车发生"追尾"的情形，后车刹车后因为________撞到前车，前车尾部发生形变，说明力________. 此时车座头枕所起的作用是________.

3. 轿车采用四轮鼓式制动，有效地减少了制动距离. 通过测量获得轿车以不同速度 v 行驶时对应的制动距离 s(即从操纵制动刹车到车停下来的距离)，数据如表 2 所示：

请在图丙中描点作出 $s-v^2$ 图像，写出 s 和 v^2 的定量关系式：s=________.

表 2

速度/$m\cdot s^{-1}$	2	3	4	5	6
制动距离/m	0.5	1.13	2.00	3.13	4.50

第三十届全国初中应用物理知识竞赛

初 赛

说明:

常数 $g=10$ N/kg. $\sin37°=0.6$;$\cos37°=0.8$

一、单项选择题

1. 目前,很多汽车的驾驶室里都有一个叫作 GPS(全球卫星定位系统)接收器的装置. GPS 接收器通过接收卫星发射的导航信号,实现对车辆的精拟定位并导航. 卫星向 GPS 接收器传送信息依靠的是(　　).

A. 无线电波　　B. 红外线　　C. 紫外线　　D. 激光

2. 如图 1 所示,水平桌面上叠放着甲、乙两个物体,在拉力 F 的作用下,乙、甲以相同的速度沿桌面向右做匀速直线运动,在不考虑空气阻力的情况下,乙物体受到的作用力的个数有(　　).

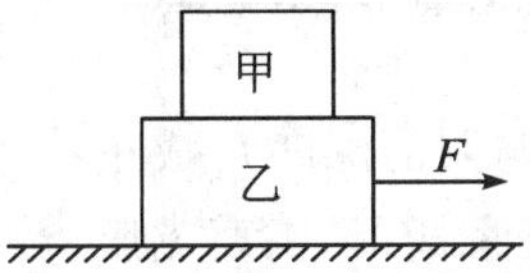

图 1

A. 3 个　　B. 4 个　　C. 5 个　　D. 6 个

3. 如图 2 所示,两板间夹一木块 A,向左右两板施加压力 F 时,木块 A 静止,若将压力都增大到 $2F$,则木块 A 所受的摩擦力(　　).

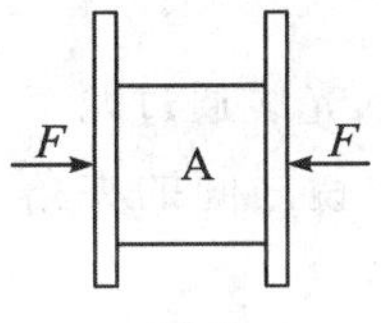

图 2

A. 是本来的 2 倍　　B. 是本来的 4 倍

C. 与本来相同　　D. 无法判断

4. 在如图 3 所示的电路中,电源电压保持不变,R_0 为定值电阻,L_1、L_2 为两个小灯泡,闭合开关,将滑动变阻器的滑片由左向右滑动时,下列说法中对的是(　　).

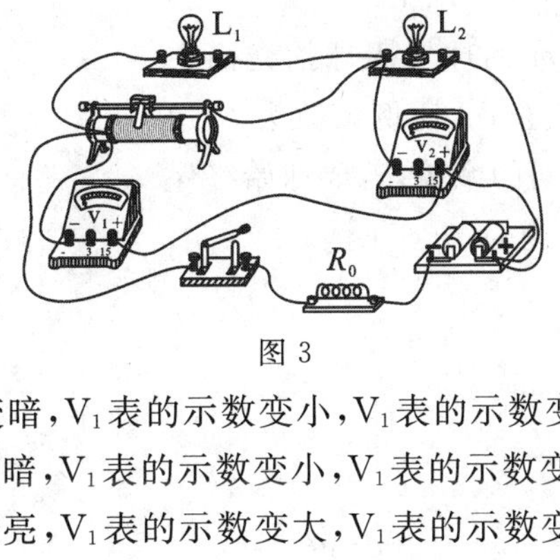

图 3

A. 小灯泡 L_2 变暗,V_1 表的示数变小,V_1 表的示数变大

B. 小灯泡 L_1 变暗,V_1 表的示数变小,V_1 表的示数变大

C. 小灯泡 L_2 变亮,V_1 表的示数变大,V_1 表的示数变小

D. 小灯泡 L_1 变亮,V_1 表的示数变大,V_2 表的示数变小

5. 如图 4 所示，甲、乙两个完全相同的直角三棱劈放置在水平桌面上. 三棱劈的密度均匀且底面为矩形，若分别沿两物体图中虚线将右上侧切掉 $\Delta m_{甲}$ 和 $\Delta m_{乙}$，且 $\Delta m_{甲} < \Delta m_{乙}$，则剩余部分对桌面的压强 $p_{甲}$ 和 $p_{乙}$ 的大小关系为(　　).

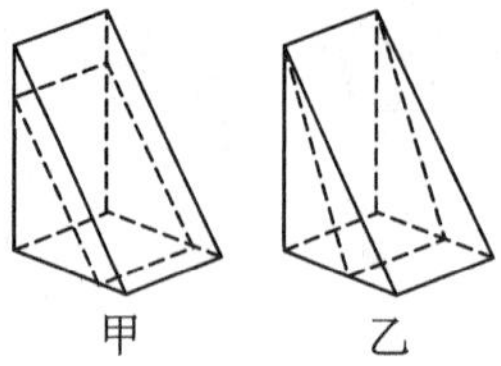

图 4

A. $p_{甲} > p_{乙}$　　B. $p_{甲} < p_{乙}$　　C. $p_{甲} = p_{乙}$　　D. 都有可能

6. 如图 5 所示，一圆球固定在水平地面上，球心为 O. AB 细棒 B 端搁在地面上，棒身靠在球面上并和球心 O 在同一竖直平面内，切点为 P，细棒与水平面之间的夹角为 θ. 若移动棒的 B 端沿水平地面靠近圆球，发现切点 P 恰好围绕 O 点匀速转动，在移动 B 端的过程中(　　).

A. B 的速度大小不变

B. 角度 θ 均匀增大

C. PB 长度均匀减小

D. 以上说法都不对

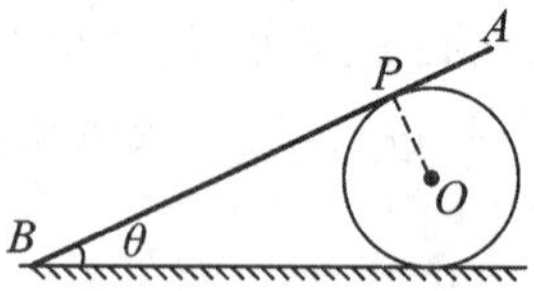

图 5

7. 野山鼠擅长打洞，假设山鼠打洞时受到的阻力 f 与洞的深度 L 成正比，即 $f=kL$(k 为比例常数)，则野山鼠从洞深 d_1 打到洞深 d_2 时，需要克服阻力做的功为(　　).

A. $\dfrac{k(d_2^2-d_1^2)}{2}$　　B. $\dfrac{k(d_2-d_1)^2}{2}$

C. $\dfrac{k(d_2+d_1)^2}{2}$　　D. $\dfrac{kd_1d_2}{2}$

8. 如图 6 所示，平面镜 OM 与 ON 夹角为 θ，面镜 ON 的光线通过两个平面镜的多次反射后，可以沿着本来的光路返回. 则两平面镜之间的夹角不可能是(　　).

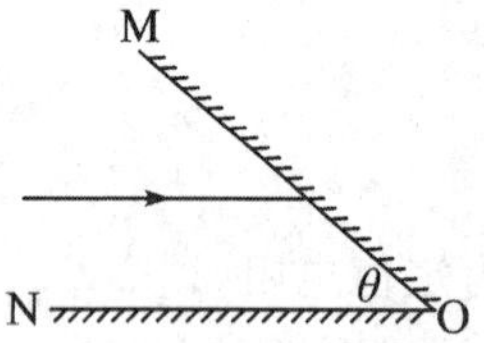

图 6

A. 1°　　B. 2°　　C. 3°　　D. 4°

9. 在托乒乓球跑步比赛中，某同学将质量为 m 的球置于球拍光面中心，在运动过程中球受到的空气阻力与速度大小成正比，比例系数为 k，运动中球拍拍面与水平方向夹角为 θ. 不计球与球拍间的摩擦，若要球始终保持在位于球拍中心不动. 则做匀速直线运动时的速度为(　　).

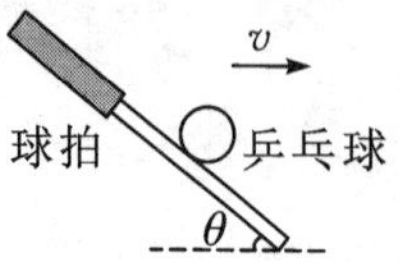

图 7

A. $\dfrac{mg\sin\theta}{k}$　　B. $\dfrac{mg\cos\theta}{k}$　　C. $\dfrac{mg\tan\theta}{k}$　　D. $\dfrac{mg\cot\theta}{k}$

10. 凸透镜的焦距为 f，点光源 S_2 和光屏 M 位于凸透镜的左右两侧，点光源位于凸透镜的主光轴上，光屏与凸透镜的主光轴垂直并和点光源的距离保持 L 不变，且 $f<L<4f$. 左右移动凸透镜的位置，当光屏上的光斑最小时，凸透镜与点光源的距离为（　　）.

A. $\frac{L+f}{2}$　　B. $\frac{L-f}{2}$

C. $\sqrt{Lf}$　　D. $\sqrt{(L+f)(L-f)}$

11. 如图 8 所示，在竖直放置的穹形光滑支架上，一根不可伸长的轻绳通过光滑滑轮悬挂一重物 G，其一端固定于支架的 A 点，另一端从穹形顶端 B 沿支架缓慢地向 C 点靠近，C 点与 A 点等高. 在此过程中绳子上的拉力（　　）.

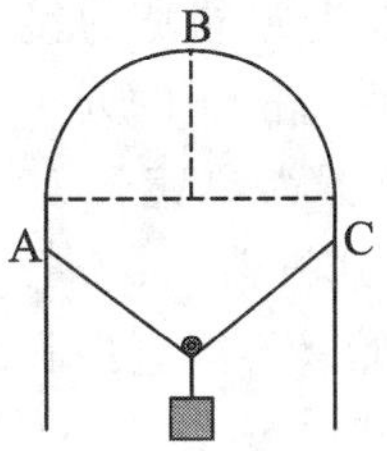

图 8

A. 先变小后变大　　B. 先变大后不变

C. 先变小后不变　　D. 先变大后变小

12. 直径 $d_1=0.3\,\text{mm}$ 的细铅丝通以 1.5 A 的电流将被熔断，而直径 $d_2=0.6\,\text{mm}$ 的粗铅丝通以 4 A 的电流将被熔断. 假设这两种铅丝的长度和电阻率相同，选取上述 20 根细铅丝和 1 根粗铅丝并联接入电路，允许通过的最大电流为（　　）.

A. 36 A　　B. 34 A　　C. 30 A　　D. 24 A

13. 通电导线在磁场中受到的安培力的大小与导线中的电流成正比，与导线的长度成正比. 在如图 9 所示的电路中，由均匀的电阻丝组成的等边三角形导体框，垂直磁场放置，将 A、B 两点接入电压恒定的电源两端，通电时，线框受到的安培力大小为 F，若将 AB 边移走，其他不变. 则余下线框受到的安培力大小为（　　）.

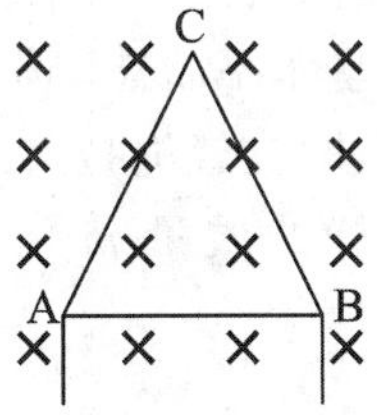

图 9

A. $\frac{F}{4}$　　B. $\frac{F}{3}$　　C. $\frac{F}{2}$　　D. F

14. 如图 10 所示，河两岸互相平行，水流速度恒定不变，船行驶时相对水的速度大小始终不变. 一开始船从岸边 A 点出发，船身始终垂直河岸，船恰好沿 AB 航线到达对岸 B 点耗时 t_1，AB 与河岸的夹角为 60°. 调整船速方向，从 B 点出发沿直线 BA 返航回到 A 点耗时 t_2，则 $t_1:t_2$ 为（　　）.

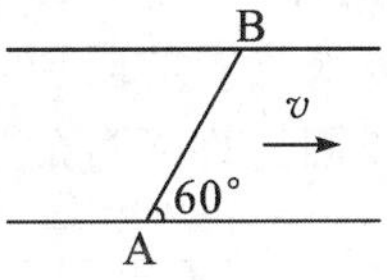

图 10

A. 1∶1　　B. 1∶2　　C. 1∶3　　D. 1∶4

15. 如图 11 所示，水平地面上有一木箱，木箱与地面间的动摩擦因数为 μ，木箱在与水平夹角为 θ 的拉力 F 作用下做匀速直线运动. θ 从 0° 逐渐增大到 90° 的过程中，木箱的速度始终保持不变，则拉力 F 的功率(　　).

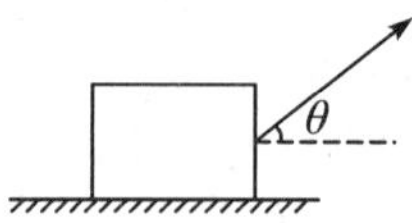

图 11

A. 一直减小　　B. 一直增大

C. 先减小后增大　　D. 先增大后减小

二、填空题

1. 如图 12 为一走廊的俯视图，走廊的末端装有一面与走廊同宽的镜子 M. 已知图中 $d=3.0\,\mathrm{m}$，不计廊壁厚度. 一个机器人 B 在保持静止的处于 S 点的操控者的操控下，沿着走廊朝着镜子中心走去，当机器人离镜子 M 的距离为________ m 时，操控者在 S 点开始能通过镜子看到机器人；若操控者左侧的廊壁距离镜子 M 小于________ m，则操控者将始终不能直接看到机器人本身.

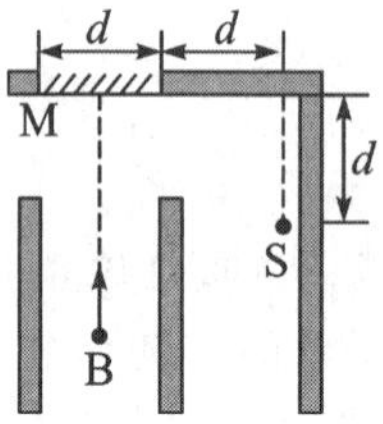

图 12

2. 天空有近似等高的浓云层，为了测量云层的高度，在水平地面上与观测者距离为 $d=3\,\mathrm{km}$ 处进行一次爆炸，观测者听到由空气直接传来的爆炸声和由云层反射来的爆炸声时间上相差 $\Delta t=6.0\,\mathrm{s}$. 已知空气中的声速 $v=1/3\,\mathrm{km/s}$，则云层高度为________ km；若该观察者背离爆炸物运动，则他听到的两次爆炸声的时间间隔将________(选填："变大""变小"或"不变").

3. 如图 13(a)所示，一长为 L、质量为 m 的均匀杆，左端用铰链与竖直墙面连接，右端被一根与水平面成一定角度的轻绳拉住，杆呈水平状态. 质量为 m_p 的小物块放在离左端 x 处. 已知 $m+m_p=60\,\mathrm{kg}$. 图(b)为轻绳拉力 T 与 x/L 的函数关系，图中 $T_a=500\,\mathrm{N}$，$T_b=700\,\mathrm{N}$. 则杆的质量 $m=$________ kg，绳与水平方向夹角 $\theta=$________.

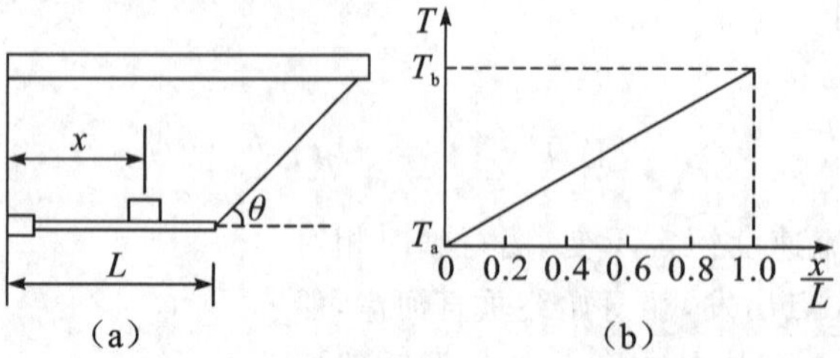

图 13

4. 如图 14 为利用电磁继电器控制灯组 L 工作状态的电路. 其中电源电压 $E=1.5\,V$，R_0 阻值为 $40\,\Omega$，R_1 的最大阻值为 $10\,\Omega$，电磁铁线圈的阻值为 $10\,\Omega$，通过电磁铁线圈电流 $I\geqslant 10\,\mathrm{mA}$ 时衔铁将被吸合，线圈允许通过的最大电流 $50\,\mathrm{mA}$. 将 R_1 滑片触头置于最右端，闭合电键 S，灯组 L________(选填："常亮""不亮"或"闪亮")；滑动 R_1 滑片触头，当 R_1 阻值范围为________时，灯组将保持闪亮状态.

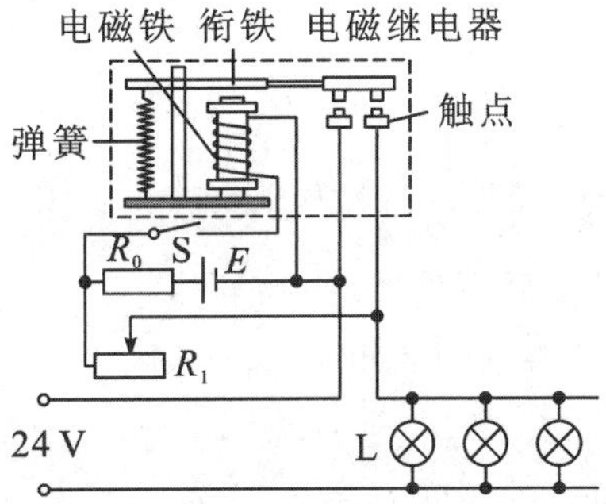

图 14

三、综合题

1. 如图 15，一只信天翁距地面高度 h，以恒定速度 $v=15\ \mathrm{m/s}$ 沿水平方向正对着高为 h 的墙滑翔，滑翔路线与太阳光线在同一竖直平面内. 太阳光线与水平地面的夹角 $\theta=30^\circ$.

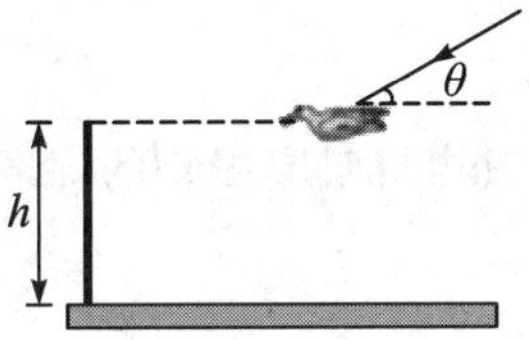

图 15

(1)求信天翁的影子在墙上移动的速度；

(2)假设此后有一只鹰沿同一条路线，以相同速度滑翔，鹰的影子在墙上移动得比信天翁的影子快. 请通过分析说明，与信天翁飞过时相比，太阳在天空中的高度变化情况.

2. 小明同学为实验室设计了一个多挡位电加热器，其工作原理图如图 16. 电源电压为 220 V. 其中 R_1、R_2、R_3 为发热电阻. 三个灯泡为上述发热电阻对应的工作指示灯，其所消耗的电功率可忽略不计. 小明通过开关的组合，使电加热器能有 200 W、300 W、…、900 W 共七挡功率. 他还设计了一份表格，表中的"√"表示对应的开关闭合，对应的指示灯亮；"×"表示对应的开关断开，对应的指示灯熄灭. 表中给出了部分挡位电加热器的功率值.

(1)分别求出 R_1、R_2、R_3 的阻值；

(2)补齐表中其余挡位开关的状态及功率值.

表 1

挡位	S_1	S_2	S_3	功率
1	√	×	×	200 W
2	×	√	×	300 W
3				
4				
5				
6				
7				900 W

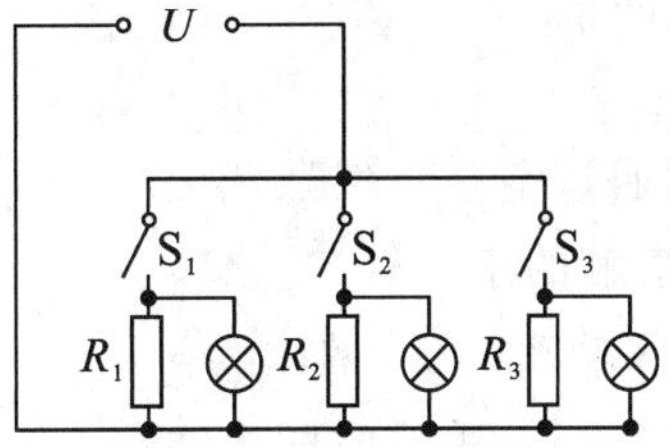

图 16

3. (14 分)小轩打算在冰柜上方盖上某类织物，以增强冰柜的保温效果. 他找到了一块单层织物和一块双层织物，织物由同种材料制成. 为比较单层织物与双层织物的保温性能，他进行研究：

查阅资料显示，温度为 t_1 的高温热源与温度为 t_2 的低温热源（$t_1>t_2$）间，经过某一热传导介质的热传导速率为 $H=kA\frac{t_1-t_2}{L}$. 其中，k 为介质的导热系数（热导率），A 为介质的导热面积，L 为传导介质厚度. 该织物导热系数 $k_1=0.04$ J/(s·m·℃)；空气导热系数 $k_2=0.025604$ J/(s·m·℃).

另测得：单层织物厚度 $L_1=0.4$ cm；双层织物每层的厚度 $L_2=0.2$ cm，双层织物间空气层厚度 $L_3=0.1$ cm. 假设：需保温的低温物体的温度为 $t_1=-4$ ℃保持不变，外界空气的温度 $t_2=20$ ℃；覆盖低温物体的织物面积 $A=1.2\ \text{m}^2$.

试通过计算，比较该单层织物与双层织物的保温性能.

复　赛

1. 搅拌水的时候可以对水做功，使水的内能增加，但几乎不可能让一个人通过搅拌的方法使一杯水沸腾，请说明理由.

2. 如图 1 所示，某同学做了一个气体膨胀的小实验，他将瓶盖的平滑顶部沾水，翻转后放在可乐瓶的瓶口. 双手搓热，轻轻地将可乐瓶握实，几秒钟后，将会看到瓶盖在瓶口一直跳动. 他在做实验的时候有以下几点思考：

图 1

(1)瓶盖有沾水和没沾水是否会影响演示效果？

(2)夏天做这个实验，效果会比冬天好或差？

(3)小瓶子(750 mL)和大瓶子(2000 mL)的效果有差别吗？

请你根据所学的物理知识对以上三个问题进行分析.

3. 在一个足够大的水平圆盘中心点 O 处固定放置一个焦距为 f 的凸透镜，在透镜的主光轴上与透镜相距为 r_1($r_1>f$)处放一点光源 S_1，所成的像为 S_2，俯视图如图 2 所示. 背景知识：①物体经过某位置时的速度可以用在很短的时间内移动的距离 s 与所用的时间 t 的比值来表示. ②可以证明当 $a\geqslant b$ 时，近似有 $a(a\pm b)=a^2\pm ab\approx a^2$. 试结合以上背景知识求解下列问题：

(1)若圆盘绕点 O 匀速转动时，如图所示，光源 S_1 与透镜保持距离为 r_1，随透镜一起运动的速度为 v_l，则此时像 S_2 的速度 v_2 为多大？

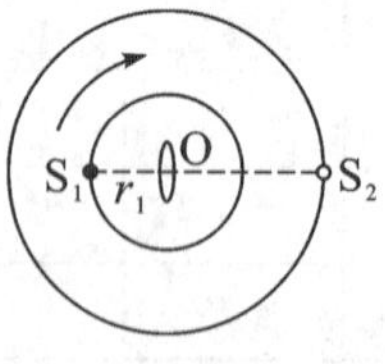

图 2

(2)若圆盘静止不动，光源 S_1 沿透镜的主光轴以速度 v_1' 向透镜移动，则当 S_1 与透镜的距离为 u 时，实像 S_2 的移动速度 v_2' 为多大？

4. 在工业以及科研中为解决机器的过热问题，除通过空气自然散热之外，还采用水冷却技术，其原理是将冷水注入与机器接触的水冷管，冷水吸热后被排出，使机器工作温度保持稳定. 现有一台输入功率为 P、效率为 η 的发动机，为使其在室温为 t 的环境下正常工作时不能过热，单位时间内通入体积为 V、温度为 t 的冷水，出口处的水温为 T. 假设该发动机的总散热面积为 S，其中与水冷管接触的面积为 S_1，其余部分与空气接触，且空气接触部分只能带走按面积分配的 25 %的热量，余下热量全部由水冷管带走. 求该发动机正常工作时，S_1与 S 的比值.(已知水的比热容为 c，密度为 ρ)

5. 一辆卡车以速度 $v=72$ km/h 通过减速带，司机利用搁置在仪表盘上的车载计时仪记录汽车前轮和后轮先后与减速带撞击的声音的时间间隔来测量声速. 车载计时仪位于前轮轴的正上方，在前轮通过减速带时开始计时，在 $t_1=0.006$ s 第一次接收到声音信号，在 $t_2=0.312$ s 第二次接收到声音信号. 已知汽车前后轮轴之间的距离 $L=5.86$ m，求声音在空气中的速度 v_0(不考虑除空气外其他介质对声音传播的影响，结论保留小数点后两位).

6. 光电池是一种能将光能转化为电能的装置，试验表明在一定的条件下，光电池输出的电流大小与单位时间内照射到光电池的光能量的大小成正比，而输出的电压变化不大. 某直径为 d 的圆形光电池在太阳的平行光垂直照射下能为一盏小电灯正常供电，如图 3 所示. 现利用一个焦距为 $f=3d$ 的凸透镜，使该电池能为两盏相同型号的小电灯正常供电.

(1)用笔线代替导线，完成电路图.

(2)求该透镜的最小直径，并说明如何放置透镜. 要求画出光路示意图.

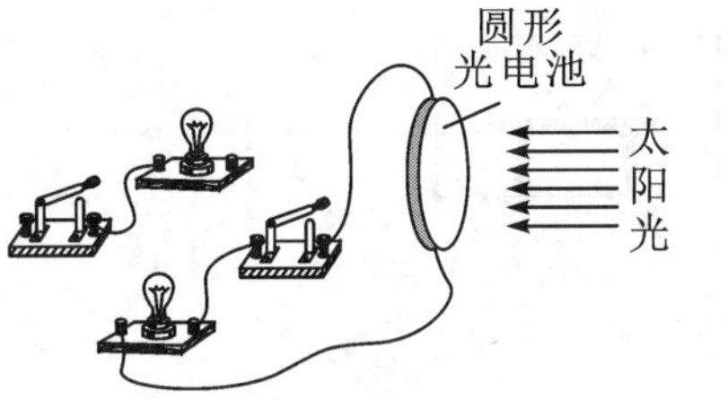

图 3

7. 如图 4 所示，一个用电阻丝绕成的线圈浸没在盛油的量热器中，量热器为绝缘容器，不会与外界发生热交换. 线圈的电阻为 R_0，R_0会随温度变化，其变化规律可以用公式 $R_\theta=R_0(1+\alpha\theta)$表示，式中 R_0为 0 ℃时线圈的电阻，θ 为线圈温度、α 为电阻的温度系数. 现将线圈两端接入电压恒定的电源，线圈发热使油温缓慢上升. 油的初始温度为 0 ℃，此时油温升高的速率为5.0 ℃/min，持续一段时间后，油温上升到 30 ℃，此时油温升高的速率变为 4.5 ℃/min. 试求此线圈电阻的温度系数 α.

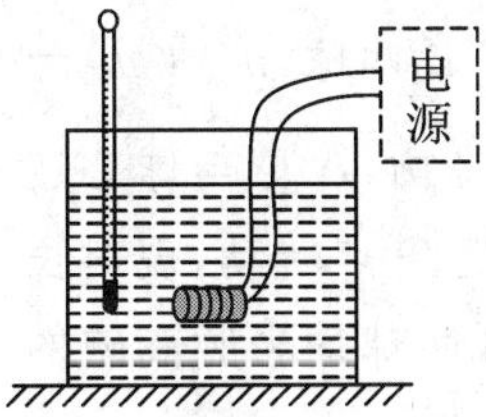

图 4

8. 如图 5(a)所示，一根质量分布均匀的细直硬杆，长度为 L，质量为 m，在杆的最左端 A 与距右端 $L/4$ 的 B 处立两个相同的支撑物，将细杆水平支起. 求：

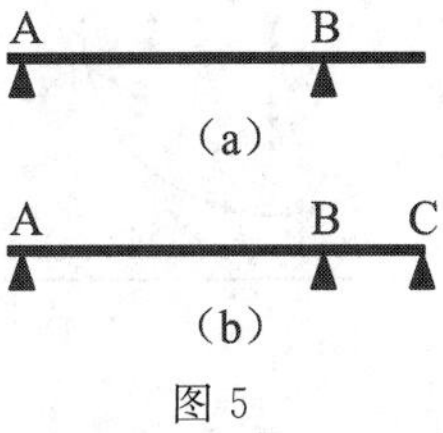

图 5

(1)A 处与 B 处的支持力 N_A与 N_B.

(2)在杆的最右端 C 处再加上一个同样的支撑物，如图 5(b)所示，假设支撑物均由相同的弹性材料制成，当它们受到挤压时会产生微小形变，其竖直方向上发生的微小形变与弹力成正比，那么 A、B、C 三处的支持力 N_A、N_B、N_C分别为多少？

第三十一届全国初中应用物理知识竞赛

学习笔记

初　赛

一、本题共10小题，每小题2分，共20分.以下各小题给出的四个选项中只有一个选项是对的，把对的选项前面的字母填在题后的括号内.

1."达人秀"中用冬瓜、土豆做成吹奏乐器，用它们吹奏出来的声音可能具有的相同特征是(　　).

A. 音色音调　　　　B. 音色响度

C. 音调响度　　　　D. 音色音调与响度

2. 小轩很喜爱爸爸新买的数码照相机，在旅途中拍下了火车内桌面上塑料杯瞬间的不同状态，如图1的甲、乙、丙，则下列关于火车运动状态的推断可能正确的是(　　).

图1

A. 甲图中火车在加速运动，乙图中火车突然向左加速，丙图中火车突然向左减速

B. 甲图中火车在匀速运动，乙图中火车突然向右加速，丙图中火车突然向左加速

C. 甲图中火车在匀速运动，乙图中火车突然向左加速，丙图中火车突然向右加速

D. 甲图中火车在匀速运动，乙图中火车突然向左加速，丙图中火车突然向右减速

3. 如图2所示，一根轻杆长为$L=\sqrt{2}R$，两端固定A、B两球，$m_A:m_B=\sqrt{3}:1$，放置在半径为R的光滑半球形碗中，在图示位置平衡，A球与球心连线和竖直方向的夹角为θ，碗固定在长木板上，长木板可绕O点转动，现对长木板的另一端施加外力F，使其逆时针缓慢转动，在A、B两球均未脱离碗的过程中，A球与球心连线和竖直方向的夹角θ的变更状况是(　　).

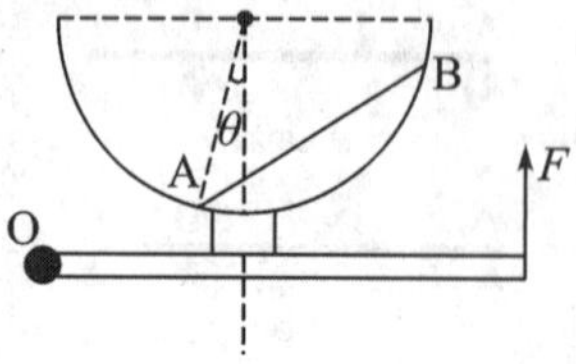

图2

A. 渐渐变小　　B. 渐渐变大　　C. 先变大后变小　　D. 保持不变

4. 如图3电路，a、b、c分别表示电流表或电压表，电表都是正向的，则下列各组电表示数中可能实现的是(　　).

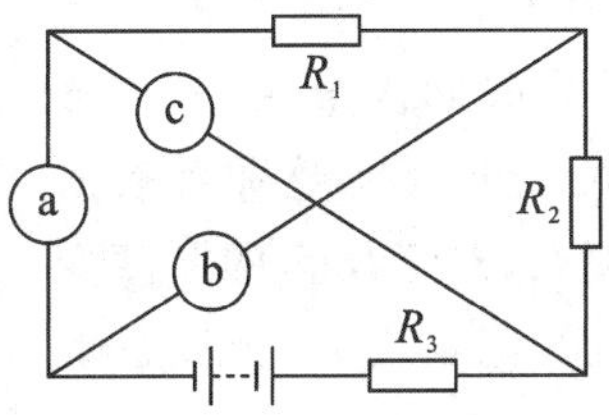

图 3

A. a 的示数为 1 A, b 的示数为 2 V, c 的示数为 0.5 A

B. a 的示数为 2 V, b 的示数为 1 A, c 的示数为 0.5 A

C. a 的示数为 0.5 A, b 的示数为 1 A, c 的示数为 2 V

D. a 的示数为 2 V, b 的示数为 0.5 A, c 的示数为 1 A

5. 因为地震,造成了许多堰塞湖,假设有一块立方体石块堵住了水的去路,设水的密度为 ρ,石块的质量为 m,石块的左右侧面为正方形,边长为 a,宽度为 b,石块与地面足够粗糙,不会滑动,水若能推倒石块,则石块的宽度 b 应当满意的条件是(   ).

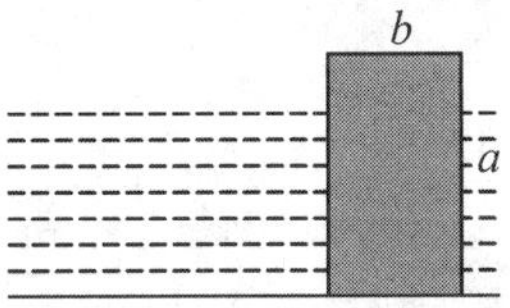

图 4

A. $b<\frac{\rho a^4}{9m}$ B. $b<\frac{\rho a^4}{2m}$ C. $b<\frac{\rho a^4}{3m}$ D. $b<\frac{\rho a^4}{4m}$

6. 荷兰人华伦海特引入了华氏温度. 规定水凝固时的温度为 32 华氏度,标准大气压下水沸腾的温度为 212 华氏度,中间分为 180 等份,每等份代表 1 华氏度. 今年 1 月份上海出现了近几年罕见的低温,最低温度接近 −10 摄氏度,换算成华氏温度为(   ).

A. 14 度 B. 16 度 C. 18 度 D. 20 度

7. 如图 5 所示,一束粒子沿水平方向飞过小磁针的下方,此时小磁针的 N 极向纸内偏转,这一束粒子也许是(   ).

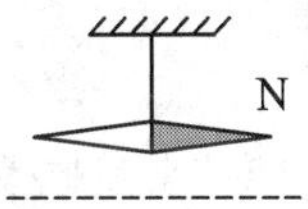

图 5

A. 向右飞行的正离子束 B. 向左飞行的负离子束

C. 向右飞行的电子束 D. 向左飞行的电子束

8. 野山鼠擅长打洞,假设山鼠打洞时受到的阻力 f 与洞的深度 L 成正比,即 $f=kL$(k 为比例常数),则野山鼠从洞深 d_1 打到洞深 d_2 时,需要克服阻力做的功为(   ).

A. $\frac{k(d_2^2-d_1^2)}{2}$ B. $\frac{k(d_2-d_1)^2}{2}$

C. $\frac{k(d_2+d_1)^2}{2}$ D. $\frac{kd_1d_2}{2}$

9. 如图 6 所示,粗细均匀的玻璃管 A 和 B 由一橡皮管连接,一定质量的空气被水银柱封闭在 A 管内,初始时两管水银面同样高,B 管上方与大气相通. 若固定 A 管,将 B 管沿竖直方向缓慢上移一小段距离 H,A 管内的水银面相应升高 h,则以下判断对的是(   ).

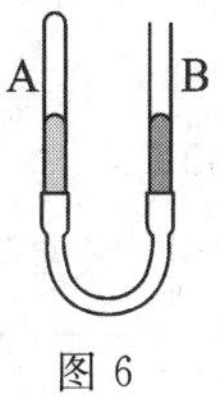

图 6

A. $h=H$ B. $h<H/2$

C. $h=H/2$ D. $H/2<h<H$

10. 一厚度为 d 的薄金属盘悬吊在空中,其上表面受太阳直射,空气的温度保持 300 K 不变,通过一段时间,金属盘上表面和下表面的温度分别保持为 325 K 和 320 K. 假设单位时间内金属盘每个表面散失到空气中的能量与此表面和空气的温度差以及此表面的面积成正比；单位时间内金属盘上、下表面之间传递的热量与金属盘的厚度成反比，与两表面之间的温度差和表面面积成正比. 忽略金属盘侧面与空气之间的热传递. 那么，在金属盘的厚度变为 $2d$ 而其他条件不变的情况下，金属盘上、下表面温度稳定之后，金属盘上表面的温度将变为（　　）.

A. 323 K　　B. 324 K　　C. 326 K　　D. 327 K

11. 如图 7 所示，实验室内有条宽度 $d=12$ cm 的跑道. 假设有一连串半径 $r=5$ cm 的机器人在跑道上沿一直线鱼贯驶过，速度均为 $v=2$ cm/s，相邻机器人中心之间的距离为 $a=26$ cm. 某智能机器人（不考虑大小）用最小的速度沿一直线匀速安全穿越此跑道（不与任何机器人相撞）的时间为（　　）.

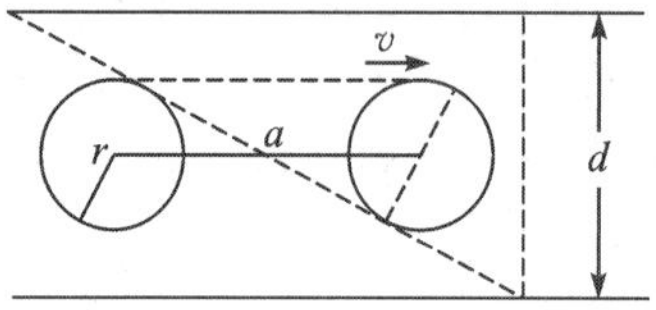

图 7

A. 6 s　　B. 12 s　　C. 14.4 s　　D. 16.9 s

12. 在如图 8 所示的电路中，无论电路中的电阻如何变化，设定流入电路的总电流 I 始终保持恒定. 当变阻器 R_0 的滑动触头向上滑动时，电压表 V、电流表 A 的示数变化量分别为 ΔU、ΔI，则 $\left|\frac{\Delta U}{\Delta I}\right|$ 为（　　）.

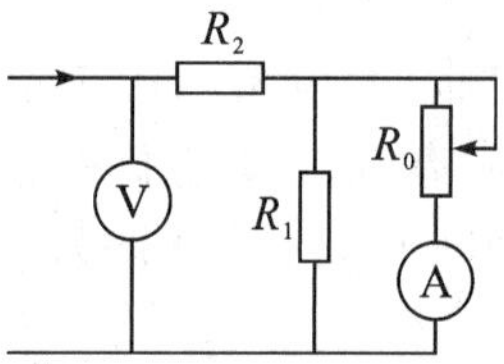

图 8

A. R_1　　B. R_2　　C. R_1+R_2　　D. R_2-R_1

二、填空题

1. 交通运输中用“客运效率”来反映交通工具的某项效能，即客运效率＝人数×路程/消耗能量. 一个人骑电动自行车，消耗 100 万焦耳的能量可行驶 30 km，一辆载有 4 人的一般轿车，消耗 32000 万焦耳的能量可行驶 100 km，则电动自行车与这辆轿车的客运效率之比是________. 有一种自动充电式电动车，前轮装有发电机，发电机与蓄电池连接. 当骑车者用力蹬车或车自行滑行时，自行车就可以连通发电机向蓄电池充电，转化成电能储存起来. 某人骑车以 500 J 的初动能在粗糙的水平路面上滑行，若关闭自动充电装置，让车自由滑行，其动能随位移变更关系如图 9 中线①所示；若启动自动充电装置，其动能随位移变更关系如图 9 线②所示，则向蓄电池所充电能是________ J.

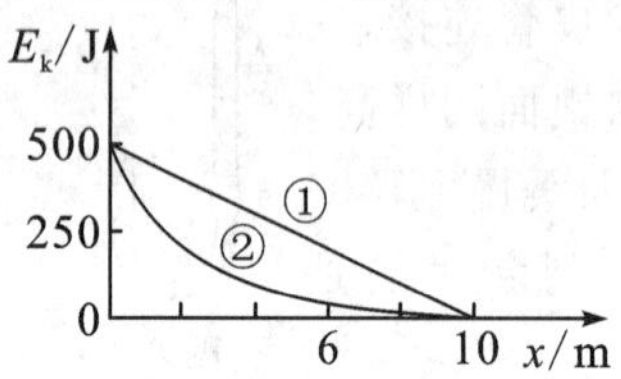

图 9

2. 由于眼睛有视觉暂留，因此会造成一些奇妙现象. 例如，在如图 10 所示的黑色圆盘中有一白色窄条 OA，圆盘绕垂直于盘面的中心轴以频率 $f_0=30$ Hz 顺时针旋转，用频率 $f=150$ Hz 的频闪光去照耀，在盘上能看到

________根稳定的白色窄条. 喜爱视察昆虫的小华发觉了类似的奇妙现象，傍晚看到蜜蜂的翅膀在频闪灯的照耀下，好像在缓慢地振动，自上而下一次约为 2 s，已知频闪灯的频率为 50 Hz，则蜜蜂的翅膀振动的频率为________ Hz(已知这种蜜蜂的振动频率的范围是 450～480 Hz).

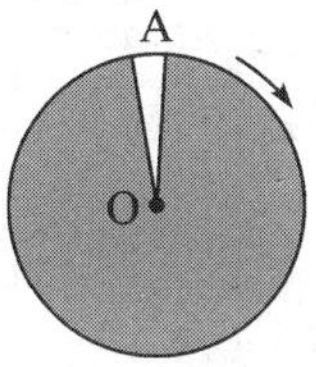

图 10

3. 两个同样的开口容器用两根同样的管子连通且装满水，两管各用阀门关闭(如图 11 所示). 两容器里水温保持恒定，左边的容器里水温为 t_1，右边的容器里水温为 t_2，并且 $t_1>t_2>4$ ℃. 假如阀门 K_1 保持关闭状态，打开阀门 K_2，则容器里的水将________(选填：从左向右、从右向左、不会)通过阀门 K_2；此后打开阀门 K_1，则容器里的水将________(选填：从左向右、从右向左、不会)通过阀门 K_1.

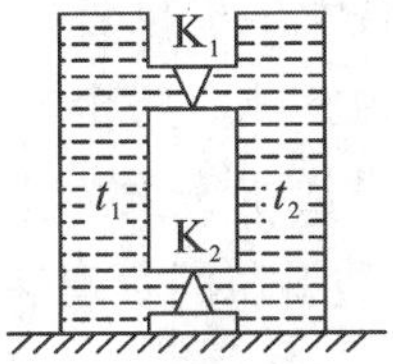

图 11

4. 如图 12 所示是探讨钢丝伸长形变的试验. 在底板一端固定一个滑轮 A，另一端装一立柱 B. 在靠近滑轮一端处有一个带有小轮 C 和可绕竖直轴转动的小平面镜. 把钢丝的一端固定在立柱上，另一端在小轮上紧绕一周后跨过滑轮挂上重物. 在平面镜前置一激光器，让光线射向平面镜并反射投影至长木板末端的光屏上，这样，钢丝受力伸长，带平面镜转动一个小角度，反射光线在屏上就有一较大位移. 为估算出 BC 间钢丝的伸长量 ΔL，除了测量平面镜上光的反射点与光屏的距离 L，以及反射光线在屏上的位移 d，试验中还应测定的物理量是________，可得伸长量 $\Delta L=$________(用以上测量量表示).

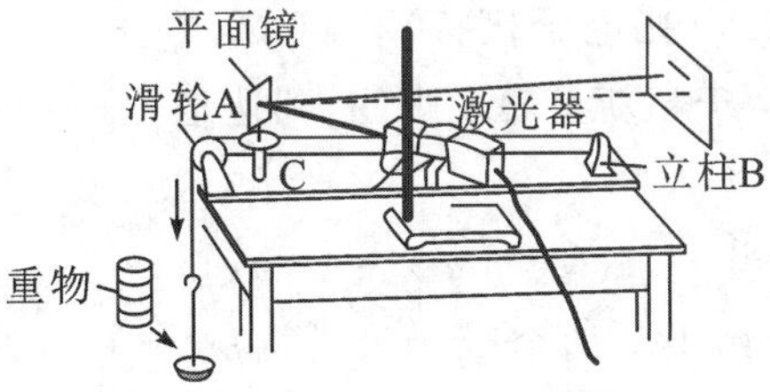

图 12

5. 如图 13 所示，六个电阻完全相同，阻值都是 R，将电压为 U 的电源接在 C、D 两点之间，则 B、C 两点间电阻 R_4 的功率为____. 若将电源接在线路中的 A、C 两点之间，则____(选填“R_1”；“R_2”；“R_3”；“R_4”；“R_5”；“R_6”；全部电阻)中无电流流过.

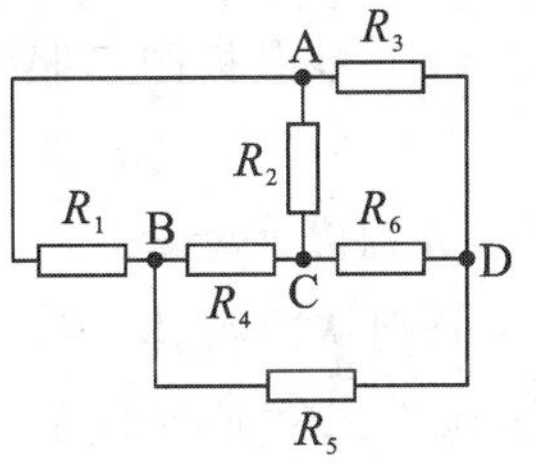

图 13

三、综合解答题

1. 物理探究课上，老师要求同学们用自己绕制的电磁铁控制电灯发光.

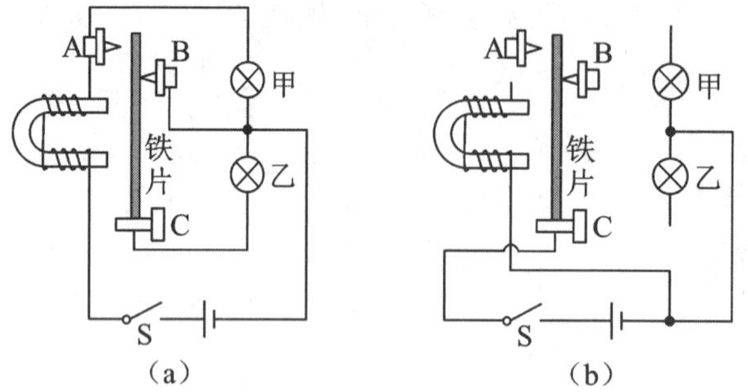

图 14

(1)根据图 14(a)电路，说明在开关 S 闭合后甲、乙两灯的连接方式和发光情况.

(2)在电路图 14(b)中用笔线代替导线连线，闭合开关 S 后使甲、乙两灯交替发光，并说明理由.

2. 在一次演练活动中，要求学生完成下列任务；给 8 名学生提供若干个塑料瓶，足够的绳子，搭建小船渡河. 8 名学生的平均体重为 60 kg，每个塑料瓶的质量为 36 g，体积为 $1.5\times10^3\ \text{cm}^3$，长度为 30 cm，假设河水密度为 $1\times10^3\ \text{kg/m}^3$. 请分析、说明为完成任务，给予 8 名学生 300 个塑料瓶的合理性.

3. 请阅读以下信息，然后回答问题.

(1)相对论认为质量和能量的关系是 $E=mc^2$，其中 m 为物体的质量，c 为光速，当物体静止时，其静质量为m_0，则物体此时的能量为$E_0=m_0\cdot c^2$，我们称之为物体的静能.

(2)相对论同时认为物体运动时，其质量与速度有关，当物体以速度 v 运动时，其运动质量 m 与速度的关系为 $m=\dfrac{m_0}{\sqrt{1-\dfrac{v^2}{c^2}}}$.

(3)中微子是一种$m_0<m$ 的物质，科学家在观测一颗距地球 17 万光年的超新星爆发时，捕获了两种能量分别为 10 MeV(兆电子伏特)和 40 MeV $(1\ \text{MeV}=1.6\times10^{-13}\ \text{J})$的中微子，它们同时产生于超新星爆发瞬间，到达地球的时间差约 2 s.

由以上信息估算中微子静质量的大小. [提示：当 $x<1$，有$(1+x)^n=1+nx$]

4. 如图 15 是一种热交换器. 这种热交换器由上下两个矩形管道构成，管道之间夹有一层由特殊材料制成的导热板(图中深色部分)，该热交换器与外界无热交换. 当温度不同的两种流体分别沿图示箭头方向从上、下管道流过时，流体通过导热板进行热交换，在管道中的流体温度只沿长度 l 方向变化，而导热板各处的上下两表面始终保持相同的温差. 已知：矩形管道长、宽、高分别为 l、b、h，导热板单位面积的导热功率为 $P=k\Delta T$(其中，k 为与导热板材料、厚度有关的系数，ΔT 为板上下两面温差)，不考虑板的热胀冷缩.

(1)当有两种密度均为 ρ、比热容均为 c 的冷、热流体，分别以速度 v 从冷流体入口和热流体入口(图中未画出)进入上下管道，并分别从冷流体出口(图中未画出)和热流体出口流出. 热流体与冷流体在进入管道时的温差为 ΔT_f，求冷、热流体流出后的温差 $\Delta T_{f'}$；

(2)若 k 与导热板厚度成反比，则当导热板厚度增大为原来的 2 倍时，采取怎样的措施可以保证冷、热流体流出后的温差 ΔT_2 保持不变？

(3)试举出一个生产、生活中应用到此类热交换器的装置或设备.

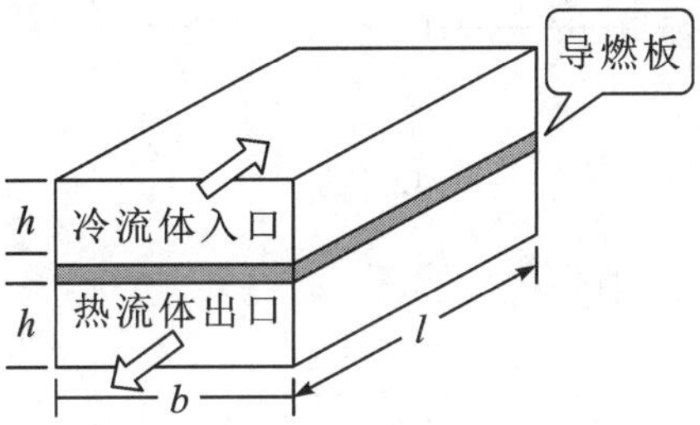

图 15

复 赛

说明：

本试卷中常数 g 取 10 N/kg，水的比热容 4.2×10^3 J/(kg·℃)，冰的比热容 2.1×10^3 J/(kg·℃)，冰的密度 0.9×10^3 kg/m^3，冰的熔化热为 3.33×10^5 J/kg.

1. 小方同学在研究水的沸腾现象时，发现了三个现象：

(1)他在玻璃瓶中倒入半瓶水，加盖后加热至水沸腾，随后停止加热. 立即在瓶盖上放置冰块，发现水重新沸腾.

(2)油炸食品时，油锅中滴入水滴会发生爆裂声，并把热油溅起.

(3)在沸水中滴入油滴却没有类似的现象.

解释产生这三个现象的原因.

2. 2016 年 2 月 11 日“激光干涉引力波天文台”(LIGO)宣布于 2015 年 9 月 14 日成功探测到两个黑洞合并所造成的引力波信号，标志着人类历史上首次成功探测到引力波，因此三位参与构思与设计 LIGO 的科学家荣获 2017 年的诺贝尔物理学奖. 引力波是物质运动或者物质体系质量分布发生变化时，以光速向外传播的时空涟漪. 根据以上信息，回答下列问题：

(1)成功探测到引力波，验证了(　　)

A. 电磁理论　　B. 广义相对论

C. 狭义相对论　　D. 量子理论

(2)2015 年 9 月 14 日探测到的引力波，是由距地球 13 亿光年处的两个黑洞合并形成. 合并前两个黑洞的质量分别为 36 M_S 和 29 M_S，合并后形成的新黑洞质量为 62 M_S，黑洞合并后减少的质量转化为能量向空间传播. 若不计能量损失，求在地球上每平方米面积上接收到由黑洞合并产生的能量.

已知：质能方程 $E=mc^2$(c 为真空光速)，太阳质量 $M_S=2\times10^{30}$ kg，1 光年即光在一年中走过的距离，真空光速 $c=3\times10^8$ m/s.

3. 如图 1 所示是航天限制中心的大屏幕上的一幅卫星运行轨迹图，它记录了卫星在地球表面垂直投影的位置变更；图中表示在一段时间内卫星绕地球中心圆周飞行四圈，依次飞经亚洲和太平洋地区的四次轨迹①、②、③、④，图中分别标出了各地点的经纬度(如：在轨迹①通过赤道时的经度为西经 157.5°，绕行一圈后轨迹②再次经过赤道时的经度为 180°)，设地球的半径为 $R=6400$ km，卫星离地面的高度为 343 km.

(1)卫星运行的周期是多少？

(2)请用纬度表示卫星上摄像设备能拍摄到的地表范围.

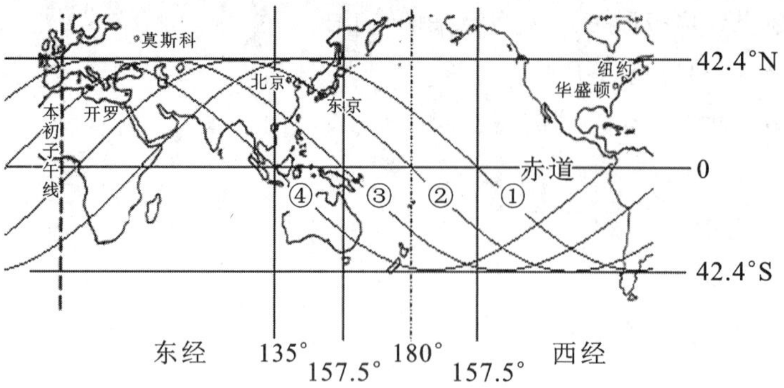

图 1

4. 科学家利用光与微粒(100 mm 左右)发生相互作用的特性,独创了一种用激光来操纵微粒的工具——光镊子.其原理是:当一束会聚的激光束从光疏媒质进入光密媒质时发生折射[如图 2(1)所示],光束的会聚程度将减弱,光束在界面受到向下的力;当一束会聚的激光束从光密媒质进入光疏媒质时发生折射[如图 2(2)所示],光束的会聚程度将增加,光束在界面受到向上的力.

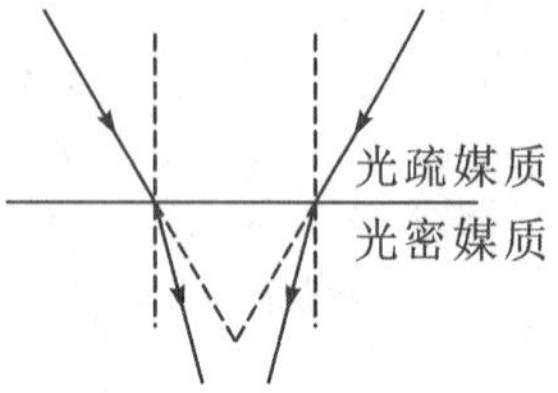

图 2(1)

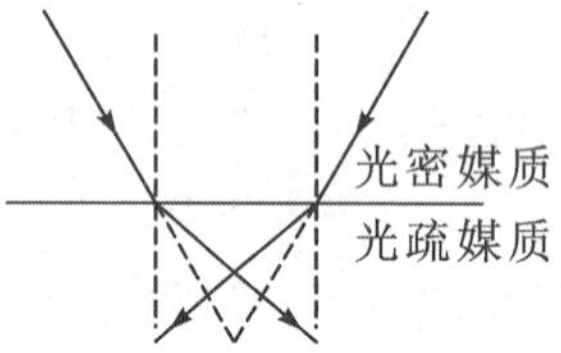

图 2(2)

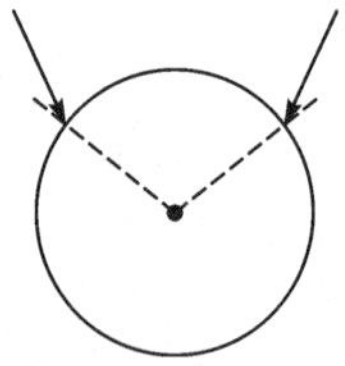

图 2(3)

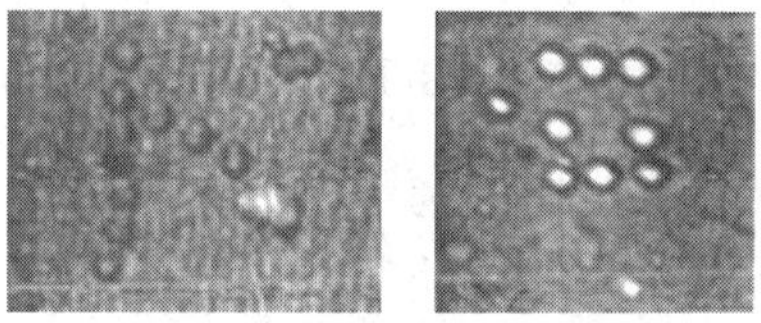

图 2(4)

(1)现有一束向某点会聚的激光束射向折射率大于四周介质的小球,试分析图 2(3)所示状况下,小球受到激光束的总作用力方向.

(2)用光镊子捕获和移动水中的玻璃小球特别便利.图 2(4)是利用光镊子把水中玻璃小球排成"人"字形或"口"字形的照片.实验时,将混有直径为 2.5 μm的玻璃小球的水溶液滴在载玻片上,然后利用光镊子将玻璃小球提离载玻片,并在水中移动.设光镊子的捕获力与激光的功率成正比.已知玻璃小球的密度 $\rho=2.0\times10^3\ \mathrm{kg/m^3}$,激光的最大功率为 $P_{max}=30\ \mathrm{mW}$,球体的体积 $V=\frac{4}{3}\pi r^3$.实验发觉当激光功率为 $P=16\ \mathrm{mW}$ 时,恰好能将玻璃小球提离载玻片.求该光镊子能产生的最大捕获力.

5. 如图 3 所示是给某一保温水箱注水的水龙头,K_1 是冷水管的阀门,K_2 是热水管的阀门.灌满水箱所需时间由水的压强(由水泵产生)以及水流经水管以及阀门所受阻力确定.阻力与压强的传递无关,假设在灌满水箱时间内我们所探讨的系统中压强和阻力不变.现就以下状况进行记录:

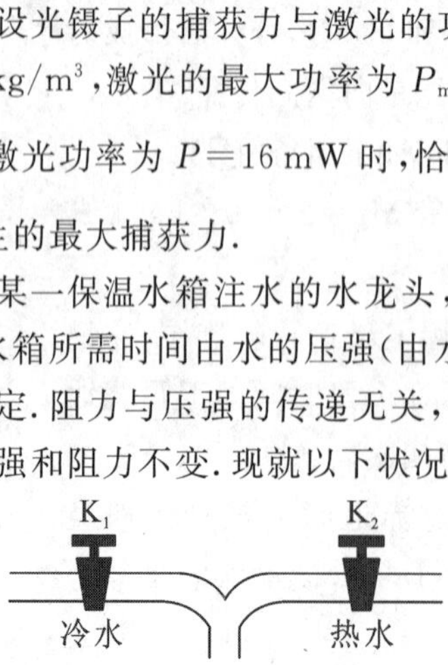

图 3

完全打开冷水管的阀门 K_1,关闭热水管的阀门 K_2,在时间 $t_1=8$ min 内灌满水箱；若完全打开热水管的阀门 K_2，关闭冷水管的阀门 K_1，则在时间 $t_2=12$ min 内灌满水箱. 试求：若将冷、热水管阀门完全打开，则灌满水箱需要多少时间？

6. 1724 年，荷兰人华伦海特引入华氏温度. 他把一定浓度的盐水凝固时的温度定为零华氏度，把纯水凝固时的温度定为 32 华氏度，把标准大气压下水沸腾的温度定为 212 华氏度，中间分为 180 等份，每一等份代表 1 华氏度. 用符号 F 表示华氏温度. 依据上述文字，回答以下问题：

(1)请写出华氏温度 F 与摄氏温度 t 的转换式.

(2)求相同体积零华氏度的冰与 90 摄氏度的水混合后的温度. 不计整个过程的能量损失.

7. 在大力提倡“节能减排”的今天，油电混合动力汽车作为一种新能源汽车应运而生. 某品牌 A 型的油电混合动力汽车使用一台汽油发动机和两台电动机(分别简称为 ISG 和 TM)共同作为动力源，如图 4(a). 一般 ISG 电动机总与汽油发动机共同启用和关闭.

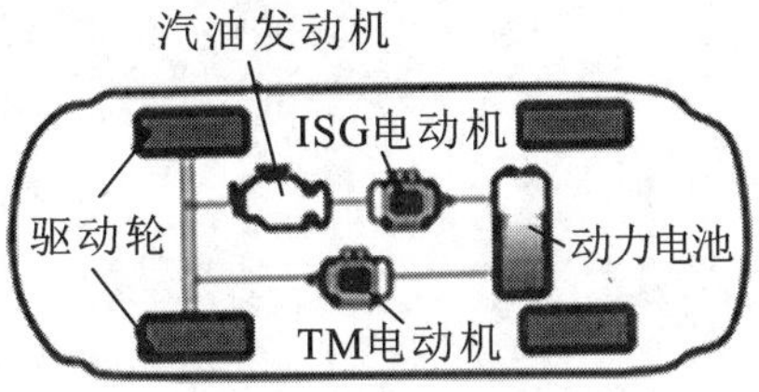

图 4(a)

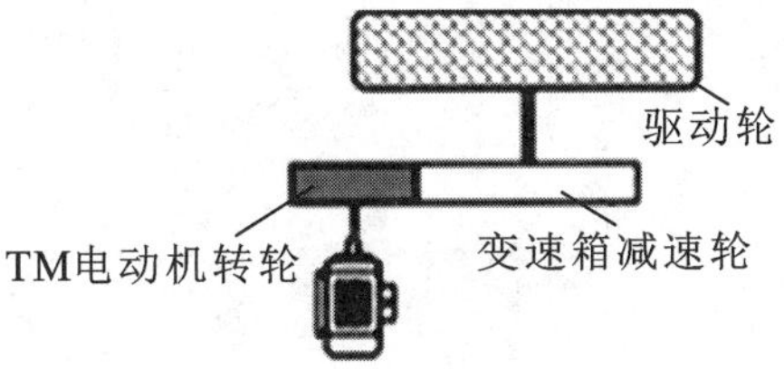

图 4(b)

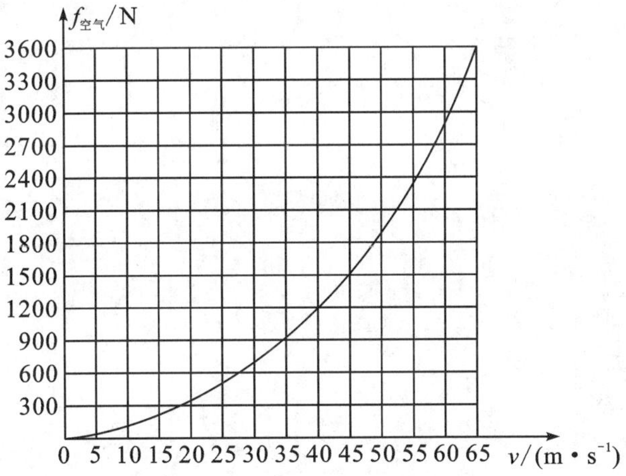

图 4(c)

该汽车相关的参数如下表：

表 1

项目	参数值
整车质量(kg)	1699
汽油发动机最大功率/转速(kW/rpm)	80/6000
电动机峰值功率(kW)	23 (ISG) +44(TM)
电动机峰值扭矩(Nm)	147 (ISG)+317 (TM)
动力电池容量(kW·h)	11.8
综合工况纯电续航里程(km)	60
综合工况纯油驱动百公里油耗(L)	7.9

(1)请分别计算该型汽车“纯电驱动”和“纯油驱动”的百公里能耗，并说明能耗不同的主要原因.(汽油的密度 $\rho=0.7\times10^3\ \mathrm{kg/m^3}$，汽油的

热值 $q=4.6\times10^{7}$ J/kg)

(2)通常情况该型汽车启动时仅 TM 电动机工作，但当急加速时，电动机扭矩不足以提供汽车加速所需的动力时，汽油发动机将和 ISG 电动机共同参与驱动，这种工作模式叫作并联驱动模式.电机工作时产生的扭矩(又称转矩，等于力和力臂的乘积)可以通过复杂的传动系统传递到“驱动车轮”产生驱动汽车的动力.这个传动系统可以简化为图 4(b)：若电动机转轮与变速箱减速轮转速比为 1.912，变速箱减速轮与驱动轮共轴，转速相同，轮胎的直径为 0.52 m，能量在传递过程中损耗不计，则该汽车启动时所需驱动力大于多少时发动机将介入进行并联驱动.

(3)汽车行驶时主要阻力来自空气阻力和车轮的滚动阻力.假设某路面上该汽车所受滚动阻力为车重的 0.02 倍.该汽车所受空气阻力与车速的关系如图 4(c)所示，请计算该汽车的最高车速.

参考答案与提示

第一届全国初中应用物理知识竞赛

第一部分

一、选择题

1. B.

瓶子正好装满 1kg 水，则其容积就是 1kg 水的体积，比较 1kg 的花生油、酱油、白酒和豆油，它们中间只有酱油的密度大于水的密度，其他三种物质的密度都小于水的密度，由于它们的质量相等，故 1kg 酱油的体积小于 1kg 水的体积，而其他三种物质的体积均大于 1kg 水的体积，所以此瓶子一定能装下 1kg 的酱油.

2. D.

人在地球上看到月亮从云中穿出，这时人认为云是不动的，月亮从云中穿出，月亮是动的，所以此时人是以云作参照物的.

3. C.

用刻度尺测量长度时，正确的读法是读数的末位数字是估读的，正确的记录数据有一位估读数字，也只能有一位估读数字. 若更下一位估读一个数字，则该数据就没有意义. 本题读得的长度是 16.34 cm，其中最末位的 0.04 cm，即 0.4 mm 是估读的. 所以该刻度尺的分度值为毫米.

4. A.

体积为 $0.05\,m^3$ 的救生圈全部没入水中，水对它的浮力大小为

$$F_{浮}=\rho_{水}gV=1\times10^3\ kg/m^3\times9.8\,N/kg\times0.05\,m^3=490\,N$$

人的密度和水的密度很接近，所以体重为 400 N 的人若全部浸没入水中，所受水的浮力约为 400 N.

若人和救生圈一起浸没入水中，其所受的总浮力 $F_{浮}$ 约为 490 N+400 N=890 N，总重力 G 为 100 N+400 N=500 N，可见 $F_{浮}>G$，人和救生圈会上浮至漂浮，即它们有部分体积露出水面.

5. D.

要实现自动定时冲洗，即要在一定的时候自动地将盖了 a 提起，提起盖了 a，靠的是连接浮筒 P 和盖了 a 的绳的拉力，以 F 表示这一拉力的大小. 以 G_P 和 G_a 分别表示浮筒 P 的重力和盖子 a 的重力，以 S_P 和 S_a 分别表示浮筒的截面积和盖子的上表面积，设浮筒浸入水中的深度为 h_p，浮筒底部和盖子上表面间的高度差为 l，则浮筒受到的浮力大小为

$$F'=\rho_{水}S_Ph_Pg$$

由浮筒的受力平衡条件可得连接浮筒和盖子的绳的拉力大小为

$$F=F'-G_P$$

水箱中水对盖子 a 的压力大小为

$$F''=\rho_{水}g(h_P+l)S_a$$

力 F 要能将盖子提起，显然应有

$$F>F''+G_a \quad ①$$

即应有 $F'-G_P>F''+G_a$

即 $\rho_{水}S_Ph_Pg>\rho_{水}(h_P+l)S_ag+G_P+G_a$

∴ $\rho_{水}(S_P-S_a)h_Pg>\rho_{水}lS_ag+G_P+G_a$

上式中除 (S_P-S_a) 外，其余各项都为正值，故只要有 $S_P-S_a>0$，则当 h_P 逐渐增大时，总可以使上式得到满足，即使①式成立，可见能实现自动冲水的条件是 $S_P>S_a$.

二、填空题

1. 0.5.

货物受力示意图如图 1 所示. 由公式 $G=mg$ 得

此货物的质量为 $m=\dfrac{G}{g}=\dfrac{4.9\,N}{9.8\,N/kg}=0.5\,kg$

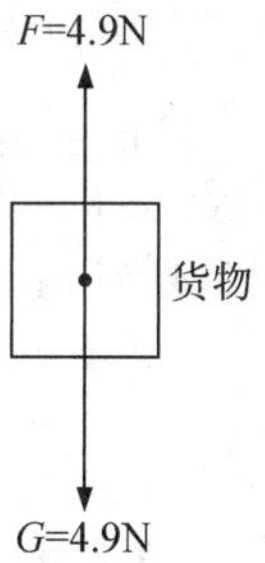

图 1

2. 2.25.

气球要能升空，则气球所受浮力应大于或等于气球所载仪器、球皮及球内氢气的总重力，设球内氢气的体积为 V，不计球皮和所载仪器的体积，空气对气球的浮力大小为

$$F_{浮}=\rho_{空}gV$$

由浮沉条件和阿基米德原理应有

$$\rho_{空}Vg\geqslant(m_{仪}+m_{皮})g+\rho_{氢}gV$$

$$∴\quad V\geqslant\frac{m_{仪}+m_{皮}}{\rho_{空}-\rho_{氢}}=\frac{2.7\,kg}{1.29\,kg/m^3-0.09\,kg/m^3}=2.25\,m^3$$

3. $\dfrac{(N-1)L}{t}$.

火车经过铁轨接缝时连续发生 N 次振动，即连续通过了 N 个接缝，即火车通过了 $(N-1)$ 根铁轨，连续 $(N-1)$ 根铁轨的长度为 $(N-1)L$，所以火车通过这段铁路的速度为

$$v=\frac{(N-1)L}{t}$$

4. 活塞向右运动时，各阀门的开合状态如图 2 所示.

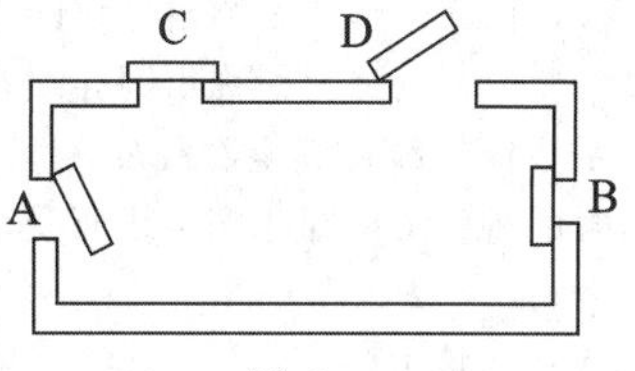

图 2

此时风箱活塞在向右拉，故应将风箱中活塞右侧部分的空气通过出气口压向灶内，由此，此时进气口 B 应当关闭，阀门 D 应该打开，而阀门 C 则应关闭，这样，风箱中被压缩的空气就既不会由阀门 B 流出箱外，也不会由阀门 C 流入风箱中活塞的左边部分而只能由出气口流入灶内，并且此时阀门 A 应该打开，以使外界的空气流入风箱中的活塞的左边部分，待将风箱活塞往左推时，便将这些空气压入灶中.

三、解法一：

所用器材：铅笔一支，刻度尺一把(或螺旋测微器一个或游标卡尺一把)，能够称量铜导线质量的任何形式的秤一个.

测量步骤：

(1) 拉出一段导线，在铅笔上密绕若干圈，测得总长度，除以圈数，由此得出导线的直径 D(或用游标卡尺、或用螺旋测微器测出导线的直径 D).

(2) 用秤称出导线的总质量 m.

计算方法：

以 L 表示导线的总长度，则导线的总体积是

$$V=\pi\left(\frac{D}{2}\right)^2 L=\frac{\pi D^2 L}{4}$$

从密度表中查出铜的密度 ρ，则导线的总质量可以表示为

$$m=\frac{\pi D^2 L}{4}\rho$$

由上两式可解得计算导线总长度的公式为

$$L=\frac{4m}{\pi D^2 \rho}$$

解法二：

所用器材：铅笔一支，刻度尺一把(或螺旋测微器一个或游标卡尺一把)，能够装下全部导线的大量筒一个.

测量步骤：

(1) 同解法一测出铜导线的直径 D.

(2) 取适量的水注入量筒中，记下此时水面的读数 V_1，再将全部导线放入量筒内的水中(水可将导线全部淹没)，记下此时水面的读数 V_2，则全部导线的体积为

$$V=V_2-V_1$$

计算方法：

以 L 表示导线的总长，则应有

$$V=\frac{\pi D^2 L}{4}$$

由上两式可得

$$L=\frac{4(V_2-V_1)}{\pi D^2}$$

解法三：

所用器材：铅笔一支，刻度尺一把(或螺旋测微器一个或游标卡尺一把)，量程足够大的弹簧秤一只，盛水容器一个.

测量步骤：

(1) 同解法一测出导线的直径 D.

(2) 以弹簧秤称出铜导线在空气中的重力 G_1，再将线系住铜导线使其全部浸没入水中，以弹簧秤称出铜导线此时的视重 G_2，则此铜导线所受水的浮力大小为

$$F=G_1-G_2$$

计算方法：

以 ρ' 表示水的密度，则由阿基米德原理知

$$F=\rho' V g$$

上式中 V 为铜导线排开水的体积，也就等于铜导线本身的体积，故有

$$V=\frac{G_1-G_2}{\rho' g}$$

以 L 表示铜导线的总长度，又有

$$V=\frac{\pi D^2 L}{4}$$

由上两式得

$$L=\frac{4(G_1-G_2)}{\pi D^2 \rho' g}$$

四、测量步骤：

(1) 将两根玻璃管竖直固定在铁架台上，以塑料软管将两玻璃管的下端相连通，使此三者组成一 U 形管.

(2) 在上述 U 形管中注入适量的水.

(3) 用滴管向 U 形管的一臂中注入适量的待测液体.

(4) 从待测液体和水的分界面处的水平面向上分别测量两管中液体的高度，如图 3，其中 h 为水柱的高度，h_x 为待测液柱的高度.

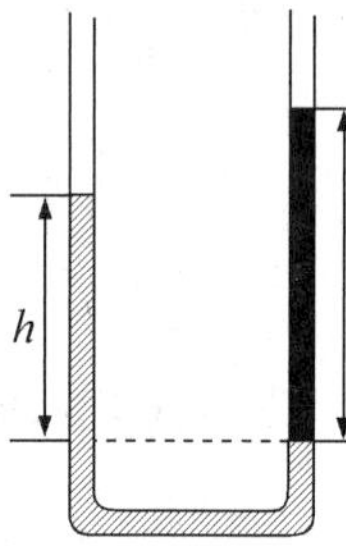

图 3

计算方法：

由于两液体分界面处两液体内部的压强相等，以 ρ 和 ρ_x 分别表示水的密度和待测液体的密度，则有

$$\rho g h=\rho_x g h_x$$

故得待测液体的密度为

$$\rho_x=\frac{h}{h_x}\rho$$

第二部分

八年级组

五、选择题

1. D.

树木相对于地面是不动的，甲看到路旁树木向东运动，则甲相对于树木是向西运动的，也就是甲相对于地面是向西运动的. 乙看到甲静止不动，即甲、乙间无相对运动，或者说甲、乙的运动情况相同，即乙也是向西运动的.

2. B.

在重物重力不变的情况下，运载重物的大型平板车装有很多车轮，增大了车轮与地面的接触面积，减小对路面的压强，以减少对路面的破坏.

3. A.

水银气压计的原理是高出槽中水银面的水银柱所产生的压强跟外界大气压强相等. 当玻璃管发生倾斜时，管中水银柱沿竖直方向的高度仍不变，则 $P_0=\rho_{水银} gh$. 换用更粗的玻璃管，或改变水银槽中水银的多少，只要玻璃管的管口没有离开槽中水银面，管中水银柱的高度不变. 若管内水银柱上方有空气进入，由于这部分空气也会产生压强，此时的压强平衡关系将变为管内上部空气的压强与高出水银槽面的水银柱产生的压强之和等于外界大气压，即水银柱产生的压强小于大气压. 由此读出的数据就比大气压的真实值偏小.

4. A.

浓橘汁的密度大于水的密度，冰块漂浮在浓橘汁的液面时，冰块排开橘汁的体积为

$$V_{排}=\frac{m}{\rho_{汁}}$$

当这块冰融化成水时，其质量仍为 m，水的体积为

$$V_{水}=\frac{m}{\rho_{水}}$$

由于 $\rho_{水}<\rho_{汁}$，所以 $V_{水}>V_{排}$. 即冰融化成水的体积大于冰浮在橘汁上排开橘汁的体积. 故冰融化成水后，杯中将有水溢出.

5. C.

原题图中所示的系统实际上相当于一个连通器，由连通器的原理可知，当两侧的液面相平时，连通器内液体处于平衡而不流动.

六、填空题

1. cm　　g　　km/h

2. 0.80　　0.82

已知水的密度为 $1.0\times10^3\ kg/m^3$，纯酒精的密度为 $0.80\times10^3\ kg/m^3$，则若该酒精的含水量为 0，则其密度即为 $0.80\times10^3\ kg/m^3$，若该酒精的含水量为 10%，即 100 kg 该酒精中，含有纯酒精为 90 kg，含有水 10 kg，而这 100 kg 酒精的体积则为 90 kg 纯酒精的体积 $V_{酒}$ 与 10 kg 水的体积 $V_{水}$ 之和，而

$$V_{酒}=\frac{m_{酒}}{\rho_{酒}}=\frac{90}{0.8\times10^3}\ m^3=0.1125\ m^3$$

$$V_{水}=\frac{m_{水}}{\rho_{水}}=\frac{10}{1.0\times10^3}\ m^3=0.01\ m^3$$

则此时酒精的密度为

$$\rho=\frac{m}{V_{酒}+V_{水}}$$

$$=\frac{100}{0.1125+0.01}\ kg/m^3\approx0.82\times10^3\ kg/m^3$$

显然，若该酒精厂生产的酒精合格，则该酒精的密度应在 $0.80\times10^3\ kg/m^3$ 至 $0.82\times10^3\ kg/m^3$ 的范围内.

3. B　　少

密度计漂浮在液面上时，其所受的浮力应与其重力 G 相等，根据阿基米德原理可得

$$F=\rho gV=G$$

由上式可知，由于密度计的重力 G 为定值，若 ρ 越大，V 就越小，即密度计浸入液体中的部分越小. 由此可知，B 的密度更大. 若将密度计放入比 A、B 密度更小的 C 液体中，则密度计浸入 C 液体中的部分越多，露出液面的部分将更少.

4. 1.78×10^3

铜的密度为 $8.9\times10^3\ kg/m^3$，长度为 8000 m，横截面积为 $25\ mm^2$ 的铜线的质量为

$m=\rho Ls=8.9\times10^3\ kg/m^3\times8000\ m\times25\times10^{-6}\ m^2=1.78\times10^3\ kg$

七、压力锅内外达到最大压强差时，锅内气体刚好能将限压阀顶起，以 Δp 表示此时的内外压强差，以 S 表示限压出气口的截面积，则由此时限压阀的受力平衡条件有

$$\Delta p\cdot S=mg$$

$$\therefore\quad \Delta p=\frac{mg}{S}=\frac{mg}{\pi D^2/4}$$

$$=\frac{4\times0.1\times10}{3.14\times(3.5\times10^{-3})^2}\ Pa=1.0\times10^5\ Pa$$

$$=1.0\,atm$$

由于锅内、外有压强差 Δp，故锅盖的上、下两表面所受气体的压力也不等，这个压力差即为上述压强差与其面积之积，为

$$\Delta F=\Delta p\cdot S_{盖}=\Delta p\cdot\frac{\pi D^2}{4}$$

$$=1.0\times10^5\times\frac{3.14\times0.24^2}{4}\ N$$

$$=4.6\times10^3\ N$$

要保证锅盖不因为内外压力差的作用而分离，则锅与锅盖的接口处至少要能承受拉力 F 为

$$F=\Delta F=4.6\times10^3\ N$$

八、(1) 由表 1 知，21 次车由北京至上海的总运行时间为 17h，则其运行的平均速度大小为

$$v=\frac{s}{t}=\frac{1462}{17}\ km/h=86\ km/h$$

(2) 由表 2 知，22 次由上海至北京运行的时间与 21 次由北京至上海运行的时间相等，可见两者的平均速度相等.

设 21 次车开出后历时 Δt，与 22 次车相遇，注意到 22 次比 21 次早开出 $\Delta t'=2h$，则应有

$$s=v\Delta t'+v\Delta t+v\Delta t$$

$$\therefore\quad \Delta t=\frac{s-v\Delta t'}{2v}=\frac{1462-86\times2}{2\times86}\ h=7.5\ h$$

即两车相遇时刻为

$$T=21h\,55\,min+7.5h=29h\,25\,min$$

此时刻即为第二日早晨 5:25.

由表 3 可见，21 次途径济南的时刻是凌晨 3:07，此时刻离 5:25 最近，即两车相遇点离济南最近.

九、解法一：(悬挂法)如图 4，以一线系于金属板上的某点 A 并将板悬挂起来，板静止时，板受到重力和线的拉力而平衡，故板的重心必在过 A 点的竖直线 AA' 上，过 A 点在板上画出此时的竖直线 AA'.

同上再将线系于板上的另一点 B 悬挂并作出对应的竖直线 BB'，则 AA' 与 BB' 的交点 O 就是此金属板的重心位置.

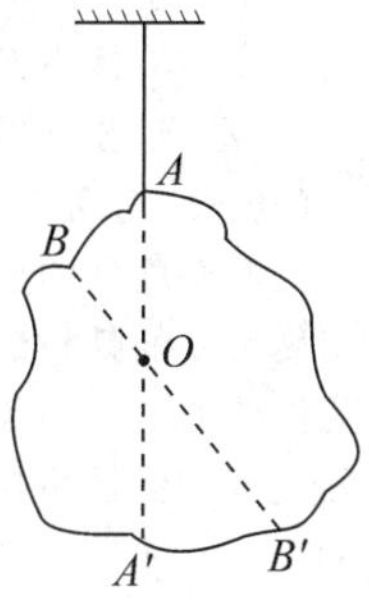

图 4

解法二：(支撑法)以手指托住金属板的某一点，若此时金属板板面能维持水平而平衡时，支撑点即为此金属板重心的位置.

十、操作步骤：

(1) 用刻度尺测出吸盘压平时的直径 D；

(2) 用细线系住吸盘背部，把它吸在洁净的玻璃或其他光滑平面上；

(3) 用弹簧秤勾住细线，沿垂直于玻璃面的方向拉吸盘，记下吸盘脱离玻璃时弹簧秤的最大读数 F.

计算大气压强的公式：

吸盘面积为　　$S=\dfrac{\pi D^2}{4}$

大气压强为　　$P=\dfrac{F}{S}$　　即　$P=\dfrac{4F}{\pi D^2}$

九年级组

五、选择题

1. C.

冬天的铁棍和木棍的温度相同，且低于人体温度. 当人手接触铁棍和木棍时，手上的热会向铁棍或木棍上传递. 由于铁是热的良导体，其导热能力强，人手传给该铁棍的热很快传至铁棍的其他部分，铁棍与人手接触部分的温度不会很快明显地升高，人将感到铁棍较凉，而木棍的导热能力弱，人手传给木棍的热，将不会很快地传至木棍的其他部分而保留在与手接触的部分，使木棍的接触部分温度明显升高，人将感到木棍没有铁棍那

么凉.

2. D.

铁块和很多物质一样,都有热胀冷缩现象.若把铁板和铁柱同时放在炉内加热较长的时间,它们的温度变化量相同,则铁柱和铁板上的孔的膨胀情况相同,所以将它们自炉中取出的瞬间,铁柱仍能紧紧地塞进圆孔.

3. B.

由题述的各种可能的故障看来,如果是电流表坏了或者未接好,或者是 L_2 的灯丝烧断或者灯座未接通,或者是电流表和电灯 L_1、L_2 都坏了,这几种情况都会导致电路不通,则电压表的指针根本不会发生偏转,所以上述几种故障都是不可能的.若是从 a 经过 L_1 到 b 的电路中有断路现象,则电路的电流只能由电流表、电压表和灯泡 L_2 的回路中通过.由于电压表的电阻很大,此时电流是非常微弱的,正好形成灯泡不亮,电流表无示数,电压表有示数的现象.

4. C.

这一密度秤是根据杠杆平衡的原理而制成的,当把铁块浸没在待测液体中时,铁块受到待测液体对它的浮力,并且不同密度的液体的浮力大小不同,因此当铁块浸在不同密度的液体中而此密度秤平衡时,秤砣悬挂的位置也就不同.这样,在秤砣悬挂的位置,就可以标定为此时对应液体的密度.

此密度秤的刻度零点应该是设想将此秤的铁块浸在密度为零的某种液体中使秤平衡的秤砣的悬点,由于该假想液体的密度为零,故该液体对铁块也就没有浮力,这实际上就和使铁块悬挂在空气中是一回事(忽略空气对铁块的浮力),而铁块悬在空气中时,密度秤平衡时秤砣是挂在 A 点,故 A 点就是此密度秤的零刻度点.再设想将此密度秤的铁块浸入某种密度不为零的液体中,则该液体对铁块有不为零的浮力,显然,此时为使密度秤平衡,秤砣不能再悬挂在 A 处而应该使其向秤的提纽处移动(即在原题图9中向左移动)一些,并且,若待测液体的密度越大则它对铁块的浮力也就越大,这样秤砣悬挂点向左移的距离也就越多.综合上述可得:密度秤的零刻度点在 A 点;密度秤的刻度都在 A 点的左侧,且秤杆上较大的刻度应在较小刻度的左边,可见题中的选项C是错误的.

5. B.

照相机的镜头相当于一个凸透镜,当物体放在照相机镜头前二倍焦距以外时,在胶片上成一个倒立缩小的实像.由凸透镜的成像规律可知:物体成实像时,若物体离透镜越近,则所得的像离透镜越远,像也越大.在图中,(a)图的像大于(b)图的像,所以拍摄(a)时人与相机距离较近,而胶片与镜头的距离则较远.

6. A.

柴油机出现"飞车"现象时,是由于柴油机汽缸内柴油燃烧剧烈而达到失控的情况.为了控制其剧烈燃烧,堵住其进气口使缸内无充足的氧气供给,这样可使其剧烈燃烧无法继续.

7. D.

如图5,设以线段 AB 代表站在平面镜前的人,E 处为人的眼镜,MN 为平面镜,$A'B'$ 为人在平面镜中的像.由平面镜成像的规律可知,$A'B'$ 与 AB 是关于 MN 对称的,依题述人在镜中只能看到自己的上半身,即图中的 $A'C'$ 部分,故有

$$A'C'=\frac{1}{2}A'B'=\frac{1}{2}AB$$

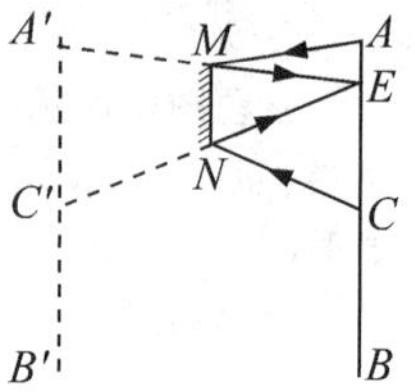

图 5

又由题述知 MN 是沿竖直方向,故应有 $AB/\!/MN/\!/A'B'$,由图5中的光路可见有 $\triangle EMN \backsim \triangle EA'C'$,且由于物像对称有 $A'M=MA=ME$,即 $A'E=2ME$,故得

$$A'C'=2MN$$

即人在镜中所能见到的自身长度为镜长的2倍(显然,本题所用的镜长为人的身高的 $\frac{1}{4}$),这一结论与人离平面镜的远近无关,可见在本题情况下,无论人是远离平面镜或者是靠拢平面镜,都只能从镜中看到自己身高的一半而不可能看到全身.

六、填空题

1. 1.5　　220　　36

记住常见的电压值是解答本题的关键.

2. 白炽　　日光或霓虹

白炽灯泡的发光原理是电流通过灯泡的灯丝时会发热,灯丝达到炽热的状态时,对外发出白光.日光灯的发光原理是电流通过灯丝时,灯丝对外放射出电子,电子通过含有汞蒸汽的灯管时放出紫外线,紫外线照射到灯管内壁的荧光物质上发出可见光.

3. 液化　　凝华　　液化

地面附近空气中的水蒸气遇冷放热液化成小水珠,吸附在植物的叶片上就形成了露;空气中的水蒸气遇冷直接变成小冰晶,吸附在房顶、草木的叶片上就形成霜;空气中的水蒸气遇冷液化成小水珠,与空中悬浮的微小尘埃结合在一起,悬浮在空中就形成雾.

4. 氟氯烃(即氟利昂)　　酒精

常用温度计中通常装有水银、酒精等测温物质,它是利用液体的热胀冷缩性质来工作的.水银的凝固点是 -38.8℃,酒精的凝固点是 -117℃,在 -60℃的低温环境中,水银已经凝固为固态,不能正确显示温度,而酒精仍是液态,能够正确地显示温度.

七、由于实施夏时制,每户每年减少的照明时间为

$$t=0.5\times150\,\text{h}=75\,\text{h}$$

20万户居民的总照明功率为

$$P=80\times200000\,\text{W}=1.6\times10^4\,\text{kW}$$

由此,每年为国家节约的电能为

$$W=Pt=1.6\times10^4\,\text{kW}\times7.5\,\text{h}=1.2\times10^6\,\text{kW}\cdot\text{h}$$
$$=4.32\times10^{12}\,\text{J}$$

八、图(a)好.

在图(b)中,如果某一灯泡损坏或者断路,例如甲灯损坏,则电路变成为丙、丁两灯并联后再与乙灯串联,由于丙、丁两灯的并联电阻小于乙灯的电阻,由此乙灯获得的电压将超过此电路总电压(220V)的一半,即乙灯两端的电压将超过110V,这将导致乙灯烧毁,进而丙、丁两灯也不能发光,而在图(a)中,如果某一灯泡损坏,则不会波及其他灯泡随之损坏,只是与其串联的灯泡不发光,而另外两灯却能照常发光.

九、依题述,连接 A、C 或连接 A、B 时,可以使灯亮或铃响,表明此封闭部件内必有一电源.

连接 A、C 时灯亮铃不响，则连接 A、C 后应该构成一个包含有电源和电灯的闭合回路，但此电路中不包含电铃. 如图 6 所示.

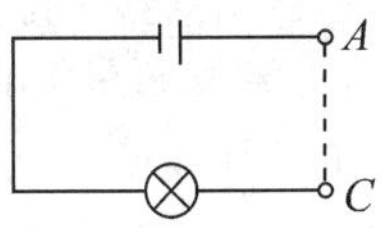

图 6

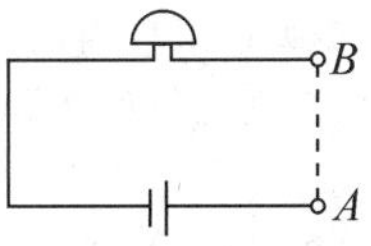

图 7

连接 A、B 时铃响灯不亮，则此时应该构成一个包含有电源和电铃的闭合回路，但此回路中不包含电灯，如图 7 所示.

综合图 6 和图 7 知这一封闭部件内的电路图如图 8 所示.

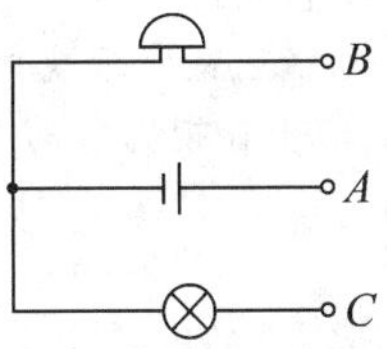

图 8

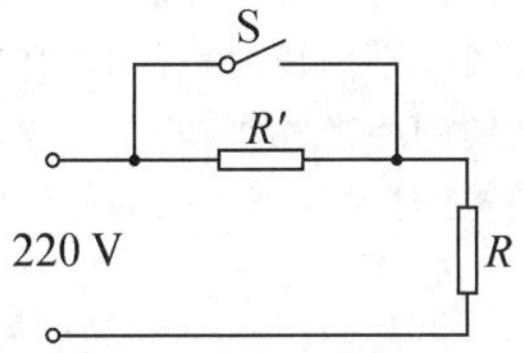

图 9

十、1. 电路图如图 9，其中 R 表示电热毯电阻，R' 表示另外再接入的电阻.

2. 首先测出电热毯的电阻 R. 由上分析可知要想使 R 上发热功率为额定功率的一半时，通过其中的电流 I_2 应为原来电流 I_1 的 $\frac{1}{\sqrt{2}}$，而

$$I_2=\frac{U}{R+R'} \qquad I_1=\frac{U}{R}$$

由 $\frac{I_2}{I_1}=\frac{1}{\sqrt{2}}$ 知

$$R+R'=\sqrt{2}R \qquad R'=(\sqrt{2}-1)R$$

3. R' 应安装在能充分散热的盒中并注意绝缘.

第二届全国初中应用物理知识竞赛

一、选择题

1. D.

重力为 30 N 的物体，其质量约为 3 kg，汽车、小学生的质量大于3 kg，铅笔的质量小于 3 kg，一个装满书本的书包的质量可能等于 3 kg.

2. D.

打开冰箱门时，冰箱内的冷空气逸出，使冰箱门附近的空气迅速降温，空气中的水蒸气由于温度降低很快凝结成小水珠，这就是看到的“白雾”.

3. A.

当白炽灯的灯丝断了后搭上再用时，接入电路中的灯丝长度减小，接入电路的电阻随之减小，电路两端的电压不变，由电功率的公式 $P=\frac{U^2}{R}$ 可知，电灯消耗的功率比原来消耗的功率大.

4. D.

要将近千个小橡胶垫圈一个接一个地叠起来，实际上很难做到的，更不要说叠起来还要测量其总厚度了. 因此，选项 A 和 B 所用的方法实际上是不可能的.

用天平测出这些垫圈的总质量 M 是简易可行的. 理论上说，只要再测出一个垫圈的质量 M_1，则 $\frac{M}{M_1}$ 就是这些垫圈的总数了. 但实际上测一个垫圈的质量却有两个问题：一是这些垫圈可能不很均匀，只取一个垫圈，则其质量可能偏大或偏小，这会使最后得出总数误差较大；二是一个垫圈质量很小，用天平测它的质量时相对误差会较大，也会导致最后结果误差较大. 而如果是取 10 个垫圈测出其质量 M_{10}，再以 $\frac{M_{10}}{10}$ 为一个垫圈的质量，这样显然可以使上述的误差减小，并且也是可行的，故本题的最好办法是选项 D 提供的办法.

5. C.

白炽灯泡的发光原理是利用电流通过灯丝时使灯丝发热，而灯丝的温度随之升高，达到炽热的状态(近千摄氏度)向外发光. 将灯丝做成螺旋状，是使灯丝集中在相互比较靠近的地方，以减少灯丝向外散热，提高灯丝的温度.

6. C.

拖拉机履带由一块块金属板组成，增大了地面承受压力的面积，减少了拖拉机对地面的压强. 为了防止拖拉机在行驶过程中打滑，又在金属板上做有一些凸起的棱，棱与地面的接触面积远比板与地面的接触面积小，对地面的压强大于板对地面的压强.

7. C.

冬天，室外气温往往比室内气温低很多，自来水笔在室外时，其笔囊中的空气温度较低. 将其带入室内时，笔囊中的空气温度升高发生膨胀，从而把笔囊中的墨水挤出.

8. D.

图中标出的字母“220—25”的意义是：此灯泡的额定电压是 220V，额定功率是 25W，即此灯泡两端电压是 220V 时，灯泡正常发光，其功率为 25W. 由电功率的公式 $P=IU$ 得通过灯泡的正常工作电流为

$$I=\frac{P}{U}=\frac{25\,\text{W}}{220\,\text{V}}\approx 0.11\,\text{A}$$

9. D.

以小明的两次用火情况进行比较，不管是用大火煮还是用小火煮，只要两种情况下都保持锅中的水沸腾，则锅中的水温都是 100℃，对于被煮的鸡蛋而言，不管是大火还是小火，它都是置于相同水温的热水中，因此将其煮熟所需的时间应该相近，而在相同时间内，用大火比用小火更费燃料一些.

10. B.

如图 1，两平面镜 AO 和 BO 互相垂直，光线 ab 射到平面镜 AO 上的 b 点发生反射又射到平面镜 BO 上的 c 点，再由 c 点沿 cd 方向射出，图中两条虚线为两入射点处镜面对应的法线，各相关角∠1、∠2…∠6 如图所示，由于 $AO\perp BO$，故有

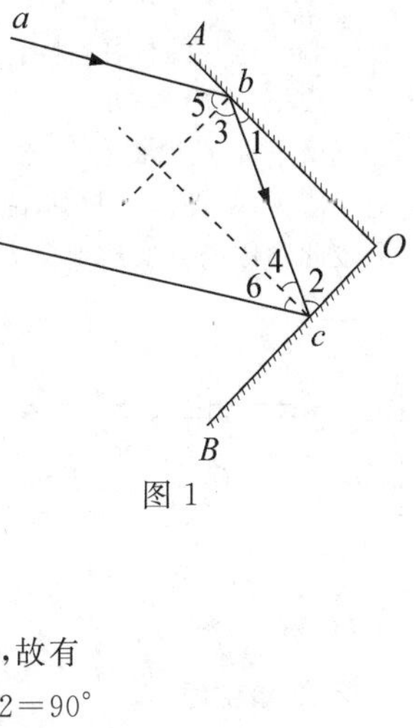

图 1

$$\angle 1+\angle 2=90^\circ$$

由于∠3＝∠2，∠1＝∠4，故有

$$\angle 3+\angle 4=\angle 1+\angle 2=90^\circ$$

又根据光的反射定律有∠5＝∠3 和∠6＝∠4，故得

$$\angle 5+\angle 3+\angle 4+\angle 6=2(\angle 3+\angle 4)=180^\circ$$

由平行线的判断定理知应有

$ab /\!/ cd$

即此时入射光线 ab 被"反向射回". 显然，这一结果与光线是由何方向射入的没有关系，即光线由任一方向射向这两互成直角的平面镜，都会被"反向射回"，而对于单一的平面镜或者是凸面镜或者是凹面镜，都是不能产生这样的结果的.

11. A.

化纤衣服穿在身上，由于摩擦而起电，电荷具有吸引其他轻小物体的性质，所以容易吸引空气中的灰尘.

12. A.

仪表的正确读数方法是使视线与仪表表面垂直，刻度盘下面的镜子，就是起这个作用的. 指针在平面镜中成一个等大的像，人从侧面向镜中看时，可以看到镜中的像. 人正对刻度盘面看去，若指针正好把这个像挡住而使人看不到像，表明此时人的视线正好和表面垂直.

13. B.

在解释惯性现象时，首先应说明物体原来的运动情况，其次说明物体的某一部分运动状态发生改变，再次说明物体的另一部分由于惯性要保持原来的运动状态，最后说明发生的现象.

14. A.

如图 2，设杆秤的 O 处安装提纽，A 处安装挂钩，秤杆的两端 D 和 E 处各有一质量为 m_0 的小铜片，且设不包含这两块小铜片的秤杆质量为 m_1，重心在 C 处，秤砣的质量设为 m_2，当秤杆两端的铜片未掉下时，以此秤称某一质量为 M 的物体时，秤砣挂于 B 点而杆秤平衡. 则此时 B 点的刻度数就是被称物体的质量. 此时杆秤实际上是一绕 O 点转动平衡的杠杆，由杠杆的平衡条件应有

$$m_0 g \cdot OD + Mg \cdot OA = m_1 g \cdot OC + m_2 g \cdot OB + m_0 g \cdot OE \quad ①$$

现设将秤杆两端的小铜片取去，再以此秤来称量上述物体，设此时秤砣应挂于秤杆上的 B' 处才能使杆秤平衡，则其平衡时又有

$$Mg \cdot OA = m_1 g \cdot OC + m_2 g \cdot OB' \quad ②$$

①－②得

$$m_0 g \cdot OD = m_2 g \cdot (OB - OB') + m_0 g \cdot OE$$

$$m_2 \cdot (OB' - OB) = m_0 \cdot (OE - OD)$$

对于通常的杆秤，都有　$OE > OD$

故得　$OB' > OB$

由于 B' 点离提纽 O 比 B 点离提纽 O 远些，故 B' 点的刻度值大些，即以去掉两端铜片的秤称量物体时，所得结果较此物体的真实质量偏大.

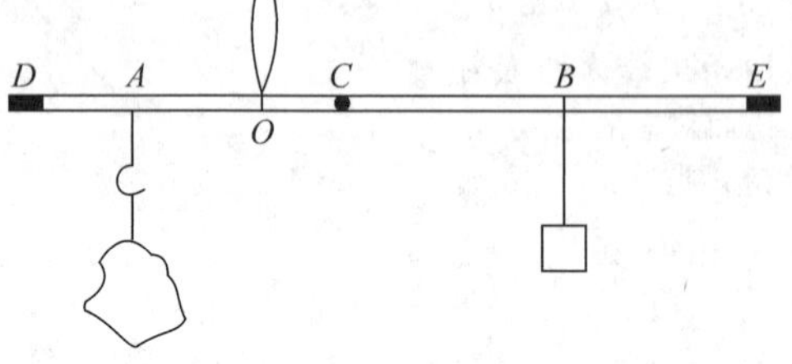

图 2

二、填空题

1. 三

电视机屏幕和计算机屏幕上布满了荧光点，这些点发出红、绿、蓝三种颜色的光，复合起来就形成了各种各样颜色的光.

2. 160

在弹性限度内，弹簧的伸长量跟受到的拉力成正比. 图中，王刚把每条弹簧都拉长了 40 cm，每条弹簧产生的弹力都是 40 N，王刚同时拉开 4 条弹簧所用的拉力大小应为 $40 \times 4\,N = 160\,N$.

3. 传导

炒菜时，锅是高温物体，菜是低温物体，两者间存在温度差，有热量由锅传递给菜. 由于炒菜时菜和锅直接接触，所以这时利用热传递的方式主要是传导.

4. 2 m

由平面镜成像的规律知，视力表跟它在镜中所成的像是关于平面镜对称的，即视力表的像到镜的距离跟视力表到镜的距离相等，都等于 3 m. 所以人应坐在视力表前 2 m 处，这时人与视力表的像间的距离为 5 m.

5. 1　　133　　86

1 mmHg 就是 1 mm 高的水银柱所产生的压强，由液体压强的公式 $P = \rho g h$ 得

$$1\,mmHg = 13.6 \times 10^3\ kg/m^3 \times 9.8\,N/kg \times 10^{-3}\ m = 133\,Pa$$

$$11.46\,kPa = \frac{11.46 \times 10^3\ Pa}{133\,Pa/mmHg} = 86\,mmHg$$

6. 温度

金属导体的电阻，不仅与其材料、长度、横截面积有关，也与温度有关. 同一金属导体，当温度升高时，其电阻一般变大. "2.5V　0.3A"的灯泡，其电阻为 8.3 Ω，这一电阻是该灯泡在正常工作时灯丝的电阻. 若将灯泡取下，用欧姆表测其电阻时，灯丝温度比其工作时的温度低很多，故其电阻也就比它工作时的电阻小很多.

三、如图 3 所示.

观察手电筒的结构图可知，手电筒用小灯泡作为用电器，两节干电池串联作电源，按钮为开关，金属带为导线组成一个基本电路.

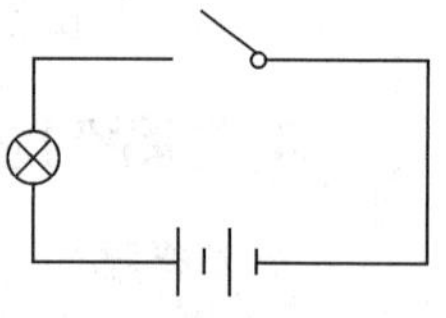

图 3

四、1. 图(a)中，水从出水口流出时，橡胶盖漂浮在水面上，显然此时橡胶盖所受的重力与它所受的浮力是相等的.

2. 图(b)中，橡胶盖和出水口紧密接触了，此时橡胶盖的下部没有水而上部有水，橡胶盖受到水对它的向下的压力，却几乎不受水对它的从下向上的压力，所以橡胶盖不受浮力，则它在其自身重力和上部水的压力作用下，会紧压出水口而不可能浮起.

3. 若要放开手柄后橡胶盖就能立即盖上出水口，即要使如图(a)放水时，橡胶盖不能浮在水面上，即要求其重力应大于其可能受到的浮力. 因此，只需将橡胶盖适当加重即可. 例如，在橡胶盖上打孔，填入沙粒或者在橡胶盖上加重物使它们所受到的总重力大于它们完全浸没入水中时所受到的浮力.

五、1. 测量步骤

①将电度表所接电路中的其他电器关闭，只接入待测的电吹风机.

②利用钟表测量吹风机工作时电度表的圆盘转过 N 转所用的时间 t(s)

2. 计算电功率的公式

以 n 表示每千瓦时电表转盘的转数（此处 $n=3000$ r/kW·h），电吹风机所消耗的电能 W(J)就是

$$W=\frac{N}{n}\times1000\times3600(\mathrm{J})=1200N(\mathrm{J})$$

则此电吹风机的功率的计算式为

$$P=\frac{W}{t}=\frac{N}{t}\times1.2\times10^3\ \mathrm{W}$$

六、**1.** 液压机柱塞应上升的高度等于滑轮要上升的高度，即

$$h=18\,\mathrm{m}\times\frac{1}{2}=9\,\mathrm{m}$$

2. 忽略滑轮的自重 G，设 m 表示轿箱及其负载的总质量，则柱塞对滑轮的举力大小应为

$$F=2mg$$

以 p 表示高压油的最大压强，以 D 表示液压机柱塞的直径，忽略柱塞的自重，则高压油对柱塞的压力就等于柱塞对滑轮的举力，故有

$$F=p\cdot\pi\frac{D^2}{4}$$

由上两式得

$$D=\sqrt{\frac{8mg}{\pi p}}=\sqrt{\frac{8\times1300\times9.8}{3.14\times2.3\times10^6}}\,\mathrm{m}=0.119\,\mathrm{m}$$

按照厂家要求，柱塞直径 D' 应取

$$D'=1.4D=0.119\,\mathrm{m}\times1.4=0.167\,\mathrm{m}$$

由厂家所能提供的液压机柱塞直径规格知应选用柱塞直径为 184mm 的液压机.

七、**1.** 器材：

天平一台，量筒一个，水适量，待测麦粒若干

步骤：

① 在量筒中加入适量的水，记下水的体积 V_1；

② 取一些麦粒，数量以倒入量筒中时不使水面超过最大刻度为限，用天平称出这些麦粒的质量 m；

③ 把麦粒倒入量筒中，记下这时筒中水和麦粒的总体积 V_2.

为减小误差需注意的事项：

除去瘪粒；选用的麦粒要干净（不带泥土杂物）；把麦粒倒入量筒中后要适当摇晃，以排出气泡；麦粒不可在水中浸泡时间太长；测量失败重做时要用新麦粒.

2. 由以上所测得的数据计算麦粒密度的算式是

$$\rho=\frac{m}{V_2-V_1}$$

八、使用无水箱式电热淋浴器时，每秒钟需加热的水的质量为

$$\begin{aligned}m&=1\times10^3\ \mathrm{kg/m^3}\times4\times10^{-3}\ \mathrm{m^3/min}\\&=6.67\times10^{-3}\ \mathrm{kg/s}\end{aligned}$$

每秒钟烧水所需的热量

$$Q=cm(t_2-t_1)$$

电热器所需消耗的电功率

$$P=cm(t_2-t_1)$$

此时所需的电流

$$I=\frac{P}{U}=\frac{cm(t_2-t_1)}{U}$$

将题给各已知数据代入上式可得

$$I=28\,\mathrm{A}$$

此值远大于题给 5 A 的限制，所以家庭不宜使用无水箱式电热淋浴器.

第三届全国初中应用物理知识竞赛

一、选择题

1. C.

高压线的“高压”，是指该导线与大地之间（或与另一条输电导线之间）有很高的电压. 若动物将高压线与大地（或与另一条输电线）接通时，将有很大的电流通过动物的体内，会造成触电事故. 鸟站在高压线上，身体仅仅与一条高压线接触，而不与大地或其他导线相接触，鸟身体中不会有电流通过，所以此时鸟不会发生触电死亡的现象.

2. A.

地球表层的空气，其比热容较小，所以其温度随着春夏秋冬四季太阳光照射强弱的不同，有明显变化. 而地球表层的泥土沙石和其中的水，其比热容比空气大很多，且又不像空气那样易于流动而便于吸热和放热，所以地球表层的泥土沙石的温度随四季变化就没有空气那么明显. 井水的温度与它周围的泥土沙石的温度是相等的，故井水的冬夏温度变化比地面空气的冬夏温度变化要小. 因此，人们对井水便有冬暖夏凉的感觉.

3. D.

菜汤冷却的原因，一方面是菜汤向外以辐射的方式散热，另一方面是菜汤中的水分蒸发，蒸发致冷是菜汤冷却的主要原因. 没有油的菜汤，相当于水露在空气中，水容易蒸发，而蒸发要吸热，所以这样的菜汤就容易冷却. 多油的菜汤，由于油的密度小于水的密度，所以有一层油覆盖在汤上面，阻止了水直接向空气中蒸发，而油的蒸发比水的蒸发慢，故多油的菜汤蒸发比少油菜汤蒸发慢，放热少，汤不易冷却.

4. B.

夏天，气温较高，空气中含水蒸气较多. 自来水的温度低于空气的温度，自来水管周围空气中的水蒸气遇到温度较低的自来水管时，便会放热液化，在水管上凝结成水珠.

5. A.

黑色物体吸收热辐射的能力较白色物体强，向外辐射热的能力也较白色物体强，将电冰箱背面涂成黑色，就是利用黑色物体辐射热的能力较强这个特点，加快冰箱向外辐射热能，以利于冰箱内物体降温.

6. A.

家用电熨斗是利用电流的热效应来工作的，接入电路的电阻丝电功率越大，在相同的时间内放出的热量越多，电熨斗的温度越高. 在图 A 所示的接法中，两根电阻丝并联接入电路，其总电阻为 $\frac{R}{2}$，则电熨斗的电功率为 $P_A=\frac{2U^2}{R}$. 在图 B 所示的接法中，只有一根电阻丝接入电路，则电熨斗的电功率为 $P_B=\frac{U^2}{R}$. 在图 C 所示的接法中，电路没有连通，整个电路处于断路状态，电路中无电流通过，电熨斗的电功率为 $P_C=0$. 在图 D 所示的接法中，是两根电阻丝串联接入电路，其总电阻为 $2R$，则此时电熨斗消耗的总功率为 $P_D=\frac{U^2}{2R}$.

7. C.

在体积一定时，横截面积越小则高度越大. 用同一单位在量筒上刻度，则量筒截面积越小，其相邻刻度线间距离就越大，测量读数时就能越准确. 所以量筒做得细而高，是为了便于准确地读数.

8. A.

图中，通过两个眼镜片看到纸上的字放大了. 由凸透镜成像的规律可知，凸透镜能成放大的像. 这两块眼镜片都是凸透镜. 远视眼所戴的眼镜的镜片是凸透镜，可见该同学的眼睛是远视眼. 近视眼所戴的眼镜是凹透镜，凹透镜能使物体成缩小的像. 普通太阳镜则既不使物体成放大的像，也不使物体成缩小的像.

9. C.

两种水壶消耗的电功率相同，它们的电热丝在相同的时间内产生的热量是相等的. (a)壶的电热元件放在壶底下，则其所产生的热量将有一部分向空气中散失. (b)壶中电热元件浸没在水中，则其所产生的热量将全部被水吸收. 在相同的时间内(b)壶中水吸收的热量较多，两壶水的质量和初温又都对应相等，所以(b)壶中的水温上升较快. (b)壶的热效率也高于(a)壶的热效率.

10. D.

倒影是将湖面作为平面镜所得的结果，由平面镜成像的规律知，像和物关于镜面是对称的，像与物的大小是相等的. 所以倒影中人物的高度应和真实人物的高度相等，故选项 D 中的说法是错误的.

11. D.

物体的颜色是由它能反射或透过的色光决定的. 在加工黑白照片的暗室里只有红灯照射时，一切物体只有红光可以反射，所以看到的一切物体都会是红色的，这样温度计的红色液柱就不容易看清楚. 若温度计中的液柱是蓝色的，则由于蓝色液柱只反射蓝色光，而将红光吸收，故液柱在红光照射下会呈黑色，所以蓝色液柱容易被看清楚. 红色液柱在红灯照射下，反射的应该是红光. 故不正确的说法是选项 D.

12. D.

串联在电路中的两个小灯泡，由于电流相等，由公式 $P=I^2R$ 可知，灯泡亮度大的实际功率大，灯泡的电阻大. 由于两灯泡的额定电压相同，由公式 $P=\frac{U^2}{R}$ 可知，电阻小的灯泡的额定功率大，所以串联时较暗的灯泡，电阻小则额定功率大.

13. B.

比重计是利用物体漂浮在液面的条件来工作的，它所受到的浮力等于自身受到的重力. 由于牛奶的密度大于水的密度，所以比重计浸在牛奶的体积小于浸在水中的体积，即比重计放在牛奶中露出部分比水中时露出部分多，所以应选用甲比重计. 由于乙比重计放在水中时，液面已对齐最下端的刻度，若用乙比重计测牛奶的密度，可能由于液面下移而无刻度读数.

二、填空题

1. 0.176　　11.4

由灯泡的铭牌可知，灯泡的额定电压为 22 V，额定功率为 250 W. 而现有电源的电压为 24 V，所以必须将电阻和灯泡串联后再接在电源上. 串联电阻后，灯泡正常发光，其正常工作时的电流为

$$I=\frac{P}{U_L}=\frac{250\ \text{W}}{22\ \text{V}}=11.4\ \text{A}$$

串联电阻两端的电压为

$$U_R=U-U_L=24\ \text{V}-22\ \text{V}=2\ \text{V}$$

串联电阻的阻值为

$$R=\frac{U_R}{I}=\frac{2\ \text{V}}{11.4\ \text{A}}=0.176\ \Omega$$

2. 362

如图 1，设火车在 A 处发出鸣笛声，山崖在 C 处，火车行驶至 B 处就听到山崖反射的鸣笛声. 设这段经历的时间为 t，以 l 表示 A、C 间的距离，v_1 表示空气中的声速，v_2 表示火车行驶的速度，则由图可见，在这段时间内，火车行驶的路程与声音通过的路程之和为 $2l$，即

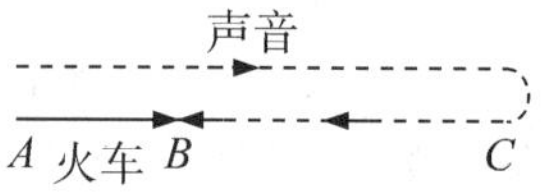

图 1

$$v_1t+v_2t=2l$$

又已知　$v_2=80\ \text{km/h}=22\ \text{m/s}$

则由前式可解得 $l=\frac{(v_1+v_2)t}{2}=\frac{(340+22)\times 2}{2}\ \text{m}=362\ \text{m}$

3. 38.2　　38.5

体温计上有一个内径很小的弯管，叫缩口，测量体温后，体温计离开人体，缩口上方的液柱不会下降到玻璃泡内，所以每测量一次体温后，都要把体温计甩一下，才可以进行第二次测量. 若用没有甩过的体温计进行测量，被测人体的温度低于原来体温计的示数，则温度计的液柱高度不变，仍显示原来的示数. 若被测人体的温度高于原来体温计的示数，体温计中水银的膨胀大于原来水银的膨胀，所以体温计的液柱会上升，能正确反映人体的体温.

4. 490　　2940

1 mm 水柱的压强就是 1 mm 高的水柱所产生的压强，由液体压强公式 $P=\rho gh$ 可得 50 mm 水柱和 300 mm 水柱的压强.

50 mm 水柱的压强为

$$P=\rho gh=1.0\times 10^3\ \text{kg/m}^3\times 9.8\ \text{N/kg}\times 50\times 10^{-3}\ \text{m}=490\ \text{Pa}$$

300 mm 水柱的压强为

$$P'=\rho gh'=1.0\times 10^3\ \text{kg/m}^3\times 9.8\ \text{N/kg}\times 300\times 10^{-3}\ \text{m}=2940\ \text{Pa}$$

5. 上

由凸透镜成像的规律我们知道，当物体与透镜的距离在 1 倍焦距到 2 倍焦距之间时，生成放大的实像，并且，若物体与透镜的距离越近，则所得的像也就越大，对应的像距也越大.

本题的使用情况是由原来的使透明胶片上的字画成像变成使演示磁力线的铁粉成像，两者比较，铁粉比透明胶片靠镜头的距离近了一些，如不调节投影仪，则此时通过投影仪所得铁粉的像将比原来胶片上字画的像离镜头更远，这就需要增大投影仪与屏幕间的距离. 为了不移动投影仪和屏幕，可调节需成像的物体（此处即为铁粉）与镜头之间的距离，使之等于原来成像物体（即透明胶片上的字画）与镜头之间的距离，这样，新情况下成像的像距就和原来情况下的像距相等，因而就可以不移动投影仪和屏幕

而在屏幕上得到清晰的像.

6. 2.4

由电热取暖器的额定电压 U_0 和额定功率 P_0 可以求得出此电热取暖器的电阻 R 的大小为

$$R=\frac{U_0^2}{P_0}=\frac{220^2}{1000}\Omega=48.4\Omega$$

将上述电热取暖器接入电路后，使电路的电压由 $U_1=210\text{V}$ 降为 $U_2=200\text{V}$，这一电压减小的原因是因为电热取暖器接入后，通过输电电路的电流增大了(其增大量就等于此时通过电热取暖器的电流)，而这一电流增大又使消耗在输电线路上的电压增加，由于输电线路上消耗的电压与用电器所获得的电压的总和等于电源提供的电压，因此输电线路上消耗的电压增加多少，用电器获得的电压就会减少多少.据此，可得解法如下：

此时通过电热取暖器的实际电流为

$$I=\frac{U_2}{R}=\frac{200}{48.4}\text{A}=4.1\text{A}$$

以 R' 表示输电线路的电阻，则据上分析应有 $IR'=U_1-U_2$

$$\therefore\quad R'=\frac{U_1-U_2}{I}=\frac{210-200}{4.1}\Omega=2.4\Omega$$

7. $\frac{3.6N\times10^6}{nt}$

电能表转盘转 N 转时，电视机消耗的电能为

$$W=\frac{N}{n}\text{kW}\cdot\text{h}$$

电视机工作时间为 ts，则它的电功率为

$$P=\frac{W}{t}=\frac{N\times10^3\times3600}{nt}\text{W}=\frac{3.6N\times10^6}{nt}\text{W}$$

三、1. 看看这个透镜能否作为放大镜，如能，则为凸透镜；不能，则不是凸透镜.操作方法是通过此透镜看邻近它的物体(如某一具体物体或者书报上的字等)，如看到这些物体被放大了，此镜就是凸透镜.如对这些物体无放大作用，则此镜就不是凸透镜.

2. 估测此凸透镜的焦距，可以有以下一些简单的方法：第一种方法(太阳光聚焦法)：在太阳光下，使此凸透镜正对太阳，在透镜的另一侧正对透镜置一白纸(或一光屏)，前后移动透镜，使白纸上得到的光斑最小，测出此时白纸与透镜间的距离，即为此透镜的焦距.

第二种方法(远物成像法)：使透镜正对远处的电灯(或远处的一个明亮的物体)，在透镜的另一侧正对透镜置一白纸(或一光屏)，前后移动透镜，使白纸上得到远处电灯(或该明亮物体)的清晰的像，测出此时透镜与白纸之间的距离，即约为此透镜的焦距.

第三种方法：将此透镜作为放大镜使用来观察某一细小物体(也可以是书报上的某一个字)，将透镜正对此物体且逐渐远离并同时通过透镜观察此物体的放大的像，直至刚好再也无法看清楚这个像时，测出此时小物体与透镜的距离，这一距离也就约为此透镜的焦距.

四、1. 这里的信号传播有两条途径：一条是由演播室经电缆传至调试室，另一条是由演播室传至通信卫星，再由通信卫星传至演播室，显然后一条传播途径所经历的路程远比前一条传播途径所经历的路程长，而电信号在这两条传播途径上传播速度又相等，故后一途径所用的时间就比前一途径传播所用的时间长，因而后一途径传来的画面，总是"落后"于前一途径传来的画面，故形成由卫星传来的画面上，人物动作的变化总比电缆传来的画面上相应的变化发生得晚一些.

2. 由于无线电信号传播的速度与光速相等，即为

$$v=3\times10^8\ \text{m/s}$$

故上述由电缆传播的时间极短，可以忽略不计.而信号经由卫星往返所需的时间则为

$$t=\frac{2h}{v}=\frac{2\times36000\times10^3}{3\times10^8}\text{s}=0.24\text{s}$$

由于经电缆传播的时间可以忽略，故上述的 0.24 s 也就是画面延迟的时间.

五、 水箱蓄满水时水对底盖 A 的压力

$$f=PS$$

即 $f=\rho gh\pi\left(\frac{d}{2}\right)^2$

浮子受到向下的力

$$\begin{aligned}F&=(m_{AB}+m_D)g+f\\&=(0.42+0.58)\times9.8+1.0\times10^3\times9.8\times0.6\times3.14\times\left(\frac{0.06}{2}\right)^2\\&=26.4\text{N}\end{aligned}$$

浮子完全浸入水中时所受到的最大浮力为

$$\begin{aligned}F_{浮}&=\rho V_{排}g\\&=1.0\times10^3\times10^{-3}\times9.8\text{N}=19.6\text{N}\end{aligned}$$

因为蓄满水时，浮子受到的最大浮力 $F_{浮}$ 小于浮子受到的向下的力 F，由此浮子将下沉，底盖 A 将随之离开水箱的出水口，所以这时自动装置就不能自动工作了.

六、1. 在(a)用法中，瓶盖的 B 点将最先离开瓶口，而与 B 相对的 D 点在开起过程中总保持与瓶口接触，故此时杠杆的支点是 D.

在(b)用法中，瓶盖的 A 点将最先离开瓶口，而与 A 相对的 E 点则在开起过程中总保持与瓶口接触，故此时杠杆的支点是 E.

2. (a)用法比较省力，因为在两种用法中，阻力臂 CD 和 CE 大致相等，而(a)用法中动力臂较长.

七、 四个吸盘的总面积为

$$S=4\pi r^2$$

以 P_0 表示大气压，则四个吸盘所受到的大气对它的向上的总压力为

$$F=P_0S=4\pi r^2P_0$$

若吸盘刚好能举起质量为 m 的桌架，则桌架对吸盘向下的拉力等于桌架的重力 mg，由桌架的受力平衡应该有

$$mg=4\pi r^2P_0$$

$$\therefore m=\frac{4\pi r^2P_0}{g}=\frac{4\times3.14\times0.02^2\times1.0\times10^5}{9.8}\text{kg}=52\text{kg}$$

即桌架的质量不超过 52 kg 时，抬起桌面就能把桌架带起.实际上，所能带起的桌架质量总是小于上述的计算值，其原因是：塑料吸盘不是一个理想平面，吸盘和玻璃面也不会十分光洁，它们之间的实际接触面积总会小于吸盘本身的面积，其间总会有一些空气，所以实际能带起的质量就比计算值小.

八、 解法一：

此灯泡的额定电压 U_0 为 220 V，额定功率 P_0 为 25 W，

则它的电阻 R_1 满足

$$P_0=\frac{U_0^2}{R_1},\ R_1=\frac{U_0^2}{P_0}=\frac{220^2}{25}\ \Omega=1936\ \Omega$$

当以此灯接入图2的电路中时，依题述其消耗的实际功率 $P_1=80\%P_0$，由电功率的公式知此时通过灯泡的电流 I 满足

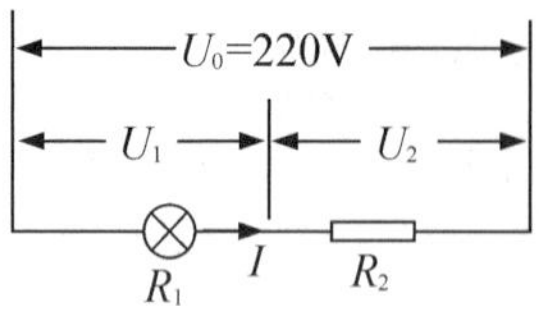

图 2

$$P_1=I^2R_1,\quad I=\sqrt{\frac{P_1}{R_1}}=\sqrt{\frac{25\times0.8}{1936}}\ \text{A}=0.1016\ \text{A}$$

则此时灯泡两端的电压为

$$U_1=IR_1=0.1016\times1936\ \text{V}=196.8\ \text{V}$$

由串联电路的规律知此时 R_2 两端的电压为

$$U_2=U_0-U_1=220\ \text{V}-196.8\ \text{V}=23.2\ \text{V}$$

此时通过 R_2 的电流为 $I=0.1016\ \text{A}$，则 R_2 的大小为

$$R_2=\frac{U_2}{I}=\frac{23.2}{0.1016}\ \Omega=228\ \Omega$$

这个电阻此时消耗的功率为

$$P_2=IU_2=0.1016\times23.2\ \text{W}=2.36\ \text{W}$$

解法二：

此灯泡的额定功率 P_0 满足

$$P_0=\frac{U_0^2}{R_1}$$

在本题情况下其实际功率 P_1 满足

$$P_1=\frac{U_1^2}{R_1}$$

由上两式联立解得

$$U_1=\sqrt{\frac{P_1}{P_0}}U_0=\sqrt{0.8}\times220\ \text{V}=196.8\ \text{V}$$

则电阻 R_2 两端的电压 U_2 为

$$U_2=U_0-U_1=220\ \text{V}-196.8\ \text{V}=23.2\ \text{V}$$

由于串联电路中各部分的电功率与其电压成正比，故有

$$\frac{P_2}{U_2}=\frac{P_1}{U_1}$$

故得此时电阻 R_2 所消耗的功率为

$$P_2=\frac{U_2}{U_1}P_1=\frac{23.2}{196.8}\times0.8\times25\ \text{W}=2.36\ \text{W}$$

而电阻 R_2 的大小则为

$$R_2=\frac{U_2^2}{P_2}=\frac{23.2^2}{2.36}\ \Omega=228\ \Omega$$

解法三：

由解法一已得到

$$R_1=1936\ \Omega\quad P_1=20\ \text{W}$$

$$U_1=196.8\ \text{V}\quad U_2=23.2\ \text{V}$$

由于 R_1 与 R_2 是串联关系，则由串联电路中电阻与电压成正比可得 R_2 应满足

$$\frac{U_1}{R_1}=\frac{U_2}{R_2},\quad R_2=\frac{U_2}{U_1}R_1=\frac{23.2}{196.8}\times1936\ \Omega=228\ \Omega$$

又由串联电路中电功率与电压成正比可得到 R_2 消耗的功率 P_2 应满足

$$\frac{U_1}{P_1}=\frac{U_2}{P_2}$$

$$P_2=\frac{U_2}{U_1}P_1=\frac{23.2}{196.8}\times20\ \text{W}=2.36\ \text{W}$$

第四届全国初中应用物理知识竞赛

一、选择题

1. C.

当汽车以较大的速度运动，突然紧急刹车时，司机和乘客由于惯性，会保持原来的运动状态，相对于车骤然往前冲，此时容易使人受到伤害，系安全带就是为了避免在这种情况下出现伤害事故的.

2. C.

人体的密度大致和水的密度相等，约为 $1.0\times10^3\ \text{kg/m}^3$. 质量为 50 kg 的人，其整个身体的体积约为

$$V=\frac{m}{\rho}=\frac{50\ \text{kg}}{1.0\times10^3\ \text{kg/m}^3}=0.05\ \text{m}^3$$

3. D.

在车行驶的过程中发生振动时，坐在车上的人会随之振动而感到不舒服，而车座下若安装有弹簧，则此弹簧可减弱人的振动，使人感到舒服一些，它不是利用弹簧形变的势能转化为动能来工作的. 衣服夹子内有弹簧，夹住衣服时只是利用了弹簧形变而产生的弹力起作用，而没有弹性势能转化为动能的过程. 机械手表的发条就是一根弹簧，拧紧弹簧的目的是使弹簧有较大的形变，能贮存较多的弹性势能，而发条带动机械手表工作的过程，是将贮存的弹性势能转化为机械表内各相关部件运动的动能. 发令枪发令时，就是松开一个已形变的弹簧让其释放出弹性势能而推动枪内相关机械击发火药点火发令，在这一过程中，弹簧的弹性势能转化成了相关的动能.

4. B.

直升机是利用螺旋桨旋转时，桨叶将旁边的空气往下压，由此桨叶受到空气对它的向上的反作用力，这个反作用力将直升机向上举起而使之升空. 飞艇中充有密度小于空气密度的气体(如氢气、氦气)，使飞艇受到的空气浮力大于艇内气体的重力，从而使艇能够升空. 热气球是通过加热，使气球内空气密度小于外部空气的密度，从而使气球所受到的空气的浮力大于其内部空气的重力，热气球可以升空. 滑翔机升空是靠滑翔机在空气中运动时，机翼上方空气的流速大于机翼下方空气的流速，使机翼上方空气的压强小于下方空气的压强，则空气对机翼下方的压力大于空气对机翼上方的压力，这两个压力差就是滑翔机所获得的升力.

5. A.

活塞向右推进时，压缩气筒内的气体，筒内气体压强增大，由此推开 d 气门而压紧 c 气门，气体由 d 气门流出，容器若接 d 气门，可对容器打气. 活塞向左拉出时，筒内气体体积增大，压强减小，筒内气压小于筒外气压，由于外界大气压的作用，将压紧 d 气门而推开 c 气门，使外界气体经 c 气门进入筒内，容器若接 c 气门，可对容器抽气.

6. B.

使 4 kg 水温度由 26.5 ℃升至 100 ℃所吸收的热量为

$$Q=cm\Delta t=4.2\times10^3\ \text{J/(kg·℃)}\times4\ \text{kg}\times(100\ ℃-26.5\ ℃)$$

$=1.235\times10^6\ \text{J}$

这些热量由太阳灶在 30 min 内提供，在不计热损失时，太阳灶的功率为

$$P=\frac{Q}{t}=\frac{1.235\times10^6\ \text{J}}{30\times60\ \text{s}}=686\ \text{W}$$

7. B.

水的沸点跟气压有关，气压越大，沸点越高；气压越小，沸点越低. 降低容器内的气压，可以使水的沸点降到 80℃以下. 而在通常情况下，不论是快速加热还是微火加热，水温都要升到 100℃才能沸腾.

8. D.

电视机工作时，荧光屏的表面带有少量的静电，静电有吸尘作用，所以使电视机荧光屏的表面常积有灰尘.

9. C.

白色物体能反射各种色光. 以白光照射它时，反射的就是白光，这些白光射入人眼里，人就感到此物体是白色的. 而黑色物体则对各种色光的反射能力都很弱，基本上是将各种色光都吸收，由于黑色物体不反光，所以人感觉到物体是黑色的.

10. A.

把发光的灯丝视为一点光源，由凸透镜成像的规律可以得出灯丝发出的光通过凸透镜后所成光束的形状.

当灯丝 S 位于凸透镜焦点以外(即它与透镜的距离大于 1 倍焦距)时，S 通过透镜会成一个实像 S'，如图 1(a)所示，由图可见，此时透过透镜形成的光束是先会聚成一点后再发散；

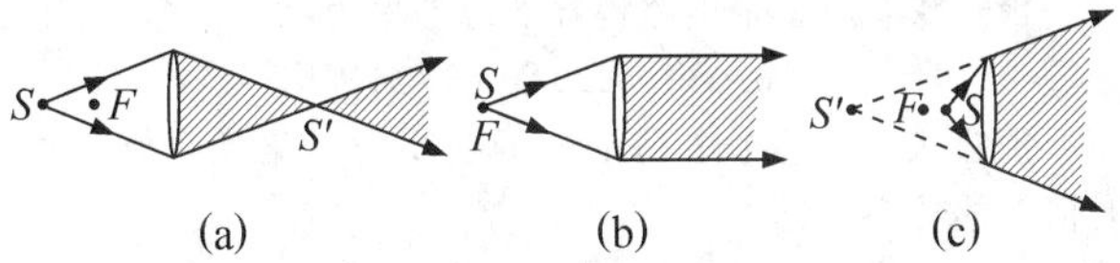

图 1

当灯丝 S 位于凸透镜的焦点上(即它与透镜的距离等于 1 倍焦距)时，S 发出的光通过透镜后成为一平行光束，如图 1(b)所示；

当灯丝 S 位于凸透镜的焦点以内(即它与透镜的距离小于 1 倍焦距)时，S 通过透镜生成一虚像 S'，S'与 S 居于透镜的同侧且 S'离透镜较远，而在透镜的另一侧看起来，则光线好像是从 S'点发出的一样，如图 1(c)所示，此时射出的光束比无此透镜时的光束(图中透镜左侧由 S 射出的光束)要窄一些.

由上分析可知，形成图中所示的光束，小电珠的灯丝应位于凸透镜的焦点以内.

11. C.

电源为 3 节新电池串联，则其所能提供的电压为 4.5 V. 待测电阻与滑动变阻器串联，已知待测电阻约为 5 Ω，滑动变阻器的最大阻值为 10 Ω，调节滑动变阻器的滑片，待测电阻上的电压在 1.5 V 至 4.5 V 的范围内变化. 所以电压表应选用 0～3 V 的量程，但应通过滑动变阻器的调节，使加在待测电阻上的电压在 3 V 以内变化. 若加在待测电阻两端的电压小于或等于 3 V，则待测电阻中的电流小于或等于 0.6 A，所以电流表应选 0～0.6 A的量程，故本题选 C.

12. D.

由焦耳定律 $Q=I^2Rt$ 可知，电流通过导体放出的热量跟电流的平方成正比，跟电阻成正比，跟通电时间成正比. 电炉丝和铜导线是串联接在电路中的，通过电炉丝和铜导线的电流相等，通电时间相同，但电炉丝的电阻大，铜导线的电阻小，所以在相同的时间内，电炉丝的发热量比铜导线上的发热量大得多.

二、填空题

1. 热辐射　热传导

夏天戴草帽是为了挡住太阳传到人身上的热，而太阳传热的方式是热辐射，所以夏天戴草帽是为了防止热辐射. 冬天，人们戴上棉帽，是让帽内空气不容易向外散热而能保持与人体相近的温度，防止人头部与周围冷空气间的热传导.

2. 汽化和液化

烧红的工件温度很高，将其放入冷水中时，与工件接触部分的水温迅速升高达到其沸点，水因此急剧地汽化(沸腾)，并发出"吱吱"的声音，水汽化而生成的水蒸气进入到空气中，遇到水面附近的冷空气又迅速放热液化成小水珠悬浮在空气中，这便形成了水面上的"白烟".

3. 内　机械　电　化学　电　内

燃料在内燃机的汽缸内燃烧，释放出大量的内能，使缸内气体的温度升高，压强增大，高温高压气体推动活塞运动，将内能转化为机械能. 给蓄电池充电时，蓄电池内发生化学变化，电源所提供的电能转化为化学能储存在蓄电池中. 用电饭锅煮饭时，电流通过电饭锅内的电阻丝发热，将电能转化为内能.

4. 吸热　小　少

以湿布包住温度计时，湿布中的水会向外蒸发，水蒸发时要吸热，所以湿布处将比周围环境的温度要低一些. 故干湿泡温度计中，湿泡温度计的读数较低. 当空气中的湿度小时，水蒸发就快，吸热就多，这时湿泡温度计示数比正常环境温度下降得多，即干湿泡温度计的示数差就大.

5. 热膨胀　铁　高

由题意可知，双金属片为铜片和铁片铆合而成，铜的热胀冷缩比铁更强，所以温度升高时，双金属片将向铁片一侧弯曲，故图中左侧为铁片. 若调节图中的旋钮 C，使静片向左移动一些，则双金属片要向左弯曲得更多才能使电路断开，这时对应所需的温度更高.

6. S_3

平面镜成像的特点是像和物体关于平面镜对称，人看到物体在镜中的像时，感觉到该像的位置实际上是物体关于此平面镜的对称位置. 如图 2，发光点 S 位于平面镜 MN 前. 观察者从镜中看到 S 的像点则位于图中的 S'点. 如果在图中的人眼位置再置一平面镜 PQ(图中未画出)，则由 MN 反射来的光线经 PQ 又会再一次反射，由此经 PQ 又再成像一次，对于镜 PQ 的成像来说，它则会把 S'作为此时的"物点"，令其所得的像为 S''，则会有 S''和 S'关于 PQ 对称(注意不是 S''和 S 关于 PQ 对称).

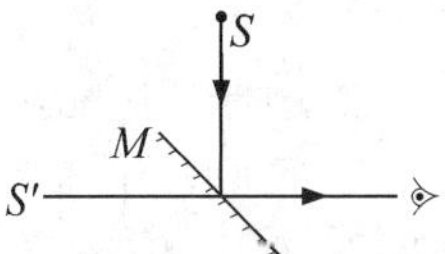

图 2

在图中，潜望镜有上、下两块平面镜，S 点(即军舰)发出的光线先经潜望镜上部的平面镜反射再经潜望镜下部的平面镜反射才射入了人眼，即这里是 S 经过两次成像后才被人观察到. 原题图中，S_1 和 S 关于潜望镜上部的平面

镜对称，S_1 是 S 在上部平面镜中的像（S 的第一次成像），S_3 和 S_1 关于潜望镜下部的平面镜对称，S_3 是 S_1 在下部平面镜中的像（是 S 的第二次成像），图中观察者所看到的像就是 S_3.

7. C　B　　省

图中，售货员向下按扶把时，手推车 B 轮离地面，C 轮仍在地面上，此时相当于整个推车绕 C 点转动，把手推车视为杠杆，则此时杠杆的支点是 C. 当售货员向上提扶把时，推车的 C 轮离地面，B 轮仍在地面上，把推车视为杠杆，则此时杠杆的支点是 B. 提扶把时，动力作用在 E 点，阻力是车的重力，可认为车的总重力作用在车厢的中部，此时动力臂大于阻力臂，由杠杆的平衡条件可知，此时小推车相当于一个省力杠杆.

8. 40.2

小刚家的用电器平均每天消耗的电能为

$$W_1=(0.04\times4+0.06+0.06)\,\text{kW}\times3\,\text{h}+0.1\,\text{kW}\times5\,\text{h}=1.34\,\text{kW}\cdot\text{h}$$

小刚家每月的用电量为

$$W=30W_1=1.34\times30\,\text{kW}\cdot\text{h}=40.2\,\text{kW}\cdot\text{h}$$

三、按照要求，例如病床 1 床头只要按自己的开关，则值班电铃就响，与病床 1 对应的指示灯就亮，可见，电源、开关、电铃和指示灯四者应连接成一闭合电路. 而病床 2 按其所对应的开关时，则应该同样有电铃响，病床 2 的指示灯亮而甲床的指示灯不亮. 可见在总的电路中，应该是将每个病床的开关与其对应的指示灯连接起来组成一条支路，将所有这些支路关联起来再与电源和电铃串联起来. 这样组成的电路如图 3 所示.

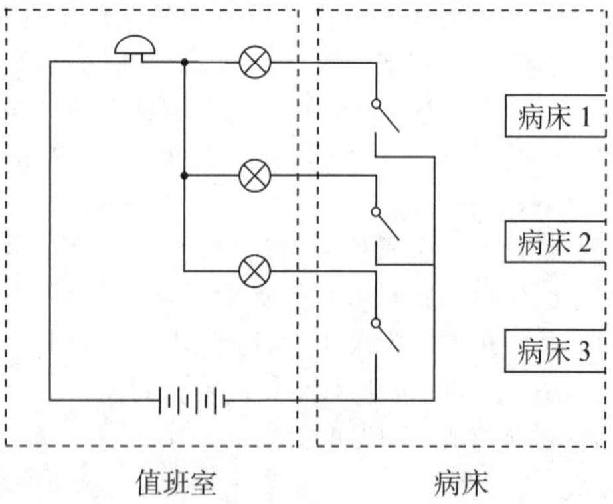

图 3

四、演示液体压强的实验有

1. 在瓶的不同高处扎小孔，将瓶注满水，水由小孔射出，演示液体内部压强随深度增加而增大（位置越低的孔喷射出的水速度越大，说明位置越低处水内部的压强越大）.

2. 在同一高度处不同方向上扎小孔，向瓶内注满水，水由小孔射出，演示液体内部同一深度上向各个方向的压强相等（各孔喷出的水流水平射程相同，说明其喷出时速度相等，则该处对应的水内部的压强相等）.

3. 在同一高度处的不同方向上扎小孔，瓶中装满水，盖紧瓶盖，挤压瓶，说明帕斯卡定律（挤压得越厉害，则水自小孔中喷出的速度越大，表明密闭的液体可以传递压强）.

4. 在瓶内灌水，以橡皮膜盖住瓶口并扎紧，将瓶倒转，使瓶口朝下，可见橡皮膜向下凸出，说明液体对容器底有压强；再将瓶旋转 90°，使瓶口位于一侧，也可以看到橡皮膜向外凸出，说明液体对容器的侧壁也有压强.

演示大气压强的实验有

1. 在瓶盖上扎小孔，放入水中，挤压瓶后松手，水进入瓶中，说明大气压强存在.

2. 去瓶底，配以活塞，放入水中，水随活塞上升而上升，说明大气压强存在.

3. 覆杯实验：将瓶自其腰部剪断，使剪口部分在同一平面内，在剪剩下的瓶内注满水，并取一硬纸片（或一小块玻璃板）将瓶口盖住，再将瓶倒转，可看到纸片（或玻璃板）不会掉下来，说明大气压强的存在.

五、解法一："220 V　25 W"电烙铁正常工作的电流为

$$I_1=\frac{P_1}{U}=\frac{25}{220}\,\text{A}\approx0.11\,\text{A}$$

电烙铁的电阻

$$R_1=\frac{U^2}{P_1}=\frac{220^2}{25}\,\Omega=1936\,\Omega$$

预热状态的电路中的总电阻为

$$R=R_1+R_2=1936\,\Omega+800\,\Omega=2736\,\Omega$$

预热状态时通过电路的电流为

$$I=\frac{U}{R}=\frac{220}{2736}\,\text{A}=0.080\,\text{A}$$

预热状态时电烙铁上的电压

$$U_1=IR_1=0.080\times1936\,\text{V}=155\,\text{V}$$

预热状态时电烙铁消耗的功率为

$$P_1{}'=IU_1=0.080\times155\,\text{W}=12.4\,\text{W}$$

预热状态时整个电路消耗的总功率为

$$P=IU=0.080\times220\,\text{W}=17.6\,\text{W}$$

预热状态时整个电路消耗的功率与电烙铁正常工作时消耗的功率之比为

$$\eta=\frac{P}{P_1}\times100\%=\frac{17.6}{25}\times100\%=70.4\%$$

解法二：由电烙铁的额定电压和额定功率可以求出电烙铁的电阻为

$$R_1=\frac{U^2}{P}=\frac{220^2}{25}\,\Omega=1936\,\Omega$$

预热状态下，电烙铁消耗的功率为

$$P_1{}'=I^2R_1=\left(\frac{U}{R_1+R_2}\right)^2\cdot R_1=\left(\frac{220}{1936+800}\right)^2\times1936\,\text{W}=12.4\,\text{W}$$

预热状态下整个电路消耗的功率与电烙铁正常工作时消耗的功率之比为

$$\eta=\frac{P}{P_1}=\frac{\dfrac{U^2}{R_1+R_2}}{\dfrac{U^2}{R_1}}=\frac{R_1}{R_1+R_2}=\frac{1936}{1936+800}\times100\%=70.4\%$$

六、60 m 深处海水的压强等于大气压与 60 m 高的海水水柱产生的压强之和，而60 m高的海水水柱所产生的压强为

$$P_1=\rho gh=1.03\times10^3\times9.8\times60\,\text{Pa}=6.06\,\text{kPa}=6\,\text{atm}$$

则 60 m 深处海水压强为

$$P=P_0+P_1=1\,\text{atm}+6\,\text{atm}=7\,\text{atm}$$

充气压强至少应等于海水压强才能将海水由浮筒中

排出，即充气压强至少要等于 7atm.

将浮筒内海水排出后，浮筒排开海水的体积为

$$V=\pi r^2 L$$

则浮筒所受浮力大小为

$$F=\rho Vg=\rho\pi r^2 Lg$$
$$=1.03\times10^3\times3.14\times5^2\times12\times9.8\text{ N}$$
$$=9.51\times10^6\text{ N}$$

浮筒自身重力为

$$G=mg=2\times10^5\times9.8\text{ N}=1.96\times10^6\text{ N}$$

则此浮筒可以产生向上的举力为

$$F_{举}=F-G=9.51\times10^6\text{ N}-1.96\times10^6\text{ N}$$
$$=7.55\times10^6\text{ N}$$

七、取定滑轮转动一周来研究. 定滑轮转动一周时，A 轮使悬挂动滑轮 C 的链长缩短

$$\Delta l_1=2\pi R_1$$

同时 B 轮使悬挂动滑轮 C 的链长伸长

$$\Delta l_2=2\pi R_2$$

则此过程中重物上升的高度为

$$h=\frac{\Delta l_1-\Delta l_2}{2}=\pi(R_1-R_2)$$

此过程中，动力 F 拉着铁链移动的距离也是 Δl_1，则动力 F 所做的功为$F\cdot\Delta l_1$. 根据功的原理应有

$$F\cdot\Delta l_1=Gh$$

故得 $F=\dfrac{Gh}{\Delta l_1}=\dfrac{R_1-R_2}{2R_1}G$

即拉力 F 至少应为$\dfrac{R_1-R_2}{2R_1}G$，才可能使重物缓慢匀速上升.

八、被提升水的体积

$$V=150\times30\times20\text{ m}^3=90000\text{ m}^3$$

被提升水的质量

$$m=\rho V$$

被提升水的重力

$$G=mg=\rho Vg$$

提升水所需的力

$$F=G=\rho Vg$$

提升这些水所需做的功

$$W=Fs=\rho Vgs$$

抽水机的功率

$$P=\frac{W}{t}=\frac{\rho Vgs}{t}$$
$$=\frac{1.0\times10^3\times90000\times10\times400}{3600\times5}\text{ W}=2\times10^7\text{ W}$$

第五届全国初中应用物理知识竞赛

一、选择题

1. C.

用橡皮擦纸时，橡皮与纸之间有相对运动，所以它们之间的摩擦为滑动摩擦. 小汽车急刹车时，车由于惯性还要继续在地面上滑行一段距离，此时车轮与地面间的摩擦应为滑动摩擦. 皮带正常传动时，主动轮带动皮带运动，而运动的皮带又带动从动轮转动，皮带与主动轮、从动轮之间都有摩擦，但皮带与皮带轮相接触的部分之间却没有相对运动，只有相对运动的趋势，所以皮带与皮带轮之间的摩擦是静摩擦. 用卷笔刀削铅笔时，铅笔与刀孔间有相对滑动，故其摩擦为滑动摩擦.

2. C.

本题为估算题，只要和实际数据比较接近即可，故所用数据不要求十分严密. 通常课桌高接近 1 m，物理课本的质量约为 0.1kg，则人从地面拾起课本的过程中，克服课本重力所做的功约为

$$W=Fh=mgh=0.1\text{ kg}\times10\text{ N/kg}\times1\text{ m}=1\text{ J}$$

3. A.

图 1 为一杆秤的示意图，设杆秤的挂钩 A 处悬挂质量为 M 的重物，O 处为提纽，C 处为杆秤自身的重心，并以 m_0 表示杆秤自身的质量，设此时杆秤平衡，而质量为 m 的秤砣悬挂在 B 处，显然，秤杆上 B 处的刻度数就是重物的质量 M 的数值.

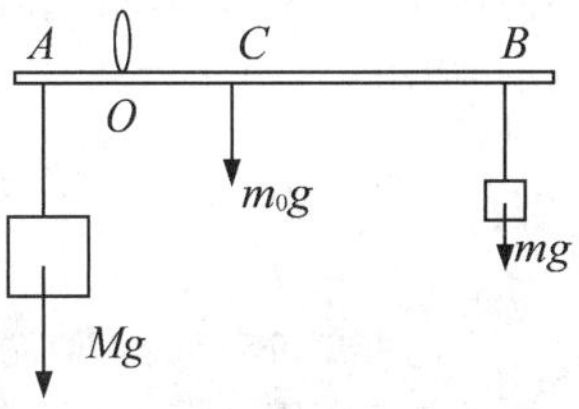

图 1

令 $L=AO$，$l_0=OC$，$l=OB$，则视此时的杆秤为平衡的杠杆，由杠杆平衡条件有

$$MgL=m_0gl_0+mgl$$

故得 $\quad l=\dfrac{M}{m}L-\dfrac{m_0}{m}l_0 \quad$ ①

今以此秤先后称量三个不同的物体，设其质量依次为 M_1、M_2、M_3，秤平衡时对应的秤砣悬挂位置离 O 点的距离分别为 l_1、l_2、l_3，则由①式分别可以得出

$$l_1=\frac{M_1}{m}L-\frac{m_0}{m}l_0$$
$$l_2=\frac{M_2}{m}L-\frac{m_0}{m}l_0$$
$$l_3=\frac{M_3}{m}L-\frac{m_0}{m}l_0$$

由上可以得到

$$l_2-l_1=\frac{M_2-M_1}{m}L$$
$$l_3-l_2=\frac{M_3-M_2}{m}L$$

显然有：若 $M_3-M_2=M_2-M_1$，则 $l_3-l_2=l_2-l_1$.

说明若两质量差相等，则在秤杆上对应的刻度之间的距离是相等的. 由此可见，秤杆上的刻度是均匀的.

由前面导出的算式，也可以写为

$$\frac{l_2-l_1}{M_2-M_1}=\frac{L}{m}$$

上式说明，秤杆上两刻度之间的距离(l_2-l_1)与其对应的质量之差(M_2-M_1)之比值仅由秤的提纽到秤钩的距离 L 和秤砣质量 m 来决定，而与所称货物的质量 M 和秤砣到提纽的距离 l 无关，说明不管在秤杆上的何处，只要两刻度对应的质量差相等，则此两刻度间的距离必定相等，这也就表明秤杆上的刻度必定是均匀的.

4. B.

北方冬天的气温较低，汽车冷却系统中的水很容易结冰，使水失去流动性而无法循环冷却，还因为水结冰后体积膨胀而损坏设备. 用水和酒精的混合物作为汽车冷却系统中的冷却液，是因为这种混合物的凝固点（熔点）比水的凝固点低，在北方冬天的低温下仍能保持为液态而不凝固

成固态.

5. A.

"220 V　15 W"灯泡的电阻为

$$R_1=\frac{U^2}{P_1}=\frac{(220\ \text{V})^2}{15\ \text{W}}=3227\ \Omega$$

"220 V　100 W"灯泡的电阻为

$$R_2=\frac{U^2}{P_2}=\frac{(220\ \text{V})^2}{100\ \text{W}}=484\ \Omega$$

将两灯泡串联接入 $U_0=380$ V 的电路中时，由串联电路的特点可得出，15 W 灯泡两端的电压 U_1 和 100 W 灯泡两端的电压 U_2 分别为

$$U_1=\frac{R_1}{R_1+R_2}U_0=\frac{3227\ \Omega}{3227\ \Omega+484\ \Omega}\times 380\ \text{V}=330\ \text{V}$$

$$U_2=U_0-U_1=380\ \text{V}-330\ \text{V}=50\ \text{V}$$

由此可知，15 W 灯泡两端的实际电压为 330 V，超过该灯泡的额定电压 220 V，该灯泡会被烧毁. 15 W 的灯泡烧毁后，电路处于断开状态，100 W 的灯泡也就不发光，但 100 W 灯泡不会被烧坏.

6. D.

开关闭合后，电灯不亮，电流表无示数，说明电路的某一处断路. 将电压表接在电路中各点进行检测，由 a、d 间和 b、d 间的电压均不为零可知，断路处不在 b、a、d 这段电路上. 由于 b、c 间只连接电流表，而电流表的电阻很小，在电路中可等效为一段导线，故 b、c 间的电压为零是正常的. 若电流表接线柱接触不良，即断路处在 b、c 间，则用电压表连接在 b、c 两点时，电压表有示数，其示数约等于电源电压. 故不可能是 b、c 间断路. 只有 c、d 间断开时，出现的现象与题中所述的检测结果相同，故可能是灯泡灯丝断了或灯座接触不良.

7. C.

电炉丝断了一截，用一截横截面积小于原电炉丝横截面积的电炉丝补接至原长，在同种材料、长度相同的情况下，横截面积越小，电阻越大. 可见补接后电炉丝电阻大于原来电炉丝的电阻，由电功率的公式 $P=\frac{U^2}{R}$ 可知，更换电炉丝后，电炉的电功率将会减小，即小于原来的 1000 W.

8. D.

油的沸点比水的沸点高，滚开的油锅中油的温度已超过水的沸点. 若此时有水滴溅入油锅中，则水滴的温度很快上升，达到沸点，水滴将迅速汽化使其体积急剧膨胀，由此产生剧烈的响声并溅起油来. 所以产生此现象的主要原因是由于水的沸点比油的沸点低.

9. C.

若血液悬浮在某种浓度的硫酸铜溶液中，由物体的浮沉条件可知，血滴所受浮力等于它排开硫酸铜溶液的重力. 即

$$F_{浮}=G_{排}=G_{血}$$

$$\rho_{硫酸铜}gV_{排}=\rho_{血}gV$$

而由于血滴排开硫酸铜溶液的体积就等于血滴自身体积. 故有

$$\rho_{硫酸铜}=\rho_{血}$$

即血滴能在哪个管中悬浮，其密度就和该管中硫酸铜溶液的密度相等. 以上结论是根据物体的浮沉条件而得出的.

10. B.

托盘天平在正常操作时，应左盘放物体，右盘放砝码，这时读数为

物体质量＝砝码质量＋游码所对的刻度值

可见，向右移动游码相当于在右盘中增加一个与刻度值等质量的小砝码. 若将物体放在右盘，砝码放在左盘，在移动游码使天平平衡后，则有

砝码质量＝物体质量＋游码所对的刻度值

故此时被称量的物体的质量应为

物体质量＝砝码质量－游码所对的刻度值

$$=(50\ \text{g}+20\ \text{g}+10\ \text{g})-1.4\ \text{g}$$

$$=78.6\ \text{g}$$

11. B.

飞机向云层喷撒干冰后，干冰在云层中迅速吸热而升华，云层温度随之迅速降低至零摄氏度以下，云层中的水蒸气遇冷便凝华成为小冰晶，小冰晶在空中下落遇到暖气流而溶解成雨滴，这就是人工降雨的物态变化过程.

二、填空题

1. 0.8×10^3　　0.82×10^3

已知水的密度为 $1.0\times10^3\ \text{kg/m}^3$，纯酒精的密度为 $0.8\times10^3\ \text{kg/m}^3$. 若酒精的含水量为零，则其密度为 $0.8\times10^3\ \text{kg/m}^3$. 若酒精的含水量为 10%，即 100 kg 酒精中，含有纯酒精 90 kg，含水 10 kg，而这 100 kg 酒精的体积应为 90 kg纯酒精的体积 $V_{酒}$ 与 10 kg 水的体积 $V_{水}$ 之和，而

$$V_{酒}=\frac{m_{酒}}{\rho_{酒}}=\frac{90\ \text{kg}}{0.8\times10^3\ \text{kg/m}^3}=0.1125\ \text{m}^3$$

$$V_{水}=\frac{m_{水}}{\rho_{水}}=\frac{10\ \text{kg}}{1.0\times10^3\ \text{kg/m}^3}=0.01\ \text{m}^3$$

则含水量为 10% 的酒精的密度为

$$\rho=\frac{m}{V_{酒}+V_{水}}$$

$$=\frac{100\ \text{kg}}{0.1125\ \text{m}^3+0.01\ \text{m}^3}\approx0.82\times10^3\ \text{kg/m}^3$$

故合格酒精的密度应在 $0.8\times10^3\ \text{kg/m}^3\sim0.82\times10^3\ \text{kg/m}^3$ 的范围内.

2. $4.6\times10^{-3}\ \text{m}^3$

设此儿童体积为 V_1，密度为 ρ_1，水的密度为 ρ，所需泡沫塑料的最小体积为 V_2，密度为 ρ_2. 则此儿童使用由这一最小体积的泡沫塑料构成的救生衣游泳时，可以漂浮于水面上使其头部刚好露出水面，此时应有此儿童和泡沫塑料块的总重力与儿童和泡沫塑料块所受到的总浮力相等，即

$$G_1+G_2=F_{浮}$$

由阿基米德原理有

$$F_{浮}=V_{排}\rho g=\left(V_2+\frac{9}{10}V_1\right)\rho g$$

即 $$\rho_1V_1g+\rho_2V_2g=\left(V_2+\frac{9}{10}V_1\right)\rho g$$

$$10\rho_1V_1+10\rho_2V_2=10\rho V_2+9\rho V_1$$

$$V_2=\frac{10\rho_1-9\rho}{10(\rho-\rho_2)}V_1$$

$$=\frac{10\times1.06\times10^3-9\times1\times10^3}{10\times(1\times10^3-10)}V_1=0.16V_1$$

而该儿童的体积为

$$V_1=\frac{G}{\rho g}=\frac{300}{1.06\times10^3\times9.8}\ \text{m}^3=2.88\times10^{-2}\ \text{m}^3$$

故得泡沫塑料块的最小体积为

$$V_2=0.16\times2.88\times10^{-2}\ \text{m}^3=4.6\times10^{-3}\ \text{m}^3$$

3. 动滑轮　定滑轮　轮轴

起重机钢索下面吊钩上的铁轮和旗杆顶端的轮都是滑轮，起重机使用滑轮的目的是为了省力，钢索下面吊钩上的铁轮为动滑轮. 旗杆顶端的滑轮为定滑轮，其作用是为了改变力的方向. 自行车的飞轮与后车轮是一个轮轴，飞轮相当于轴，后车轮相当于轮，这种轮轴的作用是为了省距离.

4. *a　c　d　b　e　c*

潜望镜是利用平面镜改变光的传播方向；太阳灶利用凹镜将太阳光会聚在其焦点上，将被加热物体放在凹镜的焦点；老花镜是凸透镜，老花眼是人眼对光的会聚能力减弱，物体的像不能成在视网膜上，而是成在视网膜的后面，在视网膜上看到的是一个模糊的像. 所以老花眼应配一个凸透镜作镜片的眼镜来矫正；汽车观后镜用的是凸镜，这是因为大小相同的凸镜和平面镜比较，凸镜的观察范围大于平面镜的观察范围；近视眼是人眼对光的会聚能力太强，而造成物体的像落在视网膜的前面，不能在视网膜上得到清晰的像，因此近视眼应配用凹透镜作镜片的眼镜来矫正；耳科医生的额镜是一个凹镜，其作用是会聚光线，照亮耳腔深处，以便医生作出检查和治疗.

5. 漫反射　各种(或所有)

光照射到粗糙物体的表面上会发生漫反射，反射光向各个方向射出，坐在剧场中各处的观众都能接收到反射光，也就能看到银幕上的画面. 白色物体能反射各种色光，所以白色银幕能使观众看到色彩正常的画面.

6. 热辐射　对流

太阳是一个巨大的光源和热源，太阳给大地传热是以辐射的方式进行的. 用薄膜隔开地膜上下的空气，是防止空气以对流的方式传递热量.

7. 20 V　　1.25 A

扬声器上所标字样"16 Ω　25 W"，表示该扬声器正常工作时，相当于一个 16 Ω 的电阻，它消耗的功率为 25 W. 根据功率的公式

$$P=\frac{U^2}{R}$$

可得此时为扬声器的供电电压应为

$$U=\sqrt{RP}=\sqrt{25\ \text{W}\times16\ \Omega}=20\ \text{V}$$

此时通过扬声器的电流为

$$I=\frac{U}{R}=\frac{20\ \text{V}}{16\ \Omega}=1.25\ \text{A}$$

本题还可根据 $P=I^2R$ 求得电流后再求电压.

8. 异　摩擦

云层在空中移动时，与其他云层之间有摩擦，与地面间也可能有摩擦，由于摩擦作用可以使不同云层带上异种电荷. 当电荷积累多了，便形成放电现象.

9. 凸透镜　虚

由图可知，圆弧形表面相当于凸透镜，水银柱处在凸透镜的焦点以内，当正对着圆弧形表面看去，看到的是水银柱的正立放大的虚像. 即起到了放大镜的作用，便于读数.

三、利用光的直线传播规律解决实际问题的例子有：

1. 针孔照相机
2. 激光测距离
3. 射击瞄准
4. 激光准直
5. 木工判断木板是否刨平
6. 站队看齐或植树、立电线杆成一直线
7. 由相似三角形原理在阳光下测物体(如电线杆、大树、高楼等)的影长而计算该物体的高度.

四、取手柄转动一周来考虑，转动一周时，手柄末端通过的距离为

$$s=2\pi l$$

设动力 F 垂直于手柄作用于手柄的末端，则一周内动力 F 所做的功为

$$W_1=Fs=2\pi lF$$

转动一周，重物被顶起的高度为一个螺距，即为 h，则千斤顶克服重物的重力所做的功为

$$W_2=Mgh$$

根据功的原理，应该有

$$W_1=W_2$$

即　$2\pi lF=Mgh$

$$F=\frac{Mgh}{2\pi l}$$

即要举起重物，至少要给手柄末端施以大小为 $\frac{Mgh}{2\pi l}$ 的力. 为了省力，千斤顶应用了轮轴和斜面这两种简单机械.

五、当瓶内水恰被挤到出水管管口时，瓶内外气体的压强差值等于由管口至瓶内水面高度的水柱所产生的压强，即为

$$\Delta p=\rho_{水}gh=1.0\times10^3\times10\times0.1\ \text{Pa}=1\times10^3\ \text{Pa}$$

此时瓶内气体的压强即瓶内水面上方的压强为

$$p=p_0+\Delta p$$
$$=1.01\times10^5\ \text{Pa}+1\times10^3\ \text{Pa}=1.02\times10^5\ \text{Pa}$$

瓶内外气体的压强差，也就是作用在按压器上下两表面的气体的压强差. 为克服此压强差的作用，需对按压器加向下的压力 F_1 为

$$F_1=S\Delta p=8\times10^{-4}\times1\times10^3\ \text{N}=0.8\ \text{N}$$

将按压器按下，另外还需克服弹簧的弹力，依题述由此对应所需的压力大小为

$$F_2=1\ \text{N}$$

故得在按压器上所加的压力至少应为

$$F=F_1+F_2=0.8\ \text{N}+1\ \text{N}=1.8\ \text{N}$$

六、活塞的面积

$$S=\pi r^2=3.14\times\left(\frac{9.5}{2}\right)^2\ \text{cm}^2=71\ \text{cm}^2$$

燃气对活塞的压力

$$F=PS=196\times71\ \text{N}=1.39\times10^4\ \text{N}$$

每个做功冲程内，燃气对活塞所做的功为

$$W_1=Fl=1.39\times10^4\times0.127\ \text{J}=1764\ \text{J}$$

由于发动机有四个汽缸，则曲轴每转一周内有两个汽缸经历做功冲程，故每分钟内发动机内燃气做功的次数为

$$n=2\times1200=2400$$

故得每分钟内燃气所做的总功为

$$W=nW_1=2400\times1764\ \text{J}=4.2336\times10^6\ \text{J}$$

则此内燃机的功率为

$$P=\frac{W}{t}=\frac{4.2336\times10^6}{60}\text{ W}=7.056\times10^4\text{ W}$$

七、解法一：

以 U 和 P 分别表示“热得快”的额定电压和额定功率，则它的电阻值为

$$R=\frac{U^2}{P}=\frac{220^2}{400}\ \Omega=121\ \Omega$$

在实际电压 $U'=210$ V 时，通电 $t=9$ min10s，此热得快所产生的热量为

$$Q_1=\frac{U'^2}{R}t=\frac{210^2}{121}\times(60\times9+10)\text{ J}=2.00\times10^5\text{ J}$$

此时在标准大气压下，水的沸点为 100 ℃，则将 20 ℃的水烧开，水的升温为 $\Delta t=80$ ℃. 同时注意到体积为 0.5 L 的水的质量为 0.5 kg，则烧开这些水时，水吸收的热量为

$$Q_2=cm\Delta t=4.2\times10^3\times0.5\times80\text{ J}=1.68\times10^5\text{ J}$$

故得此“热得快”烧水时的热效率为

$$\eta=\frac{Q_2}{Q_1}\times100\%=\frac{1.68\times10^5}{2.00\times10^5}\times100\%=84\%$$

解法二：

以 P' 表示“热得快”在电压 U' 下工作的实际功率，则由上分析有

$$\frac{U^2}{P}=\frac{U'^2}{P'}$$

$$P'=\frac{U'^2}{U^2}P=\frac{210^2}{220^2}\times400\text{ W}=364\text{ W}$$

则此时“热得快”在 $t=9$ min 10 s 内所发的热量为

$$Q_1=P't=364\times(60\times9+10)\text{ J}=2.00\times10^5\text{ J}$$

（以下同解法一，略）

八、电度表转盘每转 1 转表示消耗的电能为

$$W_1=\frac{1\text{ kW}\cdot\text{h}}{1950}$$

电冰箱开机 4 min 所消耗的电能为

$$W_{13}=13W_1=\frac{13\text{ kW}\cdot\text{h}}{1950}$$

电冰箱的功率为

$$P_{冰}=\frac{W_{13}}{t}=\frac{13\text{ kW}\cdot\text{h}}{1950\times\frac{1}{15}\text{h}}=\frac{13\times15}{1950}\text{ kW}=0.1\text{ kW}$$

此家其他用电器的总功率为

$$\begin{aligned}P_{其}&=n_{灯}\ P_{灯}+P_{视}+P_{响}\\&=4\times60\text{ W}+90\text{ W}+105\text{ W}=435\text{ W}\\&=0.435\text{ kW}\end{aligned}$$

此家一个月所消耗的总电能为

$$\begin{aligned}W_{总}&=P_{其}\ t_{其}+P_{冰}\ t_{冰}\\&=0.435\times2\times30\text{ kW}\cdot\text{h}+\\&\quad0.1\times\frac{1}{4}\times24\times30\text{ kW}\cdot\text{h}\\&=44.1\text{ kW}\cdot\text{h}\end{aligned}$$

则月底表盘上的示数应为

003706.5＋44.1＝003750.6(kW·h)

第六届全国初中应用物理知识竞赛

一、选择题

1. B.

在泵壳内充满水时，叶轮在电动机带动下高速转动，泵壳里的水也随叶轮高速旋转，叶轮附近的水被甩入出水管中. 这时叶轮附近的压强减小，大气压将低处的水压入底阀，沿进水管进入泵壳，进来的水又被叶轮甩进出水管. 这样就不断把水抽到高处. 出水管的方向应该向上，故 A 图不对. 从叶轮旋转方向来看，能使水旋转并被甩入出水管的，只有B图.

2. D.

白光由红、橙、黄、绿、蓝、靛、紫七色光组成，光照射到物体上，将一部分被吸收，一部分被反射，有色的不透明物体反射与它颜色相同的光，而大部分与它颜色不同的光则被它吸收. 白色上衣可以反射各种色光，在只有绿光照射时，它反射绿光，呈绿色. 红裙子在绿光照射下，绿光大部分被它吸收，很少反射，所以绿光下的红裙子呈黑色.

3. D.

沸腾时水在急剧汽化，沸腾时产生的水蒸气比停火后的水蒸气量要大. 沸腾时水温为 100℃，但水面上蒸汽的温度不会高于 100℃，停火后水面上方气体的温度很快降低，水蒸气迅速液化成小水珠，便在水面形成“白气”.

4. A.

往保温瓶里灌水时，瓶内空气由于振动而发出声音. 其发声频率跟瓶内空气柱的长度有关，空气柱越长则发声的频率越低，其声音的音调也就越低，往瓶内灌水时，瓶内空气柱越来越短，其振动频率将越来越高，故声音的音调越来越高.

5. D.

向舞台上喷洒干冰，干冰迅速吸热升华. 使周围空气温度急剧降低，空气中的水蒸气液化成雾状的小水珠，悬浮在舞台表面附近的空气中，这便是我们看到舞台上白雾的形成原因.

6. A.

甲、乙两灯串联在电路中，甲灯发光而乙灯不发光，说明电路是通路，有电流通过甲灯，也有电流通过乙灯，且两灯中电流相等. 而灯泡的亮度是由灯泡的实际功率决定的，乙灯不发光，是乙灯的实际功率太小的缘故，由电功率的公式 $P=I^2R$ 可知，甲、乙两灯泡电流相等，乙灯的实际功率太小是由于乙灯的电阻太小.

7. D.

在电路中，同一条导线(不论其长短，只要其电阻可忽略不计)的两端可认为是同一点(相当于把这条导线缩短到两端合为一点一样，因为这条导线的电阻不计，则其长短对电路中电流的大小并无影响)，由此我们把图中同一条导线的两端用同一个字母表示如图 1. 在图 1 中，灯 L_1、L_2、L_3 的两端都分别与 A、B 两点相连，故图 1 又可等效地画成为图 2.

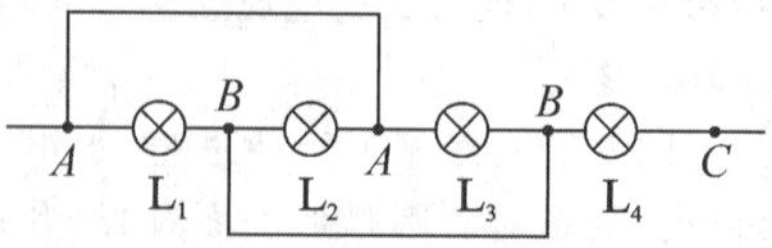

图 1

由图 2 可见，L_1、L_2、L_3、L_4 四灯泡的连接是 L_1、L_2、L_3 三灯并联后再与灯 L_4 串联，故本题答案为 D.

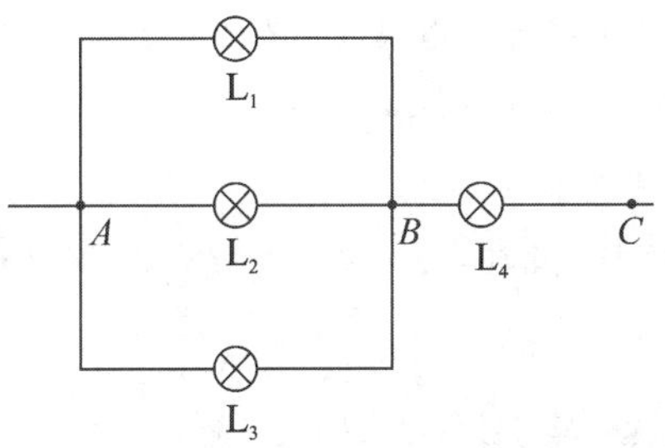

图 2

8. D.

照相机镜头相当于一个凸透镜，当物体在凸透镜前 2 倍焦距以外时，能通过凸透镜在光屏上成一个倒立缩小的实像. 在飞机上拍摄地面的照片时，物距比照相机镜头的焦距大很多，则由凸透镜成像的规律可知，此时像距略大于焦距.

9. C.

由功率的公式 $P=F\cdot v$ 可知，拖拉机的发动机功率一定时，若其行驶速度越大，则其产生的牵引力越小；若其行驶速度越小，则其产生的牵引力越大. 拖拉机深耕时比在道路上行驶时所受到的阻力要大，则对应的发动机的牵引力也要大些，所以应减小其行驶速度.

10. C.

30～40 dB 是较理想的安静环境，超过 50 dB 就会影响睡眠和休息. 70 dB 会干扰谈话，影响工作效率，长期生活在 90 dB 以上的噪声环境中，会严重影响听力，引起其他疾病，所以要保护听力应控制噪声不超过 90 dB.

11. B.

保险丝是串联接在电路的火线上，若将保险丝取下，换接一个额定电压为 220 V 的灯泡在电路中时，该灯泡与电路中的其他用电器是串联的，当检验灯泡正常发光时，该灯泡两端的电压为 220 V，则灯泡一定是连接在火线和零线的两端. 若灯泡发光但不正常，则表明这时灯泡两端的电压小于其额定电压 220 V，故该灯泡一定是与另一个灯泡(或用电器)串联接在火线和零线之间. 所以检验灯正常发光，表明该电路短路；检验灯发光但不正常，则该电路是正常的.

12. B.

在解答本题时，可将杯中的冰块看做是一个整体，则漂浮在水面上的冰块受到的重力跟它所受到水对它的浮力相等，即 $F_{浮}=G_{冰}$. 由阿基米德原理可知，冰块受到的浮力跟它排开水的重力相等，即$F_{浮}=G_{排}$. 所以冰块的重力等于冰块排开水的重力，即 $G_{冰}=G_{排}$，由 $G=mg$ 可知，冰块的质量等于冰块排开水的质量，而当冰块融化成水时，其质量不会改变，则冰块融化成的水正好填补原来冰块排开水的体积. 所以杯中水面不会发生变化.

二、填空题

1. 0 m/s

将河中水面看作是平面镜，车在水中的倒影就是车在平面镜中所成的像，当汽车在水平河岸上行驶时，车在河水中的像总是与车关于水面对称的，即它们的连线与水面垂直，到水面的距离相等. 即车和它的倒影之间没有位置的变化，所以它们之间保持相对静止.

2. 电能表　总开关　保险盒

家庭电路的组成有电能表、总开关、保险盒、支路开关和用电器等元件，输电线进入用户后，首先进入电能表，以计量该用户消耗的电能. 接着安装总开关，以控制整个用户电路的通断. 为了保证电路和用电安全，还应在总开关的后面安装保险盒，以便在电流过大时自动熔断，切断电源，从而保护用电器不会损坏.

3. 裂　原子　发电

原子核的变化包括核裂变和核聚变，这两种变化都能对外释放巨大的能量，当原子核聚变时释放的能量比核裂变释放的能量更大，且到目前人们还不能有效地控制核聚变的速度，所以目前核电站中的电能是由原子核裂变时释放出的能量转化而来的.

4. 墨翟(墨子)　梦溪笔谈　零

5. 10　0　10　5

由电路图可知，如果电路完好，当滑动变阻器的滑片接在 R 的上端时，电阻 R'与 R 并联，R'两端有最大电压为 10 V. 当滑片 P 接于 R 的下端时，R'被短路，R'两端的电压为0 V. 若 F 点导线被折断，当滑片 P 接于 R 上端时，R'接在电源两端，R'两端有最大电压为 10 V. 当滑片 P 接于 R 下端时，相当于 R'与 R 串联后接在 A、B 之间，由于 $R'=R$，所以 R'两端的最小电压为 5 V.

6. 20　0.12

试题卷图 5 所示的电路为两个 500 Ω 电阻串联后与 2 Ω的电阻并联(由于 1000 Ω≫2 Ω，则这部分并联电阻就非常接近为 2 Ω)，这一并联电阻再与 1000 Ω 电阻串联后又与 200 Ω电阻并联. 估算通过毫安表的电流时，可近似认为是 1000 Ω 电阻与毫安表串联后接于 20 V 电压上，故其电流约为

$$I_{mA}\approx\frac{20\ \text{V}}{1000\ \Omega}=20\ \text{mA}$$

而估算通过电流表的电流时，由于与 200 Ω 并联的另一部分电路的电阻大于1000 Ω，它比 200 Ω 大很多，故两者的并联总电阻还可近似视为200 Ω，则通过电流表中的电流约为

$$I_A=\frac{20\ \text{V}}{200\ \Omega}+I_{mA}=0.12\ \text{A}$$

7. 125

娱乐车行驶 120 m 克服阻力做的功为

$$W=Fs=2000\ \text{N}\times0.1\times120\ \text{m}=2.4\times10^4\ \text{J}$$

这些功由电源提供，考虑其效率为 80%，则电源做功的 80%用来克服阻力做功，即

$$W=\eta UIt$$

所以 $t=\dfrac{W}{\eta UI}=\dfrac{2.4\times10^4\ \text{J}}{80\%\times24\ \text{V}\times10\ \text{A}}=125\ \text{s}$

8. 7.25

甲队由追上乙队至超越乙队的过程，由甲队的船头与乙队的船尾相平至甲队的船尾与乙队的船头相平，可见此过程中甲队比乙队多行驶的距离是两个船身长，即为 20 m. 现以 $v_{甲}$ 和 $v_{乙}$ 分别表示两船的速度，以 t 表示甲队超越乙队所用的时间，以 l 表示一个船长，则由上述可列方程为

$$v_{甲}t-v_{乙}t=2l$$

以 $t=80\ \text{s}$、$v_{乙}=7\ \text{m/s}$、$l=10\ \text{m}$ 代入上式可解得

$v_甲 = 7.25\ m/s$

熟悉相对运动的同学也可以用相对运动的关系来解此题.在此过程中,甲相对于乙(即以乙为参照物)行驶的距离为 $2l$,所用时间为 t,则甲相对于乙的速度为

$$v_{甲对乙} = \frac{2l}{t} = \frac{20}{80}\ m/s = 0.25\ m/s$$

而甲船的速度是指甲船对地的速度,故有

$$v_甲 = v_乙 + v_{甲对乙} = 7\ m/s + 0.25\ m/s = 7.25\ m/s$$

9. B　A　C

看到日全食的位置是太阳光全部被月球挡住的位置,由图可见此时的观察点应位于 B 区域;看到日偏食的位置是太阳的某一侧的光被月球挡住而另一侧的光不被月球挡住而能被观察者看到的位置,由图可见此类观察点位于 A 区域;而图中的 C 区域处,太阳中央部分的光被月球挡住,观察者无法看到,太阳边缘部分的光则均不被月球挡住可被观察者看到,故在此区域可见到日环食.在图中的 D 区域,太阳光不受任何阻挡,故看不到日食.

三、测量器材:刻度尺

测量步骤:

(1) 晴天把镜片放在阳光下,使光线与镜片垂直;

(2) 调整镜片与地面的距离,使地面上的光点(或光斑)最小、最清楚;

(3) 以米为单位用刻度尺测量镜面到地面上光点的距离,用 f 表示.

计算公式:镜片度数 $D = \frac{100}{f}$

四、接上电源,开关不闭合,灯泡就发光,表明电路中有一条连通电源、灯泡而不需经过开关的通路;开关闭合后,灯泡反而熄灭,说明:开关闭合,使灯泡短路,电流于是不流经灯泡而直接由闭合开关所形成的短路中通过,这也形成了电源两极间被短路,因而通过电源的电流很大使电源受到损坏,所以过几秒钟后再次断开开关后,灯泡虽然又亮了,但亮度却远不如前了.

这个错误的电路图如图3所示.

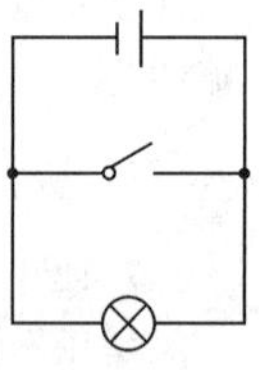

图 3

五、原油喷出可以达到离油层的最大高度为

$$h_{max} = \frac{P}{\rho g} = \frac{2.1\times10^7}{0.9\times10^3\times9.8}\ m = 2381\ m$$

由于油层距地面的高度为 $h_1 = 2000\ m$,故地面处的油压为

$$P' = P - \rho g h_1 = 2.1\times10^7\ Pa - 0.9\times10^3\times9.8\times2000\ Pa = 3.36\times10^6\ Pa$$

为阻止原油喷出地面,至少应向出油口施加的压力为

$$F = P's = P'\cdot\frac{\pi d^2}{4} = \frac{1}{4}\times3.36\times10^6\times3.14\times0.1^2\ N = 2.64\times10^4\ N$$

六、在 $t=121\ s$ 内,电热水壶所消耗的电功为

$$W = \frac{125}{3000}\ kW\cdot h = \frac{125}{3000}\times3.6\times10^6\ J = 1.5\times10^5\ J$$

电热水壶此时的实际功率为

$$P = \frac{W}{t} = \frac{1.5\times10^5}{121}\ W = 1240\ W$$

以 U'、P' 表示此电热水壶的额定电压和额定功率,则其电阻为

$$R = \frac{U'^2}{P'}$$

以 U 表示此时电热水壶所获得的实际电压,则有

$$U = \sqrt{RP} = \sqrt{\frac{P}{P'}}U' = \sqrt{\frac{1240}{1500}}\times220\ V = 200\ V$$

七、热水器每秒钟吸收的太阳能为

$$E_0 = 1.26\times10^3\times1.5\times50\%\ J/s = 9.45\times10^2\ J/s$$

使晒水箱内水温升高30℃所需的时间为

$$t = \frac{mc\Delta t}{E_0} = \frac{40\times4.2\times10^3\times30}{9.45\times10^2}\ s = 5333\ s = 1\ h\ 29\ min$$

八、如图4,设杆秤的秤盘悬挂于 A 点,杆秤的秤盘和秤杆整体的质心(重心)位置在 B,杆秤提纽处为 O.定盘星处为 C,秤杆上刻度为2.5 kg处为 D.秤砣真砣的质量为 m,假陀的质量为 m',秤杆和秤盘的总质量为 m_0,则应有

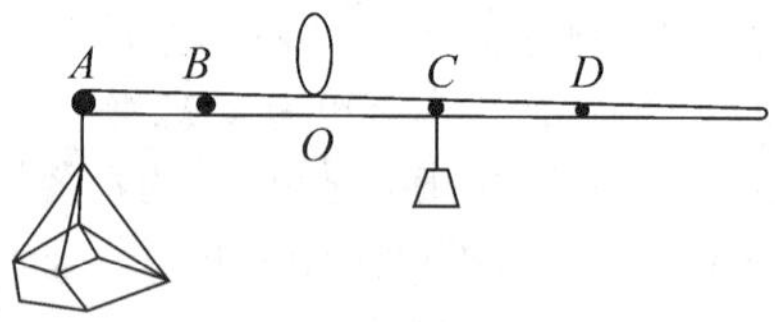

图 4

秤盘中不放物体时,以真砣悬于 C 处,则杆秤此时平衡,故满足

$$m_0 g\cdot OB = mg\cdot OC$$

$$\therefore\quad OB = \frac{m}{m_0}\cdot OC = 4\ cm$$

当以 $M=2.5\ kg$ 的物体置于秤盘中时,以真砣悬于 D 点处则杆秤平衡,满足

$$Mg\cdot OA + m_0 g\cdot OB = mg\cdot OD$$

$$\therefore\quad OD = \frac{M\cdot OA + m_0\cdot OB}{m} = 27\ cm$$

当不法商贩换以质量为 $m'=0.8\ kg$ 的假砣来称物体时,若其显示为2.5 kg,则此物体的实际质量 M' 应满足

$$M'g\cdot OA + m_0 g\cdot OB = m'g\cdot OD$$

$$M' = \frac{m'\cdot OD - m_0\cdot OB}{OA} = 1.96\ kg$$

第七届全国初中应用物理知识竞赛

初　赛

一、选择题

1. D.

保险丝的作用是当电路中的电流超过保险丝的额定电流时,保险丝自动熔断而断开电路,保证电路和用电器不会损坏,若用尽量粗的保险丝或铜丝代替保险丝,则当电路中的电流超过其允许通过的最大电流时,铜丝和粗保险丝不会熔断,起不到保险的作用.如果选用额定电流小于电路的正常工作电流的保险丝代替原来的保险丝,则电路正常工作时,电路中的电流由于超过保险丝的额定电流,保险丝自动熔断而断开电路,造成不必要的断电事故.所以在选择保险丝时,其额定电流应等于或稍大于电路中的最大正常工作电流.

2. B.

在坦克的轮子上安装履带、在铁轨下铺设枕木、将背包的背带做得宽一些，都是通过增大受力面积而减小压强.而菜刀钝了，磨一磨则可使刀口更锋利，这是减小了刀与菜的受力面积而增大压强.

3. B.

自行车座下的弹簧的作用是减缓自行车行驶过程中，由车座的振动而引起人的振动；弹簧秤是利用弹簧的形变大小来测力的大小；衣服夹是利用弹簧的弹力将衣服夹紧.这几种应用中均没有利用弹性势能转化为动能的情况.机械手表中有一根上紧的发条，发条在松开时，将贮存的弹性势能逐渐释放出来，带动手表中的机件运行.所以机械手表工作时，利用了弹性势能转化为动能.

4. A.

飞艇内充有氦气(或氢气)，氢气或氦气的密度小于空气的密度，所以飞艇受到空气的浮力大于自身的重力.故飞艇是利用空气的浮力而升空的；直升机利用旋转的机翼将空气向下推，从而本身获得空气对它的向上的推力；滑翔机是靠它在飞行中空气对机翼上下表面的压力不等而形成向上的举力；火箭升空靠从尾部高速喷出高温高压气体，从而使火箭获得向上的推力而向上运动.

5. B.

水的沸点跟外界气压有关，气压增大，沸点升高；气压减小，沸点降低，当外界大气压为1标准大气压时，水的沸点为100℃；若外界气压低于1标准大气压时，水的沸点低于100℃.因此，为保证煮沸糖汁时的温度低于100℃，则应保证糖汁外界的气压小于1标准大气压.

6. A.

影响液体蒸发快慢的因素有：(1)液体的温度；(2)液体的表面积；(3)液体表面空气流动快慢，热风干手器的热风吹到带水的手上，提高了水的温度，加快了水面的空气流动，从而加快了水的蒸发，但热风干手器并没有改变手上的水的表面积.

7. C.

由图可知，闭合开关后，磁针南极向螺线管左端靠拢，表明通电螺线管左端为N极.根据图中螺线管的绕向，由安培定则可判断出此时流过螺线管的电流方向为由螺线管右端流入而自管左端流出.由此判定：电源的B端为正极，在电源内部的电流由A流向B.

8. D.

水在沸腾时要满足两个条件：一是水的温度达到沸点；二是水还要继续吸热，观察图中的装置中，当锅内的水沸腾时，其水温为水的沸点，这时碗里的汤的温度应与锅里的水温相同，即汤的温度也为沸点，由于汤跟锅里的水温相同，锅里的水不能向汤传热，汤由于不能继续吸热，只能是汤的温度达到沸点，但汤不会沸腾.

9. A.

离心式水泵的实际扬程由两部分组成，即吸水扬程和压水扬程.吸水扬程是靠大气压将水压到一定的高度，所以其高度不可能超过10.4m.而压水扬程则是由水泵本身的机械作用决定的，它的高度没有一个固定值的限制，只要机械的作用足够大，它可以上升到足够的高度.

10. D.

由凸透镜的成像规律可知，当物体放在凸透镜前2倍焦距之外，即$u>2f$时，成倒立缩小的实像；当物体到凸透镜的距离等于2倍焦距时，成倒立等大的实像；当物体到凸透镜的距离小于2倍焦距而大于焦距时，成放大倒立的实像；当物体到凸透镜的距离小于焦距时，成正立放大的虚像.由此可知，凸透镜不可能成正立缩小的像.

11. B.

导体的电阻跟导体的材料、长度和横截面积有关，而跟导体两端的电压和导体中的电流无关.所以B项不正确.电动机启动时，其启动电流比电动机正常工作时的电流大，进户线中的电流随之增大，由于线路中的电阻一定，电流变大时，消耗在线路上的电压增大，而用电器上的电压减小，所以与冰箱并联的台灯变暗.

12. C.

原子的放射现象有很广泛的应用，检查金属内部的砂眼、处理种子使农作物增产、检查和治疗恶性肿瘤都应用了原子放射现象中放出的射线.而核能发电则是利用原子核的裂变释放出巨大的能量，将原子能转化为电能，所以核能发电不是直接利用原子放射现象.

二、填空题

1. m　kg　Pa

2. 平面　凸透　凸面

生活中梳妆台上的大镜子是平面镜，人在平面镜前，能在镜中成一个正立等大的像.放大镜是一个凸透镜，将被观察的物体放在凸透镜的焦点以内，可以从凸透镜中看到一个正立放大的像.在道路拐弯处立一面凸面镜，可增大观察的范围，避免发生交通事故.

3. 7∶50

平面镜成像时，像和物是关于平面镜对称的，设想题中所说的挂钟与平面镜的距离逐渐变小，则钟和钟的像之间的距离也逐渐变小，最后两者可接近于互相重合，即题图所示的图与实际钟面是可以互相重合的，题图是实际的钟的像，所以我们现在看到的图，相当于从钟的后面往前看的结果.

4. 3

由题意可知，塑像的实际高度为2m，小样的高度为20cm，两者的高度比为10∶1，所以两者的体积之比应为1000∶1.由于塑像和小样是同种材料制成的，其密度相等，故两者的质量之比等于其体积之比，即为1000∶1.已知小样的质量为3kg，所以塑像质量为小样质量的1000倍，等于3000kg.

5. 10.1　1　8

物体在某一段时间内(或某一段路程上)的平均速度等于运动物体通过的路程和完成这段路程所用的时间的比值.由题中给出的数据，刘易斯跑百米时的平均速度$v=\frac{s}{t}=\frac{100\,\text{m}}{9.86\,\text{s}}=10.1\,\text{m/s}$.根据他每10m所用的时间，可判断所用时间越短，其平均速度越大；所用时间越长，其平均速度越小.第1个10m用时最长，其平均速度最小；第8个10m用时最短，其平均速度最大.

6. 上

透镜成像时，通过透镜中心的光线不发生偏折.由于题述所得烛焰的像能成在屏上，则此像为实像，故此透镜只可能是凸透镜. 如图 1，设烛焰位于 S 点，通过透镜成像于 S' 点. 由图可见，为使像点向上移动，应将透镜向上移动.

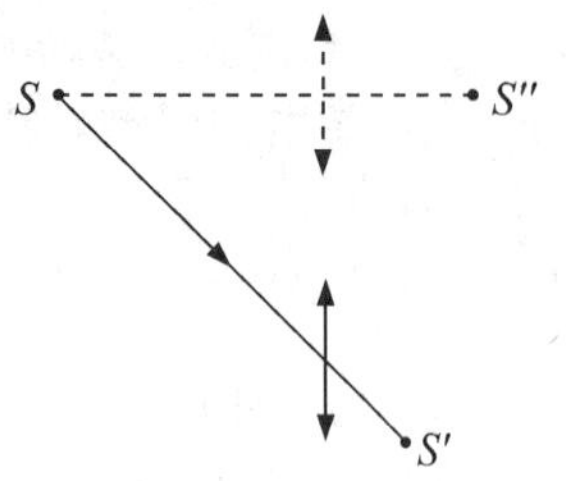

图 1

7. 4.8

电动机轴被卡住时，电路中电源提供的能量全部转化为电路电阻 R 上所发的热，以 U 表示电源的电压，I_1 表示此时电路中的电流，则上述能量关系为

$$I_1U=I_1^2R \qquad R=\frac{U}{I_1}=1.2\,\Omega$$

排除故障后，电动机带负载运行，此时电源提供的能量就分为两部分：一部分为使电路的电阻发热，其功率为 I_2^2R（I_2 表示此时电路中的电流）；另一部分则是带动机械运行，做了机械功. 以 $P_机$ 表示这部分功率，则有

$$P_机=I_2U-I_2^2R=6\,\text{W}-1.2\,\text{W}=4.8\,\text{W}$$

8. 2.6×10^4

由阿基米德原理，气球在低空所受浮力的大小为

$$F_浮=V_排\,\rho_空\,g$$

则气球本身重力为

$$G_自=\frac{1}{4}F_浮=\frac{1}{4}V_排\,\rho_空\,g$$

设气球在低空飞行时可吊起最重物体的质量是 m，则由此时气球的受力平衡应该有

$$F_浮=G_自+G_氦+mg$$

即 $V_排\,\rho_空\,g=\frac{1}{4}V_排\,\rho_空\,g+V_排\,\rho_氦\,g+mg$

$$\therefore\quad m=V_排\left(\rho_空-\frac{1}{4}\rho_空-\rho_氦\right)$$

$$=3.3\times10^4\times\left(1.29-\frac{1}{4}\times1.29-0.18\right)\text{kg}$$

$$=2.6\times10^4\ \text{kg}$$

9. 5.6×10^2　2.0×10^2

在真空中和空气中，无线电波的传播速度为 $3\times10^8\,\text{m/s}$. 根据无线电波传播的公式：波速＝频率×波长，已知中波段的频率范围，便可求出其对应的波长范围.

三、平行于主光轴射向凸透镜的光线通过凸透镜后会聚于焦点；平行于主光轴射向凹透镜的光线通过凹透镜后变得发散，这些光线的反向延长线相交于焦点. 据此可得本题的透镜组合.

透镜组合如图 2 所示，其中，图甲中共主轴的两凸透镜的距离 $s=f_1+f_2$，f_1 和 f_2 分别表示凸透镜 L_1 和 L_2 的焦距. 图乙中，凸透镜 L_3 和凹透镜 L_4 共主轴，其焦距分别为 f_3 和 f_4，两透镜间距离 $s'=f_3-f_4$.

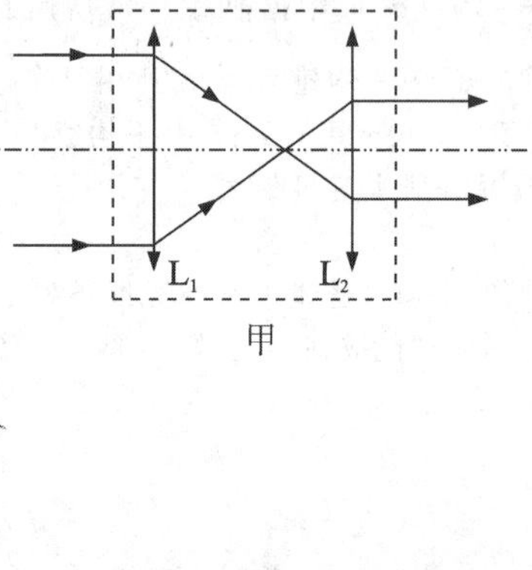

甲

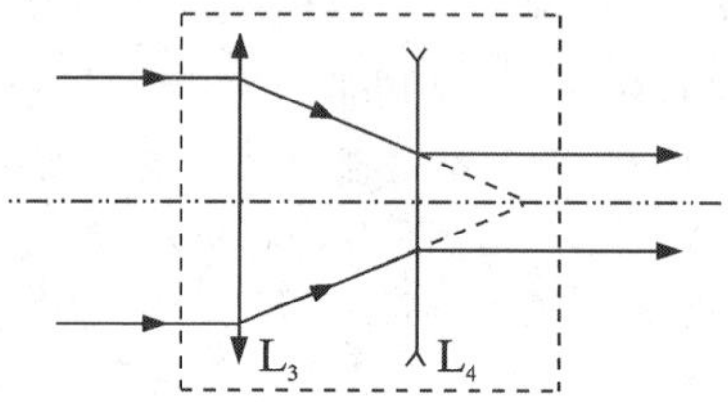

乙

图 2

四、由于通常所用灯泡的额定电压均为 220 V，故本题的正确连接应该是将两灯并联后接入 220 V 电路中，而为使开关能同时控制两盏灯，则开关应安装在此并联电路的干路上.

两个电路如图 3 甲、乙所示. 在甲图中，开关闭合时，院子里的灯不发光，室内灯正常发光；断开开关时，两灯都发光，但都比正常发光暗很多.

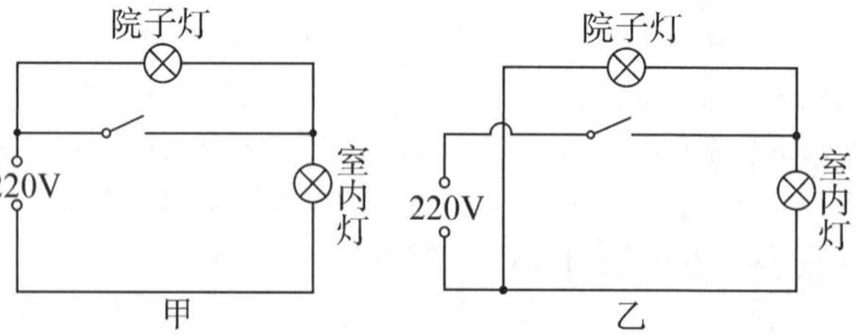

图 3

五、以 R 表示电炉电阻丝的电阻，以 U_1 和 U_2 分别表示前后两次情况下的电压，以 t_1 和 t_2 分别表示前后两次通电所用的时间，则由于两情况下发热量相等，故应有

$$\frac{U_1^2}{R}t_1=\frac{U_2^2}{R}t_2$$

$$U_2=\sqrt{\frac{t_1}{t_2}}U_1=\sqrt{\frac{10}{12}}\times220\,\text{V}\doteq201\,\text{V}$$

以上解答中利用到的近似条件有以下两条：(1) 电炉电阻丝的电阻不随温度改变；(2) 对水加热过程中水壶对外散热忽略不计.

六、**1.** 在一个做功冲程中，燃气所做的功为

$$W_1=pS\cdot l=p\cdot\frac{\pi d^2}{4}\cdot l$$

时间 $t=1\,\text{min}$ 内，飞轮转 1500 r，则共有 $\frac{1500}{2}=750$ 个做功冲程，则此汽油机满负荷工作时做功的功率为

$$P=\frac{750W_1}{t}=\frac{750\pi pd^2l}{4t}$$

$$=\frac{750\times3.14\times9.58\times10^5\times(65\times10^{-3})^2\times55\times10^{-3}}{4\times60}\,\text{W}$$

$$=2200\,\text{W}$$

2. 15 g 汽油燃烧释放的能量

$$Q=mq=0.015\times4.6\times10^7\ \text{J}=6.9\times10^5\ \text{J}$$

汽油机 1 min 内所做的功

$$W=Pt=2200\times60\,\text{J}=1.32\times10^5\ \text{J}$$

此汽油机把内能转化为机械能的效率是

$$\eta=\frac{W}{Q}=\frac{1.32\times10^5}{6.9\times10^5}\times100\%=19\%$$

七、电路图如图 4

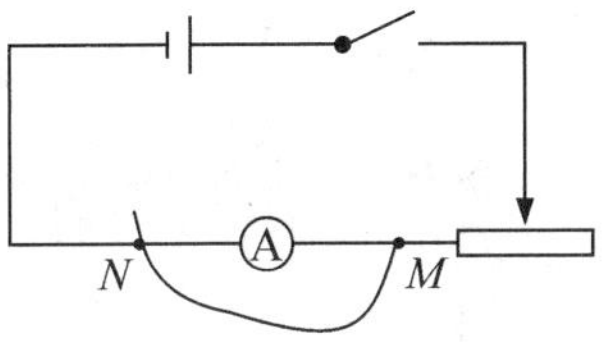

图 4

操作步骤：

(1) 照图连接电路，滑动变阻器的滑片放在电阻最大的位置，开关处于断开状态，电阻丝的 M 端拧在电流表的一个接线柱上，N 端暂时不连；

(2) 闭合开关，调节滑动变阻器，使电流表达到满刻度；

(3) 试看将电阻丝的不同位置连在电流表的另一个接线柱上，以改变接入电路中电阻丝的长度，当电流表达到半偏时(即电流表指针指在满刻度一半的地方时)将这个位置拧紧在接线柱上.

复 赛

一、选择题

1. C.

人的体重是人在地球表面受到的重力，初中生的体重约是400 N.

2. D.

容器对桌面的压力和压强可看成是固体产生的，可分别用下列两公式讨论：

$$F=G_{容}+G_{水} \quad ①$$

$$P=\frac{F}{S}=\frac{G_{容}+G_{水}}{S} \quad ②$$

水对容器产生的压力和压强是液体产生的，一般是先考虑压强，再计算压力. 其计算公式为：

$$P'=\rho_{水} gh \quad ③$$

$$F'=P'\cdot S \quad ④$$

A. 放入木块前，两容器对桌面的压力相等是错的. 因为虽两容器的重量相等，但 $G_{A水}>G_{B水}$. 由①可知，A 容器比 B 容器对桌面的压力大.

B. 放入木块前，由于 A 容器中水多于 B 容器，所以 A 容器底部所受水的压力大于 B 容器的说法是错的. 因为放入木块前，两容器盛水的高度相同，容器的底面积也相同，由③、④可知 A、B 两容器底部所受水的压力相等.

C. 放入木块后，两容器底部所受水的压力相等的说法是错的. 因为放入木块后，虽 A'、B' 两容器底面积不变，但 B' 容器中水的高度比 A' 高. 由③、④可知，B' 容器底部所受水的压力比 A' 容器底部所受水的压力大.

D. 放入木块后，B' 容器底部所受水的压力大于 A' 容器底所受水的压力的说法是对的. 正确的答案应选 D.

3. A.

因为 $U_{1额}=U_{2额}$，$P_{1额}<P_{2额}$，根据 $R=\frac{U^2}{P}$ 可知 $R_1>R_2$. 又因为串联电路中电流相等，即 $I_{1实}=I_{2实}=I$，故它们实际消耗的功率为 $P_{1实}=I^2R_1$，$P_{2实}=I^2R_2$，显然 $P_{1实}>P_{2实}$.

4. C.

$G_{总}=G_{篮}+G_{动}+G_{人}=1050\ \text{N}$，设人用力 F 拉绳子时吊篮不动，由于滑轮组承担重物的绳子有 4 段，且人用力拉绳时，绳也用同样大小的力拉人，故拉力和重力之间的关系应满足

$$F=\frac{1}{4}(G_{总}-F)$$

解之，$F=\frac{1}{5}G_{总}=210\ \text{N}$.

5. B.

100 s 内电流对用电器做的功为

$$W=\frac{5}{3000}\ \text{kW}\cdot\text{h}=\frac{1}{600}\times3.6\times10^6\ \text{J}=6\times10^3\ \text{J}$$

∴ 用电器的功率为：$P=\frac{W}{t}=\frac{6\times10^3\ \text{J}}{100\ \text{s}}=60\ \text{W}$

6. B.

将鼓轻敲一下，然后重敲一下，两次敲出的声音相比较是响度不同. 因为重敲一下鼓时，鼓皮振动的频率不变，故音调不变. 但重敲时鼓皮的振幅增大，声音的响度增大，又因为击鼓发出的声音是纯音而不是泛音，而音色决定于该音的多少、该音的频率和振幅，故音色不变.

7. D.

分别对四个电路图进行分析，可得出正确的结论. 首先应找出两个电阻的大小关系. 因 $R=\frac{U^2}{P}$，故 $R_{甲}<R_{乙}$. 然后分析如下：

A 图中甲、乙两灯是串联，因 $R_{甲}<R_{乙}$，根据串联电路中电压的分配与电阻成正比知 $U_{甲}<U_{乙}$，且 $U_{甲}+U_{乙}=U_{总}$.

故 $U_{甲}<6\ \text{V}$，$U_{乙}>6\ \text{V}$. 因此两灯的实际电压均不等于它们的额定电压，两灯都不能正常发光，乙灯还有可能烧坏.

B 图是甲、乙两灯的并联电路，根据并联电路的特点有 $U_{甲}=U_{乙}=U_{总}=12\ \text{V}$，两灯都超过了它们的额定电压，都不能正常发光，甚至都会烧坏.

C 图中给甲灯并联了一个滑动变阻器. 因甲灯的电阻比乙灯小，再并联一个电阻后其电阻会变小，甲灯所分的电压将更少. 两灯的实际电压不可能达到额定电压，故两灯都不能正常发光，且乙灯有可能烧坏.

D 图中给乙灯并联了一个滑动变阻器，调节滑动变阻器的阻值，能使其并联后的阻值正好与甲灯的阻值相等. 这时两灯的实际电压都等于它们的额定电压而同时正常发光. 正确的电路图是 D.

8. C.

因为二氧化碳的沸点最高，降温时最容易达到其沸点. 故当温度降到 −78.5 ℃再继续降温时，它将首先液化而被分离出来.

9. A.

根据凸透镜的成像规律，在银幕上要得到更大的像，必须减小物距而增大像距，正确的方法是幻灯机离屏幕远一些，镜头与幻灯片的距离调小一些.

10. D.

在滑片从 a 端滑到 b 端的过程中，当 P 在 a 端时，不难看出，R 与 R_{ab} 是并联，这时与 R_{ab} 串联的安培表的读数为 $I_1=\frac{U}{R_{ab}}=\frac{U}{R}$；当 P 从 a 滑到 ab 的中点时，电路图变成

如图1所示.这时电路中的总电阻为

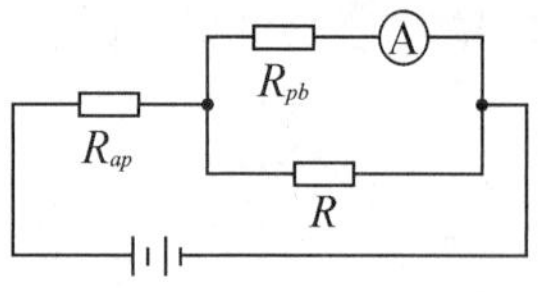

图1

$$R_{总}=R_{ap}+\frac{R_{pb}\cdot R}{R_{pb}+R}=\frac{R}{2}+\frac{\frac{R}{2}\cdot R}{\frac{R}{2}+R}$$

$$=\frac{5}{6}R$$

$$I_{总}=\frac{U}{R_{总}}=\frac{U}{\frac{5}{6}R}=\frac{6U}{5R},\ U_{ap}=I\cdot R_{ap}=\frac{3}{5}U$$

$$U_{pb}=U_R=U_{总}-U_{ap}=U-\frac{3}{5}U=\frac{2}{5}U$$

这时安培表的示数为 $I_2=\frac{U_{pb}}{R_{pb}}=\frac{4}{5}\cdot\frac{U}{R}=\frac{4}{5}I_1$.

当 P 滑至 b 端时,由于安培表的电阻很小,可看成 R 短路,这时安培表的读数为 $I_3=\frac{U}{R_{ab}}=\frac{U}{R}=I_1$.所以当滑动片 P 从 a 端滑到 b 端的过程中,所看到的现象是安培表的示数先减小,然后增大到原值.正确的答案应选D.

二、填空题

11. 5×10^4　34

每块砖的内外表面积为

$$S_1=2\times0.12\times0.06\,m^2=1.44\times10^{-2}\,m^2$$

而内外墙的总面积为 $S=720\,m^2$

则所需砖为 $n=\frac{S}{S_1}=\frac{720\,m^2}{1.44\times10^{-2}\,m^2}=5\times10^4$ 块

又因为砖的总质量为

$$m=n\rho V=5\times10^4\times1.5\times10^3\times0.12\times0.06\times0.25\,kg$$

$$=1.35\times10^5\ kg=135\,t$$

故拉的次数为

$$n'=\frac{135\,t}{4\,t}\approx34\ 次$$

12. 15

由题意可知,火车鸣笛后,经过 t 秒钟听到回声,而在这段时间内,火车仍在向前运动,所以有

$$v_{车}\ t+v_{声}\ t=2s$$

$$\therefore\quad v_{车}=\frac{2s-v_{声}\ t}{t}=\frac{2\times532.5\,m-340\,m/s\times3\,s}{3\,s}=15\,m/s$$

13. 酒精　盐水

从图中可以看出,三种液体对底部的压力满足

$$F_{酒}<m_{酒}\ g,F_{水}=m_{水}\ g,F_{盐}>m_{盐}\ g$$

要使 $F_{酒}=F_{水}=F_{盐}$,就必须有 $m_{酒}>m_{水}>m_{盐}$.所以三种液体中,质量最大的是酒精,质量最小的是盐水.

14. 失去平衡,左盘下降　保持平衡

(1) 将密度大于水的物体放入溢水杯中时,物体排出水的重力(左盘减少的重力)为:$G_{排}=\rho_{水}\ gV_{排}=\rho_{水}\ gV_{物}$,而左盘增加的重力为:$G_{物}=\rho_{物}\ gV_{物}$,增加的重力 $G_{物}$ 大于减小的重力 $G_{排}$,所以天平失去平衡,左盘下降.

(2) 将密度小于水的物体放入溢水杯中时,物体排开水的重力(左盘减少的重力)为:$G_{排}=G_{物}$;而增加的重力也是 $G_{物}$,所以天平仍保持平衡.

15. 95.6

设这块合金含金为 $m_{金}$ g,则含铜为 $m_{铜}=(185.5-m_{金})$g,依题意有:

$$V_{金}+V_{铜}=15\,m^3,$$

$$即\quad\frac{m_{金}}{\rho_{金}}+\frac{185.5\,g-m_{金}}{\rho_{铜}}=15\,m^3$$

$$\frac{m_{金}}{19.3}+\frac{185.5-m_{金}}{8.9}=15\,m^3$$

解之得　$m_{金}=95.6\,g$

16. 3.024×10^6　0.5

水吸收的热量为

$$Q_{吸}=cm\Delta t=4.2\times10^3\ J/(kg\cdot℃)\times40\,kg\times18\,℃=3.024\times10^6\ J$$

煤放出的有用热量为 $Q_{放}=\eta qm'$

根据热平衡方程 $Q_{吸}=Q_{放}$,得

$$\eta qm'=3.024\times10^6\ J$$

$$\therefore\quad m'=\frac{3.024\times10^6\ J}{\eta q}=\frac{3.024\times10^6\ J}{20\%\times3\times10^7\ J/kg}=0.5\,kg$$

17. A、B、D

试电笔的笔尖金属体与火线接触,笔尾金属体与人体接触时,氖管发光.从图中可知,若用试电笔测试电路中 A、B、C、D、E、F 六点,则会使试电笔氖管发光的点有 A、B、D 三点.

18. 6　3

分析电路图可知:该电路为 L_1、L_2、L_3 并联,且安培表测的是总电流.因并联电路的电压相等,且灯泡均正常工作,所以有 $U=U_1=U_2=U_3=6\,V$.又因为三个灯泡完全相同,所以

$$I=3I_1=3\times\frac{P_1}{U_1}=3\times\frac{6\,W}{6\,V}=3\,A$$

19. 2　$\frac{2}{3}$

依题意已知:$U_{1额}=U_{2额}=U$,$P_1:P_2=2:1$,$I_{总}=3\,A$.根据并联电路的特点:$U_1=U_2$,且 $I_1:I_2=P_1/U_1:P_2/U_2=2:1$,则有 $I_1=2I_2$,$I_1+I_2=I_{总}=3\,A$,解之,$I_1=2\,A$.若将两灯 L_1、L_2 串联接在原电路中,R_1、R_2 的电阻不变,且 $R_1=\frac{U_1}{I_1}=\frac{U}{2\,A}$,$R_2=\frac{U_2}{I_2}=\frac{U}{1\,A}$.这时,

$$I'_1=I'_2=I'=\frac{U}{R_1+R_2}=\frac{U}{\frac{U}{2\,A}+\frac{U}{1\,A}}=\frac{2}{3}\,A$$

20. 原子核的裂变和原子核的聚变　原子核的裂变

目前,人类正在研究如何和平利用核能.释放核能有原子核的裂变和原子核的聚变两种不同的核反应方式.现在,已建成运转的核电站就是利用原子核的裂变产生的能量来发电的.

三、**1.** 器材:温度计(量程为0~100℃),量杯,计时器(钟表),交流电压表(量程为250 V).

2. 步骤:(1) 用量杯向壶中注水,量杯容器乘注水次数得水的体积 V;

(2) 用温度计测出水的初温 t_0;

(3) 接通电源并开始计时;

(4) 测得烧水时电源的实际电压 U'；

(5) 水刚沸腾时结束计时，测得加热的时间 T，然后测得水沸腾的温度 t.

3. 计算公式：

水吸收的热量：$Q_{吸}=cm\Delta t=c\rho V(t-t_0)$

消耗的电能：$E_{电}=Pt=\frac{U'^2}{R}t=\frac{U'^2PT}{U^2}$

这个水壶的效率：$\eta=\frac{Q_{吸}}{E_{电}}=\frac{c\rho V(t-t_0)U^2}{U'^2PT}$

(式中 c 为水的比热，ρ 为水的密度，U 为电热壶的额定电压)

四、解：排气孔的面积 $S=\pi r^2=\frac{\pi d^2}{4}$

锅内最大压强：

$$P=P_0+\frac{mg}{S}=P_0+\frac{4mg}{\pi d^2}$$

$$=1.01\times10^5+\frac{4\times0.1\times9.8}{3.14\times0.003^2}$$

$$=2.4\times10^5\ \text{Pa}$$

锅内最大压强是大气压强的 2.4 倍.

锅盖的有效面积为：$S'=\frac{\pi D^2}{4}$

锅盖至少要能承受的压力等于锅内外的压力差：

$$F=(P-P_0)S'=(P-P_0)\frac{\pi D^2}{4}$$

$$=[(2.4-1.01)\times10^5]\times\frac{3.14\times0.24^2}{4}$$

$$\doteq6.3\times10^3\ \text{N}$$

五、解：**1.** 设温度计的读数为 t' 时，实际温度为 t. 由于 t 由 0℃→100℃时，温度计的读数由 −0.7℃→102.3℃.

故有 $t'=(t\times1.03)-0.7$℃，或 $t=0.97t'+0.68$℃，

当 $t'=-6$℃时，有 $t=-5.1$℃.

2. 当温度计的读数恰等于实际温度时有 $t=t'$，

则 $t-0.97t=0.68$℃，

∴ $t=22.7$℃.

六、解：缆车的高度差：$\Delta h=840\ \text{m}-230\ \text{m}=610\ \text{m}$，

上山的质量：$m_1=15\times60\ \text{kg}+600\ \text{kg}=1500\ \text{kg}$，

下山的质量：$m_2=8\times60\ \text{kg}+600\ \text{kg}=1080\ \text{kg}$，

运行的时间：$t=7\times60\ \text{s}=420\ \text{s}$，

有用功：$W_{有}=(m_1-m_2)gh$，

总功：$W=P_{实}t=\eta_1P_{额}t$

缆车的机械效率：

$$\eta_2=\frac{W_{有}}{W_{总}}=\frac{(m_1-m_2)gh}{\eta_1P_{额}t}=\frac{(1500-1080)\times9.8\times610}{60\%\times4.5\times10^4\times420}$$

$$=22.1\%$$

第八届全国初中应用物理知识竞赛

初　赛

一、选择题

1. D.

氢气球在上升的过程中，由于高空空气稀薄，压强很小. 球内外压强差的作用，使气球不断膨胀，当膨胀超过气球的最大限度，就会导致气球破裂.

2. C.

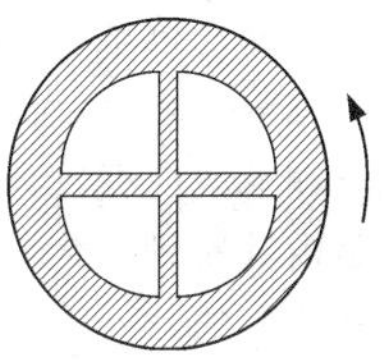

图 1

普通白炽灯泡发光是靠电流通过灯丝，灯丝发热升至很高温度而发光. 普通照明电路使用的电源是电压为 220 V 的交流电，它的电流大小和电压大小都随时间不断地做周期性的变化，这种交替变化的周期很短(约为 0.01 s)，在这样短暂的时间内，灯丝的温度不会有很明显的变化，故白炽灯发光的亮度也不会有明显的变化，即白炽灯发出的是强弱稳定的光. 通常日光灯所用光源一般也是 220 V 的交流电，它的发光强弱则随通过灯管的电流强弱变化而变化，即日光灯发光是不连续的，是亮、暗交替变化的. 这种不连续的光照在转动的物体上，则可能使观察转动物体的人产生错觉，例如，图 1 表示一个有四根辐条的轮子在沿逆时针方向转动. 若它转动中照射它的灯光是一次一次周期性地闪亮，且在相邻两次闪亮的时间间隔内，轮子刚好转过的角度为 $n\times90°(n=1,2,3,\cdots)$，则在观察者看来，所有的辐条都好像是停在原位置一样，即轮子也好像是没有转动一样.

3. C.

用高压锅煮粥，熄火后用冷水将锅冷却，但锅内大部分粥的温度下降不明显，此时粥的温度仍高于 100℃. 拿去限压阀后打开锅盖，锅内气压降至与外界大气压相等，即此时大气压强为 1 标准大气压，粥中水的沸点在 1 标准大气压下的沸点是 100 ℃，故粥将继续沸腾，直至温度降至 100 ℃为止.

4. C.

冬天，长期放置在空气中的小镜子的温度很低，如果直接将其放入人的口腔中，则小镜子的温度比人口腔内气体的温度低很多，导致口腔中的水蒸气在镜面上液化成小水珠，使镜面的反光、成像效果变差，若先对小镜子加热使其温度达到和人体温度相近，再将小镜子放入口腔中时，便不会产生水蒸气液化成小水珠而影响成像的情况.

5. A.

甲在镜中看到了乙的眼睛，由平面镜的成像原理可知，是乙的眼睛处的光经过平面镜反射后射入甲的眼睛的结果，由光在反射时光路可逆的原理可知，由甲的眼睛处发出的光，经镜面反射后，必能射入乙的眼睛，即乙能从镜中看到甲的眼睛. 由于本题的条件不足，所以无法确定乙是否能在镜中看到甲的全身.

6. C.

音色是由发声物体决定，世界上没有两个完全一样的物体. 因此，没有两个完全一样的音色，不同的物体可发出同样的声调、同样的响度，但不可能有相同的音色，我们就是根据音色的不同来区分发声物体的.

7. C.

观察图中可知，A、B 两图中下水管道直接与阴沟相通，阴沟里的气体会通过下水管道进入厨房和卫生间，其臭味扩散到房间里来. C、D 两图中下水管道通过一个 U 形管，管中积存有水，从而阻止了阴沟中臭味直接通过管道内扩散进入厨房、卫生间，C、D 两图比较，D 图中U 形管的出水口一侧太高，导致管中积水超过 U 形管进水端的接口，有可能出现漏水现象.

8. C.

骑自行车上坡前加紧蹬几下，使车速增大了，车的动能也随之增大，而车冲上坡，需要有动能转化为势能，所以车在上坡前有较大的动能，就更容易上坡，物体惯性大小是由其质量的大小决定的，并不是由物体运动的速度大小来决定的.

9. D.

从锯齿的东倒西歪找到锯缝上的区别，分析出锯受到压力的不同，导致摩擦力不同. 锯齿东倒西歪不在同一个平面上，可以增大锯口宽度，减小材料对锯的压力，减小摩擦力.

10. A.

金属原子间有间隙，油分子在很大的压强作用下，通过金属原子间的间隙，从钢瓶内渗出，这说明钢瓶金属原子之间是有间隙的，由于油的渗出是很难的，即在极大压强作用下才能发生，说明金属原子间的间隙很小很小.

11. B.

用放大镜看报是将报纸置于凸透镜 1 倍焦距以内，从上方观看有一正立放大的虚像，如物距增大，则像变大，并且像距增加，所以报纸与眼睛可以不动，放大镜离报纸远些，增加物距，可以看到更大更清晰的像.

12. B.

根据电功率的公式 $P=\frac{U^2}{R}$ 可知. 当加在电炉上的电压 U 不变时，要使电炉的功率 P 变为原来的 $\frac{1}{2}$，则应使电炉电阻丝的电阻 R 变为原来的 2 倍. 题述的四种方法中，只有"串联一条相同的电阻丝"才能使得改装后电炉电阻丝的总电阻变为原来的 2 倍.

二、填空题

1. 1 mm　1 cm　2 m

2. 2.4

电能表上的"1500 r/(kW·h)"的意义是：用户消耗 1 kW·h 的电能，电能表的转盘就旋转 1500 圈. 故该工厂的用电功率是

$$P=\frac{\frac{1200}{1500}\times 1\,\text{kW}\cdot\text{h}}{\frac{1}{30}\text{h}}=2.4\,\text{kW}$$

3. $\frac{L_1+L_2}{v_1+v_2}$

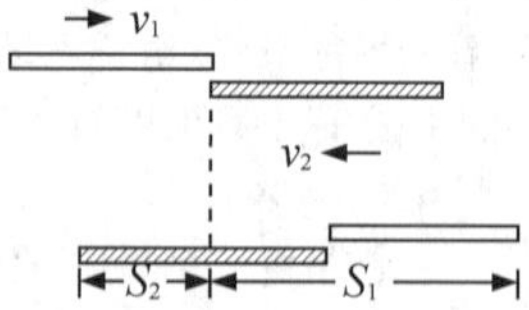

图 2

解法一：如图 2，分别表示出了两车相遇和相离时刻的位置，以 t 表示两车由相遇到相离的时间，则在这段时间内两车通过的距离分别为

$$s_1=v_1t, s_2=v_2t$$

由图可以看到，s_1 与 s_2 之和应等于两车长度之和，即应有

$$s_1+s_2=L_1+L_2$$

联立以上三式可解得

$$t=\frac{L_1+L_2}{v_1+v_2}$$

解法二：本题也可根据相对运动来求解，即以甲车为参照物，它看到乙车的速度(即乙车相对于甲车的速度)大小为(v_2+v_1)，而在此过程中，它看到乙车通过的距离为 L_1+L_2，则所经历的时间应为

$$t=\frac{L_1+L_2}{v_1+v_2}$$

4. $\frac{1}{2}G$

以 V 表示木筏的体积，则由阿基米德原理可知，不载货物时，

$$G_{人}+G_{筏}=V_{排}\rho_{水}g$$

即　$G=\frac{2}{3}V\rho_{水}g$　①

木筏在载货时，至多是使木筏刚好全部浸入水中，即此时木筏排开水的体积就等于木筏自身的体积，以 $G_{货}$ 表示此时的货重，则有

$$G_{人}+G_{筏}+G_{货}=V'_{排}\rho_{水}g$$

即　$G+G_{货}=V\rho_{水}g$　②

联立①、②两式可解得

$$G_{货}=\frac{1}{2}G$$

5. 圆　三角　放大

普通温度计的内径较粗，直接观察比较方便. 而体温计的内径比普通温度计的内径更细，直接观察就不方便，将其观察的表面做成圆弧形相当于在水银柱前加上了一个凸透镜，水银柱处在凸透镜的焦点以内，正对着圆弧形表面看去，可看到水银柱正立放大的虚像，即起到了放大镜的作用，便于读数.

6. 凹透　凸透　平面

近视眼是由于眼球对光的会聚作用太强. 物体的像成在视网膜的前面，在视网膜上只能得到一个模糊的像. 所以近视眼应配一副用凹透镜作镜片的眼镜来矫正. 老花眼是由于眼球对光的会聚作用减弱，物体的像成在视网膜的后面，在视网膜上也只能得到一个模糊的像，所以老花眼应配一副用凸透镜作镜片的眼镜来矫正. 投影仪上的反光镜的作用是为了改变光的传播方向，所以应选用平面镜.

7. (1) 扩散　(2) 平面镜成像　(3) 运动和静止的相对性

"墙内开花墙外香"是说在墙的内侧开了花，在墙的外侧也可以闻到花的香味，这是由于花散发出的物质在空气中扩散而由墙内传到墙外来了.

通过平静的水面，可以看到天上的月亮在水中的像；通过镜子也可以看到镜前的花在镜中所成的像. 这两个像都是虚像，像所在处并无任何真实的东西，所以如果去"捞"、去"摘"是得不到任何东西的，故有"捞不到的是水中月，摘不到的是镜中花"之说.

相对于行驶着的船，周围本来是静止不动的物体都在运动. 所以，坐在行驶着的船上的人看来，前面的山好像都在朝他走来来迎接他. 但仔细看来，这些山还是没有动，是船在行驶. "船行"和"山动"是以两个不同的参照物而得到的结论：以在行驶的船为参照物，则得到"山动船不动"的结论；以地面为参照物，则得到"山不动船动"的结论.

8. 前　后　液体

车内的液体和气泡都有惯性，因此，当车开动时，液体和气泡都要保持原来的静止状态. 但是，液体的质量远大

于气泡的质量，所以液体的惯性大，当液体向后运动时，气泡就被挤压，使气泡相对于车向前运动. 同理，当刹车时，车内液体由于惯性向前运动，挤压气泡，使气泡相对于车向后运动.

9. 9

解法一：8 个容积为 1.25 L 的饮料瓶的总容积为

$V=1.25\,\mathrm{L}\times 8=10\,\mathrm{L}=0.01\,\mathrm{m}^3$

将这些瓶全装满食油时，食油的总体积是 10 L，则食油的质量为

$m=\rho V=0.9\times 10^3\,\mathrm{kg/m^3}\times 0.01\,\mathrm{m}^3=9\,\mathrm{kg}$

解法二：容积为 1.25 L 的饮料瓶装满食油的质量为

$m_1=\rho V_1=0.9\times 10^3\,\mathrm{kg/m^3}\times 1.25\times 10^{-3}\,\mathrm{m}^3=1.125\,\mathrm{kg}$

将 8 个容积为 1.25 L 的饮料瓶全装满食油后总质量为

$m=8m_1=8\times 1.125\,\mathrm{kg}=9\,\mathrm{kg}$

三、由题述条件有 $R_{AC}=20\,\Omega$，$R_{AD}=30\,\Omega$ 和 $R_{CD}=50\,\Omega$，注意到 $20\,\Omega+30\,\Omega=50\,\Omega$，则不妨把 A、C、D 三点间的电路想象为图 3 所示的电路. 进而由题述“若用导线把 B、D 连接后，测得 A、D 间电阻 $R_{AD}=20\,\Omega$”，表明用导线将 B、D 连接，将使 A、D 间的电阻变小(由 $30\,\Omega$ 变为 $20\,\Omega$)，由此可联想将图 3 中 $30\,\Omega$ 的电阻分为两个电阻串联，一个为 $20\,\Omega$，一个为 $10\,\Omega$. 而将 B 点接在此两电阻之间，使 B、D 间的电阻为 $10\,\Omega$，则当以导线将 B、D 相连通时，$10\,\Omega$ 的电阻被短路而 A、D 间的电阻则变为 $20\,\Omega$. 此时电路变为图 4，由上分析，它与题述条件是相符的.

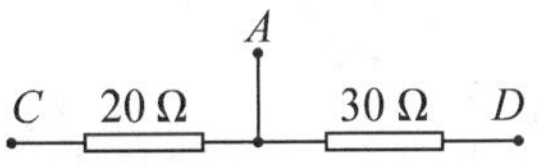

图 3

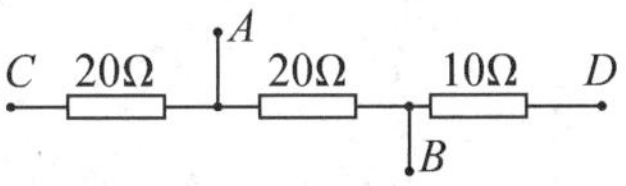

图 4

方盒内电路连接如图 5 所示.

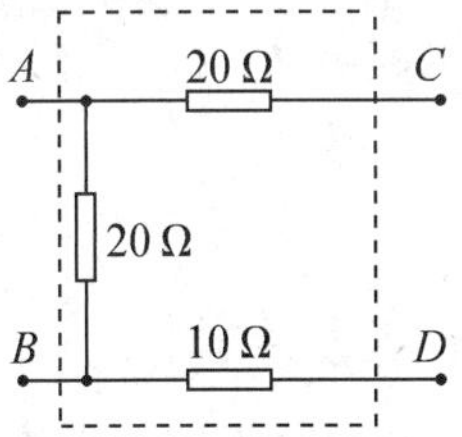

图 5

四、小华自制电磁铁两臂上线圈的绕向错了，如在图中，开关闭合后电流通过电磁铁的线圈时，由右手螺旋定则可以判断出：图中电磁铁下方臂上的线圈中的电流使电磁铁下臂的右端成为磁体的北极，图中电磁铁上方臂上的线圈中的电流使电磁铁上臂的右端成为磁体的北极. 而电磁铁中的磁场是由上述两个线圈所形成的磁场叠加而形成的，由于上述两磁场的方向相反，所以它们互相抵消，这样导致线圈中有电流时，整个电磁铁的磁场也为零. 它无法对铁片产生吸引作用. 因此，在图中，开关 S 闭合后，电流由电源正极出发，经过开关 S、电磁铁线圈、灯甲而回到电源负极. 此时，铁片不动，电路不发生变化，故甲灯持续发亮而乙灯不亮.

若将图中电磁铁线圈的绕向更正过来后再闭合开关 S，它仍不能达到使甲、乙两灯交替发光的目的. 原因是此时是电磁铁将对铁片产生吸引，由图可见，铁片被吸引过来后，甲灯的电路未被截断而乙灯的电路也被接通了，并且电磁铁的电路也并不因此截断，其磁性不消失，则铁片被吸过去后就不会被弹回，这样此后电路也不会发生变化，导致甲、乙两灯持续同时发光.

看到的现象是：甲灯持续发光，乙灯不发光.

正确的电路图和电磁铁线圈的绕线如图 6(或图 7)所示.

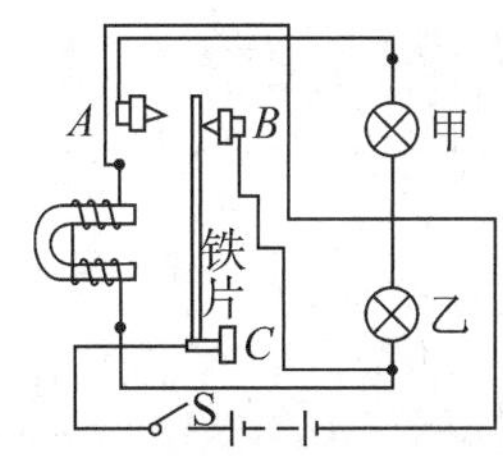

图 6

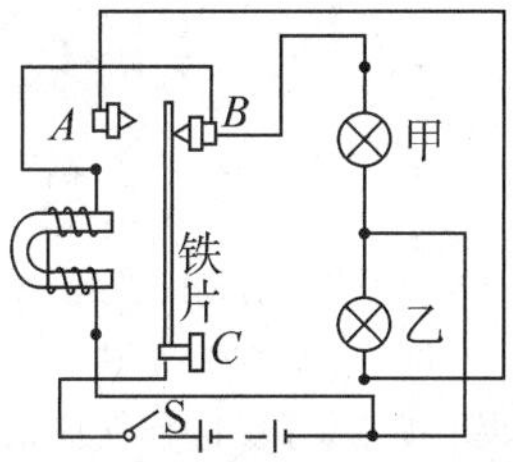

图 7

五、1 min 内，水的势能转化为其他形式的能的数值为

$E_p=\rho Vgh$

势能转化而发电所得电功率为

$$P=\frac{\eta E_p}{t}=\frac{\eta\rho Vgh}{t}$$

根据电功率的分式可得输电电流大小为

$$I=\frac{P}{U}=\frac{\eta\rho Vgh}{Ut}=\frac{70\%\times 1\times 10^3\times 60\times 10\times 50}{10000\times 60}\,\mathrm{A}=35\,\mathrm{A}$$

六、如图 8，设图中 B 点为路灯位置，AB 为由路灯向地面引的垂线，GE 为题述某时刻人的位置，ED 为此刻地面上他的影子；再过 2 s，人位于 HF，其对应影子则位于 FC. 则由题意有

$EF=vt=2\,\mathrm{m}$

由于 $\triangle ABD\backsim\triangle GED$，故有

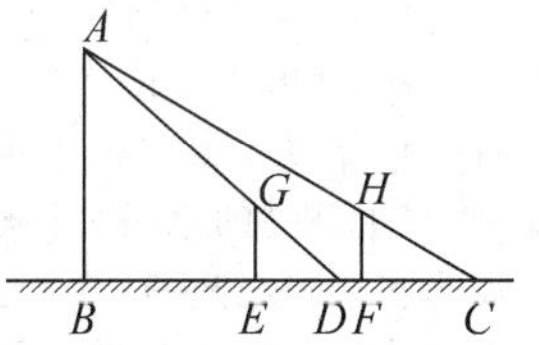

图 8

$$\frac{AB}{GE}=\frac{BD}{ED}$$

即 $$\frac{AB}{GE}=\frac{BE+ED}{ED} \qquad ①$$

由于 $\triangle ABC\backsim\triangle HFC$，故有

$$\frac{AB}{HF}=\frac{BC}{FC}$$

即 $$\frac{AB}{HF}=\frac{BE+EC}{FC} \qquad ②$$

以 $GE=HF=1.7\,\mathrm{m}$，$ED=1.3\,\mathrm{m}$，$EC=EF+FC=2\,\mathrm{m}+1.8\,\mathrm{m}=3.8\,\mathrm{m}$ 分别代入①、②两式联立解之可得路灯距地面的高度为 $AB=8.5\,\mathrm{m}$.

七、将电话线的乙端与负载电阻断开，设绝缘层破坏处与甲端相距为 L'，则该处与乙端相距为 $(L-L')$，而对应于图 9 中则有 $R_甲=L'r$、$R_乙=(L-L')r$.

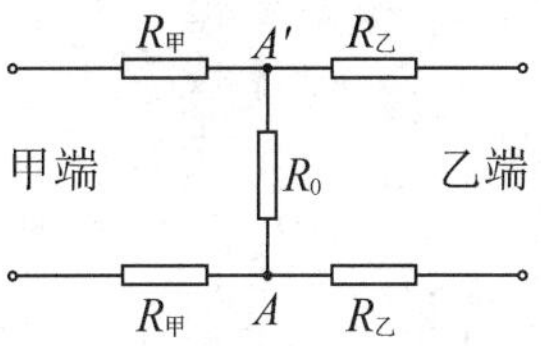

图 9

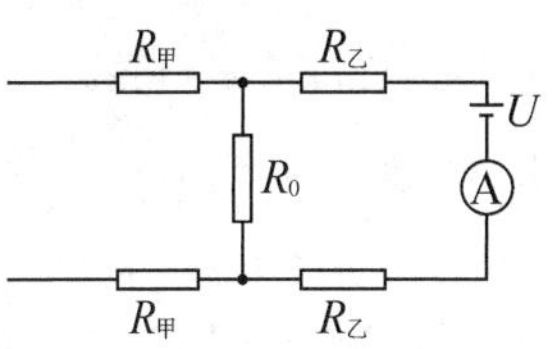

图 10

(1) 将电话线的甲端和乙端分别断开，在乙处接上稳压电源(以 U 表示其电压)，将电流表串联接入电路中，如图 10 所示，设此时所测得的电流为 I_1，则此时应有

$U=I_1(2R_{乙}+R_0)$

即 $U=I_1[2(L-L')r+R_0]$ ①

(2) 同上,将乙处断开,将电源和电流表改接在甲端,设此时测得的电流为 I_2,则有

$U=I_2(2R_{甲}+R_0)$

则 $U=I_2(2L'r+R_0)$ ②

联立以上①、②两式可解得

$$L'=\frac{L}{2}+\frac{I_1-I_2}{4rI_1I_2}U \quad R_0=\frac{I_1+I_2}{2I_1I_2}U-Lr$$

复 赛

一、如图 1 所示,在小筒右侧进气管处应装有活门,空气只能进入小筒,不能从小筒回到右侧大筒.这种气筒的特点是:打气时能在小筒中储存压缩气体,比较均匀地向车胎里打气.

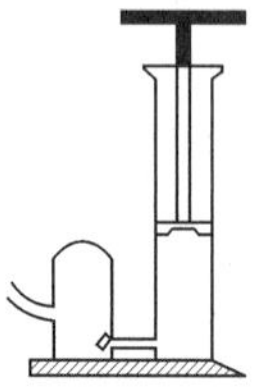

图 1

二、受力分析如图 2 所示.

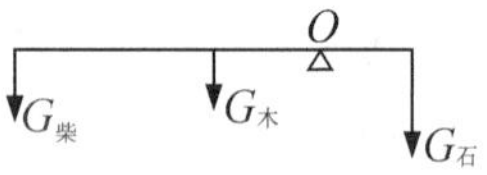

图 2

木棒重 $G_{木}=m_{木}\,g=\rho_{木}\,V_{木}\,g=\rho_{木}\,\pi r_{木}^2\,l_{木}\,g$

代入数值,得 $G_{木}=847.8\,\text{N}$

根据杠杆平衡条件,有

$$\frac{3}{4}G_{柴}\,l+\frac{1}{4}G_{木}\,l=\frac{1}{4}G_{石}\,l$$

代入数值,得

$G_{石}=3848\,\text{N}$

三、光的直线传播是整个几何光学的依据和主线,它可以解释许多常见的光现象.本题涉及的是影的形成问题.产生日食的原因是月球在地球和太阳之间,月球遮住了太阳光,地球在月球的阴影里.能看到日全食的区域是本影区,即图中区域 1,若观察者在半影区,看到的是日偏食,即在图中的区域 2.若观察者在伪影区,看到的就是日环食,即在图中的区域 3.

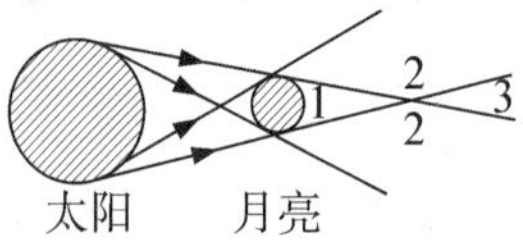

图 3

四、从铭牌可知,电烙铁的额定功率为 $P_{额}$,额定电压为 $U_{额}$,电度表为nr/(kW·h),可知电烙铁的电阻 $R=\frac{U_{额}^2}{P_{额}}$

电度表盘每转一周,用电器所做的功为

$$W=\frac{3.6\times10^6\,\text{J}}{n}$$

可得$W=\frac{U^2tP_{额}}{U_{额}^2}=\frac{3.6\times10^6\,\text{J}}{n}$

$$U=\sqrt{\frac{3.6\times10^6\,\text{J}}{ntP}}U_{额}$$

五、1 min 45 s=105 s.

车速 $v=\frac{s}{t}=\frac{12.5\,\text{m}\times84}{105\,\text{s}}=10\,\text{m/s}$

设车身长为 l,山洞长为 L,

小华听到笛声时,车进洞距离为 l',笛声传播距离为 $l-l'$

所用时间为

$$t'=\frac{l}{340\,\text{m/s}+v}\text{或}\,t'=\frac{l-l'}{340\,\text{m/s}}$$

于是有

$$\frac{l}{340\,\text{m/s}+v}=\frac{l-l'}{340\,\text{m/s}}$$

代入数据,得

$$l'=\frac{l}{35}$$

小华从听到笛声到火车车尾出洞,行驶的距离为

$l+L-l'=vt$

代入数据,得 $L=880\,\text{m}$

六、**1.** ①把秤砣放在定盘星上,看杆秤是否平衡.

②再将 2 kg 的标准砝码放在秤盘里,看杆秤平衡时,秤砣是否放在 2 kg 的位置上.

③最后看秤杆上的刻度是否均匀.

若①平衡,②在 2 kg 的位置上,③均匀,则此杆秤是准确的.

2. ①不挂重物时,把秤砣放在秤杆上,平衡时记下位置.

②再把 2 kg 的标准砝码放在秤盘里,移动秤砣,记下平衡位置.

③在两刻度(即两平衡位置)间均匀分成 40 等份.

七、**1.** 不能各取一只串联使用.

60 W 灯的电阻

$$R_1=\frac{U_1^2}{P_1}=\frac{(110\,\text{V})^2}{60\,\text{W}}=201.7\,\Omega$$

25 W 灯的电阻

$$R_2=\frac{U_2^2}{P_2}=\frac{(110\,\text{V})^2}{25\,\text{W}}=884\,\Omega$$

串联后,25 W 灯的电压为 U_2,根据串联分压,

$$\frac{U_2}{U}=\frac{R_2}{R_1+R_2}$$

$$U_2=\frac{R_2U}{R_1+R_2}$$

代入数据,解得 $U_2=155\,\text{V}$,超过了灯的额定电压.

2. 设使用 60 W 的灯 m 只,使用 25 W 的灯 n 只,分别并联后再串联使用,各分压 110 V 时,才能正常发光,此时有

$$\frac{R_1}{m}=\frac{R_2}{n}$$

$$\frac{n}{m}=\frac{484}{201.7}\approx2.4=\frac{12}{5}$$

故使用 5 只 60 W 的灯并联后,再与 12 只并联的 25 W 的灯串联即可.

3. 此时总功率为 $W=W_1+W_2=5\times60\,\text{W}+12\times25\,\text{W}=600\,\text{W}$.

八、将电阻 a、c 的位置交换

(1)如果电流计的指针仍向右偏转,说明 a、c 两只电阻的阻值相同,再将 a、d 两只电阻的位置交换.

①如果电流计的指针仍向右偏转,说明 a、d 两只电阻的阻值也相同,则 b 是那只阻值不同的电阻,且其值偏小.

②如果电流计的指针改为向左偏转,说明 d 是那只阻值不同的电阻,且其值偏大.

(2)如果电流计的指针改为向左偏转,说明 a、c 两只电阻中有一只电阻的阻值与其他电阻不同,再将 a、d 两只电阻的位置交换.

①如果电流计的指针仍向左偏转,说明 a、d 的阻值相同,则 c 是那只阻值不同的电阻,且其值偏小.

②如果电流计的指针改为向右偏转,说明 a 是那只阻

值不同的电阻，且其值偏大.

九、1. 原理：

当石蜡块漂浮在水面时，由 $F_{浮}=G$

可得 $\rho_{蜡}=\dfrac{V_{排}}{V_{蜡}}\rho_{水}$

设从同一水位高度，从同一根胶皮滴管滴出的每滴水滴的体积 V_0 相同，则有

$$V_{排}=n_1V_0,V_{蜡}=n_2V_0$$

$$\frac{V_{排}}{V_{蜡}}=\frac{n_1V_0}{n_2V_0}=\frac{n_1}{n_2}$$

$$\rho_{蜡}=\frac{n_1}{n_2}\rho_{水}$$

2. 实验步骤：

(1)将杯子甲装满水，轻轻放入待测蜡块，排除部分水之后，小心取出蜡块.用另一个杯子乙装满水，利用橡皮滴管的虹吸现象，把乙杯中的水逐滴滴入甲杯，直至甲杯水位恢复原来装满的状态.此过程中必须记下滴入甲杯的全部水滴数 n_1.

(2)在将蜡块用大头针顶住，使之完全浸入甲杯水中，待完全排出后，小心取出蜡块，再重复上一步骤的方法，将水逐滴滴满甲杯，记下这次总水滴数 n_2.

3. 公式

$$\rho_{蜡}=\frac{n_1}{n_2}\rho_{水}$$

十、设浮子原重为 G，杠杆长为 l.浮子减重 G'后，由倾斜变为水平.

上升高度为 h_3-h_2，活塞上升 $\Delta h=\dfrac{h_3-h_2}{3}$

浮子减重前，杠杆平衡时

$$(S_3h_3\rho_{水}\ g-G)l=\frac{l}{3}\rho_{水}\ gS_2(h_1+\Delta h) \quad ①$$

浮子减重后

$$[S_3h_2\rho_{水}\ g-(G-G')]l=\frac{l}{3}\rho_{水}\ gS_1h_1 \quad ②$$

解上面的联立方程，可得

$$G'=\frac{1}{3}\rho_{水}\ g\left[S_1h_1+3S_3(h_3-h_2)-S_2\left(h_1+\frac{h_3-h_2}{3}\right)\right]$$

第九届全国初中应用物理知识竞赛

初 赛

一、选择题

1. A.

图中电路分别与火线和零线连接，则图中电灯丙的连接是正确的，插座甲直接接在火线上，这会造成接入甲插座的用电器与后面的乙灯泡串联，用电器不能正常工作.应将插座甲去掉并将其用导线连接在一起.改正后，插座丁的连接是正确的.对于灯泡乙来说，应将开关 S_3 移至乙灯的上端，即开关接在火线上，才是正确的接法.拆掉开关 S_2 或 S_3，将两条导线连在一起，乙灯或插座丁没有开关控制，但不会发生危险.若拆掉灯丙将两条导线连在一起，则闭合开关 S_1，会造成电路中电源短路，这是非常危险的.

2. A.

电冰箱内温度较低，是由于液体蒸发吸热而造成的，电冰箱散热器摸起来烫手，并不是由于电流的热效应造成的，而是由于被压缩的氟利昂液化向外放热的结果.夏天打开电冰箱看到的"白烟"并非电冰箱内的水蒸气所生成的，而是由于打开电冰箱后，电冰箱内的冷空气逸出，使冰箱门附近的空气中的水蒸气遇冷液化成小水珠在空气中形成"白烟"，通常家用电冰箱的功率都小于 1000 W.

3. D.

水银温度计是根据水银的热胀冷缩性质制成的.本题中两支温度计是玻璃泡内水银量相等的合格温度计.当升高相同温度时，两者的水银的体积膨胀量相等，若细管内径越大，上升的高度越小；若细管的内径越小，上升的高度越大.由于温度计是合格的，两者显示的温度为当时的环境温度，所以其示数应该是相等的.

4. D.

抗洪救灾中，大堤上许多人都穿着厚厚的"背心".这种背心内部装有泡沫塑料等密度较小的物质，将这种背心投入水中，能提供足够的浮力，使穿背心的人不至于沉入水中.

5. A.

若乘客乘坐的火车是静止的，而另两列火车在沿相反的方向运动，则选项 D 正确，若三列火车沿同一方向运动，但运动速度不同，乘客乘坐的火车比一列火车的速度大，比另一列火车的速度小，则乘客看到两列火车向相反的方向运动.故选项 C 是正确的.乘客乘坐的火车可能是静止的，也可能是运动的，故选项 B 是可能的.只有选项 A 是错误的.

6. C.

温度计是利用液体的热胀冷缩性质工作的，这一现象与温度计是在航行中的航天飞机中或是在地面上无关；弹簧秤测力是利用弹簧受力发生形变，其伸长量与它所受的力成正比的原理制成的，这一关系与弹簧秤的位置无关.天平测质量是根据杠杆平衡原理，测量时，被测物体和砝码由于各自受重力作用而对杠杆产生作用力，当杠杆两端受力相等而平衡时，则被测物体的质量与砝码的质量相等.而在太空中飞行的航天飞机中，物体处于"失重"状态，物体对天平不会产生力的作用，也就无法测出物体的质量.电子表是利用电磁振动来计时的，它不受"失重"状态的影响.

7. B.

在小球运动路径上取两点，可以化动为静.由平面镜成像的对称性找到像点，根据镜面相当于角平分线的特点确定 α 的大小.

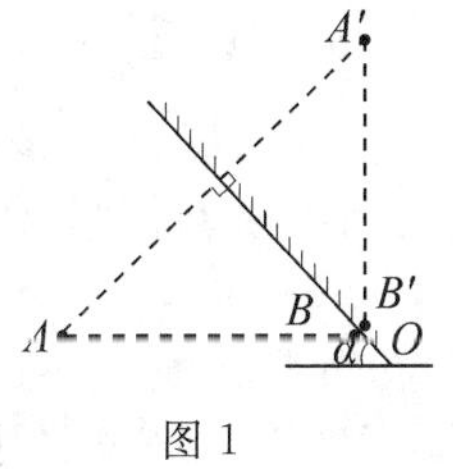

图 1

在水平线上确定小球通过的两点 A、B，画出在平面镜中对应像 A'、B'，按题意 $A'B'$应竖直向下，所以$\angle AOA'=90°$，再由平面镜成像与物关于镜面对称的特点可知 $\alpha=\dfrac{1}{2}\times\angle AOA'=\dfrac{1}{2}\times 90°=45°$.

8. A.

鸡蛋由转动到停止的过程，从能量转化的观点来看，是鸡蛋转动时所具有的机械能转化为其他形式的能的过程，当鸡蛋转动所对应的机械能全部转化完毕，则鸡蛋的转动也就停止.而生鸡蛋转化的途径包括有鸡蛋克服外界阻力造成的能量转化和鸡蛋内部各部分间发生相对运动而造成的能量转化.熟鸡蛋则只有鸡蛋克服外界阻力作用

造成的能量转化.因此转动中生鸡蛋的机械能转化为其他形式的能要快一些,故生鸡蛋停止转动要快一些.

9. D.

主轴上 $2F$ 点位置是像缩小与放大的分界点,有 $u=v=2f$,而题中条件是 $u>v$,成倒立缩小的实像,则应有 $u>2f$,$f>v>2f$,再确定焦距 f 的范围.

由图可知 $u=20\text{ cm}$,$v=16\text{ cm}$,$u>v$,所以根据凸透镜成像特点可知 $u>2f$,即

$20\text{ cm}>2f$, $f<10\text{ cm}$

又有 $f<v<2f$, $f<16\text{ cm}<2f$.

即 $f>8\text{ cm}$

综合以上得 $8\text{cm}<f<10\text{ cm}$.

10. C.

上山的公路做成盘山公路,是利用了斜面原理,根据斜面的公式可知,若斜面的倾角越小,则使物体沿斜面上行所需的力可以越小.所以修建盘山公路的目的是为了减小上山汽车所需的牵引力.

二、填空题

1. 乙

近视眼要戴凹透镜的眼镜,老花眼要戴凸透镜的眼镜,如果老花眼更重一些应配放大率更大的凸透镜.图中甲、乙两镜成放大的虚像,所以是老花镜.丙镜成缩小的虚像,所以是近视镜.爸爸的老花镜轻一些,应选放大倍数小些的老花镜,故小明应该拿乙中的那一副眼镜.

2. 乙

因为车灯光照向交通标志牌,光经微珠折射后再反射,能将基板上的交通标志照亮,同时反射光线逆向返回,司机可以看清基板前表面的交通标志.若采用甲、丙形状的反射膜,入射光不能逆向射回,司机看不清基板上的交通标志.若采用丁形状的反射膜,一方面基板上交通标志的反射光不能逆向返回,另一方面前表面互成直角的小平面镜的反射光强于基板表面交通标志的反射光,起到干扰作用,司机也不能看清基板上的交通标志.

3. 0.76

人的体积为 $V_人=\dfrac{m_人}{\rho_人}\approx\dfrac{m_人}{\rho_水}$

由阿基米德原理,可得人所受空气浮力为

$$F_浮=V_人\,\rho_空\,g=\frac{1.29\text{ kg/m}^3}{1.0\times10^3\text{ kg/m}^3}\times60\text{ kg}\times9.8\text{ N/kg}=0.76\text{ N}$$

即一个质量为 60 kg 的人在空气中时受到空气的浮力大小约为 0.76 N.

4. 低　蒸发　大

以湿布包住温度计时,湿布中的水会向外蒸发,由于水在蒸发时要吸热,故湿布处将比周围环境的温度要低一些,所以,干湿泡温度计中,湿泡温度计的读数较低;而在空气的湿度大时,水的蒸发就进行得慢,则其吸热就较少,这时湿泡温度计示数较正常环境温度下降得少,亦即干湿两温度计示数差别就小.

5. 10^4

不用变压器直接供电时,输电电流为

$$I_1=\frac{P}{U_1}=\frac{100\times10^3}{400}\text{ A}=250\text{ A}$$

此时线路上损耗的功率为 62.5 kW,故可求得输电线路电阻为

$$R_线=\frac{P_{损1}}{I_1^2}=\frac{62.5\times10^3}{250^2}\ \Omega=1\ \Omega$$

提高输电电压,当输电线上损失功率减为 100 W 时的输电电流大小为

$$I_2=\sqrt{\frac{P_{损2}}{R_线}}=\sqrt{\frac{100}{1}}\text{ A}=10\text{ A}$$

由于所输送的电功率不变,则此时的输电电压应为

$$U_2=\frac{P}{I_2}=\frac{100\times10^3}{10}\text{ V}=10000\text{ V}$$

即为达到题述要求,应将输电电压提高到 10000 V.

6. A　500

如图 2,设木杆 AB 的自重为 G,重心在 C 点,在 A 端施加竖直向上的力 F_A 将木杆抬离水平地面,此时木杆相当于一根绕 B 点转动的杠杆.设图中的 CC' 和 AA' 均沿竖直方向,C' 点和 A' 点均位于水平地面上,则由杠杆平衡条件有

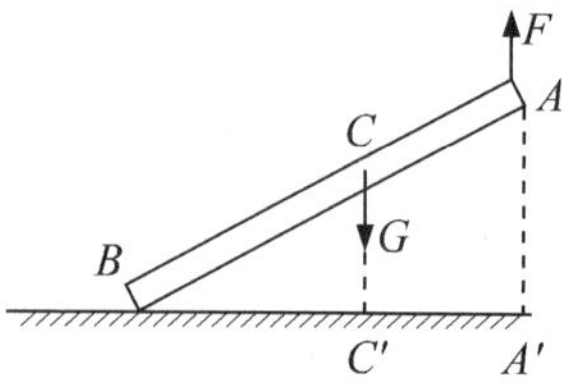

图 2

$$F_A\cdot BA'=G\cdot BC'$$

$$F_A=\frac{BC'}{BA'}\cdot G$$

由 $\triangle BC'C\backsim\triangle BA'A$,故有

$$\frac{BC'}{BA'}=\frac{BC}{BA}$$

$$F_A=\frac{BC}{BA}\cdot G \quad ①$$

同理可得,若将此杆的 A 端置于地面而在 B 端用力 F_B 将其抬起,则应有

$$F_B=\frac{CA}{BA}\cdot G \quad ②$$

比较①②两式可知,若 $F_A>F_B$,则 $BC>CA$,即杆的重心 C 离 A 端近一些,A 端应该粗一些.

将①②两式相加有

$$F_A+F_B=\frac{BC+CA}{BA}\cdot G=G$$

即此木杆的重力等于分别抬起两端时所需用力之和.

7. 3.888×10^{12}

发电机一天内输出的电能为

$$W=pt=4.5\times10^4\times10^3\text{ W}\times24\times3600\text{ s}=3.888\times10^{12}\text{ J}$$

8. 丙、乙、甲、丁

通过求同的方法,可知四个瓶子是完全相同的,通过求异找出四个相同瓶子装水的多少是不一样.由此想到发声物体是瓶中水面上方的空气柱,水装得多空气柱短,振动频率快,音调高;水装得少,空气柱长,振动频率低,音调低.故丙空气柱最长,音调最低,丁空气柱最短,音调最高.

9. 远离　下

投影仪的成像过程是:胶片放在离透镜略大于 1 倍焦距的地方,胶片上的图样通过凸透镜便形成一个放大倒立的像,(在图中,假设让此像成在天花板上,则所得的像应该与胶片的图样不仅上下相反,而且左右也相反,如字母 F 的像应为 Ⅎ),而在由凸透镜射出的光束尚未形成上述像之前,便被一与透镜主轴成角 45° 的平面镜挡住而发生一次反射,这样便使原光束传播方向改变 90°,而将像成在屏幕上,这个在屏幕上所得到的像与没有平面

镜时所成的像是关于平面镜对称的，由此可得到字母 F 在屏幕上的像如图 3 所示.

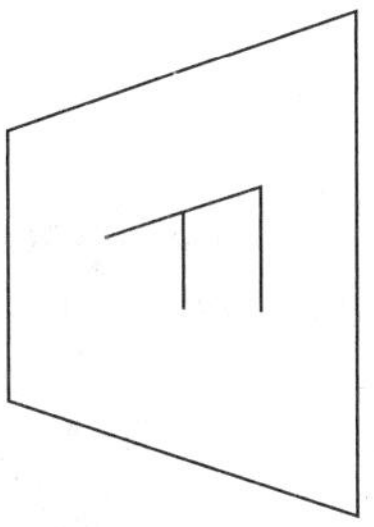
图 3

如果要得到更大的清晰的像，即要使此透镜生成更大的放大实像，由凸透镜成像的规律可知，此时应使胶片更靠近透镜的焦点，即应把图中的透镜向下移动；并且，此时成像的像距将加长，为使像仍清晰地成在屏幕上，显然应将投影仪向远离屏幕的方向移动一些.

10. 裂变　聚变　聚变

三、注水时水箱中的水面要达到与虹吸管的最高点等高的 D 点处时，排水管中才有水排出.

如果原来水箱是满的，放水时水箱中的水位要降到与排水管口等高的 C 点时才停止排水.

排水管停止排水后，虹吸管的 CD 部分管中的水也将流走，这样，要再产生虹吸现象而使水自排水管中流出，又需要水箱中的水位升高至 D 处才行. 所以，若进水口不停地向箱中注水，但进水流量较小，使得当出水口有水流出时，进水流量小于出水流量，这种情况下排水口将出现断续排水的现象，即当水箱中水面达到 D 处时开始排水，随之箱中水面降低，至箱中水面降至 C 处时停止排水. 由于有管进水，箱中水面又会升高，当水面升到 D 处又开始排水……如此往复循环而出现断续排水的现象.

四、R_1 应该远大于发热板的等效电阻.

因为 R_1 和红灯只起指示作用，消耗的电功率远小于发热板的功率，两者又是并联接入电路，电压相同，所以流过 R_1 和红灯的电流远小于流过发热板的电流，因此 R_1 应该远大于发热板的等效电阻.

水的沸腾温度为 100℃，烧水时水温不会达到 103℃，所以自动断电功能不起作用.

五、解答中各字母所代表的意义如下：

m_1——干砂子的质量，m_2——水的质量，m——砂子和水的混合物的质量；

c_1——干砂子的比热容，c_2——水的比热容，c——砂子和水的混合物的比热容；

Q_1——干砂子吸收的热量，Q_2——水吸收的热量，Q——砂子和水的混合物吸收的热量；

Δt——温度差.

砂子和水的混合物、砂子、水各自吸收的热量可以表示为

$$Q=c(m_1+m_2)\Delta t$$
$$Q_1=c_1 m_1 \Delta t$$
$$Q_2=c_2 m_2 \Delta t$$

由这三个式子可以解出

$$\frac{m_2}{m_1+m_2}=\frac{c-c_1}{c_2-c_1}$$

代入数值后，得

$$\frac{m_2}{m_1+m_2}=9.1\%$$

六、**1.** 在图中的电路中，若闭合开关，电压表的读数约为 6 V，电流表的读数约为零，小灯泡不发光.

2. 小刚连接那条导线后的实物图如图 4 所示.

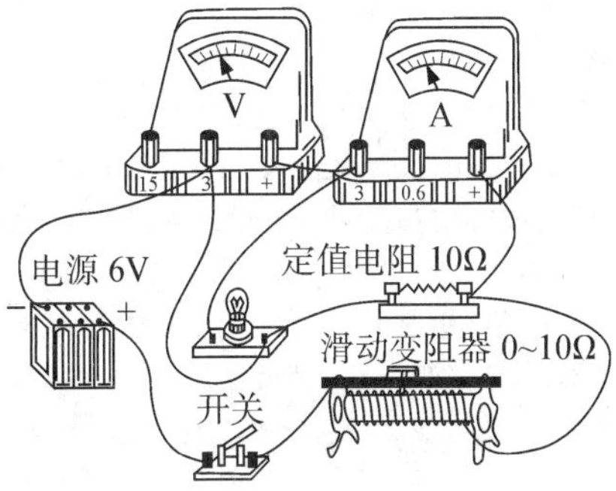

图 4

七、解法一：**1.** 从电流方面考虑.

流量 $f=10\ \text{L/min}=1.67\times10^{-4}\ \text{m}^3/\text{s}$，温差 $\Delta T=30℃$，用水时间 $t=4\ \text{min}=240\ \text{s}$，水的比热容 $c=4.2\times10^3\ \text{J/(kg·℃)}$，水的密度 $\rho=1.0\times10^3\ \text{kg/m}^3$，一定时间 Δt 内电流的焦耳热

$$Q_1=IU\Delta t$$

这段时间内水温上升 ΔT 所需的热量

$$Q_2=(\rho f\Delta t)c\Delta T$$

假设焦耳热全部用来使水升温，则有

$$Q_1=Q_2$$

解出 $I=\dfrac{\rho fc\Delta T}{U}$

代入数值，得 $I=96\ \text{A}$

如果考虑以热量散失，实际电流会比这个数值更大. 目前家庭电路所能承载的最大电流很少有超过 10 A 的，所以这种设计不适合家庭供电电路.

2. 水箱的水量

$$m=\rho ft=40\ \text{kg}$$

使水箱中的水温升至 50℃所需的热量

$$Q_2=mc\Delta T$$

电流在时间 Δt 内提供的焦耳热

$$Q_1=IU\Delta t$$

由于加热效率为 $\eta=0.8$，所以有

$$\eta Q_1=Q_2$$

解出 $\Delta t=\dfrac{mc\Delta T}{\eta IU}$

代入数值，得

$$\Delta t=2.86\times10^3\ \text{s}=48\ \text{min}$$

解法二：**1.** 从水的流量方面考虑.

取此电路中允许的最大电流 $I=10\ \text{A}$ 作为向淋浴器供电的电流，则这一电流在时间 $t=1\ \text{min}$ 内能产生的热量为

$$Q=IUt=10\times220\times60\ \text{J}=1.32\times10^5\ \text{J}$$

以这些热量对一定量的水加热，使其温度刚好由 $t_1=20℃$ 升至 $t_2=50℃$，则这部分水的质量 m 应满足

$$Q=cm(t_2-t_1)$$

$$m=\frac{Q}{c(t_2-t_1)}=\frac{1.32\times10^5}{4.2\times10^3\times(50-20)}\ \text{kg}=1.05\ \text{kg}$$

这部分水的体积为

$$V=\frac{m}{\rho}=\frac{1.05}{1\times10^3}\ \text{m}^3=1.05\times10^{-3}\ \text{m}^3=1.05\ \text{L}$$

使这些水在 1 min 内流过淋浴器，则其流量为 1.05 L/min，这和此淋浴器要求的正常流量 10 L/min 相差甚远，说明以此供电电路尽其最大可能为无水箱式淋浴器供电，在保证其水温达到要求的情况下，则其流量是远远达不到

要求的.

2. 同解法一,略.

解法三:(1)从水温方面考虑.

取此电路允许的最大电流 $I=10\,A$ 作为向淋浴器供电的电流,则这一电流在时间 $t=1\,min$ 内能产生的热量为

$$Q=IUt=10\times220\times60\,J=1.32\times10^5\,J$$

以这些热量对初温为 $t_1=20℃$、质量为 10 kg 的水加热,设其加热后的水温为 t_2,则应有

$$Q=mc(t_2-t_1)$$

$$t_2=\frac{Q}{mc}+t_1=\frac{1.32\times10^5}{10\times4.2\times10^3}℃+20℃=23.1℃$$

这一结果与热水器正常工作后加热要求达到的水温 50℃相差很多,说明以此电路尽其最大可能为无水箱式电热淋浴器供电,在保证其流量达到正常要求的情况下,则其加热后的水温远远达不到要求.即题述的第一种设计不适合大多数家庭的供电电路.

(2) 同解法一,略.

复 赛

一、1. 如图 1 所示,当月球绕地球运行至地球的影子里,就发生了月食,此时太阳、地球、月球基本在一条直线上,地球位于太阳、月球之间.

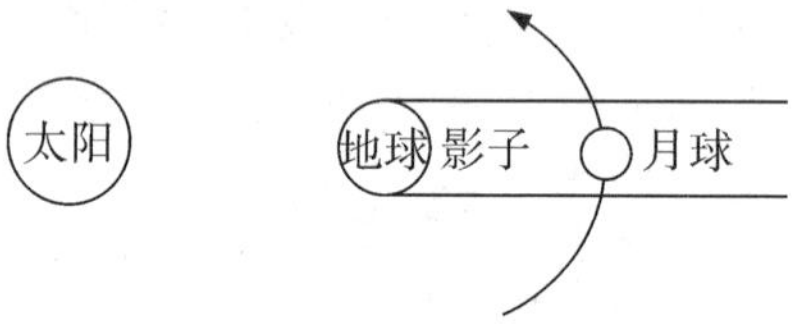

图 1

2. 如图 2 所示.

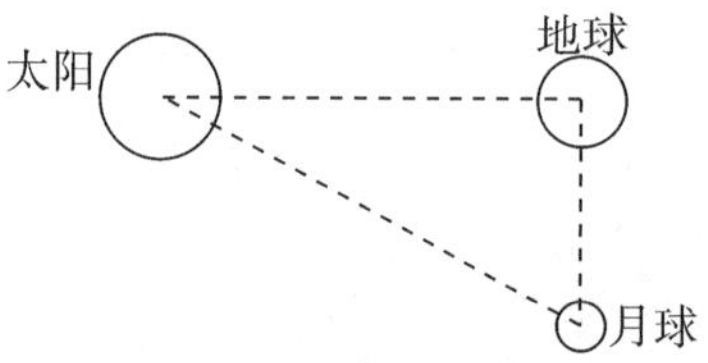

图 2

阴历每月初七前后太阳、地球、月球的位置连线基本构成一个直角三角形,这时可以看见月球西边明亮的半圆,即上弦月.

3. 当月球环绕地球进入地球的影子中时,就会发生月食.如果月球的一部分进入地球的本影区,则发生月偏食.由于地球的直径远大于月球的直径;在弦长相同时,月球的弧长要大于地球的弧长,所以在图 B 中,右段弧长较大的是月球圆周的一部分,左段是地球圆周的一部分,即图 B 为月偏食的图案.图 A 则是新月的图案.

二、这个刻度的单位是 g/cm^3.较大的刻度在它的下面.

玻璃管中放入铅粒是为了加大密度计的质量,同时使密度计的重心下移,使它插入液体中时能较好地保持稳定,竖直漂浮,以便于读数.

如果不放铅粒而改放别的物质颗粒,同样要求密度计竖直漂浮于液面,即有 $F_{浮}=G_{物}+G_{玻}$,而 $G_{玻}\ll G_{物}$.所以 $F_{浮}\approx G_{物}$.

$\therefore\ \rho_{水}gV_{排}\approx\rho_{物}gV_{物}$

又 $\because V_{排}\gg V_{物}$

$\therefore\ \rho_{物}\gg\rho_{水}$

即放别的物质颗粒时,该种物质的密度要比水的密度大很多才行.

三、$t=3\,h=1.08\times10^4\,s$,$P=2\,kW$,$\eta=80\%$,

3h 内电热器散发的热量为

$$Q=\eta Pt=0.8\times2\times10^3\,W\times1.08\times10^4\,s=1.73\times10^7\,J$$

此热量即为室温每下降 5℃时所放出的热量,故室温每降低 1℃平均散发的热量为

$$Q'=\frac{1}{5}Q=3.5\times10^6\,J$$

实际上,室内外温差较大时,室温每降低 1℃所散发的热量要多一些,计算时认为在不同温差时,每降低 1℃所散发的热量是相同的.主要近似假设是:3h 室温降低 5℃放出的热量等于电热器工作 3h 消耗电能的 80%.

四、设 $OA=x$,$OB=b$,每米长钢管重为 $w=30\,N/m$,根据杠杆平衡条件可以列出方程

$$bmg+\frac{x}{2}\cdot wx=Fx$$

整理后为

$$wx^2-2Fx+2bmg=0 \quad ①$$

这个方程有解的条件是 $\Delta\geqslant0$

其中 $\Delta=(-2F)^2-8wbmg \quad ②$

解得 $F\geqslant300\,N$

这表示拉力的最小值为 300 N

从①式可以解出钢管长 x

$$x=\frac{2F\pm\sqrt{\Delta}}{2w}$$

由于拉力最小时 $\Delta=0$

所以拉力最小时的钢管长为

$$x=\frac{F}{w}=\frac{300\,N}{30\,N/m}=10\,m$$

五、1. 因为刻度是均匀的,所以温度计每增加相同的示数时,实际温度的增加也是相同的.根据这一点,可以试探性地写出 $y=ax$(a 为某一常量).但根据题中所述的实际情况,当 $x=0℃$时,y 不可能也是 0℃,设这时 $y=b$,于是 y 和 x 的关系在形式上应为

$$y=ax+b \quad ①$$

由于 $x=4℃$时,$y=2℃$,$x=80℃$时,$y=82℃$,把这两组数据分别代入①式,得到

$4℃\times a+b=2℃$

$80℃\times a+b=82℃$

解这个二元一次方程组,得到

$a=1.05\quad b=-2.21℃$

即 $y=1.05x-2.21℃ \quad ②$

2. 把 $x=26℃$代入②式算出 $y=25℃$,这表示当这支温度计示数为 26℃时,实际温度为 25℃.

3. 在②式中令 $x=y$,即

$x=1.05x-2.21℃$

解得 $x=44℃$

这表示,在 44℃时温度计的示数与实际温度相同.

六、**1.** 电路如图 3 所示.

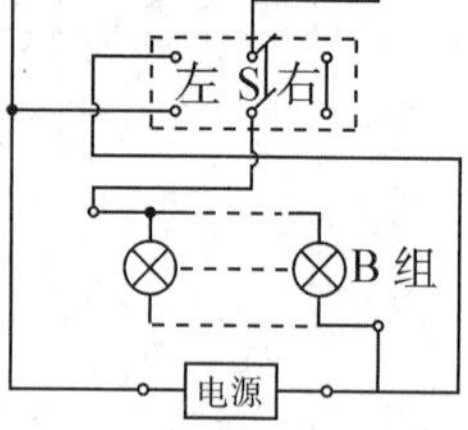

图 3

2. ① 每天晚 7:00~11:00 用电 $W_1=P_1t_1=100\,W\times10\times4\,h=4\,kW\cdot h$.

两只电灯串联时每只电灯

两端的电压变为额定电压的一半，电阻变为原来的$\frac{2}{3}$.由于用电器的功率跟电压的二次方成正比，跟它的电阻成反比，所以每只电灯的功率不再是100 W，而变为

$$100\,W\times\left(\frac{1}{2}\right)^2\times\frac{3}{2}=37.5\,W$$

这样，每天晚11:00到次日早6:00用电

$W_2=P_2t_2=37.5W\times10\times7h=2.63\,kW\cdot h$

每天共用电

$W=W_1+W_2=4\,kW\cdot h+2.63\,kW\cdot h=6.63\,kW\cdot h$

② 10只电灯始终并联接入电路，每天晚11:00到次日早6:00用电为

$W'=100W\times10\times7\,h=7\,kW\cdot h$

每天多用电

$\Delta W=W'-W_2=7\,kW\cdot h-2.63\,kW\cdot h=4.37\,kW\cdot h$

每月可节电$4.37\,kW\cdot h\times30=131\,kW\cdot h$

第十届全国初中应用物理知识竞赛

初　赛

一、选择题

1. B.

摩托车做飞越障碍物表演落地时，若车的前轮先落地，则落地后车由于惯性，车身绕前轮转动使车尾向上方转动，这种转动作用容易造成向前翻车的事故.若车的后轮先落地，则车身绕后轮转动使车头向下方转，车的前轮落地后受到地面的支持力而停止转动，故不会发生翻车危险.

2. A.

激光具有方向性好的特征，通常激光都是截面很小的一束，它向一个方向传播极少发散，所以可以应用它通信，或利用它来进行长距离测距，或利用它来加工坚硬的材料等.但却不宜用来进行室内照明，因为室内照明不是要求只单一地照亮一点，而是要整个室内各个地方都有光照，这是激光束不能做到的.

3. B.

地球同步卫星是在赤道上空离地面的某一确定高度上绕地球转动的卫星，由于它绕地球转动的快慢与地球自转的快慢相同，所以相对于地球来说，它就相当于总在赤道上空的这一点不动一样.

地球的运动包括它绕太阳的转动（公转）和它绕地轴的转动（自转），地球上的人感受到一昼夜为24h，是太阳连续两次经过地球上同一位置的正上方所用的时间，这种时间我们称之为一个太阳日.由于地球不仅有自转，还有公转，所以实际上在这段时间内地球所转过的不是一整周（相当于角度360°）而是比一整周多一些，而对应于地球真正只转一整周的时间，我们则称之为一个恒星日.一个恒星日的时间小于一个太阳日的时间，一个恒星日的时间为23 h 56 min.

4. A.

小红家的电器能否全部使用，要看当全部电器接入电路正常工作电流是否超过电能表允许通过的最大电流值.若超过最大值10 A，则不能同时使用；若不超过10 A，则可以同时使用.

小红家所有电器的总功率为

$$P=60\,W\times4+1000\,W+140\,W+80\,W=1460\,W$$

这些电器全部使用时的电流为

$$I=\frac{P}{U}=\frac{1460\,W}{220\,V}=6.6\,A$$

可见，该电流值不超过电能表允许通过的最大电流，所以这些电器可以同时使用.

5. B.

钢琴和小提琴在演奏时，发出声音可以是音调、响度和节奏都相同的声音，但由于发声体本身的不同，所发出声音的音色是不同的.

6. D. 解法一：光的折射法.如图1所示，取筷子左右两点A、B研究，人在P点观察，筷子A点发出的光经侧面折射后沿1_A、2_A方向传播，反向延长线交于A'点.筷子B点发出的光线经侧面折射后沿1_B、2_B方向传播，反向延长线相交于B'点.人在P点观察，看见的是光线的反向延长线相交而成的放大的虚像$A'B'$，从左侧方P点看，应看到D图的情形.所以D图正确.

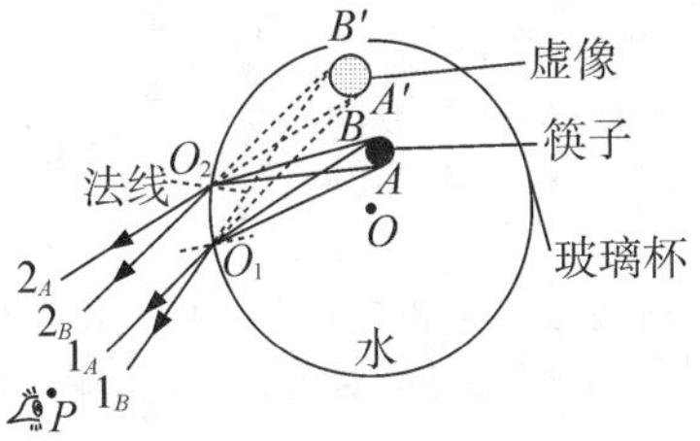

图1

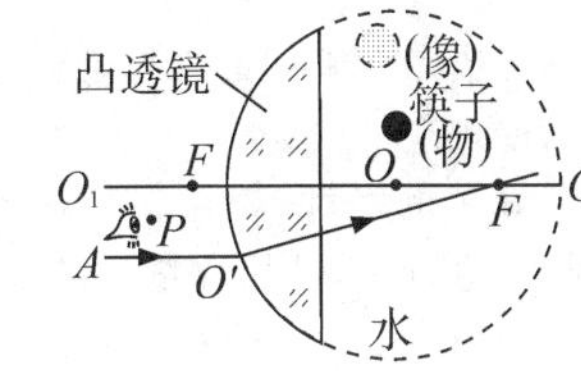

图2

解法二：凸透镜成像法.由俯视图可知，有水的玻璃杯从侧面去观察相当于一个凸透镜.作平行于主轴的光线AO'，折射光线通过圆心O后面的F点，所以F点为焦点.由筷子的位置可知，物距u小于焦距f，人在P点观察能看见筷子（物体）经凸透镜所成的正立放大的虚像，从左侧方看，虚像位置在筷子的左方.故D图正确.

7. C.

8. D.

宇宙飞船关闭发动机后在大气层外绕地球飞行时，飞船内将出现一种"完全失重"现象，即看起来好像其内的物体都没有重力了一样，这时拿起任何一个物体可以不费力，任何一个物体都可以不要别的物体支撑而飘浮在空中的任何位置.因此，水滴可以飘浮在空气中，同时由于水有所谓"表面张力"作用，它使水的表面积尽可能小，所以飘浮在空气中的水滴将呈球形（我们平时看到的小露珠和其他场合下的小水珠都呈球形，也是由于表面张力作用的结果）.

但在此情况下，物体包含的物质多少并不会改变，故其质量不变，当然更不会消失；物体可以自由地飘浮在空中的任何位置，所以也不会出现物体自由下落速度变快的现象；在这里，空气对流的现象也不会发生了，而蜡烛的正常燃烧需要由周围空气不断供给氧气，靠的就是空气对流，所以在这里蜡烛也就无法正常燃烧了.

二、填空题

1. 绿　白

自然界中红、绿、蓝三种色光是无法用其他色光混合而成的，称为三原色．所以1是绿色，三原色叠加组合可获得白色光，所以2是白色．

2. 低

导体的电阻跟导体的材料、长度和横截面积有关，还跟温度有关．温度越高，导体的电阻越大．观察图像，比较 t_1、t_2 时刻的电阻值可知，t_2 时刻电阻较小，故 t_2 时刻的温度较低．

3. 乙　多

所谓降雨量是指单位时间内落到筒内的水量．由于无风时正确使用甲图，可知在 Δt 的时间内，落入横截面积为 S 的量雨筒内的雨水体积为 $\Delta V=Sv_{下}\Delta t$．

有风的时候，雨滴的下落过程是由竖直下落运动和风吹的横向运动的合成，如图3．图乙中量雨筒装雨的实际横截面积为 $S'=S\times\cos\alpha$．雨滴的运动速度为 $v=v_{下}/\cos\alpha$，则在 Δt 时间内的装雨量为 $\Delta V'=S'v\Delta t=(S\times\cos\alpha)\times(v_{下}/\cos\alpha)\times\Delta t=Sv_{下}\Delta t$．与甲图相同，所以乙图正确．

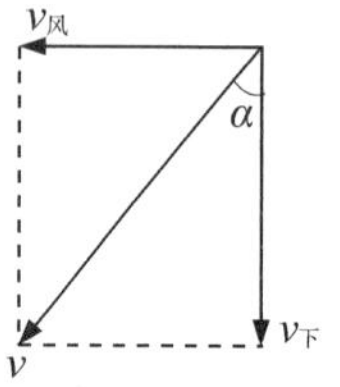

图3

由于乙图的方法是正确的，可知丙图的方法是错误的．丙图量雨筒的横截面积变大，所以量雨筒的降雨量比实际降水量多．

4. 大　大　小

案秤相当于一个支点在中间的杠杆，其工作原理也就是利用了杠杆平衡原理．

对于已往调节好了的案秤，若再在秤盘下粘一块泥，再以此秤盘载货物来进行称量时，称量的结果应该是盘中货物与盘下泥块的总质量，显然，这一结果比货物的质量大．

若秤砣磨损了，则此磨损秤砣的质量小于标准秤砣的质量．若此时置某一货物于秤盘中进行称量时，假如以标准秤砣置于案秤悬臂的某一位置而秤能平衡（则秤上此位置处的刻度数就是此货物的质量数），则以被磨损的秤砣就应置于案秤悬臂的上述位置右侧一些的地方才能使案秤平衡，而这一位置的示数必大于前一位置的示数，所以这时所得的称量结果也比货物的实际质量大．

对于"调零螺母的位置比正确位置向右多旋进了一些"的问题，可以这样来分析：设想调零螺母在正确位置时称量某一货物，当秤砣置于某一位置时案秤已平衡（则此时秤砣所在位置处的示数就是货物的质量），此时若再将调零螺母向右旋进一些，则案秤的平衡将被破坏，为使案秤重新平衡，则应将秤砣向左移动一些，这样，其对应的示数将减小，由此所得的称量结果将比货物的实际质量小．

5. 1100　1200

小明家最多可以使用的总功率为

$$P=IU=5\ \mathrm{A}\times220\ \mathrm{V}=1100\ \mathrm{W}$$

电能表的转盘每转过一转，表示他家已用去的电能为

$$W=\frac{1000\times3600}{3000}\ \mathrm{J}=1200\ \mathrm{J}$$

6. 虚　凹　近

李东看桌上的近视眼镜，看到自己身后的窗户的像，物体在身后远处，经凹透镜所成的正立缩小的虚像应在镜前，成像的光线没有进入人眼，所以人是看不见的，如图4（甲）所示．

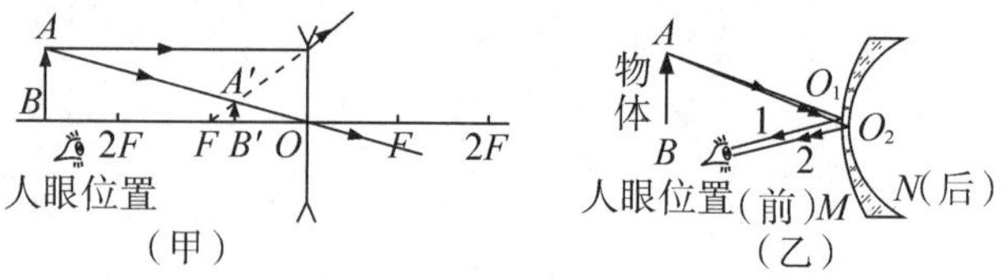

图4

如图4（乙）因为眼镜片的前后两个表面 M、N 对光有一定的反射作用，相当于两个弯曲程度不同的凸面镜，物体发出的光线，经凸面镜表面反射后能成正立缩小的虚像，并且反射光线射进人眼睛，所以人能看见这两个虚像．

前表面 M 弯曲程度较小，焦距 f_A 较长，后表面 N 弯曲程度较大，焦距 f_B 较短，根据凸面镜成像特点可知，物距 u 一定时，焦距越长，像距越大，像越大，即前表面 M 镜面所成的虚像较大，较小虚像是后表面 N 面反射所成的像．较大的像是离李东较近的玻璃面反射所成的．

三、1. "吋"是英制长度单位．"21吋""29吋"指的是电视机荧光屏的对角线的长度．

2. 如果壶盖上没有小孔，而壶盖又盖得很紧，水沸腾时会从壶嘴喷出，这是因为沸腾时壶内水蒸气增多，气压增大，壶内气体把水压出来．

3. 百叶箱是白色的．如果是其他颜色的，阳光照射时会使箱内空气的温度明显高于箱外气体的温度，测出的温度不是环境中空气的温度．如果把温度计装在封闭的箱中，测出的也不是环境的气温．这是由于空气不流通，箱子内外的气温并不相等．如果把温度计露天放置，测量出来的同样不是气温．这是由于阳光直接照射时，温度计本身的温度不等于周围空气的温度．

4. 谷糠的落地点距扬场机最近，小石块最远．同样大小的谷粒和小石块，虽然飞出时的速度相同，但是由于质量不同，所以动能不同，小石块的质量较大，动能也比较大，所以能够克服空气的阻力飞到更远的地方．

5. 问题是施工时墙上插座内的零线和地线相互接错了位置．使用时用电器把火线和地线连通，自动控制系统误认为是人体把火线和地线连通，自动切断了电路．纠正方法：把这个插座从墙上拆下，把零线和地线的位置对调后再装回去．

四、由 $S=\dfrac{\pi d^2}{4}$　①

$G=mg$　②

$P=P_0+\dfrac{G}{S}$　③

把①、②代入③式

$$P=P_0+\frac{4mg}{\pi d^2}$$

代入数值 $P=2.14\times10^5\ \mathrm{Pa}$

从表中查出，锅内温度约为122℃．

五、解法一：正常工作时的电流

$I_0=\dfrac{P_0}{U_0}=0.45\ \mathrm{A}$　①

$\dfrac{I^2}{I_0^2}=\dfrac{P}{P_0}$　②

代入数值后解出

$I=0.41\ \mathrm{A}$

此外还可求得

$$U=\frac{P}{I}=198\ \mathrm{V}$$

输电线上的电压降落

$U'=U_0-U=22\text{ V}$

输电线上的电流

$I'=I=0.41\text{ A}$

输电线上的功率损失

$P'=I'U'=9.0\text{ W}$

以上过程中②式的得出认为电灯灯丝的电阻不随温度改变，这是一种近似.

解法二：根据电阻消耗电功率的公式 $P=\frac{U^2}{R}$ 可知，同一电阻所消耗的电功率与其两端电压的平方成正比，故以灯泡在额定电压 U_0 下工作和在实际电压 U_1 下工作相比较有

$$\frac{P_1}{P_0}=\frac{U_1^2}{U_0^2} \quad ①$$

由于电灯与电阻 R_2 串联，流过电灯和电阻 R_2 的电流相等，所以由 $P=UI$ 可知，灯泡和电阻所消耗的功率之比与两者的电压成正比，即

$$\frac{P_2}{P_1}=\frac{U_2}{U_1} \quad ②$$

且 $U_2=U_0-U_1$ ③

由①式代入数据有

$$U_1=\sqrt{\frac{P_1}{P_0}}U_0=\sqrt{\frac{81}{100}}\times 220\text{ V}=198\text{ V}$$

将 $U_1=198\text{ V}$ 代入③式有

$U_2=U_0-U_1=220\text{ V}-198\text{ V}=22\text{ V}$

将 $U_2=22\text{ V}$ 代入②式有

$$P_2=\frac{U_2}{U_1}P_1=\frac{22}{198}\times 81\text{ W}=9.0\text{ W}$$

以上解法所用到的近似也是没有考虑灯泡灯丝电阻随温度的变化，即认为灯丝电阻不随温度变化而变化.

六、已知，$l_1=0.6\text{ m}$，$l_2=0.06\text{ m}$，$F_0=20\text{ N}$.

小活塞受的力

$$F_1=\frac{F_0 l_1}{l_2} \quad ①$$

小活塞对液体的压强

$$p_1=\frac{F_1}{S_1} \quad ②$$

液体对大活塞的压强与大活塞对液体的压强相等，即

$$p_2=\frac{F_2}{S_2} \quad ③$$

其中 $F_2=mg$ ④

根据帕斯卡定律 $p_2=p_1$ ⑤

把①、②、③、④式代入⑤式，解出

$$\frac{S_2}{S_1}=\frac{F_2 l_2}{F_0 l_1}$$

考虑到 $\frac{d_2^2}{d_1^2}=\frac{S_2}{S_1}$

进一步解出 $d_2=d_1\sqrt{\frac{mgl_2}{F_0 l_1}}$

把数值代入，得 $d_2=7.0\text{ cm}$

七、所得图像如图5所示，由图可以看到：

1. 第一种材料的保温性能较好. 因为从两图线的比较可以看到，两种材料同样包裹的烧瓶内，同样温度的满瓶热水比较，第一种材料包裹的瓶内热水温度降低较慢.

2. 当时的室温约为 20 ℃. 显然，当瓶内水与室内空气温度相等时，两者间达到热平衡，即瓶内水温降至室温时，将不再变化. 图线表示瓶内水温最后维持为 20 ℃不变，可见室温应为 20 ℃.

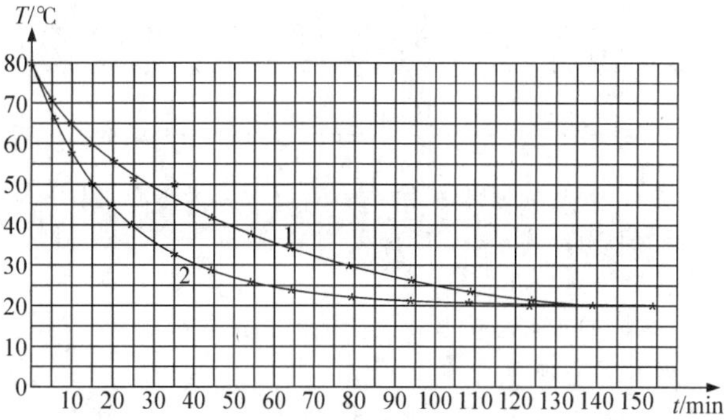

图 5

3. 所得数据中，$t=35\text{min}$ 时的 $T_1=50$ ℃可能是由于测量或记录时的疏忽所产生的错误. 因为瓶内水温应是连续逐渐变化的，所以描述温度随时间变化的关系图线应该为一条连续光滑的曲线，则各个不同时刻所测得的实验数据点都应该在这一光滑曲线上. 图中各实验数据点都分别在自己所对应的曲线上，唯有 $t=35\text{min}$ 时的数据 T_1 不在其对应曲线上，且偏离此曲线较远，表明该数据点的数值与当时的实际值偏离太大，即该点为一错误的数据点.

复 赛

一、**1.** 用一个普通灯泡，使球拍平行于地面，与灯和地面等距.

2. 用一个普通灯泡，使经线(或纬线)与地面平行，纬线(或经线)不与地面平行.

3. 用一条直管形日光灯，使经线(或纬线)与灯管平行.

4. 用两条直管形日光灯，互相不平行地放置.

二、$\frac{180''}{0.21''/a}=857a$. 这表示蟹状星云是在 857 年前从一个点膨胀而成的. 1920 年－857 年＝1063 年. 这与我国宋代观测到的超新星的年代十分接近. 从图中可以看出. 蟹状星云的边界并不清晰，题中所说它的视角及视角的膨胀速率误差都是很大的，因此可以认为这些数据支持题述的结论.

三、如图所示，当钛酸钡元件的温度 T 处于 $T_0<T<T_1$ 时，随温度的上升，电阻减小，电流增大，温度会上升得更快；当 $T_1<T<T_2$ 时随着温度上升，电阻增大，电流减小，温度上升率变慢，到了一定温度不再上升，达到平衡；在 $T>T_2$ 的区间，情况与 $T_0<T<T_1$ 时相同. 因此，灭蚊器稳定工作时发热元件处于 $T_1<T<T_2$ 区间，环境温度在 $T_0<T<T_1$ 和 $T_1<T<T_2$ 两个区间时，元件都可以正常工作. 但在 $T>T_2$ 的区间时，发热元件会因过热而损坏.

四、**1.** 太阳能接收板接收的功率

$p_1=1.0\times10^3\text{ W/m}^2\times 8\text{ m}^2=8\times10^3\text{ W}$

电池输出的功率

$p_2=UI=120\text{ V}\times10\text{ A}=1.2\times10^3\text{ W}$

电动机线圈的发热功率

$p_3=I^2R=(10\text{ A})^2\times4\ \Omega=0.4\times10^3\text{ W}$

电池的效率

$$\eta_1=\frac{p_2}{p_1}\times 100\%=\frac{1.2\times 10^3\ \text{W}}{8\times 10^3\ \text{W}}\times 100\%=15\%$$

电动机的效率

$$\eta_2=\frac{p_2-p_3}{p_2}\times 100\%$$

$$=\frac{1.2\times 10^3\ \text{W}-0.4\times 10^3\ \text{W}}{1.2\times 10^3\ \text{W}}\times 100\%=67\%$$

2. 设太阳到地球的距离为 R，以太阳为球心，以 R 为半径的面积：

$$S=4\pi R^2$$

太阳的辐射总功率和太阳能电池接收板的面积分别为 p_o 和 S'，则有

$$p_0=3.9\times 10^{26}\ \text{W},\ S'=8\ \text{m}^2$$

$$\frac{p_1}{(1-28\%)p_0}=\frac{S'}{S}=\frac{S'}{4\pi R^2}$$

$$\therefore\quad R=\sqrt{\frac{0.72S'p_0}{4\pi p_1}}=\sqrt{\frac{0.72\times 8\times 3.9\times 10^{26}}{4\times 3.14\times 8\times 10^3}}$$

$$\approx 1.5\times 10^{11}\ \text{m}$$

五、如图 1，**1.** 见图(a). **2.** 见图(b)和图(c).

3. 如图(d)所示相机的最大缺点是：取景器中看到的景物是倒立的. 分析如下：相机的镜头相当于一个凸透镜，它使远处物体在胶片上所成的是倒立的实像. 经过平面镜 M、N 的反射，这个像成在了取景器的磨砂玻璃上，仍是倒立的，如图(d)所示. 当我们分别用单箭头和双箭头代表光束的两侧，作出两次反射光后，水平射来的光线上侧仍在上侧，所以平面镜 M、N 的反射并不能改变像的倒正.

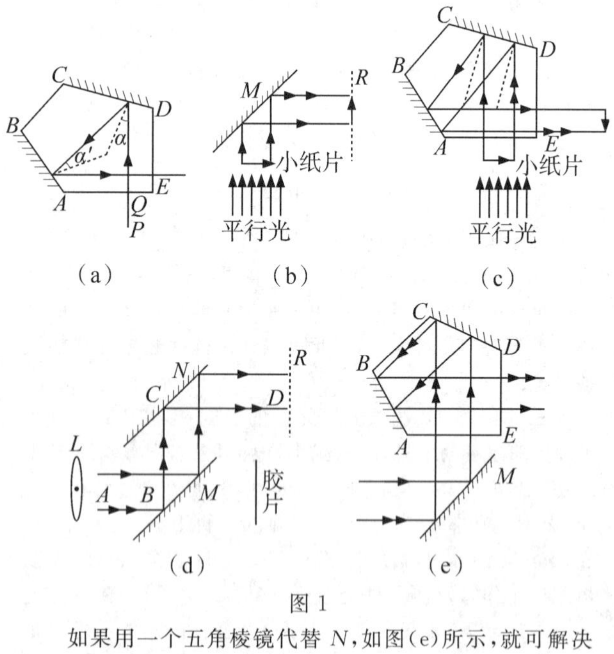

图 1

如果用一个五角棱镜代替 N，如图(e)所示，就可解决这个问题. 从图中可以看到，入射光束的上侧经 M 和五角棱镜射出后到了下侧，所以倒立的像被倒过来了.

第十一届全国初中应用物理知识竞赛

初　赛

一、选择题

1. D.

宇宙飞船进入预定轨道关闭发动机后，在太空中运行时，飞船内物体处于"失重"状态，物体可在飞船内的任何位置飘浮. 天平是靠物体的重力作用，利用杠杆平衡原理而对物体的质量进行测量的，可见此时在宇宙飞船内天平无法测物体的质量.

2. D.

星星的运动，地球的运动，对于人们观察遥远的星星来讲影响很小，不会出现星光闪烁不定的现象. 星光穿越广袤的真空进入大气层，由于大气层气流的流动，使大气层的密度处于不断变化之中，光的折射方向也随着不断地改变，使虚像的位置不断改变，人眼才会看见星光闭烁的现象.

3. C.

石墨炸弹并不能炸塌厂房、炸毁发电机、切断输电线，它是利用了石墨的导电性，大量的纤维状石墨覆盖在发电厂的设备上，使设备多处短路，电厂无法正常供电.

4. B.

家中的电灯全部熄灭，表明进户电路出现了断路. 出现这种故障可能是总保险丝烧毁、或进户零线断路、或进户火线断路、或灯泡全部烧坏. 由于保险丝并未烧毁，故不可能是室内电路发生短路. 若进户火线断路，则室内各处电路用测电笔测试时，氖管不会发光，而题述能使氖管发光，则说明不是进户火线断路. 若进户零线断路，则室内各部分电路均与火线连通，若以测电笔测试各处电路时，氖管会发光. 故应为进户零线断路. 灯泡全部都烧坏的可能性很小.

5. D.

热管是一种结构简单、效率高的传热元件，其构造为两端封闭、能耐受压力的圆柱形金属管，内壁装镶多层金属细网或其他毛细管物体，管中充以少量水、制冷剂或其他工作液体. 当热管一端受热而另一端被冷却时，液体在受热端内吸热汽化，蒸汽流至另一端放热凝结，凝结后液体由管内壁处管芯的毛细管作用又渗回热端. 如此循环不已，使热量不断地由高温处传至低温处. 热管可在小温差下传递很大的热量，广泛用作宇宙飞船上的温控设备和某些技术领域中的冷却设备.

6. D.

由图可知，桶中有两个杠杆在起作用，一个杠杆是脚踩的踏板，其支点位于桶的下方，阻力点在脚踩踏板的另一端. 这个杠杆的动力臂大于阻力臂，是一个省力杠杆. 另一个杠杆是桶盖，桶盖可绕左边边缘转动，连杆对桶盖施以一个动力，桶盖的重力为杠杆的阻力，它作用在桶盖的中心，这是一个动力臂小于阻力臂的杠杆，故为费力杠杆.

7. C.

因为物体在远处，所以物距大于二倍焦距，所成的像是倒立缩小的实像. 因没有屏来承接，光线继续向前传播进入人眼，人眼根据光的反向延长线确定物体的位置，就可看见倒立的像.

8. A.

因为要增加进入镜筒的光强，照亮标本，所以需要用镜子将光会聚起来，凹形镜面对光有会聚作用，所以效果最好的是凹面镜.

9. C.

北京位于北半球，在地球的北半球表面处，地球磁场对磁体北极的作用力 F_N 是斜向下指向北方，而对磁体南极的作用力 F_S 则与 F_N 方向相反，即斜向上指向南方. 在

北京若以一线悬挂一均匀磁体使其在水平位置平衡，如图1所示，显然这时可将此磁体视为一根可绕悬点 O 转动的杠杆，在地磁场的作用下，此磁体的平衡位置必沿南北方向且其北极必指向北方. 此时磁体受到自身的重力 G（设其重心位于 C 点）和地磁场对其南、北两极的作用力 F_S 和 F_N，由图可见，为使此杠杆能在图示位置上平衡，由杠杆平衡条件可以作出判断：悬点 O 应该在重心 C 的北侧一些.

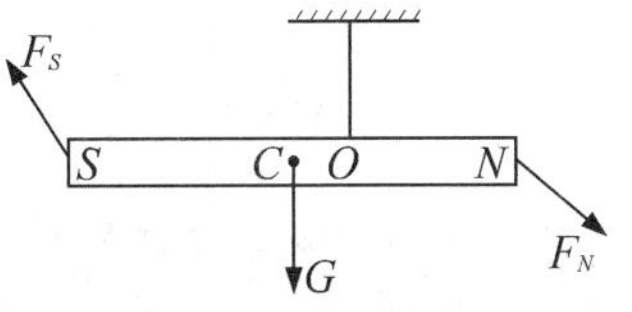

图1

10. A.

漏电保护器说明书上的数据的意义是：

“220 V 20 A”：此漏电保护器适用于电压为220 V、工作电流不超过20 A的电路.

额定漏电动作电流30 mA：漏电电流达到30 mA时，此漏电保护器才会有漏电保护动作.

额定漏电不动作电流15 mA：漏电电流小于或等于15 mA时，此漏电保护器不会有漏电保护动作.

漏电分断时间 <0.1 s：漏电电流达到额定漏电动作电流30 mA后，漏电保护器会在0.1 s之内做出保护动作，切断电源.

由此可见，只有A项是正确的.

11. B.

洒水车洒过水后，由于气温高，路面又很热，水很快地蒸发，使空气中的水蒸气迅速增加，即空气的湿度增大，使人身上的汗液更难蒸发，人就感到闷热.

二、填空题

1. 西　5

无风时，地面上静止的人看到雨滴成竖直下落状态. 刮风时，地面上静止的人看到雨滴成斜向下，这是由于雨滴的运动可分解为竖直下落与水平方向运动（水平方向的速度等于风速）. 所以只有人行走的速度与该雨滴水平方向运动的速度相等即等于风速时，行走的人就看到雨滴是只有竖直方向下落. 因此本题 $v_{风}=v_{人}=18\text{ km/h}=5\text{ m/s}$. 风是向东刮的，即是西风.

2. 向前　向后

静摩擦力的方向与物体相对运动的趋势方向相反，阻碍物体间的相对运动. 后轮驱动的汽车发动机带动后轮转动，后车轮有相对地面向后运动的趋势，所以地面给汽车后轮一个向前的摩擦力，阻碍它们之间的相对运动. 因此当汽车运动起来时，前轮有相对地面向前滑动的趋势. 所以前轮受到一个向后的摩擦力，阻碍前轮滑动. 由于车轴的摩擦力很小，于是前轮开始滚动起来.

3. 20　24　57

图中数字圈0～23表示小时数，图中每个城市所在位置对应的数字就是此刻该城市时间的小时数；而内圈数字5～60则是表示时间的分数或者秒数，按照习惯，图中的短针为“分针”，所指示的数值为时间的分数；图中的长针为“秒针”，所指示的数值为时间的秒数. 例如，北京所在位置此时所对小时数为20，而钟面上的分数为24 min，秒数为57 s. 故此时刻的北京时间为20 h24min57 s.

4. 356　12

水表的读数是把表面上各个转盘指针的读数乘以对应的倍率，如转盘下有“×100”字样的就把该转盘指针的读数乘以100然后全部累加起来即可. 小红家自来水表本月5日的读数应为

$$3\times100+5\times10+6\times1=356\text{ m}^3$$

故一个月来她家的用水量为

$$356\text{ m}^3-344\text{ m}^3=12\text{ m}^3$$

5. 响度　音调　双耳

男中音的响度比女高音的大，女高音的音调比男中音的高. 声源从同一地点传到两耳的距离是不相等的，加上人的头部对声音有掩蔽作用，就会造成声音的时间差和响度差，比如从左边发出的声音先到达左耳，且左耳听到的声音比右耳响. 从右边发出的声音先到达右耳，且右耳听到的声音比左耳响. 正前方和正后方传来的声音，两耳同时听到，前面传来的声音没有耳郭的遮挡，响度大些. 后面传来的声音被耳郭遮挡，所以响度小. 人耳的这种特殊功能叫作双耳效应. 音乐会的声音听起来有立体感，就是由于人耳所具有的双耳效应.

6. 凹　长

首先应明确近视眼的人眼睛晶状体的焦距变短了，光线会聚在视网膜前面，配眼镜是把像向后退到视网膜上. 近视眼镜的镜片需要对光有发散作用，所以应是凹透镜. 平行光经眼镜的凹透镜片发散后，再经过人眼“凸透镜”的会聚，光线的交点向后移动，成在视网膜上，所以焦距变长了.

7. 将活塞向左推时，各阀门的开合状态如图2所示.

当风箱活塞向左推时，应将风箱中活塞左侧部分的空气通过出气口压向灶内，此时进气口 A 应当关闭，并且阀门 C 也应该打开而阀门 D 应该关闭，这样，风箱中被压缩的空气就既不会由阀门 A 流出箱外也不会由阀门 D 流入风箱中活塞的右边部分而只能由出气口流入灶内. 并且此时阀门 B 应该打开，以使外界的空气流入风箱中活塞的右边部分，待将风箱活塞往右拉时，便将这些空气压入灶中.

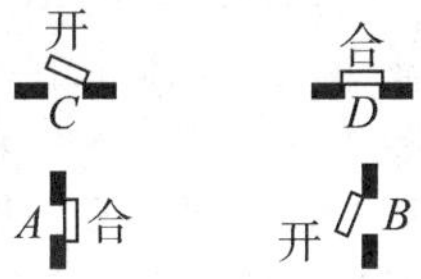

图2

8. 白炽　日光　霓虹

白炽灯是靠电流通过灯泡的灯丝做功，将电能转化为内能，灯丝达到炽热状态时，对外发光. 日光灯两端的灯丝不发热，有电流通过灯丝时，灯丝向外发射电子，电子流过灯泡内的导电气体时，向外发出紫外线，紫外线照射到管壁上的荧光物质发出可见光. 霓虹灯是利用辉光放电现象对外发光的，它没有灯丝.

三、简答题

1. 连通器可作为“管涌”的物理模型，轮轴可作为自行车车把的物理模型.

2. 不能. 因为电冰箱的制冷机工作后，冰箱冷室内的蒸发器温度降低，吸收空气的热量，与此同时，冰箱外部的冷凝器温度升高，将热量传给空气，室内空气的热量只是被冰箱吸收后又被放出，所以室温不会降低.

3. 有两种可能. 一种是因高空中的气体逐渐稀薄，压强降低，气球上升过程中，球内压强大于球外压强，气球不断膨胀，最后“爆炸”破裂.

另一种是因高空的空气较稀薄，气球上升过程中所受浮力逐渐减小，当浮力等于重力时，气球上升的速度最大. 然后，浮力小于重力，气球开始向上做减速运动. 在气球的

速度为零之后，又加速下落，浮力逐渐变大，当气球通过浮力等于重力的位置后，浮力大于重力，气球开始做向下的减速运动. 在气球的速度减为零之后，又开始加速上升. 如此反复，气球将在浮力等于重力这一特殊位置附近上、下往复运动.

4. 可以做成如下的一些实验器具：

(1) 制作量杯. 用实验室已有的量筒定量地向瓶中倒入水，并在瓶上各相应位置刻上对应的刻度. 然后以此瓶当量杯使用.

(2) 做演示液体测压强的演示器. 在瓶的侧壁的不同高度处扎等大的小孔，然后向瓶内注满水，可以看到位置越低的孔喷出的水流越急，由此可以直观地反映出液体内部的压强随深度的增大而增大.

(3) 演示喷雾器. 用细管插入加盖的盛水可乐瓶，使劲捏可乐瓶，水会成雾状从细管中喷出.

(4) 演示大气压强的存在. 将瓶内灌满水，取一小玻璃片(或其他任何一种材料的平整小片)盖住瓶口(瓶口的边缘应该平整并在同一平面内)，然后将瓶倒转，使其瓶口朝下，但玻璃片不会下落，说明有大气压将玻璃片朝上顶住.(实际上此为复杯实验)

(5) 演示大气压的存在. 将瓶口敞开，用手将瓶捏扁，使瓶口朝下插入水中(仅瓶口部分插入水中，瓶身部分在水面之上)，松手使瓶体复原，则水将进入瓶中并上升到瓶外水面之上.

(6) 演示气体压强与体积的关系. 取一橡皮膜将瓶口密封，橡皮膜贴紧在一平面内. 以手捏瓶使瓶内气体体积减小，可见橡皮膜向外凸起，且捏得越厉害则凸起也越厉害. 说明封闭气体温度不变时其压强随体积减小而增大，且体积越小则压强越大.

(7) 演示气体压强与体积的关系. 取一合适的瓶塞将瓶口适当塞紧，然后以手用力捏瓶使瓶内气体体积减小，至某刻瓶塞将会绷离瓶口，这是由于此时瓶内气体压强大于瓶外气体压强(即瓶内气体原来的压强)所致，说明封闭气体温度不变时其压强随体积减小而增大.

(8) 演示气体的压强与温度的关系. 取一橡皮膜将瓶口密封，橡皮膜贴紧在一平面内. 将瓶身浸入热水中，使瓶口露在水面上. 稍过片刻，可见橡皮膜向外凸起，说明此时瓶内气压大于瓶外气压，即瓶内气压比原来增大了. 瓶内气压的增大，是由于瓶内气体温度升高所致，说明体积一定的气体，其压强随温度升高而增大.

(9) 演示阿基米德原理. 取一浮沉子(浮沉子是一个小物体，其内封闭有一定量的气体，将其全部浸没入水中时，它所受到的浮力略大于其重力)置于瓶中，向瓶内灌入约半瓶水，再将瓶口密封，以手捏瓶，瓶内气压增大，浮沉子内气体体积减小，浮沉子排开水的体积减小，浮沉子受浮力减小因而下沉. 手放开，则瓶内气压又减小，浮沉子将上浮.

(10) 演示空气的对流. 将饮料瓶的上部剪去使之成为一个大敞口瓶. 将一支点燃的蜡烛放入瓶内，如图 3 所示. 可以看到，蜡烛很快就熄灭了. 这是因为平时蜡烛的正常燃烧靠的是蜡烛燃烧使其附近的空气不断对流，对流使蜡焰下方的气体不断上升到蜡焰处为之补充燃烧所需的氧气. 而在图 3 所示的情况下，烛焰下方气流的通路被挡住了，使燃烧无法获得足够的氧气而熄灭.

图 3

四、1. 需要用的测量工具是直尺；需测量细管的直径 D 和细管沉入水中的深度 H_1，H_2.

2. 实验步骤：(1) 测出细管的直径 D；(2) 在细管中加少量沙粒，将细管放入盛有水的容器中，平衡后用直尺测出细管沉入水中的深度 H_1；(3) 增加细管中的沙粒，再将细管放入盛有水的容器中，平衡后用直尺测出细管沉入水中的深度 H_2.

3. 导出计算压强的公式. 平衡时，细管(含沙粒)所受重力 $G_{管}$ 与所受浮力 $F_{浮}$ 相等，即

$$G_{管}=F_{浮}$$

又 $G_{管}=p_1S=p_1\pi\left(\frac{D}{2}\right)^2$，

$$F_{浮}=V_1\rho_{水}g=\pi\left(\frac{D}{2}\right)^2H_1\rho_{水}g$$

故得 $p_1=H_1\rho_{水}g$

4. 同样可得 $p_2=H_2\rho_{水}g$

所以 $\frac{p_1}{p_2}=\frac{H_2}{H_1}$，说明水的内部压强与水深是成正比的.

五、1. 水蒸气冷却时所放的热量为冷却水所吸收，所以冷却所丢失的功率(即散热功率)为

$$\begin{aligned}P_{散}&=\frac{Q_{吸}}{t}=c\frac{m}{t}\Delta t\\&=4.2\times10^3\ \text{J/(kg·℃)}\times15\times10^3\text{kg/s}\times(30-16)℃\\&=8.82\times10^8\ \text{W}\end{aligned}$$

2. 水蒸气的能量转化为电能的效率

$$\eta=\frac{P_{用}}{P_{总}}=\frac{P_{电}}{P_{机}+P_{散}}\times100\%$$

$$P_{机}=\frac{560\times10^6\ \text{W}}{0.8}=700\times10^6\ \text{W}$$

所以

$$\eta=\frac{560\times10^6\ \text{W}}{700\times10^6\ \text{W}+882\times10^6\ \text{W}}\times100\%\approx35.4\%$$

六、电路如图 4 所示. $R_{线}$ 为导线的电阻，L_1 为“220 V 100 W”灯泡，L_2 为“220 V 200 W”灯泡.

图 4

$$R_{线}=(0.018\ \Omega/\text{m})\times2\times250\ \text{m}=9\ \Omega$$

L_1 和 L_2 的电阻分别为

$$R_1=\frac{U^2}{P_1}=484\ \Omega$$

$$R_2=\frac{U^2}{P_2}=242\ \Omega$$

L_1 和 L_2 的总电阻

$$R_L=\frac{1\ \Omega}{\left[\frac{1}{484}+\frac{1}{242}\right]}=161\ \Omega$$

$$R_{总}=R_{线}+R_L=170\ \Omega$$

$$I_{总}=\frac{U}{R_{总}}=\frac{220}{170}\text{A}=\frac{22}{17}\text{A}$$

所以，导线上消耗的功率为 $P_{线}=I_{总}^2\cdot R_{线}=15\ \text{W}$.

两灯泡实际消耗的总功率为 $P_L=I_{总}^2\cdot R_L\approx270\ \text{W}$.

L_1 的功率 $P_1=\frac{P_L}{3}=90\ \text{W}$.

L_2 的功率 $P_2=2P_1=180\ \text{W}$.

复 赛

一、A、B、C

说明：经计算，若不考虑物态变化，水温可升高100℃，即达到120℃. 但题目未给出大气压的值，在不同气压下水的沸点不同，因此当沸点在120℃以上时可选C；当沸点为80℃或100℃，水温分别达到80℃或100℃，故可选A或B.

二、1. 对于一定的拉力 F，弹簧改制前后每匝的伸长量是相同的，但改制后的弹簧只有17匝，故总的伸长量只有原来的 $\frac{17}{20}$ 倍，而弹簧刻度的示数未变，因而示数 $F_{测}$ 与实际拉力 F 的关系为 $F_{测}=\frac{17}{20}F$，或 $F=\frac{20}{17}F_{测}\approx1.18F_{测}$.

2. 已知 $F_{测}=4.0\,\text{N}$，故 $F=4.0\times1.18\,\text{N}=4.72\,\text{N}$，即该物实重4.72 N.

三、**1.** 如图1. **2.** 如图2.

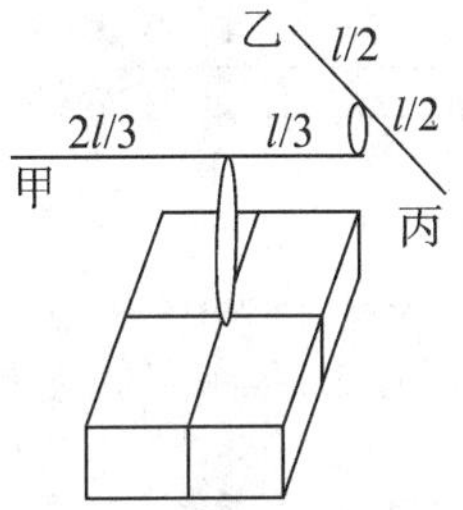

图1

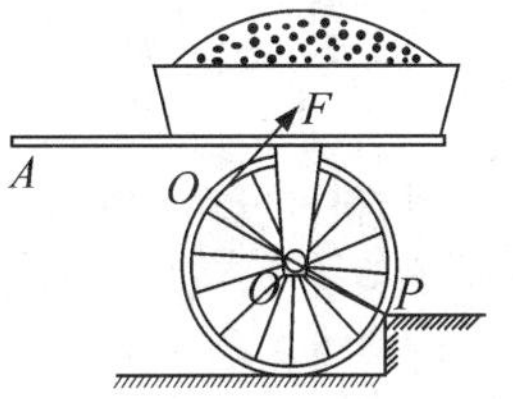

图2

四、1. 依题意物距为30 cm，像距为110 cm.

2. 作图：如图3所示.

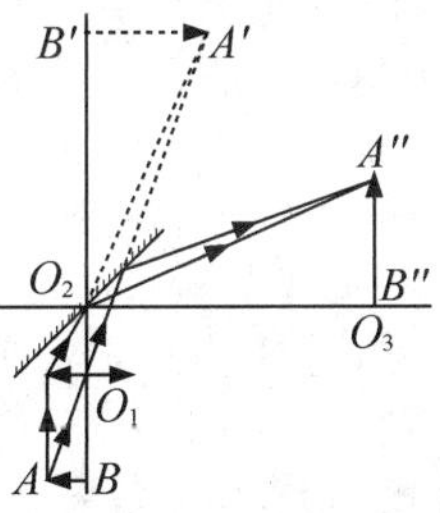

图3

3. 凸透镜向上移，相当于物距增大，则像距必减小，即 $A'B'$ 下移，则 $A''B''$ 必左移.

4. 螺纹透镜可对光源发出的光起会聚作用，能扩大聚光面积使成像更清晰. 它对光的会聚作用与凸透镜相同，但却薄得多，轻便得多.

五、1. $1\sim c$，$2\sim c'$，$3\sim a$，$4\sim b$，$5\sim d$，$6\sim d'$.（1与2，3与4，5与6都可以互换）

2. 闭合S后，衔铁 B 被吸下，d 和 d' 被接通，电动机运转，水泵开始抽水，水位达到 R 处时，R_0 支路被接通，电磁继电器线圈被短路，B 被释放，电动机停止工作，同时 c 及 c' 被接通，电磁继电器的线圈仍处于短路状态. 待水位降至 Q 以下，R_0 支路被切断，电磁继电器线圈通电，衔铁 B 被吸下，水泵又开始抽水，直到水位达到 R 处停止.

六、**1.** 见图4.

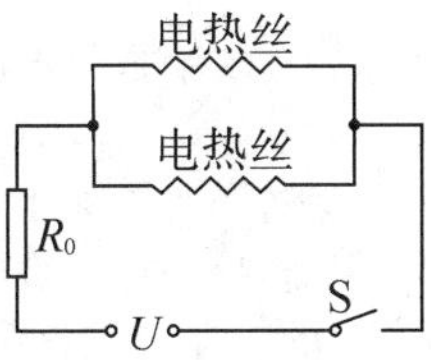

图4

2. 据题意可知 $P_{单}=P_{双}$，

而 $R=\frac{U_L^2}{P_L}$，$\left(\frac{U}{R_0+R}\right)^2R=\left[\frac{U}{\frac{1}{2}R+R_0}\right]^2\cdot\frac{1}{2}R$

∴ $R_0=\frac{\sqrt{2}}{2}R=\frac{\sqrt{2}U_L^2}{2P_L}$

3. $\frac{P_{0单}}{P_{0双}}=\frac{\left(\frac{U}{R_0+R}\right)^2R_0}{\left[\frac{U}{\frac{1}{2}R+R_0}\right]^2R_0}=\frac{(R+\sqrt{2}R)^2}{(2R+\sqrt{2}R)^2}=\frac{1}{2}$

或 $\frac{I_{单}}{I_{双}}=\frac{R_0+\frac{1}{2}R}{R_0+R}=\frac{\sqrt{2}R+R}{2R+\sqrt{2}R}=\frac{1}{\sqrt{2}}$

$\frac{P_{0单}}{P_{0双}}=\left(\frac{I_{单}}{I_{双}}\right)^2=\frac{1}{2}$

七、1. $v=\frac{(n-1)h}{t}$.

2. 平均速度 $\bar{v}=\frac{(20-1)}{8.7\,\text{s}}\times1\,\text{m}\approx2.18\,\text{m/s}$.

3. 一昼夜浪费的水量 $W=\frac{24\times3600}{8.7}\times(20-1)\times0.25\,\text{g}\approx47.172\,\text{kg}$.

4. (1) 如图5.

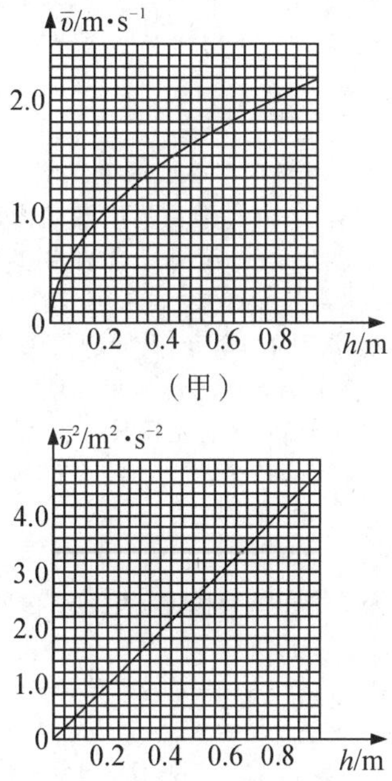

图5

(2) 可得出 $\bar{v}^2$ 与 h 成正比（或 $\bar{v}$ 与 h 的平方根成正比）.

5. 偏小. 因为若不放置挡板，在看到“下一滴水刚好开始下落”的同时，前一滴水实际下落的高度比 h 要大些，即用听声的办法测得的高度偏小，故 $\bar{v}$ 偏小.

第十二届全国初中应用物理知识竞赛

初 赛

一、选择题

1. B.

学生用计算器耗电很少，其工作电流一般为130 μA左右；通常手电筒内小灯泡的功率不足1 W，其内电流则只有零点几安，它的值接近200 mA；家用空调器的功率接近1000 W，其电流则为几安；电饭锅的功率也超过100 W，其电流大于200 mA.

2. 如果是右手写字的人选C；若是左手写字的人

选 D.

台面上的玻璃“发出”刺眼的亮光，原因是光滑的玻璃表面如同平面镜，产生了镜面反射，灯丝发出的光经玻璃表面反射进入了人眼，由反射角等于入射角可判断出台灯放在小明的前方或侧前方. 如把台灯换为吊灯这种方法不是最简单，也不能消除玻璃的镜面反射. 把台灯放到正前方则玻璃的反射光和直射光更加刺眼. 把台灯移到左臂外侧，灯丝发出的光经玻璃反射向右上方传播，不会进入人眼，并且右手写字时不会遮挡光线，所以 C 项正确. 如果用左手写字的人，则应把台灯移到右手臂外侧.

3. D.

若把模型照相机误认为小孔成像，则易错选答案 A. 模型照相机原理是凸透镜成像原理，右侧远处的景物发出的光线通过 B 端凸透镜在 A 端半透明纸上成倒立的缩小的实像. 当物距增加时，像距减小，像变小.

根据凸透镜成像原理，应把 B 端凸透镜对室外，A 端朝着较暗的室内，这样室外景物的光线经凸透镜折射后在半透明纸上成倒立缩小的实像，由于室内光线较暗，才可以看清成像情况. 当由近景改看远景时，物距增大，像距减小，所以应减小 AB 间的距离才能使像清晰地成在半透明纸上.

4. A.

彩色幻灯片在光的照射下凸透镜成倒立放大的实像. 虽然银幕上像的亮度不大，但与周围较暗的环境相比，仍然显得比较亮，人能够看得很清楚. 如果用照相机拍摄，则亮度明显不够. 使用闪光灯来拍摄，闪光灯发出的强光照射在银幕上不能增大像的亮度，只能增大银幕白帆布的亮度，使原来被彩色实像掩盖的污渍更加明显，与彩色实像相比较，银幕对闪光灯的反射光在照相机底片上的感光度更强. 所以反而看不清楚银幕上的图像，倒把银幕上的污渍拍出来了.

二、填空题

1. 铁、水晶、饼干——固体；牛奶、白酒、水银——液体.

(或者)水晶、白酒——透光；铁、饼干、牛奶、水银——不透光.

(或者)铁、水晶、水银——晶体；牛奶、饼干、白酒——非晶体.

(或者)铁、水晶、水银——纯净物；牛奶、饼干、白酒——混合物.

(或者)牛奶、饼干、白酒——可食用；铁、水晶、水银——不可食用.

本题属开放性试题，其答案不唯一，可从物质的不同属性上对物质进行分类. 如根据物质的物理属性来分类，可以看它在常温下是固体还是液体，也可以看它是透光物质还是不透光物质；从物质的组成来看，可以看它是纯净物还是混合物；也可以从人类可否食用这种物质而分为可食用类和不可食用类等分类法.

2. 连线如图 1 所示.

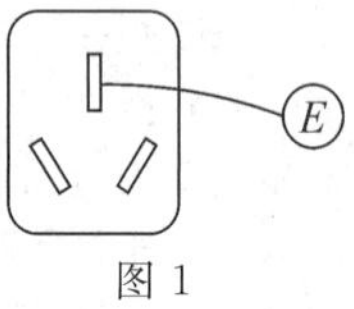

图 1

这个插孔具有安全保障作用. 如果它与大地的连线断了，一旦电器的外壳与电源火线之间的绝缘损坏，容易造成触电事故.

洗衣机工作时，其消耗的电能由电源供给，电源→火线→洗衣机→零线→电源，构成洗衣机工作电流的通路. 为保证使用洗衣机时人的安全，我们还将洗衣机外壳用导线与大地接通，这一导线即为通常所称的地线. 地线的作用是防止出现触电事故，其原理是若洗衣机外壳与电源火线间的绝缘被破坏时，若无地线，则此时洗衣机外壳也相当于电源火线，人触及洗衣机外壳时就相当于触及火线而触电；若有地线时，则洗衣机外壳与地相通，人触及时，相当于与地相接触，不会发生触电事故.

3. D、B、A、C.

本题不是由于物距变化引起像的大小变化，而是改变焦距引起像的大小改变. 可以用作图对比的方法找到规律，也可以用凸透镜成像公式和像的放大率公式分析求解.

解法一：作图法. 因为四种焦距不同的相机在同一地点拍摄同一景物，所以物距相同，因焦距不同，得到的像距也不同，如图 2 所示.

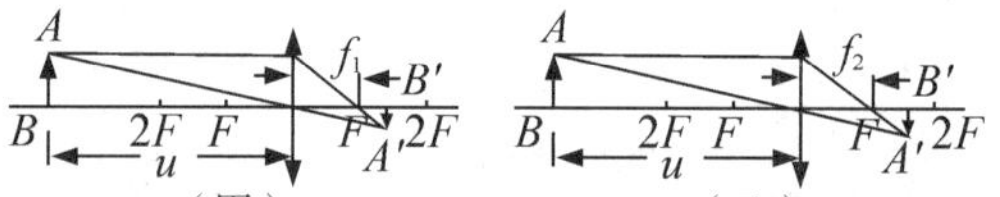

(甲)　　(乙)

图 2

作图对比可知，在物距相同、景物大小相同时，焦距越长，所成的像越大，由四架照相机的镜头到底片的距离比较得 $v_{甲}>v_{丙}>v_{丁}>v_{乙}$，推得 $f_{甲}>f_{丙}>f_{丁}>f_{乙}$，所以照片 D 像最大，是用甲相机拍摄的，照片 A 像第二大，是用丙相机拍摄的. 照片 C 像第三大，是用丁相机拍摄的，照片 B 像最小，是用乙拍摄的.

解法二：公式法. 因为甲、乙、丙、丁是四种不同焦距的相机在同一地点拍摄同一景物，所以，物体大小不变；物距相同，焦距不同，且有 $f_{甲}>f_{丙}>f_{丁}>f_{乙}$. 由凸透镜成像公式 $\frac{1}{u}+\frac{1}{v}=\frac{1}{f}$ 得 $\frac{1}{v}=\frac{1}{f}-\frac{1}{u}$，物距 u 不变，当焦距 f 增大时像距 v 增大，再由像的放大率公式 $m=\frac{v}{u}$ 可知，像距 v 增大，像的放大率增大，即焦距越长，像越大. 由图可知，D 照片与甲相机对应，A 照片与丙对应，C 照片与丁对应，B 照片与乙对应.

4. (1) 生病发烧时用酒精擦身体，酒精蒸发吸收热量，使身体降温.

(2) 电冰箱的液态氟利昂蒸发吸收热量，使冰箱内的温度降低.

只要所举事例合理即可得分.

5. 开关电灯时，电流发生迅速变化，产生电磁波. 收音机接收到了这一电磁波，并将其转变成声音，这就是“喀啦”声.

三、简答题

1. 最相信丙. 因为物理实验是检验物理理论是否正确的最终标准.

2. 能说明声音产生的条件的是实验现象乙和丁；实验现象甲说明声音传播需要介质；实验现象丙说明不同长度的空气柱振动时发出的声音的频率不同.

放在钟罩内的闹钟正在响铃，此时响声是通过闹钟内的空气向外传出来的. 若将钟罩内的空气抽去一些后，铃声明显减小，这是由于罩内传播声音的空气减少之故，说明声音的传播需要介质，

吹笛子是由于人的吹气引发笛管内空气柱发生振动

而产生声音，吹笛时，手指按住笛管上不同的孔，笛管内对应振动的空气柱的长度就不同，因而发出声音的频率不同。

音叉的发声是由于音叉的振动而产生。使正在发声的音叉接触水面，则由于音叉的振动会使水面溅起水花。

吊着的大钟被敲响时，钟体发生振动而发出声音。若以一支笔固定在钟体上，则钟发声时笔会随钟体一道振动。此时若用纸在笔尖上迅速拖过，则由于笔在振动，故笔在纸上画出的不是一条直线而是一条来回弯曲的线。

发声体的振动是声音产生的必要条件。所以在以上所列的各种现象中，能说明发声体在发声时其本身正在振动的现象才是能说明声音产生条件的实验现象。

3. (1) 这一设计的目的是为了节约用水。

(2) 这种设计的工作原理是：阀门不打开时，圆柱形浮标内部的空气不会逸出，浮标排开水较多，水箱中水面上升较少(此时水箱中水也就较少)就能浮起，浮标即带动杠杆压住进水口；阀门打开时，圆柱形浮标内的空气与外界相通，水可以进入圆柱体内部，圆柱形浮标排开水较少，水箱中水面更高时浮标才会浮起，即只有水箱中水较多时浮标才能带动杠杆压住进水口。

由上述可知这一装置涉及多方面的物理知识，主要有杠杆的平衡原理和阿基米德原理及气体的压强与体积的关系等。

这种特殊结构的水箱能起到节约用水的作用是对比于普通水箱来说的。用普通水箱时，人们每次大、小便后都要用去一满箱水来冲水；而用这一特殊结构的水箱来冲水时，则可以根据需要或打开阀门或不打开阀门，不打开阀门而进行便后冲水时，则用去的就不是一满箱水了。

四、判断题

1. √ **2.** √ **3.** √ **4.** √ **5.** √ **6.** √

五、设盐水密度为 ρ，水的密度为 ρ_0。密度计浸入盐水和水中的高度分别为 h 和 h_0，木杆的横截面积为 S。

密度计在盐水中受到的浮力

$F=\rho ghS$

密度计在水中受到的浮力

$F_0=\rho_0 gh_0 S$

由于 $F=F_0$

所以 $\rho ghS=\rho_0 gh_0 S$

由此解出 $\rho=\rho_0 h_0/h$

代入数值，得 $\rho=1.14\rho_0=1.14\times10^3\ \text{kg/m}^3$

六、设 $r=7.56\times10^4\ \text{J/(min·m}^2)$，$k_1=50\%$，$k_2=1-20\%$，$m=60\,\text{kg}$，$S=0.84\,\text{m}^2$，$c=4.2\times10^3\ \text{J/(kg·℃)}$，$t=4\,\text{h}=240\,\text{min}$，水的温度为 ΔT。

太阳射入的能量

$E=rSt$

水箱中的水吸收的热量

$Q=cm\Delta T$

由于 $Q=k_1k_2E$

所以 $cm\Delta T=k_1k_2rSt$

由此解出 $\Delta T=k_1k_2rSt/(cm)$

代入数值 $\Delta T=24$℃。

七、解法一：

1. 电路原理图如图3。

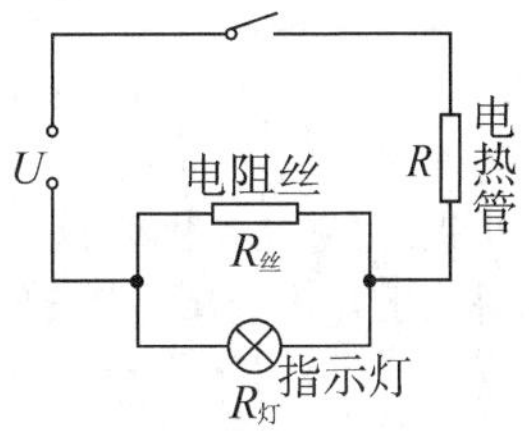

图3

2. 指示灯两端的电压按5V设计有利于延长指示灯寿命。

3. 由 $P=U^2/R$

得电热管的电阻

$R=U^2/P=(220^2/200)\,\Omega=24.2\,\Omega$ ①

电热管两端的实际电压

$U'=220\,\text{V}-5\,\text{V}=215\,\text{V}$ ②

通过电热管的实际电流

$I'=U'/R=(215\,\text{V})/(24.2\,\text{A})=8.884\,\text{A}$

小灯泡的电阻

$R_灯=U_灯^2/P_灯=(6\,\text{V})^2/(1\,\text{W})=36\,\Omega$

实际通过小灯泡的电流应为

$I_灯=(5\,\text{V})/(36\,\Omega)=0.139\,\text{A}$

通过电阻丝的电流应为

$I_丝=8.884\,\text{A}-0.139\,\text{A}=8.745\,\text{A}$

电阻丝的电阻

$R_丝=(5\,\text{V})/(8.745\,\text{A})=0.572\,\Omega$

电阻丝长度

$I=(0.572\,\Omega)/(10\,\Omega/\text{m})=0.057\,\text{m}$

4. 实际功率与额定功率之比

$P'/P=(U'/U)^2=96\%$

解法二：(1)、(2)同解法一

(3) 电热管的电阻为

$$R=\frac{U^2}{P}=\frac{220^2}{2000}\,\Omega=24.2\,\Omega$$

小灯泡电阻为

$$R_灯=\frac{U_灯^2}{P_灯}=\frac{6^2}{1}\,\Omega=36\,\Omega$$

在图2中，$R_灯$ 与 $R_丝$ 并联部分的电压为 $U'_灯=5\,\text{V}$，R 两端的电压为 $U'=220\,\text{V}-5\,\text{V}=215\,\text{V}$。前述并联部分与 R 之间为串联关系，根据串联电路中各部分电压与其电阻成正比的规律有

$$\frac{U'}{R}=\frac{U'_灯}{R_并}$$

故有 $R_并=\dfrac{U'_灯}{U'}R$

上式中 $R_并$ 为 $R_灯$ 和 $R_丝$ 的并联电阻，以各已知值代入上式可以得到

$$R_并=\frac{5}{215}\times24.2\,\Omega=0.563\,\Omega$$

根据并联电阻的公式

$$\frac{1}{R_并}=\frac{1}{R_灯}+\frac{1}{R_丝}$$

可得 $R_丝=\dfrac{R_灯 R_并}{R_灯-R_并}=\dfrac{36\times0.563}{36-0.563}\,\Omega=0.572\,\Omega$

(以下同解法一，略)

八、如题图甲中，向下垂的两张纸中间吹气，两张纸互相靠拢，说明此时每张纸都受到由外侧向两张纸中间压的力，即此时每张纸受到外侧空气对它的压力大于内侧空气

对它的压力,也就是两纸外侧空气的压强大于两纸中间空气的压强,而这两处空气的差别仅在于外侧空气没有流动而两纸中间空气正在流动,说明此时流动的空气的压强小于不流动空气的压强.在题图乙中,向饮料管A中吹气时,饮料管B中的液体会上升并从管口中喷出,说明此时管B上端处气体的压强小于管B下端处外部气体的压强,才使得管B中的液体在此压强差作用下由下往上升并从管口喷出.管B上端处气体压强较小,也是由于该处气体在流动所致.同样说明此处流动空气的压强小于不流动空气的压强.

1. 这两个实验现象说明气体的压强与气体的流速有关,气体的流速越大,压强越小.

2. 答案见图4.

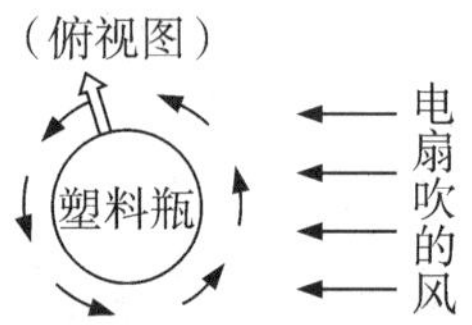

图4

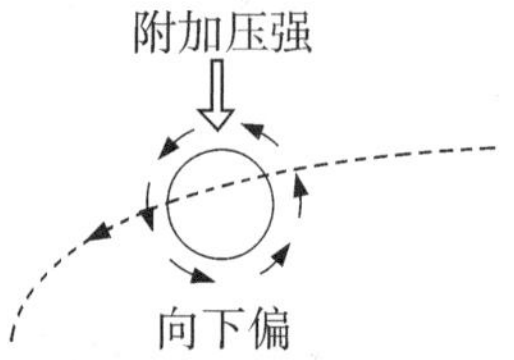

图5

3. 1、2、3分别是上旋球、不旋球、下旋球的轨迹.

由于球的转动,周围的空气也随之绕球转动.对于上旋球(轨迹1),由于球的旋转,球上方的空气随之向左运动;但同时球向左运动,则空气相对于球向右运动,空气相对于球的两种运动作用相抵,球上方的气流速度比下方的小,所以上方压强大.因此,球受到向下的压力,沿弧线迅速下落(见图5).

复　赛

一、可以把钢针别在一小块涂油的纸上,使它浮在玻璃杯所盛的水中,指北的就是钢针的N极.也可以把钢针悬在细线上,指北的就是钢针的N极.还可以把钢针放在光滑玻璃板上,用条形磁铁的N极靠近它,被吸引的就是钢针的S极.

二、水的质量

$$m=\pi r^2 h\rho$$

水升温所需的热量

$$Q_{吸}=cm(T_2-T_1)$$

电热器放出的热量

$$Q_{放}=Pt$$

由　$Q_{放}=\eta Q_{吸}$

解出 $t=\dfrac{cm(T_2-T_1)}{\eta P}=\dfrac{c\pi r^2 h\rho(T_2-T_1)}{\eta P}$

代入数值,得 $t=114\,\text{min}=1.9\,\text{h}$.

三、先研究光圈由11改为5.6后,透光面积变为原来的多少.

由 $S=\pi r^2$ 得知,圆面积与半径(或直径)的二次方成正比.

修改光圈后的透光面积与原透光面积之比

$$\frac{S_2}{S_1}=\frac{\left(\dfrac{f}{5.6}\right)^2}{\left(\dfrac{f}{11}\right)^2}=3.9$$

因此,曝光时间应该改为原来的$\dfrac{1}{4}$,即选用$\dfrac{1}{60}$ s.

四、游泳时,可以用呼吸控制人在水中的浮沉,这个事实说明人体的密度与水的密度大致相同.由此可以算出人的体积

$$V=\frac{m}{\rho_{水}}$$

这也就是人排开空气的体积.人受到的空气浮力则为

$$F=\rho_{气}\frac{m}{\rho_{水}}g$$

人的质量以60 kg计,代入数值,得 $F=0.8\,\text{N}$.

五、满负荷工作时的电流

$$I=\frac{P}{U}$$

这时电机的热损失

$$P'=I^2 r=\frac{P^2 r}{U^2}$$

电机满负荷工作时,负荷带来的阻力远大于电机轴摩擦的阻力,因此,可以不计摩擦损失,所以效率

$$\eta=\frac{P-P'}{P}=\frac{P-\dfrac{P^2 r}{U^2}}{P}=1-\frac{Pr}{U^2}$$

代入数值,得 $\eta=96\%$.

六、右手高举药瓶时,瓶中的液面与针头的高度差约为1 m,这个液柱产生的压强就等于静脉血压与大气压之差.

$$\Delta p=\rho g h$$

代入数值后,得 $\Delta p=10^4$ Pa.

由于水银的密度是水的密度的13.6倍,所以要产生同样大的压强,水银柱的高度只需$\dfrac{1}{13.6}$m,即74 mm.

七、由输入功率得知压缩机每小时耗电为

$$170\,\text{W}\times3600\,\text{s/h}=612\,\text{kJ/h}$$

说明书所给每日用电量

$$1.6\,\text{kW}\cdot\text{h}=5760\,\text{kJ}$$

压缩机每日工作时间为

$$\frac{5760\,\text{kJ}}{612\,\text{kJ/h}}=9.4\,\text{h}$$

门的最小宽度:654 mm.

另解:

$$\frac{1.6\,\text{kW}\cdot\text{h}/24\,\text{h}}{170\,\text{W}}=9.4\,\text{h}/24\,\text{h}$$

即每天工作9.4 h.

八、乙房间的气温较高.两个壶中的水都在沸腾,壶嘴一定都在喷出水蒸气.但甲壶嘴上方的"白气"很多,说明水蒸气遇到了较冷的空气,液化成了很多小水滴,而乙壶喷出的水蒸气很少液化,说明乙房间的气温较高.

第十三届全国初中应用物理知识竞赛

初　赛

一、选择题

1. A.

照相机镜头相当于一个凸透镜,胶片相当于光屏.当物体在镜头前2倍焦距以外时,在胶片上得到一个倒立缩小的实像.而凸透镜成实像时,物距增大,像距减小,像变小.所以当镜头和被摄者的距离变大时,应减小镜头与底片的距离,才能在胶片上形成清晰的像.题中所说的"调焦",实际上就是调节照相机镜头到胶片的距离.

2. B.

由功率的公式 $P=F\cdot V$ 可知，拖拉机的发动机功率一定时，若其行驶速度越大，则产生的牵引力越小；若行驶速度越小，则产生的牵引力越大. 拖拉机深耕时比在道路上行驶时所受到的阻力要大，则对应需要发动机产生较大的牵引力. 由此应使其行驶速度减小.

3. D.

触电死亡是由于有电流通过人或动物的体内. 高压线的“高压”，是指该导线与地之间，或者是与另一条输电导线之间有很高的电压. 若人或动物将高压线与地相连通，或与另外的一条输电线接通时，就在人和动物的身体上有很高的电压，人和动物体内因为有很大的电流通过而造成触电. 若人或动物只与一条高压线连接，而不与地或别的导线相连，则在人和动物的身体上的电压很小，流过人或动物体内的电流很微弱，不会造成触电事故. 鸟站在高压线上正是这种情况，鸟身体中不会有电流通过，故不会发生鸟触电死亡的现象.

4. C.

飞船的返回舱从太空进入大气层，会与大气发生摩擦，返回舱克服摩擦做功，将一部分机械能转化为内能，返回舱的温度会急剧升高. 若不能及时散热，返回舱就会因温度过高而烧毁. 因此在返回舱的表面涂有一层叫作“烧蚀层”的特殊物质. 这种物质的作用是在温度升高时熔化并汽化，从外界吸收大量的热，从而保护返回舱不因高温而烧毁.

二、填空题

1. 凸透镜　反光罩

观察图中小灯泡的实物图可知，小灯泡前端有一个玻璃珠状的部分，这一部分相当于一个凸透镜，能对灯丝发出的光起会聚作用. 一般的手电筒中是利用一个相当于凹面镜的反光罩来会聚光线的，将灯泡的灯丝放在凹面镜的焦点上时，从手电筒中射出的光就接近平行光. 现在小灯泡前端有一个起会聚作用的凸透镜，只要将小灯泡的灯丝放在凸透镜的焦点位置，就能使射出的光接近平行光. 故可以省去一般手电筒中的反射罩.

2. 26　Ω(或欧姆)

由图可知，图中表盘是欧姆表的表盘，欧姆表是测量导体电阻的仪表. 其读数方法可借鉴别的电表的读数方法. 而电阻的单位从表头上可知，应为欧姆，符号为 Ω.

3. $\frac{\sqrt{3}}{3}$或 0.58

本题实际上包含有两个运动过程，飞机的水平运动和声音在竖直方向的传播. 这两个运动过程所用的时间相等. 设在相等的时间 t 内飞机水平运动的距离为 S_1，声音传播的距离为 S_2，则在 t 时间内飞机和小明的位置如图所示. 由速度公式可得

$$S_1=v_{机}\ t,\ S_2=v_{声}\ t$$

由于飞机水平飞行所用时间跟声音竖直传到人耳所用时间相等，应有

$$\frac{S_1}{v_{机}}=\frac{S_2}{v_{声}}$$

即 $$\frac{v_{机}}{v_{声}}=\frac{S_1}{S_2}$$

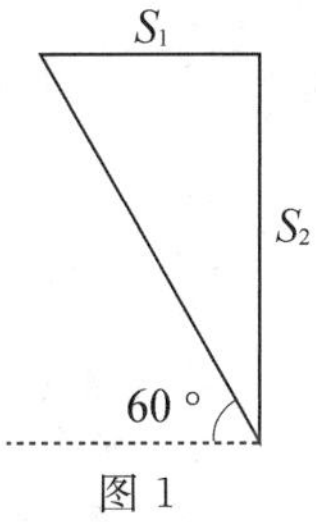

图 1

由图可知，S_1 与 S_2 的比等于 tg30°的值，则

$$v_{机}=\frac{S_1}{S_2}\cdot v_{声}=\text{tg}30°\cdot v_{声}=\frac{\sqrt{3}}{3}v_{声}$$

4. 糠皮　谷粒　它们以同样的速度被抛出，碎石的质量最大，动能最大，所以克服空气阻力运动的距离最大；糠皮的质量最小，运动的距离最小.

其实本题的现象还可以用惯性知识来解释. 它们抛出的速度是相同的，碎石的质量最大，其惯性最大，运动的距离最大. 糠皮的质量最小，运动的距离最小.

三、简答题

1. 如果户内电线短路，电流将会很大，这时铁丝不能熔断，电路将会过热，可能引起火灾.

如果用户接入电路用电器总功率过大，电流将会很大，这时铁丝不能熔断，电路将会过热，可能引起火灾.

家庭电路安装保险丝的作用是当电路中电流过大时，保险丝会自动熔断，从而保护用电器和电路不会烧坏. 若用铁丝或其他金属丝代替保险丝接入电路，由于铁的熔点高于保险丝的熔点，就可能当电路中电流过大时，因铁丝不会熔断，起不到保护电路和用电器的作用，从而引发火灾.

2. (1) 工业、民用的锅炉以及汽车等，燃烧燃料时产生热；人体本身也产生热.

(2) 扩大绿地面积，增加城市的人工水面.

3. (1) AC、DE 和 GE 是三个杠杆，它们的支点分别是 C、E 和 E. (2)图 a 的组装更合理. 对于杠杆 DE 来说，指甲在 D 点对它的作用力是阻力，AC 在 B 点对它的作用力是动力. 两种组装方式中阻力和阻力臂是一样的，但图 a 中的动力臂 BE 大于图 b 中的动力臂，因此图 a 的组装方式要比图 b 的方式省力.

4. (1)把秤放到水平桌面上；(2)砝码盘上不放砝码，秤盘上不放物品，游码放到最左边，调整调零螺丝使秤杆平衡；(3)把被称物品放到秤盘中；(4)从大到小依次把槽码放到砝码盘上进行试称，当某一砝码能够压下砝码盘而比它小一级的砝码刚好不能压下时，保留后一砝码；(5)移动游码，使秤杆平衡；(6)把所用槽码上面刻写的质量数与游码位置所标的质量数相加，就得到被称物品的质量.

5. 根据电热毯的功率和额定电压可以推算出，它的电阻约为 $R=\frac{U^2}{P}=968\,\Omega$.

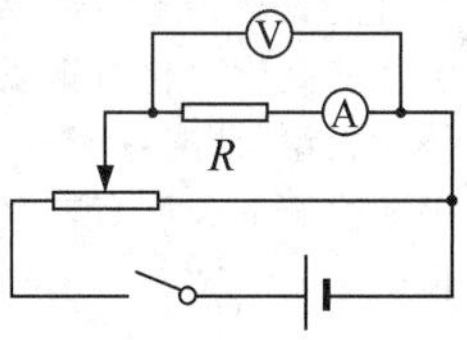

图 2

滑动变阻器是与它串联的，它们的总电阻是两者之和. 但滑动变阻器只有 20 Ω，远小于电热毯的电阻，滑动变阻器阻值的变化对总电阻的影响很小，所以对电路中的电流和电热毯两端电压的影响很小.

按图 2 的电路连接，测量时可以有效地改变电热毯两端的电压.

四、从容量单位的组成看，它是放电电流与放电时间的乘积. 原则上，这种电池应该能够以 1300 mA 的电流放电 1 h.

放电功率 $P=IU=1.3\times1.2\,\text{W}=1.56\,\text{W}$

放电 1 h 释放的能量

$$E=Pt=1.56\,\text{W}\times3600\,\text{s}=5.6\times10^3\ \text{J}$$

所以，这种可充电电池可以储存的能量大约是 5.6×10^3 J.

五、1. 乙站给出了油的密度. 为什么乙站要这样做?

密度这个物理量与体积、质量相关联，看来乙站有可能按质量售油. 另一方面，油的密度小于 1，如果以 kg 为单位售油，标价的数值会大于以 L 为单位标价的数值. 乙站确实是这样. 如果 3.103 元是1kg零号柴油的价格，1 L 的价格就是 3.103 元×0.8350＝2.59 元. 这与甲站的标价只差 0.01 元. 看来乙站的确是按质量计量售油的.

2. 新疆的昼夜温差、季节温差都很大，同样质量的油，不同温度时的体积相差较多. 有的加油站为了减小销售误差，就采用质量计量的方法. 沿海地区温差没有新疆那么大，一般只用体积计量.

六、表中快门一行每格中的数值大约总是左边相邻数值的 2 倍，这表示镜头进光时间只有左边相邻一挡的一半. 为了保证光照能量一定，镜头进光量应该是左边一挡的 2 倍. 这就是说，镜头的进光面积应该是左边一挡的 2 倍. 从圆面积的公式 $S=\pi\left(\frac{d}{2}\right)^2$ 可以得出

$$\frac{S_2}{S_1}=\pi\left(\frac{d_2}{2}\right)^2/\pi\left(\frac{d_1}{2}\right)^2=\left(\frac{d_2}{d_1}\right)^2$$

也就是

$$\frac{d_2}{d_1}=\sqrt{\frac{S_2}{S_1}}$$

这表示，要使进光量扩大为原来的 2 倍，镜头的直径应该扩大为原来的$\sqrt{2}$倍，即 1.4 倍. 由于表中“光圈”值的 16 实际是指镜头焦距的$\frac{1}{16}$(以此类推)，所以光圈一行每个数值应为它右侧数值的 1.4 倍. 用表中的数值验证一下这个关系：16/11＝1.45，11/8＝1.38，8/5.6＝1.43，5.6/4＝1.4，4/2.8＝1.43，这与我们的推断相符. 所以，光圈一行最右一格的数值应该是

2.8/1.4＝2

七、**1.** $F=3nmg$，因为动滑轮右侧的 1 条钢缆与它左侧的 3 条钢缆承受相同的力，而左侧每条钢缆受的力是 nmg.

2. 机车运行中，拾电器会把输电线向上托起. 如果使用两端固定的钢缆，悬线会因此松弛，输电线将左右摇摆，有可能脱离拾电器造成断电事故. 使用滑轮组可以保证输电线的高度变化时钢缆始终保持紧张状态. 如果用弹簧代替滑轮组，情况好于两端固定的钢缆，但钢缆的紧张程度仍随弹簧的长度有较大的变化，而且不易确定钢缆的最佳长度.

复　赛

一、设热水器距地面的高度为 h，热水器中的水在地面附近产生的压强为

$$p=\rho gh$$

供水管要能把水送到热水器上，水压要大于 p.

例如，楼顶高 10 m，要求供水压强大于

$$p=1\times10^3\ \text{kg/m}\times10\ \text{N/kg}\times10\ \text{m}=1\times10^5\ \text{Pa}$$

这相当于标准大气压.

底层的水管要能承受 1×10^5 Pa 以上的压强. 顶层水管的耐压要求可以低些，例如直接与热水器相连的水管可以使用塑料管.

二、**1.** 使用高压锅. 压强增大，锅内水的沸点增高，可以用较短时间把马铃薯煮熟. 优点是速度快，而且由于温度高，马铃薯熟得快. 缺点是不能随时开锅观察，有可能把马铃薯煮烂.

2. 把马铃薯切成小块再煮. 这是因为热量比较容易到达小块马铃薯的内部，内部温度上升较快. 优点是简便易行，缺点是水分过多地深入马铃薯内部，口味变差，营养也有损失.

三、这时，身影越来越长. 身影长度 l 与身高 h、灯高 H、人行速度 v 的关系可以用如图 1 所示的几何关系表示.

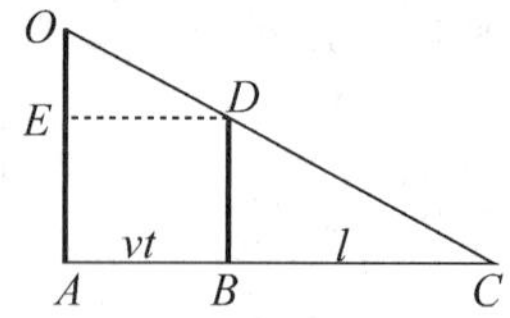

图 1

因为三角形 OED 与三角形 DBC 相似，所以

$$\frac{l}{vt}=\frac{h}{H-h}$$

由此解出

$$l=\frac{hv}{H-h}t$$

这表明，身影越来越长，而且影长是匀速增加的，速度为

$$u=\frac{l}{t}=\frac{hv}{H-h}$$

从这个表达式中可以看出

① 影长增加的速度 u 与人行速度 v 成正比.

② 当人比灯杆矮很多时 $h\ll H$，$H-h\approx H$，所以$u=\frac{h}{H}v$，这表明影长几乎不随人的行走而变.

③当人的身高与灯高相差无几时，$h\approx H$，$u\gg v$，这表明影长的变化速度远大于人行的速度.

四、可以做一个抽水机模型. 如图 2，在瓶盖上挖一个直径 1 cm 左右的孔，再剪一个比孔稍大的塑料片. 用塑料片把孔盖住，用软布和万能胶把塑料片的一边与瓶盖粘牢，使它成为一个单向阀门.

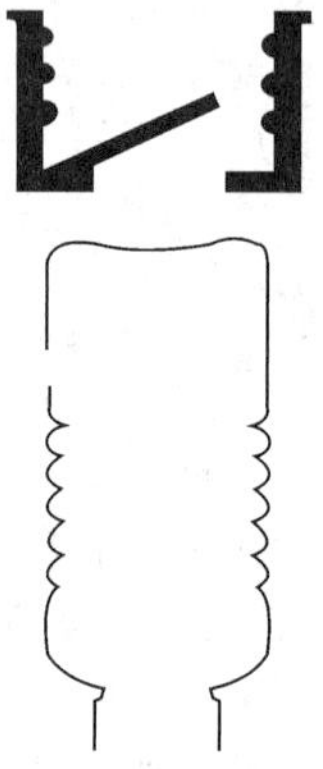
图 2

在饮料瓶的侧面开一个小孔，再把瓶盖拧牢，抽水机模型就做成了.

使用时，把瓶盖向下插入水中，一只手用力捏瓶，排出瓶内部分空气，然后用另一只手堵住瓶侧面小孔，松开捏瓶的那只手，水就在大气压的作用下上升到瓶中，再露出瓶侧面小孔，用力捏瓶，水就从小孔流出.

五、**1.** 电路如图 3 所示.

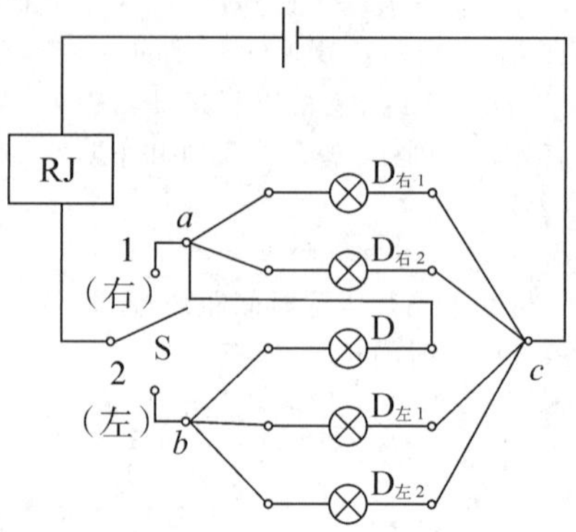

图 3

2. 不论转向开关 S 接至位置 1 还是位置 2，所有的灯都接入了电路.

若车向右转向，则开关 S 接 1，此时 $D_{右1}$ 和 $D_{右2}$ 正常发光，而 $D_{左1}$ 和 $D_{左2}$ 并联后与 D 串联.

因为转向指示灯的规格是“6 V、1.5 W”，所以转向指示灯 D 的电阻为：$R_D=U^2/P_D=24\,\Omega$. 转向灯的规格都是“6 V、10 W”，所以转向灯的电阻均为 $R=U^2/P=3.6\,\Omega$. 左(或右)两只转向灯和转向指示灯总电阻：$R_{总}=R_D+\frac{R}{2}=25.8\,\Omega$.

通过转向指示灯 D 的电流：$I_D=U/R_{总}=0.23$ A. 所以转向指示灯 D 上获得的功率：$P'_D=I^2R=1.36$ W. 由于 P'_D 与转向指示灯的额定功率(1.5 W)相差不多，所以此时转向指示灯能发光.

而此时通过左转向灯中每只灯泡上的电流：$I=I_D/2=0.115$ A，所以每个左转向灯的实际功率为 $P_{总}=I^2R=0.052$ W. 由于左转向灯的 $P_{总}$ 远小于其额定功率 10 W，所以左转向灯不能发光.

当车向左转向时，同样的道理，只有左转向灯发光而右转向灯中虽然有电流通过但并不发光.

第十四届全国初中应用物理知识竞赛

初　赛

一、选择题

1. B.

电视机遥控器是利用红外线来进行遥控的，电视机遥控器的前端有一个发光二极管，按下不同的键时，可以发出不同的红外线，来实现电视机的遥控.

2. C.

油的沸点比水的沸点高，所以烹炸食物时滚开的油锅中油的温度已超过水的沸点，若此时有水滴溅入油锅中，则水滴的温度很快上升到 100℃，达到水的沸点，水将迅速汽化，使其体积急剧膨胀，产生剧烈的响声并溅起油来. 所以产生此现象的原因是由于水的沸点比油的沸点低.

3. B.

物体通过凸透镜成倒立缩小的实像，不仅像是倒立的，像的左右也与物体的左右相反，所以出现甲图所示情况时，应将镜头向下并且向右移.

4. A.

根据题意，小明设计的楼梯照明电灯的控制电路，应达到分别利用 S_1、S_2 的闭合或断开，能单独控制灯泡的亮灭. 由图可知，A 图符合题意的要求，且开关接在火线上，也符合安全用电的原则. B 图能达到分别控制灯泡亮灭的要求，但开关接在零线上，不符合安全用电原则. C 图也能达到分别控制灯泡亮灭的要求. 当 S_1 与灯泡上端连接，S_2 断开时，这时是零线断路，而灯泡还与火线连接，若这时检修电灯就容易造成触电事故. D 图电路连接有错误，灯泡两端却连接在火线上，即使 S_1、S_2 都闭合，灯泡也不会发光.

二、填空题

1. (1) 增大受热面积　(2) 增大机械强度

用铝壶烧水时，应将铝壶放在火炉的上方，将火炉的内能通过铝壶的底部传递给水. 而水壶受热的快慢跟铝壶的底部面积有关，面积越大，在相同时间内吸热越多. 所以它的作用可以增加受热面积. 还有一个作用是可以增大壶底的机械强度. 以增大壶底的承受能力.

2. 0.81

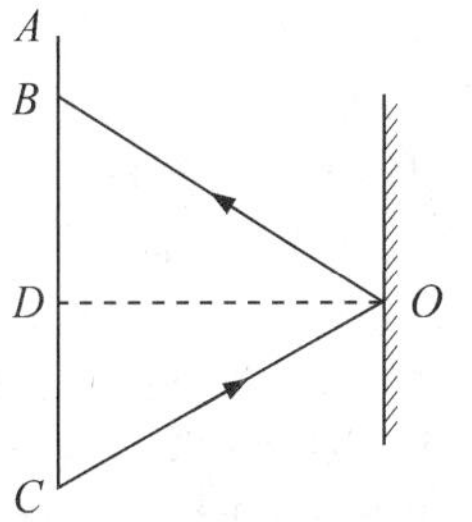

图 1

由平面镜成像原理可知，要从平面镜中看到自己脚的像，即要使脚上的光经平面镜反射后进入人眼. 故图 1 中 CO 为入射光线，OB 为反射光线，DO 为法线. 由光的反射定律和几何知识可知，$\triangle COD\cong\triangle BOD$，所以 $CD=BD=\frac{1}{2}BC$. 而 $BC=AC-AB$，故 $CD=\frac{1}{2}\times(170\text{ cm}-8\text{ cm})=81$ cm. 脚站在地面上，所以平面镜的底边离地面高度不应超过0.81 m.

3. (1) 杠杆原理　(2) 压缩气体增大液体压强　(3) 大气压强

由图可知，喷雾器的手柄是一个杠杆. 其动力臂大于阻力臂，可以省力. 唧筒中的活塞向上运动时，大气压将储液桶中的液体压进唧筒中. 活塞向下运动时，阀门 A 关闭，液体将阀门 B 顶开进入空气室，使空气室内的气体体积缩小，压强增大，气体对液面的压强也增大.

4. (1) 内　机械　(2) C　(3) 看种子经过完全失重处理后，基因是否发生变化.

火箭发射时，是靠火箭内储存的燃料(液态氢)和助燃剂(液态氧)在燃烧室内燃烧，产生高温高压的燃气从尾部喷射出，由于空气的反作用力推动火箭向前运动，所以火箭发射时是内能转化为机械能. 在完全失重的情况下，水和泥沙可以飘浮在空中，故不能用漏斗、滤纸过滤. 将农作物种子携带到太空中，主要是研究在完全失重的状态下，种子的基因是否会发生改变，从而对农作物种子进行优选.

5. (1) 串

(2) 打结、交叉、重叠处会产生高温，烧坏电热线的绝缘层，导致短路或漏电

(3) 电流的热效应或锯末、塑料保温或热敏电阻自动控温.

三、简答题

1. (1) 当火车进站时，遇到上坡，利用克服重力做功，将动能转化为势能储存，并减弱刹车对机械的磨损，让火车平稳停车.

(2) 当火车出站时，可利用重力势能转化为动能，可减小启动时的动力，达到节能的目的.

2. 说明不同海域的海水密度不同. 并说明北大西洋海水密度比印度洋海水密度大.

远洋轮船在水中是漂浮的，由漂浮条件知 $F_{浮}=G_{船}$. 当船从北大西洋驶向印度洋时，虽然吃水深度发生了变化，但船仍然是处于漂浮状态，即浮力总等于船重，因船重是不变的，所以浮力也不变. 不同的海域其海水密度不同，根据 $F_{浮}=\rho_{液}gV_{排}$，可见 $F_{浮}$ 一定时，$V_{排}$ 越小，$\rho_{液}$ 越大. “载重线”W 和 S 相比，W“吃水线”浅，排开海水的体积小，则密度大.

3. 有以下三种原因：

(1) 小汽车比大型货车、客车的高度小，迎面车辆射来的平行光被玻璃反射后斜向上射出，后面的车辆射来的光，经倾斜的玻璃反射向下射，减弱了对司机的视觉干扰.

(2) 小汽车前面的挡风玻璃倾斜安装可以扩大司机的视野.

(3) 挡风玻璃做成倾斜后,可有效防止车内物体在挡风玻璃上成像而影响司机看清前面的道路.

4. (1) 静电利用的实例有:静电除尘、静电喷漆、静电复印等.在干燥的天气,静电可能引起火灾.

(2) 防止静电的例子:油罐车的尾部拖一根铁链,与大地接触,车行驶时,使油罐内的油与油罐摩擦产生静电传入大地,避免火花放电引起火灾.

四、当浮子所受合力与其力臂的乘积大于或等于水的压力与其力臂的乘积.A将被开启放水.

1. 因为 $F_{水}\cdot\frac{1}{2}d_1=(F_{浮}-mg)\cdot d_1$

所以 $\rho_{水}gH\cdot\frac{1}{4}\pi d_1^2\cdot\frac{1}{2}d_1=\left[(H-h_0)\cdot\frac{1}{4}\pi d_2^2\rho_{水}g-mg\right]\cdot d_1$

$$\frac{1}{8}\pi d_1^2\rho_{水}H=\left(\frac{1}{4}\pi d_2^2\rho_{水}H-\frac{1}{4}\pi d_2^2\rho_{水}h_0-m\right)$$

解得 $H=\frac{2\pi d_2^2\rho_{水}}{\pi d_1^2\rho_{水}}h_0+\frac{8m}{\pi d_1^2\rho_{水}}$

$$=2\times0.1+\frac{8\times0.4}{3.14\times0.082\times1.0\times10^3}=0.36\,\text{m}$$

2. 因为

$$时间=\frac{水的体积}{水的流速}$$

所以

$$t=\frac{0.4\times0.4\times0.36\,\text{m}^3}{0.2\,\text{m}^3/\text{h}}=0.288\,\text{h}=17.28\,\text{min}$$

五、1. 3、4、5

保持射出速度和仰角不变,研究距离与高的关系.

2. 1、2、7

保持高度和仰角不变,研究距离与速度的关系.

3. 2、3、6

保持高度和速度不变,研究距离与仰角的关系.

4. 用控制变量法研究表明,投掷点越高,投射速度越大.仰角为45°时,铅球掷得更远.

六、由电路图可知,当开关S拨至1时,右转向灯RD_1、RD_2并联接在6V的电路上,此时灯D与并联的左转向灯LD_1、LD_2串联在6V的电路上.当开关S拨至2时,情况与1时相反.

(1) 根据$P=\frac{U^2}{R}$得D灯的电阻为

$$R_D=\frac{U_D^2}{P_D}=\frac{(6\,\text{V})^2}{1.5\,\text{W}}=24\,\Omega$$

RD_1、RD_2、LD_1、LD_2 的电阻为

$$R=\frac{U^2}{P}=\frac{(6\,\text{V})^2}{10\,\text{W}}=3.6\,\Omega$$

(2) 当转向开关S拨至1时,加在右前后转向灯上的电压是6V,与RD_1、RD_2的额定电压相符.此时右转向灯正常发光,在"*RJ* 开关"作用下发出一闪一闪的转向信号.

此时D灯与LD_1、LD_2串联,这一支路的电阻为

$$R_{总}=R_D+\frac{R_LR_L}{R_L+R_L}=24\,\Omega+\frac{3.6\times3.6}{3.6+3.6}\,\Omega=25.8\,\Omega$$

∵ $U_D+U_L=6\,\text{V}$

$$\frac{U_D}{U_L}=\frac{24}{1.8}$$

∴ $U_D=5.58\,\text{V}\quad U_L=0.42\,\text{V}$

故D灯上的电压接近它的额定电压,能发光,LD_1和LD_2上的电压远小于它的额定电压,故只起通路作用,不发光.

当S接2时,左转向灯LD_1、LD_2正常发光,右转向灯RD_1、RD_2上的电压变为0.42V,不能发光.两种情况下,灯D上的电压都是5.58V,故D灯能发光.

七、1. 查表可知:燃气热水器额定热负荷为37×10^6 J.

石油液化气、人工煤气、天然气的额定燃气耗量分别是$0.368\times10^2\ \text{m}^3/\text{h}$、$1.964\times10^2\ \text{m}^3/\text{h}$和$1.04\times10^2\ \text{m}^3/\text{h}$.

因此,石油液化气:

$$\frac{37\times10^6\ \text{J/h}}{0.368\times10^2\ \text{m}^3/\text{h}}=1.0\times10^6\ \text{J/m}^3$$

人工煤气:

$$\frac{37\times10^6\ \text{J/h}}{1.964\times10^2\ \text{m}^3/\text{h}}=0.19\times10^6\ \text{J/m}^3$$

天然气:

$$\frac{37\times10^6\ \text{J/h}}{1.04\times10^2\ \text{m}^3/\text{h}}=0.36\times10^6\ \text{J/m}^3$$

2. 因为"mm"为毫米的符号,H_2O是水的分子式,与气体压强的单位"mmHg"类比,"mmH_2O"的含义应是指1mm水柱产生的压强.即"额定燃气压力"的实质是"额定燃气压强".

3. 以升温40℃为例,根据表中其他参数计算热产生率.设每分钟产生热水为$m$kg,则水在1min内吸收的热量可表示为

$$Q_{吸}=cm\Delta t=4.2\times10^3\ m\Delta t$$

又根据表中所给参数,按热效率80%计算时,燃气在1min内放出的能被水吸收的热量:

$$Q_{放}=\frac{37\times10^6\ \text{J}}{60}\times80\%=4.93\times10^5\ \text{J}$$

因为 $Q_{吸}=Q_{放}$

即 $4.2\times10^3\ m\Delta t=Q_{放}$

所以 $m=\frac{Q_{放}}{4.2\times10^3\ \Delta t}=\frac{4.93\times10^5\ \text{J}}{4.2\times10^3\ \text{J/(kg·℃)}\times40℃}$

$=2.94\,\text{kg}\approx3\,\text{kg}$

由此判断:3和"/min"之间的符号如果是代表质量,它的意义应该是千克,考虑到1kg水的体积是1L,所以,这个符号一定是字母L的小写"*l*",而不是数字"1".因此正确的数字和单位是3L/min.分析升温25℃和55℃两种情况可以印证这个结论.

4. 由关系式 $Q_{吸}=cm\Delta t$ 和热水产生率表可知升温25℃时水每分钟吸收的热量和燃气放出的热量:

$$Q_{吸}=4.2\times10^3\ \text{J/(kg·℃)}\times5\,\text{kg}\times25℃=5.25\times10^5\ \text{J}$$

$$Q_{放}=\frac{37\times10^6}{60}\ \text{J}=6.17\times10^5\ \text{J}$$

所以热效率

$$\eta=\frac{Q_{吸}}{Q_{放}}=\frac{5.25\times10^5\ \text{J}}{6.17\times10^5\ \text{J}}=85\%$$

同理,升温55℃时水吸收的热量

$$Q_{吸}=4.2\times10^3\ \text{J/(kg·℃)}\times2\,\text{kg}\times55℃=4.62\times10^5\ \text{J}$$

燃气每分钟放出的热量

$$Q_{放}=6.17\times10^5\ \text{J}$$

所以热效率

$$\eta=\frac{Q_{吸}}{Q_{放}}=\frac{4.62\times10^5\ \text{J}}{6.17\times10^5\ \text{J}}=75\%$$

升温 25℃和 55℃时的热效率分别是 85%和 75%；因为升温较高时，热量损失多，所以热效率较低.

复 赛

一、1. 设计方案：根据问题中所给条件，又在这种特定情况下，可以把部分钢材放在船体外的水中，并设法将其“贴”在船体上. 为防止船体发生倾斜，船体两侧所放置钢材的质量应该相等.

2. 最佳方案：设放置在船体两侧钢材的质量为 m，因船与船体外钢材组合的整体浮在水面上，故 $F_{浮}=G$，即

$$F_{船浮}+F_{外钢浮}=G_{船}+G_{钢}$$

代入数据后

$$F_{船浮}=80\times10^3\ \text{kg}\times10\ \text{N/kg}=8\times10^5\ \text{N}$$

$$F_{外钢浮}=1\times10^3\ \text{kg/m}^3\times10\ \text{N/kg}\times\frac{m}{7.9\times10^3\ \text{kg/m}^3}$$

$$G_{船}+G_{钢}=(65+17)\times10^3\ \text{kg}\times10\ \text{N/kg}=8.2\times10^5\ \text{N}$$

从以上各式求得 $m=15.8\times10^3\ \text{kg}=15.8\ \text{t}$.

在这种极特殊的情况下(正常情况下是不可取的)，只能采用把至少15.8 t钢材均分放置在船体外两侧的水中且紧贴船体，经 $t=\frac{s}{v}=\frac{80\ \text{km}}{10\ \text{km/h}}=8\ \text{h}$ 即可送到乙地.

二、1. 该问题没有唯一的标准答案，属于开放性试题，以下内容可以作为基本依据. 答出其中 10 个以上(包括 10 个)者均可得满分.

涉及的物理知识：电流的磁效应、电流的热效应(焦耳热)、阻抗(电阻)、磁场、磁化、磁感线、电磁感应、能量转化、分子热运动、热传递、内能、分子电流、感应电流、涡流……

2. 锅　电磁炉　电或磁　内　25

3. 取最低热效率 90%，温度调节最低为 100℃，否则不能将水烧开. 电磁炉在功率调节和温度调节的范围内，加热温度随功率调节的变化关系呈线性，此时电磁炉消耗的实际功率 P 与加热温度 $t_{热}$ 有下面的关系式：

$$\frac{t_{热}-70\ ℃}{P-450\ \text{W}}=\frac{240\ ℃-70\ ℃}{1600\ \text{W}-450\ \text{W}}$$

可得：$t_{热}=\frac{17\ ℃}{115\ \text{W}}(P-450\ \text{W})+70\ ℃$

当 $t_{热}=100\ ℃$时，$P=653\ \text{W}$，

有：$Pt\eta=cm(t_{热}-t_0)$

解得：$t=1672\ \text{s}=28\ \text{min}$

三、1. 假设玻璃板对光的吸收可以忽略. 其根据是薄玻璃板十分透明(实际上玻璃对红外线不很透明，而红外线的热效应是比较强的，这点可不作为对学生要求).

通过李明和张华的实验结果可以推测，每块玻璃板反射的太阳光只有入射光能量的一半，这就是说，入射玻璃板的太阳光有一半被玻璃板反射了. 所以，透过玻璃板的太阳光能量占太阳辐射到玻璃板上的能量的 50%.

2. 实验方案：若实验过程中总能使太阳光垂直入射，且晒水箱内部涂黑，可以认为射入晒水箱的太阳光不再被反射出去，晒水箱吸热效率为 50%. 另外，晒水箱周围有保温层，可以认为没有热量散失. 若晒水箱吸收的热量完全用来使水的温度升高，测出保温箱中一定质量的水在一定时间里，其内能增加了多少，并测量出太阳光垂直照射物体表面的面积，就可以计算出太阳光垂直照射地球表面时，地球表面单位时间单位面积所获得的太阳光照射的能量是多少.

实验步骤如下：

① 向晒水箱中倒入质量为 m 的清水. 并用温度计测量此时水的温度 t_0.

② 用刻度尺测量并计算晒水箱盖的面积 S. 将晒水箱开口朝向垂直阳光的方向，盖好玻璃板开始计时.

③ 经过 t 时间后(如 3 h)，再测量水的温度 $t_{温}$.

④ 太阳光对地球表面辐射的强度是 $\frac{cm(t_{温}-t_0)}{tS\times50\%}$.

3. 从实际问题的要求来看，该问题是要进行估测，因此其中有许多东西就必须进行合理地简化. 如“假设玻璃板对光的吸收可以忽略”“若实验过程中总能使太阳垂直入射”“没有热量散失”等假设都是允许的，而且是应该的. 但是上述这种简化，必然会对估测结果带来一定的影响. 此外，还有某些因素未给予考虑，如实验过程中天气的变化所引起的环境温度的变化等，因而，估测结果与真实值之间会有相当大的偏差是不可避免的. 但就其取平均效果来说是可行的.

四、1. 能用该电流表测量电压. 但测量的最大电压值仅为 $U=0.6\ \text{A}\times0.13\ \Omega=0.078\ \text{V}$.

2. (1) 电路图如图 1 所示.

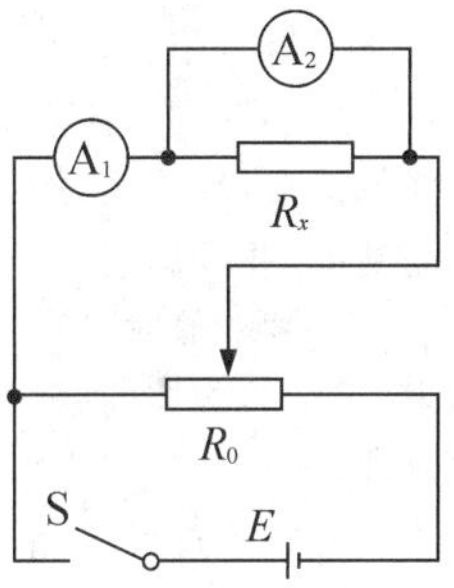

图 1

(2) 通过两电流表 A_1、A_2 的电流 I_1、I_2，电流表 A_2 的内电阻为 γ_2

$$R_x=\frac{I_2\gamma_2}{I_1-I_2}$$

五、1. 由公式 $P=\frac{W}{t}=\frac{Fs}{t}=Fv$，故汽车在 AB 段对重物的拉力为

$$F_1=\frac{700\ \text{W}}{0.2\ \text{m/s}}=3500\ \text{N}$$

同理，汽车在 CD 段对重物的拉力为 $F_3=4000\ \text{N}$.

整个重物打捞过程应该分为三个阶段：

第一阶段，将重物从水底拉至上表面刚好接触水面. 这一过程，G 不变，$F_{浮}$ 不变，F_1 不变，且有

$G=F_{浮}+F_1$　　①对应题图 3 乙 AB 段

第二阶段，将重物拉出水面的过程. 这一过程中 G 不变，$F_{浮}$ 变小直至为 0，故拉力 F 越来越大，对应题图 3 乙中的 BC 段.

第三阶段，重物刚好全部拉出水面，以后继续向上拉的过程. 这一过程中 G 不变，拉力 F_3 与重力 G 相等，

$G=F_3$　　②对应题图 3 乙 CD 段

因为 $G=F_3=4000\ \text{N}$，所以 $m=\frac{G}{g}=\frac{4000\ \text{N}}{10\ \text{N/kg}}=400\ \text{kg}$

2. 由①②知 $F_{浮}=G-F_1=F_3-F_1=500\ \text{N}$

因为 $F_{浮}=\rho_{水}\ gV_{排}=\rho_{水}\ gV_{物}$

所以 $V_{物}=5\times10^{-2}\ \text{m}^3$

$$\rho_{物}=\frac{m}{V_{物}}=\frac{400\ \text{kg}}{5\times10^{-2}\ \text{m}^3}=8\times10^3\ \text{kg/m}^3$$

3. 由题图 3 乙的 BC 段可知，打捞的重物从上表面接触水面到刚好整个物体全部出水，历时 $60\ \text{s}-50\ \text{s}=10\ \text{s}$，上升速度为 $0.2\ \text{m/s}$，所以

物体高 $h=10\ \text{s}\times0.2\ \text{m/s}=2\ \text{m}$

所以，物体上、下表面积为 $S=\frac{V_{物}}{h}=\frac{5\times10^{-2}\ \text{m}^3}{2\ \text{m}}=$

$2.5\times10^{-2}\ m^2$

又由题图 3 乙 AB 段可知，物体从水底上升到上表面刚好接触水面历时 50 s，上升高度

$$H=50\,s\times0.2\,m/s=10\,m$$

故物体沉在水底时上表面离水面 10 m，水对物体上表面产生的压力为

$$F_{压}=PS=\rho_{水}\ gHS$$

$$=1.0\times10^3\times10\times10\times2.5\times10^{-2}\ N=2.5\times10^3\ N$$

六、**1.** 这样的用电器一旦发生漏电，可能会导致触电事故. 应该安装一个地线，即把用电器外壳与导线连接，再通过三脚插头与插座的地线相接.

2. 从题图 4 可以看出，电源是通过双金属片上的触点与发热体的指示灯相连通的，一旦接上电源，发热体和指示灯都会工作；而与开关相连的两根电源导线是直接接在并联的发热体和指示灯上的，所以，不用按开关，指示灯就发亮，按下开关后指示灯亮度不变. 即此时开关不起作用.

3. 发热体工作了 15 min 后，把水烧至沸腾，大量的水汽化后遇冷又液化，因而可以看见大量"白气"生成.

4. "啪"的一声，是俗称的电饭煲"跳闸". 此前，开关按下，通过连杆永磁体 E 将感温软磁体 D 磁化而吸合，使主电路的触点闭合而工作，一段时间后，安装在锅底部的电路元件感温软磁体 D 受热到一定温度时，其磁性会骤然下降或消失，在重力作用下通过连杆使开关跳起，触点分离而断电，并发出响声.

温度降低时，感温软磁体 D 又能被永磁体 E 磁化. 看来，感温软磁体的磁性可能受温度因素影响，且温度越高，磁性越弱.

5. 指示灯反复亮、灭，这个现象说明只与双金属片相连的触点的闭合与断开有关，从而控制发热体和指示灯的工作. 双金属片受热形变而使动触点下移与静触点分离，指示灯不亮. 当温度下降到一定程度时，双金属片收缩而使动触点上移与静触点闭合导通，指示灯发光，这表明双金属片受温度影响时 A 金属片比 B 金属片热胀冷缩的形变量要大. 可见，在相同条件下，不同种类金属的热胀冷缩程度可能是不一样的.

6. 要想获得恒温的温水，只要把插头插入电源插座，不必按下开关便可.

7. 故障可能是由于感温软磁体老化引起的. 因为正常的感温软磁体是在 103 ℃左右才基本失去磁性，永磁体被重力拉向下面带动连杆，使主电路中的触点分离而断电(此时为正常跳闸). 但如果感温软磁体老化，在温度未达 103 ℃时就失去磁性，使主电路中的触点分离而断电，饭未熟透就会出现"夹生饭"了.

第十五届全国初中应用物理知识竞赛

初 赛

一、选择题

1. C.

图中所示的道闸是一个杠杆，由杠杆的平衡条件可知，常开型道闸的重心应在 O 点左侧，在通常情况下道闸上扬. 常闭型道闸的重心应在 O 点的右侧，在通常情况下，道闸水平放置.

2. D

用大拇指压一下打火机的按钮，要消耗一定的机械能，压电陶瓷片就会产生10kV～20kV的高电压，机械能转化为电能.

3. A

照相机的焦距变大，则物体到镜头的距离(物距)减小. 凸透镜成实像时，物距减小，像距增大，像变大. 所以焦距变大时，像距也变大.

4. B

首先估测出小明家住房的高度约为 3m，则住房内空气的体积为 $V=110\ m^2\times3\ m=330\ m^3$，质量 $m_{空}=\rho_{空}\ V=1.3\,kg/m^3\times330\,m^3=429\,kg$，室内空气温度升高 10 ℃所吸收的热量

$$Q_{吸}=C_{空}\ m_{空}\ \Delta t_{空}$$

$$=1.0\times10^3\ J/(kg\cdot℃)\times429\,kg\times10\,℃=4.29\times10^6\ J$$

所需的柴油约为

$$m_{油}=\frac{Q}{q}=\frac{4.29\times10^6\ J}{4.3\times10^7\,J/kg}\approx0.1kg$$

二、填空题

1. 在墙上确定一系列等高点　连通器原理

灌有水的塑料软管的上端开口、下部相连通，是一个连通器，当连通器中装入同种液体时，液面相平.

2. 反射　左

光照射到真实景物上时，所有的光线都会发生反射，而照射到水中的光，在水面发生了反射和折射，所以水中的倒影比真实景物要暗.

3. (1)加快水的蒸发　(2)利用水的蒸发吸热降低食物的温度

4. (1)红光能在空气中传播更远的距离；人眼对红光比其他色光更敏感

(2) 南北"绿"，东西"红"　并

(3) 东西

三、简答题

1. 小红的想法更好，只要能维持水沸腾，不论用大火还是小火，水的温度都不再改变. 火太大，既浪费能源，又会使水因剧烈汽化而容易干锅.

2. 在河面有波浪时，波浪起伏，在各个方向相当于形成了许多小的平面镜，岸上的灯通过每个小平面镜产生位置高低各不相同的许多虚像，从而形成一条光柱.

3. 气筒壁温度升高有两方面的原因：一是由于气筒内的活塞与筒壁间的摩擦生热，引起壁温升高；二是由于气筒内的活塞不断压缩气体对气体做功，气体温度升高导致筒壁的温度升高.

4. 乙图所示的锅炉的结构更合理.

理由：

①水的受热面积大，同时减少了燃烧室下面的热损失，增加了内能的利用率. ②锅炉外有绝热材料，大大降低散热损失，节约燃料. ③有吹风设备，燃料燃烧充分，提高燃料的利用率.

5. 从果蝇眼部的特写照片可以看出，它的每只眼睛可以看成是由许多只微型的小透镜组成，每个小透镜主光轴所指的方向各不相同. 这样，几乎各个不同方向的景物均可通过不同的小透镜成清晰的像，所以它的视野是十分宽阔的. 而人的每只眼睛只相当由一个凸透镜构成，与之相

比，其视野的范围就小多了.

四、由图 8 电能表可知，该电能表转盘每转过 3000r，消耗 1kW·h 的电能，这表明每转一圈用电器所消耗的电能为$\frac{1000\text{W}\times3600\text{s}}{3000}=1200\text{J}$

设 1 台电脑显示器的待机功率为 P，列方程

$$20P\times60\text{s}=1200\text{J}\times5$$

解得： $P=5\text{W}$

五、

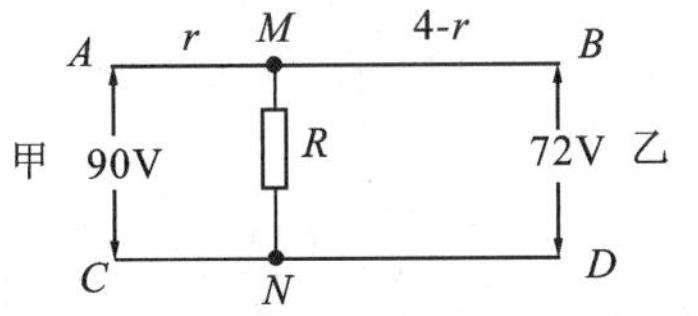

图 1

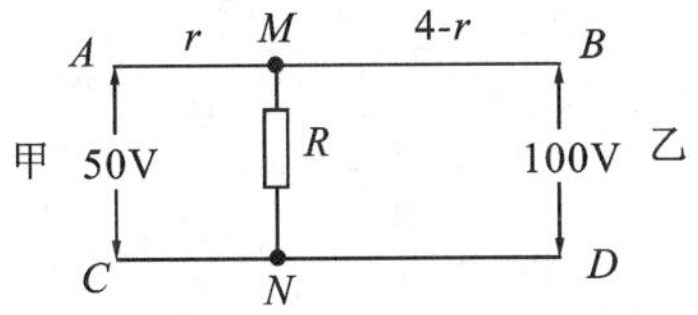

图 2

依题意画等效电路图，如图 1、图 2.

因为已知每 1km 导线的电阻为 2Ω，所以 2km 导线的电阻为 4Ω.

设 MN 为漏电处，漏电电阻为 R，AM 和 CN 电阻均为 r，则 MB 和 ND 电阻均为$(4-r)$.

依题给条件(1) 可列方程：$72=\frac{90}{R+2r}R$

依题给条件(2) 可列方程：$50=\frac{100}{R+2(4-r)}R$

解得 $r=0.8\Omega,R=6.4\Omega$

已知每 1km 导线电阻为 2Ω，故 0.8Ω 对应的长度为 0.4km，即漏电处距甲地 0.4km.

六、**1.** 配重是一种平衡体，其质量应选择大约跟电梯厢(包括平均搭载的乘客)的质量相等，这样，当开动电动机时，它只需要供给提升多搭载的乘客上升或少搭载的乘客下降的动力. 其余的重力由配重来平衡.

所以，最经济的配重所受重力 G_D 应为：箱体重 G_E 与承载人重 $G_人$ 的一半之和.

即 $G_D=G_E+\frac{1}{2}G_人=15000\text{N}+3000\text{N}=18000\text{N}$

所以配重的质量为 $M_D=1800\text{kg}$

2. A 点受力，$F_A=\frac{1}{2}(G_人+G_E)=10500\text{N}$

B 点受力，$F_B=\frac{1}{2}G_D=9000\text{N}$

七、**1.** $P=UI=220\text{V}\times0.467\text{A}=102.7\text{W}>100\text{W}$，大于额定功率.

2. 钨丝短了一些. 因为：根据 $P=UI$，实际功率大于 100W，是因为实际电流大于额定电流. 根据欧姆定律，电压不变而电流大是因为灯丝的电阻小了一些，在材料和横截面积一定时，电阻小说明钨丝比 l_0 短了一些.

(3) 以灯泡两端的实际电压 U 和实际功率 P 作为横坐标轴和纵坐标轴.

根据题目表格中的数据计算出不同电压下的实际功率列表如下表 1：

表 1

电压 U/V	……	180	185	190	195
功率 P/W	……	75.06	78.81	82.46	85.99
电压 U/V	200	205	210	215	220
功率 P/W	89.40	92.87	96.18	99.33	102.74
电压 U/V	225	230	235	240	
功率 P/W	105.98	109.3	112.57	115.68	

在坐标纸上描点，绘出 $P-U$ 图像如图 3 所示.

当 $P=100\text{W}$ 时，由图像可读得 $U=216\text{V}$.

即当加 216V 电压时能达到额定功率.

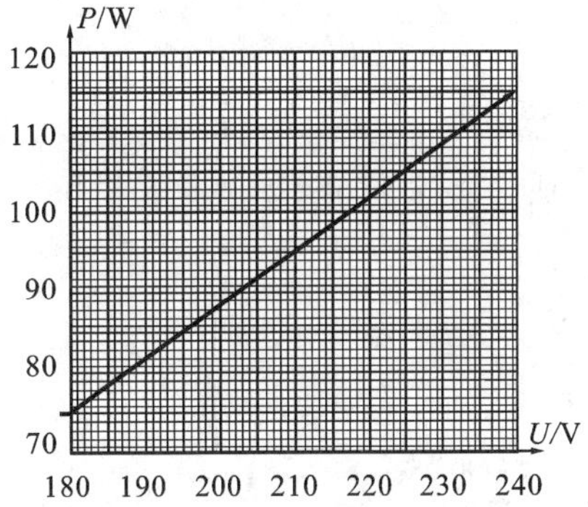

图 3

八、**1.** 依题知，电子秤空载时，压力传感器受到的压力 $F_1=0$，由表知，此时压力传感器的电阻为 $R_1=300\Omega$

电路中的电流为 $I_1=\frac{U}{R_1}=\frac{4.68\text{V}}{300\Omega}=0.0156\text{A}=15.6\text{mA}$

所以，该秤的零起点的刻度线应标在电流表刻度盘的 15.6mA 处.

2. 当电流表刻度盘的读数为 $I_2=20\text{mA}$ 时，压力传感器的电阻为

$$R_2=\frac{U}{I_2}=\frac{4.68\text{V}}{0.02\text{A}}=234\Omega$$

由表中的数据可以看出，压力随电阻的变化是线性的. 设此时的压力为 F_2.

列比例关系有

$$\frac{F_2}{300-234}=\frac{150}{300-210}$$

解得 $F_2=110\text{N}$.

设该人体重为 G，压杆受到传感器向上的支持力，其大小为 F_2.

由杠杆的平衡条件有 $F_2\cdot AO=G\cdot BO$

解得 $G=\frac{F_2\cdot AO}{BO}=110\text{N}\times\frac{5}{1}=550\text{N}$

3. 传感器能承受的最大压力

$$F_{max}=pS=2\times10^6\text{Pa}\times2\times10^{-4}\text{m}^2=400\text{N}$$

设踏板上能称量的最大重力为 G_{max}，由力的相互作用关系和杠杆平衡条件有

$$F_{max}\cdot AO=G_{max}\cdot BO$$

$$G_{max}=\frac{F_{max}\cdot AO}{BO}=400\text{N}\times\frac{5}{1}=2000\text{N}$$

复 赛

一、分析表格中频率和弦长两行数据可知，均匀拉紧的琴弦发音频率与弦长近似成反比. 对于中央 C 和 A 有：

$\frac{f_1}{f_6}=\frac{l_6}{l_1}$ $l_1=l$

所以,弦长一行第 6 格的数值为:$l_6=\frac{f_1}{f_6}l_1=\frac{264}{440}l=\frac{3}{5}l$

对于中央 C 和 B 有:$\frac{f_1}{f_7}=\frac{l_7}{l_1}$

所以,频率一行第 7 格的数值为:$f_7=\frac{l_1}{l_7}f_1=\frac{l}{\frac{8}{15}l}\times 264\text{Hz}$

$=495\text{Hz}$

二、假设截面积为 S_1 时的压强差为 ΔP_1,流速为 v_1,假设截面积为 $S_2=(1-10\%)S_1=0.9S_1$ 时的压强为 ΔP_2,流速为 v_2;

依题意可列方程: $kv_1=\Delta p_1 S_1$ ①

$kv_2=\Delta p_2 S_2$ ②

由①、②两式可得: $\frac{\Delta P_1}{\Delta P_2}=\frac{v_1}{v_2}\cdot\frac{S_2}{S_1}$ ③

又相同的时间内流过同样体积的血液,所以有:

$$S_1 l_1=S_2 l_2$$

$$S_1 v_1 t=S_2 v_2 t$$

$$S_1 v_1=S_2 v_2 \quad ④$$

由④式可得 $\frac{v_1}{v_2}=\frac{S_2}{S_1}=0.9$ ⑤

⑤式代入③式可得

$$\frac{\Delta P_1}{\Delta P_2}=0.9\times 0.9=0.81<1$$

即 $\Delta P_1<\Delta P_2$,说明血管变细血压增高,血管变细可能是诱发高血压的重要因素之一.

三、**1.** (1) 方法一:由表中三种锅炉型号的代码表示中可知,第一种锅炉的功率为 0.7MW.

方法二:已知三种型号的锅炉热效率相同,则:

$$\eta q m_1=P_1 t \quad ①$$

$$\eta q m_2=P_2 t \quad ②$$

$$\eta q m_3=P_3 t \quad ③$$

由①、③两式可得:$\frac{m_1}{m_3}=\frac{P_1}{P_3}$ $\quad \frac{145}{290}=\frac{P_1}{1.4}$

$$P_1=0.7\text{MW}$$

所以,CWNG0.7-80/60-AII 锅炉的功率为 0.7MW.

(2)由上述的②、③两式可得:$\frac{m_2}{m_3}=\frac{P_2}{P_3}$

$$\frac{m_2}{290}=\frac{1.05}{1.4}$$

$$m_2=217.5\text{kg/h}$$

所以,CWHG1.05-80/60-AII 锅炉的耗煤量是 217.5kg/h.

(3) 供暖面积与循环水量或锅炉功率成正比,

即$\frac{45}{60}=\frac{S_2}{12000}$

$S_2=9000\,\text{m}^2$

所以,CWNG1.05-80/60-AII 锅炉的供暖面积为 $9000\,\text{m}^2$.

(4) 锅炉所做功可视为水循环放出的热量,即 $W=Q$

$$P_1 t=c\rho_{水} V_1\Delta t \quad ④$$

$$P_3 t=c\rho_{水} V_3\Delta t \quad ⑤$$

由④、⑤两式可得:$\frac{P_1}{P_3}=\frac{V_1}{V_3}$ $\quad \frac{0.7}{1.4}=\frac{V_1}{60}$

$$V_1=30\text{m}^3/\text{h}$$

所以,CWNG0.7-80/60-AII 锅炉的循环水量为 $30\,\text{m}^3/\text{h}$.

2. 按表格中的出水温度和回水温度,以及循环水量,计算锅炉每小时向住宅释放的能量.依据

$W=Q=c\rho_{水}\ V_2\Delta t=4.2\times 10^3\times 1\times 10^3\times 45\times 1\times(80-60)\text{J}=3.78\times 10^9\ \text{J}$

3. 由 $\eta q m_2=P_2 t$ 得:$q=\frac{P_2 t}{\eta m_2}=\frac{1.05\times 10^6\times 3600}{0.75\times 217.5}\ \text{J/kg}$ $=2.32\times 10^7\ \text{J/kg}$

四、接通开关时,电能表测出的是所有用电器在 100 s 内消耗的总电能

$$W'=\frac{137}{3000}\text{kW}\cdot\text{h}$$

断开开关后,电能表测出的就是李明家其他用电器在 60 s 内消耗的电能

$$W=\frac{80}{3000}\text{kW}\cdot\text{h}$$

断开开关前后的功率分别为:

$$P'=\frac{W'}{t'}=\frac{\frac{137}{3000}}{\frac{100}{3600}}\text{kW}=1644\text{ W}$$

$$P=\frac{W}{t}=\frac{\frac{80}{3000}}{\frac{60}{3600}}\text{kW}=1600\text{ W}$$

所以,实验支路的串联(总)功率为:

$$P_{串}=P'-P=1644\text{ W}-1600\text{ W}=44\text{ W}$$

实验支路的总电阻为:$R_{串}=\frac{U^2}{P_{串}}=\frac{220^2}{44}\ \Omega=1100\ \Omega$

电热暖手器的电阻为:$R=R_{串}-R_{定}=1100\ \Omega-600\ \Omega=500\ \Omega$

所以,电热暖手器的额定电压为:

$$U_{额}=\sqrt{P_{额} R}=\sqrt{24\times 500}\text{ V}\approx 109\text{ V}$$

在上述计算中,忽略了温度对电阻的影响.在实验测试中,电热暖手器的实际电压为:

$U_{实}=U-\frac{P_{串}}{U}R_{定}=220\text{ V}-\frac{44}{220}\times 600\text{ V}=100\text{ V}$,小于其额定电压.

由于电流的热效应,温度升高,电阻增大,电热暖手器在额定电压下(正常)工作时,其电阻会大于 $500\ \Omega$,故其实际的额定电压 $U_{额}=\sqrt{P_{额} R}$ 也会大于测量值 109 V,因此忽略温度对电阻的影响,会导致计算结果偏小.

五、**1.** 电路如图 1 所示.

闭合开关 S_1、S_2(此时开关 K_3、K_5 处于接通状态),电泵运转,开始注水.随着蓄水池中水位的逐渐升高,浮子 A 带动金属触头 B 上移,当升到最高水位时,K_1 闭合,接通电磁铁线圈 F_1,衔铁 E_1 被吸下来,使开关 K_3 断开,切断电泵的电源,停止抽水.与此同时 K_4 接通,由于 K_4 与 K_1 为并联,所以当水位下降使 K_1 断开时,电磁铁线圈 F_1 仍处于接通状态,电泵保持停止状态.当水位下降到最低点时,开关 K_2 闭合,接通电磁铁线圈 F_2,衔铁 E_2 被吸下来,使开关 K_5 断开,切断电磁铁线圈 F_1 的电源,衔铁 E_1 释放,使开关 K_3 闭合,接通电泵的电源,再次注水.如此循环往复,实现自动注水.

注:可以采用分步骤累计分数的方法.

①能连接电机的供电电路,并将 K_3 连入电路.

②能将 F_1 与电源连通,再将 K_1 连入,再将 K_5 连入,再将 K_1 与 K_4 并联.

③能将 F_2 与电源连通,再将 K_2 连入.

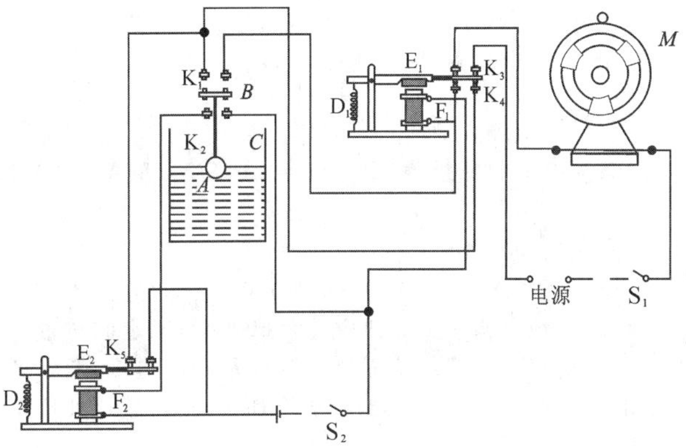

图 1

文字叙述要求简洁，条理清晰

2. 由图知，浮子上浮接通电路，必须满足：

$$G_A=F_{浮}$$

由阿基米德定律可得，$F_{浮}=\rho_{水}\ gV_{排}$

$$V_{排}=\frac{F_{浮}}{\rho_{水}\ g}=\frac{G_A}{\rho_{水}\ g}=\frac{15}{1.0\times10^3\times10}\text{m}^3=1.5\times10^{-3}\text{m}^3$$

即要实现自动注水的要求，浮子的最小体积是 $1.5\times10^{-3}\text{m}^3$.

3. 需要知道水的密度 $\rho_{水}$，测出蓄水池的半径 R、蓄水池中最低和最高水位的高度差 h_1、蓄水池距井水面的高度 h_2，电泵抽水时，通过电动机做功把电能转化为机械能.

$$Pt=m_{水}\ gh=\rho\pi R^2h_1g(h_2+\frac{h_1}{2})$$

$$P=\frac{\rho\pi R^2h_1g(h_2+\frac{h_1}{2})}{600}$$

计算过程中，完全按理想状态考虑，忽略能量的损失.

六、**1.** 该发动机的效率最高为：

$$\eta=\frac{W}{qm}=\frac{3.6\times10^6}{(4.3\times10^7)\times(240\times10^{-3})}=35\%$$

2. $P=220\text{kW}=2.2\times10^5\text{ W}$，$D=110\text{mm}=0.11\text{m}$，$l=135\text{ mm}=0.135\text{ m}$

每秒钟的做功冲程数为：$n=\frac{1}{2}\times\frac{2300\text{ r}}{60\text{ s}}=\frac{230\text{ r}}{12\text{ s}}$

设做功冲程中的平均压强为 p，则有用功率 P 为：

$$P=6nFL=6np\pi(\frac{D}{2})^2l$$

$$p=\frac{4P}{6n\pi D^2l}=\frac{4\times2.2\times10^5}{6\times\frac{230}{12}\times3.14\times0.11^2\times0.135}\text{Pa}=1.49\times10^6\text{ Pa}$$

3. 已知 $\eta_1=31\%$，$\eta_2=35\%$，$m_1=3$ 亿吨

因为安装“增压器”前后有用功是相同的，所以有：

$$\eta_1qm_1=\eta_2qm_2$$

$$m_2=\frac{\eta_1}{\eta_2}m_1$$

$$\Delta m=m_1-m_2=(1-\frac{\eta_1}{\eta_2})m_1=(1-\frac{31\%}{35\%})m_1=0.114m_1$$

$=0.114\times3$ 亿吨 ≈0.34 亿吨

4. 安装“增压器”后，仅节约柴油一项每年可为国家节约的资金为

0.34 亿吨×3750 元/吨=1275 亿元

由此可以看出，如果这项技术能得到广泛的应用，会给人类带来巨大的利益. 但是，任何新技术在实际中的应用会受到各方面条件的影响和制约. 应该说，节约和有效利用能源始终是人类需要努力的方向.

第十六届全国初中应用物理知识竞赛

初　赛

一、选择题

1. C.

罐头内的气压小于外界大气压强，用螺丝刀沿瓶盖的边沿轻轻撬几下，使一部分空气进入罐头瓶内，瓶内气压与外界大气压相等，就容易拧开.

2. C.

高压输电线路的铁塔顶端的一条(或两条)金属线是与大地相连接的，它的作用是防雷电，起到避雷针的作用.

3. B.

“傻瓜”相机的镜头采用了短焦距的镜头，由凸透镜成像原理可知，远近不同的物体成像的位置相差不大.

4. B.

录音时，声信号转化而来的电流通过磁头中的电磁铁线圈产生磁场，使磁带上的磁粉磁化，将声信号转化为磁信号记录在磁带上，其基本原理是电流的磁效应. 放音时，磁带上的磁信号通过磁头转化为电信号使扬声器发声，基本原理是电磁感应.

5. C.

二、填空题

1. 前　后　顺

2. C　B　省

后一种情况下，动力臂比阻力臂长，所以是省力杠杆.

3. 气压低(或小于 1 标准大气压)，水的沸点降低(或低于 100 ℃)　大

4. 小于　小于

轮胎磨损后，车轮直径变小，每千米车轮的转数增加，里程表记录的里程比汽车实际行驶的里程大. 汽车速度表上指示的时速比实际速度大，由 $t=\frac{s}{v}$ 可知，对整个行程所估算的行驶时间将小于实际行驶时间.

5. (1)沿直线　(2)音色　(3)红　绿　蓝

三、简答题

1. (1)庞大的白色气团是由小水珠组成的，它是由水池里的水汽化后又降温液化成小水珠飘浮在空中形成的.

(2)高温的火焰喷到水中，水吸收热量汽化成水蒸气，从而起到保护发射台的作用.

2. (1)绝缘子表面涂釉是为了使它的表面光滑，防止因长期暴露在空气中积聚灰尘、污垢而导电.

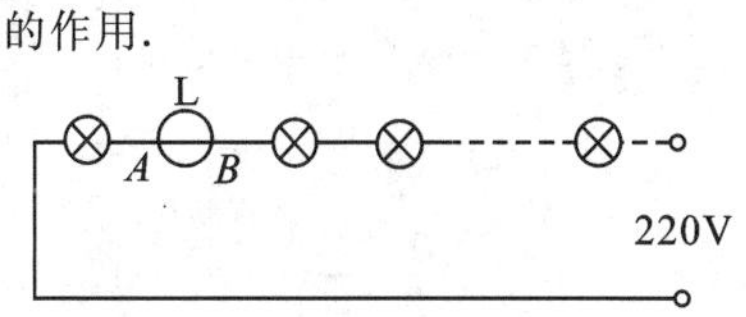

图 1

(2)制成一节节的形状是为了增大可能漏电的表面层的长度，从而增大绝缘子的电阻，减小漏电的危险.

3. 如图 1 所示，当某个小彩灯 L 的灯丝烧毁时，AB 间形成断路，220 V 电压就直接加到细金属丝与灯丝导电支架 AB 之间. 氧化层被击穿，细金属丝与灯丝导电支架导通，此时这个灯丝只相当于一段导线(如图 1)，起到连接作用，这样其他小彩灯就能继续工作. 但是每个小彩灯上的电压有一点升高，不过还不至于烧毁灯丝. 当然，烧毁的

小彩灯太多时，其余小彩灯也会因为电压过高而全部烧毁.

4. 如图 2 所示.

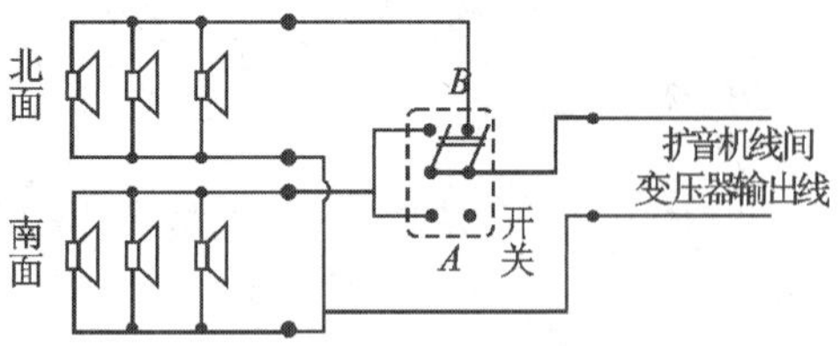

图 2

5. ①使用空心水泥砖，减少了水泥与沙石量，可以有效节约资源.

②用空心水泥砖垒墙，由于墙体内的空气为热的不良导体，使这种房子冬暖夏凉，从而节约能源.

③有隔音作用.

④不挖黏土，不破坏环境.

四、由题意可知，1 元钱可购得 2 度电或 15kg/60＝0.25kg液化气

消费 1 元钱用电烧水得到的有效热量为：

$2\times3.6\times10^6\,\text{J}\times90\%=6.48\times10^6\,\text{J}$

消费 1 元钱用液化气烧水得到的有效热量为：

$0.25\,\text{kg}\times4.2\times10^7\,\text{J/kg}\times30\%=3.15\times10^6\,\text{J}$

消费 1 元钱用电烧水比用液化气烧水得到的有效热量更多，可见用电热水壶烧水更省钱.

五、1. 设含沙量为 x，则体积为 V 的泥沙水中，沙的质量为 xV，沙的体积为 $\frac{xV}{\rho_{沙}}$，

水的体积为：$V-\frac{x}{\rho_{沙}}V$，　水的质量为：$\rho_{水}V\left(1-\frac{x}{\rho_{沙}}\right)$

水与沙的总质量为：$\rho_{水}V\left(1-\frac{x}{\rho_{沙}}\right)+xV$

泥沙水的密度：$\rho_{泥水}=\rho_{水}\left(1-\frac{x}{\rho_{沙}}\right)+x$

$=\rho_{水}+x\cdot\frac{\rho_{水}}{\rho_{沙}}x=\rho_{水}+\left(1-\frac{\rho_{水}}{\rho_{沙}}\right)x$

令 $k=1-\frac{\rho_{水}}{\rho_{沙}}$，则 $\rho_{泥水}=\rho_{水}+kx$

泥沙水的密度随含沙量 x 变化图像如图 3

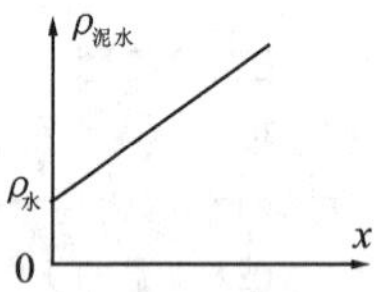

图 3

2. 依据：$\rho_{泥水}=\rho_{水}+kx$　则 $x=\frac{\rho_{泥水}-\rho_{水}}{k}$

已知 $\rho_{沙}=2.4\times10^3\ \text{kg/m}^3$

$\rho_{泥水}=\frac{40.56}{40\times10^{-3}}\ \text{kg/m}^3=1.014\times10^3\ \text{kg/m}^3$

$\frac{\rho_{水}}{\rho_{沙}}=\frac{1.0\times10^3}{2.4\times10^3}=0.417$

所以 $k=1-\frac{\rho_{水}}{\rho_{沙}}=0.583$

则 $x=\frac{\rho_{泥水}-\rho_{水}}{k}=\frac{(1.014-1)\times10^3}{0.583}\ \text{kg/m}^3=24\ \text{kg/m}^3$

六、1. 电池充满电时储存在电池内的能量

$E=UIt=3.7\,\text{V}\times2200\times10^{-3}\ \text{A}\times3600\,\text{s}=29304\,\text{J}$

每拍摄一张照片平均消耗的能量

$E_1=U_1I_1t_1=3.7\,\text{V}\times0.2\,\text{A}\times5\times60\,\text{s}=222\,\text{J}$

拍摄照片的张数 $n=E/E_1=29304\,\text{J}/222\,\text{J}=132$ 张

2. 对电池完全充电时，充电器向电池输出的电能

$W=U'It'=4.2\,\text{V}\times2200\times10^{-3}\ \text{A}\times2.5\times3600\,\text{s}=83160\,\text{J}$

充电的效率　$\eta=E/W=29304\,\text{J}/83160\,\text{J}=35.2\%$

七、1. 这台空调的能效比为

$能效比=\frac{制冷量}{输入功率}=\frac{5000\,\text{W}}{1850\,\text{W}}\approx2.7$

2. 所需的制冷量为：$Q_{冷}=S\times140\,\text{W}-180\,\text{W}=30\times140\,\text{W}-180\,\text{W}=4020\,\text{W}$

所需的制热量为：

$Q_{热}=S\times180\,\text{W}-240\,\text{W}=30\times180\,\text{W}-240\,\text{W}=5160\,\text{W}$

查表得：空调的额定制冷量为 5000 W，额定制热量为 5300 W，都略大于房间所需要的制冷量和制热量. 考虑到楼房的高度 2.7 m＞2.5 m，应适当加大功率，故这种选择是合理的.

3. 空调一个月内消耗的电能为 $W=Pt=(8.6\times220)\,\text{W}\times6\,\text{h}\times30=340.6\,\text{kW·h}$，应支付的电费为 $340.6\,\text{kW·h}\times0.5$ 元/(kW·h)＝170.3 元

八、1. 小军的观点是对的.

第①根导线可以使试电笔发光，说明是火线，一定与 B 相连；第②、③根导线不能使试电笔发光，说明不是火线，但还不能判断出到底哪根导线直接接在零线上，哪根导线接在灯泡上. 如果盲目连接，可能会将零线接在 D 上，闭合开关，就会形成短路，可能引起火灾，造成更严重的事故.

2. 具体的连线方法，有两种可能

(一)第一种可能

方法：闭合台灯开关，如果将①、②两导线小心地接在台灯的插头上(不要短路)，台灯正常发光；将①、③两导线接在台灯的插头上时，两灯均发光，但都不是正常发光，亮度都较暗. 这说明导线②是直接接在零线上并与 A 相连；导线③接在灯泡上，并与 D 相连.

理由是：台灯直接接在火线与零线上时，正常发光；与灯泡串联时，两灯功率都小于额定功率，两灯都较暗.

实际连线如图 4 所示.

(二)第二种可能

方法：闭合台灯开关，将①、②两导线小心地接在台灯的插头上，两灯均发光，但都不是正常发光，亮度都较暗；将①、③两导线接在台灯的插头上时，台灯正常发光. 这说明③导线是直接接在零线上时，并与 A 相连；导线②接在灯泡上，并与 D 相连.

理由是：台灯直接接在火线与零线上时，正常发光；与灯泡串联时，两灯功率都小于额定功率，两灯都较暗.

实际连线如图 5 所示.

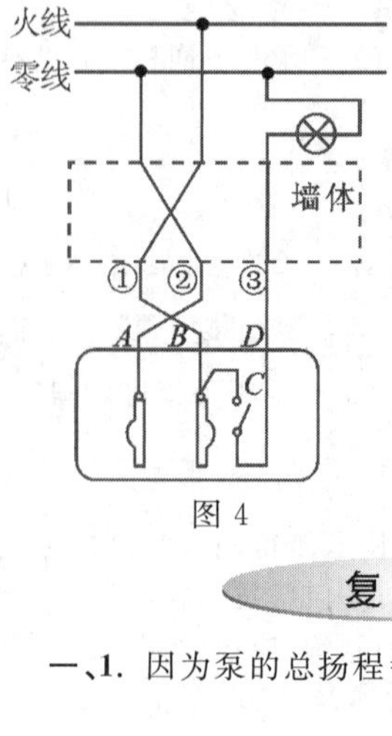

图 4

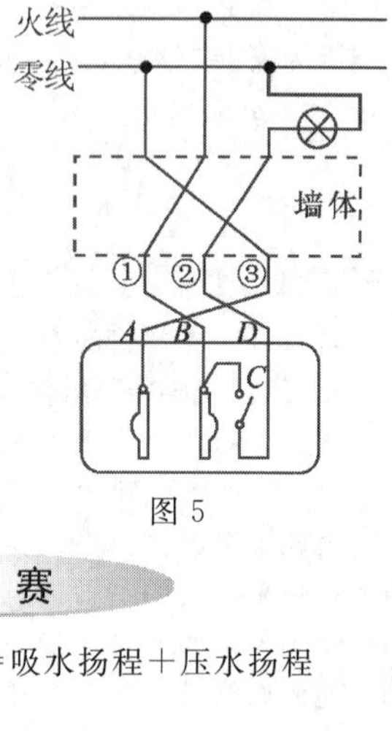

图 5

复　赛

一、1. 因为泵的总扬程＝吸水扬程＋压水扬程

离心式水泵的吸水扬程是由大气压决定的，当大气压为标准大气压时，吸水扬程实际不会超过 10 m.

所以泵不能放在 B 处，只能放在 A 处.

2. 不考虑水的动能：

①增加的势能按 13.8 m 计算：已知 $t=30\ \text{min}$，$h=13.8\ \text{m}$，$V=120\text{m}^3$，$\eta=0.6$

则 $W_{有}=mgh=10^3\times120\times10\times13.8\ \text{J}=1.656\times10^7\ \text{J}$

因为 $W_{有}/W_{总}=\eta$

所以 $W_{总}=W_{有}/\eta=1.656\times10^7\ \text{J}/0.6=2.76\times10^7\ \text{J}$

所以应购置水泵的功率为 $P_{总}=W_{总}/t=2.76\times10^7\ \text{J}/1800\ \text{s}=1.53\times10^4\ \text{W}=15.3\ \text{kW}$

②增加的势能按 15 m 计算，应购置水泵的功率为 $P_{总}=16.7\ \text{kW}$. 提供的水泵满足要求.

3. 不可行.

若离心泵至水面段用橡皮管，由于大气压作用可能将橡皮管压扁而影响正常工作.

建议离心泵至水面段用硬质管，为节约起见，泵以上水管可用软橡皮管.

二、**1.** 用细线悬挂直木棍作支点；

2. 用细线拴好矿石挂在支点的左侧，在支点的右侧挂一块石块，移动矿石和石块悬挂的位置直到木棍水平平衡；

3. 用皮尺分别量出悬挂矿石和石块的点到支点的距离为 l_1、l_2，如图 1 所示；

4. 将矿石浸没在水中，移动挂石块的位置直到木棍再次水平平衡；

5. 用皮尺量出悬挂石块的点到支点的距离为 l_3，如图 2 所示；

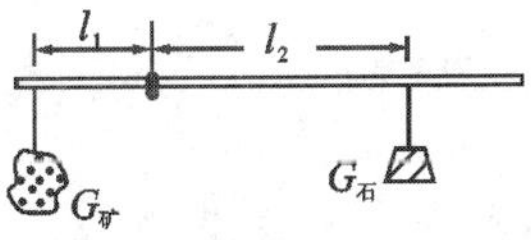

图 1

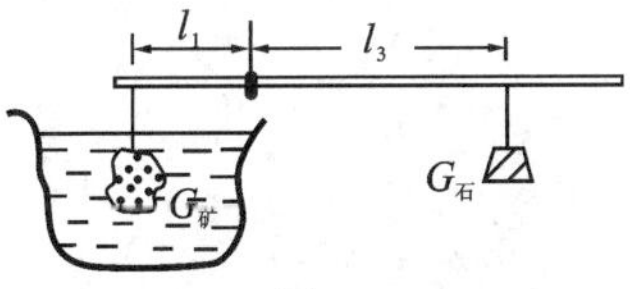

图 2

6. 推导计算矿石密度的表达式. 由杠杆平衡条件，得

$G_{矿}\ l_1=G_{石}\ l_1$　　(1)

$(G_{矿}-F_{浮})l_1=G_{石}\ l_3$　　(2)

(1)/(2)得 $\dfrac{\rho_{矿}\ gv_{矿}}{\rho_{矿}\ gv_{矿}-\rho_{水}\ gv_{矿}}=\dfrac{l_2}{l_3}$

解得 $\rho_{矿}=\dfrac{\rho_{水}\ l_2}{l_2-l_3}$

三、**1.** A 管的作用一是排气，二是溢水. 因为汽油桶改做水箱后，如果不安装 A 管排气的话，上水时会把一些空气密闭在里面，就不易将水注满；而且上方的空气还影响箱内水温的升高.

2. 阀门Ⅰ控制进入水箱的冷水；

阀门Ⅱ控制进入淋浴喷头的热水；

阀门Ⅲ控制进入淋浴喷头的冷水；

通过阀门Ⅱ、阀门Ⅲ调节进入淋浴喷头的冷热水的多少可以改变淋浴喷头喷出的水的温度.

3. 给热水器上水时，阀门Ⅰ应打开，阀门Ⅱ、阀门Ⅲ应关闭.

洗澡时，阀门Ⅰ应关闭，阀门Ⅱ、阀门Ⅲ应打开.

4. 水箱距地面高度 $h=7\times3\ \text{m}+1\ \text{m}=22\ \text{m}$

该地区的最低供水水压

$p=\rho gh+p_0=1.0\times10^3\ \text{kg/m}^3\times10\ \text{N/kg}\times22\ \text{m}+1.0\times10^5\ \text{Pa}=3.2\times10^5\ \text{Pa}$

5. $m=\rho V=1.0\times10^3\ \text{kg/m}^3\times100\times10^{-3}\ \text{m}^3=100\ \text{kg}$

$Q_{吸}=cm\cdot(t-t_0)=4.2\times10^3\ \text{J/(kg}\cdot{}^\circ\text{C)}\times100\ \text{kg}\times(45-12)^\circ\text{C}=1.39\times10^7\ \text{J}$

如果靠煤气燃烧放出这些热量，需完全燃烧的煤气

$$m=\frac{Q_{吸}}{q}=\frac{1.39\times10^7\ \text{J}}{4.2\times10^7\ \text{J/kg}}=0.33\ \text{kg}$$

四、**1.** A、B 两端直接连接在一起时($R_{AB}=0$)，调节滑动变阻器使灵敏电流表指针满偏，则指针所指处盘面上应标注的示数为 0.

2. 当 A、B 断开时，电阻应为无穷大，这时指针所指位置的示数应标∞.

3. 开关置于 2 时，且将 A、B 短接时表针满偏，则 $R+R_g+R_2=\dfrac{1.5\ \text{V}}{100\ \mu\text{A}}=15\ \text{k}\Omega$，若在 A、B 间接一电阻 R_x，且刚好使表针指在表盘中间位置，这时电路中的电流为满偏时的一半，电路中的总电阻为满偏时的 2 倍，即 $R_x=R+R_g+R_2=15\ \text{k}\Omega$，所以该挡位表盘中间示数应为 $15\ \text{k}\Omega$.

开关置于 1 时，且将 A、B 短接时表针满偏，这时电路中总电阻为

$$\frac{R_1\times(R+R_g+R_2)}{R_1+R+R_g+R_2}=\frac{15\times15000}{15+15000}=15\ \Omega$$

同理若在 A、B 间接一电阻 R_x，且刚好使表针指在表盘中间位置，这时电路中的电流为满偏时的一半，电路中的总电阻为满偏时的 2 倍，即 $R_x=\dfrac{R_1\times(R+R_g+R_2)}{R_1+R+R_g+R_2}=15\ \Omega$，所以该挡位表盘中间示数应为 $15\ \text{k}\Omega$.

4. 欧姆表表盘上的刻度是不均匀的. 理由：用 R_0 表示 A、B 短接时电路中总电阻，测量电阻 R_x 时，电路中电流 $I=\dfrac{U}{R_0+R_x}$，可见 I 与 R_x 不成正比，所以欧姆表表盘上的刻度是不均匀的.

五、**1.** 当 PTC 材料的温度 T 处于($T_0\sim T_1$)时，随着温度的升高，其电阻减小；

当 PTC 材料的温度 T 处于($T_1\sim T_2$)时，随着温度的升高，其电阻增大；

当 PTC 材料的温度 T 高于 T_2 时，随着温度的升高，其电阻减小.

2. 用 PTC 材料可以制成电热驱蚊器的发热元件，也可以制成恒温电暖器发热元件.

3. 以恒温电暖器为例：当用 PTC 材料制成的发热元件通电后温度 T 处于($T_0\sim T_1$)时，随着温度的升高，其电阻减小，因电压不变，发热功率 $P=U^2/R$ 增大，使温度更快地升高；

当发热元件温度 T 处于($T_1\sim T_2$)时，随着温度的升高，其电阻增大，因电压不变，发热功率 $P=U^2/R$ 减小，使温度升高趋缓，并保持在($T_1\sim T_2$)之间的一个温度不再上升；

当发热元件温度 T 高于 T_2 时，随着温度的升高，其电阻减小，发热功率进一步增大，使温度更快地升高，则将会烧坏发热元件.

可见，用 PTC 材料制成的发热元件的恒温电暖器，应当在环境温度低于 T_2 的条件下使用；否则会烧坏.

六、**1.** 低温挡：将 A、C 直接接入电源.

中温挡：将 A、B 或 B、C 接入电源.

高温挡：将 A、C 连接在一起后，A 与 B 接入电源上.

或连线如图 3.

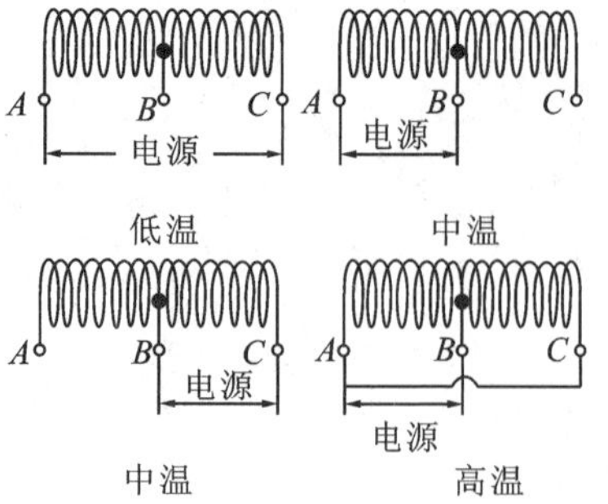

图 3

2. 设 A、C 间的电阻为 R，该火锅的低温功率：$P_{低}=\frac{U^2}{R}=200\,W$

该火锅的中温功率：$P_{中}=\frac{U^2}{R/2}=2P_{低}=400\,W$

该火锅的高温功率：$P_{高}=\frac{U^2}{R/4}=4P_{低}=800\,W$

3. 该火锅的产品铭牌(以下是至少包括的一些项目).

产品名称(1分)	利民牌电火锅(牌名可任意定)		
额定电压(1分)	～200 V		
额定功率(1分)	高温	中温	低温
	800 W	400 W	200 W
连接方法(2分)	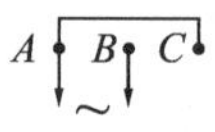	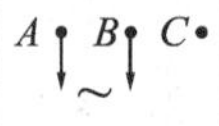 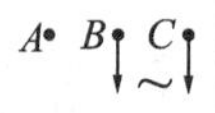	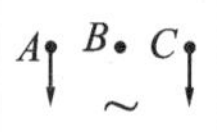

××市利民电器厂　出厂日期：2006 年 1 月 15 日

七、**1.** 手机通话的电功率 $P=10\,mW\times20=200\,mW$

根据公式 $P=UI$，可求得这部手机正常通话时的工作电流

$$I=\frac{P}{U}=\frac{200\,mW}{3.6\,V}=55.6\,mA$$

2. 这部手机的电池充电一次获得的总能量 $W_{总}=3.6\,V\times0.58\,A\times3600\,s=7516.8\,J$

累计通话时间内消耗的电能

$W_{通}=Pt_{通}=200\,mW\times1.2\,h=200\times10^{-3}\,W\times1.2\times3600\,s=864\,J$

正常使用的情况下，待机 7 天消耗的电能

$W_{待}=W_{总}-W_{通}=6652.8\,J$

由公式 $W=UIt$ 可求得这部手机的待机电流大约为

$$I_{待}=\frac{W_{待}}{Ut_{待}}=\frac{6652.8\,J}{3.6\,V\times7\times24\times3600\,s}=3.06\,mA$$

3. 因为直流电源的输出电压为 36 V，远大于被充电池的电压，所以需要串联一个阻值适宜的电阻才能充电. 另串接一只电流表，观察充电电流不超过 320 mA，以免烧坏电池.

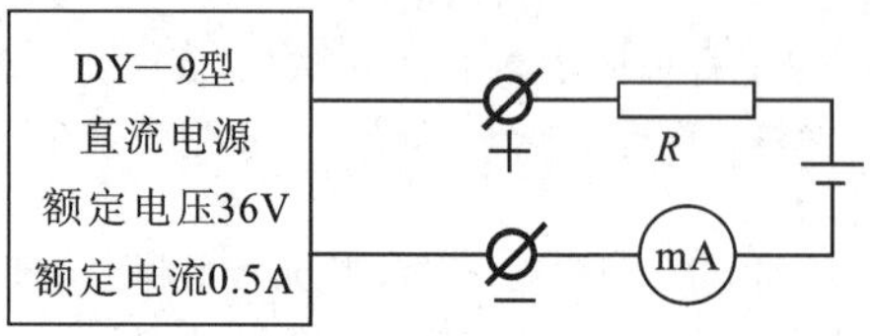

图 4

让直流电源的电流从电池正极流入、负极流出.

其电路图如图 4.

八、**1.** 从表中可知，水表的工作水压是 0.1 Mpa～0.6 Mpa，工作水压 $p=\rho gh+p_0$.

得 $h=(p-p_0)/\rho g$

$\therefore h_1=(p_1-p_0)/\rho g=(0.1\times10^6\,Pa-1.0\times10^5\,Pa)/(1.0\times10^3\,kg/m^3\times10\,N/kg)=0\,m$

$\therefore h_2=(p_2-p_0)/\rho g=(0.6\times10^6\,Pa-1.0\times10^5\,Pa)/(1.0\times10^3\,kg/m^3\times10\,N/kg)=50\,m$

所以，高度差范围是 0～50 m.

2. 从表中可知电池的容量为 2.4 Ah，静态工作电流 0.5 mA，根据公式 $I=Q/t$，

得　$t=Q/I$

$t=2.4\,Ah/(0.5\times10^{-3}\,A)=4.8\times10^3\,h=2\times10^2$ 天.

从表中可知，水表开阀或关阀时，水表通过的电流为 500 mA，电源是由两节 3.6 V 的电池串联组成，即电源两端的电压为 7.2 V，根据电功率公式：$P=UI$，

$$P=UI=7.2\,V\times0.5\,A=3.6\,W$$

3. 从表中可知，FY-25E 型热水表的常用流量为 $3.5\,m^3/h$，即该水表此时每小时流出 $3.5\,m^3$ 的水.(未考虑常用流量误差)

根据公式：$Q_{吸}=cm(t-t_0)$ 和 $Q_{吸}=\eta pt_1$

得 $P=cm(t-t_0)/\eta t_1$

代入数据得

$P=4.2\times10^3\,J/(kg\cdot℃)\times3.5\,m^3\times1.0\times10^3\,kg/m^3\times(50℃-20℃)/(80\%\times3600\,s)=1.53\times10^5\,W$

从题中已知，煤的热值是 $3\times10^7\,J/kg$，根据公式：$Q_{放}=pt_2$ 和 $Q_{吸}=qm$

得 $Pt_2=qm$，$m=Pt_2/q$

代入数据后，得

$m=1.53\times10^5\,W\times24\times3600\,s/(3\times10^7\,J/kg)=440.6\,kg$

4. 从表中可知，FY-15E 型热水表的常用流量为 $1.5\,m^3/h$；水表报警时，剩余水量为 $2\,m^3$，用完这 $2\,m^3$ 水后关阀.

还可使用的时间＝剩余水量/常用流量，即

$t=2\,m^3/(1.5\,m^3/h)=1.33\,h$(未考虑常用流量误差)

5. 从表中可知，FY-20E 型热水表的过载流量为 $5\,m^3/h$，出水口的口径为 20 mm，

水表的最大流速＝过载流量/出水口的横截面积

即 $v=(5\,m^3/h)/\pi(D/2)^2$

$\therefore v=5\,m^3\div[3.14\times(20/2)^2\times10^{-6}\,m^2\times3600\,s]$

$=4.4\,m/s$

第十七届全国初中应用物理知识竞赛

初　赛

一、选择题

1. B.

飞机起飞时前轮先离开地面，飞机不仅获得较大的升力，还能保持飞机的平衡，使飞机能安全起飞. 飞机降落时后轮先接触地面，能平安降落，保持飞机的平衡.

2. C.

图中几种形状的叶片，只有 C 图中的叶片在转动时不平衡，转动时会引起较强的振动.

3. D.

对蔬菜进行脱水，就是使蔬菜中的水分汽化. 水沸腾的温度跟外界气压有关，气压降低，沸点降低，真空环境的气压很低，因而大大降低了水的沸点，使蔬菜中的水迅速汽化，从而实现脱水.

4. D.

热水袋的表面的长条状橡胶突起部分，减小热水袋与人体的直接接触面积，降低热水袋的放热速度，实现缓慢放热.

5. A.

这种取水灌溉方式是利用了虹吸现象. 水管上端管口 A 处高于水管下端管口 B，即两端水面存在压强差. 使用时先将管道中灌满水，以排出管中的空气. 两管口的高度差越大，管道中的水流得越快.

二、填空题

1. (1)水　(2)会

招手时，手的振动频率很低，所发出的波动频率也很低，不在鱼的听觉范围内

2. (1)蒸发　液化　(2)南　光沿直线传播

3. 减小　增大

4. 升华　凝华

5. (1)尽可能地反射阳光　稳固油罐，增大容积

(2)比热容　降温

三、简答题

1. 吸管插入药液瓶后，由于饮料吸管的外壁光滑，它与药液的橡胶瓶盖紧密接触，空气不能进入，因此很难“吸”上药液；而药液吸管的外壁是有棱的(或凸凹不平)，利于空气的进入，药液在大气压的作用下被压入口中.

2. 使用电炉，消耗的是电能，是否省电，不能只看电功率的大小. 假设不考虑热量散失和其他能量损失，将同样的一壶水从 20℃加热到 100℃需要吸收的热量是相同的，消耗的电能也相同，只是用 800 W 加热的时间比用 1200 W 的时间更长一些.

但是，实际上用电炉给水壶加热的同时，也在散热，由于使用 800 W 电炉加热的时间更长，散失的热量也就更多，所以要同样加热到 100℃，所需要的电能也会更多，故他的想法是不合理的. 所以，在用户电度表允许承受的范围内，购买电功率大一些的电炉更为合算.

3. 水蒸气遇冷才能凝结成小水珠形成“哈气”，司机采取的措施都是从抑制气体液化的条件入手的.

在冬季，司机用暖风提高挡风玻璃的温度，使水蒸气不能在挡风玻璃上液化而形成“哈气”.

在夏季下大雨时，车外温度较低，关闭车窗后，车内温度较高，挡风玻璃的温度较低，车内水蒸气在挡风玻璃上遇冷可以凝结形成“哈气”；此时打开空调制冷，使车内温度低于挡风玻璃的温度，车内水蒸气不能在挡风玻璃上液化，从而起到预防“哈气”产生的作用.

4. (1)其他条件相同的情况下，管子直径越大，越难产生泡泡.

(2)液体的种类、液体的浓度(或者液体的温度、蘸有液体的多少、吹泡泡用力的大小等).

(3)以液体浓度为猜想的设计方案：

①往盛有相同水量的两个水杯中分别加入不同量的洗衣粉并搅拌均匀；

②用一根管子在其中一只杯中蘸一下，用力吹气，观察泡泡产生情况；

③用相同的管子，在另一杯中蘸同样多的液体，用同样大小的力吹气，观察泡泡产生情况.

5. (1)扩大散热面积(或与空气接触面积).

(2)连通器中的同样液体，静止时的液面是相平的.

(3)管道沿竖直方向便于变压器中的导热油形成对流，增强散热能力.

(4)若变压器油箱中的导热油装得满满的，则发热膨胀的导热油会把变压器胀破，造成事故.

四、在电路连接无误的情况下，可以对电路进行有关计算. 当触头 P 滑至 a 端时，电热毯直接与电源相连，其两端的电压 U_x 即为电源两端的电压，即 $U_x=6\,\text{V}$；当触头 P 滑到 b 端时，电热毯与 R 串联后接在电源上，电热毯与 R 共同分担电源两端的电压.

此时若 $R_x \gg R$，则电热毯两端的电压 U_x 远大于滑动变阻器两端的电压 U_R，即 $U_x \approx U$，因此会发生不论如何调整触头 P 的位置，R_x 两端电压 U_x 几乎不变的现象. 可见，小明实验中不能有效地改变电热毯两端的电压值，是由于电热毯的电阻远大于变阻器总电阻的缘故.

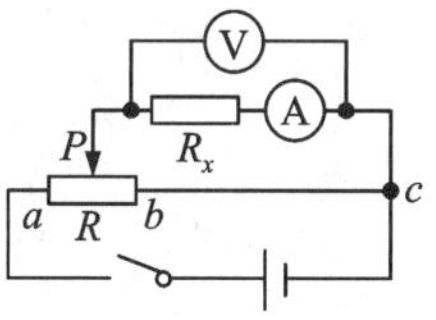

图 1

在不更换实验器材的情况下，可以将电路连接成图 1 所示的结构. 即在原电路图所示的电路中，从滑动变阻器的 b 端向电源负极连接一根导线 bc. 这样，当 P 滑至 a 端时，$U_x=6\,\text{V}$；当 P 滑至 b 端时，R_x 被导线 bc 短路，$U_x=0\,\text{V}$. 从而实现了 R_x 上的电压值由 0 V 至 6 V 的大范围变化.

五、1. 不考虑电池内阻，当挡住由挡 A 挡射向 R_1 的光线时，R_1 增大.

(1)因为 $I=\dfrac{U}{R_1+R_2}$，所以 I 减小.

R_1 两端的电压 $U_1=U-IR_2$，因为 I 减小，所以 U_1 增大.

(2)光敏电阻 R_1 上消耗的功率 $P_1=\dfrac{U_1(U-U_1)}{R_2}$，因为 $U_1+(U-U_1)=U$ 为一定值.

所以，当 $U_1=U-U_1$ 时，$U_1(U-U_1)$ 有最大值，P_1 有最大值. 即 $R_1=R_2$ 时，P_1 有最大值.

所以，当 R_1 增大时，R_1 上消耗的功率 P_1 要变小.

2. $t=\dfrac{s}{v}=\dfrac{(101-1)\times 0.5\,\text{m}}{1\,\text{m/s}}=50\,\text{s}$

3. 平均客流量为：$k=\dfrac{(101-1)\text{人}}{50\,\text{s}}\times 20\%\times 60\,\text{s}$

$=24\ \text{人/min}$

六、1. 应补上一个单向阀门，位置如图 2 所示.

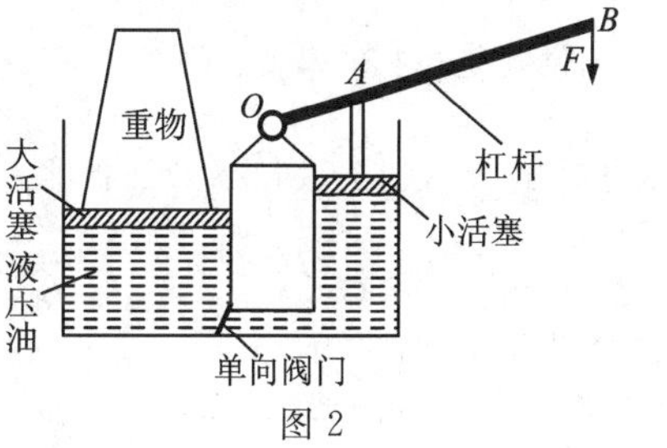

图 2

2. 要把重物顶起来，大活塞所做的功应为：

$W_{大}=Gh=mgh=300\,J$

维修人员做的功应为：$W_F=\frac{W_{大}}{\eta}=\frac{300\,J}{80\%}=375\,J$

维修人员消耗的平均功率为：$P_F=\frac{W_F}{t}=\frac{375\,J}{60\,s}=6.25\,W$

重物被匀速顶起时，大活塞对重物的支持力 $F_{大}=mg=1.0\times10^4\ N$

因为大活塞的面积 $S_{大}=8S_{小}$，所以作用在小活塞上的力

$$F_{小}=\frac{S_{小}}{S_{大}}F_{大}=\frac{1}{8}\times1.0\times10^4\ N=1250\,N$$

又因为杠杆上的 $OA=\frac{1}{5}OB$，液压千斤顶的机械效率 $\eta=0.8$，

所以维修人员加在 B 端的力 F_B 的大小应为：

$$F_B=\frac{OAF_{小}}{OB\eta}=\frac{1250}{5\times0.8}N=312.5\,N$$

七、**1.** 图3为供电和用电的电路图.

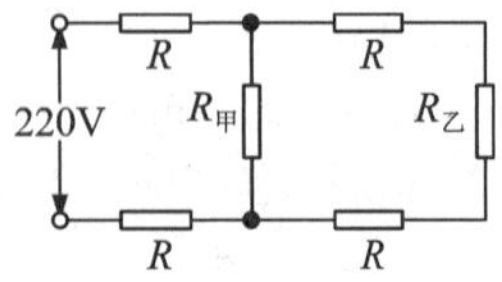

图3

2. 两户都用电时，线路中的总电流最大为

$$I_{总}=\frac{P_{总}}{U}=\frac{4\,kW\times2}{220\,V}=36.4\,A$$

查表可知，应选用横截面积为 $4\,mm^2$ 的铜芯橡皮绝缘线

3. 每 50 m 长的铜导线的电阻为 $R=4.25\times10^{-3}\times50=0.21\,\Omega$

每个用户用电器的总等效电阻为 $R_{甲}=R_{乙}=\frac{U^2}{P_{甲}}=\frac{U^2}{P_{乙}}=\frac{220^2}{4000}=12.1\,\Omega$

全院的总等效电阻为 $R_{总}=2R+\frac{R_{甲}(R_{乙}+2R)}{R_{甲}+R_{乙}+2R}=6.3\,\Omega$

干路电流为 $I'_{总}=\frac{U}{R_{总}}=\frac{220}{6.3}=34.9\,A$

甲用户两端的电压为 $U_{甲}=U-I'_{总}R=220-34.9\times0.21=212\,V$

乙用户两端的电压为 $U_{乙}=\frac{U_{甲}}{R_{乙}+R}R_{乙}$

$$=\frac{212}{12.1+0.21}\times12.1$$

$$=208\,V$$

乙用户消耗的功率为 $P_{乙}=\frac{U_{乙}^2}{R_{乙}}=\frac{208^2}{12.1}=3.58\times10^3\ W$

八、**1.** 当供电电压是36V，通过的电流是10A时，可供电 1h.

2. 因电动自行车匀速行驶，故发动机提供的牵引力与阻力相等：

$F=f=0.02\times(m_1+m_2)g=0.02\times(70\,kg+40\,kg)\times10N/kg=22\,N$

20 min 内自行车通过的路程为 $S=vt=6\,m/s\times20\times60\,s=7200\,m$

电动机对自行车做的功 $W_{有}=FS=22\,N\times7200\,m$

$=1.584\times10^5\,J$

电流所做的总功为 $W_{总}=\frac{W_{有}}{\eta}=\frac{1.584\times10^5\ J}{0.8}=1.98\times10^5\ J$

通过线圈的电流 $I=\frac{W_{总}}{Ut}=\frac{1.98\times10^5\ J}{36\,V\times20\times60\,s}=4.58\,A$

3. 电动自行车每行驶 100 km 耗电的费用

$2\times0.6\,kW\cdot h\times0.5$ 元/(kW·h)＝0.6 元

摩托车每行驶 100 km 耗油的费用 2.5L×5.1 元/L＝12.75 元

比较可知，每行驶 100 km 的路程，电动自行车比摩托车的费用低很多. 所以使用电动自行车更经济.

4. 摩托车工作时要排出废气并产生噪声，对环境污染较大.

电动自行车工作时虽然不排尾气且无噪声，但目前市场上销售的电动自行车使用的大多是铅酸蓄电池，使用一年左右就需更换. 这种电池腐蚀后溢出含铅和酸性的物质对土壤和人体健康危害很大. 铅是一种具有神经毒性的重金属，会对人的大脑造成损伤，导致中枢神经功能低下，神经及行为功能异常.

5. 电动自行车和汽车的客运效率分别用 η_1、η_2 表示，则

$$\frac{\eta_1}{\eta_2}=\frac{1\times30}{10^6}\times\frac{320\times10^6}{4\times100}=24:1$$

复　赛

一、**1.** 因为光源消耗的功率为：$P_{光源}=U_{光源}I_{光源}=24\,V\times10\,A=240\,W$

鼓风机消耗的功率为：$P_{风机}=U_{风机}I_{风机}=220\,V\times0.1\,A=22\,W$

所以这台投影仪消耗的总功率为：$P=P_{光源}+P_{风机}=240\,W+22\,W=262\,W$

2. 若光源采用串联电阻降压，这时所选用的电阻 R 应分担的电压为：

$$U_R=U_{电源}-U_{光源}=220\,V-24\,V=196\,V$$

通过所选用的电阻 R 的电流为：$I_R=I_{光源}=10\,A$

所选用电阻的阻值应为：$R=\frac{U_R}{I_R}=\frac{196\,V}{10\,A}=19.6\,\Omega$

所选用电阻消耗的功率为：$P_R=I_R^2R=(10\,A)^2\times19.6\,\Omega=1960\,W$

3. 因为所选用电阻消耗的功率为 1960 W，远大于投影仪正常工作时所消耗的功率；同时电阻上消耗的 1960 W，将产生大量热量，实际使用中很难有效地解决散热问题，因此容易烧毁投影仪. 所以，这台投影仪的光源不宜采用串联电阻降压.

4. 只要同学提出的定性文案合理，即可给满分，例如可采用变压器变压的方法等.

二、**1.** 因为李老师的骑车速度为：$v=36\,km/h=10\,m/s$

李老师上学校所用的时间为：$t=\frac{s}{v}=\frac{1000\,m}{10\,m/s}=1\times10^3\ s$

摩托车所做的功应为：$W=pt=6\times10^3\ W\times1\times10^3\ s=6\times10^6\ J$

所用的汽油放出的热量应为：$Q=W$

所以李老师上学校时须用去汽油的质量为：

$$m=\frac{Q}{q}=\frac{6\times10^6\ \text{J}}{4.5\times10^7\ \text{J/kg}}=0.133\ \text{kg}$$

所用汽油的体积为：$v=\frac{m}{p}=\frac{0.133\ \text{kg}}{0.7\times10^3\ kg/m^3}=0.19\times10^{-3}\ \text{m}^3=0.19\ \text{L}$

所以，李老师上学校应花去油费为：4.90 元/L×0.19L=0.93 元

2. 单独从 $t=S/v$ 和 $W=Pt$ 来考虑，在功率 P 不变的情况下，提高车速可以减小发动机所做功，好像可以省油.但根据 $W=FS$ 和 $P=W/t$ 可得，$P=Fv$. 也就是说，在行驶阻力不变的情况下，提高车速 v，必然导致发动机的功率 P 增大.

所以单纯靠提高车速并不一定能减小发动机所做的功，达到省油的目的.

三、1. (1)由表 1 中第一行的数据可知：停车距离=思考距离+制动距离，所以第二行的停车距离 15 m+38 m=53 m

(2)思考距离=行驶速度×反应时间

已知：$v_1=45\ \text{km/h}=12.5\ \text{m/s}$，$S_{11}=9\ \text{m}$，

所以，反应时间 $t=S_{11}/v_1=0.72\ \text{s}$

反应时间 t 相等，$v_3=90\ \text{km/h}=25\ \text{m/s}$，

所以，$S_{13}=v_3t=25\ \text{m/s}\times0.72\ \text{s}=18\ \text{m}$

第三行的制动距离=停车距离－思考距离=74 m－18 m=56 m

表 1

	速度 v/(km/h)	思考距离 S_1/m	制动距离 S_2/m	停车距离 S_3/m
1	45	9	14	23
2	75	15	38	53
3	90	18	56	74
4	105	21	76	97

2. (1)从表格中的数据可以看出，行驶的速度越快，思考距离、制动距离也越长，导致停车距离也更长，当然更容易导致交通事故.

(2)根据思考距离=行驶速度×反应时间，酒后驾车反应时间比不饮酒的反应时间要长一些，因此，思考距离也要长一些，导致停车距离也更长一些，当然也就更容易出现交通事故.

四、1. 中国，China；防水，防触电，防摔打或易破损；

2. 适用的电源条件是 100 V～240 V、频率为 50 Hz～60 Hz 的交流电源；

3. 由 $P=UI$ 得耗电功率范围是 100 W～96 W；

(100 V×1.0 A=100 W，240 V×0.4 A=96 W)

4. 由 $\eta=P_{输出}/P_{输入}$ 得供电的效率在 79.8%～83.1% 之间；

($P_{输出}=19\ \text{V}\times4.2\ \text{A}=79.8\ \text{W}$，$P_{输入}$ 分别为 100 W、96 W)

5. 不对；一定要拔下输入端的插头，否则适配器的初级电路通电，仍在耗电.

五、1. 因为圆筒漂浮在水面上，所以有 $F_浮=G=mg$

又据阿基米德原理 $F_浮=\rho_水 gV_排$

所以 $\rho_水 gV_排=mg$，$V_排=m/\rho_水$

筒内气体的总体积 $V=V_排+SH=m/\rho_水+SH$

2. 如题图 2，筒外水面比筒内水面高出高度为 $h=V_排/S=m/(\rho_水 S)$

由分析得：

筒内气体压强为 $p=p_0+\rho_水 gh=p_0+\rho_水 gm/(\rho_水 S)=p_0+mg/S$

3. 他的肺活量为

$V=V_排+SH=m/\rho_水+SH=200\ \text{g}/(1\ \text{g/cm}^3)+200\ \text{cm}^2\times18\ \text{cm}=3800\ \text{cm}^3$

$=3800\ \text{mL}$

肺活量体重指数$=\frac{肺活量}{体重}=\frac{3800}{60}=63(\text{mL/kg})$

六、1. 每秒钟通过的空气流的长度为：$L=vt=10\ \text{m/s}\times1\ \text{s}=10\ \text{m}$

每秒钟通过风车轮叶形成的圆面空气流的体积为：

$V=SL=600\ \text{m}^2\times10\ \text{m}=6\times10^3\ \text{m}^3$

空气流的质量为：$m=\rho V=1.3\ \text{kg/m}^3\times6\times10^3\ \text{m}^3=7.8\times10^3\ \text{kg}$

1 台风车工作 1 s 获得的空气的动能为：

$E_0=7.8\times10^3\ \text{kg}\times50\ \text{J/kg}=3.9\times10^5\ \text{J}$

10 台风车工作 1 s 获得的空气的动能为：

$E=10E_0=10\times3.9\times10^5\ \text{J}=3.9\times10^6\ \text{J}$

10 台风车工作 1 s 产生的电能为：

$E_电=Pt=60\ \text{W}\times2\times3600\ \text{S}=4.32\times10^5\ \text{J}$

风车发电的效率为：

$$\eta=\frac{E_电}{E}\times100\%=\frac{4.32\times10^5\ \text{J}}{3.9\times10^6\ \text{J}}\times100\%=11\%$$

2. 100 台风车 1 s 获得的风能为 $E'_0=100\times12\times10^4\ \text{J}=1.2\times10^7\ \text{J}$

100 台风车一年获得的风能为

$E_总=4000\times3600\times1.2\times10^7\ \text{J}=1.728\times10^{14}\ \text{J}$

如果这些能量是由完全燃烧煤来获得，则煤的质量应为：

$$m=\frac{E_总}{q}=\frac{1.728\times10^{14}\ \text{J}}{3\times10^7\ \text{J/kg}}=5.76\times10^6\ \text{kg}$$

3. 风力发电的实际困难为：

风力不稳定，前期投资大，导致风力发电成本较高等.

前景：随着技术不断成熟，成本下降较快，有望低于火力发电成本；风力发电对环境几乎没有污染等.

七、1. 据题意 $U=I_1(R_{x1}+R_0)$

$U=I_2(R_{x2}+R_0)$

将 $I_1=0.24\ \text{A}$，$R_{x1}=20\ \Omega$，$I_2=0.5\ \text{A}$，$R_{x2}=7\ \Omega$ 代入

联立解得 $U=6\ \text{V}$，$R_0=5\ \Omega$

据题意 $U=I_3(R_{x3}+R_0)$，

$$R_{x3}=\frac{U}{I_3}-R_0=\frac{6\ \text{V}}{0.6\ \text{A}}-5\ \Omega=5\ \Omega$$

2. 对于圆柱形金属体 $pS-p_0S=mg$

$$m=\frac{pS-p_0S}{g}=\frac{(2.5\times10^5\ \text{Pa}-1\times10^5\ \text{Pa})\times0.2\times10^{-4}\ \text{m}^2}{10\ \text{N/kg}}$$

$=0.3\ \text{kg}$

八、1. 定值电阻 R_0 起到分压限流、保护电路元件的作用.

2. 设地磅上放质量为 m 物体时，轻弹簧缩短 x，则有

$x=\frac{mg}{F}l$

此时滑动变阻器的电阻值：

$$R_x=R-\frac{mglR}{FL}=\left(1-\frac{mgl}{FL}\right)R$$

电流的表达式：$I=\frac{U}{R_x+R_0}=\frac{U}{\left(1-\frac{mgl}{FL}\right)R+R_0}$

由表达式可看出：I 与 m 之间不存在正比例关系，所以，用此表显示 m 值的刻度是不均匀的.

3. 这样改进仍不好.

因为电压表示数：

$$U_x=U-IR_0=U-\frac{U}{\left(1-\frac{mgl}{FL}\right)R+R_0}\times R_0$$

所以，这个电路中，电压表的示数大反而表示所测物体的质量小，而且刻度仍然是不均匀的.

4. 改造如图 1 所示

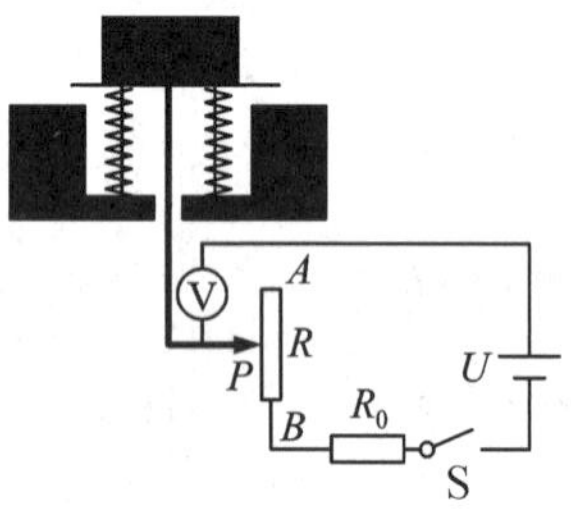

图 1

$$U_x=\frac{U}{R+R_0}\times\frac{mglR}{FL}=\frac{UglR}{(R+R_0)FL}\times m$$

因此 U_x 与 m 成正比，所以刻度值是均匀的，而且电压表的示数大表示所测物体的质量也大，符合人们的习惯.

第十八届全国初中应用物理知识竞赛

初　赛

一、选择题

1. B.

轮胎内的空气充足时，轮胎胀紧，振动时频率较高，音调较高.轮胎中充气不足时，轮胎较松，振动频率较低，音调较低.

2. C.

物体在平面镜中所成的像与物体关于平面镜对称.要求眼睛与视力表相距 5 m，视力表的像应在镜后 3 m 处，由物像对称可知，视力表到平面镜的距离为 3 m.

3. A.

光在同种均匀介质中是沿直线传播的，在光纤通信中，光信号是靠光纤壁不断地反射传播的.

4. D.

水结冰时体积变大，其膨胀产生的压力把铝膜与钢罐紧紧地压牢在一起.

5. D.

高压输电线与变压器之间安装有避雷器，在遇到雷击的电压时是导体，将雷电及时转移到大地，避免损坏输电设备.在通常电压下是绝缘体，使高压输电线与变压器能正常工作.

二、填空题

1. 杠杆　轮轴

2. 21.4 m/s

3. 压强　使瓶内保持一定的气压(与大气相通)

4. 电磁感应　法拉第

5. (1)用不同金属丝组成闭合回路　　两连接点之间有温度差

(2)制成温度计.(将图 7 中的 G 端焊接在一起作为热电耦的测量端放到被测温度 t 处，保持 D 端接点温度 t_0 稳定.并将灵敏电流表盘按温度刻度，即可用来测温度.)

三、简答题

1. (1)做瓶盖撬：应用了杠杆的知识，是一个省力杠杆.

(2)做挤压钳：应用了压强和摩擦力的知识.挤压齿尖且参差不齐，不仅通过减小受力面积的方法增大了压强，还通过增加表面粗糙程度的方法增大了摩擦力，既利于挤压果壳，又避免坚果滑落.

(3)做剪刀：应用了杠杆的知识.

(4)做罐头盖(或瓶盖)撬：应用了杠杆的知识.这是一个以与瓶盖接触的点为支点的省力杠杆.

(5)做削皮刀：应用了压强的知识.

2. 有三个要点：

(1)物体动能的大小是由速度和质量决定的，所以在质量一定时，速度越大动能越大.

(2)虽然鸽子飞行速度不大，但飞机起飞后的速度很大，所以飞机与鸽子之间的相对速度很大.

(3)鸽子相对于飞机所具有的动能很大，它对飞机的破坏力也就很大.

3. (1)利用平面镜成像的特点可知，镜中刻度尺的像与镜面上的刻度尺之间的距离等于镜厚的 2 倍.根据该距离的大小，就可估测镜子的厚度.

(2)以图中的刻度尺为测量标准，刻度尺与其在镜中的像之间的距离约为 6 mm，所以镜厚为 3.0 mm(误差在 ±0.5 mm内均给满分).

4. 汽车前灯装有横竖条纹的玻璃罩相当于一些小棱镜；灯泡发出的光经反射镜反射后形成近似平行光向前射去，通过灯罩上的这些小棱镜折射后分散到需要的各个方向上，使光柔和地照亮汽车前进的道路、路边的景物及路标和里程碑，从而确保行车安全.同时可以增加玻璃罩的机械强度，使其更坚实.

5. 对酒料加热，酒料吸热温度升高，汽化加快；

酒气上升至小锅底部遇冷液化，形成液体“地瓜酒”附在小锅底部；

在重力作用下积聚到小锅底部，滴入导管并沿导管流到大杯中.

四、1. 此装置应用了压强、浮力、连通器、力的平衡等物理知识.

2. 以 ABC 为一整体进行受力分析：

ABC 整体受到重力、水箱及其中的水向下的压力和向上的浮力.

当浮球受到的向上的浮力大于底盖 A、竖杆 B 和浮球 C 受到的重力及水箱中的水对底盖 A 向下的压力的合力时，底盖 A 会顶住水箱的出水孔，不再有水从水箱流入饮水池.

底盖 A、竖杆 B 和浮球 C 受到的重力 $G=mg=(600\times10^{-3}\ kg+400\times10^{-3}\ kg)\times10\ N/kg=10\ N$.

水箱中蓄满水时，由公式 $p=\rho gh$ 及 $p=F/S$ 得：

水箱中的水对底盖 A 向下的压力

$F=\rho ghS=1.0\times10^3\ kg/m^3\times10\ N/kg\times0.6\ m\times30\times10^{-4}\ m^2=18\ N$

由阿基米德原理，可得浮球受到的最大浮力

$F_{浮}=\rho_{液}\ gV_{排}=1.0\times10^3\ kg/m^3\times10\ N/kg\times2\times10^{-3}\ m^3=20\ N$

因为在水箱中蓄满水时，浮球受到的最大浮力(20 N)小于底盖 A、竖杆 B 和浮球 C 受到的重力及水箱中的水对底盖 A 向下的压力的合力(10 N+18 N=28 N)，所以，这个自动装置在水箱蓄满水时不能正常工作.

3. 第一种情况：从上述计算过程可以看出，该自动装置能正常工作的条件是要保证浮球受到的向上的浮力不小于底盖 A、竖杆 B 和浮球 C 受到的重力及水箱中的水对底盖 A 向下的压力的合力. 因此浮球受到的重力(质量)、浮球的体积、底盖 A 和竖杆 B 受到的重力、出水孔横截面积的大小等都是影响此自动装置能否正常工作的因素.

第二种情况：要使这个自动装置在水箱蓄满水时仍能正常工作，可以采取的改进措施有：①适当减小出水孔的横截面积；②适当降低水箱蓄满水时的水位高度；③保持浮球质量不变的情况下，适当增大浮球的体积；④在保持浮球体积不变的情况下，适当减小浮球的质量.

五、1. 有五个挡位：A 挡：当旋钮上的箭头指向图中位置 A 或 F 时；B 挡：当旋挡上的箭头指向图中位置 B 或 G 时；C 挡：当旋钮上的箭头指向图中位置 C 或 H 时；D 挡：当旋钮上的箭头指向图中位置 D 或 I 时；E 挡：当旋钮上的箭头指向图中位置 E 或 J 时.

2. A 挡：R_1、R_2 并联连入电路，电路的总电阻最小，为最大功率挡

$P_1=U^2/R_1+U^2/R_2=(220\ V)^2/60\ \Omega+(220\ V)^2/120\ \Omega=1210\ W$

B 挡：只有 R_1 接入电路，为较大功率挡

$R_2=U^2/R_1=(220\ V)^2/60\ \Omega=806.7\ W$

C 挡：R_1、R_2 串联连入电路，电路的总电阻最大，为最小功率挡

$R=R_1+R_2=60\ \Omega+120\ \Omega=180\ \Omega$

$P_3=U^2/R_2=(220\ V)^2/180\ \Omega=268.9\ W$

D 挡：只有 R_2 接入电路，为较小功率挡

$P_1=U^2/R_2=(220\ V)^2/120\ \Omega=403.3\ W$

E 挡：空挡，接此挡时功率为零

六、1. 核裂变

2. 根据速度公式有 $h=v\times t/2=1450\times(0.146/2)\ m=106\ m$

3. 设至少需要 N 个浮力袋才能把潜艇拉离海底

潜艇受到重力、浮力和浮力袋的拉力，要使潜艇浮起，潜艇受到的浮力和浮力袋的拉力之和必大于潜艇受到的重力(浮力袋的质量与潜艇的质量相比可忽略)

潜艇受到的浮力 $F_{浮1}=\rho_{水}\ gV_{排}=\rho_{水}\ gm/\rho_{船}$

潜艇受到的浮力袋的拉力可近似为(如果学生回答是考虑了浮力袋的质量，同样给分)

$F_{浮2}=\rho_{水}\ gNV_0$

为了使潜艇能上浮，至少应满足：$F_{浮1}+F_{浮2}=mg$

即 $\rho_{水}\ gm/\rho_{船}+\rho_{水}\ gNV_0=mg$，解得：$N=1.2\times10^3$ 只

七、1. 手机的最大工作电流 $I=P/U=2\ W/4.1\ V=0.49\ A$

按最大工作电流 0.49 A 计算，手机可放电 0.67/0.49=1.37 小时. 所以在 300 min 的通话时间内手机的平均功率是 $P=(P_{max}\times1.37)/5=0.55\ W$

或者 $P=W/t=(4.1\times0.67\times60\times60)/(300\times60)=0.55\ W$

2. ①降低手机的发射功率(如 CDMA 手机的最大发射功率是 0.2 W)

②减少通话时间

③用耳机和小麦克风通话使手机离开头部远一些，减少对于头部的伤害

3. 这则消息叙述的事实是不能实现的.

以一个鸡蛋的质量为 50 g 计算，因为鸡蛋的主要成分是水，所以比热和水差不多，设煮熟鸡蛋的温度升高最大约为 80 ℃.

即煮熟一个鸡蛋相当于把 50 g 水加热温度升高 80 ℃需要吸收的热量：

$Q_{吸}=cm\Delta t=1.68\times10^4\ J$

两个手机通话，根据(1)的计算，其发射微波的平均功率可取 0.55 W，那么通话 65 min，提供的能量大约是 $4.3\times10^3\ J(0.55\ W\times65\times60\ s\times2=4290\ J)$. 即使按最大功率 2 W 计算，手机也只能提供大约是 $1.56\times10^4\ J$ 的能量. 考虑到手机是向四面八方发射电磁波，设各个方向的强度是大致相同的. 鸡蛋所接受的电磁波只可能是手机发射电磁波中的很小一部分(小于 1/6). 因此手机不可能把鸡蛋煮熟，网站的消息是虚假的.

复 赛

一、1. 恒温箱温控系统是由交流电加热电路和直流控制电路组成，适当调节变阻器 R_2 的阻值，利用热敏电阻 R_1 的性能和阻值等使该系统能保证恒温箱的温度保持在预设的温度范围内，工作过程如下：

当恒温箱内的温度达到或者超过预设之最高温度时，热敏电阻 R_1 的阻值下降，直流控制电路中电流增大，电磁继电器吸合衔铁，切断交流加热电路，恒温箱开始降温.

当恒温箱内的温度低于预设之最低温度时，热敏电阻 R_1 的阻值增大，直流控制电路中电流减小，电磁继电器释放衔铁，交流加热电路接通，恒温箱又开始升温.

如此反复接通和断开交流加热电路，使恒温箱的温度保持在预设温度范围内.

2. 恒温箱的加热器应接在 A、B 端.

这样温度高于预设最高温度时，电磁继电器的衔铁吸合，停止加热；而温度低于预设温度时，电磁继电器的衔铁断开，进行加热. 这样才能实现温度控制.

如果加热器在 C、D 两端，当温度高于预设温度时，R_1 的阻值减小，电磁继电器的衔铁吸合，加热器继续工作，温度将更高，这样就无法实现恒温控制.

3. 电磁继电器吸合时的电流为 30 mA，则控制电路的总电阻为

$R_{总}=R_1+R_2=200\ \Omega$

控制 90 ℃时，由曲线图可知，$R_1=50\ \Omega$，可变电阻值应为

$$R_2=200\,\Omega-50\,\Omega=150\,\Omega$$

控制150℃时，由曲线图可知，$R_1=30\,\Omega$，可变电阻值应为

$$R_2=200\,\Omega-30\,\Omega=170\,\Omega$$

所以，要选一个能提供150 Ω～170 Ω阻值的可变电阻器，选择B即可满足上述阻值要求，又能便于调节，故选用B即可.

4. 小明设计的这个电路，从理论上讲控制的只是一个固定的温度值，这样使用时，就会出现恒温箱内温度在某一固定值附近时，电磁继电器频繁通断的现象，这对电磁继电器和加热器电路的使用寿命是十分不利的. 为了解决这个问题，可以设想制造一种继电器，当已经达到了预设的温度时，继电器达到吸合电流值(如此题中的30 mA)，这种继电器可以延长一段时间或限时到规定时间才吸合，从而断开被控制电路. 当低于预设的温度时，通过继电器的电流小于吸合电流值，这种继电器同样可以延长一段时间或限时到规定时间才释放衔铁. 从而实现继电器和加热电路有一个较长的稳定工作状态，达到既能实现恒温控制又能延长使用寿命的目的.

二、**1.** 铭牌中的"额定压力"与单位"MPa"不一致，应改为"额定压强"，单位不变.

2. 10　0.2　0.37

3. 设恒力F作用在水上，使水移动了距离L，则F对水做的功

$$W=FL$$

而$F=pS$，所以

$$W=FL=pSL=pV$$

清洗机正常工作10 min，清洗机喷出的水的体积为

$$V=20\,\text{L/min}\times 10\,\text{min}=0.2\,\text{m}^3$$

清洗机对水做功

$$W=pV=5\,\text{MPa}\times 0.2\,\text{m}^3=1.0\times 10^6\,\text{J}$$

4. 清洗机消耗的电能

$$W_{电}=Pt=2.2\,\text{kW}\times 10\,\text{min}=1.32\times 10^6\,\text{J}$$

该清洗机正常工作时的效率

$$\eta=W/W_{电}\times 100\%=75.8\%$$

三、**1.** 在管中A点附近取一截面，截面右侧水管ABC段中的水温高，密度$\rho_{A右}$较小；

水经暖气片放热后，温度降低，所以水管CDA段中的水温较低，密度$\rho_{A左}$较大；

根据液体压强公式$p=\rho gh$，A截面左侧CDA段中的水产生的压强大于右侧ABC段水的压强，因此水管中的水会按逆时针方向流动.

同时安装水管时又有一定的坡度，即D端高、A端低，为水的逆时针流动创造了有利的条件.

2. 当水管中有空气时，气泡会沿管道向上移动，并汇集在最高处，包括管道中向上凸起的部分、暖气片的顶部等处.

如果汇集的气体过多，会形成气柱，隔断了水管中的水，阻碍水的流动，从而影响用热水供暖的效果.

3. 水箱中的水位一定要高于整个循环水路的最高点，才能在整个循环水路中灌满水. 否则循环水路中就会有空气，水就不能正常流动，从而影响用热水供暖的效果.

四、**1.** (1)亮　亮　不亮

(2)亮　亮　不亮　亮　不亮　亮

2. $Q_{有}=c\rho V(t_1-t_0)=3.15\times 10^5\,\text{J}$

$$Q_{总}=600\,\text{W}\times 10\times 60\,\text{s}=3.6\times 10^5\,\text{J}$$

$$\eta=Q_{有}/Q_{总}=87.5\%$$

3. 当电水壶处于自动状态下，水未沸腾前，保温指示灯与ST双金属片温控器并联，且ST双金属片温控器处于联通短路状态，所以保温指示灯被短路不亮.

4. 由$P=U^2/R$得电水壶正常工作时其加热电阻的阻值

$$R=U^2/P=80.7\,\Omega$$

保温状态时，通过电热器的电流

$$I=U/(R+R_{L2}+R_2)<U/R_2=2.2\times 10^{-3}\,\text{A}$$

就以这个电流计算，保温状态时电热器的发热功率为

$$P=I^2R=3.9\times 10^{-4}\,\text{W}$$

即可以近似认为不发热. 所以保温状态下的水温逐渐降低.

五、**1.** 如题图5为例说明输液过程：

开始时瓶中气体的压强大约是1个大气压，药瓶吊在高处，从瓶中液面到插在病人血管中的针头处有相当大的高度差，这段液柱产生的压强使针头处药液的压强较大，大于血管中的压强，药液自动流入血管.

药液流出使瓶中的(一定质量的)气体体积变大，压强降低，瓶中气体压强小于大气压，大气压强将空气从进气管压入瓶中，使瓶中空气的压强基本上保持在1个大气压(一个大气压相当于10.3 m高水柱产生的压强，而在输液情况下液面升降幅度不足0.2 m，可见压强相当稳定)，使药液均匀地流下.

2. 甲瓶的药液先流完.

因为甲、乙、丙三瓶采用串联的方式，其工作情况是这样的：

药液从丙瓶中流下，丙瓶中空气体积增大、压强下降，乙瓶中空气将乙瓶中药液压入丙瓶补充，使丙瓶液面保持不变.

药液从乙瓶中流至丙瓶后，乙瓶中空气体积增大、压强下降，甲瓶中空气将甲瓶中药液压入乙瓶补充，使乙瓶液面保持不变.

药液从甲瓶中流至乙瓶后，甲瓶中空气体积增大、压强下降，大气压将外界空气压入甲瓶，甲瓶中液面下降.

液体如此流动，直到甲瓶的药液全部流完，这时甲瓶中空气与外界直接连通，连接甲、乙两瓶的管子相当于甲瓶当初的进气管.

以后的过程是药液从丙瓶流入血管，乙瓶中药液流入丙瓶补充，空气流入乙瓶，直至乙瓶中药液流完，乙瓶与大气直接连通. 然后才是空气直接进入丙瓶，直到丙瓶中药液逐渐流完.

3. 收集数据和计算步骤如下：

①从药瓶上的刻度读出瓶中药液的体积V_1

②当某一滴药液刚好落下时数"0"开始计时，当数到第"n"个液滴滴下时停止计时，记下所用时间t_0

③算出一个液滴下落的时间间隔为：$T=t_0/n$

④记下完成一瓶滴注的时间t

⑤算出一瓶药液的总滴数$N=nt/t_0$

⑥算出每滴药液的体积为：$V_0=V/N=Vt_0/(nt)$

⑦则每滴药液的质量为$m=\rho_{水}V_0=\rho_{水}Vt_0/(nt)$

上述估算中两处作了近似处理：

①把药液的密度看作水的密度.②忽略了输液结束时瓶中残留的药液.

六、1. 这台发动机在最大功率时 1 min 内发动机做的有用功

$W_{有}=74\times10^{3}\ W\times60\ s=4.44\times10^{6}\ J$

在 1 min 内转动 5200 r，吸入汽油和空气的混合气 2600 次

1 min 内发动机消耗汽油的质量为：

$m=\rho V=1.35\ kg/m^{3}\times1.8\times10^{-3}\ m^{3}\times\frac{10}{9}\times2600\times\frac{1}{15}=0.47\ kg$

1 min 内汽油完全燃烧放出的热量

$W_{总}=0.45\ kg\times4.6\times10^{7}\ J/kg=2.07\times10^{7}\ J$

这台发动机在最大功率时的热机效率

$\eta=W_{有}/W_{总}=21\%$

2. 汽车以最高时速 175 km/h 前进 100 km 所用时间：

$t=s/v=100\ km/175\ km/h=34.3\ min$

汽车每行驶 100 km 的耗油质量为

$m'=0.47\ kg/min\times34.3\ min=16.1\ kg$

汽车每行驶 100 km 的耗油体积为

$V'=m'/\rho=16.1\ kg/0.71\ kg/L=22.7\ L$

第十九届全国初中应用物理知识竞赛

初 赛

一、选择题

1. B.

光纤(光导纤维)的结构是很细很细的玻璃丝(不是导体，也不是热的良导体)，通常数条光纤一起敷上保护层，制成光缆，激光在光缆内发生反射，由于光的频率很高，在一定时间内可以传递大量信息."光纤通信"是现代通信的一种重要方式，具有传输信息量大、速度快、抗干扰能力强等优点.现代四大通信方式：微波通信、卫星通信、光纤通信和网络通信.

2. C.

影响蒸发快慢的因素有：温度、液体表面积.液体表面空气流动快慢，还与空气的湿度有关，即温度越高，表面积越大，空气流动越快，空气的湿度越小，则蒸发越快.反之，温度低，表面积小，空气流动慢，空气的湿度增大，蒸发变慢.当洒水车刚刚洒水后地面的水分迅速蒸发，地面附近的空气湿度急剧增加，水蒸气笼罩在人体的周围，因此人身上的汗液蒸发变慢.

3. B.

将两者打毛，形成许多细小的凹凸纹理，这样有两个作用：第一，清洗脏物；第二，增大表面积.但主要是后者.表面锉毛后涂上胶水再互相压紧，接触面积至少有数倍的增加.这样使它们之间的接触面积大大增加，易于充分发挥胶水的黏合作用，从而增大了车胎与胶的附着力便于黏合得牢固.

4. D.

车辆行驶过程中，车厢外表面由于和空气摩擦而带电，因为带电体具有吸引轻小的物体灰尘的性质.汽车的轮胎是绝缘的橡胶，和铁轮的火车相比更不容易把电荷导入地下，这样汽车车身积累的电荷会不断增多，因而容易吸附灰尘.

5. C.

因为大多数物体都具有热胀冷缩的特性，即温度升高时体积增大，降低时体积缩小，因此用长木条将水泥路面间隔成一段段的距离，能起到预防温度升高时水泥受热膨胀导致路面胀破，路面损坏；至于在路面上划出一道道的横线，是为了增大路面的粗糙程度，来增大车胎与地面的摩擦力的作用.

6. D.

当用力向用户管道口 Y 内吹气，并迅速将 U 形管的一端 Y 与用户管道口 Y 相连接，那么通过 U 形管中的水柱封闭了用户管道口 Y 内气体，由于用户管道口 Y 内气体的压强大于外界压强，因此水柱呈现出一段高度差，显然，如果用户管道口 Y 封闭不严，会有气体泄漏，那么管道口 Y 内气体的压强将减小，因而水柱高度差变小.

二、填空题

1. 由高变低

这种现象称为多普勒效应.

2. 1 倍焦距，红外线

照相机成像原理：当物距大于 2 倍焦距时，成倒立缩小的实像，实像位于 1 倍焦距与 2 倍焦距之间，并靠近 1 倍焦距.任何物体都发射红外线，只不过温度越高，发出红外线的强度越大.

3. 压强，重心

压力一定时，受力面积越大，压强越小，这样建成的房子就不易下陷；加大了房子底座的重力，因此整座房子的重心降低，加上支撑底座面积增大，因此，整座房子的稳定性大大增加，提高了抗震性.

三、简答题

1. (1)水结冰后，体积会变大.(2)豆腐中含有水，冰冻以后，豆腐中的小冰块把整块豆腐挤压成蜂窝状.(3)待冰熔化成水后，就留下了许多孔洞.

2. (1)①此插头允许通过的最大安全电流为 10 A，能够承受的最大安全电压为 250 V；②地线；③火线；④零线.

(2)①接地插脚比其他两脚稍长一些，这样当将插头插入插座的瞬间，用电器的金属外壳首先接地，然后用电器跟火线、零线连通.②而当拔下插头时，用电器先与火线、零线断开，最后金属外壳再与地线断开.③保证在插入和拔下插头的瞬间，即使用电器的外壳"漏电"，也不会使人触电.

3. (1)因日常用水不是纯净水，含有杂质，会导电，湿手拔插电源插头容易触电.

(2)若水箱中无水，通电后热水器的温度会快速持续上升，直至损坏热水器.

(3)在气温低于 0℃的寒冷季节，长时间停用热水器，热水器中的水会因结冰而体积变大，容易胀破热水器.

4. (1)若秤砣磨损了，则称量时游砣需放在刻度偏大的位置，台秤才能平衡，所以称量结果与实际质量相比偏大.

(2)若调零螺母的位置比正确位置向右多旋进一些，则秤盘中需放一定质量的物体，才能在游砣指零的情况下使台秤平衡.然后再把待测货物放入秤盘中，平衡时货物质量等于称量质量，此时称量质量小于秤盘中两物体质量之和，所以称量结果与实际质量相比偏小.

5. (1)确定 C、E 为同一导线的两端.

(2)为了弄清另两根导线的两端，可连接 A 和 C，测通器的一端必须与 E 相连，若另一端接 F，小灯泡发光，则 BD 为同一根导线，AF 为同一根导线；若不发光，则 AD 为同一根导线，BF 为同一根导线.（也可以让另一端接 D，若小灯泡发光，则 BF 为同一根导线，AD 为同一根导线；若不发光，则 AF 为同一根导线，BD 为同一根导线.）

6.（1）装修时墙壁内的电路是错误的，如图 1 所示. 当卫生间"浴霸"灯的开关 S_1 断开，床头灯开关 S_2 闭合，"浴霸"灯 L_1 和床头灯 L_2 是串联的，因为"浴霸"灯与床头灯的额定电压相同，"浴霸"灯的额定电功率远大于床头灯的额定电功率，所以"浴霸"灯灯丝电阻远小于床头灯灯丝电阻，当"浴霸"灯与床头灯串联时，"浴霸"灯的电功率将远小于床头灯的电功率，几乎不发光，而床头灯接近正常发光.

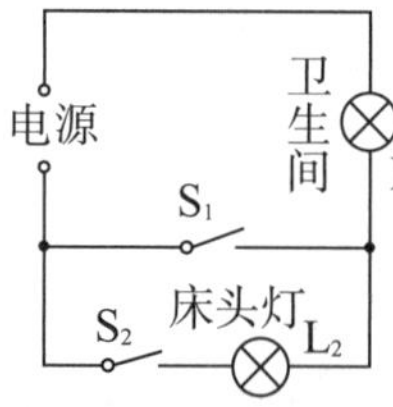

图 1

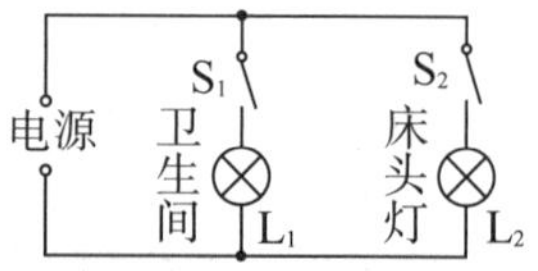

图 2

(2)如果不想让上述奇怪现象出现，床头灯的开关能正常控制床头灯的亮灭，正确的电路图如图 2 所示.

四、1. 这些水需吸收热量：$Q=cm(t_2-t_1)=4.2\times10^3\times3\times(100-20)\text{J}=1.0\times10^6\text{ J}$

2. $1.0\times10^6\text{ J}=0.28$ 度

可以节省电费：$0.28\times(0.48-0.30)\times30$ 元 $=1.5$ 元

五、1. 太阳能电池板工作一天（按 8 h 计算）吸收的太阳能：

$$E=7.2\times10^4\times0.3\times8\times60\text{ J}=1.04\times10^7\text{ J}$$

照明灯工作 10 h 消耗的电能：

$$W=Pt=40\times10\times3600\text{ J}=1.44\times10^6\text{ J}$$

$$\eta=\frac{W}{E}=\frac{1.44\times10^6\text{ J}}{1.04\times10^7\text{ J}}=14\%$$

2. 在相同的时间内（20 年）进行比较：

白炽灯（或节能灯）工作总时间：$20\times365\times10\text{ h}=73000\text{ h}$

使用白炽灯情况：

需要的灯数 73000/1000=73（盏）

购买白炽灯的费用 73×2.0 元 $=146$ 元

白炽灯所消耗的电能：

$$W=Pt=0.2\times73000\text{ kW·h}=14600\text{ kW·h}$$

需交电费：146000×0.5 元 $=7300$ 元

共计费用：146 元 + 7300 元 = 7446 元

使用太阳能照明灯情况：

需要的灯数 73000/8000=10（盏）

购买节能灯的费用 10×20 元 $=200$ 元

共计费用：1500 元 + 200 元 = 1700 元

7446 元 > 1700 元

这说明，使用这种太阳能照明灯比使用这种白炽灯在经济上有很大优势.

六、1. 石块的作用是使浮力秤能够竖直地漂浮在水中.

石块受到的重力远大于空饮料瓶受到的重力，所以浮力秤的重心较低，并低于浮力的作用点，如图 3 所示，当浮力等于重力时，浮力秤将竖直漂浮在水中.（如果没有石块，整套装置的重心将会高于浮力的作用点，在浮力和重力的作用下，浮力秤容易歪倒，难以竖直漂浮在水中.）

2. 质量的刻度是均匀的.

设被测物体的质量为 m，饮料瓶圆柱状部分的半径为 r，在浮力秤中放入被测物体后，瓶身浸入的深度增加值为 h，则：

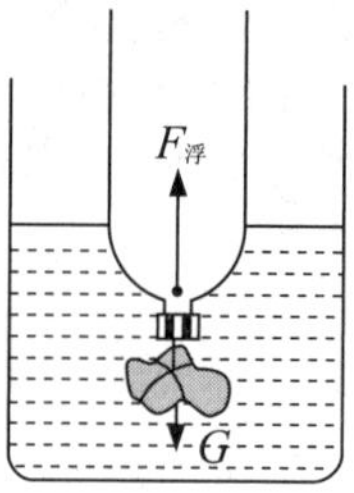

图 3

浮力秤再次漂浮时，增大的浮力等于增大的重力：$F_浮=G$

即：$\rho_水 g\pi r^2 h=mg$

可得：$h=\dfrac{m}{\rho_水 \pi r^2}$

因为 $\rho_水$、π、r 为定值，所以 h 与 m 成正比，该浮力秤质量的刻度是均匀的.

3. 因为 $h=\dfrac{m}{\rho_水 \pi r^2}$，所以 $m=\rho_水 \pi r^2 h$

其中 $\rho_水=1.0\times10^3\text{ kg/m}^3$，$r=4.0\text{ cm}$，$h_1=1\text{ cm}$，$h_2=2\text{ cm}$，$h_3=3\text{ cm}$，$h_4=4\text{ cm}$.

代入以上数据，可得对应 1、2、3、4 各刻度线的质量值应标记为 50 g、100 g、150 g、200 g，如图 4 所示.

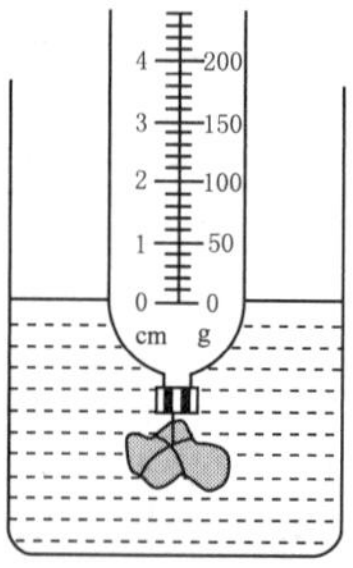

图 4

七、1. 灶前沼气压强 $p=\rho_水 gh_水=1.0\times10^3\text{ kg/m}^3\times10\text{ N/kg}\times0.06\text{ m}=6.0\times10^2\text{ Pa}=0.6\text{ kPa}$

因为 $p>0.5\text{ kPa}$，因此可以使用这个沼气池中的沼气来正常烧火做饭.

2. 可采取的措施有：

通过进料口向沼气池中加水、加料或向水压池中加水等. 如果通过进料口向沼气池中加适量的热水，则效果更佳.

3. 一般说来，燃气灶正常工作时，燃气的燃烧是很充分的，我们可以视为燃气完全燃烧，再把当时的大气压看作是 1 标准大气压.

水吸收的热量：$Q_吸=c_水 m_水 \Delta t_水=4.2\times10^3\times2.5\times(100-20)\text{ J}=8.4\times10^5\text{ J}$

燃气灶所放出的热量：$Q_放=Pt=4.0\times10^3\times10\times60\text{ J}=2.4\times10^6\text{ J}$

右炉烧水的效率：

$$\eta=\frac{Q_吸}{Q_放}\times100\%=\frac{8.4\times10^5}{2.4\times10^6}\times100\%=35\%$$

4. 提高燃气灶热效率的设想如下：

适当选用额定热流量较大的炉具以缩短加热时间，从而缩短向环境散热的时间，以减少热损失；及时清除水壶底部的水垢，以加快热传递；烧水时，水壶最好加盖.

复 赛

一、1. 电磁波的速度：$c=3\times10^8\text{ m/s}$

因为：$c=\lambda f$

所以：$\lambda=c/f=(3\times10^8)/(2450\times10^6)\text{ m}=0.12\text{ m}$

2. 加热 1 袋牛奶需要消耗的电能：

$$W=Pt=1300\times60\text{ J}=7.8\times10^4\text{ J}$$

加热 10 袋牛奶需要消耗的电能：

$$W_总=7.8\times10^4\times10\text{ J}=7.8\times10^5\text{ J}=0.22\text{ kW·h}$$

加热 10 袋牛奶需要电费：$0.22\times0.5=0.11$ 元

3. 一袋牛奶被加热至适宜饮用的温度需吸热：

$$Q_吸=cm(t_2-t_1)=4.2\times10^3\times200\times10^{-6}\times1.0\times10^3\times(50-10)\text{ J}=3.36\times10^4\text{ J}$$

该微波炉在加热牛奶时的效率：

$\eta = Q_{吸}/W = (3.36\times10^4)/(7.8\times10^4) = 43\%$

二、1. 由图1可知，当锅内温度为120℃时，锅内压强 $p=1.8\times10^5$ Pa

此时限压阀受力：$F_0+G=F$

设安全阀的质量为 m，则有：$p_0S+mg=pS$

可得：

$$m=\frac{(p-p_0)S}{g}=\frac{(1.8\times10^5-10^5)\times3.14\times(2\times10^{-3})^2}{10}\text{kg}$$
$$=0.1\text{kg}=100\text{g}$$

所以，应该买质量为100g的限压阀.

2. 如果买了另一种质量为60g的限压阀，使用时会出现锅内的最高气压值偏小，锅内温度不能达到120℃的后果.

三、1. 还需要测量三个轮子的半径：大齿轮（主动齿轮或轮盘）半径 R_1、小齿轮（被动齿轮或飞轮）半径 R_2、后轮半径 R_3.

推导自行车速度的表达式：

设大齿轮、小齿轮和后轮的转动周期分别为 T_1、T_2 和 T_3.

可得：大齿轮边缘的速度：$v_1=\frac{2\pi R_1}{T_1}$　小齿轮边缘的速度：$v_2=\frac{2\pi R_2}{T_2}$

后轮边缘的速度：$v_3=\frac{2\pi R_3}{T_3}$

因为：$v_1=v_2$，$T_2=T_3$，

所以，自行车前进的速度：$v=v_3=\frac{2\pi R_1R_3}{R_2T_1}$

2. 设摩擦小轮的速度为 n_0，可得：

$$n_0=\frac{v_3}{2\pi R_0}=\frac{15}{3.6\times2\times3.14\times0.01}\text{r/s}=66.3\text{r/s}$$

即当自行车的车速达到15km/h时，摩擦小轮的转速：$n_0=66.3$ r/s

3. 因为自行车脚踏板的周期 $T_1=2$ s，且 $R_1=8.0$ cm、$R_2=3.4$ cm，$R_3=33$ cm

所以自行车前进的速度：

$$v=\frac{2\pi R_1R_3}{R_2T_1}=\frac{2\times3.14\times0.08\times0.33}{0.034\times2}\text{m/s}=2.44\text{m/s}$$
$$=8.8\text{km/h}$$

可能原因：①自行车辐条不紧，导致车圈在行驶过程中为椭圆；②车胎内气不足，导致车胎与地面接触部分到车轴距离小于所测车轮半径；③自行车实际行驶路径与测量长度的路径不重合；④大齿轮、小齿轮、后轮半径测量的不准；⑤行驶过程中脚踏板的周期很难保证为2s.

四、1. 煮好一锅这样的豆浆需要消耗电能：

$$W=W_1+W_2=P_1t_1+P_2t_2$$
$$=800\times\left(8\times60+2\times60+400\times\frac{60}{60+20}\right)\text{J}+180\times4\times15\text{J}=730800\text{J}$$

2. 电能表应当转过的圈数：

$$n=\frac{730800\times360}{3.6\times10^6}\text{圈}=73\text{圈}$$

3. 不相符.

猜想：(1)某些电器在关闭开关后，仍处于待机状态，消耗电能；(2)家庭电路电压偏低，豆浆机实际功率偏小；(3)在制作豆浆过程中，豆浆机向环境散热；(4)电能表存在误差；(5)小兰记录存在误差；(6)导线发热消耗电能.

五、1. 通常情况下，由于湿棉纱上的水蒸发吸热，使湿温度计的测温泡温度低于周围大气温度，进而湿温度计的示数比干温度计的示数稍低.

2. 先分别读取干、湿两支温度计的示数 t_1、t_2，然后转动内盘，当内盘上的温度值 t_1 与外盘上的温度值 t_2 对准时，"相对湿度"的箭头所指数值即为相对湿度值.

3. (1)C.

(2)理由如下：中午将内盘干温度计26℃刻度转到湿温度计22℃刻度线对齐，内盘转过的角度为 θ_1，晚上将内盘干温度计16℃刻度转到与湿温度计12℃刻度线对齐，内盘转过的角度为 θ_2，由题图4丙可得，$\theta_1<\theta_2$，所以表示相对湿度的箭头在中午指示的相对湿度较大.

六、1. 挖成题图5所示的深坑好处如下：

(1)少挖土方：挖成题图5所示的深坑要比挖成题图6乙、丙所示的深坑少挖土方，这样可以少做功，避免人力浪费，提高劳动效率.

(2)便于施工：施工人员更易于从题图5所示的坑里向外取土.

(3)省力省功：用题图5所示的深坑埋水泥电线杆，与用题图6甲所示的深坑埋水泥电线杆相比，不必将电线杆沿竖直方向直立在地面上，重心上升高度小，施工时既省力又省功.

(4)施工安全：用题图5所示的深坑埋水泥电线杆，施工人员只需从有斜坡的方向扶住水泥电线杆就行了，水泥电线杆不会向其他方向倾倒，施工比较安全.

2. (1)若将这种电线杆埋入题图5所示的坑中，电线杆就位后的情况如图1所示.

设竖起电线杆的过程中，在细端所用拉力为 F_1

在图1中，电线杆粗端伸入坑口的距离为 $2.3\text{m}-0.3\text{m}=2.0\text{m}$

进而：$O_1A_1=10.0\text{m}-2.0\text{m}=8.0\text{m}$　$O_1B_1=4.0\text{m}-2.0\text{m}=2.0\text{m}$

电线杆重：$G=mg=600\times10\text{N}=6000\text{N}$

根据杠杆平衡条件，有：$F_1\times O_1A_1=G\times O_1B_1$

解得：$F_1=\frac{G\times O_1B_1}{O_1A_1}=\frac{6000\times2.0}{8.0}\text{N}=1500\text{N}$

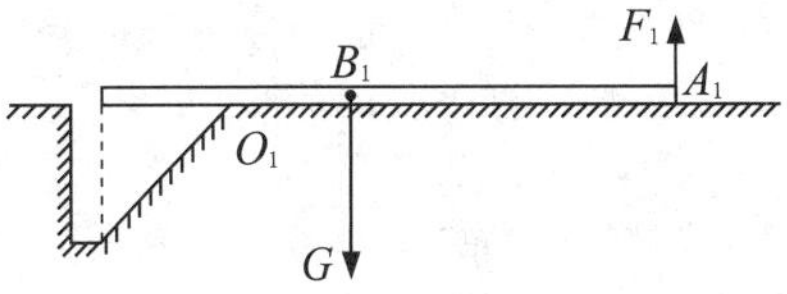

图1

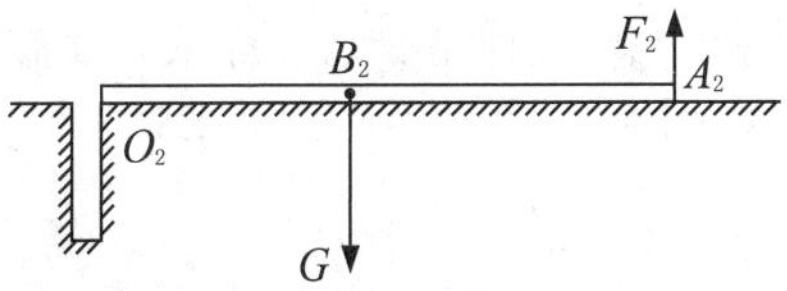

图2

(2)若将这种电线杆埋入图6甲所示的坑中.电线杆就位后的情况如图答2所示.

设竖起电线杆的过程中，在细端所用拉力为 F_2

在图答2中：$O_2A_2=10.0\text{m}$　$O_2B_2=4.0\text{m}$

根据杠杆平衡条件，有：$F_2\times O_2A_2=G\times O_2B_2$

解得：$F_2=\frac{G\times O_2B_2}{O_2A_2}=\frac{6000\times4.0}{10.0}=2400\text{N}$

3. 在图 1 中，电线杆重心升高：$h_1=4.0\text{ m}-2.0\text{ m}=2.0\text{ m}$

人们对电线杆做功：$W_1=Gh_1=6000\times2.0\text{ J}=12000\text{ J}$

在图 2 中，电线杆重心升高：$h_2=4.0\text{ m}$

人们对电线杆做功：$W_2=Gh_2=6000\times4.0\text{ J}=24000\text{ J}$

第二十届全国初中应用物理知识竞赛

初　赛

一、选择题

1. C.

2009 年 10 月 6 日，瑞典皇家科学院在斯德哥尔摩宣布，将 2009 年诺贝尔物理学奖授予英国华裔科学家高锟以及美国科学家威拉德·博伊尔和乔治·史密斯. 瑞典皇家科学院说，高锟在“有关光在纤维中的传输以用于光学通信方面”取得了突破性成就，他将获得今年物理学奖一半的奖金，共 500 万瑞典克朗（约合 70 万美元）；博伊尔和史密斯发明了半导体成像器件——电荷耦合器件（CCD）图像传感器，将分享今年物理学奖另一半奖金.

2. B.

飞机在飞行过程中排出的暖湿气体遇冷空气液化成小液滴（小水珠、雾）.

3. C.

雪中掺杂盐即为混合物，使雪的熔点降低，易于熔化.

4. C.

因为大多物体具有热胀冷缩的特性，即温度升高，体积膨胀，温度降低，体积缩小. 因此暴露在外面的热管留有一定的长度就可以避免管道因热胀冷缩导致的损坏.

5. D.

在手掌上涂抹“镁粉”，因为“镁粉”具有吸收水分的功能，故能增加手和器械表面的摩擦而防止打滑；又因为“镁粉”是细小的颗粒，能起到手与接触物体直接的衬垫作用，相当于在中间添加了一层“小球”做“滚动摩擦”；同时填平手掌的褶皱和纹路，使手掌与器械的接触面积增大，将握力变得更加实在和均匀.

6. A.

秒针顺时针走，当到达“九”时阻力臂最大（就好像一个重物平举时最费力）再往上又逐渐变小.

7. B.

由拍“半身照”变为拍“全身照”，像变小了，因此像距变小. 而物距保持不变，那么焦距得变小才行.

8. D.

利用通电导体周围存在磁场来判断. 用细棉线系住被磁化的缝衣针中间，然后靠近导线，若缝衣针转动，则表明有电流.

9. A.

因为闪电与雷声是同时产生的，但由于光速（3×10^8 m/s）远远大于声速（340 m/s），故往往忽略看到光的时间. 这里不能选 B，因为雷声在传播的过程中逐步消失；不能选 D，因为每次闪电的位置不一定相同，所以求平均值的方法没有意义.

10. A.

手把的动力臂大于阻力臂，而夹爪的动力臂小于阻力臂，故手把是省力杠杆，夹爪是费力杠杆.

二、简答题

1. (1) 将灯头拆下，将电灯接线盒内的两根导线接在一起. (2) 把开关接线盒拆掉，换作插座接线盒，将连接开关的两根导线接在插座对应位置. (3) 电路图如图 1 所示.

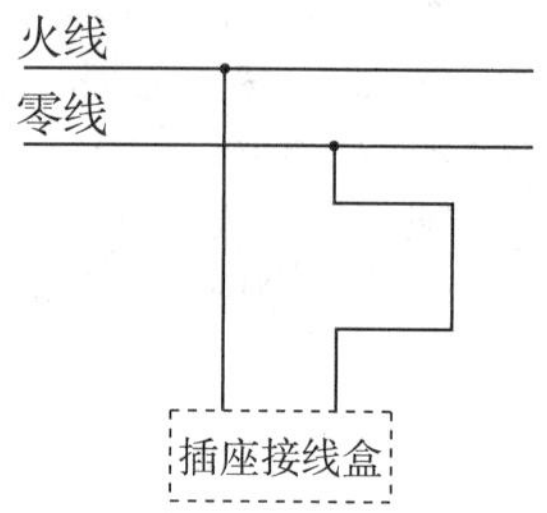

图 1

2. (1) 温度低的空气密度大，冷风从车顶吹进来后，快速下沉，结合窗口送风可使整个车厢温度很快均匀降低. (2) 温度高的空气密度小，热风从下部吹进来后，快速上升，结合车顶送风可使整个车厢温度很快均匀升高.

3. (1) 锅体两侧火焰相同，在相同时间内，汤料吸收的热量近似相同. (2) 但由于红汤一侧液面上方有一层油，使蒸发减慢，带走的热量较少. (3) 两边汤料的质量，主要成分以及初温几乎相同，所以红汤温度升高得快，首先沸腾.

4. (1) 孔①是挂刀孔，用此孔把菜刀挂在墙（或支架）上；(2) 孔②为透气孔，在切菜的时候，透气孔中的空气会在菜片和菜刀之间形成隔离层，避免大气压将菜片直接压紧在菜刀上而增加切菜阻力；同时菜片和菜刀之间的空气可使菜片脱落而不粘刀.

5. (1) 迅速降低高度；(2) 这样转体可使翅膀下方空气流速大于上方空气流速；(3) 根据流速大的地方压强小、流速小的地方压强大的规律，灰鹅受到的向下的压力大于向上的压力，从而使灰鹅受到空气的压力的合力方向向下，有助于灰鹅迅速降低高度，躲避强风，使飞行更安全.

6. (1) 物体表面颜色越浅，反射热辐射的能力越强，进行热辐射的能力越差；物体表面颜色越深，反射热辐射的能力越弱，进行热辐射的能力越强. (2) 石油液化气在罐中贮存，本身不产生热，其温度升高主要是因为吸收来自环境中通过热辐射传递的热量，因此，为了避免温度升得过高，将其表面漆成银白色，增强其反射热辐射的能力，减少吸收的热量. (3) 正常运行中的电力变压器，会有极少部分的电能转化为内能，导致其温度升高，当变压器的温度比环境温度高时，将其漆成颜色很深的灰黑色，有利于将热量通过热辐射的方式传递到环境中，从而避免自身温度升得过高.

三、**1.** 黑光诱虫灯发出的“光”的频率：$f=\frac{c}{\lambda}=\frac{3\times10^8\text{ m/s}}{365\text{ nm}}=0.82\times10^{15}\text{ Hz}$，由于 $0.82\times10^{15}\text{ Hz}>0.75\times10^{15}\text{ Hz}$. 即黑光诱虫灯发出的“光”不在人的视觉频率范围内，所以人眼看不见黑光诱虫灯发出的“光”.

由于黑光诱虫灯发出的“光”的频率比可见光中频率最高的紫光还高，所以黑光诱虫灯发出的“光”是紫外线.

2. 尽管黑光诱虫灯发出的紫外线不能引起人的视觉，但由于紫外线能灼伤眼睛的视网膜，损伤人的视力. 所以不允许用肉眼近距离地直接观察正在正常工作的黑光诱虫灯灯管.

3. 由于 $\frac{400}{35}=11.4$，所以至少需要在果园里安装 12 盏这种型号的黑光诱虫灯.

12 盏黑光诱虫灯的总功率：$P=12\times40\text{ W}=480\text{ W}=0.48\text{ kW}$

每年工作时间：$t=150\times10\,h=1500\,h$

每年消耗电能：$W=pt=-0.48\times1500=720\,kW\cdot h$

每年需交电费：720×0.5 元＝360 元

4. (1)害虫被黑光诱虫灯发出的紫外线诱惑，在飞向灯管的过程中接触高压电网，被灭杀.

(2)黑光诱虫灯经水面成像，害虫飞向水中黑光诱虫灯的像而落入水中被灭杀.

四、1. 因电阻与二极管串联，所以通过二者的电流均为 $I=10\,mA$

电阻两端的最大电压 $U_R=\sqrt{2}U-U_D=309\,V$

定值电阻的阻值 $R=\frac{U_R}{I}=\frac{309}{0.01}\,\Omega=3.1\times10^4\,\Omega$

2. 加在电阻上的电压：$U_R=0.45U-U_D=97\,V$

电阻所消耗的功率：$P_R=\frac{U_R^2}{R}=\frac{97^2}{3.1\times10^4}W\approx0.3\,W$

发光二极管消耗的功率：$P_D=U_DI=2\times0.01\,W=0.02\,W$

发光二极管和定值电阻消耗的总功率：$P_{总}=P_R+P_D=0.32\,W$

3. 消耗电能：$W_{总}=P_{总}\ t=10^8\times0.32\times10^{-3}\times365\times24\,kW\cdot h=2.8\times10^8\,kW\cdot h$

4. 当电源插排不用时，及时关闭电源插排上的开关，或拔掉电源插头.

五、1. 刹车过程中轮胎发热是由于摩擦引起的，这个过程中机械能转化为内能.

2. 司机的反应时间 t 等于反应距离 s 与汽车行驶速度 v 的比值，即 $t=s/v$

需要注意式中物理量都必须用国际单位，因此，需要把第一行中的速度单位转化为 m/s，然后计算五种情况下反应时间 t，再取平均值可计算结果都在 0.6～0.7 s 之间.

3. 分析题中所给数据表可知，汽车的行驶速度越大制动距离越大. 具体计算可知，当速度增加为原来的 2 倍时，制动距离约增加为原来的 4 倍.

4. 雨雪天，道路较滑，汽车所受的刹车阻力较小. 在相同车速的情况下，汽车所受的刹车阻力较小，汽车的运动状态越不易改变，汽车刹车后滑行的距离就越长，因此汽车就越难停下来，所以为安全起见要减速慢行.

六、1. 设手拉轮与承载轮是一个共轴的轮轴，则用手拉动手拉链条一次，链条移动的距离 H 与承载轮收回链条的长度 h 应满足 $\frac{H}{\pi D}=\frac{h}{\pi d}$

此过程中重物上升的高度：$s=\frac{h}{2}=\frac{dH}{2D}=5\,cm$

因重物实际一次升起高度为 $s_0=3\,mm$，即 $s\neq s_0$，所以此“手拉葫芦”的手拉轮与承载轮不是一个共轴的轮轴.

2. 该型号“手拉葫芦”在满载的情况下正常工作时，用手下拉一次手拉链条的过程中，人对“手拉葫芦”做功：$W_{人}=FH=360\times30\times10^{-2}\,J=108\,J$

“手拉葫芦”对重物做功：$W_{机}=Gs_0=3\times10^3\times10\times3\times10^{-3}\,J=90\,J$

“手拉葫芦”的机械效率：$\eta=\frac{W_{机}}{W_{人}}\times100\%=\frac{90}{108}\times100\%=83.3\%$

复 赛

一、1. 当将一个条形磁铁与干簧管平行放置时，干簧管的磁簧片就会被磁化，且靠近的那两个端点会被磁化成异名磁极而相互吸引，触点就会闭合，将电路接通；当条形磁铁远离干簧管时，磁簧片的磁性消失，在弹力的作用下触点就会断开.

2. (1)浮球浸没入水中时受到的浮力为：

$F_{浮}=\rho_{水}\ gV_{排}=1.0\times10^3\ kg/m^3\times10\,N/kg\times2\times10^{-4}\ m^3=2\,N$

设浮球刚好浸没入水中时，浮球必须上浮，则必须满足 $G_{浮球}<F_{浮}+G_{磁铁}=2\,N+3\,N=5\,N$

设浮球刚好离开水面时，浮球必须下降，则必须满足 $G_{浮球}>G_{磁铁}=3\,N$

因此想要让此装置能正常工作，此浮球所受的重力应满足：$5\,N>G_{浮球}>3\,N$

由公式 $G=mg$ 可以算出浮球的质量应满足：$0.5\,kg>m_{浮球}>0.3\,kg$

(2)如图 1 所示：

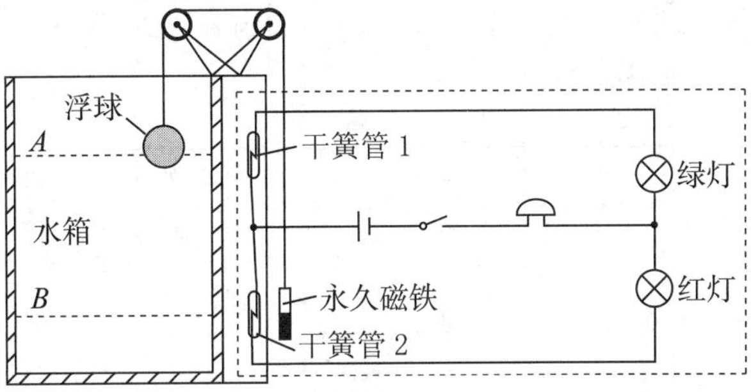

图 1

二、1. 由题意可知：

当开关 S_1 闭合时，电加热器的功率为电阻 R_1 的功率，所以

$$R_1=\frac{U^2}{P_1}=\frac{(220\,V)^2}{200\,W}=242\,\Omega$$

当开关 S_2 闭合时，电加热器的功率为电阻 R_2 的功率，所以

$$R_2=\frac{U^2}{P_2}=\frac{(220\,V)^2}{300\,W}=161\,\Omega$$

当开关都闭合时，电路的总功率应该为最大，即

$$P_7=P_1+P_2+P_3=900\,W$$

所以 $P_3=400\,W$

$$R_3=\frac{U^2}{P_3}=\frac{(220\,V)^2}{400\,W}=121\,\Omega$$

2. 如表 1 所示：

表 1

额定电压	220 V		额定频率	50 Hz
档位	S_1	S_2	S_3	功率
1	√	×	×	200 W
2	×	√	×	300 W
3	×	×	√	400 W
4	√	√	×	500 W
5	√	×	√	600 W
6	×	√	√	700 W
7	√	√	√	900 W

三、1. 由图可知，这台台秤的量程是 2.0 kg，分度值是 1 g.

2. 如图 2：

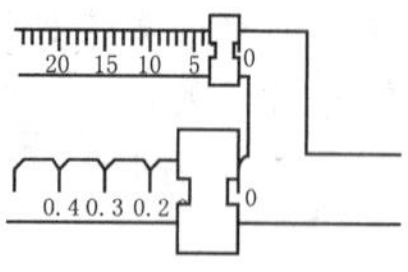

图 2

①将台秤放在水平台面上.

②将秤锤 A、B 均置零.

③调节平衡螺母，直至秤杆水平平衡为止.

④将所要测量的邮包放在载物台上.

⑤先逐槽移动秤锤 A，直至若再向大刻度方向移动一个槽，就会导致杠杆左端下沉时为止；而后移动秤锤 B，直至秤杆再次水平平衡.

⑥将秤锤 A、B 所对的刻度值相加即为邮包的质量.

3. 这个邮包的质量为 723 g.

4. 当向载物台放质量为 100 g(0.1 kg)的重物时，为使台秤平衡，可以将 A 秤锤向左移动一格，也可以将 B 秤锤向左移动至左端，此时其移动的距离为 A 秤锤移动距离的 20 倍. 因为二者是等效的，所以可以得到 $m_A=20m_B$.

四、1. 如表 2 所示：

表 2

S_1	S_3	S_2	灯的亮灭
1	1	1	1
1	1	2	0
1	2	1	0
1	2	2	1
2	1	1	0
2	1	2	1
2	2	1	1
2	2	2	0

2. 根据列表的结果可以看出，不论其他开关处于何种位置，每一个开关都可以独立地控制灯的亮、灭，因而从任何一个房门走进或离开客厅时都可以方便地开或关客厅的灯，也节约电能.

3. 如图 3 所示：

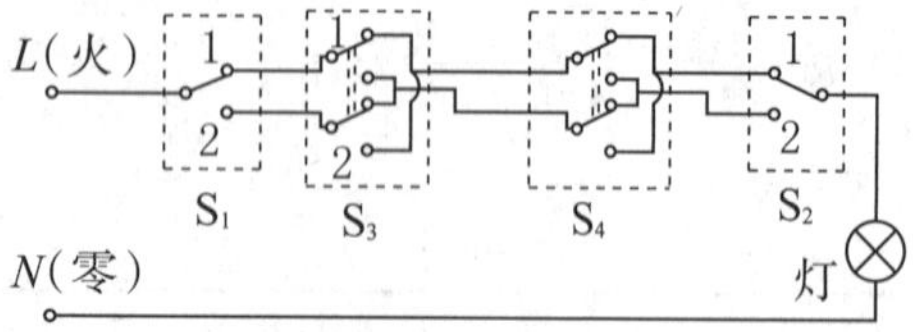

图 3

五、1. 该装置的散热功率不随加热功率的改变而改变.

因为加热功率发生改变后，水温并不会改变，与周围环境的温度差也就不变，而其他的条件也都未发生变化，所以散热功率不会变化.

2. 由能量守恒定律可知：

$$P_{电}t=P_{散}t+Q_{吸}=P_{散}t+m\lambda$$

根据题意可得

$$\begin{cases}U_1I_1t_1=P_{散}t_1+m_1\lambda\\U_2I_2t_2=P_{散}t_2+m_2\lambda\end{cases}$$

代入数据，解得 $\lambda=2.25\times10^6$ J/kg

3. 增大加热功率(或电压)、增大汽化水的质量、换用更保温的容器(减少散热功率)、适当增大环境温度、减小测量时间、多测几组数据取平均值等.

六、1. 由这台发动机输出特性曲线可以看出在发动机转速为 1000～5000 r/min 范围内，它的输出功率与转速大致成正比.

2. 设做功冲程燃气对活塞的平均压强为 p_0，发动机排量为 $V_{排}$.

做功冲程燃气对一个活塞的平均压力：$F=p_0S$

每个做功冲程燃气对一个活塞做的功：$W_0=FL=p_0SL=\dfrac{p_0V_{排}}{4}$

发动机转速为 n 时燃气对活塞做功的功率：

$$P=\frac{W}{t}=2n\cdot\frac{p_0V_{排}}{4}=\frac{np_0V_{排}}{2}$$

所以，在发动机转速 n、做功冲程汽缸平均压强 p_0 大致相同时，燃气对活塞做功的功率 P 与发动机排量 $V_{排}$ 成正比.

3. 由发动机输出特性曲线可知：发动机转速为 2000 r/min 时，其输出功率约为 37 kW(取值在 35～39 kW 范围内均可)

$$\eta=\frac{W_{有}}{W_{总}}\times100\%=\frac{Pt}{Q_{放}}\times100\%=\frac{\frac{Ps}{v}}{q_{汽油}m}\times100\%$$

$$=\frac{\frac{Ps}{v}}{q_{汽油}\rho_{汽油}V_{油}}\times100\%$$

$$=\frac{\dfrac{37\times10^3\ \text{W}}{90\times\frac{5}{18}\ \text{m/s}}\times100\times10^3\ \text{m}}{4.6\times10^7\ \text{J/kg}\times0.71\times10^3\ \text{kg/m}^3\times9\times10^{-3}\ \text{m}^3}\times100\%=50.4\%$$

由 $P=\dfrac{np_0V_{排}}{2}$ 可得

$$P_0=\frac{2P}{nV_{排}}=\frac{2\times37\times10^3\ \text{W}}{\frac{2000}{60\ \text{s}}\times2.0\times10^{-3}\ \text{m}^3}=1.11\times10^6\ \text{Pa}$$

第二十一届全国初中应用物理知识竞赛

初 赛

一、选择题

1. C.

GPS(全球卫星定位系统) 接收器装置，传送信息是属于卫星通信，靠的是电磁波传递信息.

2. A.

图 1 甲为拉力方向斜向上，小车受到的摩擦力方向水平向右；图 1 乙为推力方向斜向下，小车受到的摩擦力方向向左. 甲、乙两种情况下，手作用在车上的力产生两种效果(分解成水平方向和竖直方向)分别如图甲、乙所示. 不难看出：甲图中小车作用在地面的压力($G-F_2$)小些；乙图中小车作用在地面的压力($G+F_2$)大些. 由于在相同的接触面的情况下，压力大些，产生的摩擦力大些，因此，乙图中小车受到的摩擦力大些，甲图受到的摩擦力要小些. 故甲图方式拉车省力些.

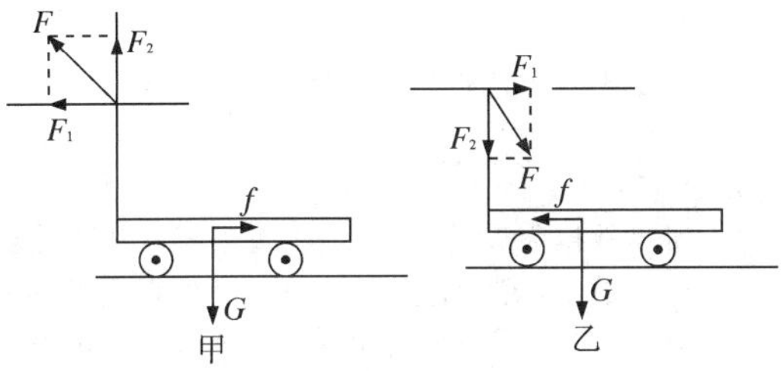

图 1

3. D.

根据扇叶的结构——上凸下凹,可以看出,当扇叶转动时,扇叶面上方空气流动得快,下面的空气流速慢,因此,扇叶面上方的压强小,下方的压强大,产生向上的压力差.这样吊扇受到的拉力减小了(比静止时).那么扇叶转速越快,扇叶面受到向上的压力越大(相对于给扇叶有一个向上的支持力),因此,拉力就减小(即小于重力).

4. B.

主要是用来衬托发令枪冒出的白烟,便于远处的运动员、计时员等人容易看清发号令,能及时作出反应.由于冒出的烟是白色的,当然用深色的或黑色的板子,色差更大,衬托出的白烟效果更明显,更便于看清.

5. D.

在太空中由于物体处于失重状态,因此,哑铃失去了重力,无须用力即可举起来;人或物一旦受到向上的力,即可飘浮在空中,故跳绳、踢毽子都无法完成.

6. B.

第一阶段,动能转化为内能和电能;第二阶段增大了摩擦力,动能进一步减小,动能转化为内能.

7. C.

北斗星每一年绕北极星转 1 周,相当于地球每年绕太阳转一周,所以人们以北斗星的位置定位一年四季,也就相当于以北极星为参照物了.相对于地面上静止的物体而言,北斗星绕北极星是一昼夜转一圈(周日运动),所以北极星看上去是静止的.

8. B.

因为花生或栗子(呈圆球状)与锅底的接触面积较小,当其局部长时间直接接触炽热的锅,由于吸热不均匀,很容易烤煳.当往锅里放一些沙子(或粗盐)等细小的颗粒状物体时,大大增加了花生或栗子受热面积,这些颗粒状物体吸收热量后,很快就传给了花生或栗子,因此,这样花生或栗子熟得快且受热均匀.

9. B.

我们知道凸(面)镜成正立、缩小的虚像,凹(面)镜成正立、放大的虚像.因此,上半身成像被缩短,下半身成像被拉长了.

10. D.

(1)R_1 与 R_2 串联.有激光照 R_1 时,电阻减小,因此,R_1 两端 ab 的电压较小;反之,无光照射时,电阻增大,R_1 两端 ab 的电压较大.再由图像可看出:

有光时,$U_1=2\,V$;则电阻 R_2 两端电压为

$U_2=U-U_1=6\,V-2\,V=4\,V$

$I=U_2/R_2=4\,V/400\,\Omega=0.01\,A$

$R_1=U_1/I=2\,V/0.01\,A=200\,\Omega$

R_1 无激光照射时,由图像可得 $U_1'=4\,V$,

则电阻 R_2 两端电压为 $U_2'=U-U_1'=6\,V-4\,V=2\,V$.

(2)由图像可知:每经过 0.6 s 就有一个产品通过计数装置,1 h 有 $n=3600\,s/(0.6\,s/个)=6000$ 个产品通过计数装置.

二、简答题

1. ①手柄上有花纹:表面粗糙增大摩擦.②箭身细长:减小空气阻力.③弓箭或钢珠离开弩弦后能继续运动:物体具有惯性.④箭头尖锐:减小受力面积,增大压强.⑤利用弩弦的弹性发射弓箭:将弹性势能转化为动能.⑥肩托:增大受力面积,减小压强.⑦瞄具:光的直线传播.⑧光学瞄准镜:光的折射(凸透镜成像、望远镜)、光的直线传播.⑨滑轮组:装箭时省力.⑩滑轮组:发射箭时省距离.

2. ①在冬季,使附着在窗玻璃内表面上的小水滴汽化或小冰粒熔化并汽化;使附着在玻璃窗外表面上的积雪熔化.②便于司机通过驾驶室上方的反光镜观察车后面的情况.

3. (1)①C 所在部位.②为了让刻度线贴近被测物体,减小读数误差.

(2)①刻度尺有刻度的一边做得较薄,是为了在应用刻度尺画线的时候笔尖贴近刻度尺,线更容易画直.②由于笔尖贴近刻度线,更容易画出长度符合要求的线段.

4. (1)应串联接入电路的彩灯个数:$n=\frac{220\,V}{4\,V}=55$ 个

(2)此时电路总电阻:$R=55\times\frac{4}{0.2}\,\Omega=1100\,\Omega$

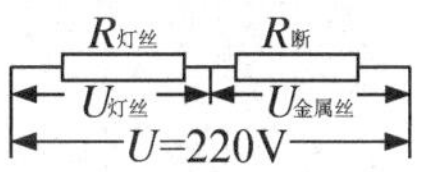

图 2

当其中一只彩灯灯丝烧断瞬间,彩灯等效电路如图 2 所示,将所有正常彩灯当成一个电阻 $R_{灯丝}$,灯线烧断的彩灯看成一个电阻 $R_{断}$,由于此时细金属丝与灯丝支架不导通,灯丝烧断的彩灯的电阻 $R_{断}$ 比正常彩灯的灯丝总电阻 $R_{灯丝}$ 大很多.

根据串联电路特点可得:$U_{断}=\frac{UR_{断}}{R_{灯丝}+R_{断}}$;又因为 $\frac{R_{断}}{R_{灯丝}+R_{断}}\approx1$

$U_{断}\approx U=220\,V$,此时灯丝烧断了的彩灯两端电压 $U_{断}$ 约为 220 V,大于 200 V,氧化铜被击穿,金属丝与灯丝支架将导通,此后灯丝烧断了的彩灯相当于导线,220 V 的电压将重新加在其他未被烧坏的彩灯两端,所以其他彩灯能继续发光.

5. (1)见图 3.(2)见图 4.

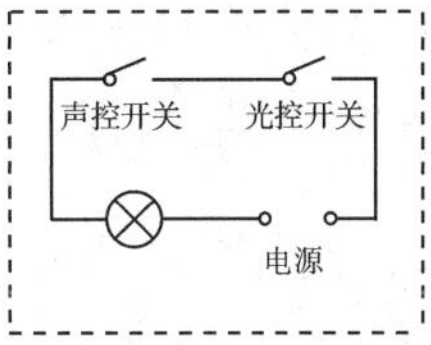

图 3

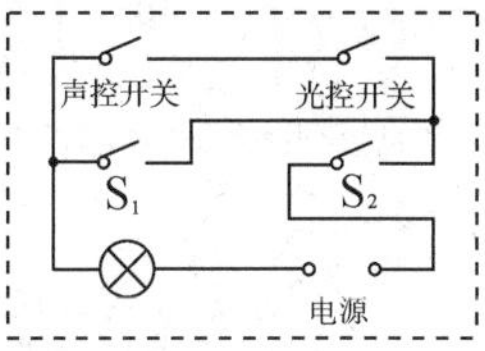

图 4

需灯自动工作时,断开 S_1,闭合 S_2.

晚上打雷时断开 S_2.

需要灯一直被点亮时闭合 S_1 和 S_2.

6. ①将正在发声的音叉靠近用细线悬吊着的乒乓球,通过乒乓球反复被弹开显示音叉在振动.②温度计的玻璃管做得很细,用液柱的长度变化显示液体的热胀冷缩.③金属盒压强计中用指针的摆动显示金属盒的形变程度.④用托盘天平的指针是否指在平衡标牌的中央刻度线上来显示天平的横梁是否水平.

三、

1. 减慢蒸发,从而减慢热量的散失.

2. 因为肉片必须至少在大于 80℃的汤中保持 2 min，在此期间，整体温度将下降约 2℃

所以，汤和肉混合后的温度至少为 $t=82$℃

根据：$Q_{吸}=Q_{放}$ 以及 $Q=cm\Delta t$

可得：$c_{肉}\ m_{肉}(t-t_{肉})=c_{汤}\ m_{汤}(t_{汤}-t)$

至少需要汤的质量：

$$m_{汤}=\frac{c_{肉}\ m_{肉}(t-t_{肉})}{c_{汤}(t_{汤}-t)}=\frac{3.5\times10^3\times0.2\times(82-22)}{4.2\times10^3\times(97-82)}\text{ kg}=0.67\text{ kg}$$

四、

4 min 微波炉消耗电能：

$$E=\frac{3.6\times10^6\times256}{3200}\text{ J}=2.88\times10^5\text{ J}$$

水的质量：$m=\rho V=1.0\times10^3\times1\times10^{-3}\text{ kg}=1\text{ kg}$

水吸收的热量：$Q=cm(t-t_0)=4.2\times10^3\times1\times(72-20)\text{ J}=2.18\times10^5\text{ J}$

微波炉的效率：$\eta=\dfrac{Q}{E}=\dfrac{2.18\times10^5}{2.88\times10^5}=76\%$

当微波炉中的微波管在额定电压下以额定功率连续工作时，设定为高火档；当微波炉中的微波管在额定电压下以额定功率间歇工作时，设定为非高火档；且工作时间与不工作时间的比值越小，微波炉的档位越低.

五、

桶内储水量为 40L 时水深：$h_3=\dfrac{40\times10^{-3}}{0.5}\text{ m}=8\times10^{-2}\text{ m}$

圆柱体所受浮力大小：$F_1=(2\times6-10)\text{N}=2\text{ N}$

圆柱体 B 排水体积：$V_{B排}=\dfrac{F_1}{\rho_{水}\ g}=\dfrac{2}{1\times10^3\times10}\text{ m}^3=2\times10^{-4}\text{ m}^3$

圆柱体 B 浸入水中深度：$h_B=\dfrac{2\times10^{-4}}{40\times10^{-4}}\text{ m}=5\times10^{-2}\text{ m}$

桶内储水量为 200L 时水深：$h_4=\dfrac{200\times10^{-3}}{0.5}\text{ m}=4\times10^{-1}\text{ m}$

圆柱体所受浮力大小：$F_2=(2\times6-4)\text{N}=8\text{ N}$

圆柱体 A 排水体积：$V_{A排}=V-V_B=\dfrac{F_2}{\rho_{水}\ g}-V_B=\dfrac{8}{1\times10^3\times10}\text{m}^3-40\times12\times10^{-6}\text{ m}^3=3.2\times10^{-4}\text{ m}^3$

圆柱体 A 浸入水中深度：$h_A=\dfrac{3.2\times10^{-4}}{40\times10^{-4}}\text{ m}=8\times10^{-2}\text{ m}$

压力传感开关与圆柱体 A 间细线长度：$l_A=h_1-h_4-(h_2-h_A)=6\times10^{-2}\text{ m}$

圆柱体 A 与圆柱体 B 间细线长度：$l_B=h_1-l_A-h_2-h_3-(h_2-h_B)=1.7\times10^{-1}\text{ m}$

六、

1. 驱动电机需要达到的最大机械输出功率：

$$P_{机}=Fv=kmgv=0.02\times750\times10\times20\text{ W}=3\times10^3\text{ W}$$

需要的电功率：$P_{电}=\dfrac{P_{机}}{\eta_1}=\dfrac{3000}{90\%}\text{W}=3.33\times10^3\text{ W}$

垂直于太阳光的太阳能电池板得到的太阳辐射最大功率：

$$P_{日}=\frac{(1-\eta_2)P_{总}}{4\pi r^2}=\frac{(1-51\%)\times3.9\times10^{26}}{4\times3.14\times1.5\times10^{11\times2}}\text{ W/m}^2=676\text{ W/m}^2$$

车上的太阳能电池板能提供的最大电功率：

$P_{电池}=\eta_3P_{日}\ S=15\%\times676\times8\text{ W}=811\text{ W}<3.33\times10^3\text{ W}$

以上所算数据为天气晴朗无云、太阳能电池板始终垂直于阳光时的数据，实际上汽车上的电池板很难做到始终与阳光垂直，其实际提供的电功率会小于 $P_{电池}$，不能满足驱动电机的需求.

2. 减轻车体自重；降低车辆行驶时的阻力；减小机械损耗；降低车辆设计最高时速；提高电机效率；兼容其他能源动力；使用蓄电池供电；在车顶部安装折叠式太阳能电池板，停车时将太阳能电池转化的电能存入蓄电池；研发高效率太阳能电池板等.

复　赛

一、

1. 红细胞在血浆中下沉时受力情况如图 1 所示.

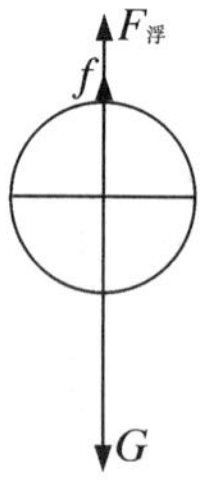

图 1

红细胞由静止开始下沉时，速度很小，根据 $f=6\pi\eta Rv$ 可知，所受的黏滞阻力也非常小，由于血浆的密度 ρ_0 小于红细胞的密度 ρ，红细胞受到的浮力小于重力，所以刚开始 $f+F_{浮}<G$，红细胞会加速下沉；随着红细胞下沉速度变大，黏滞阻力增大，当 $f+F_{浮}=G$ 时，红细胞就会匀速下沉.

2. 当红细胞在血浆中匀速下沉时，受到的几个力平衡，所以

$$f+F_{浮}=G$$

因　$f=6\pi\eta Rv$

$$F_{浮}=G_{排}=\rho_0V_{红}\ g=\rho_0\times\frac{4}{3}\pi R^3g=\frac{4}{3}\pi\rho_0gR^3$$

$$G=mg=\rho V_{红}\ g=\rho\times\frac{4}{3}\pi R^3g=\frac{4}{3}\pi\rho gR^3$$

所以有 $6\pi\eta Rv+\dfrac{4}{3}\pi\rho_0gR^3=\dfrac{4}{3}\pi\rho gR^3$

即 $9\eta v+2\rho_0gR^2=2\rho gR^2$

所以有 $R=\sqrt{\dfrac{9\eta v}{2(\rho-\rho_0)g}}$

将 $\eta=1.8\times10^{-3}\text{ Pa}\cdot\text{s}$，$v=12\text{ mm/h}=\dfrac{1}{3}\times10^{-5}\text{ m/s}$，$\rho_0=1.0\times10^3\text{ kg/m}^3$，$\rho=1.3\times10^3\text{ kg/m}^3$，$g=10\text{ N/kg}$ 代入并计算得：

$$R=3\times10^{-6}\text{ m}$$

二、

1. 需要时间：

$$t=\frac{W}{P}=\frac{12\times500\times3600\times(90\%-20\%)}{50}\text{ s}=84\text{ h}$$

2. 电池板面积：

$$S=\frac{P_{板}}{\eta P_{阳}}=\frac{36}{240\times15\%}\text{ m}^2=1\text{ m}^2$$

3. 可供灯具发光时间：

$$t_{灯}=\frac{W}{P_{灯}}=\frac{12\times500\times3600\times(90\%-20\%)}{80}\text{ s}=52.5\text{ h}$$

三、

1. 手把套、脚踏板上有粗糙的花纹，增大摩擦；给蓄电池充电的过程，电能转化为化学能贮存起来；电动车骑行的过程中，化学能转化为电能，再转化为机械能（或动

能)等等.

2. 假设骑车人的质量约为 50 kg,则地面受到的压强:

$$p=\frac{F}{S}=\frac{G_{人}+G_{车}}{S}=\frac{(m_{人}+m_{车})g}{S}=\frac{(50\,kg+40\,kg)\times 10\,N/kg}{40\times 10^{-4}\ m^2}=2.25\times 10^5\ Pa$$

说明:答案在$(1.7\sim 2.5)\times 10^5$ Pa 的均可得分

3. 额定功率下的电流:$I=\frac{P}{U}=\frac{2400\,W}{48\,V}=5\,A$

4. 蓄电池储存的电能:$E=UIt=48\,V\times 12\,A\times 3600\,s=2.07\times 10^6\ J$

5. 因为电动自行车匀速行驶,所以:$kE\eta=fs$

$$s=\frac{kE\eta}{f}=\frac{0.8\times 2.07\times 10^6\ J\times 0.75}{30\,N}=4.14\times 10^4\ m$$

6. 优点:不会排放尾气、噪音小.

缺点:蓄电池使用一定时间后就需更换,废弃后的电池易污染环境.

四、

1. 气温低于 0 ℃时,使用后的燃气热水器中残存的水会结冰.水结冰后,密度变小,体积胀大,这样很容易把燃气热水器胀破.所以,气温低于 0 ℃时使用燃气热水器后,应打开放水塞,放尽机体内存水,再拧紧.

2. 该型燃气热水器正常工作 1 min,燃料燃烧放出的热量:

$$Q_{放}=P_{放}t=16\times 10^3\ W\times 60\,s=9.6\times 10^5\ J$$

1 min 内加热的水的质量:$m=\rho V=1\,kg/L\times 8\,L/min\times 1\,min=8\,kg$

水温上升 $\Delta t=25\,K=25\,℃$

1 min 内水吸热:$Q_{吸}=cm\Delta t=4.2\times 10^3\ J/(kg\cdot ℃)\times 8\,kg\times 25\,℃=8.4\times 10^5\ J$

燃气热水器正常工作时烧水的效率

$$\eta=\frac{Q_{吸}}{Q_{放}}\times 100\%=\frac{8.4\times 10^5\ J}{9.6\times 10^5\ J}\times 100\%=87.5\%$$

3. 一次淋浴所需燃料燃烧放出的热量:

$$Q'_{放}=Pt'=16\times 10^3\times 20\times 60\,J=1.92\times 10^7\ J$$

需要完全燃烧天然气的体积为:

$$V'=\frac{Q'_{放}}{q}=\frac{1.92\times 10^7\ J}{8\times 10^7\ J/m^3}=0.24\,m^3$$

4. 当进水口处有水压时,膜片的右面就会受到向左的压力,克服弹簧的弹力向左推动阀杆,打开进气阀门使燃气进入主火管道.反之,如果此时的水压很小或者无水,则膜片受到的向左的压力就会减少甚至消失,燃气阀门就会在弹簧的压力下向右移动而关闭,停止进气.

5. 火焰燃烧时,双金属片外侧的金属温度升高时膨胀得更多,双金属片向下弯曲,推动燃气阀门打开;如果因为意外的原因使火焰熄灭,双金属片的温度降低,外侧金属收缩得更多,双金属片向上伸直,拉动燃气阀门关闭,防止燃气外泄.

五、

1. 电热水器总重:

$G_{总}=m_{净}g+\rho_{水}Vg=19\times 10\,N+50\times 1\times 10\,N=690\,N$

电热水器挂在 L 形挂钩上时,其受力情况如图 2 所示.

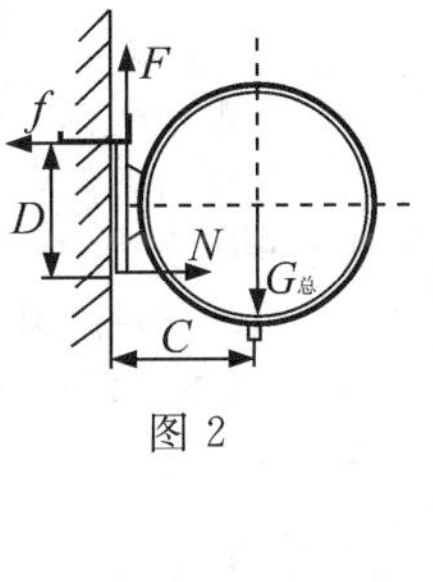

图 2

因电热水器静止,所以沿竖直方向二力平衡,因此对 L 形挂钩向下的拉力:

$$F=G_{总}=690\,N$$

因 L 形挂钩静止,电热水器上端所受的水平向左的拉力等于膨胀螺钉所受的摩擦力.以悬挂架下端为轴,根据杠杆平衡条件有:$fD=G_{总}C$,

解得:$f=\frac{G_{总}\cdot C}{D}=\frac{690\,N\times 196\,mm}{196\,mm}=690\,N$

2. 由热水器的三挡功率的数值关系猜测得热水器加热部分的等效电路图如图 3 所示,其中加热管 R_1 的额定功率为 1000 W,电热管 R_2 的额定功率为 1500 W.

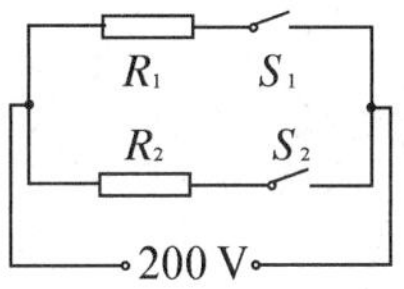

图 3

加热管的电阻分别为:

$$R_1=\frac{U^2}{P_1}=\frac{(220\,V)^2}{1000\,W}=48.8\,\Omega$$

$$R_2=\frac{U^2}{P_2}=\frac{(220\,V)^2}{1500\,W}=32.3\,\Omega$$

3. (1)忽略加热过程的热损失,直接加热消耗的电能为:

$$W_1=Q_1=cm\Delta t_1=4.2\times 10^3\ J(kg℃)\times 50\,kg\times (50\,℃-20\,℃)=6.3\times 10^6\ J=1.75\,kW\cdot h$$

下午加热的电费支出为:

0.6 元/(kW·h)×1.75 kW·h=1.05 元

(2)早晨 8 点前加热,电费支出为:

0.3 元/(kW·h)×1.75 kW·h=0.525 元

加热升温 4 ℃所需电能:

$W_2=Q_2=cm\Delta t_2=4.2\times 10^3\ J/(kg℃)\times 50\,kg\times (50\,℃-46\,℃)=8.4\times 10^5\ J$

加热升温 4 ℃所需时间(设加热功率为 2500 W):

$T_1=W_2/P_3=336\,s=5.6\,min$(这段加热时间可以忽略不计)

降温 4 ℃所需时间为 190 min,至下午 6 点共需要三次加热,消耗电能:

$W_3=3W_2=3\times 8.4\times 10^5\ J=2.52\times 10^6\ J=0.7\,kW\cdot h$

电费支出为:

0.6 元/(kW·h)×0.7 kW·h=0.42 元

总支出为:

0.525 元+0.42 元=0.945 元

因此,第二种方案更省钱.

六、

1. 锯齿部分比锯盘部分稍厚一些,木料的锯切口的宽度就会比锯盘厚度略大一点,这就可以有效地减小锯开的木料对锯盘盘面的压力,从而减小木料对锯盘盘面的摩擦阻力;

锯齿部分比锯盘部分稍厚一些,再加上锯盘周边所开的缝及缝的底端所打的孔,这就保证了锯开的木料与锯盘盘面之间的缝隙能够时时充满空气,从而避免受到因大气压把锯开的木料紧紧地压在锯盘盘面上的压力而造成的对锯盘盘面的摩擦阻力;

被锯开的木料与锯盘盘面之间随时充入空气,有利于锯盘散热.

2. 右侧皮带上的拉力较大.

由锯盘上的锯齿形状及分布情况可以看出,圆形锯盘在锯木头时应该顺时针转动,那么,与圆形锯盘共轴安装的皮带轮也应该顺时针转动.由此可以推知,电动机的皮带轮也应该顺时针转动；所以，电动机的皮带轮应该拉右侧的皮带而不拉左侧的皮带；因此，右侧皮带上的拉力应该大于左侧皮带上的拉力.

3. 电动机满负荷正常工作时皮带的运行速度：

$$v=(3.14\times0.11\,\text{m})/\text{r}\times1420\,\text{r/min}=8.17\,\text{m/s}$$

左、右两侧皮带上的拉力之差(即电动机输出的驱动力)为：

$$F=\frac{\eta P}{v}=\frac{0.9\times3\times10^3\ \text{W}}{8.17\,\text{s}}=330\,\text{N}$$

4. 皮带轮所受拉力的情况可等效为左侧皮带拉力为 0 N，右侧皮带拉力为 330 N；皮带传动的效率为 100%，不计共轴传动的摩擦损耗；设圆形锯盘所受到的木料的阻力为 F_f，由轮轴公式，有

$$\frac{F}{F_f}=\frac{R_{锯}}{R_{轮}}=\frac{D_{锯}}{D_{轮}}$$

$$F_f=\frac{D_{锯}}{D_{轮}}F=\frac{92\,\text{mm}}{400\,\text{mm}}\times330\,\text{N}=75.9\,\text{N}$$

第二十二届全国初中应用物理知识竞赛

初　赛

一、选择题

1. A.

骑自行车的过程中，靠后轮驱动受到地面的摩擦力推动自行车向前运动(后轮相对地面向后运动)，而前轮相对地面向前运动，因此，后轮受到的摩擦力向前，前轮受到的摩擦力向后，并且后轮受到的向前的摩擦力大于前轮受到的向后的摩擦力，所以车才向前行驶.

2. D.

本题用排除法分析，一个“小风车”在风中接收到风的吹动旋转，风大些时转动快，风小些时转动慢，但光凭这个不能准确测出风的大小而且根本不能确定风向(只知道是风车的转向是顺向还是反向)；至于说起“警示此处有电”这个说法显然不科学，因为明明是根有电线的电线杆，人们自然会明白有电. 所以，排除 A、B、C 三项，只能选择 D. 再分析 D 项说法，有一定道理：小镜子可以反射光，这样影响小鸟的视线，恐吓小鸟，驱赶小鸟，如果小鸟在上面做窝，树枝可能搭到了两个电线上，雨水时可能引起电路短路.

3. C.

原先人随车具有向前运动的速度(相对地面来说)，当人脱离车后，由于惯性，人仍然保持向前运动的速度，如果人向车后以适当的速度跳出，那么人相对于地面的速度变小甚至为零(跳出的速度刚好等于车速的话)，这样不会摔倒. 为了保持平衡，人到达地面后，人的重心朝前容易稳定.

4. B.

由题意“我国不少的地区把阴霾天气现象并入雾一起作为灾害性天气”可知，霾是雾的一种，我们知道雾是空气中的水蒸气遇冷液化形成的小液滴飘浮在空气中. 由此可见，霾也是同样的道理形成的，即空气中的水蒸气遇冷液化形成的小液滴.

5. D.

根据题意“花样游泳运动员在水面上、下都能听到音乐指令”，说明当运动员头部露出水面上、下时都能听到一样的效果，那么结合现场的观察和实际情况，没有看到他们佩戴无线耳机，再说在水中无线耳机容易进水导致短路损坏. 所以，最行之有效的办法是在水面上、下都安装有音响，这样做起来也方便，同时又便于运动员听到指令进行比赛.

6. C.

热气球是靠向热气球中充入热的空气，由于热空气的密度小于外界空气的密度，因此，受到的浮力大于重力来实现起飞的. 当热气球中的气体温度升高时，密度变小，受到的浮力大于重力，因此，热气球上升，高度增加；当热气球中气体温度降低，密度变大时，受到浮力大于重力，则热气球下降，高度降低. 具体操作是通过调节火焰的大小，改变热气球内空气的密度，从而实现热气球的上升或下降，这样选择风向.

7. B.

用嘴贴着瓶口向里面吹气，引起空气柱振动发声，由于空气柱越短，振动越快，则发声的音调就越高. 因此，甲瓶的空气柱最短，振动最快，产生的声音的音调就越高. 而用筷子轻轻敲击瓶口，引起瓶子振动发声，瓶子装水少的振动得快，发声的音调高，因此敲击时甲瓶的音调最低，丁瓶的音调最高.

8. D.

饺子吸收大量的热，煮熟后，内部水汽化成水蒸气，气体膨胀，使饺子体积变大，密度变小，浮力增大，且大于重力，因此，饺子浮出水面.

9. A.

飞船绕地球飞行大约 90 min(1.5h)一圈，每一圈就能看到一次日出，那么一昼夜 24 小时可以绕地球约 16 圈，因此，大约看到 16 次日出，对照选项，只有 A 最接近.

10. D.

扣动扳机，两个电阻并联，功率最大；松开扳机，两个电阻串联，功率最小. 扣动扳机，当温度为 180 ℃时，每根 PTC 对应的电阻为 1210 Ω，则总电阻为 $R=605\,\Omega$，此时总功率为 $P_{总1}=U^2/R=(220\,\text{V})^2/605\,\Omega=80\,\text{W}$，每分钟产生的热量为 $Q=W=Pt=80\,\text{W}\times60\,\text{s}=4800\,\text{J}$；松开扳机，当温度为 80 ℃时，每根 PTC 对应的电阻为 880 Ω，则串联的总电阻为 $R'=1760\,\Omega$，此时总功率 $P_{总2}=U^2/R'=(220\,\text{V})^2/1760\,\Omega=27.5\,\text{W}$. 故对照选项，只有 D 正确.

二、简答题

1. ①球拍表面贴橡胶，为了增大球与球拍间的摩擦. ②乒乓球在受到击打后，改变运动方向及速度大小，因为力可以改变物体的运动状态. ③弧圈球是指旋转的球沿弧线运动，这是因为空气流速大的地方压强小. ④乒乓球落到台面后会弹起，因为不同形式的能可以相互转化. ⑤球与球拍脱离后依然向前运动，因为球有惯性.

2. (1)流体流速大的地方压强小，当从出水管口快速喷出时，进气管下部压强减小，这时进气管内的水平下降，直到降至出水管以下，附近的空气在大气压的作用下被压入出水管的水中，随水流从出水管口进入鱼缸内的水中.

(2)燃气灶头与燃气管是分离的，但是在利用燃气灶烧水或做饭的时候，并没有燃气从进气管口处外溢，就是因为在灶头与燃气管对接处，气体流速大，压强小，所以燃气不会向压强大的周围外溢.

3. ①路基温度升高，液态氨吸热汽化，上升到热棒的上端；②气态氨通过铁质外壳向温度较低的大气放热，液

化变成液态氨；③液态氨沉入棒底. 如此反复，不断将地下的热量传递到大气中，确保路基处于冰冻状态而不升温松软，从而保证路基的稳定.

4. (1)油是绝缘体，使用安全.

(2)加热时，油体积要膨胀，若腔体内注满油，易胀坏腔体，引起事故.

(3)避免电热管露出油面，在这种情况下，通电加热有可能导致电热管处于油面以上的部分由于温度过高而损坏.

5. ①平面镜成像的特点是对称，具有物像等大、物和像距平面镜的距离相等等特点，便于司机判断自己驾驶的汽车和后面汽车的距离；②凸面镜做成的观后镜的优点是视野更加开阔，可以观察到更大范围的其他车辆的行驶情况.

6. ①这种玻璃表面有一层很薄的金属镀层，因此，和普通玻璃相比，反射的光更多，透射的光更少，反射成像更加明显，所以站在马路上看，它们好像一面面的镜子；②由于透射的光更少，导致白天楼内与楼外相比更暗，同时由于这种玻璃透光性能减弱，所以从楼内透射到楼外的光会变得更弱；③由于身处光线很好的楼外的人，眼睛瞳孔的张开程度较小，导致站在楼外的人看不到里面的情景.

三、车行驶一里，则上平轮需转动一圈，旋风轮和下平轮需转动的圈数 $n_1=\frac{100}{3}$；

若下平轮转动一周，立轮和足轮需要转动的圈数 $n_2=\frac{54}{18}$；

所以，当车行一里，足轮需要转动圈数 $n_3=n_2n_1=\frac{54}{18}\times\frac{100}{3}=100$；

又因为 1 里＝300 步＝6×300 尺＝1800 尺；

所以 $100\pi D=1800$ 尺；

足轮直径 $D=6$ 尺

四、**1.** 由图可知：

D 位置电路消耗的功率最大：$P_1=1100\,\text{W}$

C 位置电路消耗的功率：$P_2=660\,\text{W}$

故 $R_1=\frac{U^2}{P_2}=\frac{(220\,\text{V})^2}{660\,\text{W}}\approx73.3\,\Omega$

B 位置电路消耗的功率：$P_3=440\,\text{W}$

故 $R_2=\frac{U^2}{P_3}=\frac{(220\,\text{V})^2}{440\,\text{W}}=110\,\Omega$

A 位置电路消耗的功率：

$$P_4=\frac{U^2}{R_1+R_2}=\frac{(220\,\text{V})^2}{73.3\,\Omega+110\,\Omega}=264\,\text{W}$$

2. 电热丝的电阻会随温度而变化. 在借助电池组、电压表和电流表截取一定阻值的电热丝时，电热丝消耗的功率很小，一定时间内产生的热量很少，故温度低，此时电阻小；当电热丝接入家庭电路工作时，消耗的电功率较大，一定时间内产生的热量多，温度升高显著，电阻变大明显；由公式 $P=\frac{U^2}{R}$ 可知，此时消耗的电功率比测得的电阻计算的电功率要小一些.

3. 电热器在给水加热时，由于水在吸热的同时还在散热(向空气传递热量、蒸发吸热)，并且随着水温的升高，水温与环境温度差增大，热传递的速度加快、水蒸发时吸热的速度也在加快，导致水的温度升高减慢；当散失的热量与从电热丝吸收到的热量平衡时，水温就不再升高了. 加热功率越小，单位时间内产生的热量越少，达到上述平衡时与环境的温度差越小，所以水能达到的最高温度越低.

五、**1.** 油箱装满时，下半部分容积：

$$V_2=20\times2\times10^{-3}\ \text{m}^3=4\times10^{-2}\ \text{m}^3$$

上半部分容积：

$$V_1=V-V_2=6\times10^{-2}\ \text{m}^3-4\times10^{-2}\ \text{m}^3=2\times10^{-2}\ \text{m}^3$$

上半部分高度：$h_1=\frac{V_1}{S_1}=\frac{2\times10^{-2}\ \text{m}^3}{0.1\,\text{m}^2}=0.2\,\text{m}$

汽油的深度：$h=h_1+h_2=0.2\,\text{m}+0.2\,\text{m}=0.4\,\text{m}$

汽油对压敏电阻的压强：

$p=\rho_{汽油}gh=0.7\times10^3\ \text{kg/m}^3\times10\,\text{N/kg}\times0.4\,\text{m}=2.8\times10^3\ \text{Pa}$

汽油对压敏电阻的压力：$F=pS=2.8\times10^3\ \text{Pa}\times10\times10^{-4}\ \text{m}^2=2.8\,\text{N}$

由图 11 乙可知此时 $R_x=30\,\Omega$

由题意可得：$R_0=\frac{U}{I_1}-R_x=\frac{24}{0.6}\,\Omega-30\,\Omega=10\,\Omega$

汽油用完时，由图 11 乙可知 $R_x'=300\,\Omega$

通过油量表的电流：$I_2=\frac{U}{R_0+R_x'}=\frac{24\,\text{V}}{10\,\Omega+300\,\Omega}=0.08\,\text{A}$

2. 油量表指向满刻度的 $\frac{1}{4}$ 位置时，通过油量表的电流 $I_3=\frac{1}{4}\times0.6\,\text{A}=0.15\,\text{A}$

此时压敏电阻阻值：$R_x''=\frac{U}{I_3}-R_0=\frac{24\,\text{V}}{0.15\,\text{A}}-10\,\Omega=150\,\Omega$

由图 11 乙可知，汽油对压敏电阻的压力 $F''=0.7\,\text{N}$，

此时汽油对压敏电阻的压强：$p''=\frac{F''}{S}=\frac{0.7\,\text{N}}{10\times10^{-4}\ \text{m}^2}=7\times10^2\ \text{Pa}$

汽油深度：$h''=\frac{p''}{\rho_{汽油}g}=\frac{7\times10^2\ \text{Pa}}{0.7\times10^3\ \text{kg/m}^3\times10\,\text{N/kg}}=0.1\,\text{m}$

剩余汽油体积：$V''=Sh''=20\times10^{-2}\ \text{m}^2\times0.1\,\text{m}=2\times10^{-2}\ \text{m}^3$，

汽车行驶 400 km 消耗汽油的体积：

$$\Delta V=6\times10^{-2}\ \text{m}^3-2\times10^{-2}\ \text{m}^3=4\times10^{-2}\ \text{m}^3=40\,\text{L}$$

该汽车行驶 100 km 消耗汽油的体积：

$$\Delta V'=\frac{40\,\text{L}}{400\,\text{km}}\times100\,\text{km}=10\,\text{L}$$

3. 因油箱上部横截面积较小，消耗相同体积的汽油，上部的液面高度变化较大，导致汽油对压敏电阻的压力变化较快，所以电流表示数变化较快，也就是说油量表变化比较快.

六、**1.** 该电力线路采用钢芯铝绞线而不采用与之同样结构、尺寸的铝绞线，其主要目的是为了提高输电线的抗拉能力，从而可以适当地增大杆距，节省杆材及人工等.

2. 取一根长为 L 的结冰钢芯铝绞线作为研究对象，其截面如图 1 所示. 当该钢芯铝绞线所承受的拉力达到其正常工作情况下拉力的 5 倍时，也就是该段导线上所结冰的质量达到该段钢芯铝绞线质量的 4 倍的时候，就必

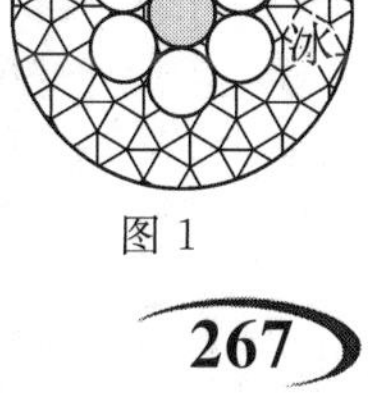

图 1

须进行除冰作业了.

设单股线芯的横截面积为 S,直径为 d;长为 L 的结冰钢芯铝绞线中铝的质量为 $m_{铝}$,钢的质量为 $m_{钢}$,冰的质量为 $m_{冰}$,冰的横截面积为 $S_{冰}$;则有:

冰的质量 $m_{冰}=4(m_{铝}+m_{钢})$

$\because m_{冰}=\rho_{冰}S_{冰}L$, $m_{铝}+m_{钢}=(6\rho_{铝}+\rho_{钢})SL$

$$\therefore S_{冰}=\frac{4\times(6\rho_{铝}+\rho_{钢})S}{\rho_{冰}}=\frac{4\times(6\times2.7\times10^3+7.9\times10^3)S}{0.9\times10^3}=107.1S$$

$\therefore S_{总}=S_{冰}+7S=107.1S+7S=114.1S$

又 $\because \frac{S_{总}}{S}=\frac{D^2}{d^2}$

$D=\sqrt{114.1}\times3.80\text{ mm}=40.66\text{ mm}$

即该钢芯铝绞线 D 增大到 40.66 mm 之前必须进行除冰作业.

3. 取一根长为 1 m 的该种结冰钢芯铝绞线作为研究对象,短路熔冰时通过的电流为 I,其热功率辅导 P,其电阻为 R. 考虑到该种钢芯铝绞线表面为冰所覆盖,其温度与常温偏差不大,故不考虑温度对其电阻的影响,其电阻可看作 $R=0.5\ \Omega/\text{km}\times1\text{ m}=0.5\times10^{-3}\ \Omega$

有 $I=\sqrt{\frac{P}{R}}=\sqrt{\frac{200}{0.5\times10^{-3}}}\text{ A}=632.5\text{ A}$

即短路熔冰时通过一根钢芯铝绞线的电流大约是 632.5 A

复赛

一、**1.** 发电机能够提供的电能 $W_{电}=P_{电}t=5\text{ kW}\times8\text{ h}=40\text{ kW}\cdot\text{h}$

2. 汽油机的效率 $\eta=\frac{W_{有用}}{Q_{放}}=\frac{P_{机}t'}{\rho Vq}$

所以油箱的最小容积:

$$V=\frac{P_{机}t'}{\rho\eta q}=\frac{8.3\times10^3\text{ W}\times8\times3600\text{ s}}{0.71\times10^3\text{ kg/m}^3\times0.35\times4.6\times10^7\text{ J/kg}}=20.9\times10^{-3}\text{ m}^3=20.9\text{ L}$$

3. 汽油发电机将内能转化为电能的效率:

$$\eta'=\frac{W_{电}}{Q_{放}}=\frac{P_{电}t'}{\rho Vq}=\frac{5000\text{ W}\times8\times3600\text{ s}}{20.9\times10^{-3}\text{ m}^3\times0.71\times10^3\text{ kg/m}^3\times4.6\times10^7\text{ J/kg}}=0.211=21.1\%$$

或 $\eta'=\eta\frac{P_{电}}{P_{机}}=0.35\times\frac{5.0\times10^3\text{ W}}{8.3\times10^3\text{ W}}=0.211=21.1\%$

二、**1.** 该型号热量表能测量的最大供热功率:

$$P_{max}=\frac{Q_{max}}{t}=\frac{c_{水}m_{max}\Delta t_{max}}{t}=\frac{c_{水}\rho_{水}V_{max}\Delta t_{max}}{t}=\frac{4.2\times10^3\text{ J/(kg}\cdot℃)\times10^3\text{ kg/m}^3\times2.5\text{ m}^3\times50℃}{3600\text{ s}}=1.46\times10^5\text{ W}$$

2. 平均每小时从暖气中得到的热量:

$$Q=c_{水}m\Delta t=c_{水}\rho_{水}V\Delta t=4.2\times10^3\text{ J/(kg}\cdot℃)\times10^3\text{ kg/m}^3\times0.777\text{ m}^3\times(52.5-49.7)℃=9.14\times10^6\text{ J}$$

相当于完全燃烧天然气的体积为:

$$\frac{46235.67\times3.6\times10^6\text{ J}}{8\times10^7\text{ J/m}^3}=2081\text{ m}^3$$

3. 分析原理可知,为了提高房间内暖气片放出热量的速度,只需调节"水量调节阀",加大热水瞬时流量即可.

4. 热量表的耗电功率为:

$$P_{电}=\frac{W}{t'}=\frac{UQ}{t'}=\frac{3.6\text{ V}\times2\text{ A}\times3600\text{ s}}{5\times365\times25\times3600\text{ s}}=1.6\times10^{-4}\text{ W}$$

5. 相当于节约的天然气体积为 $4\times10^9\text{ m}^3\times30\%\times20\%=2.4\times10^8\text{ m}^3$.

三、在自由活塞 A 上再加放重为 G 的砝码时,A 活塞对工作液体增加的压强为 $\Delta p=\frac{G}{S_1}$

根据帕斯卡定律,工作液体对活塞 B 向上增加的压力为:$\Delta F=\frac{G}{S_1}(S_2-S_3)$

又因为活塞 B 下底面向上减小的气体压力为:$\Delta F'=(p_0-p)S_3$

因为活塞 B 能够回到原来的高度,所以:$\Delta F'=\Delta F$

即 $(p_0-p)S_3=\frac{G}{S_1}(S_2-S_3)$

所以待测容器内的气体压强为:$p=p_0-\frac{G}{S_1S_3}(S_2-S_3)$.

四、**1.** 实验步骤:

(1)用调好的天平测量小烧杯的质量 m_1;

(2)用小烧杯盛取足量的水,再用天平测量小烧杯和水的质量 m_2;

(3)将水倒入保温桶内,用温度计测量水的温度 t_1;

(4)提前较长时间用冰格盛适量水放在冰箱冷冻室里冻成冰块,用镊子取适量冰块放在小烧杯中,迅速用天平测量出其总质量 m_3 后,立刻将冰块倒入保温桶内的水中,盖紧桶盖;

(5)轻轻摇晃保温桶使水温均匀,并仔细听声音,能听出冰块熔化完毕后,打开桶盖,用温度计测出保温桶内水的温度 t_2.

2. 冰块的熔化热的表达式为:

$$\lambda=\frac{c_{水}(m_2-m_1)(t_1-t_2)-c_{水}(m_3-m_1)t_2-c_{冰}(m_3-m_1)\times18℃}{m_3-m_1}$$

五、**1.** 如图 1 所示,设钢丝绳拉电线杆的力为 F',把电线杆看作杠杆,其支点为其粗端端点 O.

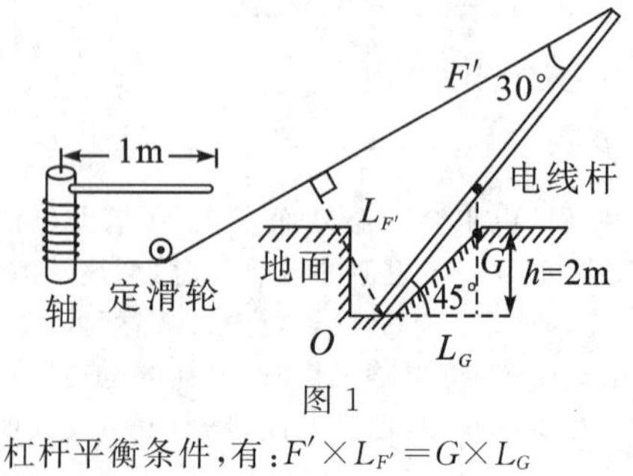

图 1

由杠杆平衡条件,有:$F'\times L_{F'}=G\times L_G$

$$F'=\frac{G\times L_G}{L_{F'}}=\frac{6.2\times10^3\text{ N}\times4\text{ m}\times\cos45°}{10\text{ m}\times\sin30°}=3.51\times10^3\text{ N}$$

绞盘本质上是一个轮轴,若要施工人员对绞盘横杆的推力 F 最小,则该力应沿水平方向,作用于横杆末端且与横杆垂直. 在这种情况下,设所需的最小推力为 F.

设绞盘的轴恰好转动一周,则推力推动横杆末端移动

的距离为 $s_1=2\pi L$

工人推力总共做的功为：$W_{总}=F\cdot 2\pi L$

绞盘拉动钢丝绳移动的距离为：$s_2=\pi D$

绞盘对钢丝绳所做的有用功为：$W_{有用}=F'\cdot\pi D$

绞盘的机械效率为：$\eta=\frac{W_{有用}}{W_{总}}=\frac{F'D}{F2L}=80\%$

所以 $F=\frac{F'D}{2L\eta}=\frac{3.51\times10^3\ \text{N}\times0.1\ \text{m}}{2\times1\ \text{m}\times0.8}=219\ \text{N}$

2. 在整个立杆过程中，电线杆重力 G 大小不变. 随着电线杆被逐渐拉起，重力 G 的力臂 L_G 在逐渐减小；而钢丝绳拉电线杆的力 F' 的力臂 $L_{F'}$ 却在逐渐增大；根据杠杆平衡条件：$F'\times L_{F'}=G\times L_G$，可知，钢丝绳拉电线杆的力 F' 在逐渐减小.

又因为，横杆末端到轴心的距离 L、轴的直径 D 以及绞盘的效率 η 不变，所以施工人员对绞盘横杆的最小推力 F 也在逐渐减小.

3. 绞盘离所拉的电线杆适当地远一些，其他情况相同时，可以适当地增大钢丝绳对电线杆的拉力 F' 的力臂 $L_{F'}$，在重力 G 与重力 G 的力臂 L_G 相同的前提下，使 F' 减小，从而可以使施工人员对绞盘横杆的推力 F 减小一些.

六、**1.** 由该型号应急照明灯的主要技术数据可知，其所用灯泡的额定电压为2.4 V，其畜电池两端的电压也是2.4 V；由此可知，两只灯泡应并联.

单只灯泡正常发光时的电流：

$$I_L=\frac{P_t}{U_L}=\frac{0.96\ \text{W}}{2.4\ \text{V}}=0.4\ \text{A}$$

干路中的总电流：$I=2\times I_L=2\times0.4\ \text{A}=0.8\ \text{A}$

即蓄电池对外供电电流为：$I=0.8\ \text{A}$

蓄电池充满电后，可以实现的最长应急照明时间：

$$t=\frac{Q}{I}=\frac{1.8}{0.8}\text{h}=2.25\ \text{h}$$

2. (1)简易应急照明灯的接线如图 2 所示.

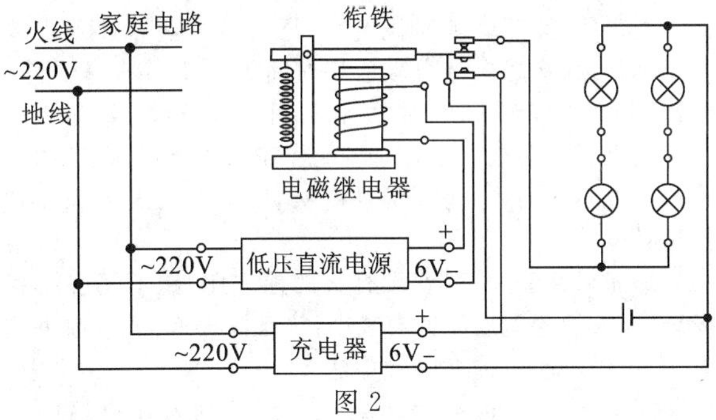

图 2

(2)若将电磁铁的两个接线柱直接接在充电器两端，当家庭电路正常工作时，电磁铁有磁性，吸引衔铁下移，接通蓄电池充电；当家庭电路停电时，蓄电池与电磁铁构成通路，电磁铁依然保持磁性，蓄电池无法为小灯泡供电，小灯泡不以发光.

第二十三届全国初中应用物理知识竞赛

初　赛

一、选择题

1. C.

紫外线可以使钞票上的荧光物质发光，所以可以做成验钞机. 红外线可以用在遥控器上，遥控器发出红外线，实现了无线控制家中的电器，方便人们的生活.

2. B.

人工造雪机在造雪时，吸入大量的水而产生雪，因此这个“雪”是小冰晶，由“水”凝结而成的，属于凝固现象.

3. C.

用木棒捶打衣服，水从衣服的纤维中冲出，水给尘土一个力，尘土改变了原来的运动状态，尘土脱离衣服，衣服变干净.

4. A.

位置 1 声波干涉相互削弱，所以位于位置 1 附近的同学应该是“感觉听不清”的；2 和 3 声波相互加强，听到的声音足够大.

5. C.

加一些冷油，油温会降低一些，但冷油被加热也会燃烧，火不会熄灭，措施不合适；立刻盖上锅盖，使油隔绝氧气，可以使火熄灭，措施正确；加一些冷水，油漂浮在水面上，增大了油的表面积，使油燃烧的更厉害，这种方法最不可取；将蔬菜倒入油锅，油温会降低，同时蔬菜表面粘上油，燃烧程度减弱，但火不会熄灭，措施不合适. 四种方法中，相比较而言，最不可取的是 C.

6. D.

导航仪不但能接收地面端的中心控制系统的信息，而且能接收导航卫星的信息，还能向导航卫星发送信息；导航仪与导航卫星之间是通过电磁波传递信息的，电磁波能在真空中传播.

7. A.

由图 A 电路图可知，关闭照明灯后发光二极管与限流电阻串联能发光，闭合照明电路时发光二极管不工作，故 A 符合题意. 由 B 电路图可知，单刀双掷开关扳向左时接通发光二极管时会发光，但扳向右时灯泡都不会发光，故 B 不正确. 由 C 电路图可知，闭合照明灯后照明灯发光，但与扳向二极管会二极管不亮，故 C 不符合题意. 图 D 开关扳向右时，灯泡发光较暗，因为灯泡的电阻 $R=U^2/P=(220\ \text{V})^2/60\ \text{W}=806.7\ \Omega$，与指示灯的电阻 $120\ \Omega$ 相差不是很大，因此灯泡分得电压低于额定电压，故 D 图不符合要求.

8. B.

电路总电阻 $R_{最小}=U/I_{最大}=30\ \text{V}/0.3\ \text{A}=100\ \Omega$，$R_{最大}=U/I_{最小}=30\ \text{V}/0.1\ \text{A}=300\ \Omega$，仪器内阻为 $100\ \Omega$，则滑动变阻器阻值为 $0\ \Omega\sim200\ \Omega$，滑动变阻器阻值应为 $R_1=200\ \Omega$，$R_2=20\ \Omega$.

9. A.

如果两队都不划船，任两船自由漂流，也任木箱漂流，过一定时间木箱就会和上游的船相遇，原因是船是流线型而木箱不是流线型，船的速度大于水流速度，由此可见 A 答案正确.

10. B.

大客车的长度约为 $s=10\ \text{m}$，因为是同向行驶，所以轿车相对于大客车的速度为 $v=v_{轿车}-v_{客车}$，而 $v_{轿车}=110\ \text{km/h}=30\ \text{m/s}$，轿车相对客车的速度 $v=s/t=10\ \text{m}/5\ \text{s}=2\ \text{m/s}$，则 $v_{轿车}-v_{客车}=2\ \text{m/s}$，即 $30\ \text{m/s}-v_{客车}=2\ \text{m/s}$，$v_{客车}=28\ \text{m/s}$，即在 $20\sim30\ \text{m/s}$.

二、简答题

1. ①轮胎上有花纹是为了增大了轮胎与地面间的摩擦力；②行驶时，电动机把电能转化为机械能；③电动自行车观后镜是利用凸镜成正立、缩小、虚像工作的；④电动自行车座椅里面有海绵，且比较宽大是为了增大受力面积，减小压强；⑤车把套有花纹，增大手与把套间的摩擦力；⑥刹车时，利用增大压力的方法增大摩擦力等；⑦车灯工作时，将电能转化为光能.

2. (1)由图示可知，当电流从电磁铁的 A 端流入时，由安培定则可知，电磁铁上方为 S 极，永久磁铁受到电磁铁向上的力，弹性金属片带动连杆向上运动，弹性气囊被拉长，气室内气压小于外界气压，左侧阀门关闭，右侧阀门打开，气体通过右侧阀门进入气室.(2)当电流从电磁铁的 B 端流入时，由安培定则可知，电磁铁上方为 N 极，永久磁铁受到向下的力的作用，弹性金属片带动连杆向下运动，弹性气囊被压缩，气室内气压大于外界气压，右侧阀门关闭，左侧阀门打开，气体通过左侧阀门进入排气管，为气球充气.(3)流入电磁铁的电流方向不断变化，上述过程不断反复，将气体不断充入气球.

3. 如图 1 所示.

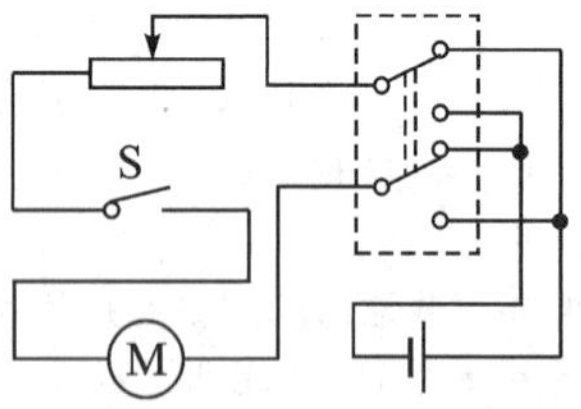

图 1

4. ①无论雷达波从哪个角度射向角反射器，反射波最终都会沿与入射方向平行的直线返回；②救生艇悬挂反射器是为了让雷达能够尽快发现救生艇，在必要的时候开展营救.

5. (1)为了维持座舱内的气压与地面大气压接近，需要压缩机不断地将空气压入座舱内，在这一过程中，压缩机对空气做功，空气的内能增大，温度升高.(2)为了保持座舱内适宜的温度，还需要空调机来降温.

6. ①当电冰箱内的温度高于设定温度时，金属盒内的气体膨胀，使金属盒的两个侧面凸起来，透过连杆带动控制连杆，动触点向右移动，与两静触点接触，接通工作电路，压缩机工作，电冰箱内温度降低.②当温度降低至设定温度以下，金属盒内气体体积减小，金属盒的两个侧面凹进去，通过连杆带动控制连杆，动触点向左移动，导致动触点与静触点分离，切断工作电路，压缩机停止工作.③如此反复，保持电冰箱内的温度不高于设定温度.

三、**1.** 电冰箱是间歇工作的，只有当冷冻室内的实际温度高于设定温度时，电冰箱的压缩机才开始工作.

2. 电冰箱上标示的耗电量为常温下电冰箱内不放任何物体，且不开电冰箱门的情况下测得的，而在实际应用过程中，真实的耗电量会更大一些.

3. 该电冰箱真实的耗电量 $W=1.5\times0.58\,\text{kW}\cdot\text{h}=0.87\,\text{kW}\cdot\text{h}$，该电冰箱一天要工作的时间 $t=W/P=0.87\,\text{kW}\cdot\text{h}/0.105\,\text{kW}\approx8.3\,\text{h}$.

四、 大力钳工作时，相当于杠杆组合，其中 ABC、CDE 以及对应的下半部分分别为杠杆.

假设力的方向沿竖直方向，则杠杆 CDE 可模型化为图 2 的情况，其中 D 为支点.根据杠杆平衡条件可得：

$E_1L_1=F_2L_2$

由题意可知：$F_1=900\,\text{N}$，$L_1=12\,\text{cm}$，$L_2=2\,\text{cm}$

所以：$F_2=\dfrac{F_1L_1}{L_2}=\dfrac{900\times12}{2}\,\text{N}=5.4\times10^3\,\text{N}$

同理：杠杆 ABC 可模型化为图 3 的情况，其中 B 为支点，根据杠杆平衡条件可得：

$F_3L_3=F_4L_4$

由题意可知：$F_3=F_2=5.4\times10^3\,\text{N}$，$L_3=4.5\,\text{cm}$，$L_2=1.5\,\text{cm}$

所以：$F_4=\dfrac{F_3L_3}{L_4}=\dfrac{5.4\times10^3\times4.5}{1.5}\,\text{N}=1.62\times10^4\,\text{N}$.

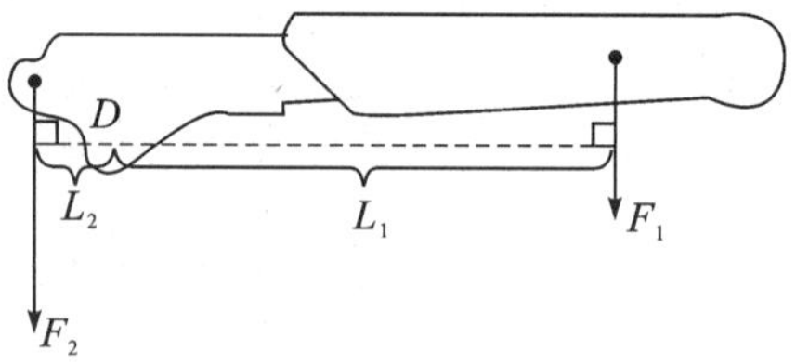

图 2

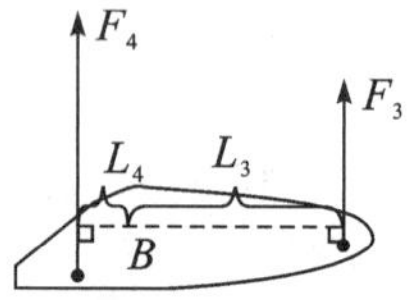

图 3

五、**1.** 水力发电是利用河川、湖泊等位于高处的水流至低处时，水的重力做功，将水流减小的重力势能，通过水轮机、发电机转化为电能.

年平均流水总质量：$m=\rho Q=1.0\times10^3\times4.51\times10^{11}\,\text{kg}=4.51\times10^{14}\,\text{kg}$

流水年平均做的总功：$W_{水}=Gh=mgh=4.51\times10^{14}\times10\times110\,\text{J}=4.96\times10^{17}\,\text{J}$

年平均发电量：$W=10^{11}\,\text{kW}\cdot\text{h}=3.6\times10^{17}\,\text{J}$

三峡电站将水流的势能转化为电能的效率为：

$$\eta=\frac{W}{W_{水}}=\frac{3.6\times10^{17}}{4.96\times10^{17}}=72.6\%$$

2. 工作天数：$t=\dfrac{W}{P}=\dfrac{10^{11}}{2.25\times10^7}\,\text{h}=185$ 天

六、**1.** ①按照老师所说的“草原自救方法”，迎着火墙向西奔跑，人穿越火墙自救所用时间 $t_2=D/(v_2+v_3)=8\,\text{m}/(1\,\text{m/s}+7\,\text{m/s})=1\,\text{s}$，由于 1 s 小于 1.5 s，人穿越火墙后身上衣服不会被点燃，人很安全.需要注意：人在穿越火墙的短暂时间内，一定要屏住呼吸，以免因吸入火焰而灼伤呼吸道.

②如果背着火，朝着没有火的地方跑，跑不了多久就疲惫了，人的奔跑速度就会减小，一旦被火追上了，逃生的人待在火墙中的时间可达 $t_3=D/(v_4-v_2)=8\,\text{m}/(1.5\,\text{m/s}-1\,\text{m/s})=16\,\text{s}$，十分疲惫的人在火墙中待 16 s，由于 16 s>1.5 s，逃生的人即使逃离了火墙，他身上的衣服也一定早已被大火点燃且持续燃烧着，这样逃生的人很容易被大火吞噬了.

2. 分别利用上述物品，可以采用以下办法逃生：

①用镰刀割除一个圆形区域(直径约 5～8 m)内的草，并把割掉的草抛到圆形区域东侧稍远的地方，人则待在圆形区域的圆心处以躲避大火；

②用铁锨在地上挖一个差不多能让一个人蜷缩着躺下的坑，然后，人就蜷缩在坑里，并把挖出的泥土适量的覆盖在身上，待火墙通过后，人再从坑里逃生；

③脱下外衣，用矿泉水打湿，找一片草比较稀疏的地方并蜷缩着躺下，然后把打湿的外衣覆盖在身上，待火墙通过后，人再从坑里逃生.

如果没有上述随身物品，采用办法：

①脱下外衣，用小便将其打湿后，覆盖在身上并蜷缩着躺在草较稀疏的地方，待火墙通过后，起来逃生；

②找一片土壤疏松、草比较少的地方，脱下外衣，用手刨土放在外衣上，并把覆盖着土的外衣覆盖在身上，待火墙通过后，人再从坑里逃生.

③找一片草比较少的地方，用手拔除一个圆形区域(直径约 5～8 m)内的草，并把割掉的草抛到圆形区域东侧稍远的地方，人则待在圆形区域的圆心处以躲避大火.

复赛

一、**1.** 将小吊车看作杠杆，则底梁左端小轮的轴为支点 O，设小吊车所受重力为 G_0，重力的力臂为 l_0.

如图乙所示情况下，物重：

$$G_1=m_1g=800\times10\ \text{N}=8000\ \text{N}$$

$$G_2=m_2g=500\times10\ \text{N}=5000\ \text{N}$$

力臂：$l_1=0.1\ \text{m}\quad l_2=0.2\ \text{m}$.

由于：$G_2l_2=5000\times0.2\ \text{N}\cdot\text{m}=1000\ \text{N}\cdot\text{m}>G_1l_1=8000\times0.1\ \text{N}\cdot\text{m}=800\ \text{N}\cdot\text{m}$.

所以，小吊车会翻倒，即在图乙所示的情况下，不能吊起 500 kg 的重物.

2. 物重：$G_3=m_3g=400\times10\ \text{N}=4000\ \text{N}$，

小吊车重：$G_0=m_0g=400\times10\ \text{N}=4000\ \text{N}$，力臂：$l_3=0.1\ \text{m}$.

根据杠杆平衡条件：$F_1l_1=F_2l_2$

可得吊起 800 kg 重物时的关系式为：$G_0l_0=G_1l_1$

进而可得起重机所受重力的力臂：$l_0=\dfrac{G_1l_1}{G_0}=\dfrac{8000\times0.1}{4000}\ \text{m}=0.2\ \text{m}$

匀速吊起 400 kg 重物时，假设每个后轮所受支持力为 F_1，对应力臂为 L_1，每个前轮所受支持力为 F_2，可得关系式为：$G_3l_3-G_0l_0-2F_1L_1$

则每个后轮对地面的压力：$F_1=\dfrac{G_0l_0-G_3l_3}{2L_1}=\dfrac{4000\times0.2-4000\times0.1}{2\times1}\ \text{N}=200\ \text{N}$

根据物体受力平衡，可得：$2F_1+2F_2=G_0+G_3$

则每个前轮对地面的压力：$F_2=\dfrac{G_0+G_3-2F_1}{2}=\dfrac{4000+4000-2\times200}{2}\ \text{N}=3800\ \text{N}$

二、**1.** 该电动水泵水管内空腔的横截面积：

$$S=\frac{\pi D^2}{4}=\frac{3.14\times(40\times10^{-3})^2}{4}\ \text{m}^2=1.26\times10^{-3}\ \text{m}^2$$

取该水泵正常工作时间：$t=1\ \text{h}=3.6\times10^3\ \text{s}$，

流过出水管横截面水的体积：$V=10\ \text{m}^3$

通过出水管横截面的水柱长度：$L=\dfrac{V}{S}=\dfrac{10}{1.26\times10^{-3}}\ \text{m}=7.94\times10^3\ \text{m}$

水泵出水口处水的流速：$v=\dfrac{L}{t}=\dfrac{7.94\times10^3}{3.6\times10^3}\ \text{m/s}=2.2\ \text{m/s}$

2. 该电动水泵正常工作时间：$t=1\ \text{h}=3.6\times10^3\ \text{s}$

所提水的质量：$m=\rho_水V=1.0\times10^3\times10\ \text{kg}=10^4\ \text{kg}$

所提水重：$G=mg=10^4\times10\ \text{N}=10^5\ \text{N}$

水泵对水做功：$W_有=Gh=10^5\times36\ \text{J}=3.6\times10^6\ \text{J}$

电动水泵消耗电能：$W_总=Pt=2.2\times1\times3.6\times10^6\ \text{J}=7.92\times10^6\ \text{J}$

电动水泵的效率：$\eta=\dfrac{W_有}{W_总}\times100\%=\dfrac{3.6\times10^6}{7.92\times10^6}\times100\%=45.5\%$

三、**1.** 每块石条的体积约为：$V=0.5\ \text{m}\times0.2\ \text{m}\times0.1\ \text{m}=0.01\ \text{m}^3$.

每块石条的质量约为：$m=\rho V=2.7\times10^3\ \text{kg/m}^3\times0.01\ \text{m}^3=27\ \text{kg}$.

则左端受到的压力的增加量为：$\Delta F_A=5\ mg=5\times27\ \text{kg}\times10\ \text{N/kg}=1350\ \text{N}$.

B(或 D)点受到的拉力的增加量为：$\Delta F_D=\Delta F_B=\dfrac{AC}{BC}\Delta F_A=5400\ \text{N}$.

砧木受到的压力的增加量为：$\Delta F_E=\dfrac{DF}{EF}\Delta F_D=21600\ \text{N}$.

2. 增大热传递的面积，有利于管内气体放热液化.

3. 要让冷水从下方的 B 口进入，热水从上方 A 口流出；

热水密度小于冷水，会自动上升到冷却池的上部，随冷水的进入先被喷出，温度较低的水留在冷却池内，有利于继续吸热.

4. 蒸馏锅内的液体密度大.

因为蒸馏锅内的物质主要是水和酒精，在蒸馏的过程中，从锅内汽化的成分中，密度较小的酒精的比例要大于锅内剩余液体中酒精的比例，而酒精的密度比水小.

四、**1.** 此时的弹力 F_2 为：

$$F_2=9\ \text{N/cm}\cdot\Delta L_2=9\ \text{N/cm}\times4\ \text{cm}=36\ \text{N}$$

水的压强 p_2 为：

$$p_2=\frac{F_2'}{S}=\frac{4F_2}{\pi D^2}=\frac{4\times36\ \text{N}}{3\times4^2\times10^{-4}\ \text{m}^2}=3\times10^4\ \text{Pa}$$

储水槽内的水深 h_2 为：

$$h=\frac{p_2}{\rho_水 g}=\frac{3\times10^4\ \text{Pa}}{10^3\ \text{kg/m}^3\times10\ \text{N/kg}}=3\ \text{m}$$

2. 储水槽内的水深 $h_1=0.15\ \text{m}$ 时，水对活塞的压强 p_1 为：

$$p_1=\rho_水 gh_1=10^3\ \text{kg/m}^3\times10\ \text{N/kg}\times0.15\ \text{m}=1.5\times10^3\ \text{Pa}$$

弹簧弹力 F_1 为：

$$F_1=F_1'=p_1S=\frac{p_1\pi D^2}{4}=\frac{1.5\times10^3\ \text{Pa}\times3\times4^2\times10^{-4}\ \text{m}^2}{4}=1.8\ \text{N}$$

弹簧的形变 ΔL_1 为：$\Delta L_1=\dfrac{F_1}{9\ \text{N/cm}}=\dfrac{1.8\ \text{N}}{9\ \text{N/cm}}=0.2\ \text{cm}$

$$L=\Delta L_2-\Delta L_1=4\ \text{cm}-0.2\ \text{cm}=3.8\ \text{cm}$$

3. $t=\dfrac{1.5\ \text{m}\times2\ \text{m}\times(3\ \text{m}-0.15\ \text{m})}{0.16\ \text{m}^3/\text{min}-0.01\ \text{m}^3/\text{min}}=57\ \text{min}$

五、**1.** 双金属片随温度的升高会向下弯曲，且弯曲程度随温度的升高而增大；当金属底板的温度达到设定温度时，由于双金属片向下弯曲而使触点 2 与触点 1 分离，切断工作电路. 当金属底板由于向环境散热而使温度降低至设定温度以下时，双金属片弯曲程度会减小，使触点 2 与触点 1 接触，接通工作电路，电热丝将电能转化为内能，金属底板温度升高. 如此反复，维持金属底板温度基本恒定. 如果想提高金属底板的设定温度，应将升降螺丝向下移动.

2. 由表格中的数据发现：t 与 Δ 成正比

进而可得：$t=k_1\Delta t$，其中：$k_1=0.15\ \text{s/℃}$. ①

每 1 min 电熨斗消耗的电能为：$W=Pt$.

假定消耗的电能全部转化为热量，则每 1 min 电热丝产生的热量为：

$$Q_0=W=Pt$$

设：$t_0=1\ \text{min}=60\ \text{s}$

可得：$Q=\frac{Q_0}{t_0}=\frac{Pt}{t_0}$ ②

由①和②式可得：$Q=k_2\Delta t$，其中：$k_2=2\ \text{W/℃}$ ③

3. 温度差：$\Delta t=180\ ℃-20\ ℃=160\ ℃$

由③式可知，电熨斗每 1 min 消耗的电能至少为：$W=Qt_0=k_2\Delta tt_0=2\times160\times60\ \text{J}=1.92\times10^4\ \text{J}$.

六、**1.** 压缩机将气态工作物质压缩，使其在冷凝器内液化，并放出热量，传递给需要加热的水；液化后的工作物质经膨胀阀后体积迅速膨胀，压强减小后汽化，降低自身温度后，从流过蒸发器内的空气中吸收热量，使空气温度降低，形成冷气后吹出.

2. (1)查表得 A 型热水器工作 1 h 可以将 $V=120\ \text{L}=120\times10^{-3}\ \text{m}^3$ 的水温度升高约 $\Delta t=35\ ℃$，

则水吸收的热量为：

$Q=c_水 m_水 \Delta t=c_水 \rho_水 V\Delta t=4.2\times10^3\ \text{J/(kg·℃)}\times10^3\ \text{kg/m}^3\times120\times10^{-3}\ \text{m}^3\times35\ ℃=1.76\times10^7\ \text{J}$

热水器 1 h 消耗的电能（电流所做的功）为：

$W=Pt=1.2\times10^3\ \text{W}\times3.6\times10^3\ \text{s}=4.32\times10^6\ \text{J}$.

而如果使用传统电热水器，消耗的电能就为：

$$W'=Q=1.76\times10^7\ \text{J}$$

因为 $W'>W$，所以这种热水器更节能.

(2)A 型热水器的能效比：

$$\eta=\frac{Q}{W}=\frac{1.76\times10^7\ \text{J}}{4.32\times10^6\ \text{J}}=4.07$$

3. 由能效比的定义可得：$Q'=\eta W'$

$c_水 \rho_水 V_2'(t_2-t_1)=\eta P_2 t$

热水器工作 1 h 提供的热水体积为：

$$V_2'=\frac{\eta P_2 t}{c_水 \rho(t_2-t_1)}$$

$$=\frac{4.07\times1.7\times10^2\ \text{W}\times3.6\times10^3\ \text{s}}{4.2\times10^3\ \text{J/(kg·℃)}\times10^3\ \text{kg/m}^3\times(45-20)\ ℃}$$

$=0.237\ \text{m}^3=237\ \text{L}$.

第二十四届全国初中应用物理知识竞赛

初 赛

一、选择题

1. A.

从图 1 中甲乙比较，可知乙看到的范围小，贴近车身，说明射到镜面的光线的反射角较小，应增大反射角，即增大入射角，因此，为了增大反射范围，观后镜应向外旋转.

2. C.

用测电笔接触老师，氖管发光说明此时老师身体带电，而他没有触电，是因为没有电流从他身上流过，也就是把零线断开了.

3. D.

锯是否耐撞击是由锯齿的材料决定的，与形状没有关系；锯齿做成东倒西歪的形状，可以使锯条在前后拉动的过程中，所锯物体位置的宽度增加，有利于钢锯的前后拉伸与移动，减小了对钢锯的压力，从而减小摩擦.

4. C.

月球表面附近没有大气，因此，降落伞打开不会受到空气阻力，所以，降落伞无法起到减速的作用.

5. B.

利用的水的对流，冷水流经发动机经过热传递变热，温度升高，密度变小上升，然后经过散热器把热量释放出来，温度降低，密度变大，再经水泵抽送到发动机.

6. B.

飞船在太空中，绕地球做匀速圆周运动，万有引力充当向心力，物体处于完全失重状态，故水在分子表面张力的作用下成球状，即水球表面分子之间相互作用的引力大于斥力.

7. B.

因为镜子有两个反射面，故光经玻璃前表面和后表面发生多次反射后形成了多个虚像.

8. B.

同一图形下，比例相同，用刻度尺量得长征二号 F 运载火箭长度为 11 mm，火箭上升的距离为约 16 mm，则由 58 m：11 mm＝s：16 mm，可求出运行的实际路程为 $s\approx85\ \text{m}$，则火箭发射后第一个 10 s 的平均速度值应最接近 $v=s/t=85\ \text{m}/10\ \text{s}=8.5\ \text{m/s}$，故接近 9 m/s.

9. C.

超声波第一次从测速仪发出到与汽车相遇的地点 A，经过的时间为 $t_1=0.50\ \text{s}/2=0.25\ \text{s}$，超声波通过的距离为 $s_{波1}=v_波\cdot t_1=340\ \text{m/s}\times0.25\ \text{s}=85\ \text{m}$；超声波第二次从测速仪发出到与汽车相遇的地点 B，经过的时间为 $t_2=0.3\ \text{s}/2=0.15\ \text{s}$，超声波通过的距离为 $s_{波2}=v_波\cdot t_2=340\ \text{m/s}\times0.15\ \text{s}=51\ \text{m}$，所以 AB 之间的距离为 $s_{AB}=s_{波1}-s_{波2}=85\ \text{m}-51\ \text{m}=34\ \text{m}$；测速仪发出的超声波两次间隔时间为 1.1 s，且测试仪第一次发出超声波记为 0 时刻，则超声波第一次从测试仪发出到与汽车相遇的地点 A，经过的时间为 0.25 s；超声波第二次发出的时间为 1.1 s 末，超声波第二次与车相遇在 B 点的时刻应该是 1.1 s＋0.15 s＝1.25 s，汽车从 A 点到 B 点行驶的时间是 $t=1.25\ \text{s}-0.25\ \text{s}=1.0\ \text{s}$，所以汽车行驶的速度为 $v=s/t=34\ \text{m}/1.0\ \text{s}=34\ \text{m/s}$.

10. C

由表格中数据知，只有当电动车输出功率为额定功率时，对应的工作电流为 $I_额=P_额/U_额=240\ \text{W}/48\ \text{V}=5\ \text{A}$，但在实际行驶过程中，不一定都是出于额定工作状态，因此，输出电流不一定都是 5 A；蓄电池一次充足电，放电时可输出的电能最多约为 $W=UIt=Uq=48\ \text{V}\times12\ \text{Ah}=48\ \text{V}\times12\ \text{A}\times3600=2.0736\times10^6\ \text{J}$；电动车克服阻力做的功为 $W_1=\eta W=80\%\times2.0736\times10^6\ \text{J}=1.65888\times10^6\ \text{J}$，根据 $W=Fs$ 得，匀速行驶时阻力与牵引力是一对平衡力，因此可行驶的距离为 $s=W/F=1.65888\times10^6\ \text{J}/40\ \text{N}=4.1472\times10^4\ \text{m}\approx41\ \text{km}$；以最大车速行驶的时间约为 $t=s/v=41\ \text{km}/(30\ \text{km/h})\approx1.37\ \text{h}$. 当然实际行驶时，速度低于最大车速，这样行驶时间要长些.

二、简答题

1. ①透过杯子观察杯子后面较远处的物体，若看到的是正立的左右相反的物体的像，则这只杯子中装有水；

②光的折射规律.

2. (1)架设电线时,若所留垂距过小,当气温降低时,电线收缩会拉断电线甚至将电线杆拉倒;

(2)架设电线时,所留垂距过大,遇到大风天气,电线摆动幅度过大,容易导致电线折断;同时,电线离地面太近,容易造成事故,并且浪费材料.

3. 见图 1:

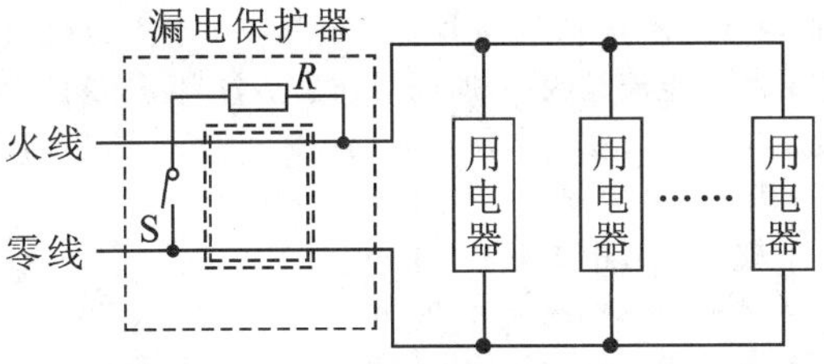

图 1

4. (1)①月球车的轮子表面积做得更大,压强更小,不至于陷进松软的月壤中.②采用轮腿复合式轮子,平地靠轮子行走,遇到小的障碍可以变“轮”为“腿”,爬行越过障碍.

(2)①月球表面的昼夜温差超过 300℃,橡胶不可能在如此大的温度范围内保持弹性与强度.②月球表面没有大气压,充气轮胎易爆裂.

(3)①白天主要靠太阳能电池板.②夜晚主要靠锂电池和核电池(或称为核放射热源).

5. (1)拖拉机的前轮是导向轮,前轮窄小可以在改变方向时减小转动前轮的阻力.拖拉机在工作时后面挂有拖车或耕地设备,使得拖拉机的重心靠近后轮,后轮对地面的压力更大.后轮宽大可以减小压强,既能保护轮胎,也可以使拖拉机不会下陷进松软的田地里.

(2)叉车的后轮是导向轮,后轮窄小可以在改变方向时减小转动前轮的阻力.叉车在搬运时货物放在前方,使得叉车的重心靠近前轮,前轮对地面的压力更大.前轮宽大既可以保护轮胎,也可以减小叉车对地面的压强.

6. ①在用气筒给自行车胎打气的过程中,外管顶部对气筒和轮胎内的气体做功,气体内能增大,温度升高,气筒外管将热量传递到管的外壁,因此气筒外壁温度明显升高;

②因为外管越向下移动,外管的顶部气体被压缩越多,气体压强越大,移动相同的距离,对气体做功越多,气体内能增大越明显,温度越高,进而导致气筒外壁上部温度比下部温度更高;

③外管在相对于活塞上、下运动过程中,向外传递的内能主要来自内部被压缩的高温气体,而外筒的下部与上部相比,其与管内高温气体的接触时间较短,吸收的热量较少,因此温度较低;

④外管在相对于活塞向下运动过程中,在高压气体作用下,外管与活塞间的压力增大,单位长度克服摩擦力做功而转化成的内能越靠近外管顶部越多,导致气筒外壁上部温度比下部温度更高.

三、**1.** 加热状态.

2. 设控制电路中电源两端的电压为 E.

由图乙,当温度为 100 ℃时,热敏电阻 R_1 的阻值为 $500\,\Omega$,

故 $E=I_1(R_0+R_1+R_1')=0.04\,\text{A}\times(50\,\Omega+500\,\Omega+350\,\Omega)=36\,\text{V}$.

由图乙,当温度为 50℃时,热敏电阻 R 的阻值为 $900\,\Omega$,因此 $R_2'=36\,\text{V}/0.036\,\text{A}-900\,\Omega-50\,\Omega=50\,\Omega$.

3. 获得最低温度为 50℃的“恒温”温度波动范围更小,因为在 50 ℃附近,热敏电阻的阻值随温度的变化更显著.

四、**1.** A.

反光镜用凹面镜,凹面镜对光有会聚作用,根据光路可逆,则当灯泡放在凹面镜的焦点处,灯丝发出的光经凹面镜反射后平行射出,照亮胶片;当胶片放在放映机镜头(凸透镜)的一倍焦距与二倍焦距之间,这样在银幕上成倒立、放大的实像.

2. C.

放映机成像原理是物距在一倍焦距与二倍焦距之间,成倒立、放大的实像.因此看到银幕上的画面全部倒立的,说明电影胶片原先是正立插放的,这样看到的刚好是倒立的.由于放映机成像时,物像的关系是上下、左右互换的.电影中一个动作的形成是分解成几个连续缓冲的形成的静态画面组成的,由于人眼的视觉暂留,才形成一个连续的动作的.出现声音是由结尾向开头的,显然是不正常的.

3. C.

根据成像光路图,结合几何知识,可得 $3\,\text{m}/0.01\,\text{m}=15\,\text{m}/u$,则 $u=0.05\,\text{m}=50\,\text{mm}$,而 $f<u<2f$,即 $f<50\,\text{mm}<2f$,则 $25\,\text{mm}<f<50\,\text{mm}$.又因为焦距大些,折射能力弱,成像的像距更远,像更大些,故对照选项正确为 C.

4. (1)这盘电影胶片绕在片夹上的横截面积 $S=\pi\left(\frac{D}{2}\right)^2-\pi\left(\frac{d}{2}\right)^2=\pi\frac{(D^2-d^2)}{4}$,电影胶片的长度 $L=\frac{S}{H}=\pi\frac{(D^2-d^2)}{4H}=\frac{3.14\times(0.36^2-0.12^2)}{4\times1.4\times10^{-4}}\,\text{m}=646\,\text{m}$.

(2)正常放映时,连续 24 幅画面在电影片上的总长度 $L_0=24\times(6+1.5)\times10^{-3}\,\text{m}=0.18\,\text{m}$,电影胶片运行的平均速度 $v=L_0/t_0=0.18\,\text{m}/1\,\text{s}=0.18\,\text{m/s}$,连续正常放映时间 $t=L/v=646\,\text{m}/(0.18\,\text{m/s})=3589\,\text{s}\approx1\,\text{h}$.

五、**1.** 由这台发动机输出特性曲线可以看出在发动机转速为 1000~5000 r/min 范围内,它的输出功率与转速大致成正比.

2. 设做功冲程燃气对活塞的平均压强为 p_0,发动机排量为 $V_排$,每个活塞的受力面积为 S,活塞移动距离为 L,则 $V_排=4SL$,做功冲程中燃气对一个活塞的平均压力:$F=p_0S$.

每完成一个工作循环,在做功冲程中燃气对一个活塞做的功:$W_0=FL=p_0SL=\frac{p_0V_排}{4}$

则每个工作循环中,四个汽缸燃气对活塞做的总功:$W=4W_0=p_0V_排$

每个工作循环,发动机的转轴转 2 圈,所用的时间 $t=2/n$

故发动机转速为 n 时燃气对活塞做功的功率:

$$P'=W/t=np_0V_排/2$$

所以,在发动机转速 n、做功冲程汽缸平均压强 p_0 等参数相同时,燃气对活塞做功的功率 P 与发动机排量 $V_排$ 成正比.当发动机的效率保持不变时,发动机的输出功率 $P_出$ 又与燃气对活塞做功的功率 P 成正比,因此发动机的输出功率 $P_出$ 与发动机排量 $V_排$ 成正比.

3. 由发动机输出特性曲线可知:发动机的转速为 2000 r/min 时,其输出功率约为360 kW(取值在 29~31 kW 范围内均可).

$$\eta=\frac{W_{有}}{W_{总}}\times100\%=\frac{Pt}{Q_{放}}\times100\%$$

$$=\frac{\frac{Ps}{v}}{q_{汽油}m}\times100\%$$

$$=\frac{\frac{Ps}{v}}{q_{汽油}\rho_{汽油}V_{油}}\times100\%$$

$$=\frac{\frac{3\times10^{3}\ \text{W}}{100\times\frac{5}{18}\ \text{m/s}}\times100\times10^{3}}{4.6\times10^{7}\times0.71\times10^{3}\times9\times10^{-3}}\times100\%$$

$$=35.7\%$$

由 $P=\frac{np_0V_{排}}{2}$，可得：

$$p_0=\frac{2P}{nV_{排}}=\frac{2\times30\times10^{3}}{\frac{2000}{60}\times2.0\times10^{-3}}\ \text{Pa}=9\times10^{5}\ \text{Pa}$$

六、**1.** 见图 2.

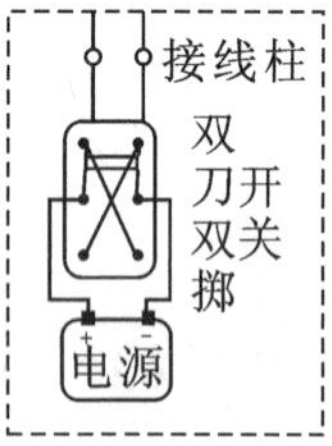

图 2

2. 与输入轴固定在一起的齿轮周长小、齿数少，与输出轴固定在一起的齿轮周长大、齿数多. 因此，输入轴转动很多圈才能带动输出轴转动一圈，实现减速的功能.

3. (1)以额定功率运行时，电动机的输入总功率：

$$P_{总}=U_{额}\ I_{额}=12\times0.34\ \text{W}=4.08\ \text{W}$$

$$\eta_{电动机}=\frac{P_{额定}}{P_{总}}=\frac{2.15}{4.08}=52.7\%$$

(2)电动机的内电阻：$r=\frac{U_{额定}}{I_{堵}}=\frac{12}{1.36}\ \Omega=8.8\ \Omega$

以额定功率运行时，热损耗功率：

$$P_{热损}=I_{额}{}^{2}r=0.34^{2}\times8.8\ \text{W}=1.02\ \text{W}$$

机械损耗功率：$P_{机械能}=P_{总}-P_{额定}-P_{热损}=(4.08-2.15-1.02)\ \text{W}=0.91\ \text{W}$

(3)传动装置的输入功率：$P_{输入}=P_{额定}=2.15\ \text{W}$

窗帘运行的速度：$v=\frac{s}{t}=\frac{1.5}{6}\ \text{m/s}=0.25\ \text{m/s}$

传动装置的输出功率：

$$P_{输出}=2Fv=2\times0.25\times2\ \text{W}=1\ \text{W}$$

此时，$\eta_{传动装置}=\frac{P_{输出}}{P_{输入}}=\frac{1}{2.15}=46.5\%$

因此，要求传动装置的机械效率大于 46.5%.

复 赛

一、测量步骤：

①用一砖块侧立支起长木板，调节长木板，直至长木板水平位置平衡，如图 1 所示；

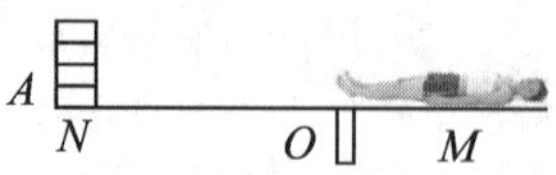

图 1

②人伸直平躺在长木板的右端，另一同学协助实验，在长木板的另一端(左端)放砖块(叠加)，直至木板再次水平平衡，记下长木板与砖块接触处砖块的中心位置 N(在木板上)；

③用磅秤测量出左端叠加的砖块的总质量 m_1，人的质量 m_2，并用卷尺测量出 NO 的长度 l_1；

④根据杠杆平衡条件，有 $m_1g\times l_1=m_2g\times l_2$，计算出人平躺在木板上的重心距离支点 O 的长度 $l_2=m_1l_1/m_2$，再用卷尺测量出人平躺时长度 l_2 对应在人身上的位置，即为人的重心所在位置距离脚底的高度.

二、**1.** ②、④过程中电动机间歇工作的好处：两者若长时间同时工作(电动机和电热管)，总功率较大，豆浆机干路中导线的电流较大，长时间工作发热，产生热量较多，容易烧坏电路，间歇工作，便于热量散失，延长豆浆机的使用寿命；其次边磨边煮，打碎细腻，口感更好.

2. 整个过程中消耗的电能为

$W=n/N=320\ \text{imp}/1600\ \text{imp/kWh}=0.2\ \text{kW}\cdot\text{h}.$

3. 电动机工作消耗的电能为

$W_1=P_1t_1=0.18\ \text{kW}\times2/60\ \text{h}=0.006\ \text{kW}\cdot\text{h}$，

则电热丝工作消耗的电能为

$W_2=W-W_1=0.2\ \text{kWh}-0.006\ \text{kWh}=0.194\ \text{kW}\cdot\text{h}$，

电热丝工作的时间为

$t_2=W_2/P_2=0.194\ \text{kWh}/0.8\ \text{kW}=0.2425\ \text{h}=14.55\ \text{min}$，

所以，在豆浆机工作的 20 min 内，电热丝和电机都不工作的时间为

$t_3=t-t_1-t_2=20\ \text{min}-2\ \text{min}-14.55\ \text{min}=3.45\ \text{min}$

三、**1.** 室内空气的体积为

$$V=Sh=15\ \text{m}^2\times2.6\ \text{m}=39\ \text{m}^3,$$

空气的质量为

$$m=\rho V=1.29\ \text{kg/m}^3\times39\ \text{m}^3=50.31\ \text{kg},$$

将室内的空气由 10 ℃加热升高至 20 ℃需要吸收的热量为

$Q_{吸}=cm(t_2-t_1)=10^3\ \text{J}/(\text{kg}\cdot℃)\times50.31\ \text{kg}\times(20℃-10℃)=5.031\times10^5\ \text{J}$；

该空调器工作的时间为 t，消耗的电能 $W=Pt$，不计能量损失，则有 $Q_{吸}=W$，

即 $5.031\times10^5\ \text{J}=2600\ \text{W}t$，得 $t=193.5\ \text{s}\approx3.2\ \text{min}$.

2. 实际工作 4.0 min 产生的热量为 $W_2=P_{制热}t_1=2600\ \text{W}\times4\times60\ \text{s}=6.24\times10^5\ \text{J}$，

则散热的热量为 $W_3=W_2-W_1=6.24\times10^5\ \text{J}-5.031\times10^5\ \text{J}=1.209\times10^5\ \text{J}$，

散热的平均功率为

$$P=W_3/t_2=1.209\times10^5\ \text{J}/240\ \text{s}=503\ \text{W},$$

空调总功消耗的电能为

$$W_4=P_{输入}t_2=780\ \text{W}\times4\times60\ \text{s}=1.872\times10^5\ \text{J}.$$

3. 空调器制冷时，压缩机压缩气体使之液化消耗电能做功，而制冷剂在汽化时要吸收大量的热，同时将室内的热空气排出到室外降低了室内的温度.

四、机器人从椅子上站立起来，是以 O_2 为支点转动.

产生逆时针的转动效果的力矩有大腿、上身，当上身顺时针转动 30°时，上身产生的力矩变小，如图 2 所示，因此，设机器人的整只手臂的长度至少为 l cm 时，才能使机器人能够从题图 4 甲所示的坐姿自己站起来，则手臂的质量为 $0.06l$ kg.

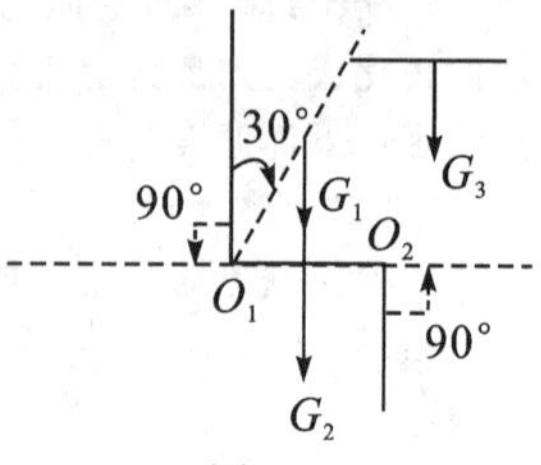

图 2

因为机器人的设计是对称的，因此，可以取一侧分析.

大腿、上身的力矩为 $M_{逆}=M_2+M_1$，

而 $M_2=G_2/2\times l_2=2.4\,kg\times9.8\,N/kg\times12.5\,cm$，

$M_1=G_1/2\times l_1=5.6\,kg\times9.8\,N/kg\times12.5\,cm$，

手臂产生顺时针力矩 $M_{顺}=M_3=0.06l\,kg\times9.8\,N/kg\,(l/2-5)\,cm$，

根据杠杆的平衡条件，有 $M_{逆}=M_{顺}$，

解得 $l\approx62.8\,cm$

五、1. 把游梁和驴头一起看作绕支点 O 转动的杠杆，作出动力、阻力，如图 3 所示.

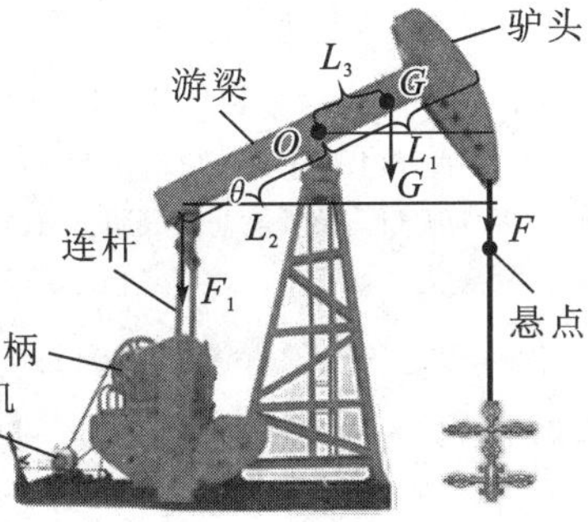

图 3

根据杠杆平衡条件，有

$G\times L_3\cos\theta+F\times L_1=F_1\times L_2\cos\theta$，

解得 $F_1=GL_3/L_2+FL_1/L_2\cos\theta$，

即连杆对游梁的拉力大小为

$F_1=GL_3/L_2+FL_1/L_2\cos\theta$.

2. ①当活塞向上提起时，油管中体积增大，压强减小，外界大气压推开吸入阀，把原油压入油管中；当活塞向下压时，油管中体积减小，吸入阀关闭，排出阀打开，原油进入油管上面，就这样不断地把原油提升.

②抽油杆的重力为 $G=mgL$，

油面距离地面的深度 $h_1=vt/2$，

则抽油杆在油面下的长度为 $h=L-h_1$，

当抽油杆匀速竖直向上提升时，对抽油杆、活塞及阀门整体进行受力分析，受到重力 G、悬绳对它拉力 $F_{上1}$、向下的阻力 f_1、大气压作用在抽油杆上向下的压力 $F_2=p_0S_1$、大气压及油层对活塞向上的压力 $F_1=(p_0+\rho gh)S_2$，抽油杆匀速竖直向上提升时，所受合力为零. 即有：

$F_{上1}+F_1=G+f_1+F_2$

解得：$F_{上1}=mgL+f_1+p_0S_1-[p_0+\rho g(L-vt/2)]S_2$

根据物体间力的作用是相互的，因此悬点处受到竖直向下的拉力大小为：

$mgL+f_1+p_0S_1-[p_0+\rho g(L-vt/2)]S_2$

同理分析，当抽油杆匀速竖直下降时，对抽油杆、活塞及阀门整体进行受力分析，受到重力 G、悬绳对它拉力 $F_{上2}$、向上的阻力 f_2、大气压作用在抽油杆上向下的压力 $F_2=p_0S_1$、大气压及油层对活塞向上的压力 $F_1=(p_0+\rho gh)S_2$，抽油杆匀速竖直向下提升时，所受合力为零. 即有：

$F_{上2}+F_1+f_2=G+F_2$

解得：$F_{上2}=mgL+p_0S_1-f_2-[p_0+\rho g(L-vt/2)]S_2$

根据物体间力的作用是相互的，因此悬点处受到竖直向下的拉力大小为：

$mgL+p_0S_1-f_2-[p_0+\rho g(L-vt/2)]S_2$.

六、1. 列车的速度为

$v=s/t=0.9\,m/(1/24\,s)=21.6\,m/s=77.76\,km/h$；

2. 两个 LED 之间的距离为

$s_1=vt_1=21.6\,m/s\times0.1\,s=2.16\,m$，

两站之间的距离为 $s_2=vt_2=21.6\,m/s\times20\,s=432\,m$，

则每两站之间一共需要 LED 显示柱个数为

$n=s_2/s_1=432\,m/2.16\,m=200$ 个.

3. 实际的车速偏小；

4. 16 个站点共有 LED 显示柱个数为 $200\times15=3000$ 个，则双向的地铁隧道中共有 6000 个显示柱，

每个 LED 消耗的交流电功率为

$$P_1=P_{直}/\eta=0.03\,W/80\%=\frac{3}{80}\,W,$$

每个 LED 消耗的消耗的电能为

$$W_1=P_1t=\frac{3}{80}\times\frac{1}{1000}\,kW\times2\,h=\frac{3}{40000}\,kW\cdot h,$$

因此，这条双向的地铁隧道中 LED 显示柱(1 个 LED 显示柱由约 600 个 LED 组成)发光每天消耗的总电能为：

$$W=600\times6000W_1=600\times6000\times\frac{3}{40000}\,kW\cdot h=270\,kW\cdot h$$

第二十五届全国初中应用物理知识竞赛

初　赛

一、选择题

1. C.

提示：化妆镜是属于面镜；平面镜成等大、正立的虚像；凸面镜成缩小、正立的虚像；凹面镜成放大、倒立的虚像. 凸透镜属于透镜不是面镜；从题目“能看到自己面部更细微处”，可知是放大的像，故只有凹面镜才符合题意.

2. C.

提示：Ah、mAh 这些都是电(荷)量的单位. Wh 是电能的单位. 作为充电宝是储存电能的设备，因此，衡量的标准为储存电能的大小.

3. B.

提示：插排中插座处的零线和地线接反了，当电视机或台灯接入插排中的插座时，电流由地线流入大地，造成漏电现象，故漏电保护器跳闸.

4. D.

提示：氢气球受力：$G_{自1}+G_{物1}=F_{浮}$，氦气球受力：$G_{自2}+G_{物2}=F_{浮}$，而 $G_{自2}=2G_{自1}$，则 $G_{物1}=F_{浮}-G_{自1}$，$G_{物2}=F_{浮}-G_{自2}$，由于氢气球或氦气球的自身重力 $G_{自1}$、$G_{自2}$ 远小于浮力 $F_{浮}$，故气球载物的重力近似等于浮力，即 $G_{物1}=F_{浮}$，$G_{物2}=F_{浮}$.

5. B.

提示：根据杠杆平衡条件：$F_1l_1=F_2l_2$，从图中可以初步看出：游码到支点的距离，即动力臂 l_1，托盘到支点的距离，即阻力臂 l_2，两者之比 $l_1:l_2=5:1$，则 $F_1=F_2/5$.

6. C.

提示：灯笼处在“发光的吸顶灯”的正下方，由于灯笼是不透明的，吸顶灯发出的光被遮住了，因此，出现了影区，而吸顶灯的发光面较大，因此，出现的影区面积较大.

7. C.

提示：纸筒离开斜面后，由于受到重力的作用，速度的

方向沿斜面向下，而重力的方向竖直向下，两者之间有个夹角，因此，速度方向不断改变，故偏向右做曲线运动．

8. D.

提示：夏天，车内开空调，车内温度低于外界温度，外界空气中的水蒸气遇冷玻璃液化形成小水滴附着在玻璃的外表面；冬天，车内开空调，车内温度高于外界温度，车内空气中的水蒸气遇冷玻璃液化形成小水滴附着在玻璃的内表面．

9. A.

提示：根据压强的公式 $p=F/S=mg/S$，$S=4\pi R^2$，则 $m=4\pi pR^2/g=4\times3.14\times1.01\times10^5\times(6.4\times10^6)/10\,\text{kg}=5.14\times10^6\ \text{kg}$.

10. A.

提示：根据几何光学作图，结合相似三角形的知识，得到物高 H：像高 h＝物距 u：像距 v，即 $H:h=u:v$，根据照相机的成像规律，像距近似等于焦距，故有 $h=vH/u$，则 $h_1:h_2=f_1:f_2=15:85=3:17$.

二、简答题

1.（1）剪刀的刀刃处，减小受力面积增大了压强；

（2）使用了滑轮组，省力；

（3）剪刀本身是一个省力杠杆；

（4）利用了弹簧的弹性形变产生的弹力，恢复剪刀的张开状态；

（5）绳子的表面粗糙，增加了手与绳子间的摩擦．

2. 放在冷藏室中的干冰，会迅速升华成气态二氧化碳，由于装干冰的矿泉水瓶盖被旋紧了，瓶内的压强急剧增大；当超过矿泉水瓶能够承受的最大压强时，将导致矿泉水瓶被撑破．瓶内气体高速溢出，导致爆炸．

3.（1）乙和丁分别是甲通过展柜左侧玻璃和展柜后侧玻璃反射而成的像．丙是乙通过展柜后侧玻璃反射而成的像，同时也是丁通过展柜左侧玻璃反射而所成的像，二像重合．

（2）因为展柜玻璃与平面镜不同，玻璃的透光性好，入射光的大部分透射到玻璃的另一面，小部分发生镜面反射．甲是文物表面反射的光透过玻璃后直接进入人眼所成的像，所以看起来最亮；通过展柜侧面玻璃成的像乙和丁是部分光发生镜面反射的结果，较暗；丙是反射光在另一个玻璃表面再次发生反射成像的结果，在遇到第二个玻璃表面时又有大部分光透射出去，因此，丙看起来最暗．

4.（1）外表又矮又粗，是为了在增加容积时，尽量减少增加油对罐侧壁的压强；

（2）外表刷成银白色，是为了更好地反射太阳辐射，避免油温升高太多；

（3）顶部拱起，是类似于拱桥的作用，增加罐顶的强度；

（4）罐身上方细高的铁架是避雷针，防止雷击点燃油料；

（5）自动喷水装置可以在气温较高时，向罐身喷洒水，利用水的蒸发吸热，降低罐身的温度．

5.（1）将"U"形管开口竖直向下固定在铁架台上，两个管口分别插入盛有水和浓盐水的烧杯中，打开阀门；

（2）用注射器从抽气口抽出适量空气后，待两管中的液面升高一定高度后，关闭阀门；

（3）分别用刻度尺测量两管内外液面的高度差 $h_{盐水}$ 和 $h_{水}$，

待测盐水的密度为 $\rho_{盐水}=h_{水}\rho_{水}/h_{盐水}$.

三、设游码的质量为 m_0，则根据天平的原理，当天平左盘放置 $m_1=5\,\text{g}$ 的物体时，可以在右盘放置 $m_1=5\,\text{g}$ 的砝码与之平衡．此时天平横梁（除游码外）的重力与其相对于支点（中央刀口的）力臂的乘积为 M，则

$$m_1g\frac{L_1}{2}+m_0g\frac{L_2}{2}=M+m_1g\frac{L_1}{2}$$

也可将 5 g 的砝码取下，将游码移至游码标尺的右端，天平仍然平衡，即

$$m_1g\frac{L_1}{2}=M+m_0g\frac{L_2}{2}$$

由以上两式，代入数据，可以求得：$m_0=\dfrac{L_1}{2L_2}m_1=3.33\,\text{g}$

四、1. 从图中可以看出，从发出信号 p_1 到接收到信号 n_1 经历的时间为 24 s，所以信号 p_1 遇到不明物体时，该物体到军舰的距离为：

$$s_1=1500\times\frac{1}{2}\times24\,\text{m}=18000\,\text{m}$$

2. 从图中可以看出，从发出信号 p_2 到接收到信号 n_2 经历的时间为 23.9 s，所以信号 p_2 遇到不明物体时，该物体到军舰的距离为：

$$s_2=1500\times\frac{1}{2}\times23.9\,\text{m}=17925\,\text{m}$$

不明物体移动距离为：$\Delta x=s_1-s_2=75\,\text{m}$

不明物体移动这段距离的时间为：$\Delta t=0.95\,\text{s}$

所以不明物体移动的速度：$v=\Delta x/\Delta t=78.9\,\text{m/s}$.

五、1. 若要把桶盖顶起，脚对踏板的压力至少应该为桶盖水平放置时被顶起所需力的大小．因桶盖的质量分布均匀，重力作用在桶盖的重心位置．

小兴的鞋的尺码是 41 码，脚长度为 26 cm.

用刻度尺测量出各段距离，根据鞋的长度与各距离的相同比例关系，

可得出如下的估测值：

$AO_1=13\ \text{cm}$；$O_1B=26\ \text{cm}$；$CO_2=86\,\text{cm}$；$DO_2=22\,\text{cm}$.

设脚对 A 点的作用力为 F，顶杆对 B 点的作用力为 F_1，

顶杆对桶盖上 D 点的作用力为 F_2，顶盖的重力 $G=mg=5\,\text{N}$，

根据杠杆平衡条件有：

$$F\times AO_1=F_1\times O_1B,$$

$$G\times\frac{1}{2}CO_2=F_2\times DO_2.$$

$$F_1=F_2$$

解得：$F=19.6\,\text{N}$

2. 将桶盖从水平翻为照片中所示状态的过程中，重心将升高约为 24 cm，根据重力做功的公式：$W=mgh=0.5\,\text{kg}\times10\,\text{N/kg}\times0.24\,\text{m}=1.2\,\text{J}$.

六、1. 蓄电池可释放电能

$W=12\,\text{V}\times400\,\text{Ah}\times(90\%-20\%)=3360\,\text{W}\cdot\text{h}$,

可供灯具正常发光时间 $t=\dfrac{W}{P_{灯}}=42\,\text{h}$.

2. 当地垂直太阳光方向 $1\,\text{m}^2$ 范围内太阳辐射的最大功率：

$$P_{阳}=\frac{P_{电池}}{\eta S}=\frac{180}{15\%\times 5}\text{ W}=240\text{ W}.$$

3. 蓄电池储存电能

$W'=12\text{ V}\times 400\text{ Ah}\times(70\%-20\%)=2400\text{ W}\cdot\text{h}$,

太阳能电池板的平均功率

$$P_{电平}=\frac{W'}{t}-p_{风}=\frac{2400}{12}\text{ W}-50\text{ W}=150\text{ W}$$

复 赛

一、(1)动力 $F=3\times 50\text{ N}=150\text{ N}$.

动力臂约为阻力臂的6倍,由杠杆平衡条件,剪刀的动刀口会对树枝产生的剪切力最大约为 $6\times 150\text{ N}=900\text{ N}$.

(2)小于上述估算值的原因是:①转轴处有摩擦;②滑轮与拉绳之间有摩擦;③弹簧弹力产生阻力矩.

二、(1)该电饭锅在自动焖制米饭过程中,磁钢式限温开关 S_1 闭合,双金属片保温开关 S_2 闭合,电热盘加热米饭.随着温度升高,双金属片保温开关 S_2 断开;当米饭中水干后,锅底的温度升高,当达到103℃时,磁钢式限温开关 S_1 断开,进入保温状态.当锅底温度达到约70℃以下时双金属片保温开关 S_2 自动闭合,加热电热盘.温度达到约80℃时双金属片保温开关 S_2 自动断开.

(2)若在一个标准大气压下用这种电饭锅烧水,由于水沸腾后温度为100℃,磁钢式限温开关 S_1 不会断开,电热盘一直处于加热状态,直到把水烧干.

三、1. 设加热器的温度为 t,温室内加热器与室内间传递的热量与温度差的比例系数为 k_1,室内与室外间传递的热量与温度差的比例系数为 k_2.

第一种情况时有:$k_1(t-22)=k_2(22-10)$;

第二种情况时有:$k_1(t-27)=k_2(27-16)$;

解得:$t=82$℃,$k_2/k_1=5$

2. 设室内温度为 t',则有:$(1-20\%)k_1(82-t')=k_2(t'-10)$;

解得:$t'=27.5$℃

四、1. 消毒消耗电能:$W_1=500\text{ W}\times 9\times 60\text{ s}=45000\text{ J}$,

烘干消耗电能:$W_2=125\text{ W}\times 11\times 60\text{ s}=82500\text{ J}$,

完成"消毒+烘干"功能消耗的电能:$W=W_1+W_2=127500\text{ J}$

2. 根据题述,消毒器加热时间为 $t=4\text{ min}$,设最多可能同时对 n 个玻璃奶瓶进行消毒,则有:

$$n\cdot mc\Delta t+m_{水}c_{水}\Delta t=Pt,$$

式中:$\Delta t=100℃-20℃=80℃$,$m_{水}=100\times 10^{-6}\text{ m}^3\times 1\times 10^3\text{ kg/m}^3=0.1\text{ kg}$,$c_{水}=4.2\times 10^3\text{ J/(kg}\cdot℃)$,$m=0.2\text{ kg}$,$c=0.84\times 10^3\text{ J/(kg}\cdot℃)$,$P=500\text{ W}$,$t=4\text{ min}=240\text{ s}$.

解得:$n=6.45$.

最多可能同时对6个玻璃奶瓶进行消毒.

五、1. 优点:风能为洁净的能量来源.风力发电是可再生能源,很环保.

不足:风速不稳定,产生的能量大小不稳定.风能利用受地理位置限制严重.风能的转换效率低.

2. 1 s内流过叶片旋转面的空气质量 $m=\rho s v_1=1.2\text{ kg/m}^3\times 5\times 10^3\text{ m}^2\times 8\text{ m/s}=4.8\times 10^4\text{ kg}$.

3. 1 s内输入风机的风能:$P_{风}=SW=S\times 0.5\rho v_2{}^3=5\times 10^3 m^2\times 0.5\times 1.2\text{ kg/m}^3\times(10\text{ m/s})^3=3\times 10^6\text{ J/s}$.

输出电能功率 $P_{电}=960\text{ kW}=9.6\times 10^5\text{ W}$.

输入到发电机的功率 $P=P_{电}\times 80\%=1.2\times 10^6\text{ W}$.

风机的效率 $\eta=\frac{P}{P_{风}}\times 100\%=40\%$.

六、1. 半径为 $r_1=10^{-6}\text{ m}$ 的水滴:$f_1=\frac{1}{5}\pi\rho r_1^2 v_1^2$

达到最大速度时,$f_1=mg=\frac{4}{3}\pi r_1^3\rho_{水}g$

联立解得:$v_1=0.224\text{ m/s}$.

半径为 $r_2=10^{-3}\text{ m}$ 的水滴:$f_2=\frac{1}{5}\pi\rho r_2^2 v_2^2$

达到最大速度时,$f_2=m_2 g=\frac{4}{3}\pi r_2^3\rho_{水}g$

联立解得:$v_1=7.2\text{ m/s}$.

2. 半径为 $r_1=10^{-5}\text{ m}$ 的水滴,由于速度很小,适合阻力表达式 $f=6\pi\eta r v$;

半径为 $r_2=10^{-3}\text{ m}$ 的水滴,由于速度较大,适合阻力表达式 $f=\frac{1}{5}\pi\rho r^2 v^2$

第二十六届全国初中应用物理知识竞赛

初 赛

一、选择题

1. B.

提示:下雪过程中是水蒸气凝华放热,下雪后,雪熔化、熔化后水的蒸发以及雪升华都需要吸热过程,导致气温降低.

2. D.

提示:因为车灯照向交通标志牌,光经微珠折射后再反射,能将基板上的交通标志照亮,同时反射光线逆向返回,司机可以看清基板前表面的交通标志.

3. A.

提示:斧头和柄同时向下运动,当柄撞上大石头其运动状态迅速改变变为静止,而斧头由于惯性继续向下运动,因此,斧头就套进柄中.图B、C、D当用锤子敲打柄时,斧头和柄受力同时向左(上、下)运动,斧头和柄的运动速度相同.

4. A.

提示:水中的一段木棒发出的光进入水面处发生折射,远离法线偏折,人眼逆着折射光线看去偏高了,因此,看到水下部分向上偏折.

5. D.

提示:玻璃杯很光滑,因此,玻璃杯边缘相当于定滑轮,由于留在杯外面的金属链的长度大于杯内悬挂在杯口的长度,因此外面部分的链的重力大于内部悬挂链的重力,故外面链拖到链向下加速运动,这样滑出来的链的重力越来越大于杯口内部的悬挂部分链的重力,直至全部滑出.

6. D.

提示:要使温度升高时指针顺时针偏转,双金属片的外层应该是铜,内层是铁,因为受热膨胀时,铜的膨胀程度大,符合外层半径大,弧长大.

7. A.

提示:凉水先对手冷却降温,当手接触热的馒头时吸收热量,由于刚才手上沾有水,水的比热容较大,因此便于吸收较多的温度不至于手温度过高而被烫伤.

8. C.

提示:氧气通入瓶中的蒸馏水内,再提供给病人,显然降低了氧气的湿度,同时除去了氧气中的杂质,至于冷却了氧气,这个要取决于水的温度.另外,由于氧气流的大小不同,可以通过气泡的来观察,这样便于调节氧气量的大小,使病人易于接受.

9. B.

提示:一盒鸡蛋比较重,而豆腐比较软和,因此,不能承受较大在压力,所以应放在最上面;而鸡蛋也不能受压,容易压破,所以不能放在最下面.圆白菜不容易被压坏,故放在最下面可以.

10. B.

提示:半潜船原先没有装置舰艇前,前船舱中灌些水,增加其重力,使其下沉入水中,装上舰艇后,排出舱内在水,减轻重力,使之浮出水面,当然浮力也减小了.

二、简答题

1. (1)鼻托面积较大是为了增大受力面积,减小压强,使人感觉更舒适;

(2)镜片和镜架尽量用密度小的材料,减小眼镜总质量,减小压力,减小压强,使人感觉更舒适;

(3)近视眼镜的镜片对光束有发散作用,可以使裸眼所成的像向视网膜方向移动,成像在视网膜上,看得更清晰;

(4)太阳镜能够发射或吸收大量紫外线和部分可见光,保护眼睛;

(5)镜腿采用弹性较好的材料,不容易损坏和变形.

2. 如图1所示.

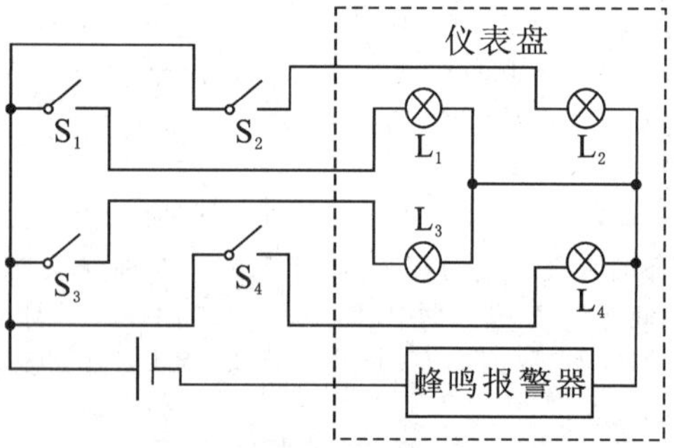

图1

3. (1)吊臂相对于水平面倾斜的角度过小;

(2)被吊物体质量太大;

(3)吊臂伸出过长;

(4)吊车左端的支撑爪不够靠前.

4. (1)体重大的同学对地面的压力大,摩擦力大;

(2)穿较新的有花纹的橡胶底运动鞋,可以增加接触面间的粗糙程度,摩擦力大;

(3)把人看作一个杠杆,以脚为支点,重心落在脚掌后面且两腿前伸两脚用力蹬地,可以增加重力的力臂,增加被对手拉动向前方转动的难度;

(4)同时用力,且所有力都沿同一直线,同一方向时,合力最大.

5. (1)秋季夜晚水和空气放热,由于水的比热容比空气大,早晨水的温度高于空气;

(2)水蒸发形成水蒸气;

(3)水蒸气遇冷空气放热液化形成小水滴即"水雾".

三、**1**. 平均每年这4台发电机组相当于要共同连续工作的时间:

$$t_{发}=\frac{W_{发}}{P_{发}}=\frac{20.1\times10^{8}\ \text{kWh}}{1.2\times10^{6}\ \text{kW}}=1675\ \text{h}=70\ \text{d}$$

2. 该抽水蓄能电站的年运行综合效率的设计值:

$$\eta_{行}=\frac{W_{发}}{W_{抽}}=100\%=\frac{20.1\times10^{8}\ \text{kWh}}{26.8\times10^{8}\ \text{kWh}}\times100\%=75\%$$

3. 运行综合效率 $\eta_{行}$ 与放水发电阶段的效率 $\eta_{发}$ 和抽水蓄能阶段的效率 $\eta_{抽}$ 的关系为 $\eta_{行}=\eta_{发}\cdot\eta_{抽}$,

则抽水蓄能阶段的效率:

$$\eta_{抽}=\frac{\eta_{行}}{\eta_{发}}=\frac{75\%}{90\%}=83.3\%$$

4. 放水发出的电能 $Pt=\eta_{发}\ \rho Vgh$

该抽水蓄能电站上水池的库容至少为:

$$V=\frac{Pt}{\rho gh\eta_{发}}=4.8\times10^{7}\ \text{m}^3$$

四、**1**. 电车匀速行驶时,电车的牵引力:

$F=f=0.02G=0.02mg=0.02\times15\times10^{3}\ \text{kg}\times10\ \text{N/kg}=3\times10^{3}\ \text{N}$

电车正常匀速行驶时的功率 $P_{行}=Fv=3\times10^{5}\ \text{N}\times10\ \text{m/s}=3\times10^{4}\ \text{W}$

2. 这种电车每次充满电后持续正常行驶 $s=5\ \text{km}$,电车所做的功为:

$$W=Fs=3\times10^{3}\ \text{N}\times5\times10^{3}\ \text{m}=1.5\times10^{7}\ \text{J}$$

电车从充电桩所获得的能量

$$E=\frac{1.5\times10^{7}\ \text{J}}{0.9}=1.67\times10^{7}\ \text{J}$$

3. 充电桩为电车充电时的输出功率为

$$P_{输}=\frac{E}{t}=\frac{1.67\times10^{7}\ \text{J}}{30\ \text{s}}=5.57\times10^{5}\ \text{W}$$

4. 每次充电所需电费为

$$\frac{1.67\times10^{7}}{3.6\times10^{6}}\text{kWh}\times0.5\text{元/kWh}=2.32\text{元};$$

燃油公交车行驶5 km需花费燃油费为

$$\frac{5\ \text{km}}{100\ \text{km}}\times36\ \text{L}\times5.5\text{元/L}=9.9\text{元}$$

五、**1**. 挖成题图15所示的深坑好处如下:

(1)少挖土方:挖成题图15所示的深坑要比挖成题图16乙所示的深坑少挖土方,这样可以少做功,避免人力浪费,提高劳动效率;

(2)便于施工:施工人员更易于从题图15所示的坑里向外取土;

(3)省力省功:用题图15所示的深坑埋水泥电线杆,与用题图16甲所示的深坑埋水泥电线杆相比,不必将电线杆沿竖直方向直立在地面上,重心上升高度小,施工时既省力又省功;

(4)施工安全:用题图15所示的深坑埋水泥水线杆,施工人员只需从有斜坡的方向扶住水泥电线杆就行了,水泥电线杆不会向其他方向倾倒,施工比较安全.

2. (1)欲将电线杆埋入题图15所示的坑中,电线杆就位后的情况如图2所示.

设竖起电线杆的开始阶段,在细端所施加的竖直向上的拉力为 F_1.

在图2中,电线杆粗端伸入坑口而不与地面接触的部分长度为:

$$2.3-0.3=2.0\ \text{m}$$

进而:$O_1A_1=8.0-2.0=6.0\ \text{m}$

$O_1B_1=3.2-2.0=1.2\ \text{m}$

电线杆重:$G=mg=410\ \text{kg}\times10\text{N/kg}=4100\ \text{N}$

根据杠杆平衡条件，有：$F_1\times O_1A_1=G\times O_1B_1$

解得：$F_1=\frac{G\times O_1B_1}{O_1A_1}=820\,N$

(2)欲将电线杆埋入题图16甲所示的坑中，电线杆就位后的情况如图3所示.

设竖起电线杆的开始阶段，在细端所施加的竖直向上的拉力为 F_2.

在图3中：$O_2A_2=8.0\,m$，$O_2B_2=3.2\,m$

根据杠杆平衡条件，有：$F_2\times O_2A_2=G\times O_2B_2$

解得：$F_2=\frac{G\times O_2B_2}{O_2A_2}=1640\,N$

3. 在图2中，电线杆重心升高：$h_1=3.2-1.6=1.6\,m$

人们对电线杆做功：$W_1=Gh_1=4100\times1.6=6560\,J$

在图3中，电线杆重心升高：$h_2=3.2\,m$

这过程中对电线杆至少做功：

$$W_2=Gh_2=4100\times3.2=13120\,J$$

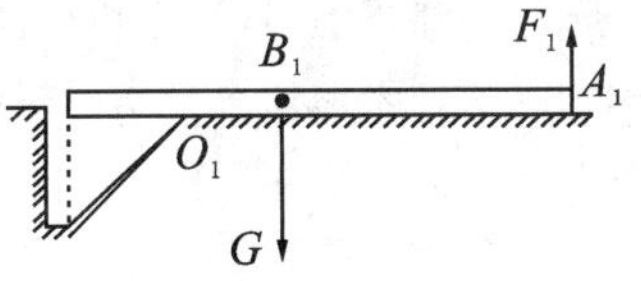

图2

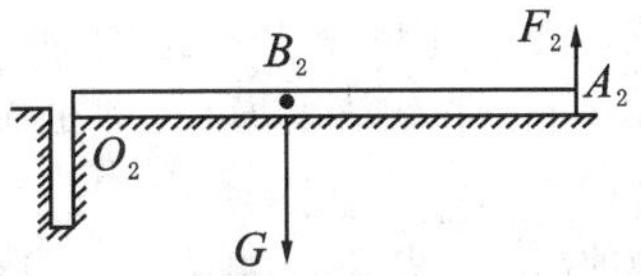

图3

六、**1.** 当气流从细缝以高速吹出时，气流的压强小于周围空气的压强.在压强差的作用下，周围的空气流向气流并被加速，从而随着气流一起向前运动.另一方面，随着风扇前方的气流向前运动，风扇后方的空气向前补充进来.这样，形成风的空气的体积比进气的体积增加了很多倍.

2. (1)房间内空气体积为：$10\,m\times7\,m\times3\,m=210\,m^3$

将房间的温度从15℃提升到20℃，空气需要吸收的热量：

$Q=cm\Delta t=c\rho V\Delta t=1.0\times10^3\,J/kg\cdot℃\times1.22\,kg/m^3\times210\,m\times5\,℃=1.28\times10^6\,J$

即电流至少做功 $W=1.28\times10^6\,J$

电器工作的最少时间 $t=W/P=1.28\times10^6\,J/2000\,W=640\,s\approx10.7\,min.$

(2)实际情况下，电器要运行更长的时间、消耗更多的电能.

房间不是完全绝热的，会向外界散发热量，造成热量流失.

实际上室内还有各种物品，而且这些物品的密度和比热容的乘积一般都大于空气的，考虑这些物品温度升高需要吸收的热量，还需更多的电能转化为热能.

3. (1)进气口安装有滤网，按最强进风气流33 L/s估算，至少需要时间：

$$t=\frac{210\times10^3\,L}{33\,L/s}=6.4\times10^3\,s=1.8\,h$$

即至少需要1.8个小时.

(2)实际情况下将空气过滤干净需要更长的时间.

因为实际情况下，由于风导致的空气流动、房间内空气温度不均导致的对流、空气分子的热运动，空气中的有害分子、细颗粒物在分布上不断地“扩散”.因此，经过滤网过滤的空气，出来后并非就始终保持纯净了.实际发生的过程是：经过净化器净化，空气中有害成分的浓度在不断降低.而不是一升的空气通过净化器，就多了一升干净空气，少了一升污染的空气.

另一方面，这种扩散也需要一定的时间.由于空气净化器一般摆放在房间里的一个固定位置，在这个位置附近的空气相对净化效果较好，而离该位置较远的空气中的污染物扩散到净化器的位置需要一定的时间.因此，从整个房间来看，将整体的空气净化干净还需更长的时间.

复赛

一、**1.** 根据：$W=Pt$

可得：$W=0.25\times0.5\,kWh+0.5\times0.1\,kWh+0.1\times0.6\,kWh=0.235\,kWh$

2. 电热丝耗电：

$$W_{热}=P_{热}t=1\times0.5\,kWh=0.5\,kWh$$

由图2可知，电热丝和电动机独立工作，因此电动机和电热丝为并联，电热丝工作时两端电压：$U=220\,V$

电热丝电阻：$R=\frac{U^2}{W_{热}}t=\frac{220^2}{0.5\times3.6\times10^6}\times30\times60\,\Omega=48.4\,\Omega$

二、**1.** 由题意可知：

$$\eta=\frac{W_{电}}{Q_{煤}}=\frac{1\,kW\cdot h}{2.93\times10^7\,J/kg\times0.32\,kg}=38.4\%$$

2. 每天输送的电能为：

$E=Pt=1.2\times10^7\,kW\times24\,h=2.88\times10^8\,kW\cdot h$

相当于火力发电站消耗标准煤的质量为：

$m=2.88\times10^8\,kW\cdot h\times0.32\,kg/kW\cdot h$

$=9.22\times10^7\,kg$

3. 输送线路相同，即线路的电阻 $R_{线}$ 相同，输送容量（最大电功率）相同，则

$U_1I_1=U_2I_2$

因为 $U_1=2U_2$，所以 $I_2=2I_1$

$P_{损2}=I_2^2R_{线}=4I_1^2R_{线}=4P_{损1}$

由题意可知：每千公里损耗为 $4\times1.5\%=6\%$

三、**1.** 相互平行的双杠杆，可以保证在杠杆转动过程中，座椅下面的立柱 CD 始终与其固定作用的立柱 AB 平行，使座位表面保持舒适的水平位置.

2. 根据杠杆平衡条件：$F_1L_1=F_2L_2$

可得：$F_1\times42\,cm=F_2\times10\,cm$

$F_2\times10\,cm=(G_{座椅}+G_{人}-F_1)\times21\,cm$

解得：$F_1=400\,N$

上述估算中进行的近似处理有：

(1)各转轴处的摩擦；(2)各力臂的确定；(3)连杆和杠杆自重.

四、**1.** 单位时间内灯泡发光的能量：$E_1=P\eta_1=15\,J$

距灯泡40cm处垂直于光传播方向上$1cm^2$上的能量：

$$E_2=\frac{E_1}{4\pi r^2}=7.46\times10^{-4}\,J$$

距灯泡40cm处垂直于光传播方向上$1\,cm^2$上的光粒子个数：

$$n=E_2/E_0=1.9\times10^{15}个$$

2. (1)单位时间内太阳光到达地面垂直于光传播方向单位面积上的能量：

$$E_3=\frac{\eta_2 P_0}{4\pi r^2}=566\,\mathrm{J}$$

设太阳能电源板的最小面积为 S，根据太阳能电池的能量转化效率有输出功率的要求应有 $E_3\eta_2 S=P_{出}$

解得：$S=23.55\,\mathrm{m}^2$

(2)设电池板单位面积上每秒钟平均吸收的光粒子数为 n_0，则有

$$\eta_2 SE_0 n_0=P_{出}$$

解得：$n_0=1.45\times10^{21}\,\mathrm{m}^{-2}$

所以每平方厘米面积上的光粒子个数为 $n'=1.45\times10^{17}$ 个

五、1. 交叠的一半所受到的滑动摩擦力为：

$F_1=(1+2+3+\cdots+200)\mu\times m_0 g/2=10050\mu m_0 g$

没有交叠的一半所受到的滑动摩擦力为：

$$F_2=100\times\mu\times m_0 g/2=50\mu m_0 g$$

因为匀速抽出，根据二力平衡，水平力与滑动摩擦力相等.

$$F=F_1+F_2=10100\mu m_0 g=30.3\,\mathrm{N}$$

2. 因为匀速抽出，根据二力平衡，水平力与滑动摩擦力相等.

交叠的一半所受到的滑动摩擦力为：

$F'_1=(1+2+3+\cdots+199)\mu\times m_0 g/2=9950\mu m_0 g$

没有交叠的一半所受到的滑动摩擦力为：

$$F'_2=100\times\mu\times m_0 g/2=50\mu m_0 g$$

因为匀速抽出，根据二力平衡，水平力与滑动摩擦力相等，所以

$$F'=F'_1+F'_2=10000\mu m_0 g=30\,\mathrm{N}$$

六、连接电路如图 1 所示.

继电器主触点与水泵电机串联，接到电机的工作电源.

干簧管 1 的常开触点与干簧管 2 的常闭触点串联，再与继电器线圈串联后接到控制回路的工作电源. 继电器辅助触点与干簧管 1 并联，其作用是自锁.

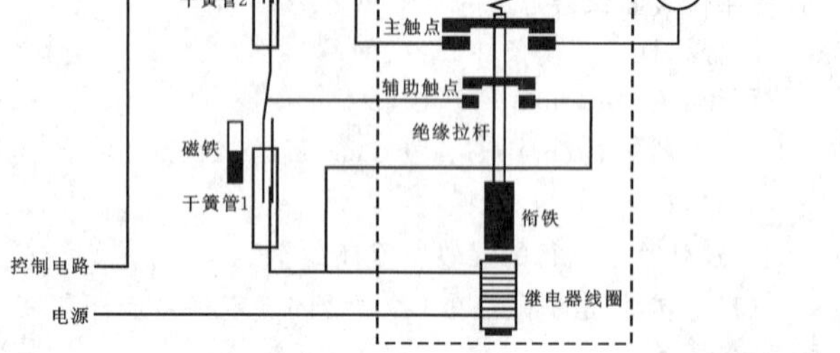

图 1

电路工作过程：当磁铁随水箱中水面变化降至干簧管 1 时，干簧管 1 的常开触点被吸合，控制电路接通，继电器线圈通电，吸合衔铁，同时通过绝缘拉杆带动继电器的两组触点闭合，主触点接通工作电路，使水泵电机转动，水箱中开始补水.

磁铁随水面升高离开干簧管 1，干簧管 1 的常开触点释放断开，但由于这时辅助触点闭合并与干簧管 1 并联，所以控制电路仍然保持接通状态，水泵电机继续运行.

当磁铁随水面上升至干簧管 2 时，干簧管 2 的常闭触点断开，导致控制电路断开，继电器线圈失电，衔铁在复位弹簧的作用下被释放，同时继电器的两组触点断开，切断工作电路，水泵电机停转，水箱停止补水.

当磁铁随水面再次降到干簧管 1 时，则再次重复上述过程. 这样便实现了水箱自动补水.

第二十七届全国初中应用物理知识竞赛

初　赛

一、选择题

1. A.

因为声音是以声波的形式向外传，当遇到障碍物时会发生反射，反射回来是回声与原声叠在一起，如果回声与原声的相位同步，则使原声加强，相位相反，则减弱. 皮质材料的软包，会使反射回来的回声与原声相位相反，这样便于减弱回声.

2. C.

温差越大，热传递进行得越快，因此，热茶与外界的温度差大，热传递进行得越快，即热茶温度降低得越快；另外将热茶转移到冷牛奶中，热茶杯同时也带走部分热量.

3. D.

左侧杯中的冰块压着杯底，则表明浮力小于重力，即冰的实际密度大于水的密度，那么，当冰完全熔化后，水面升高；右侧杯中的冰漂浮在水面，冰的实际密度小于水的密度，受到的浮力等于重力，即等于冰排开水的重力，那么，当冰完全熔化后，水面高度不变.

4. C.

汽水中溶解有二氧化碳，当吸管插入汽水中，汽水中析出的二氧化碳以气泡的形式附着在吸管外壁，因此，它们(吸管与气泡)整体所受的浮力大于重力而上浮.

5. B.

从电池的铭牌：电池容量 6.29 Wh，折算为 $6.29\,\mathrm{W}\times3600\,\mathrm{s}=22644\,\mathrm{J}\approx2.3\times10^4\,\mathrm{J}$. 故 A 正确；铭牌中 mAh 是电荷量的单位，Wh 是电能的单位. 故 B 不正确；$1\,\mathrm{kW\cdot h}=3.6\times10^6\,\mathrm{J}$，而 $2.3\times10^4\,\mathrm{J}<0.01\,\mathrm{kW\cdot h}$，即不足 0.01 度电，因此，充足一次电不到 0.1 元钱. 故 C 正确；一个中学生体重约 500N，将其提升 20m 外力做功 $W=mgh=500\,\mathrm{N}\times20\,\mathrm{m}=10000\,\mathrm{J}$. 因此 D 正确.

6. B.

吸管中被与洗衣缸相连的吸管中的水封闭的气体不会溢出，因此，气体的质量是一定的. 当洗衣缸中水面上升，压强增大，则气体受到的压强也增大，体积减小.

7. D.

A、C 显然不正确；烛焰给周围的空气加热，热空气上升，因此，上面的空气密度变小，那么，出现“蜃景”只会在烛焰的上方一点，不会在烛焰左上方. 故 B 不正确；“亮影”应该是烛光在相机镜头中被不同的镜片表面反射形成的虚像. 故 D 正确.

8. C.

人用细管吹出的肥皂泡，由于嘴里呼出的热空气进入

肥皂泡，热空气的密度小，因此，肥皂泡受到的浮力大于重力，因此，肥皂泡先上升，后遇冷收缩，再下降直至落地.

9. A.

液化气在加压的情况下压入气罐的过程中，产生静电，因此，导致空气中有静电，有了这个金属杆(上端有曲面金属球)能将静电及时导入大地，这样既避免引起静电爆炸造成危害；另外，操作人员通过触摸金属杆，也能避免人体触电.

10. D.

由于先关闭水龙头，再关闭总水阀，因此，水管 $abcd$ 段中均有水，即很少空气. 当再次打开水龙头时，由于大气压强作用在水龙头口的液面上，大气压强能托起约 10 m 的水柱，而水龙头到总水阀的水柱高度较小，因此，不会有水流出.

二、简答题

1. (1)原因说明：洗澡是浴室内空气中温度较高的水蒸气遇到温度低的浴室镜面会在镜面发生液化，密布的小水滴会在镜面形成一层“水雾”，使光线发生漫反射，无法成清晰的像，因此无法看清自己.

(2)解决方案：使用电加热浴室镜，提高浴室镜表面的温度；用吹风机吹镜子表面，提高镜子的温度同时加快水的蒸发；打开浴室排风扇，尽快减小浴室中水蒸气的含量；使用防雾涂层或防雾膜；使用纳米材料的浴室镜等.

2. (1)铜是导热性良好的金属，传热快，火焰产生的热量迅速被铜吸收并传递；

(2)当燃烧产生的热量被铜吸收而带走，火焰周围温度降低；

(3)当蒸发的蜡油与氧气混合气的温度低于其燃点时，火焰便会变小，甚至熄灭.

3. 在细管最高处取一竖直薄液片 C 为研究对象，C 受到水平向右的压强 p_1 和水平向左的压强 p_2 作用，则 $p_1+\rho g h_1=p_0$，$p_2+\rho g h_2=p_0$

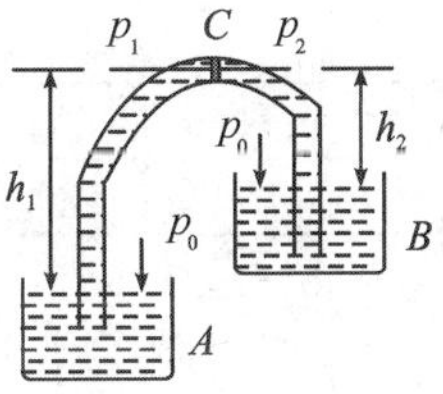

由于 $h_1>h_2$，因此有 $p_1<p_2$

液片 C 所受向左的压强 p_2 大于向右的压强 p_1，液片受合力向左，液片将向左移动.

分析其他不同位置的液片，受合力方向均是使液片从 B 流向 A 的方向，所以从整体看，细管内的水将从鱼缸 B 流向水桶 A.

4. (1)利用水银的热胀冷缩测量温度；

(2)为了提高精确度，相对于玻璃泡的容积，玻璃管的内径更细；

(3)为了能够看清很细的水银柱，玻璃管外观做成三棱柱，其中的一相棱相当于一个凸透镜(凸柱透镜)，透过那个棱，可以看见较粗的水银柱的虚像；

(4)玻璃管与玻璃泡的连接处有一段细而弯曲的缩口，在体温计离开人体后，玻璃泡内的水银遇冷收缩时，此处的水银柱将被拉断，使得玻璃管内的水银柱能够留在原位，从而使得体温计能离开人体读数.

5. (1)太空中没有大气散射太阳光.　(2)B.

三、每分钟燃烧的汽油的质量为：

$$m=\frac{1}{15}\rho V=\frac{1}{15}\times 1.35\ \mathrm{kg/m^3}\times 2\times 10^{-3}\ \mathrm{m^3}\times\frac{2600}{2}=0.234\ \mathrm{kg}$$

汽油完全燃烧能释放的热量为：

$Q=qm=4.6\times 10^7\ \mathrm{J/kg}\times 0.234\ \mathrm{kg}=1.08\times 10^7\ \mathrm{J}$

汽车实际所做的有用功为：

$W=Pt=65\ \mathrm{kW}\times 60\ \mathrm{s}=3.9\times 10^6\ \mathrm{J}$

四、(1)将 1 t 海水提升到海拔 1200 m，重力势能增加 $E_p=mgh_1=1.2\times 10^7\ \mathrm{J}$

由于电能的利用率为 60%，所以需要耗电 $E_1=E_p/0.6=2.0\times 10^7\ \mathrm{J}$

(2)①利用 1000 m 落差，1 t 水可以发电 $E_2=mgh_2\times 0.6=6.0\times 10^6\ \mathrm{J}$

将 1 t 海水输送到艾丁湖，额外需要耗电 $\Delta E_0=E_1-E_2=1.4\times 10^7\ \mathrm{J}$

②三峡水电站的年发电为 $E=\rho Qgh\eta=3.0\times 10^{17}\ \mathrm{J}$

“引渤入疆”工程需要的电能占三峡电站发电量的比例为：

$$\frac{\Delta E}{E}=\frac{5.6\times 10^{16}}{3.0\times 10^{17}}=18.7\%$$

五、超声波两次与汽车相遇时，汽车前进的距离为：$\Delta x=\frac{\Delta T}{2}v_0$

前进该距离所用的时间为：$\Delta t=T_0+\frac{\Delta T}{2}$

所以：$v=\frac{\Delta x}{\Delta t}=\frac{\Delta T v_0}{2T_0+\Delta T}$

六、**1**. $UIt\times 90\%=Fs$

$384\ \mathrm{V}\times 255\ \mathrm{A\cdot h}\times 3600\ \mathrm{s}\times 90\%=F\times 150000\ \mathrm{m}$

$F\approx 2000\ \mathrm{N}$

2. 当该车以 36 km/h 行驶时，每停车一次，损失的动能为：

$$\Delta E_{动}=\frac{1}{2}mv^2\times 90\%$$
$$=0.5\times(13200+30\times 60)\mathrm{kg}\times(36\ \mathrm{km/h}\div 3.6)^2\times 0.9$$
$$=6.75\times 10^5\ \mathrm{J}$$

该车行一趟该线路，共停车 30＋10＝40 次，损失能量：

$\Delta E_{损}=6.75\times 10^5\ \mathrm{J}\times 40=2.7\times 10^7\ \mathrm{J}$

故该车每行驶一趟该线路，需要消耗的电能至少为：

$$\Delta E=\Delta E_{动}+\Delta E_{损}$$
$$=2000\ \mathrm{N}\times 21500\ \mathrm{m}+2.7\times 10^7\ \mathrm{J}$$
$$=7\times 10^7\ \mathrm{J}$$

3. 实际情况下，该车在此公交线路连续可行驶路程比第 2 问的估算结果更小；

理由：①实际道路中，刹车减速的情况更普遍，由于刹车导致的能量损失更多. 例如：因为前方车辆或行人、道路拐弯刹车减速的情况随时可能发生，而且经常会因为避让行人或道路拥堵停车. 在上下班等高峰时段，坐车的人更多、道路更拥堵，因为车辆加速、减速、走走停停损失的动能更多；

②实际道路中，公交车行驶的速度常常大于 36 km/h. 速度大，一方面受到的平均阻力更大，一方面刹车时损失的动能也更多；

③若在冬天或夏天，公交车打开空调会消耗能量，在夜间行车开内外车灯也会消耗能量；

④每次充电不一定能保证完全充满，且随着电池的使用其贮电能力下降.

复 赛

一、1. 如题图圆盘转动一周显示 22 小格，转动周期为：

$T=22\times1.00\times10^{-2}s=0.22$ 秒，

则每秒转过的圈数为：$n=1/T=1/0.22\,s\approx4.5$ 圈

2. 反光涂层经过的时间为 3 个小格，对应角的弧度数为 $\frac{1}{22}\times2\pi\times3=3\pi/11$，所以反光涂层的长度为 $l=R\theta=(d/2)\times3\pi/11=14.00/2\times3.14\times3/11\,cm\approx6\,cm$.

二、1. 由题可知，小轿车在漂浮状态时司机可实施自救，自救时间至少 100 s，此时满足：

$F_{浮}=m_{总}g$……①

$F_{浮}=\rho Vg$……②

$m_{总}=m_{车人}=m_{水}$……③

联立 ①②③ 得：$m_{水}=3\times10^3$ kg；

$3\times10^3\,kg\div100\,s=30\,kg/s$，即每秒进入水的质量最多 30 kg

2. 由漂浮时 $m_{水}=3\times10^3$ kg，可得 $V_{水}=3\,m^3$，车储水空间 $V=4.5\,m^3$，

则未进水的空间 $V_1=4.5\,m^3-3\,m^3=1.5\,m^3$，

则车内未进水的空间体积占其储水空间总体积的百分比：

$1.5\,m^3/4.5\,m^3=3.33=33.3\%$

三、1. 当"双刀双掷"开关拨动到 ce，df 边时，电动机与电源构成闭合回路，电流从电动机右边流入，电动机正转. 当"双刀双掷"开关拨动到 ca，db 边时，电动机与电源构成闭合回路，电流从电动机左边流入，电动机反转.

2. 图略(只要符合要求即可)

四、1. 如题图可知，实验仪器摆放在面板最右侧最易翻倒，临界状态时，右侧底座为支点，令 $F_{面板}=m_{面板}g$，$F_{支架}=m_{支架}g$，$F_{底座}=m_{底座}g$，$F_{仪器}=m_{仪器}g$，$L_{面板}$、$L_{支柱}$、$L_{底座}$、$L_{仪器}$分别为重心到支点距离，则有：

$F_{面板}L_{面板}+F_{支柱}L_{支柱}+F_{底座}L_{底座}=F_{仪器}L_{仪器}$……①

由式①可得：$F_{仪器}=m_{仪器}g=185\,N$，

$m_{仪器}=18.5\,kg$，仪器的最大质量为 18.5 kg .

2. 多功能桌总重力为

$$G_{总}=G_{面板}+G_{支架}+G_{底座}=90\,N;$$

当桌子不放任何物品时，仍以右底座作为支点，根据平衡条件，对于左侧滚轮所受地面支持力 则有：

$F_{面板}L_{面板}+F_{支柱}L_{支柱}+F_{底座}L_{底座}=F_{支持力}L_{支持力}$……②

由式②可得：F 支持力 ≈62 N，滚轮承受的压力和地面对滚轮的支持力是一对相互作用力，则左侧两个滚轮需承受 62 N 的压力；由左右两侧滚轮承受的总压力为桌体总重力可知，右侧两个滚轮需承受 28 N 的压力.

五、1. ①电动机输出功率：

$P_{入}=P_{电}-P_{热}=UI-I^2r=880\,W-80\,W=800\,W$.

②$P_{出}=W/t=(mv^2/2+mg(H+h))/t$，又 $m=tm_0$，

解得：$P_{出}=600\,W$，

$\eta=P_{出}/P_{入}\times\%=75\%$.

2. 电池板的最小面积 S_m，

接收到太阳能的功率 $P=(1-\delta)S_m\times P_0/4\pi R^2$，

电池板接受太阳能转化为电能的功率：

$P_{电}=P\times20\%\times90\%=UI=880\,W$，

求得：$S_m\approx5.8\,m^2$

六、4.20 kg 的铝从 10 ℃升温到 66 ℃所需热量：

$Q_{吸}=c_1mt=0.88\times10^3\,J/(kg\cdot℃)\times4.2\,kg\times56\,℃\approx2.1\times10^5\,J$；

1.2 kg 的水从 90 ℃降温到 66 ℃放出的热量：

$Q_{放}=c_2mt=4.2\times10^3\,J/(kg\cdot℃)\times1.2\,kg\times24\,℃\approx1.2\times10^5\,J<Q_{吸}$，根据估算，将铝直接放入热水中并不能升温到 66 ℃；

(1)操作方案：

①将保温瓶中的热水分若干次倒出来. 第一次先倒出一部分，与温度为 $t_0=10.0\,℃$ 的工件充分接触，并达到热平衡，工件温度升高到 t_1，将这部分温度的水倒掉；

②再从保温瓶倒出一部分热水，再次与温度为 t_1 的工件充分接触，并达到热平衡，工件温度升高到 t_2，将这部分温度的水倒掉；

③重复上述操作，直到最后一次，将剩余的热水全部倒出与工件接触，达到热平衡.(只要每部分的水足够少，最终就可使工件的温度达到所要求的值)

(2)验证计算：例如，将 1.2 kg 的热水分五次倒出来，每次倒 0.24 kg，在第一次使热水与工件达到热平衡的过程中，水放热 $Q_1=cm_1(t-t_1)$，工件吸热 $Q_1'=cm(t_1-t_0)$，由 $Q_1=Q_1'$，解得：$t_1=27.1\,℃$，依次算出 $t_1\sim t_5$ 的数值见表 1：

可见 $t_5=66.0\,℃$，符合要求.

表 1

倒水次数/次	1	2	3	4	5
平衡温度/℃	27.1	40.6	51.2	59.5	66.0

附：若将 1.2 kg 的水分 4 次倒，每次倒出 0.3 kg，以此计算 $t_1\sim t_5$ 的值，见表 2：

表 2

倒水次数/次	1	2	3	4
平衡温度/℃	30.3	45.5	56.8	65.8

由于 $t_5=65.2\,℃<66.0\,℃$，所以如果将热水等分后逐步使工件升温，倒水次数不能少于 5 次.

第二十八届全国初中应用物理知识竞赛

初 赛

一、选择题

1. A.

图 A 的表面形状是凹面的玻璃幕墙，由于凹面镜对光有会聚作用，因此，将平行的入射太阳光会聚在焦点，焦点的温度高，导致附近停放在焦点位置的汽车部件被"烤"熔化了.

2. A.

图 A 是节能标志；图 B 是禁止烟火标志；图 C 节水标志；图 D 是循环再生标志.

3. D.

空气中的水蒸气遇冷冰棒液化形成的小水滴，即"白气". 由于冷的水滴温度低，密度大，因此，向下运动.

4. C.

图中双线并绕的螺线管，若电流均由 a、b 端流入，c、d 端流出，则两个线圈(通电螺线管)的极性相同，使两端的磁性增强. 否则，磁性相互抵消而减弱，故排除 B、D 选项.

而由于线圈的导线的粗细不同，因此若按A选项中，将 bc 相连，然后 a、d 分别接电源两端，由于两段线圈的导线串联，电阻大，电流小，磁性弱．而C选项连接，两端线圈并联，电阻小，电流大，磁性强．故C选项更符合题意．

5. A.

从包装上字样“1.5 V　2000 mAh”，可知，额定电压为1.5 V，储存电荷为2000 mAh，因此，储存的电能 $W=UIt=1.5\,V\times2000\,mAh=1.5\,V\times2\,A\times3.6\times10^3\,s=1.08\times10^4\,J=10.8\,kJ$.

6. D.

显然与风向没有直接关系．因为水波在浅水中传播时，水越浅传播速度越慢．

7. B.

轻薄的塑料袋的质量忽略不计，袋子没有打开，由于鱼吸入了袋子里水中的氧气，导致袋子变瘪．将其放入水中后，根据浮力等于总重力，因此，鱼下沉些，整个塑料袋排开水的体积略大点．故对照四个图，B准确．

8. C.

根据题意，可知，微波炉工作时，发射微波，微波遇到金属会被反射，因此，微波炉的内壁用金属，便于微波反射到食物中，更利用提高工作效率．由于微波管是固定位置，因此，炉内转盘的主要作用是为了使食物从不同的侧面接收微波，受热均匀；微波对人体有辐射，微波炉的玻璃门上有一层金属膜或金属网，起到屏蔽微波，避免泄露，对人体产生伤害或干扰家中无线电器工作．

9. B.

客车突然启动，悬挂的小球质量大，由于惯性，向后摆动；而客车内的空气质量大由于惯性，向后移动，则将氦气球推向前运动．

10. B.

从记录的数据结合实际，可知，这包纸的厚度为5.00 cm．结合出厂标签“80 g/m²”，“210 mm×297 mm”，一张纸的面积为 $S_1=0.21\,m\times0.297\,m=0.06237\,m^2$，这包纸铺开的面积为 $S=500S_1=31.185\,m^2$，则这包纸的质量为 $m=31.185\times80\,g=2.4948\,kg\approx2.5\,kg$．故B正确；这包纸对桌面的压强为 $p=F/S=mg/S=2.4948\,kg\times9.8\,N/kg/0.06237\,m^2\approx392\,Pa$．纸是木柴做的，密度比水小．故正确答案为B.

二、简答题

1. (1)将冰袋放在罐装饮料上方降温更快；

(2)将冰袋放在罐装饮料上方，上方的低温液体密度大向下运动，高温液体密度小向上运动，液体的对流会使得降温更快；

(3)将冰袋放在罐装饮料下方，罐中的液体只能靠热传递传导降温，所以降温慢．

2. (1)用图乙的方式倒．

(2)倒新打开盖子的果汁时，包装盒内装满果汁．若采用甲的方式倒，由于重力，果汁部分先流出，同时包装盒内空着的空间变大，内部气体压强变小．但由于瓶口在下方，被果汁全部堵住，外界空气无法进入，大气压使得果汁越来越不易流出(表现为流出果汁速度越来越慢)，可能直至几乎停止流出．当内外压强差大到一定程度外界空气突然进入包装盒，流出果汁速度突然增加．这种过程周而复始，形成了果汁流出断断续续，时远时近(同时发出咕咚声)的现象，造成的不好结果是果汁很容易溅到杯子外面．

(3)若采用乙的方式倒，瓶口在上方，倒出果汁时瓶口不会完全被果汁堵死，外界空气和包装盒内部气体通过果汁上方的通道连通，内外基本不存在压强差，果汁容易稳定地倒出，不易溅到杯子外面．

3. (1)水龙头的把手的一个轮轴，一方面带动转轴可以控制水流量的大小，另一方面在旋转的过程中起到省力的作用．

(2)水从水龙头流出后，由于受重力，离水龙头距离越远，速度越大．在水流连续流动的过程中，相同时间通过某横截面积越小，因此呈现出上粗下细的形状．

4. (1)甲图是软螺线管通电的状态；

(2)如果将软螺线管的通电电流反向，不会影响原有的实验现象，即不通电时软螺线管呈松散状态，通电是软螺线管呈紧缩状态；

(3)螺线管通电后，螺线管的各单匝线圈均产生磁场，把每匝线圈看作一个通电螺线管，相当于一个条形磁铁，相邻磁铁的异性磁极相对，因此他们之间相互吸引，在吸引力的作用下螺线管收缩在一起．

5. (1)管道可以增大散热面积(或与空气接触面积)以加强散热效果．管道沿竖直方向便于变压器中的导热油形成对流，可增强散热能力．

(2)通过观察玻璃管中油面高度来判断变压器中测量的多少，这是连通器的原理．工作时变压器会发热，其中的导热油也会受热膨胀，若变压器油箱中的导热油装得满满的，则膨胀的导热油会把变压器胀破，造成事故．

(3)变压器是高压带电体，可导致电弧触电，发生危险．

三、**1.** 沉船在水中的深度：

$$h=\frac{1}{2}\times1500\times0.1\,m=75\,m$$

给浮筒充气的气体压强至少要达到水下75 m深处海水的压强，即：

$p=p_0+\rho gh=1.0\times10^5\,Pa+1.03\times10^3\times9.8\times75\,Pa=8.57\times10^5\,Pa$

2. 浮筒排开水的体积 $V=\pi r^2L$，它在水中所受到的浮力是：

$F=\rho gV=\rho g\pi r^2L=1.03\times10^3\times9.8\times3.14\times5^2\times12\,N=9.51\times10^6\,N$

浮筒所受重力：

$G=mg=2.0\times10^5\times9.8\,N=1.96\times10^6\,N$

每个浮筒能够产生的上举力等于受到的浮力与其重力之差，即上举力：

$F_{上}=F-G$

$=9.51\times10^6\,N-1.96\times10^6\,N$

$=7.55\times10^6\,N$

6个浮筒产生的上举力：$F_{总}=6F_{上}=6\times7.55\times10^6\,N=4.53\times10^7\,N$，即为所求

四、按设计规格，该压力机可产生5000 N压力，在手柄端施加的压力最小为 F，对由手柄和齿轮组成的轮轴列方程，则 $F\times30\,cm=5\,KN\times1\,cm$

解得：$F=167\,N$

以手动压力机底座最左端为支点，人对手柄压力使压力机逆时针翻转，压力机自身重力使其顺时针翻转．只要

人压力使其逆时针翻转的力和力臂的乘积始终小于压力机重力顺时针翻转的力和力臂的乘积，就不必通过螺栓固定在特制工作台上.

估计压力机重心位置：压力机重心位置仅位于中心点至右侧四分之一的位置的区间范围内，设其距底座最左端的水平长度为 L.

以手柄处于水平状态分析，估算手柄伸至最长状态时，估测露出底座左端的长度约为 24 cm.

则 $167\,N\times24\,cm=9\,kg\times10\,N/kg\times L$

解得：$L=44.5\,cm$

远超出重心应处于的合理区间. 因此，必须通过螺栓固定在特制上的工作台上.

五、1. A 位置　20 ℃　B 位置　35 ℃　C 位置　100 ℃　D 位置　85 ℃

2. $Q=W=pt=3000\,W\times8\times3600\,s=8.64\times10^7\,J$

$$m=\frac{Q}{c\Delta t}=\frac{8.64\times10^7\,J}{4.2\times10^3\,J/kg\times℃\times(100℃-20℃)}=257.14\,kg$$

$V_1=m/\rho_水=257.14\,L$

3. $Pt=c_水\ m\Delta t_{开水}+c_水\ 4m\Delta t_{温开水}$

代入数据得：$m=146.94\,kg$

$V_2=5m/\rho_水=734.7\,L$.

4. 主要优点就是节能，把开水放凉浪费的能量用来加热冷水；

其他合理的优点，例如：方便，可以直接喝温水，不用放凉.

六、1. 将输液袋灌满水，调整流速调节器，使每秒滴出水滴 n 滴，当输液袋中的水全部滴完时，记录时间为 t_1；将输液袋灌重新满水，调整流速调节器，使每秒滴出水滴 $2n$ 滴. 当输液袋中的水全部滴完时，记录时间为 t_2. 在误差允许范围内，若 $t_1=2t_2$，说明水滴质量相同.

2. $\overline{V_1}=\frac{30h_1}{t_1}=1\,m/s$

3. 第(2)问测量出了 0～0.2 s 的平均速度.

测量 0.2～0.4 s 的平均速度，步骤同第(2)问. 调整水滴滴出时间间隔，使从第 1 个水滴到第 31 个水滴滴落 $t_2=12\,s$，保持水滴滴出时间间隔不变，调整接水盘底部到针头滴水口的高度 h_2，使耳朵刚好听到一个水滴滴在盘中的声音同时，下一个水滴刚好开始下落，$v_2=\frac{h_2-h_1}{0.2}$，后续实验步骤以此类推.

复　赛

一、1. 恒温箱温控系统是由交流电加热电路和直流控制电路组成，适当调节变阻器 R_2 的阻值，利用热敏电阻 R_1 的性能和阻值等使该系统能保证恒温箱的温度保持在预设的温度范围内. 工作过程如下：

当恒温箱内的温度达到或者超过预设之最高温度时，热敏电阻 R_1 的阻值下降，直流控制电路中电流增大，电磁继电器吸合衔铁，切断交流加热电路，恒温箱开始降温. 当恒温箱内的温度低于预设之最低温度时，热敏电阻 R_1 的阻值增大，直流控制电路中电流减小，电磁继电器释放衔铁，交流加热电路接通，恒温箱又开始升温. 如此反复接通和断开交流加热电路，使恒温箱的温度保持在预设温度范围内.

2. 恒温箱的加热器应接在 A、B 端.

这样温度高于预设最高温度时，电磁继电器的衔铁吸合，停止加热；而温度低于预设温度时，电磁继电器的衔铁断开，进行加热. 这样才能实现温度控制. 如果加热器在 C、D 两端，当温度高于预设温度时，R_1 的阻值减小，电磁继电器的衔铁吸合，加热器继续工作，温度将更高，这样就无法实现恒温控制.

3. 电磁继电器吸合时的电流为 30 mA，则控制电路的总电阻为

$R_总=R_1+R_2=200\,\Omega$，

控制 90 ℃时，由曲线图可知，$R_1=50\,\Omega$，可变电阻值应为

$R_2=200\,\Omega-50\,\Omega=150\,\Omega$，

控制 150 ℃时，由曲线图可知，$R_1=30\,\Omega$，可变电阻值应为

$R_2=200\,\Omega-30\,\Omega=170\,\Omega$.

所以，要选一个能提供 150 Ω～170 Ω 阻值的可变电阻器，选择 B 即可满足上述阻值要求，又能便于调节，故选用 B 即可.

4. 小明设计的这个电路，从理论上讲控制的只是一个固定的温度值，这样使用时，就会出现恒温箱内温度在某一固定值附近时，电磁继电器频繁通断的现象，这对电磁继电器和加热器电路的使用寿命是十分不利的. 为了解决这个问题，可以设想制造一种继电器，当已经达到了预设的温度时，继电器达到吸合电流值(如此题中的 30 mA)，这种继电器可以延长一段时间或限时到规定时间才吸合，从而断开被控制电路. 当低于预设的温度时，通过继电器的电流小于吸合电流值，这种继电器同样可以延长一段时间或限时到规定时间才释放衔铁. 从而实现继电器和加热电路有一个较长的稳定工作状态，达到既能实现恒温控制又能延长使用寿命的目的.

二、1. 铭牌中的“额定压力”与单位“MPa”不一致，应改为“额定压强”，单位不变.

2. 10　0.2　0.37.

解析：清洗机正常工作时，通过清洗机的电流是

$I=P/U=2.2\times10^3\,W/220\,V=10\,A$

清洗一辆汽车平均用水

$V=20\,L/min\times10\,min=200\,L=0.2\,m^3$

平均消耗电能

$W=Pt=2.2\,kW\times10/60\,h=0.37\,kW\cdot h$

3. 设恒力 F 作用在水上，使水移动了距离 L，

则 F 对水做的功：$W=FL$

而 $F=pS$，所以

$W=FL=pSL=pV$

清洗机正常工作 10 min，清洗机喷出的水的体积为

$V=20\,L/min\times10\,min=0.2\,m^3$

清洗机对水做功

$W=pV=5\,MPa\times0.2\,m^3=1.0\times10^6\,J$

4. 清洗机消耗的电能

$W_电=Pt=2.2\,kW\times10\,min=1.32\times10^6\,J$

该清洗机正常工作时的效率

$\eta=W/W_电\times100\%=75.8\%$

三、1. 在管中 A 点附近取一截面，截面右侧水管 ABC 段中的水温高，密度 ρ_A 右小；水经暖气片放热后，温度降

低，所以水管 CDA 段中的水温较低，密度 ρ_A 左较大.

根据液体压强公式 $p=\rho gh$，A 截面左侧 CDA 段中的水产生的压强大于右侧 ABC 段水的压强，因此水管中的水会按逆时针方向流动. 同时安装水管时又有一定的坡度，即 D 端高、A 端低，为水的逆时针流动创造了有利的条件.

2. 当水管中有空气时，气泡会沿管道向上移动，并汇集在最高处，包括管道中向上凸起的部分、暖气片的顶部等处. 如果汇集的气体过多，会形成气柱，分断了水管中的水，阻碍水的流动，从而影响用热水供暖的效果.

3. 水箱中的水位一定要高于整个循环水路的最高点，才能在整个循环水路中灌满水. 否则循环水路中就会有空气，水就不能正常流动，从而影响用热水供暖的效果.

四、1. (1)亮　亮　不亮；

(2)亮　亮　不亮　亮　不亮　亮.

2. 1 L 水从 25 ℃到沸腾吸收的热量为

$Q_{吸}=c\rho V(t_1-t_0)$

$=4.2\times10^3\ \text{J/(kg·℃)}\times1\times10^3\ \text{kg/m}^3\times1\times10^{-3}\ \text{m}^3\times(100\ ℃-25\ ℃)$

$=3.15\times10^5\ \text{J}$

消耗电能为

$W=Pt=600\ \text{W}\times10\times60\ \text{s}=3.6\times10^5\ \text{J}$

该电水壶的热效率

$\eta=Q_{吸}/W=87.5\%$

3. 当电水壶处于自动状态下，水未沸腾前，保温指示灯与 ST 双金属片温控器并联，且 ST 双金属片温控器处于联通短路状态，所以保温指示灯被短路不亮.

4. 由 $P=U^2/R$ 得电水壶正常工作时其加热电阻的阻值

$R=U^2/P=80.7\ \Omega$，

保温状态时，通过电热器的电流

$I=U/(R+R_{L_2}+R_2)<U/R_2=2.2\times10^{-3}\ \text{A}$

就以这个电流计算，保温状态时电热器的发热功率为

$P=I^2R=3.9\times10^{-4}\ \text{W}$

即可以近似认为不发热. 所以保温状态下的水温逐渐降低.

五、1. 如答图 1 为例说明输液过程：

开始时瓶中气体的压强大约是 1 个大气压，药瓶吊在高处，从瓶中液面到插在病人血管中的针头处有相当大的高度差，这段液柱产生的压强使针头处药液的压强较大，大于血管中的压强，药液自动流入血管.

药液流出使瓶中的(一定质量的)气体体积变大，压强降低，瓶中气体压强小于大气压，大气压强将空气从进气管压入瓶中，使瓶中空气的压强基本上保持在一个大气压(一个大气压相当于 10.3 m 高水柱产生的压强，而在输液情况下液面升降幅度不足0.2 m，可见压强相当稳定)，使药液均匀地流下.

2. 甲瓶的药液先流完.

因为甲、乙、丙三瓶采用串联的方式，其工作情况是这样的：

药液从丙瓶中流下，丙瓶中空气体积增大、压强下降，乙瓶中空气将乙瓶中药液压入丙瓶补充，使丙瓶液面保持不变.

药液从乙瓶中流至丙瓶后，乙瓶中空气体积增大、压强下降，甲瓶中空气将甲瓶中药液压入乙瓶补充，使乙瓶液面保持不变.

药液从甲瓶中流至乙瓶后，甲瓶中空气体积增大、压强下降，大气压将外界空气压入甲瓶，甲瓶中液面下降.

液体如此流动，直到甲瓶的药液全部流完，这时甲瓶中空气与外界直接连通，连接甲、乙两瓶的管子相当于甲瓶当初的进气管.

以后的过程是药液从丙瓶流入血管，乙管中药液流入丙瓶补充，空气流入乙瓶，直至乙瓶中药液流完，乙瓶与大气直接连通. 然后才是空气直接进入丙瓶，直到丙瓶中药液逐渐流完.

3. 收集数据和计算步骤如下：

①从药瓶上的刻度读出瓶中药液的体积 V_1；②当某一滴药液刚好落下时数“0”开始计时，当数到第“n”个液滴滴下时停止计时，记下所用时间 t_0；③算出一个液滴下落的时间间隔为：$T=t_0/n$；④记下完成一瓶滴注的时间 t；⑤算出一瓶药液的总滴数 $N=nt/t_0$；⑥算出每滴药液的体积为：$V_0=V/N=Vt_0/(nt)$；⑦则每滴药液的质量为 $m=\rho_{水}V_0=\rho_{水}Vt_0/(nt)$；上述估算中两处作了近似处理：

①把药液的密度看作水的密度.

②忽略了输液结束时瓶中残留的药液.

六、1. 这台发动机在最大功率时 1 min 内发动机做的有用功

$W_{有}=Pt=74\times10^3\ \text{W}\times60\ \text{s}=4.44\times10^6\ \text{J}$

在 1 min 内转动 5200 r，吸入汽油和空气的混合气 2600 次，1 min 内发动机消耗汽油的质量为

$m=\rho V=1.35\ \text{kg/m}^3\times1.8\times\frac{10}{9}\times10^{-3}\ \text{m}^3\times2600\times\frac{1}{15}=0.47\ \text{kg}$

1 min 内汽油完全燃烧放出的热量

$W_{总}=0.47\ \text{kg}\times4.6\times10^7\ \text{J/kg}=2.16\times10^7\ \text{J}$

这台发动机在最大功率时的热机效率

$\eta=W_{有}/W_{总}=21\%$

2. 汽车以最高时速 175 km/h 前进 100 km 所用时间

$t=s/v=100\ \text{km}/175\ \text{km/h}=34.3\ \text{min}$

汽车每行驶 100 km 的耗油质量为

$m'=0.47\ \text{kg/min}\times34.3\ \text{min}=16.1\ \text{kg}$

汽车每行驶 100 km 的耗油体积为

$V'=m'/\rho=16.1\ \text{kg}/0.71\ \text{kg/L}=22.7\ \text{L}$

第二十九届全国初中应用物理知识竞赛

初　赛

一、填空题

1. 静止　运动

二者对接后，“神舟八号”相对于“天宫一号”位置没有改变；“神舟八号” 相对于地球的位置仍然在不断的变化.

2. 液化　漫反射

雾是空气中的水蒸气遇冷液化形成的小水滴漂浮空气中，太阳光通过小水滴发生漫反射，所以人眼在各方向都看到.

3. 可再生　热传递　4.2×10^6

太阳能是可再生能源，取之不尽用之不竭. 太阳能热水

器主要是通过方式辐射吸收热量，然后通过热传递到管内的水，增加水的内能．由 $Q_{吸}=c_{水}m\Delta t=4.2\times10^{3}$ J/(kg·℃)×40 kg×25℃＝4.2×10^{6} J.

4. 克服摩擦力做功　80%　增大斜面倾角（减小斜面粗糙程度等）

拉动木块沿斜面上升的过程，要克服摩擦力做功，这是额外功；$W_{有用}=Gh=20\,N\times0.3\,m=6\,J$，$W_{总}=Fs=15\,N\times0.5\,m=7.5\,J$，则此斜面的机械效率 $\eta=W_{有用}/W_{总}=6J/7.5J=80\%$．尽量减少额外功，因此，提高斜面的机械效率的措施可以是增大斜面倾角或减小斜面粗糙程度等途径．

5. 5000　近

由欧姆定律 $I=U/R$ 变形 $R=U/I=3\,V/0.03\,A=100\,\Omega$，导线长度 $l=100/0.01=10000\,m$，由于是两个导线，则发生短路处离甲地 5000 m．根据欧姆定律，在电压一定时，电阻越小，则电流越大，导线的电阻在材料、横截面积一定时，电阻与长度成正比，因此，测出的电流越大，说明短路处离甲地越近．

6. 左　快

根据如图所示，因为蜻蜓连续三次点水激起水波在不停的向外传播，波纹半径变动，圆圈越小，表明波纹传播时间越小，则说明蜻蜓是向左飞行．若蜻蜓飞行的速度和水波的速度相同，那么蜻蜓的第一次点水的时候都会是在上一个水波的边线上，而第二个水波和第一个水波都在以相同的速度运动，所以每个圆圈都应该是内切的，图中则说明蜻蜓飞行的速度比水波的速度快．

7. 生活中：摩擦总是阻碍物体的运动；

物理学中：摩擦力总是阻碍物体间的相对运动．

生活中：上浮的物体才受浮力下沉的物体不受浮力；

物理学中：下沉的物体也受到浮力．

二、选择题

8. C.

根据图示物体由 M 向 N 做曲线运动，物体向上的速度减小，同时向右的速度增大，故合外力的方向指向 F_2 水平线下方，故 F_3 的方向可能是正确的，故 C 正确，A、B、D 错误．

9. D.

因为地震产生的次声波频率低于 20 Hz，而表格中的大象听觉频率是 1 Hz～20000 Hz，正是在此范围之内，所以大象会有较为明显的反应．

10. B.

地磁的南极在地理北极的附近，故在用安培定则判定环形电流的方向时右手的拇指必须指向南方；而根据安培定则：拇指与四指垂直，而四指弯曲的方向就是电流流动的方向，故四指的方向应该向西．故 B 正确．

11. C.

保温隔热材料，要求导热性能差，而石墨烯具有优良的导电性和导热性，故不适合做保温隔热材料，C 符合题意．

12. C.

手机拍照时，物距大于二倍焦距，凸透镜成倒立、缩小的实像．手机镜头上沾有一小粒灰尘，小粒灰尘位于凸透镜的焦距以内，成的是虚像，故照片上接收不到，则这张照片上不会出现一个黑斑，也不会出现一个白斑，虽然小灰尘挡住了少量的光线，使通过凸透镜的光线略有减少，但照片上的图像是清晰完整的，没有明显变化．

13. D.

由题意可知，当 R 接收不到红外线时，其电阻会变大，电路的总电阻变大．由 $I=\frac{U}{R}$ 可知，电路中的电流变小，R 两端的电压变小．

由图乙可知，A、B 间的最小电压为 $U_{AB}=4V$．即 A、B 两端电压为 1 V 时，信号记录仪计数一次，故 A 错误；

因串联电路中总电压等于各分电压之和，所以此时光敏电阻两端的电压 $U_{光}=U-U_{AB}=6\,V-1\,V=5\,V$.

因串联电路中各处的电流相等，所以 $\frac{R'}{R_0}=\frac{U_{光}/I}{U_{AB}/I}=\frac{U_{光}}{U_{AB}}=\frac{5\,V}{1\,V}=\frac{5}{1}$．即 $R'=5R_0$．故 B 错误；

R' 接收到红外线时，A、B 间的电压最大，由图乙可知，A、B 间的最大电压为 $U_{AB}'=2\,V$.

此时光敏电阻两端的电压 $U_{光}=U-U_{AB}'=6\,V-2\,V=4\,V$.

此时 R' 与 R_0 的阻值之比 $\frac{R'}{R_0}=\frac{\frac{U_{光}}{I}}{\frac{U_{AB}}{I}}=\frac{U_{光}}{U_{AB}}=\frac{4\,V}{2\,V}=\frac{2}{1}$.

即 $R'=2R_0$．则 R' 的阻值是 R_0 的 2 倍．故 C 错误；

由 $R'=5R_0$ 和 $R'=2R_0$ 可知，绳子遮挡红外线时，R' 的阻值会增加 1.5 倍．故 D 正确．

故选：D.

三、简答题

14. (1)丙

(2)2 号管的上方需要始终在二号瓶的气体中，2 号管的下方需要始终在三号瓶的气体中

(3)一号瓶内水通过 1 号管向下流入三号瓶，三号瓶的水逐渐增加，上方气体被压缩，气压增大，三号瓶与二号瓶内气体通过 2 号管连通，二号瓶上方气压变大，当二号瓶内气压与 3 号管内水压之差大于外界大气压时，3 号管有水喷出．

由图示可知，在一号瓶加水时，水通过 1 号管向下流入三号瓶，三号瓶的水逐渐增加，三号瓶上方的空气体积减小、气压增大；三号瓶与二号瓶又是通过 2 号管连通的，所以三号瓶中的空气会通过 2 号管进入二号瓶中，造成二号瓶中的气压增大，当二号瓶内气压与 3 号管内水压之差大于外界大气压时，3 号管有水喷出，从而形成喷泉．所以，2 号管的上方需要接近二号瓶顶部，始终在二号瓶的气体中，所以图甲、丁不佳；2 号管的下方需要接近三号瓶顶部，始终在三号瓶的气体中，所以乙图不佳，故最佳选择为丙图．

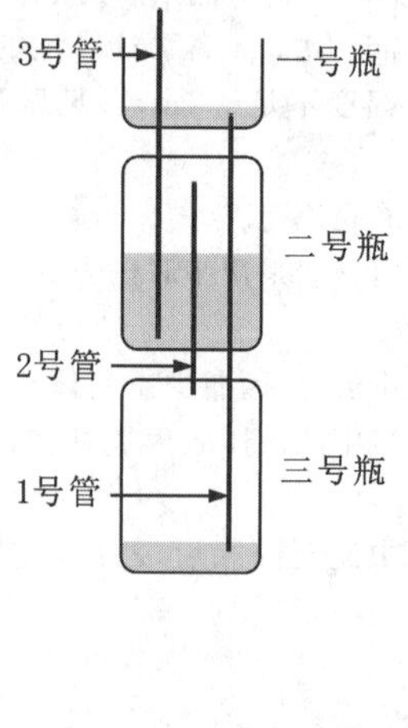

15. 8 名学生的总质量 $m_{学生}=60\,kg\times 8=480\,kg$；

300 个塑料瓶的总质量 $m_{瓶}=36\,g\times 300=10800\,g=10.8\,kg$；

则总重力：

$G_{总}=m_{总}\,g=(m_{学生}+m_{瓶})g=(480\,kg+10.8\,kg)\times 10\,N/kg=4\,908\,N$。

因为塑料瓶需要漂浮，则受到的浮力：$F_{浮}=G_{总}=4\,908\,N$；

根据 $F_{浮}=\rho_{水}V_{排}\,g$ 可得：

$V_{排}=\frac{F_{浮}}{\rho_{水}\,g}=\frac{4\,908\,N}{1.0\times 10^3\,kg/m^3\times 10\,N/kg}=0.490\,8\,m^3$.

300 个塑料瓶的总体积为 $V=1.5\times 10^3\,cm^3\times 300=4.5\times 10^5\,cm^3=0.45\,m^3$；

则 $\Delta V=V_{排}-V=0.490\,8\,m^3-0.45\,m^3=0.040\,8\,m^3=40.8\,cm^3$；

由于需要浸没的体积略大塑料瓶的总体积．当由一个学生的身体部分浸入水中即可使他们处于漂浮状态；所以，给予 8 名学生 300 个塑料瓶是合理的．

四、综合题

16. 设电热水瓶的加热功率为 P，开始时水的质量为 m_1，注入水的质量为 m_2，

由 $Q=W=Pt$ 和 $Q_{吸}=cm(t-t_0)$ 可得，注水前加热有：

$Pt_1=cm_1(T_1-T_0)$……①

注水后加热时有：

$Pt_3=c(m_1+m_2)(T_3-T_2)$……②

由 $\frac{①}{②}$ 可得：$\frac{t_1}{t_3}=\frac{m_1(T_1-T_0)}{(m_1+m_2)(T_3-T_2)}$，即 $\frac{1\,min}{5\,min}=\frac{m_1(40℃-20℃)}{(m_1+m_2)(100℃-50℃)}$，

解得：$m_2=m_1$，

注水过程中有：

$P(t_2-t_1)=cm_1(T_2-T_1)+cm_2(T_2-T_x)$……③

由 $\frac{①}{③}$ 可得：$\frac{t_1}{t_2-t_1}=\frac{m_1(T_1-T_0)}{m_1(T_2-T_1)+m_2(T_2-T_x)}$，

即 $\frac{1\,min}{3.5\,min-1\,min}=\frac{m_1(40℃-20℃)}{m_1(50℃-40℃)+m_1(50℃-T_x)}$，

解得：$T_x=10℃$．

17. (1)风能是可以从自然界源源不断地得到的能源，即为可再生能源，其优点是无污染、环保、节能、成本低等．

(2)平均风速为 21.6 km/h＝6 m/s，在一秒钟内空气所走的路程是：$h=6\,m$.

此时该部分空气的体积为：$V=Sh=20\,m^2\times 6\,m=120\,m^3$，

故此时吹过叶片的空气的质量是：$m=\rho V=1.29\,kg/m^3\times 120\,m^3=154.8\,kg$；

(3)预计每年并网的电量：$W=pt=1\,500\,kW\times 360\times 24\,h=1.296\times 10^7\,kW\cdot h$，

$Q_{放}=W_{电}=1.296\times 10^7\,kW\cdot h=1.296\times 10^7\times 3.6\times 10^6\,J=4.665\,6\times 10^{13}\,J$；

所以需要标准煤的质量：

$m=\frac{Q_{放}}{q}=\frac{4.665\,6\times 10^{13}\,J}{3\times 10^7\,J}=1.555\,2\times 10^6\,kg=1\,555.2\,t$.

复　赛

一、**1.** 汽油机做的有用功

$W=Pt=65\times 10^3\,W\times 60\,s=3.9\times 10^6\,J$

2. 四缸汽油发动机曲轴每转 2 转各个气缸均做功 1 次，故 1 min 内气缸做功的次数 $n=\frac{2400\,r/次}{2\,r}=1200$ 次

1 min 内汽油机燃烧汽油的质量为

$m=\frac{1}{15}\rho V=\frac{1}{15}\times 1.35\,kg/m^3\times 2.0\times 10^{-3}\,m^3\times 1200=0.216\,kg$

汽油完全燃烧放出的热量

$Q_{放}=mq=0.216\,kg\times 4.6\times 10^7\,J/kg=9.936\times 10^6\,J$

(3)汽油机的效率

$\eta=\frac{W}{Q_{放}}=\frac{3.9\times 10^6\,J}{9.936\times 10^6\,J}\times 100\%\approx 39.3\%$

二、**1.** 将 1t 海水提升到海拔 1 200 m，重力势能增加 $E_P=mgh_1=1.2\times 10^7\,J$

由于电能的利用率为 60%，所以需要耗电 $E_1=\frac{E_P}{0.6}=2.0\times 10^7\,J$

利用 1 000m 落差，1t 水可以发电 $E_2=mgh_2\times 60\%=6.0\times 10^6\,J$.

2. 将 1t 海水输送到艾丁湖，额外需要耗电 $\Delta E=E_1-E_2=1.4\times 10^7\,J$

每年从渤海湾调 $4\times 10^9\,m^3$ 海水入疆需要额外用电 $\Delta E=4\times 10^9\times \Delta E_0=5.6\times 10^{16}\,J$

①三峡水电站的年发电 $E=\rho_1 Qgh\eta_1=3.0\times 10^{17}\,J$

“引渤入疆”工程需要的电能占三峡电站发电量的比例为 $\frac{\Delta E}{E}=\frac{5.6\times 10^{16}}{3.0\times 10^{17}}=18.7\%$

②对一台这样的风力发电机，1s 内垂直流向叶片旋转面积的气体质量为 $\rho_2 vS$

风能的最大功率 $P_m=\frac{1}{2}(\rho_2 vS)v^2=\frac{1}{2}\rho_2 v^3=2.5\times 10^5\,W$

年发电量约 $W=\eta_2 P_m t=40\%\times 2.5\times 10^5\times 2.0\times 10^7\,J=2.0\times 10^{12}\,J$

为满足“引渤入疆”工程额外需要的电能，需建数量 $n=\frac{\Delta E}{W}=\frac{5.6\times 10^{16}}{2.0\times 10^{12}}=2.8\times 10^4$(台).

三、解析：超声波两次与汽车相遇时，汽车前进的距离为 $\Delta x=\frac{\Delta T}{2}v_0$

前进该距离所用时间为 $\Delta t=T_0+\frac{\Delta T}{2}$

所以 $v=\frac{\Delta x}{\Delta t}=\frac{\Delta T v_0}{2T_0+\Delta T}$.

四、**1.** 由表格中数据知，电池充电一次储存的电能：

$w=100\,kW\cdot h=3.6\times 10^8\,J$

电动公交车匀速行驶，阻力与牵引力是一对平衡力，大小相等，即 $f=F$.

公交车电池储存的能量降低到充满电时的 10% 以下时，就需要再次充电，

则有：$W\times 90\%=Fs=fs$，

所以，$f=\frac{W\times 90\%}{s}=\frac{3.6\times 10^8\,J\times 90\%}{1.8\times 10^5\,m}=1\,800\,N$.

2. 行驶 1 趟公交车耗能：

$W_{耗}=Fs'-W_{收}=fs'-W_{收}=1800\,N\times 2\times 10^4\,m-40\times 1\times 10^4\,J=3.56\times 10^7\,J$.

该车充满一次电的电能 $W=Pt=100\times1000\ \text{W}\times3600\ \text{s}=3.6\times10^{8}\ \text{J}$.

充满一次电最多能跑趟数：

$n=\frac{90\%W}{W_{耗}}=\frac{90\%\times3.6\times10^{8}\ \text{J}}{3.56\times10^{7}\ \text{J}}\approx9$(趟).

3. 实际情况下，该公交车在其运行线路上连续可行驶路程比第2问的计算结果更小，原因有：电池提供电能还有能量的损耗，不可能全部用来做功；实际行驶过程中刹车现象更为普遍，会消耗更多能量；每次充电不能保证完全充满，且随着电池的使用其储存电能的能力下降等.

五、1. 小轿车受到的重力：$G=mg=1.2\times10^{3}\ \text{kg}\times10\ \text{N/kg}=1.2\times10^{4}\ \text{N}$，

小轿车对地面的压力：$F=G=1.2\times10^{4}\ \text{N}$，

小轿车与地面的总接触面积(受力面积)：$S=8\ \text{dm}^2=8\times10^{-2}\ \text{m}^2$，

小轿车对地面的压强：$p=\frac{F}{S}=\frac{1.2\times10^{4}\ \text{N}}{8\times10^{-2}\ \text{m}^2}=1.5\times10^{5}\ \text{Pa}$.

2. 一切物体在任何时候任何情况下都具有惯性，后车刹车后由于惯性继续向前运动，所以仍撞到前车；前车尾部发生形变，说明力能够改变物体的形状；

在车辆发生追尾时，人体由于惯性会向后倒，此时车辆加速或减速的压力都集中在人体脆弱的颈部和头部，而头枕则对此起缓冲作用，保护人体头部.

3. 根据表中的数据，在坐标图中先画点，再描线，注意横坐标为速度的平方，纵坐标为距离. 如图所示：

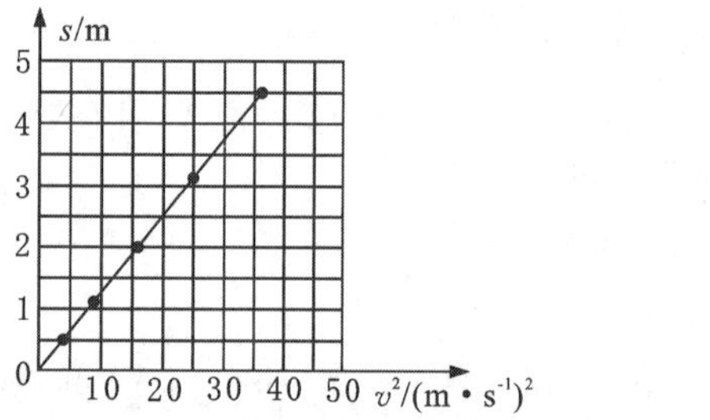

通过对表格中数据的分析可知，速度越大制动距离越大，即制动距离与速度有关，但明显不是正比关系. 故可以想到可能与速度的平方成正比，通过计算 $\frac{(2\ \text{m/s})^2}{0.5\ \text{m}}=8\ \text{m/s}^2$，$\frac{(4\ \text{m/s})^2}{2\ \text{m}}=8\ \text{m/s}^2$，……

可知制动距离的确与速度的平方成正比：

即 $s=\frac{v^2}{8}$.

第三十届全国初中应用物理知识竞赛

初　赛

一、单项选择题

1. A.

卫星通信是靠电磁波传达信息.

2. C.

甲乙一起匀速运动，甲乙之间不存在摩擦，只有甲对乙的压力. 故乙受到拉力 F、重力、支持力、甲对乙向下的压力、地面对乙的摩擦力.

3. C.

竖直方向，物体受重力和静摩擦力，始终二力平衡.

4. D.

一方面电灯 L_1 与滑动变阻器并联，再与 L_2 串联，再与定值电阻 R_0 串联，电压表 V_1 测量的是 L_1、L_2 的总电压，V_2 测量的是 L_2 的电压. 当滑动变阻器的滑片由左向右滑动时，电路中的电阻变大，所以总电流变小，则 L_2 两端电压变小，V_2 的示数变小. R_0 两端的电压也变小，所以 V_1 表的示数变大. 根据 V_1、V_2 的示数变化，L_1 两端的电压变大，所以 L_1 变亮.

5. B.

对于三棱劈对地的压强 $p=F/S=mg/S=\frac{\rho gh}{2}$，因此与高度有关，切除之后乙的高度高，故选 B.

6. B.

连接 BO，如图1，则 $\angle POB=\frac{\pi-\theta}{2}$，$P$ 恰好围绕 O 点匀速转动，所以 $\angle POB$ 均匀减小，也即角度 θ 均匀增大，故 B 对的. $PB=\frac{r}{\tan\frac{\theta}{2}}$，$\theta$ 均匀增大，所以 PB 的长度不是均匀减小，故 C 错. 同理，设球与地面切点为 O，OB 的长度也不是均匀减小，所以 B 的速度大小变化，故 A 错.

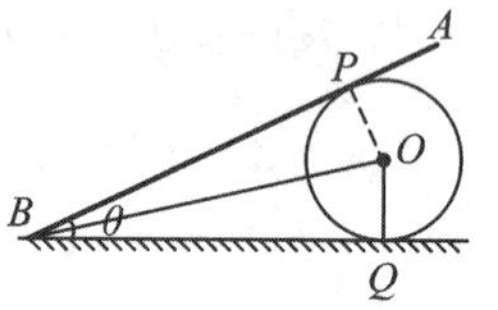

图 1

7. A.

阻力在均匀增长，所以平均阻力 $\frac{k(d_2+d_1)}{2}$，距离为 d_2-d_1，故阻力做功为 $\frac{k(d_2^2-d_1^2)}{2}$，选 A.

8. D.

如图2，入射光线每被反射一次，与镜面的夹角就增长 θ. 假如多次反射沿原光路返回，则最后入射的光线须垂直镜面. 因此，$90°$ 应当是 θ 角的整数倍. 故选 D.

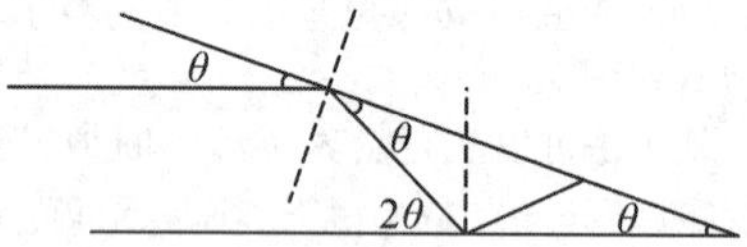

图 2

9. C.

乒乓球的受力如图3，在水平方向和竖直方向合力为零，把支持力 N 分解为 N_1 和 N_2，则有 $mg=kv\tan\theta$，即有 $v=\frac{mg\tan\theta}{k}$，故选 C.

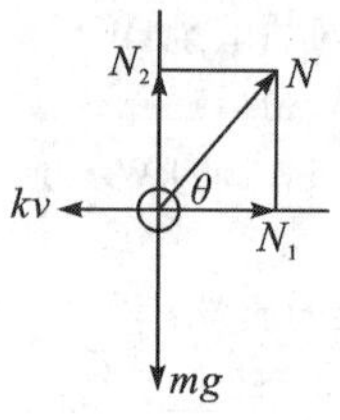

图 3

10. C.

如图4，设点光源此时距离透镜为 u，像距离透镜为 v，则光屏距离透镜为 $L-u$. 若要光屏上的光斑面积最小，则

$\frac{L-u}{v}$要最大，即光屏尽量要离像最近. 又由于$\frac{1}{u}+\frac{1}{v}=\frac{1}{f}$，所以：

$$\frac{L-u}{v}=\frac{L-u}{\frac{uf}{u-f}}=\frac{(L-u)(u-f)}{uf}=\frac{L}{f}+1-(\frac{L}{u}+\frac{u}{f})$$

要使上式取最大值，则要$(\frac{L}{u}+\frac{u}{f})$最小.

仅当$\frac{L}{u}=\frac{u}{f}$时，$(\frac{L}{u}+\frac{u}{f})$最小.

也即 $u=\sqrt{Lf}$，故选 C.（注：当 $u<f$ 时，v 值为负，按上述方式进行讨论，C 同样成立）

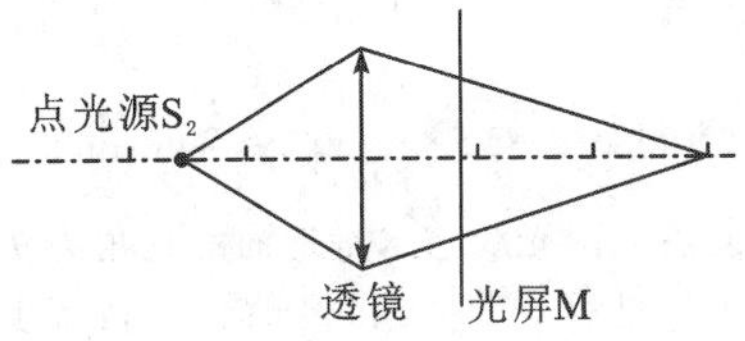

图 4

11. B.

由 B 缓慢地向点 C 靠近过程中，在圆弧段，绳的夹角不断增大，所以其上张力不断增大. 在竖直段，绳的夹角不再变化，所以其上张力不变. 故选 B.

12. D.

细铅丝和粗铅丝的半径之比为：

$r_1:r_2=d_1:d_1=0.3\,mm:0.6\,mm=1:2$

由于导线的电阻跟其长度成正比、跟其横截面积成反比，则电阻的表达式为：$R=\rho\frac{l}{S}=\rho\frac{l}{\pi r^2}$；

所以，细铅丝和粗铅丝的电阻之比为：

$R_1:R_2=\rho\frac{l}{\pi r_1^2}:\rho\frac{l}{\pi r_2^2}=r_2^2:r_2^1=4:1$

所以，当 1 根细铅丝和 1 根粗铅丝并联后，由于并联电路各支路两端的电压相等，根据并联电路的分流特点得：

$I_1:I_2=R_2:R_1=1:4$

即并联后的每根细铅丝和粗铅丝的电流之比为 $I_1:I_2=1:4$；

20 根细铅丝和 1 根粗铅丝并联后，若粗铅丝达到熔断电流 4 A 时，每根细铅丝的电流为$\frac{1}{4}\times4\,A=1\,A<1.5\,A$，

即：当通过粗铅丝的电流为 4 A 时，粗铅丝会熔断；而细铅丝没有达到熔断电流，所以，20 根细铅丝和 1 根粗铅丝并联后，当刚刚出现断开现象时，粗铅丝的电流最大为 4 A，此时每根细铅丝上的电流为 1A，所以，该干路上允许通过的最大电流为 $1\,A\times20+4\,A=24\,A$.

13. B.

由于 ACB 的等效长度等于 AB，通过 ACB 的电流为 AB 的一半，所以 AB 上的安培力为 ACB 上安培力的一倍，故选 B.

14. B.

设河宽为 d，水流速度为 v，去程时船头朝向始终与河岸垂直，且航线 AB 与岸边夹角为 60°，

那么小船在静水中的速度大小为 $v_c=\sqrt{3}v$，

当船头指向始终与河岸垂直，则有：$t_1=\frac{d}{v_c}=\frac{d}{\sqrt{3}v}$；

当回程时行驶路线与去程时航线相同，则有：$t_2=\frac{d}{v'}$；

设合速度与船在静水中速度方向夹角为 α，

依据正弦定理，则有：$\frac{\sqrt{3}v}{\sin120^\circ}=\frac{v}{\sin\alpha}$，解得：$\alpha=30^\circ$

因此回头时的船的合速度为：

$v_{合}=\sqrt{v_c^2+v^2-2v_cv\cos30^\circ}=v$

那么合速度在垂直河岸方向的分速度为 $v'=\frac{\sqrt{3}}{2}v$，

则 $t_2=\frac{d}{v'}=\frac{2d}{\sqrt{3}v}$，因此去程与回程所用时间之比为 1∶2，故 B 正确，ACD 错误；

15. A.

由于木箱的速度 v 始终不变，所以 $F\cos\theta$ 等于木箱受到的摩擦力，即 $F\cos\theta=(mg-F\sin\theta)\mu$，

$\therefore F=\frac{mg}{\cos\theta+\mu\sin\theta}$.

故拉力 F 的功率

$P=F\cos\theta\cdot v=\frac{mg}{\cos\theta+\mu\sin\theta}\cos\theta\cdot v=\frac{mg}{1+\mu\tan\theta}v$

又由于 θ 从 0 到 90°变化，$\tan\theta$ 单调递增，所以 P 逐渐减小.

二、填空题

1. 1.5　　1.0

处于 S 点的操控者能看到 B 的像，经过 S 点和镜子的最左边位置做出直线，如图 5(a)；根据平面镜成像特点可知，操控者看到 B 的图像如图 B′所示，根据三角形的知识可知，B′到镜面的距离为 1.5 m 时，操控者刚能看到 B；当操控者左侧的廊壁距离镜子 M 小于 1.0 m 时，B 反射的光线不会反射到 S 处，则 S 处的操控者不能看到 B；如图5(b).

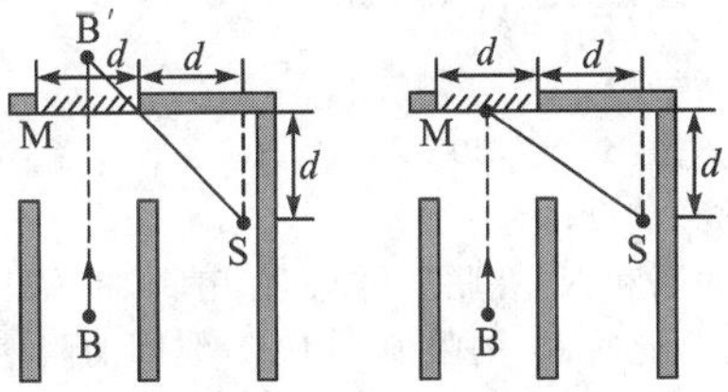

图 5(a)　　图 5(b)

2. 2　　变小

如图 6 所示，

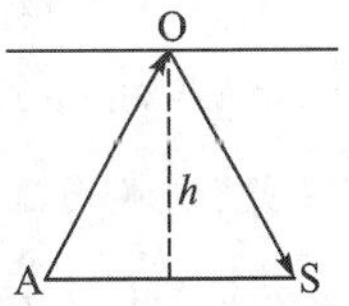

图 6

A 表示爆炸处，O 表示反射点，S 表示观测者所在处，h 表示云层下表面的高度. 用 t_1 表示爆炸声从 A 直接传到 S 处所经时间，则有 $d=vt_1$　①

用 t_2 表示爆炸声经云层反射到达 S 处所经历时间，因为入射角等于反射角，

故有 $2\sqrt{(\frac{d}{2})^2+h^2}=vt_2$　②

已知 $t_2-t_1=\Delta t$　③

联立①②③式可得：

$h=\frac{1}{2}\sqrt{(v\Delta t)^2+2dv\Delta t}$；

代入数值得

$h=$

$\frac{1}{2}\sqrt{(\frac{1}{3}\times1000\text{m/s}\times6.0\text{s})^2+2\times3\times1000\text{m}\times\frac{1}{3}\times1000\text{m/s}\times6.0\text{s}}$

$=2.0\times10^3\ \text{m}=2\ \text{km}$；

若该观察者背离爆炸物运动时，d 将变大，h 不变，则根据 $h=\frac{1}{2}\sqrt{(v\Delta t)^2+2dv\Delta t}$ 可知，他听到的两次爆炸声的时间间隔 Δt 将变小.

3. 50　30°

对物体进行受力分析，把力进行分解如图 7(a)所示：

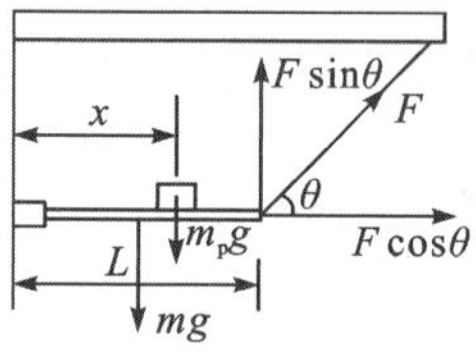

图 7(a)

当小物块在均匀杆最左端时，根据杠杆的平衡条件得：

$mg\frac{1}{2}L=F\sin\theta L=T_a\sin\theta L$，

即：$mg\frac{1}{2}L=500\text{N}\times\sin\theta L$　①

当小物块在均匀杆最右端时，根据杠杆的平衡条件得：

$m_p gL+mg\frac{1}{2}L=F\sin\theta L=T_b\sin\theta L$，

即：$m_p gL+mg\frac{1}{2}L=700N\times\sin\theta L$　②

又因为，$m+m_p=60\ \text{kg}$　③

联立①②③可解得：$m=50\ \text{kg}$；$m_p=10\ \text{kg}$.

把 $m=50\ \text{kg}$ 代入①得，$\sin\theta=\frac{1}{2}$，

解得：$\theta=30°$.

故答案为：50　30°.

4. 常亮　$0\ \Omega\leqslant R_1<4\ \Omega$.

由于线圈和 R_1 并联后再与 R_0 串联，将 $R1$ 滑片触头置于最右端，此时 R_1 的阻值为 $10\ \Omega$，线圈的阻值为：$R_2=10\ \Omega$，则此时回路中的总电阻为：

$$R=R_0+\frac{R_1\times R_2}{R_1+R_2}=40\ \Omega+\frac{10\times10}{10+10}\ \Omega=45\ \Omega,$$

已知电源电压为 $E=1.5\ \text{V}$，故回路中的总电流为 $I_总=\frac{E}{R}=\frac{1.5}{45}\ \text{A}\approx0.0333\ \text{A}=33.3\ \text{mA}$，由于线圈此时的电阻与 R_1 电阻相等，故由并联电路分流定律，此时线圈得到的电流 $I_2=\frac{1}{2}I=16.65\ \text{mA}$，已知通过电磁铁线圈电流 $I\geqslant10\ \text{mA}$ 时衔铁将被吸合，故此时衔铁被吸合，电磁继电器与触点接触，回路接通，灯组常亮；

当已知通过电磁铁线圈电流 $I<10\ \text{mA}$ 时，衔铁不会吸合，此时假设线圈通过的电流刚好为 10 mA，此时由并联电路分流定律可得：

$$I=\frac{E}{R_0+\frac{R_1+R_2}{R_1\times R_2}}\times R_1=10\ \text{mA}$$

解得此时 $R_1=4\ \Omega$，故当 $0\ \Omega\leqslant R_1<4\ \Omega$ 时，灯泡处于闪亮状态.

三、综合题

1. (1)信天翁的影子在墙上移动的速度为 8.66 m/s；(2)与信天翁飞过时相比，太阳在天空中的高度变高了.(分析过程见解答)

(1)设经过一段时间 t，信天翁运动距离为 x，根据题意作出其与影子的初末位置关系示意图如图 8，对应影子移动距离为 y.

由几何关系：$x\cdot\sin\theta=y\cdot\cos\theta$，则

$y=x\cdot\tan\theta$

由速度公式得：$x=vt$

信天翁的影子在墙上移动的速度：

$v_信=\frac{y}{t}=\frac{vt\cdot\tan\theta}{t}=v\cdot\tan\theta$

代入数据得，$v_信=15\times\frac{\sqrt{3}}{3}\ \text{m/s}\approx8.66\ \text{m/s}$

(2)设此后太阳光线与水平地面的夹角为 θ'，

由(1)推导过程，同理可得鹰的影子在墙上移动的速度：$v_鹰=v\cdot\tan\theta'$，

由题意得 $v_鹰>v_信$，可得 $\tan\theta'>\tan\theta$，则有 $\theta'>\theta$，即此后太阳光线与水平地面的夹角变大了(如图 8)，说明与信天翁飞过时相比，太阳在天空中的高度变高了.

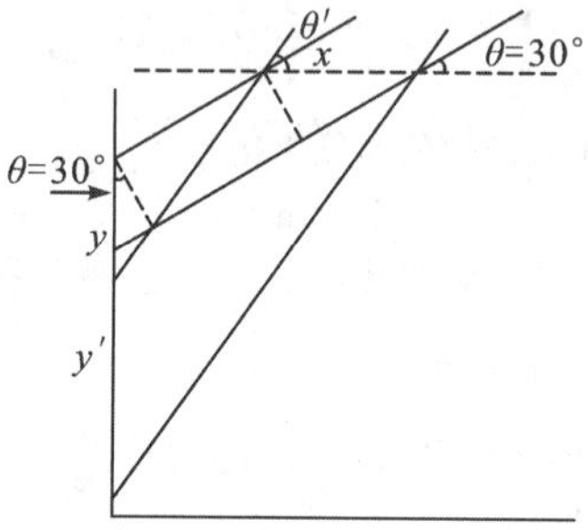

图 8

2. (1) R_1、R_2、R_3 的阻值分别为 242 Ω、161.3 Ω、121 Ω；(2)如表 1 所示.

(1)指示灯所消耗的电功率可忽略不计(即消耗的功率非常小)，根据 $P=\frac{U^2}{R}$ 可知指示灯的电阻非常大，则指示灯在电路中相当于断路；

由题意结合表格中的信息、电路图可知，

挡位 1：S_1 闭合，S_2、S_3 断开时，只有 R_1 接入电路，则

$R_1=\frac{U^2}{P_1}=\frac{(220\ \text{V})^2}{200\ \text{W}}=242\ \Omega$

挡位 2：S_2 闭合，S_1、S_3 断开时，只有 R_2 接入电路，则

$R_2=\frac{U^2}{P_2}=\frac{(220\ \text{V})^2}{300\ \text{W}}\approx161.3\ \Omega$

挡位 7：此时电路消耗的功率最大，说明电路的总电阻最小，则此时是 S_1、S_2、S_3 都闭合，三电阻并联，

则 R_3 消耗的电功率：

$P_3=P_7-P_1-P_2=900\ \text{W}-200\ \text{W}-300\ \text{W}=400\ \text{W}$

所以 $R_3=\frac{U^2}{P_3}=\frac{(220\ \text{V})^2}{400\ \text{W}}=121\ \Omega$.

(2)由(1)可知，R_1、R_2、R_3 分别单独接入电路时，其消耗的功率分别为 $P_1=200\ \text{W}$、$P_2=300\ \text{W}$、$P_3=400\ \text{W}$.

挡位 3：开关 S_3 闭合，S_1、S_2 断开时，只有 R_3 接入电路，电加热器的电功率 $P_3=400\ \text{W}$；

挡位 4：开关 S_1、S_2 闭合，S_3 断开时，R_1、R_2 并联接入电路，电加热器的电功率：

$P_4=P_1+P_2=200\ \text{W}+300\ \text{W}=500\ \text{W}$

挡位 5：开关 S_1、S_3 闭合，S_2 断开时，R_1、R_3 并联接入电路，电加热器的电功率：

$P_5=P_1+P_3=200\ \text{W}+400\ \text{W}=600\ \text{W}$

挡位 6：开关 S_2、S_3 闭合，S_1 断开时，R_2、R_3 并联接入电路，电加热器的电功率：

$P_6=P_2+P_3=300\ \text{W}+400\ \text{W}=700\ \text{W}$

各挡位的功率和开关的状态如下表所示：

表 1

额定电压	220 V		额定频率	50 Hz
挡位	S_1	S_2	S_3	功率
1	√	×	×	200 W
2	×	√	×	300 W
3	×	×	√	400 W
4	√	√	×	500 W
5	√	×	√	600 W
6	×	√	√	700 W
7	√	√	√	900 W

3. 该双层织物的保温性能好于单层织物的.

设单层织物的热传导速率 H_D，双层织物的热传导速率 H_S.

单层织物的热传导速率

$$H_D=k_1A\frac{t_2-t_1}{L_1}=0.04\times1.2\times\frac{20-(-4)}{0.4\times10^{-2}}\ \text{J/s}=288\ \text{J/s};$$

对于双层织物热量通过三层介质传导，示意图如图 9 所示，则三层的热传导速率分别为

$$H_1=k_1A\frac{t_2-t_{12}}{L_2};H_2=k_2A\frac{t_{12}-t_{23}}{L_3};H_3=k_1A\frac{t_{23}-t_1}{L_2};$$

热传导在稳定状态时，有 $H_1=H_2=H_3=H_S$

推导得：

$$t_2-t_{12}=\frac{L_2}{Ak_1}H_S$$

$$t_{12}-t_{23}=\frac{L_3}{Ak_2}H_S$$

$$t_{23}-t_1=\frac{L_2}{Ak_1}H_S$$

三式相加得：$t_2-t_1=\frac{L_2}{Ak_1}H_S+\frac{L_3}{Ak_2}H_S+\frac{L_2}{Ak_1}H_S$

解得：

$$H_S=\frac{A(t_2-t_1)}{\frac{2L_2}{k_1}+\frac{L_3}{k_2}}=\frac{1.2\times[20-(-4)]}{\frac{2\times0.002}{0.04}+\frac{0.001}{0.025604}}\ \text{J/s}=207\ \text{J/s}$$

可见：$H_S<H_D$，即双层织物的热传导速率小于单层织物的热传导速率，故该双层织物的保温性能好于单层织物的.

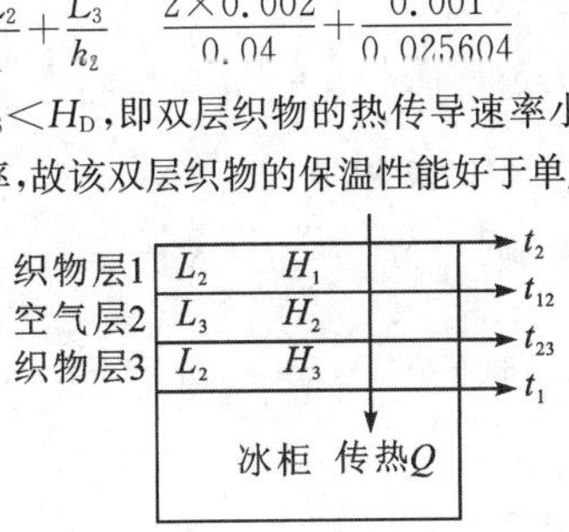

图 9

复 赛

1. 搅拌水的时候可以对水做功，使水的内能增加，但是在此过程中，水存在热损失，同时人搅拌水的功率不够大，水散失热量随温度升高而增加，所以无法使水达到沸点，因此不可能让一个人通过搅拌的方法使一杯水沸腾.

2. (1)瓶盖有沾水的目的是让瓶盖与瓶口更加贴合，如果没沾水，瓶盖与瓶口的密闭性差，将无法看到瓶盖在瓶口一直跳动.

(2)该实验是利用手的热量来加热瓶中空气的，手与瓶中空气的温差越大，瓶中空气温度变化越明显，实验越容易成功，冬天手与瓶中空气温差大，所以冬天实验效果更好.

(3)瓶子越小，瓶中空气越少，在吸收热量相同的情况下，温度上升越多，瓶内气体的压强越大，越容易推动瓶塞跳动.

3. (1)圆盘匀速转动时，像 S_2 的速度 v_2 为 $\frac{fv_1}{r_1-f}$；(2)圆盘不动，光源向透镜移动时，实像 S_2 的移动速度为 $\frac{f^2}{(u-f)^2}v_1'$.

(1)由透镜成像公式 $\frac{1}{u}+\frac{1}{v}=\frac{1}{f}$ 和 $u=r_1$ 可得：

$$\frac{1}{r_1}+\frac{1}{v}=\frac{1}{f}$$

求得：像距 $v=\frac{fr_1}{r_1-f}$

又因为光源速度∝物距，像的速度∝像距，则有

$\frac{v_1}{r_1}=\frac{v_2}{v}$，所以 $v_2=\frac{fv_1}{r_1-f}$

(2)假设经过很短时间 t 光源移动距离为 s，则物距 u 变为 $u-s$，相应的像距 v 变为 $v+s'$，新的物距和像距仍然满足透镜成像公式，则有：

$$\frac{1}{u-s}+\frac{1}{v+s'}=\frac{1}{f} \quad ①$$

$$\frac{1}{u}+\frac{1}{v}=\frac{1}{f} \quad ②$$

解①②两式得：$\frac{s}{u(u-s)}+\frac{s'}{v(v+s')}=0$；

当时间 t 足够小时，$s\ll u$，$s'\ll v$，则有：

$$\frac{s}{u^2}-\frac{s'}{v^2}=0$$

又因为 $v_1'=\frac{s}{t}$，$v_2'=\frac{s'}{t}=\frac{v^2}{u^2}\frac{s}{t}$；

所以 $v_2'=\frac{v^2}{u^2}v_1'=\frac{v_1'}{u^2}(\frac{fu}{u-f})^2=\frac{f^2}{(u-f)^2}v_1'$.

4. 该发动机正常工作时，S_1 与 S 的比值为 $\frac{4cV\rho(T-t)}{P(1-\eta)}-3$

因发动机的功率为 P，效率为 η，所以，发动机每秒产生的热量：$Q=P(1-\eta)$，因空气接触部分只能带走按面积分配的 25% 的热量，所以，空气散发的热量：

$$Q_{空气}=Q\frac{S-S_1}{S}\times25\%=P(1-\eta)\frac{S-S_1}{S}\times25\%$$

水冷管吸收的热量：$Q_{水冷管}=cm(T-t)=c\rho V(T-t)$，

因发动机通过水冷管散失的热量与空气散发的热量之和等于发动机产生的热量时，发动机的温度不会再升高，则有：$Q=Q_{水冷管}+Q_{空气}$，即 $P(1-\eta)=P(1-\eta)\frac{S-S_1}{S}\times25\%+c\rho V\times(T-t)$，

解得：$\frac{S_1}{S}=\frac{4cV\rho(T-t)}{P(1-\eta)}-3$

5. 声音在空气中的速度为 346.07 m/s.

卡车的速度 $v=72\,km/h=20\,m/s$.

设车载仪距离地面的高度为 h，隔离带位置在 B 点，如图 1 所示：

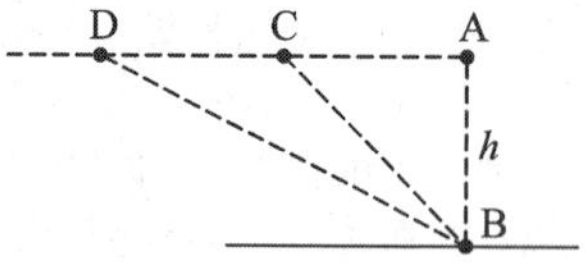

图 1

当车载仪经过点 B 正上方点 A(车轮第一次撞击隔离带)开始计时时，经过 t 时间车载仪运动到点 C，经过 t_2 时间车载仪运动到点 D.

$S_{AC}=vt_1, S_{AD}=vt_2, S_{BC}=v_0t_1, S_{BD}=v_0(t_2-\frac{L}{v})$

由图中几何关系得：

$h^2+(S_{AC})^2=(S_{BC})^2$ ①

$h^2+(S_{AD})^2=(S_{BD})^2$ ②

②－①得：$(vt_2)^2-(vt_1)^2=v_0^2(t_2-\frac{L}{v})^2-(v_0t_1)^2$，

$$v_0=v\times\sqrt{\frac{t_2^2-t_1^2}{(t_2-\frac{L}{v})^2-t_1^2}}=20\,m/s\times$$

$$\sqrt{\frac{(0.312\,s)^2-(0.006\,s)^2}{(0.312\,s-\frac{5.86\,m}{20\,m/s})^2-(0.006\,s)^2}}\approx 346.07\,m/s$$

6. 该透镜的最小直径为 $\sqrt{2}d$，透镜距光电池的距离为 $3d+\frac{3d}{\sqrt{2}}$ 或者 $3d-\frac{3d}{\sqrt{2}}$.

(1)因为光电池输出的电流大小与单位时间内照射到光电池的光能量的大小成正比，而输出的电压变化不大.

所以，两灯泡要并联，我们增大光电池输出的电流即可. 电路图如图 2(1)所示.

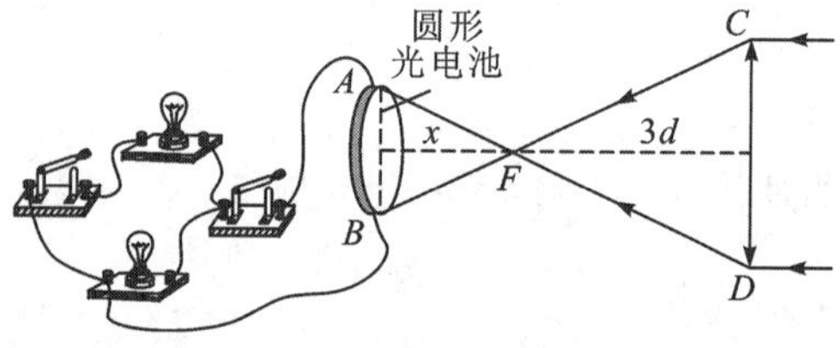

图 2(1)

(2)设一盏小灯泡正常工作的电流为 I，则两盏灯泡并联时，所需电流为 $2I$. 因为光电池输出的电流大小与单位时间内照射到光电池的光能量的大小成正比，所以要求凸透镜的最小面积为原来光电池面积的 2 倍，即凸透镜直径为 $\sqrt{2}d$.

设光电池放在透镜焦点的左侧，距焦点 x，如图 2(1)所示：

由 ΔABF 和 ΔCDF 相似可得：

$$\frac{x}{AB}=\frac{3d}{CD}$$

即：$\frac{x}{d}=\frac{3d}{\sqrt{2}d}$

$\therefore x=\frac{3d}{\sqrt{2}}$

∴透镜距光电池的距离为 $3d+\frac{3d}{\sqrt{2}}$.

若光电池放在透镜焦点的右侧，光电池距焦点 F 的距离为 x，如图 2(2)所示：

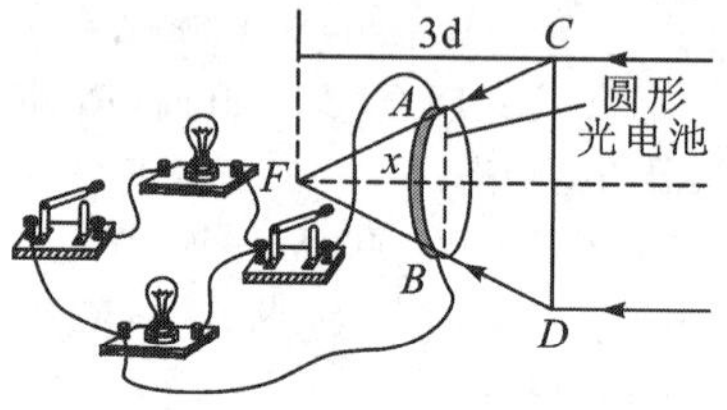

图 2(2)

由 ΔABF 和 ΔCDF 相似可得：

$$\frac{x}{3d}=\frac{AB}{CD}$$

即：$\frac{x}{3d}=\frac{d}{\sqrt{2}d}$

解得 $x=\frac{3d}{\sqrt{2}}$

则由图可知，此时透镜距光电池的距离为 $3d-\frac{3d}{\sqrt{2}}$.

7. $\alpha=3.7\times10^{-3}$.

因为 $Q=cm\Delta\theta=\frac{U^2t}{R}$

得：$\frac{R\Delta\theta}{t}=\frac{U^2}{cm}$.

$\frac{U^2}{cm}=k$(常量)

所以 $k=\frac{R\Delta\theta}{t}$，$\frac{\Delta\theta}{t}$即为某温度时油温升高速率.

代入：0 ℃时温度升高的速率为 5.0 ℃/min，30 ℃时温度升高的速率为 4.5 ℃/min，

则有 $k=R_0\cdot 5, k=R_{30}\cdot 4.5$，

$R_\theta=R_0(1+\alpha\theta)$.

解得：$\alpha=3.7\times10^{-3}$.

8. (1)A 处与 B 处的支持力 N_A、N_B 分别为 $\frac{1}{3}mg$、$\frac{2}{3}mg$；

(2)ABC 三点弹力分别为 $\frac{11}{26}mg$、$\frac{4}{13}mg$、$\frac{7}{26}mg$.

(1)以 A 为转轴，由力矩的平衡条件有 $N_B\times\frac{3}{4}L=mg\times\frac{1}{2}L$；即 $N_B=\frac{2}{3}mg$；

以 B 为转轴，同理有 $N_A\times\frac{3}{4}L=mg\,\frac{1}{4}L$；

解得 $N_A=\frac{1}{3}mg$；

故 A 处与 B 处的支持力 $N_A=\frac{1}{3}mg, N_B=\frac{2}{3}mg$；

(2)对整个木棒来说，有：$N_A+N_B+N_C=mg$；

以 A 为转轴，有 $N_B\times\frac{3}{4}L+N_CL=mg\times\frac{1}{2}L$；

以 B 为转轴，有 $N_A\times\frac{3}{4}L=N_C\times\frac{1}{4}L+mg\times(\frac{1}{2}L-\frac{1}{4}L)$；

以 C 为转轴，有 $N_AL+N_B\times\frac{1}{4}L=mg\times\frac{1}{2}L$；

由于支撑物发生微小形变，杆倾斜，

根据几何关系得

$(\Delta h_A-\Delta h_B):(\Delta h_B-\Delta h_C)=A'B':B'C'=3:1$，

$\therefore (N_A - N_B):(N_B - N_C) = 3$；

联立以上各式解得

$N_A = \frac{11}{26}mg$；$N_B = \frac{4}{13}mg$；$N_C = \frac{7}{26}mg$

故 ABC 三点弹力分别为$\frac{11}{26}mg$、$\frac{8}{26}mg$、$\frac{7}{26}mg$.

第三十一届全国初中应用物理知识竞赛

初　赛

一、**1.** C.

不同乐器、不同发声体的材料和结构不同，产生的音色会不同，我们是靠音色来辨别乐器的种类. 所以用冬瓜、土豆做成吹奏乐器，用它们吹奏出来的声音的音色肯定是不同的，具有的相同特征可能是音调和响度. 故选 C.

2. C.

甲图中，物体相对于桌面的位置没有发生变化，因此它们的运动状态是相同的，说明此时火车在匀速运动；乙图中，物体向右倾倒，说明火车突然向左加速(或向右减速)，因为火车突然向左加速时，塑料杯的下部由于摩擦也随着加速，而上部由于惯性仍保持原来的运动状态，所以才会向右倾倒；火车向右减速时的情形也可用类似的方法说明；丙图中，物体向左倾倒，说明火车突然向左减速(或向右加速)，因为火车突然向左减速时，塑料杯的下部由于摩擦也随着减速，而上部由于惯性仍保持原来的运动状态，所以才会向左倾倒；火车向右加速时的情形也可用类似的方法说明. 综上所述，甲图中火车在匀速运动，乙图中火车突然向左加速(或向右减速)，丙图中火车突然向左减速(或向右加速)，只有选项 C 符合题意. 故选 C.

3. D.

细杆的长度为$\sqrt{2}R$，故球与圆心的连线与细杆的夹角为 45°；

取杆方向为 x 轴，与杆垂直为 y 轴，对 A 受力分析，受重力 G_A、拉力 F 和支持力 F_{N1}，如图 1.

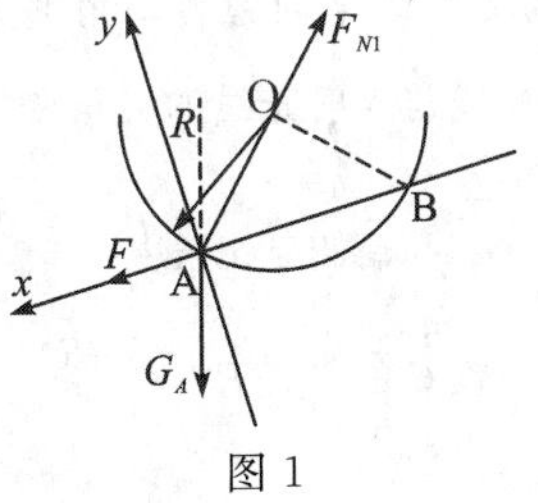

图 1

依据共点力平衡条件，有

x 方向：$F + m_A g\sin(45° - \theta) = F_{N1}\cos 45°$

y 方向：$m_A g\cos(45° - \theta) = F_{N1}\sin 45°$

整理得：$F + m_A g\sin(45° - \theta) = m_A g\cos(45° - \theta)$

对 B，同理得：$F = m_B g\sin(45° - \theta) + m_B g\cos(45° - \theta)$

解得：$\tan(45° - \theta) = \frac{m_A g - m_B g}{m_A g + m_B g} = \frac{\sqrt{3}-1}{\sqrt{3}+1} = 2 - \sqrt{3}$

故 $\theta = 45° - arc\tan(2 - \sqrt{3})$

可知该夹角与小球的质量有关，而与碗的位置无关，在 A、B 两球均未脱离碗的过程中，A 球与球心连线和竖直方向的夹角 θ 保持不变. 故选：D

4. B.

(1)由电路图可知，假如 a 与 c 为电流表，则电阻 R_1 与 R_2 被短路，只有电阻 R_3 与两电流表组成串联电路，等效电路图如图 2(甲)所示，两电流表示数相同，故 A 错误；

(2)由电路图可知，假如 b 与 c 是电流表，a 是电压表，则电阻 R_1 与 R_2 并联，然后再与 R_3 串联，电压表 a 测并联电路电压，电流表 b 测干路电流，电流表 c 测通过 R_1 的支路电流，等效电路图如图 2(乙)所示，电流表 b 示数大于 c 的示数，故 B 正确，D 错误；

(3)由电路图可知，a 与 b 是电流表，等效电路图如图 2(丙)所示，a 被短路，电流为零，故 C 错误；

故选 B.

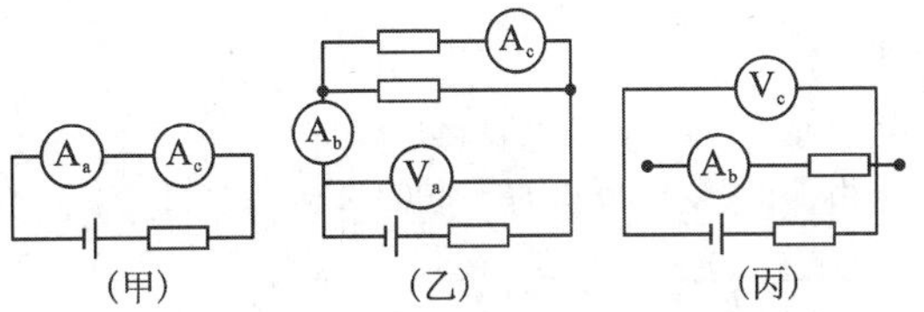

图 2

5. B.

如图 3，石块与地面足够粗糙，不会滑动；水若能推倒石块，就是石块沿点 O 转动，设水对石块的平均压力为 $F_{压}$，则其力臂为$\frac{1}{2}a$；重力力臂为$\frac{1}{2}b$，

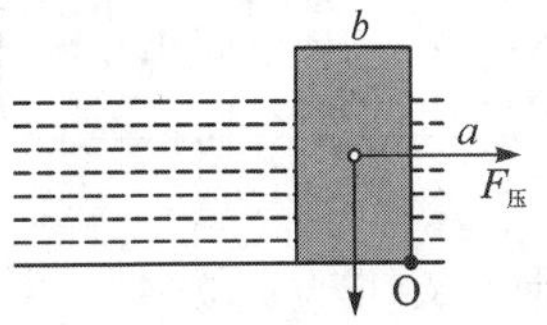

图 3

水对石块的平均压强：

$p = \frac{1}{2}\rho g a$

水对石块的平均压力：

$F_{压} = pS = \frac{1}{2}\rho g a \times a^2 = \frac{1}{2}\rho g a^3$

由杠杆平衡条件可知，水要推倒石块：

$F_{压} \times \frac{1}{2}a > mg \times \frac{1}{2}b$，

即：$\frac{1}{2}\rho g a^3 \times \frac{1}{2}a > mg \times \frac{1}{2}b$

解得：$b < \frac{\rho a^4}{2m}$

故选 B.

6. A.

由题中给定的数据可知，1 ℃为 9/5°F，所以零下十度为 32－18＝14°F.

7. C.

小磁针的 N 极向纸内偏转，表明小磁针的 N 极受力向里，说明通电导体产生的磁场方向向里，说明这束粒子形成的电流方向向左. 用右手螺旋定则判断：右手紧握导线，弯曲四指所指的方向为磁场的方向. 电流的方向与正电荷定向移动的方向一致(与负电荷定向移动的方向相反)，故选 C.

8. A.

阻力在均匀增长，所以平均阻力 $f = \frac{k(d_2 + d_1)}{2}$，距离为 $d_2 - d_1$，故阻力做功为$\frac{k(d_2^2 - d_1^2)}{2}$，故选 A.

9. B.

B管向上移动，若A管水银面不变，则A管内压强会升高．温度不变，压强升高，则体积要减小，所以A管内的水银面相应升高．假如A管内的水银面升高 $H/2$，则AB管水银面相平，即A管的压强没有增长，那么体积减小就矛盾了．所以选B.

10. D.

厚度为 d 的金属盘，当其稳定后：

$P_{入}=k_1s\Delta t_{上}+k_1s\Delta t_{下}$，代入数据得：$P_{入}=45k_1s$ ①

上表面向下表面热传递：$P_{传}=\frac{k_2s}{d}\Delta t=k_1s\Delta t_{下}$．代入数据得：$\frac{k_2s}{d}=4k_1s$ ②

当厚度为 $2d$ 的金属盘稳定后：

由①得：$t_{上}-300+t_{下}-300=45$ ③

$\frac{k_2s(t_{上}-t_{下})}{2d}=k_1s(t_{下}-300)$ ④

②③④联立可解得：$t_{上}=327$ K.

11. D.

解：机器人沿如图4所示线路穿越速度最小，

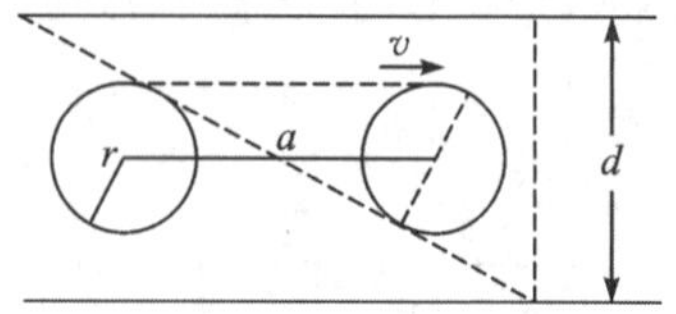

图 4

设机器人的最小速度为 v'，则 $\frac{\sqrt{a^2-(2r)^2}}{v'}=\frac{a}{v}$，

即 $\frac{\sqrt{(26\text{ cm})^2-(2\times5\text{ cm})^2}}{v'}=\frac{26\text{ cm}}{2}$

解得：$v'=\frac{24}{13}$ cm/s

设机器人运动的路程为 s，

则 $\frac{s}{a}=\frac{d}{2r}$，即 $\frac{s}{26\text{ cm}}=\frac{12\text{ cm}}{10\text{ cm}}$

解得 $s=31.2$ cm，

故 $t=\frac{s}{v'}=\frac{31.2\text{ cm}}{\frac{24}{13}\text{ cm/s}}=16.9$ s，故D正确.

故选：D.

12. A.

设电阻 R_1 两端电压为 U_1，电阻 R_2 两端电压为 U_2，则电压表达数 $U=U_1+U_2$．设流过 R_1 的电流为 I_1，则电流表示数 $I=I_{总}-I_1$．所以 $\Delta U=\Delta U_1+\Delta U_2$；$\Delta I=\Delta I_{总}-\Delta I_1$

又由于 R_2 两端电压为 U_2 不变，总电流 $I_{总}$ 不变，所以 $\Delta U=\Delta U_1$；$\Delta I=\Delta I_1$，那么 $\left|\frac{\Delta U}{\Delta I}\right|=R_1$，故A对.

二、填空题

1. 24∶1　　200

(1)自行车的客运效率 $=\frac{1\times30000\text{ m}}{1\times10^6\text{ J}}$，轿车的客运效率 $=\frac{4\times100000\text{ m}}{3.2\times10^8\text{ J}}$，所以电动自行车与这辆轿车的客运效率之比 $=\frac{\frac{1\times30000\text{ m}}{1\times10^6\text{ J}}}{\frac{4\times100000\text{ m}}{3.2\times10^8\text{ J}}}=24:1$；

(2)由图线①可以算出克服摩擦走1 m消耗的能量 $=\frac{500\text{ J}}{10\text{ m}}=50$ J/m，

由图线②看出其走了6 m，克服摩擦消耗掉的能量 $=50$ J/m×6 m=300 J，骑车以500 J的初动能在水平路面上滑行，依据能量守恒定律，向蓄电池所充电能 $=500$ J－300 J=200 J.

故答案为：24∶1　　200.

2. 5　　450.25

(1)当 $f_0=30$ Hz 时，与转盘的频率相同，每次频闪时，白条都恰好转到同一个位置，当 $f=150$ Hz 时，相当于转盘转一周，频闪5次，白条有5次机会被照亮．所以，用频率 $f=150$ Hz 的频闪光去照耀，在盘上能看到5根稳定的白色窄条；(2)昆虫的翅膀振动过程中，频闪灯一亮一灭，灭的瞬间看不见，亮的瞬间又望见了，那么要出现这种现象，只能是昆虫的翅膀振动时从上到下的过程中又经过了频率的整数倍，即50 Hz的整数倍，900倍在这个范围内，现自上而下一次是2 s，那么频率最小是0.25 Hz，即为450 Hz再加一次就是450.25 Hz.

故答案为：5　　450.25.

3. 从右向左；从左向右

(1)因为 $t_1>t_2>4$℃，依据水的热胀冷缩可知，左侧水的密度小于右侧水的密度，又因为两侧水深相同，依据 $p=\rho gh$ 可知，右侧底部的压强大于左侧，所以，打开阀门 K_2，容器里的水将从右向左通过阀门 K_2；

(2)由于两容器都装满水，所以当水从右向左流淌时，右侧水面下降，左侧水溢出，此后打开阀门 K_1，由于在这一位置，左侧的水深明显大于右侧，依据 $p=\rho gh$ 可知，左侧此处的压强大于右侧，则容器里的水将从左向右通过阀门 K_1.

故答案为：从右向左　　从左向右.

4. 小轮C的半径 R　　$\frac{dR}{2L}$

由题意知，要测量钢丝的伸长量，还需测定出小轮C的半径 R；

设伸长量为 ΔL，则平面镜转动角度为 $\frac{\Delta L}{R}$，依据光的反射定律，反射光线与入射光线的夹角变更为轮转动角度的2倍，则：$\frac{\Delta L}{R}=\frac{\frac{d}{2}}{L}$　解得：$\Delta L=\frac{dR}{2L}$

故答案为：小轮 C 的半径 R　　$\frac{dR}{2L}$.

5. $\frac{U^2}{4R}$　　R_5

(1)将电压为 U 的电源接在C、D两点之间时，从点C起先到点D结束，等效电路图5：

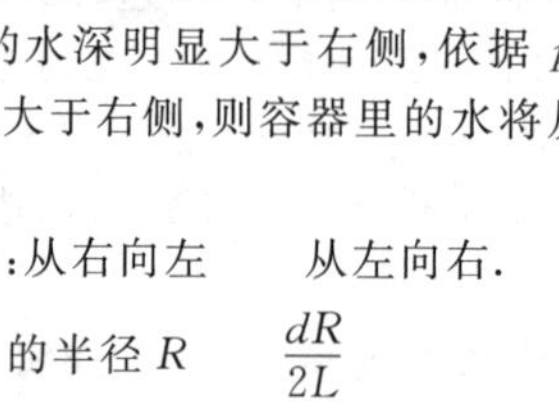

图 5

由图可知：R_2、R_3 和 R_4、R_5 构成电桥电路，由于它们的阻值相同，

所以 $U_{CB}=U_{BD}=U_{CA}=U_{AD}$，且 $U_{CB}+U_{BD}=U$；

$\therefore BC$两点间电阻 R_4 的电压为：$U_{CB}=\frac{1}{2}U$；

$\therefore R_4$ 的功率 $P=\frac{U_{CB}^2}{R}=\frac{(\frac{U}{2})^2}{R}=\frac{U^2}{4R}$.

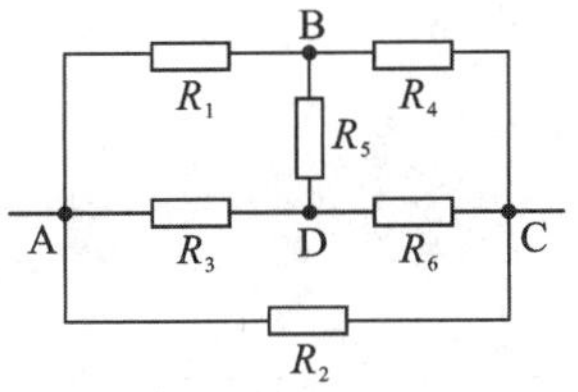

图 6

(2)由图 6 可知：R_1、R_4 和 R_3、R_6 构成电桥电路，由于它们的阻值相同，所以 $U_{AB}=U_{BC}=U_{AD}=U_{DC}$，且 $U_{AB}+U_{BC}=U$；$U_{AD}+U_{DC}=U$；

$\therefore U_{AB}=U_{BC}=U_{AD}=U_{DC}=\frac{1}{2}U$，即 B、D 两点的电压为零.

因此电阻 R_5 中无电流流过. 故答案为：$\frac{U^2}{4R}$　　R_5.

三、综合解答题

1. (1)如图 7(a)，闭合开关后，电磁铁中有磁性吸引铁片，铁片和触点 A 接通，电流从电源正极出发，经电磁铁到在触点 A，在触点 A 分成两路分别通过甲和乙，回到电源的负极，甲、乙两灯是并联的，甲、乙两灯都发光.

(2)甲、乙交替发光，说明当铁片分别和触点 A、触点 B 接触时，能使甲和乙单独接入电路. 如图 7(c)，闭合开关电流从电源的正极出发，经开关→C→铁片→触点 B→电流经触点 B 向上和向下分成两路，分别经电磁铁和乙灯回到电源的负极，此时乙灯亮，电磁铁有磁性→电磁铁有磁性吸引铁片→铁片和触点 A 接触，电流从电源的正极出发，依次经开关、C、铁片、触点 A、甲灯回到电源的负极，甲灯亮，同时乙灯熄灭，电磁铁没有磁性，由于 C 重力作用，铁片向右运动和触点 B 接触，又进入下一个循环，能达到甲、乙两灯交替发光.

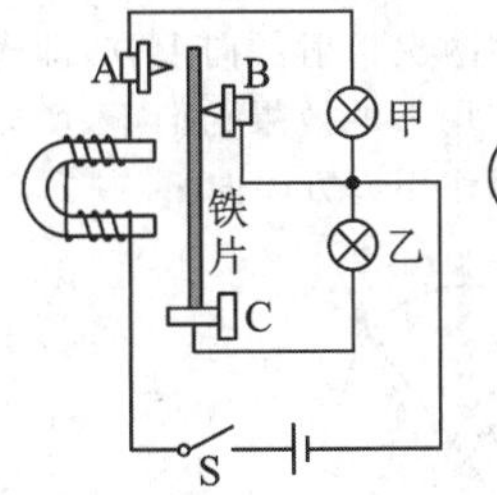

图 7(a)

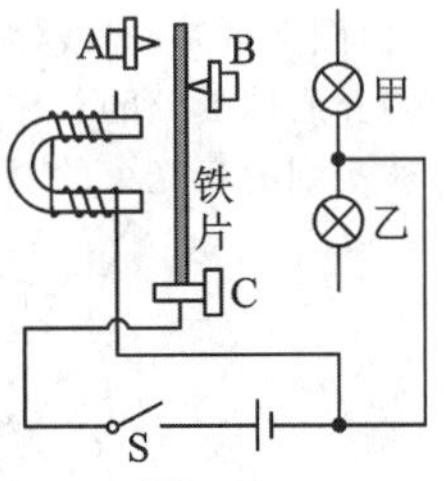

图 7(b)

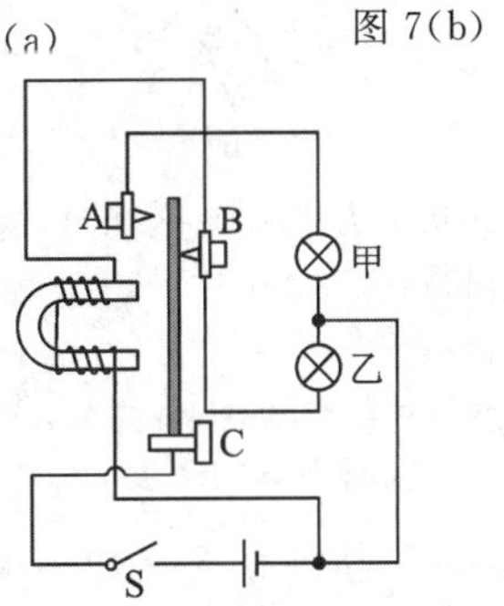

图 7(c)

故答案为：(1)甲、乙两灯并联，甲、乙两灯都发光；

(2)如图 7(c)；闭合开关，乙灯和电磁铁并联后接在电源上，乙灯发光，电磁铁有磁性，电磁铁有磁性吸引铁片，使甲灯和电源接通，甲灯发光，同时使电源和乙灯、电磁铁断开，由于 C 的重力作用，铁片恢复原状，又把乙灯和电磁铁并联后接在电源上，循环下去，达到甲、乙交替发光.

2. 8 名学生的总质量 $m_{学生}=60\,kg\times 8=480\,kg$；

300 个塑料瓶的总质量 $m_{瓶}=36\,g\times 300=10800\,g=10.8\,kg$；

则总重力：

$G_{总}=m_{总}\,g=(m_{学生}+m_{瓶})\,g=(480\,kg+10.8\,kg)\times 10\,N/kg=4908\,N$，

因为塑料瓶需要漂浮，则受到的浮力：

$F_{浮}=G_{总}=4908\,N$

根据 $F_{浮}=\rho_{水}V_{排}g$ 可得：

$V_{排}=\frac{F_{浮}}{\rho_{水}g}=\frac{4908\,N}{1.0\times 10^3\,kg/m^3\times 10N/kg}=0.4908\,m^3$

300 个塑料瓶的总体积为：

$V=1.5\times 10^3\,cm^3\times 300=4.5\times 10^5\,cm^3=0.45\,m^3$

则 $\Delta V=V_{排}-V=0.4908\,m^3-0.45\,m^3=0.0408\,m^3$；

由于需要浸没的体积略大于塑料瓶的总体积，当由一个学生的身体部分浸入水中即可使他们处于漂浮状态；所以，给予 8 名学生 300 个塑料瓶是合理的.

3. 设能量分别为 10 MeV 和 40 MeV 的中微子到达地球的过程中的速度大小分别为 v_1 和 v_2，运动质量分别为 m_1 和 m_2，静质量为 m_0.

1 光年 $=9.46\times 10^{15}$ m，超新星距离地球的距离为 17 万光年，若以光速运动到地球需要的时间：

$t=1.7\times 10^5$ 年 $=1.7\times 10^5\times 365\times 24\times 3600\,s=5.4\times 10^{12}$ s

两中微子到达地球的时间差 $\Delta t=\frac{s}{v_1}-\frac{s}{v_2}$，

其中 $s=ct$，

令 $\frac{v_1}{c}=k_1$、$\frac{v_2}{c}=k_2$

两中微子到达地球的时间差

$\Delta t=\frac{s}{v_1}-\frac{s}{v_2}=\frac{ct}{v_1}-\frac{ct}{v_2}=\frac{t}{k_1}-\frac{t}{k_2}$

则：$\frac{1}{k_1}-\frac{1}{k_2}=\frac{\Delta t}{t}=\frac{2}{5.4\times 10^{12}}\approx 0$

可得：$k_1\approx k_2$，

捕获时两中微子能量分别为：$E_1=m_1c^2$，$E_2=m_2c^2$；

已知：$E_1=10\,MeV$、$E_2=40\,MeV$，

可得：$\frac{E_2}{E_1}=4$，则 $\frac{m_2}{m_1}=4$，

运动质量分别为：

$m_1=\frac{m_0}{\sqrt{1-\frac{v_1^2}{c^2}}}=\frac{m_0}{\sqrt{1-k_1^2}}$，$m_2=\frac{m_0}{\sqrt{1-\frac{v_2^2}{c^2}}}=\frac{m_0}{\sqrt{1-k_2^2}}$；

解得：$\frac{1-k_1^2}{1-k_2^2}=16$，

可得：$k_1\approx k_2\approx 1$，即中微子的速度接近于真空中的光速.

由 $E_1=m_1c^2$，可知中微子的运动质量有具体值，

由 $m=\frac{m_0}{\sqrt{1-\frac{v^2}{c^2}}}$，可知其静质量趋近于零.

答：估算中微子静质量的大小趋近于零.

4. (1) $\Delta T'_f=\frac{c\rho h\Delta T_f v-k\Delta Tl}{c\rho hv}$；(2)可以将 ΔT 变为 $2\Delta T$ 或者将 l 变为 $2l$；(3)这种流体热交换器的常见应用有空调、热水器，以及化工厂的换热器等.

(1)冷热两种液体的密度均为 ρ，比热容是 c，以速度 v 流进矩形管道；

流体通过一次管道的时间为：$t=\frac{1}{v}$，

冷或是热流体通过一次管道的体积为：$V=hbl$，

所以通过一次管道的冷流体或热流体的质量为：

$m=\rho V=\rho hbl$

冷热流体刚进入时的热量：

热流体和冷流体进入管道时的温度差为 ΔT_f，即此时二者之间有热传递，即热流体要放出的热量为：

$Q_{进}=cm\Delta T=c\rho hbl\Delta T_f$

导热板的上下表面的面积为：$s=bl$，

所以通过导热板整个面积的热量为：

$Q=Pts=k\Delta T\frac{1}{v}bl=\frac{kb\Delta Tl^2}{v}$

设冷热流体流出后的温度差为 $\Delta T'_f$，

冷热流体流出时的热量：

$Q_{出}=cm\Delta T=c\rho hbl\Delta T'_f$

通过一次管道的整体分析：

$Q_{进}=Q+Q_{出}$

$c\rho hbl\Delta T_f=\frac{kb\Delta Tl^2}{v}+c\rho hbl\Delta T'_f$

解得：$\Delta T'_f=\frac{c\rho h\Delta T_f v-k\Delta Tl}{c\rho hv}$；

(2)由第(1)问知：

$\Delta T'_f=\frac{c\rho h\Delta T_f v-k\Delta Tl}{c\rho hv}$

由于 k 与导热板厚度成反比，当导热板厚度变为原来 2 倍，那么 k 变为 $\frac{k}{2}$，要让上式保持不变，可以将 ΔT 变为 $2\Delta T$ 或者将 l 变为 $2l$；

(3)这种流体热交换器的常见应用有空调、热水器，以及化工厂的换热器等.

复 赛

1. (1)在瓶盖上放置冰块，瓶内气体的温度降低，会使瓶底内压强降低，从而使液体沸点降低，水会重新沸腾；

(2)(3)因为热油的温度高于水的沸点 100℃，当水滴在油中，水的密度比油的密度大，沉入油中并迅速沸腾，所以会把热油溅起来，并发生爆裂声. 而油滴入沸水中时，油的密度比水小，因而漂浮在水面上，不会发生激烈的汽化现象，所以没有类似的现象.

2. (1) B；(2)在地球上每平方米面积上接收到由黑洞合并产生的能量为 2.9×10^{-4} J.

(1)广义相对论，认为时间和空间是相对的，时空是可以扭曲改变的，材料中的时空涟漪就是广义相对论的体现，故探测到引力波，验证了广义相对论，故选 B；

(2)两个黑洞合并时发生质量亏损，减少的质量 Δm 对应释放能量 ΔE，

$\Delta m=(36+29)M_s-62M_s=3M_s$

根据爱因斯坦质能方程 $E=mc^2$，则

$\Delta E=\Delta mc^2=3M_sc^2$

$=3\times2\times10^{30}\ \text{kg}\times(3\times10^8\ \text{m/s})^2$

$=5.4\times10^{47}$ J

释放的能量以球面电磁波的形式向周围辐射，辐射过程能量守恒，

设两个黑洞合并的位置与地球的距离为 r，地球上每平方米面积上接收到的能量为 E_o，则

$r=13$ 亿光年

$=13\times10^8\times365\times24\times3600\times3\times10^8$ m

$=1.23\times10^{25}$ m

$E_0=\frac{\Delta E}{S}$

$=\frac{\Delta E}{4\pi r^2}$

$=\frac{5.4\times10^{47}}{4\times3.14\times(1.23\times10^{25})^2}$ J

$=2.9\times10^{-4}$ J

3. (1)卫星运行的周期是 1.5 小时；(2)卫星上摄像设备能拍摄到的地表范围是北纬60.76°到南纬60.76°之间.

(1)卫星每运行一周，地球自转角度为

$180°-157.5°=22.5°$

则卫星运行的周期 T 为

$T=\frac{22.5°}{360°}\times24\times3600\ \text{s}=5400\ \text{s}=1.5\ \text{h}$

(2)从图中可知卫星轨道平面与赤道平面的夹角为42.4°

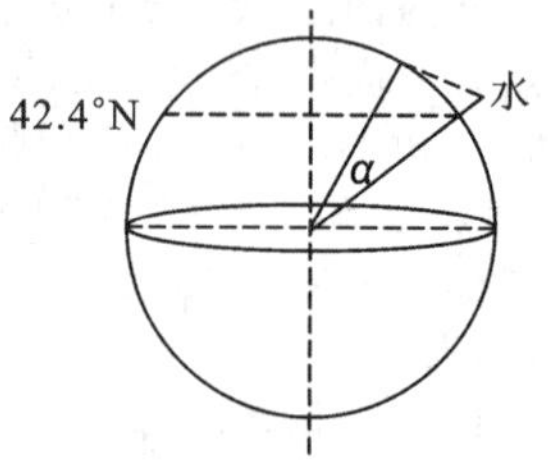

图 1

由图可知：$\cos\alpha=\frac{6400}{6743}=0.9491$，即 $\alpha=18.36°$，则有 $42.4+\alpha=60.76$，可得拍摄范围在北纬 60.76°到南纬 60.76°之间.

4. 该光镊子能产生的最大捕获力为 1.5×10^{-13} N.

(1)由图 2 可知，光线经两次折射折向上方，即光束经过(玻璃)介质球受到的总作用力的效果为向上，所以玻璃(介质)球受到的激光束的总作用力方向向下.

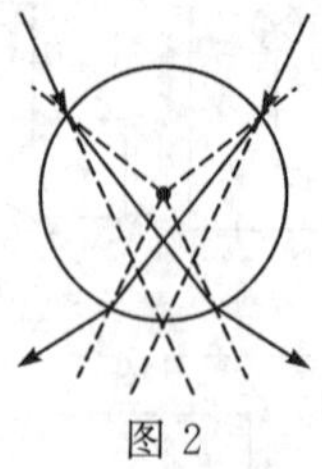

图 2

(2)由激光功率为 $P=16$ 毫瓦时，恰好能将玻璃小球提离载玻片，可得：

$G_{球}=F'_{捕}+F_{浮}$

则 $F'_{捕}=G_{球}-F_{浮}=\rho_{球}gV_{球}-\rho_{水}gV_{排}$，

$\because V_{排}=V_{球}$，玻璃小球的密度 $\rho=2.0\times10^3\ \text{kg/m}^3$，体积 $V=\frac{4}{3}\pi r^3$，$r=\frac{2.5}{2}\mu\text{m}=1.25\times10^{-6}$ m

$\therefore F'_{捕}=1.0\times10^3\ \text{kg/m}^3\times\frac{4}{3}\times\pi\times(1.25\times10^{-6}\ \text{m})^3\times9.8\text{N/kg}\approx8.0135\times10^{-14}$ N，

$\because$光镊子的捕获力与激光的功率成正比.

$\therefore \frac{F_{捕}}{30max}=\frac{F'_{捕}}{16max}$，

$\therefore F_{捕}=1.5\times10^{-13}$ N.

5. 将冷、热水管阀门完全打开，则灌满水箱需要4.8 min.

$\because I=\frac{U}{R}$，$\therefore \frac{1}{I}=\frac{R}{U}$，

注水时间 t 类比于电流 I、水的压强 P 类比于电压 U、阻力 f 类比于电阻 R，

∴完全打开冷水管的阀门 K_1，关闭热水管的阀门 K_2 时，

$\frac{1}{t_1}=\frac{f_1}{P_1}$ ①

完全打开热水管的阀门 K_2，关闭冷水管的阀门 K_1 时，

$\frac{1}{t_2}=\frac{f_2}{P_2}$ ②

将冷、热水管阀门完全打开时，此时注水时间设为 t，

则 $\frac{1}{t}=\frac{f_1}{P_1}+\frac{f_2}{P_2}$ ③

把①②代入③解得 $t=4.8$ min；

6. 相同体积零华氏度的冰与90摄氏度的水混合后的温度为5.6℃.

(1)设摄氏温度为 t 时，对应的华氏温度为 F，依据题意得 $t=aF+b$

将冰水混合物温度和标准气压下沸水温度分别代入上式，得

$0=32a+b$ ①

$100=212a+b$ ②

解得 $a=\frac{5}{9}$　$b=-\frac{160}{9}$

故摄氏温度和华氏温度换算关系为

$t=\frac{5}{9}F-\frac{160}{9}$(℃).

故答案为：$t=\frac{5}{9}F-\frac{160}{9}$(℃).

(2)零华氏度的冰对应的摄氏温度为

$t_1=\frac{5}{9}F-\frac{160}{9}(℃)=\frac{5}{9}\times0-\frac{160}{9}(℃)=-\frac{160}{9}(℃)$

设冰和水的体积为 V，混合后的最终温度为 t℃，依据题意得

$c_{冰}\rho_{冰}V\Delta t_1+\rho_{冰}VQ_{化}+c_{水}\rho_{冰}V\Delta t_2=c_{水}\rho_{水}V\Delta t_3$

其中 $\Delta t_1=\frac{160}{9}$，$\Delta t_2=t$，$\Delta t_3=90-t$

代入冰和水的密度、比热、冰的熔化热，化简得

2.1×10^3 J/(kg·℃)$\times0.9\times10^3$ kg/m$^3\times\frac{160}{9}$℃$+0.9\times10^3$ kg/m$^3\times3.33\times10^5$ J/kg$+4.2\times10^3$ J/(kg·℃)$\times0.9\times10^3$ kg/m$^3\times t=4.2\times10^3$ J/(kg·℃)$\times1.0\times10^3$ kg/m$^3\times(90℃-t℃)$

解得 $t=5.6$℃.

7. (1)纯油驱动百公里耗能为 2.5438×10^8 J；纯电驱动百公里耗能 0.708×10^8 J；“纯油驱动”耗能大，主要原因是汽油燃烧产生的能量相当一部分随着尾气排出，转化为机械能的部分比例少；(2)该汽车启动时所需驱动力大于318.84 N时发动机将介入进行并联驱动；(3)汽车的最高车速55 m/s.

(1)根据表格信息可知，纯油驱动：

百公里油耗 $V=7.9\text{L}=7.9\text{dm}^3=7.9\times10^{-3}\ \text{m}^3$，

百公里耗能为：$Q=qm=q\rho V=4.6\times10^7\ \text{J/kg}\times0.7\times10^3\ \text{kg/m}^3\times7.9\times10^{-3}\ \text{m}^3=2.5438\times10^8$ J；

纯电驱动：60 km 耗能 $Q_1=11.8$ kW·h，

则百公里耗能：

$W=\frac{Q_1}{s_{60}}\cdot s_{100}=\frac{11.8\ \text{kW}\cdot\text{h}}{60\ \text{km}}\times100\ \text{km}=\frac{59}{3}\ \text{kW}\cdot\text{h}=0.708\times10^8$ J

所以“纯油驱动”耗能大，主要原因是汽油燃烧产生的能量相当一部分随着尾气排出，转化为机械能的部分比例少；

(2)TM电动机功率为：$P_1=44$ kW，力矩为317 Nm，转动角速度设为 ω_1，转速为 n_1；驱动轮功率为：$P_2=P_1=44$ kW，转动角速度设为 ω_2，转速为 n_2，$R_2=0.52$ m，

$\frac{\omega_1}{\omega_2}=\frac{n_1}{n_2}=\frac{1}{1.912}$，

对于TM发动机：$P_1=F_1v_1=F_1\omega_1R_1=M\omega_1$，

对于驱动轮：$P_2=F_2v_2=F_2\omega_2R_2$，

联立以上三式，代入数据可得：

$F_2\approx318.84$ N

因此，当所需要的驱动力超过318.84 N时，将进行并联驱动；

(3)汽车的重力：

$G=mg=1699\ \text{kg}\times10\ \text{N/kg}=16990$ N，

地面的阻力：

$f_{地}=0.02G=0.02\times16990\ \text{N}=339.8$ N，

汽车所受阻力：

$F_{阻}=f_{空气}+f_{地}$，

汽车的最大功率为：

$P=80\ \text{kW}+23\ \text{kW}+44\ \text{kW}=147$ kW

汽车的功率、阻力和最大速度之间满足：

$F_{阻}=\frac{P}{v}$

整理得：$f_{空气}=\frac{P}{v}-f_{地}=\frac{147000\ \text{W}}{v}-339.8$ N，

在图3(c)中作出上空气阻力 $f_{空气}$ 和速度 v 的图像，由题意可知，两条线的焦点即为汽车的最大速度，

由图可知，两图像在 $v\approx55$ m/s 时，相交，所以汽车的最高车速为55 m/s.

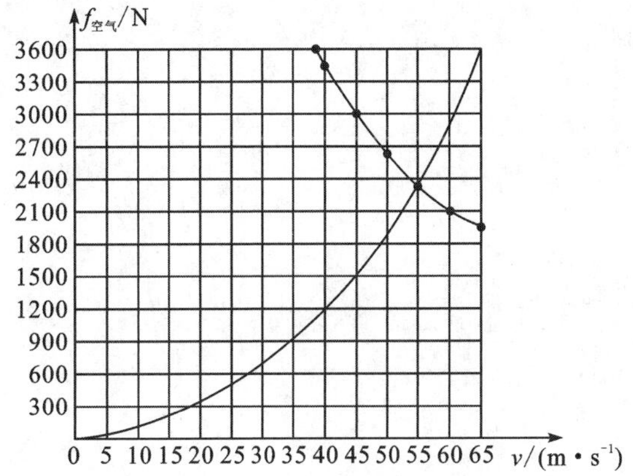

图3(c)